에 밀

Émile ou De l'education

J. J Rousseau

루소 / 이애경 옮김

일신서적출판사

차 례

머 리 말

순서도 없고 또 체계도 없이 생각하고 고찰하여 엮은 이 책은, 한 선량한 어머니를 위해서 씌어지기 시작했다. 처음에는 그저 몇 페이지에 불과한 〈수상록〉 정도로 계획했는데, 나도 모르게 그 주제에 이끌려 그 수상록이 하나의 저서가 되고 말았다. 내용면에서 부피가 너무 방대하다고 생각되지만, 소재로 볼 때에는 분량이 너무 적다. 이 책을 출판하기까지 나는 오랫동안 망설였다. 그리고 글을 써 나가면서도 나는 한 권의 책을 완성함에 있어 조금씩의 메모만으로는 충분하지 못하다는 사실을 깨달았다. 그러나 좀더 잘 쓰려던 헛된 노력 끝에, 일반 독자들에게 있는 그대로를 알리는 것이 중요하다고 판단되어서 씌어진 그대로 이 책을 출판해야겠다고 결정했다. 설령 내 의견이 잘못되었다 하더라도, 이로 인해 다른 사람들이 올바른 생각을 품게만 된다면 내가 쓸데없이 시간을 허비한 것은 아니리라고 생각했기 때문이다.

칭찬해줄 사람도 없고 변호해줄 동료도 없이, 또 사람들이 이 책에 관해 무슨 말을 할지도 모르는 채 은둔해 지내는 나로서는 책을 '세상'에 내놓더라도, 잘못된 점이 있음에도 불구하고 사람들이 그 잘못을 검토해보지도 않고 받아들이지나 않을까 하는 걱정은 할 필요가 없다.

나는 훌륭한 교육이 중요하다는 점에 대해 긴 말을 늘어놓지는 않겠다. 그리고 현재 실시되고 있는 교육에 잘못이 있다는 점을 증명하는 일에만 매달리지도 않겠다. 이런 일들은 이미 나보다 먼저 여러 사람이 해왔다. 그러니 나는 누구나가 알고 있는 사실로써 한 권의 책을 채우고 싶지도 않다. 단지 나는 아득히 먼 옛날부터 이미 있어 온 교육에 대해 다른 누구보다 나은 교육방법을 제시하지는 못하고 비난만 해왔다는 점을 지적해두고자 한다. 현대의 '문학'과 지식은 건설보다는 파괴로 기울어져 있다. 사람들은 군중심리에 편승하여 비난만 일삼기 때문이다. 그리고 대중의 이익을 목적으로 삼는 책이 수없이 많은데도, 모든 유익한 것 중에서도 우선적이어야 할 인격형성 기술은 아직까지도 간과되고 있다. 내가 다루고 있는 이 주제는 로크의 《아동교육론》이 나온 후에도 언제나 새로운 문제로 부각되어 왔지만, 내 책이 나온 후에도 여전히 그것이 새로운 주제로 남아 있어서는 곤란하다고 크게 걱정하고 있다.

사람들은 어린 시절을 이해하지 못한다. 어린 시절에 대한 그릇된 생각을 가질수록 더욱 방황하게 된다. 더욱이 현명한 사람들도 어린이들이 배워야 할 것이 무엇인가는 전혀 고려하지 않고 어른들이 알아야 할 것에만 마음을 쏟는다. 그들은 늘 어른이 되기 전의 어린이가 어떠했는가에 대해서는 생각조차 하지 않는다. 나의 모든 방법이 공상적이고 그릇된 것이라 할지라도, 사람들에게 이로움을 줄 수 있도록 하기 위한 이 연구는 바로 위와 같은 문제에 중점을 두었다. 이 때문에 나는 전혀 엉뚱한데에 초점을 맞췄을 가능성도 없지는 않다. 하지만 다루어야 할 주제에 관해서만은 옳게 보았다고 확신한다. 그러므로 여러분의 제자들이 더 잘 연구하는 것으로부터 시작하기를 바란다. 왜냐하면 여러분은 아무래도 정확하게 그들을 파악하지 못하기 때문이다. 따라서 여러분이 이러한 관점에서 이 책을 읽는다면, 여러분 자신을 위해서 이 책이 전혀 쓸모없다고는 생각되지 않을 것이다.

이 책에서 논하는 이른바 체계적인 요소라 할 수 있는, 자연에 따르라는 이 점이 바로 '독자'를 어리둥절하게 할 것이다. 또 이 때문에 사람들은 틀림없이 나를 공박할 것이다. 그리고 어쩌면 공박하는 사람들이 옳을지도 모른다. 사람들은 이 책을 읽다 보면 '교육론'이라기보다는 교육에 관한 어느 한 환상가의 몽상을 읽는 기분일 것이다. 그러나 그것은 어쩔 수 없는 일이다. 내가 쓰고 있는 것은 다른 사람들의 의견이 아닌 바로 나 자신의 의견인 것이다. 나는 다른 사람들과 전혀 다른 견해를 가지고 있다. 그 때문에 나는 오래 전부터 비난받아 오기도 했다. 그러나 내가 다른 사람들과 같은 관점을 가지고 다른 사람들의 의견에 동조해야만 하는가? 그렇지 않다. 다른 사람의 의견에 동의하지 않고, 다른 누구보다도 내가 더 현명하다고는 생각하지 않는 가운데 소견을 바꾸는 게 아니라 그 견해를 의심해 보는 것이 내가 할 일이다. 이것이 내가 할 수 있는 전부이고, 또 내가 하고 있는 일이다. 내가 때로 단정적인 태도를 취한다 해도, 그것은 '독자'에게 위압감을 주기 위해서가 아니라 나의 생각 그대로를 말하는 것뿐이다. 내가 전혀 의심하지 않는 것을 어찌 질문의 형태로 내놓을 수가 있겠는가? 나는 내 머릿속에 떠오르는 생각을 정확하게 말하는 것뿐이다.

그러나 내 견해를 자유로이 말한다고는 해도 나는 거기에 권위를 내세우려 하지는 않으며 또한 사람들로 하여금 따져보고 비판할 수 있도록 언제나 나의 견해에 여러 가지 논거를 달아놓겠다. 그러나 완강하게 나의 생각을 주장할 생각은 없지만, 나의 생각을 제시하는 데 있어 의무감을 느끼지 않는 것은 아니다. 왜냐하면 다른 사람들과 견해를 달리 하는 문제들이라는 것이 아무래도 좋은 성질의 것은 아니기 때문이다. 그야말로 진실인가 오류인가를 가려내는 것이 중요하고, 또 인류의 행복이나 불행을 좌우하는 그런 문제들이다.

사람들은 나에게 실현할 수 있는 일을 제안하라는 말을 자주 한다. 그것은 마치 사람들이 지금 행하고 있는 일을 실현하도록 제안하든가, 아니면 적어도 현존하는 악과 결합된 어떤 선을 제안하라는 것과 같은 뜻이 아닌가. 이러한 말은 어떤 경우의 문제에 있어서는 나의 계획들보다 한층 더 비현실적이다. 왜냐하면 이러한 결합 속에서도 선은 손상되고 악은 개선되지 못하기 때문이다. 선한 방법을 어중간히 취하기보다는 차라리 이미 실행되어 오는 방법에 전적으로 따르면 사람들도 그만큼 모순이 적게 될 것이다. 인간이란 상반되는 두 가지 목표를 동시에 성취할 수는 없는 법이다. 부모들이여, 실행할 수 있는 일이란 여러분이 하고 싶어하는 일이다. 여러분의 의지에 대해서까지 책임을 져야 한단 말인가?

대개 어떠한 계획을 세움에 있어 두 가지 고려해야 할 점이 있다. 첫째는 그 계획이 절대적으로 선해야 한다는 것이고, 둘째는 그 계획의 실천이 용이해야 한다는 점이다. 첫번째 문제에는 그 계획의 선이라는 기준을 사물의 본성에 둔다면, 제안된 교육이 사람에게 적합하고 인간의 마음에 맞으면 그것으로 족한 것이다.

두 번째로 고려된 것은 어떤 상황에 따라 주어진 여러 관계에 좌우된다. 그 관계들은, 이를테면 사물에 부수된 것으로서 필연적인 것은 아니며, 무한히 변화할 수 있는 것이다. 어느 형태의 교육을 스위스에서는 실행할 수 있는 반면 프랑스에서는 그럴 수가 없고, 또 어떤 교육은 평민 계급에서는 실행할 수 있는 반면 다른 교육은 '귀족층'에서라야 가능하게 된다. 그 실천이 어느 정도로 용이한가 하는 점은 갖가지 사정에 따라 다르기 때문에 여러 경우에 제각기 특별히 적용해보지 않고서는 달리 결정할 수 없게 되는 것이다. 그런데 이러한 각각의 적용은 나에게 있어서는 중요하지 않기 때문에 나의 계획 속에는 들어 있지 않다. 혹시 그럴 사람이 있어 뜻을 둔다면 각자의 '나라'나 혹은 '계급'에 일일이 방법을 적용해볼 수도 있을 것이다. 나로서는 다만 사람들이 태어난 곳이면 어디서나 내가 제안하는 대로 교육시킬 수 있으면

족하고, 또 그렇게 함으로써 사람들이 그들 자신과 남들을 위해 보다 최선의 노력을 다할 수만 있게 된다면 그것으로 족하다. 만일 그렇게 할 수 없다면 그것은 틀림없이 내 잘못이다. 하지만 내가 약속을 이행하게 된다면 사람들이 나에게서 더 많은 것을 요구하는 것 또한 잘못이다. 왜냐하면 나는 내 주장 이상의 것은 약속하지 않았기 때문이다.

1987. 3.

제 1 편

조물주가 만물을 창조할 때는 모든 것이 선이었다. 그러나 인간의 손이 닿으면 모든 것이 타락한다. 인간은 어느 한 땅에 다른 땅의 산물을 키우려 하고, 어느 한 나무에 다른 나무의 과실을 맺게 하려고 애쓴다. 인간은 풍토와 생활환경과 계절을 섞어서 뒤죽박죽이 되게 하며 자기의 개와 말과 노예를 불구로 만든다. 인간은 모든 것을 파괴하고 불구로 만들며, 기형과 괴물을 좋아한다. 인간은 무엇이든 자연 그대로를 좋아하지 않는다. 인간 자신에게 있어서도 마찬가지이다. 사람은 마치 훈련이 잘된 말처럼 자기의 기호에 맞게 길들여져야 하고 또 자신의 정원에 있는 나무처럼 자기 방식으로 만들어야만 직성이 풀린다.

하지만 이렇게라도 하지 않으면 모든 것은 더욱 나빠질 것이다. 그러므로 태어나면서부터 다른 사람들 사이에 혼자 방치된 사람들은 누구보다도 더욱 심한 불구의 인간이 될 것이다. 온갖 편견·권위·필요·부지중에 빠져드는 모든 사회 제도는 인간 속에 내재해 있는 자연성을 없애버리고, 그 대신 무엇으로도 우리를 메워주지 않을 것이다. 그것은 마치 길 한가운데 돋아난 나무와 같은 것으로서, 행인들의 발에 마구 짓밟히고 꺾여서 이내 죽어버리고 말 것이다.

자애롭고 앞을 내다볼 줄 아는 어머니여! 한길에서 몸을 피하여, 갓 자라난 나무를 인간의 여러 가지 편견의 피해로부터 지켜주는 어머니여! 그 어린 나무가 죽기 전에 물을 주고 가꾸시오. 그 결과 어느 날 갑자기 어린 나무는 당신의 큰 기쁨이 될 것입니다. 당신 아이의 영혼 주위에 일찌기 담을 쌓으시오. 그것은 다른 사람도 할 수 있겠지만, 오로지 당신만이 해야 합니다.

사람들은 식물을 재배하며 키워내고, 인간은 교육으로서 완성된다. 가령 사람이 크고 강하게 태어났다 해도, 그의 키와 힘은 쓰는 법을 배울 때까지는 아무 쓸모도 없을 것이다. 그것은 다른 사람들이 도와주려는 생각을 저해하기 때문에 오히려 그에게는 해로울 것이다. 이리하여 홀로 내버려진 그는 자기에게 필요한 것을 알기도 전에 곤궁으로 인해 죽고 말 것이다. 사람들은 어린 시절의 이러한 상태를 싫어한다. 하지만 만약 사람이 어린아이로부터 비롯되지 않았다면 인류는 멸망하고 말았으리라는 점을 사람들은 잊고 있는 것이다.

우리는 약하게 태어났으므로 힘을 필요로 한다. 우리는 빈손으로 태어났으므로 도움을 필요로 하며, 또한 우리는 어리석게 태어났으므로 판단력을 필요로 한다. 우리가 태어날 때 지니지 못한, 그러나 자라면서 필요로 하는 이 모든 것은 교육에 의해서 얻게 된다.

이러한 교육은 자연이나 사람이나 사물에서 얻어지는 것으로서 우리가 지닌 능력과 기관의 내적인 발전은 자연이 주는 교육이다. 이 발달을 이용하는 방법을 우리에게 가르쳐주는 것은 인간에 의한 교육이다. 우리에게 영향을 미치는 갖가지 사물에 대해 우리들 자신의 경험에 의해 얻게 되는 것은 사물들로부터 오는 교육이다.

그러므로 우리는 누구나 자연 · 인간 · 사물, 이 세 스승에 의해서 교육된다. 이 세 가지의 각각 다른 가르침이 서로 모순된다면 제자는 그릇된 교육을 받을 것이며, 그리하여 그 제자는 결코 자기 자신과 조화를 이루지 못할 것이다. 그와 반대로 이 세 교육이 모두 일치되어 같은 목표를 지향할 때, 그 학생은 자기 목표를 향해 정진할 수 있고 그 결과 원만한 삶을 살아가게 된다.

그런데 이 세 가지 다른 교육 중에서도 자연의 교육은 우리의 힘으로도 어떻게 할 수 없는 것이다. 또한 사물들의 교육도 어떻게 보면 우리 힘으로 좌우할 수 있다. 이렇게 보면 인간의 교육만이 우리의 의도대로 다루어지는 것이다. 그러나 이것도 가정에 의한 이론일 뿐이다. 왜냐하면, 한 어린아이를 둘러싸고 있는 모든 사람들의 언행이 완전히 일치할 수 있다고 누군들 기대할 수 있겠는가?

그러니 교육을 하나의 기술이라 단정해 버리면 그 교육이 성공을 거둔다는 것은 거의 불가능하다. 왜냐하면 교육의 성공에 필요한 세 가지 협력이란 것은 인간의 힘이 미치지 않는 것이기 때문이다. 우리가 갖가지 배려에 힘입어 그나마 이룩할 수 있는 일이란 어느 정도 목표에 가까워질 수 있다는 것뿐이며, 목표에 이른다는 것은 행운일 따름이다.

그 목표란 무엇인가? 그것은 자연성을 회복하는 것이다. 이것은 이미 증명한 그것이다. 교육의 완성을 위해서는 세 가지 교육의 협력이 필요불가결하다. 그러므로 나머지 두 가지 교육은 우리의 힘이 미치지 못하는 자연의 교육에 따라야 한다. 그런데 이 자연이란 말의 의미가 너무 광범위한 듯하므로 그 뜻을 여기서 분명히 밝힐 필요가 있다.

자연은 습관에 불과하다고 말하는 사람이 있다. 이 말은 무엇을 뜻하는가? 강제적으로 익혀야만 몸에 배는, 그러면서도 절대로 자연을 눌러 없애지 않는 그런 습성들은 없을까? 이를테면 수직 방향으로 성장하기를 방해당하고 있는 식물의 습성이 그것이다. 자유롭게 하여 성장을 계속하면 그러한 식물은 또다시 곧게 자랄 것이다.

이러한 사정은 인간의 경우에도 마찬가지이다. 같은 상태에 머물러 있는 한 인간은 습관에서 생긴 부자연한 성향을 그대로 지니게 된다. 그러나 상황이 바뀌는 순간 그 습성은 곧 그치고 다시 자연성이 되돌아온다. 이와 같이 교육이란 확실히 그 자체의 습관에 불과하다. 그런데 자기가 받은 교육을 잊어버리거나 잃어버리는 사람들이 있는 반면, 그것을 잘 지켜 나가는 사람들도 있다. 이러한 차이는 어디에서 오는 것인가? 만약 자연이란 말을 자연에 부합된 습성의 뜻으로만 한정시킨다면 우리는 더 이상 얘기할 필요가 없을 것이다.

우리는 출생하면서부터 감성을 가지고 태어난다. 또한 출생하자마자 우리를 둘러싸고 있는 사람들로부터 여러 가지 방법으로 영향을 받는다. 우리가 감각을 의식하자마자 그 감각을 만들어낸 사물들을 추구하거나, 아니면 피할 생각을 하게 된다. 그러면 우선 그 감각이 유쾌한가 불쾌한가, 다음에는 사물과 우리 사이에 적합한 것이 있는가 없는가, 그리고 마지막으로는 이성이 우리에게 주는 행복 혹은 안정성이라는 관념에 비추어 우리가 어떠한 판단을 내리느냐 하는 기준이 된다. 이러한 성향은 우리의 감성이 발달하고 이성이 성장함에 따라 그 폭이 넓어지고 굳어지게 된다. 그러나 우리의 편견에 의해서 어느 정도 변질된다. 나는 그 변질 이전의 성향들을 우리에게 내재해 있는 자연이라 부르고 있다. 따라서 모든 것은 그 본래의 성향으로 되돌려져야 한다. 그리고 우리의 세 가지 교육이 서로 다르기만 할 뿐이라면 이 일도 가능하겠지만 그 교육들이 서로 모순될 때는 어떻게 할 것인가? 한 인간이 그 자신이 아닌 남을 위해 교육하려 할 때는 어떻게 하면 좋을까? 그때는 세 가지 교육의 일치란 불가능하다. 자연이나 사회 제도와 싸우지 않을 수 없으므로 한 인간을 만들어내든지 아니면 한 시민을 만들어내든지 어느 한 쪽을 택해야만 한다. 왜냐하면 양자를 한꺼번에 만들어낼 수는 없기 때문이다.

부분적인 모든 사회는, 긴밀하게 밀착되어 단결이 잘될 경우에 큰 사회로부터 떨어져 나간다. 애국자는 외국인에 대해서 냉혹하다. 외국인이란 애국자의 눈으로 볼 때 한낱 사람에 불과하다. 이러한 결함은 불가피한 것이나 대수로운 것은 아니다. 가장 중요한 일은 이웃 사람들에게 친절을 베푸는 일이다. 스파르타 사람들은 외국인에게는 야심적이고 욕심이 많으며 불공평했지만, 그들의 성벽 안에서는 무욕(無慾)과 공정과 화합이 그들을 지배하고 있었다. 세계주의자를 신용해서는 안 된다. 그들은 가까운 사람들에 대한 의무를 경시하고, 책 속의 의무를 구하려고만 한다.

자연인은 자신에 대하여 그 자신이 전부이다. 그는 자기 자신이나 자기와 닮은 사람하고만 관계를 갖는 단위수이며 절대 정수이다. 사회인은 분모와 관계하는 분자에 불과하며, 그 가치는 사회라는 전체와의 관계에 의해 좌우된다. 좋은 사회 제도란 인간에게서 자연성을 빼앗아 그 절대적 존재를 박탈하고 그 대신 상대적 존재를 부여함과 동시에 '자아'를 사회라는 단일 공동체 속에 옮길 수 있는 것을 말한다. 그런 까닭에 각 개인은 자신을 하나의 인간으로 생각하지 않고 통일체의 일부분인 것 이외에는 아무것도 느끼지 못하게 된다. 스파르타 사람 파다레트는 3백 명으로 구성된 의회의 의원이 되고자 했으나 선출되지 못했다. 그러나 그는 스파르타에 자기보다 훌륭한 사람이 3백 명이나 있다는 사실을 알고는 기꺼이 돌아섰다. 이것이 곧 시민이다. 다섯 아들을 군대에 보낸 스파르타의 한 부인이 전투 소식을 기다리고 있었는데, 그 무렵 한 노예가 도착했다. 부인은 초조해서 전쟁의 소식을 묻는다. "아드님 다섯 분은 전사했습니다." 그때 여인은 "바보 같은 녀석아, 그걸 묻는 것이 아니다." "우리 편이 승리했습니다."하는 말에 그 어머니는 신전으로 달려가 신들에게 감사를 드린다. 이것이 바로 여자 시민의 태도이다.

사회질서 속에서 자연 감정의 우위를 계속 고수하려는 사람은 자기가 무엇을 원하는지 모른다. 그런 사람은 언제나 자기 자신과 모순되며 항상 자신의 취향과 의무 사이를 방황하며 인간도 시민도 되지 못한다. 이러한 사람은 자신을 위해서나 남을 위해서 필요한 사람이 되지 못한다. 그러한 사람은 오늘날 우리가 흔히 볼 수 있는 그런 사람인 것이다.

무언가가 되기 위하여, 즉 자기 자신이 되고 한 사람의 인간이 되기 위해서는 말과 행동이 일치해야 한다. 항상 자기가 취해야 할 태도를 확실히 결정하여 언제나 일관성있게 추진해 나가야 한다. 나는 누군가가 비범한 일을 보여 주기를 기대한다. 그것은 그가 인간이나 시민, 혹은 동시에 양자가 되기 위해 어떻게 행동해야 할지를 알고 싶어서이다.

이 필연적으로 상반되는 목적으로 인해 반대되는 두 개의 교육 형태가 나온다. 즉, 공적인 공공교육과 개인적인 가정교육이 그것이다.

공공교육의 개념을 알고자 한다면 플라톤의《국가론》을 읽어보라. 이 책은 정치에 대한 저술이 아니다. 이 책은 오늘날까지 씌어진 교육론 중에서 가장 훌륭한 책이다.

이상국가를 논함에 있어서는 플라톤의 국가 제도를 들 수 있다. 만일 리쿠르구스가 그의 제도를 글로만 써두었다면 나는 그쪽이 훨씬 더 이상적이라고 생각한다. 플라톤은 인간의 마음을 정화시켰을 뿐이지만, 리쿠르구스는 인간의 자연성을 변질시킨 것이다. 공공교육은 존재하지도 않거니와, 또 존재할 수도 없다. 왜냐하면 국가가 없다면 시민도 존재할 수 없기 때문이다. 그렇게 되면 조국과 시민이라는 두 단어는 현대어에서 삭제될 것이다. 그렇지만 이유를 말하고 싶지는 않다. 그것은 나의 주제와는 아무런 상관이 없기 때문이다.

나는 사람들이 '학교'라고 부르는 제도를 사회교육 기관이라고는 생각하지 않는다. 또한 세상의 어떠한 교육에도 나는 관심이 없다. 왜냐하면 그 교육들은 상반된 두 개의 목적을 추구하면서도 양자를 모두 놓치기 때문이다. 이러한 교육은 항상 모든 이익을 타인에게 주려는 것 같지만, 자신의 이익밖에는 생각지 않는 이중인간을 만들 뿐이다. 그런데 이러한 위선은 공통적인 것이므로 아무도 속이지 못한다.

우리들이 끊임없이 내부에서 겪는 갈등은 이러한 이유 때문이다. 우리는 자연과 인간 양쪽에 의해 상반되는 길로 이끌리고, 그리하여 여러 다른 충격 사이에서 필연적으로 모순이 드러나서 그 어느 목표에도 도달하지 못하는 것이다. 이와 같이 해서 우리들은 일생 동안 시달리고 방황하며 자신과의 조화를 이룰 수도 없고, 또 자신이나 남들을 위해 아무것도 보지 못한 채 일생을 마치는 것이다.

그러니 가정교육과 자연교육만이 마지막으로 남은 셈이다. 하지만 자신을 위한 교육을 받은 한 인간이 남들을 위해서 무슨 일을 할 수 있을까? 만일 자기가 뜻하는 두 가지 목적이 하나로 일치될 수 있다면, 인간의 진정한 행복을 가로막는 큰 장애물도 제거할 수 있을 것이다. 그러므로 인간을 판단하려면 완전한 그의 모습을 보아야만 한다. 그의 성향을 관찰하고 그의 진보과정을 살펴보아야 할 것이다. 즉 자연인을 알아야만 할 것이다. 나는 사람들이 이 글을 정독해야만 이러한 연구에 있어서 얼마간의 진전을 보게 되리라 믿는다.

이처럼 모순되지 않은 인간을 만들기 위해서 우리는 분명히 할 일이 많을 것이다. 즉 자연 상태를 유지하도록 하는 일이 그것이다. 거센 파도 속에서 배가 제자리에 머물려면 닻을 내리고서 닻줄이 풀리지 않고 닻이 끌려가지 않도록, 또 모르는 사이에 배가 멀리 가지 않도록 조심해야 한다. 사회질서 안에서는 모든 자리가 정해져 있어 각자가 자기의 위치에 맞도록 교육을 받게 되어 있다. 그러므로 만일 자기 위치에 맞게 교육된 개인이 자리를 떠나면, 그는 아무 소용도 없게 되는 것이다. 교육은 자기의 운명이 부모의 천직과 일치될 경우에만 유용하다. 이집트에 이런 교육이 있어 아들이 반드시 아버지의 직업을 따라야 했지만, 위치가 끊임없이 바뀌는 우리 사회에서는, 자기 아들을 자기 위치에 적합하도록 교육시킨다면 오히려 아들에게 방해가 된다 해도 과언이 아니다.

사람들은 자연의 질서 안에서는 모두 평등하다. 그렇기 때문에 인간이 되도록 훌륭한 교육을 받은 사람은 누구든 인간과 관계있는 일들을 제대로 해낸다. 내 제자가 군인이 되든 성직자가 되든 혹은 변호사가 되든 내게는 상관없는 일이다. 직업을 따르기 전에, 자연은 우선 그들이 인간이 되기를 원한다. 살아가는 것, 그것이 내가 그에게 주고 싶은 직업인 것이다. 내 손에서 떠날 때, 그는 법률가도 군인도 또는 신부도 아닌 무엇보다 인간이기를 바란다. 운명이 아무리 그의 지위를 바꾸려 해도 그는 언제나 자기 자리에 있을 것이다.

우리들이 시급히 배울 것은 인간 조건에 대한 공부이다. 나는 우리들 중에서 인생의 선한 일과 악한 일들을 분명히 구별할 줄 아는 사람이 가장 훌륭한 교육을 잘 받은 사람이며, 진정한 교육은 교훈보다는 훈련이라고 본다. 우리는 살기 시작하면서부터 배운다. 우리의 교육은 인생과 함께 시작된다. 그러므로 우리들의 최초의 스승은 유모이다. 이 '교육'이라는 말은 옛 사람들 사이에서는 젖을 주어 기른다는 뜻이었고, 오늘날과는 의미가 다른 것이다.

양육·훈육·교육은 마치 유모와 가정교사와 스승의 경우처럼 다르지만, 좋은 교육을 받으려면 한 사람의 지도자만을 따라야 한다.

그러므로 우리는 보는 눈을 일반화해야 하고, 우리의 제자 속에서 추상적인 인간, 즉 인생에 있어서 모든 위치에 처해 있는 인간을 고찰해야 한다. 만일 사람들이 어떤 한 나라에만 국한하여 태어났다면, 같은 철이 1년 내내 계속되고 바꿀 수 없는 절대적인 한 운명에만 매달려 있다면, 종래의 교육 방법도 어느 점에서는 좋을지 모른다. 자기의 신분에 맞도록 교육을 받은 아이는 결코 그 신분을 벗어나는 일이 없을 것이기 때문에, 자신과 다른 신분의 어려운 문제에 처할 염려도 없을 것이다. 그러나 가변적인 세상사를 생각하고, 또 세대가 바뀔 때마다 모든 것이 뒤집혀지는 금세기의 불안하고 동요하는 정신을 생각할 때, 어린아이가 절대로 자기의 문 밖으로 나가지 않고 항상 하인들에게 둘러싸여 있어야 한다는 생각으로 유아를 교육시키는 것만큼 어리석은 교육 방법을 생각할 수 있겠는가? 이렇게 인간은 만일 바깥 땅에 한 걸음 또는 한 계단만 내려서도 파멸하고 말 것이다.

사람들은 자기 아이를 지킬 생각만 하는데 이것만으로는 불충분하다. 그 아이가 어른이 되었을 때 자신을 지킬 수 있도록, 운명의 타격을 견딜 수 있도록, 때로는 아이슬란드의 얼음 속이나 말타 섬의 뜨거운 바위 위에서도 살 수 있도록 교육시켜야 한다. 사람들은 아이가 죽지 않도록 매우 조심하지만 소용없는 일이다. 그 아이도 언젠가는 죽을 것이다. 그러므로 죽음으로부터의 도피를 가르치기보다 아이를 살게 해주는 것이 중요하다. 산다는 것은 숨쉬는 일이 아니라 활동하는 일이다. 우리의 기관 · 감각 · 기능, 즉 우리가 생존해 있음을 의식하게 해주는 우리의 모든 부분을 활용하는 일이다. 가장 장수한 사람은 가장 오랫동안 산 사람이 아니라, 삶을 가장 굳세게 살아온 사람이다. 그런 사람은 낳자마자 죽었다 해도 장수를 누린 것과 같다. 고령에 이르도록 살기만 했다면, 이러한 사람은 일찍 죽는 게 나을 것이다.

우리의 문명인은 노예 상태에서 태어나고 또한 죽는다. 우리의 모든 습관은 굴종과 속박과 강제에 불과한 것이다.

어떤 산파들은 갓난아기들의 머리를 인위적으로 주물러서 그 형태를 더 이상적인 모양으로 만들겠다고 고집하는데, 세상 사람들은 그런 일을 묵인하고 있는 것이다. 우리들의 머리는 조물주의 솜씨 그대로는 안 좋을지도 모른다. 그러니 머리의 외형은 산파들이 만들고, 내부는 철학자들에 의해 이루어져야 한다.

"아이가 어머니의 태내에서 나오자마자, 또는 몸을 움직이고 손발을 움직일 수 있는 능력을 갖게 되면 사람들은 아이에게 새로운 속박을 가한다. 사람들은 아이에게 유아복을 입히고, 머리를 고정시켜 뉘고, 두 다리를 뻗고 두 팔을 옆구리에 늘어뜨리고 눕게 한다. 아이는 온갖 천에 둘둘 싸여서 몸을 움직일 수 없게 된다. 숨이 막힐 정도로 죄어지지만 않고, 또 입으로 나와야 할 침이 저절로 흘러내릴 수 있도록 옆으로 뉘어 주기만 해도 다행인 것이다. 왜냐하면 그 아기에게는 침이 수월하게 나올 수 있도록 옆으로 돌릴 자유도 없기 때문이다. 그토록 오랫동안 웅크리고 있었던 무감각 상태에서 그것들을 풀어내 주기 위해 갓난아기의 팔다리를 펴주는 것은 사실이지만, 여전히 움직이지도 못하게 한다. 머리에까지도 모자를 씌우는 것이다. 마치 아기가 살아 있는 것처럼 보일까봐 두려워하는 것 같이."

이렇게 해서 발육하려는 신체 내 각 부분의 충동은 자라는 데 필요한 운동을 하려 할 때 피치 못할 장애를 겪게 된다. 어린아이는 저항을 계속하다가 발육이 늦어진다. 어린아이는 포대기 속보다는 모래집 속에 있을 때가 오히려 자유스러운 셈이 된다.

아이의 팔다리를 움직이지 못하게 수건이나 포대기에 싸두는 것은 혈액과 체내 분비액의 순환을 방해하고, 튼튼하게 성장하는 것을 막을 뿐이다. 자유로이 운동을 시킴으로써 불구자가 될까 두려워 아기를 싸둔다면 오히려 꼽추·절름발이·안짱다리·관절병자 등 온갖 불구자가 속출할 것이다. 몸을 자유로이 움직이면 기형아가 될까 염려해서 몸을 죄어줌으로써 오히려 기형이 되게 하는 것이다. 불구자가 되는 것을 막으려다가 아기의 몸을 못쓰게 만드는 결과를 초래한다. 이토록 잔인한 속박은 아기들의 기질과 체질에 해를 미치는 것이다. 아기들이 마음속에 최초로 느끼는 것은 고통과 괴로움이다. 아기들은 그들이 필요로 하는 모든 동작에서 장애물들만을 발견할 뿐이다. 아기들이 내는 첫 소리는 울음이며, 그 마음속에서 최초로 일어나는 감정은 고통의 감정이다. 아기들이 여러분에게서 받는 첫 선물은 부자유스러운 고통이며, 자유로운 것은 목소리밖에 없으니 목소리를 사용하여 불만을 털어놓는 것이다.

이렇게 부조리한 습관은 어디서 비롯된 것인가? 그것은 부자연스럽게 변질된 습관 때문이다. 자신의 첫번째 의무를 소홀히 한 어머니들이 이제 아이를 직접 기르지 않게 되면서부터 아기들은 유모에게 맡겨졌으며, 낯선 아기의 어머니가 된 유모들은 자연히 맺어주는 혈육의 정이 없이 단지 수고를 덜 생각만 하는 것이다. 그러므로 잘 묶어두면 울음 소리에 시달리지 않고도 한구석에 놓아둘 수 있다. 젖먹이의 팔다리가 부러지지만 않는다면 아기가 죽거나 병신이 되거나 상관이 있겠는가? 아기의 몸이야 어찌되었건 손과 발만 온전하면 무슨 일이 발생해도 유모에겐 죄가 없다는 것이다. 자기 아이들로부터 해방되어 도시의 환락에 빠져 있는 저 상류 가정의 어머니들은 강보에 싸인 자기 자식이 어떤 대접을 받고 있는지 알고 있을까? 유모는 조금만 성가시게 굴어도 아기를 헌 옷꾸러미처럼 목에 매달아놓아 이 불쌍한 아기는 계속 그렇게 못박혀 있게 된다. 이렇게 해놓고 유모는 아기가 조용한 상태라고 생각하고 유유히 자기의 일을 하는 것이다. 이런 상태에서 발견된 아기들은 모두가 보랏빛 얼굴을 하고 있었다. 가슴이 짓눌려서 혈액순환이 제대로 이루어지지 않은 결과 피가 머리로 돌기 때문이다. 소리지를 기운조차 없는 이런 상태에서도 아기가 목숨을 유지할 수 있을지는 모르지만, 과연 그게 오래 갈 수 있을지 의심스럽다.

자유롭게 버려둔 아이들은 나쁜 자세를 취할 수도 있으므로 정상적인 발육을 해칠지 모른다고 말하는 사람도 있다. 하지만 이것이야말로 우리들의 그릇된 생각인 것이다. 우리보다 더 지각있는 국민들 중에는 수많은 아이들이 더욱 자유스럽게 길러졌지만, 다치거나 불구가 된 아이라곤 단 한명도 없다. 어린아이들은 운동을 하는 데 있어 위험할 정도로 힘을 가하지 못하는 것이다.

우리는 아직 개나 고양이 새끼를 강보로 싸서 기르려고 생각한 적은 없지만, 내버려두었다 해서 그것들에게 불편한 일이 생긴 적은 없다. 아기들 몸이 더 무겁지만, 그러나 몸무게에 비해서 그들은 약하다. 아기들은 겨우 움직일 정도이다. 그런데 자기 몸을 다치겠는가? 똑바로 엎어둔다면 아기들은 몸을 뒤집지도 못하고 죽고 말 것이다.

부인들은 아기에게 젖을 먹이지 않는 것은 물론 아이를 낳으려는 생각까지도 그만두었다. 그것은 당연한 결과이다. 여자들은 어머니가 되는 일로부터 해방될 방법을 찾아낸 것이다. 그녀들은 언제고 다시 사용해야 할 기능을 쓸모없는 것으로 바꾸어버린 것이다.

인류의 번식을 위해 주어진 매력을 악용하고, 그 결과 인구 감소의 원인과 도덕을 모르는 극도의 타락에 빠지게 될 것이다.

부인들의 의무는 명백하다. 아기를 생모의 젖으로 기르든 남의 젖으로 기르든 마찬가지가 아니냐고 말하는 사람들이 있는데, 이것은 의사들이 판단할 문제지만, 내가 보기에는 문제가 여자들이 바라는 대로 귀결되는 듯하다. 더구나 무슨 병이 있는 어머니의 젖보다는 건강한 유모의 젖을 먹이는 것이 아기에게 오히려 낫다는 생각이 들기도 한다.

그러나 이 문제는 육체적인 면으로만 생각할 성질이 아니다. 엄마가 먹이기를 거절하는 젖이란 딴 여자들이나 짐승들도 아기에게 줄 수 있는 것이다. 그것은 어머니의 정성은 무엇으로도 대신할 수 없기 때문이다. 좋은 유모라 하더라도 그렇게 되기까지는 많은 시간이 걸릴 것이다. 우선 습관에 의해 천성을 고쳐야 할 것이다. 더욱이 그 유모가 어머니로서의 애정을 갖기까지, 제대로 보살피지 못한 이는 심한 곤경을 무수히 겪게 될 것이다.

유모가 어머니로서의 애정을 가지고 있다 해도 민감한 여자라면 남에게 자기 아기를 기르게 할 용기가 없어질 것이다. 그것은 어머니의 권리를 나누어 갖거나 아니면 보다 더 그 권리를 양보해야 하기 때문이고, 자기 아이가 자신보다 딴 여자를 더 사랑하는 것을 보게 되기 때문이다. 자기의 양어머니에 대한 애정이 일종의 은혜라면, 애정이야말로 의무라는 것을 깨닫게 되기 때문이다.

이러한 폐단을 없애는 방법은 유모들을 노비처럼 취급하여 아이들에게 유모에 대한 멸시감을 환기시키는 일이다. 유모들이 할 일을 끝내면 그들에게서 아기를 데려오거나 유모를 내보낸다. 그리고 유모를 푸대접하여 그녀가 젖먹이를 보지 못하도록 막아버린다. 그렇게 몇 해가 지나면 아이는 유모의 얼굴마저도 기억하지 못할 것이다. 유모의 자리를 대신해서 자신의 태만을 합리화시키려는 어머니의 잔인한 행동은 잘못을 범하고 있는 것이다. 그러한 어머니는 젖먹이를 다정한 아들로 기르는 것이 아니라 배은망덕한 아이로 키우게 된다. 자신을 키워준 유모를 업신여기듯이, 자기를 낳아준 어머니도 언젠가는 무시하도록 가르친다는 것이다.

유익한 문제들을 아무리 되풀이하여 강조해도 헛수고라는 생각이 들지는 않는다. 이런 일은 상상 외로 많은 일과 관련되어 있다. 여러분은 먼저 어머니로서의 의무부터 시작하기 바란다. 그러면 여러분은 여러분이 이끌어내는 변화에 놀랄 것이다. 모든 문제는 이 최초의 타락, 즉 모친의 의무의 타락에서 잇따라 발생한다. 모든 도덕적 질서가 약하게 변질되고, 사람들은 아이들과 같이 있지 않는 어머니를 존경하지 않는 것이다. 그러한 가정에는 습관이 혈연 관계를 굳게 다지지도 못한다. 그렇게 되면 아버지와 어머니, 또는 아이들과 형제자매도 이미 타인처럼 되어간다. 그러나 어머니가 그 자식들을 손수 키운다면 예의범절이 저절로 갖추어지고 모든 사람의 마음속에서는 자연의 감정이 다시 되살아날 것이며, 모든 것을 다시 결합시켜줄 것이다. 가정 생활의 매력은 나쁜 사회 풍속에 대한 가장 좋은 치료제로서, 귀찮게 생각되는 아이들의 법석은 유쾌하게 들릴 것이다. 부부는 그 애정이 더욱 두터워질 것이며 그들 사이에 부모로서의 유대가 더욱 돈독해질 것이다. 가정이 활기를 띠면 아내는 생활에 신경을 많이 쏟게 되며, 남편에게는 그것이 최대의 즐거움이 된다. 그러므로 이 한 가지 병폐만 고치면 곧 전반적인 개혁이 이루어지게 되며 자연은 모든 권리를 회복할 것이다. 여자들이 일단 어머니로서의 의무를 충실히 하면, 남자들도 이내 아버지 또는 남편으로 되돌아갈 것이다.

그러나 세속적인 쾌락에 권태를 느꼈다 해도 사람들은 이러한 설교에 결코 귀를 귀울이지 않을 것이다. 여자는 어머니가 되기를 주저하고 다시는 어머니가 되기를 바라지도 않을 것이다. 즉 오늘에 와서는 이와 반대의 관습이 굳어져 어머니의 본보기를 보여줄 여자나 그를 따를 여자가 없을 뿐만 아니라, 그러한 제도를 반대하는 여성들의 빗발치는 반대에 봉착해서 싸워야만 하기 때문이다.

그래도 때로는 여성들의 비난을 무릅쓰고 자연이 그들에게 준 그 숭고한 의무를 용감하게 수행하고 있는, 착한 천성을 지닌 젊은 여성들을 볼 수가 있다. 의무에 충실한 여성들이 맛보는 행복의 매력에 이끌려 그러한 시범에 따르는 여성들의 수효가 점점 늘어나기를 바란다.

어머니가 존재하지 않는다면 자식도 없다. 모자간의 의무는 상호적인 것이어서, 한쪽에서 덜 이행되면 다른 쪽도 소홀해진다. 아이는 어머니를 사랑해야 한다는 것을 알기 전부터 어머니를 사랑해야 한다. 혈육의 정도 본능적인 보살핌으로 강화되지 못하면 낳은 지 몇 해 못 가서 사라지는 것이다. 즉 사랑도 싹트기 전에 이미 죽게 마련이다. 이렇게 해서 우리는 인생의 시작에서부터 자연을 벗어나게 된다.

그런가 하면 이와는 반대로 자연을 벗어나는 교육을 하는 경우도 있다. 이것은 어머니가 자식을 소홀히 하는 것이 아니라, 반대로 지나치게 보살피는 경우이다. 그럴 때는 자식을 우상으로 여기기 쉽고, 아이에게 자기의 약함을 감추다가 오히려 더욱 연약하게 만드는 경우이다. 그리고 또 그것은 일시적인 불편으로부터 아이를 보호하려다가 오히려 그 아이의 장래에 큰 사고와 위험들을 키우는 경우, 또 어릴 때의 연약함을 연장하여 그 아이가 어른이 되었을 때 얼마나 우매한 인간이 될지를 생각하지 않고서 아이를 자연의 법칙에서 빼돌리기 위해 괴로운 일들을 못하게 하는 경우이다. 그리스 신화에 의하면 테티스는 아들을 불사신으로 만들기 위해 지옥의 강물 속에 던졌다고 한다. 이 비유는 아름답고 명쾌하다. 그러나 잔인한 어머니들은 그와는 다르다. 그들은 자신의 아이들을 나약한 상태에 방치해 둠으로써 고통을 주고 있는 것이다.

자연을 보라. 그리고 자연이 가르치는 대로 따르라. 자연은 갖가지 시련으로 아이들을 단련시키고 일찍부터 고통이 무엇인지를 가르쳐준다. 솟아나는 이〔齒〕들은 그들에게 열을 주고 심한 복통은 경련을 일으킨다. 오랜 기침은 숨을 막히게 하고 벌레들이 그들을 괴롭힌다. 아이들은 태어나자마자 갖가지 병에 걸려 이들의 절반 정도가 여덟 살 전에 죽고 만다. 이런 고통을 이겨내는 아이들의 몸에는 저항력이 생겨 생명력을 발휘할 수 있게 되며, 그리하여 생명의 근원은 확고해진다. 이것이 곧 자연의 법칙이다. 왜 여러분은 이러한 자연법칙을 따르지 않는가.

여러분이 이 법칙을 바꾸려는 생각은 자연을 파괴하고 방해하는 행동이다. 자연이 내부에서 하는 일을 그대로 외부에 적용하는 것이 여러분 생각으로는 위험을 가중시키는 것이라고 하겠지만, 사실은 그 반대로 위험을 줄여서 약하게 하는 것이다. 매우 소중하게 기른 아이들이 그렇지 않은 아이들보다 사망률이 높다는 것을 우리는 경험을 통해 알고 있다. 너무 과격하지 않은 한도 내에서 언젠가는 겪을 위험을 대비하여 아이들을 단련시켜라. 계절·풍토·변화 등 많은 환경에 대비해서 아이들의 몸을 단련시켜라. 굶주림과 갈증과 피로에 대비해서, 지옥의 강물에 아이들을 담그라. 한 번 습성이 굳어지기 전에는 어떠한 습성을 길러주어도 그들에게 위험은 없다. 그러나 신체에 습성이 굳어진 성인은 모든 변화가 위험한 것이 된다. 이와 같이 어린이는 생명이나 건강을 위태롭게 하지 않고도 강하게 만들 수 있으므로, 다소의 위험부담이 따르더라도 주저해서는 안 될 것이다. 우리가 살아가는 데 그것들이 피할 수 없는 위험이라면, 일생에서 피해가 가장 적은 기간에 위험을 겪게 하는 편이 나을 것이다.

인생이란 해를 더해 감에 따라 점점 더 값진 것이 된다. 아이가 지닌 본래의 가치에 그 아이에게 베푼 여러 보살핌의 값이 더해지는 것이다. 그러므로 아이의 생명을 보호하는 데 주의를 기울이는 경우에 있어서도 특히 그 미래의 일을 생각하지 않으면 안 된다. 청년기에 이르러 병에 걸리지 않도록 사람들은 아이를 무장시켜야 한다. 왜냐하면 생명의 가치란 그것을 유용하게 쓸 수 있을 때까지 증가하는 것이라고 가정한다면, 어릴 때 고생을 덜하게 해주어 철들 나이에 고통을 증가시킨다는 것은 어리석은 짓이기 때문이다.

끊임없이 고뇌하는 것이 인간의 운명이다. 자기의 생명을 보존하려는 노력 자체가 고통인 것이다. 어린 시절에 육체적 고통밖에는 모르고 산 사람이야 말로 얼마나 행복한가! 다른 고통에 비하면 육체적 고통은 견디기 쉬워, 육체적 고통 때문에 삶을 포기하는 경우는 극히 드물다. 절망을 낳는 것은 정신적 고통인 것이다.

아이는 태어나면서부터 울기 시작한다. 사람들은 울음을 달래려고 흔들어도 주고 얼러주기도 하지만, 때로는 울음을 그치게 하기 위해 꾸짖거나 때리기도 한다. 또 우리는 아이의 기분을 맞추기도 하고, 혹은 우리 기분에 맞추도록 아이에게 요구하기도 한다. 우리가 그들의 변화에 따르거나, 아니면 그들을 우리의 기분에 따라오도록 강요하는 것이다. 그러므로 아이는 명령을 하든지 아니면 명령을 받아야만 하게 된다. 그래서 아이가 갖는 최초의 관념은 지배와 복종이다. 가끔 아이는 과실을 깨닫기 전에 벌을 받는다. 이렇게 해서 우리는 일찍부터 어린 가슴에 편견을 심어주고는 그것을 자연 탓으로 돌리고, 또 아이를 고약하게 만들어놓고 나서 고약해졌다고 불평하는 것이다.

이런 식으로 아이는 여자들의 변덕과 자신의 변덕의 희생물이 되어서 여자들 손에서 6, 7년 동안 양육된다. 그리고 아이에게 이것저것을 배우게 하는데, 이를테면 이해도 못하는 말이나 아무 소용도 없는 것들을 기억 속에 가득 채워 주고서, 또 인위적으로 넣어준 편견으로 자연성을 없애고 나서야 어른들은 이 인위적인 인간을 가정교사의 손에 넘겨주는 것이다. 그러면 가정교사는 자신을 알게 하고 자신을 이용하는 일과, 살아가는 법과 행복해지는 법을 가르치는 일은 젖혀놓고, 모든 좋지 못한 것을 아이에게 가르친다. 그리하여 결국 노예이자 폭군이며, 육체와 정신이 고루 박약하게 된 이 아이는 세상에 뛰어들어 무능과 오만과 모든 악덕을 행함으로써, 사람들로 하여금 인간의 비참함과 사악함을 탄식하게 하는 것이다. 이것은 잘못이다. 이것이 바로 우리의 잘못된 생각이 만들어낸 인간이다. 자연인은 이와는 다른 형태로 만들어진다.

여러분은 어린이가 그 본래의 모습을 간직하기를 바라는가? 그러기 위해서는 어린아이가 태어나는 순간부터 자연의 모습을 보존하도록 보살펴주어야만 한다. 그리고 태어나면서부터 어른이 될 때까지 아이의 곁을 떠나지 말라. 그렇게 하지 않으면 여러분은 결코 성공하지 못하리라. 가장 훌륭한 유모가 어머니인 것처럼, 참된 교사는 아버지이다. 부모는 교육 방법이나 그 기능에 있어서 일치해야 한다. 아이는 어머니의 손에서 아버지의 손으로 옮겨져, 분별있는 아버지로부터 교육을 받게 되는 것이다.

그러나 아버지로서의 여러 가지 일과 의무들 중에서도, 아버지로서의 의무가 가장 중요한 것이다. 하기야 자식에게 젖을 주어 기르기를 싫어하는 여자의 남편이, 자식 교육시키는 일을 싫어한다는 것은 어쩌면 당연한 일인지도 모른다. 가정생활 이상으로 아름다운 광경은 없지만, 그러나 그 광경은 단 한 가지만 부족해도 아름다움이 깨지는 것이다. 어머니가 몸이 너무 약해 유모로서의 역할을 하지 못한다면 아버지도 할 일이 너무 많아서 자식의 교사가 될 수 없을 것이다. 그렇게 되면 부모를 떠나 기숙사나 수도원 혹은 학교로 흩어진 아이들은 아버지의 정이 깃들여 있는 가정에의 애정을 다른 곳에서 구하게 된다. 좀더 신랄하게 말하자면, 그들은 아무것에도 애착을 느끼지 못하는 습성을 지니고 집으로 돌아오게 될 것이다. 그리고 형제자매들은 서로가 부자연스러운 사이가 될 것이다. 또 무슨 예식이 있어서 모두가 한자리에 모이게 되면 서로가 지나치게 예의를 차릴 것이며 마치 남남처럼 대하게 될 것이다. 양친간에 이미 애정이 없거나 가정이라는 한 사회가 인생의 따사로움을 가져다주지 못하게 되면, 아이는 이내 공허함을 보충하기 위해 나쁜 습관에 도움을 청할 것이다.

아버지가 자식을 낳아서 기르는 데에만 그친다면, 자기가 해야 할 임무의 3분의 1밖에 하지 못한 셈이다. 그는 인류에게는 인간을, 사회에게는 사회인을, 국가에게는 시민을 만들어주어야 할 의무가 있는 것이다. 이 세 가지 빚을 지불할 능력이 있는데도 지불하지 않는 사람은 죄가 많은 것이다. 아버지로서의 의무를 다하지 못하는 사람은 아버지가 될 자격이 없는 것이다. 가난도 일도 체면도 아이들을 자기 손으로 길러서 교육하는 책임을 면하게 해주지는 못한다.

그런데 부유한 아버지가 너무 바빠서 아이들을 돌볼 수 없다고 한다면 도대체 무엇을 하고 있는가? 그는 자신이 맡아야 할 온갖 보살핌을 타인에게 맡겨버린 것이다. 돈만 아는 사람이여! 당신은 자식에게 돈으로 아버지를 사 줄 수 있다고 생각하는가? 당신의 자식에게 줄 수 있는 것은 스승이 아니라 돈으로 산 고용인일 뿐이다. 그 사람은 곧 당신의 아들을 정신적 노예로 만들어 놓을 것이다.

훌륭한 가정교사의 자격에 대해서는 이론이 많지만 내가 요구하는 첫번째 자격, 그것 하나만으로도 다른 많은 자격들을 예측할 수 있다. 그 첫번째 자격이란 재물에 넘어가지 않는 인간이다. 그러면 누가 내 자식을 교육할 것인가? 그것은 바로 아버지인 당신 자신이다. 불가능하다면 당신 스스로가 자식의 친구가 되도록 하라. 나로서는 그밖의 방도는 알 길이 없다.

교사! 그는 얼마나 숭고한 사람인가! 사실 한 인간을 올바로 교육하려면 아버지가 되거나 아니면 인간 이상의 인간이 되어야만 한다. 그런데도 여러분은 이러한 일을 돈으로 고용한 사람에게 아무 생각 없이 맡기고 있지는 않은지!

이러한 경우에 처한다면 사람들은 갈수록 새로운 어려움에 부닥치게 될 것이다. 교사는 제자를 위해 교육을 받아야 하고, 하인들은 주인을 위해 교육받아야 하며, 아이를 가까이하는 사람들은 모든 지식과 경험들을 지니고 있어야 하기 때문이다. 충분한 교육을 받지 못한 교사에게서 학생들이 어찌 충분한 교육을 받을 수 있겠는가?

이러한 조건을 충족시키는 인간을 찾아낼 수는 없을까? 오늘날처럼 타락한 시대에 있어서는 인간의 영혼이 어느 정도의 아름다움을 갖추고 있는지 누가 알겠는가? 그러나 이처럼 뛰어난 인간이 발견되었다고 가정하자. 그가 어떤 사람인지를 아는 것은 그가 해야 할 일을 생각해 봄으로써 가능하다. 내가 미리 알 수 있다고 생각하는 이유는, 좋은 교사의 모든 가치를 알 만한 아버지라면 교사 없이도 지낼 결심을 한다는 것이 스스로 그런 교사가 되는 것보다 어려울 것이기 때문이다. 또 자신이 친구가 되기를 바라는가? 그렇다면 자연은 이미 그 일의 절반을 해낸 셈이 된다.

언제인가 나에게 한 사람이 찾아와서 자기 아들을 교육시켜 달라고 요청해 온 적이 있다. 그는 분명히 내게 많은 영광을 베풀어준 셈이다. 그러나 나는 그의 청을 거절했다. 그러나 그는 나에 대해 불평을 하는 대신에 나의 조심성을 칭찬해주어야 했을 것이다. 내가 만일 그의 요청을 수락하여 내 교육 방법에 모순된 행동을 했다면, 그 교육은 실패했을 것이다. 반면 내가 성공했다면 더욱 나쁜 결과를 가져왔을 것이다. 왜냐하면 그의 아들은 귀공자라는 높은 지위를 내던졌을 것이므로.

나는 교사의 의무가 중대하다는 것을 누구보다 잘 알고 있다. 그리고 또 내가 무능하다는 것을 누구보다 잘 알고 있기에 누가 요청을 해도 거절했을 것이다.

친구 사이라 할지라도 또 하나의 새로운 거절의 이유를 찾아내어 그 요청을 사양했을 것이다. 유용한 아동교육을 수행할 처지가 못되는 나로서는 가장 쉬운 일이나마 시도해 보겠다. 즉, 나는 선배들을 본받아서 교육이라는 실제적인 일에는 손을 대지 못하고, 대신 그것을 말로써 해보겠다는 것이다.

이러한 책을 쓸 때 저자는 항상 실천에 옮기지 않아도 좋을 위치이므로, 실행할 수 없는 그럴 듯한 교훈만 수없이 늘어놓기가 일쑤이다. 게다가 실천할 수 있다는 것도 예가 없기 때문에 그 응용 방법을 보여주지 못 하므로, 한낱 무용한 이론이 되고 만다는 사실을 나는 알고 있다. 그래서 나는 가상의 제자를 정해 놓고서 그를 교육하는 데 적당한 연령과 건강과 지식과 기타 모든 재능이 나에게 있다고 가정한 후, 그가 태어나서부터 어른이 되어 자기 이외의 딴 지도자가 필요없게 될 때까지 그 제자를 교육해 나가기로 했다.

나는 여러 가지 어려움을 겪으면서 실천해 보려고 한다. 쓸데없이 책 부피만 늘어나지 않도록 하기 위해서, 나는 누구나가 진리로 느낄 만한 원리들의 기술만으로 만족하는 것이다. 그러나 증명이 필요한 규칙에 대해서는 그것들을 모두 나의 에밀이나 딴 아이들의 예에 적용시켜서 내가 내세운 것이 어떤 방법으로 실현되는지를 자세하게 설명해 보려고 했다. 이것이 내가 결정한 방법으로, 꼭 지키려고 하는 계획이다.

내가 처음부터 에밀에 대해서 거의 말하지 않았던 것도 이러한 이유에서이다. 교육에 대한 나의 가장 기본적인 원칙이, 현재 실시되고 있는 기존의 교육론과 상반되는 것이라 해도 분별있는 사람이라면 아무도 내가 주장하는 원칙들을 거부하지 못할 것이다. 그러나 글을 써 감에 따라, 나의 제자는 다르게 지도받은 아이가 될 것이다. 그는 특별한 관리를 필요로 하게 된다. 그래서 에밀은 이 책에 더욱 자주 등장하는 것이며, 마지막 단계에 가서는 그가 뭐라고 하든간에 에밀이 나를 전혀 필요로 하지 않게 될 때까지 나는 한시도 그에게서 떠나지 않겠다.

여기서 나는 좋은 교사의 자격에 대해서는 한 마디도 언급하지 않겠지만, 그런 자격이 존재했다는 사실을 인정하고, 나 자신이 우선 그런 자격을 모두 갖추었다고 가정하겠다.

나는 다만 일반적인 견해와는 달리, 아이들의 '교사'는 젊을수록 좋다는 점만을 강조하고 싶다. 가능하다면 교사 자신도 아이였으면 좋겠고, 그래서 그가 자기 제자의 벗이 되어 같이 즐길 수 있어야 한다. 아이와 어른 사이에는 공통점이 별로 없어서 절대로 진실한 애정이 형성되지 않는다. 아이들은 노인을 즐겁게 해주는 일은 가끔 있어도 노인을 그다지 사랑하지는 않는 것이다.

사람들은 누군가를 교육시켜 본 경험 많은 교사를 원하겠지만 그것은 지나친 욕심이다. 한 사람은 한 사람의 제자를 교육할 수밖에 없다. 성공을 위해 두 번씩이나 교육을 해야 한다면 무슨 권리로 그는 첫번째 교육을 시도했을까?

경험이 많을수록 잘할 것이라고 생각하겠지만, 이런 일을 한 번 잘해 내면서 거기에서 오는 모든 어려움을 느껴본 사람이면 두 번 다시 그런 일을 하려 들지는 않는다. 또 첫번째 교육을 제대로 해내지 못한 사람은 두 번째 교육에 임할 때는 그릇된 편견을 갖게 된다.

4년간 한 소년을 따라다니는 것과, 그를 25년간 지도하는 것과는 큰 차이가 있다고 생각한다. 여러분은 이미 성장한 아들을 교사에게 맡기지만, 나는 어린이가 태어나기 전부터 교사를 갖기를 바란다. 여러분의 교사는 3년마다 제자를 바꾸겠지만 내가 말하는 교사는 제자를 한 명밖에는 두지 않는다. 여러분은 교사와 선생을 구별하는데, 이것은 어리석은 짓이다! 여러분은 제자와 학생을 구별하는가? 아이들에게 가르칠 학문은 하나밖에 없으며, 그것은 인간의 의무라는 학문이다. 그러니 크세노폰이 페르시아 인들의 '교육'에 대해 어떻게 평했건 이 학문은 나눠지지 않는다. 선생에게는 가르치는 일보다 지도하는 일이 더 문제가 되는 것으로 교훈을 주어서는 안되며, 그 교훈을 찾아내게 해야 한다.

이렇게 주의 깊게 교사를 선택해야 한다면 교사에게도 제자를 선택할 권리가 허용되어야 하며, 교육의 한 본보기를 보여주고자 할 때는 더욱 그렇다.

이때의 선택은 아이의 재능이나 성격에 기준을 두어서는 안 된다. 왜냐하면 교육이 다 끝날 때라야 그 아이의 전부가 드러나기 때문이고 또 나는 그 아이를 태어나기 전부터 선택했기 때문이다. 그리고 만일 내게 선택이 허용된다면 나는 내가 머릿속에 가정하고 있는 아이로서 평범한 아이밖에는 선택하지 않을 것이다. 평범하지 않은 아이는 자기 혼자 성장해 가고 교육을 필요로 하는 아이들은 이렇게 흔하고 평범한 사람들이다.

성장지가 어린이의 인격 도야에 결코 무관계한 것은 아니다. 한대나 열대 등 극단적인 풍토에서는 충분히 발육하지 못한다. 사람은 나무처럼 언제까지나 한 자리에만 살 수 있도록 심어지는 것이 아니며 또한 한쪽 극지에서 다른 극지로 떠나가는 사람은, 중간 지점에서 출발해 같은 극지에 도달하려는 사람보다 몇 배의 노력이 필요한 것이다.

그러나 온대 지방의 사람이 차례로 양쪽 극지에 간다면, 그 유리한 점 또한 확실해지는데, 왜냐하면 그는 비록 한 끝에서 다른 쪽 끝으로 가는 사람과 마찬가지의 변화를 겪겠지만, 그 자연적인 조건에서 볼 때 그 거리가 절반도 되지 못하기 때문이다. 프랑스 인은 기니에서도 라플란드에서도 살 수 있지만, 흑인은 그와 같은 식으로 토르네아에서는 살지 못할 것이고, 사모아 사람도 베닌에서는 살 수 없을 것이다. 그리고 양극 지방의 사람들은 두뇌 조직도 미숙한 듯하다. 흑인들이나 라플란드 인들은 유럽 인들의 감각을 따르지 못한다. 그런 까닭에 만일 내 제자가 지상에서 살기를 원한다면 나는 그가 온대 지방, 예를 들면 다른 곳보다도 프랑스에서 살게 하고 싶다.

북부 지방 사람들은 추운 곳에서 생활하는 탓에 정력을 너무 많이 소비하고, 남부 지방 사람들은 기름진 땅에서 정력을 너무 적게 소비한다. 이 때문에 한쪽 사람들은 부지런하고, 반대로 다른 쪽 사람들은 명상적으로 만드는 새로운 차이가 생겨난다. 사회는 동일한 장소에서 이와 비슷한 차이를 보여 주는데, 가난한 사람과 부자와의 차이 역시 그런 것이다.

가난한 사람에게는 교육이 필요없다. 자기의 생활 상태에서 받는 교육이 강제적인 것이기 때문에 다른 교육은 받을 수 없는 것이다. 이에 비해 부자가 자기의 생활 환경에서 받는 교육은, 자신이나 사회를 위해서 부적당한 교육이다. 한편 자연적인 교육은 한 인간을 모든 환경에 적응하도록 해주어야 한다. 그런데 가난한 사람을 부자에 맞도록 가르치는 것은, 부자를 가난한 사람에 맞도록 가르치는 것보다 더욱 불합리하다. 왜냐하면 이 두 계층의 수를 비교해 볼 때, 벼락부자보다는 몰락자들이 더 많기 때문이다. 그러므로 나는 제자를 부잣집에서 택하기로 하겠다. 그러면 적어도 진실한 사람 하나를 더 만들게 될 것이 분명하다. 가난한 사람은 스스로 사람이 될 수도 있으니까 말이다.

이런 이유로 나는 에밀이 명문 태생이라 해도 유감스럽게 여기진 않는다. 여전히 이는 편견의 희생자 하나를 건져내는 일이 될 것이기 때문이다.

에밀은 고아이다. 그에게 부모가 있다고 해도 상관없다. 내가 에밀의 부모 역할을 하고 있으므로 그들의 권리를 위탁받은 셈이다. 에밀은 그의 부모를 존경해도 나 이외의 사람에게 복종해서는 안 된다. 이것이 나의 유일한 조건이다.

이 조건에 또 하나의 조건을 붙이자면 그것은 첫번째 조건의 한 결과이지만, 우리의 동의 없이 우리를 서로 떨어지게 해서는 안 된다는 것이다. 나는 제자와 교사의 운명이 평생 하나가 될 정도로 우리 둘을 분리해서 생각할 수 없도록까지 되기를 바라고 있다. 장차 헤어질 것을 생각하거나 서로 남이 될 것을 아는 순간부터 그들은 이미 떨어진 것으로, 저마다 자기대로의 작은 생활 방식을 세우고, 서로가 헤어질 날만을 생각하며 하루하루를 지낸다. 제자는 선생을 단순히 귀찮은 감시자로만 여기게 되고, 선생은 제자를 내려놓고 싶은 무거운 짐으로만 생각할 것이다. 그리고 그들 사이에는 참된 애정이 사라져 한쪽은 거의 조심을 하지 않게 되고, 다른 쪽은 복종을 거부하는 것이다.

그러나 그들이 생활을 같이해야 한다고 생각한다면, 그들에게는 서로 사랑해야 한다는 일이 가장 중요하며, 이것만으로도 그들은 서로 친해지게 된다.

이미 체결된 이 계약은 순조로운 출생과 몸이 튼튼하고 건전하게 자라는 아이여야 한다는 조건이 따르게 된다. 신이 베풀어준 가정에 있어서 아버지는 선택권이 없고 그리고 편견을 가져서도 안 된다. 아이들 누구나 그에게는 똑같은 자식이므로 누구에게나 똑같은 정성과 애정을 쏟아야만 하는 것이다. 불구이건 아니건 허약하건 튼튼하건 자식은 모두가 신이 그에게 위탁한 것이다. 그들을 맡긴 신에 대해 아버지는 책임을 다해야 하는 것이다. 그리고 결혼은 배우자끼리의 계약이지만 자연과의 계약이기도 한 것이다.

그러나 자연이 부과하지도 않은 의무를 스스로 짊어지는 사람, 즉 교사는 그 의무를 수행할 수단을 미리 알고 있어야 한다. 그렇지 않으면 자기가 할 수 없는 일에도 책임을 져야 하기 때문이다. 불구이며 병약한 제자를 맡은 사람은 교사의 역할이 간호원의 역할로 바뀌는 것이다. 후일 그 아이가 죽게 되면, 그 아이의 생명을 오랫동안 보호해주었음에도 불구하고 슬퍼하는 그 아이의 어머니로부터 원망만 듣게 된다.

허약한 아이라면 비록 그가 여든 살까지 산다 하더라도 맡지 않는 게 좋다. 오직 자기 건강에만 정신을 쓰며, 또 육체가 정신교육을 방해하는 그런 학생을 원하지 않기 때문이다. 그런 학생에게 헛된 정성을 쏟는다면 사회의 손실을 배가시키는 결과가 되어 사회로부터 한 사람 대신 둘을 빼앗아가는 셈이 된다. 그러나 다른 사람이 그런 불구아를 맡는다면 나도 이에 동의할 것이고 또 그의 자선을 가상히 여기겠지만 나는 죽음을 면할 생각만 하는 사람에게 사는 법을 가르칠 자신이 없다.

육체가 정신의 명령에 따르려면 기운이 있어야 한다. 좋은 하인은 튼튼해야 한다. 무절제한 생활은 결국은 몸을 망치고, 금욕이나 단식도 비슷한 원인으로 같은 결과를 초래하는 수가 있다. 육체란 약할수록 많은 욕구를 하고 강할수록 복종을 잘하는 법이다. 모든 헛된 욕심은 허약한 육체에 깃들이는 법이므로 욕심이 충족되지 못하면 못할수록 그만큼 불만이 싹튼다.

허약한 육체는 허약한 정신을 만든다. 사람들의 일반적인 견해와는 달리 의술은 질병을 치료한다고는 하나, 인간에게는 질병보다도 약(藥)으로 인한 해가 더 큰 것이다. 의사들이 우리에게 무슨 병을 고쳐주는지 나는 알지 못하지만, 그러나 그들이 몹시 나쁜 것을 우리에게 준다는 사실을 알고 있다. 그들은 신체를 치료하는 반면 용기를 죽이는 것이다.

우리 사회에서 현대의학이 활발한 것은 당연한 일이다. 그것은 시간을 어떻게 사용해야 할지 몰라 보신책에만 급급하는 한가한 사람들의 좋은 일거리인 것이다. 만일 그들이 불행하게도 불멸의 인간으로 태어났더라면, 많은 생명체 가운데 자신만이 아무런 가치가 없다고 여겼을 것이다. 의사는 그들에게 위협과 아첨을 겸해서 줄 뿐만 아니라 그들의 유일한 기쁨, 즉 죽지 않고 살았다는 기쁨을 날마다 주고 있으니 말이다.

나는 여기서 의학의 허망함에 대해 더 얘기하진 않겠다. 나의 목적은 의학을 정신면에서 고찰하고자 하는 것뿐이다. 그러나 사람들이 의학의 효용에 대해, 진리탐구에 대해서와 마찬가지로 궤변을 늘어놓고 있음을 간과할 수는 없다. 그들은 언제나 병자는 치료하면 낫고 진리는 탐구하면 발견된다고 생각하고 있다. 의사가 시술해서 한 사람을 치료하는 반면 그로 인한 많은 사람들의 죽음이 있음을, 그리고 또 하나의 진리를 발견하는 데서 얻는 그 유익과 이에 따라 초래되는 오류들로 인해 생기는 손해를 무시해서는 안 된다는 사실을 모르고 있다. 진리를 가르치는 학문과 치료를 해주는 의학은 매우 좋지만 반대로 사람을 속이는 학문과 죽이는 의학은 나쁘다. 그렇지만 이들을 구별하는 방법을 우리는 모른다. 이것이 중요한 문제이다. 진리를 무시한다면 우리는 결코 허위에 속지 않을 것이고, 또 자연을 거역해서 병이 낫기를 원하지 않는다면 의사의 손에 죽는 일도 결코 없을 것이다. 이 두 가지를 삼간다는 것은 현명한 일이 될 것이고, 이에 순종하면 분명히 이득을 본다. 그러므로 의학이 일부 사람들에게 유익하다는 점에 이의는 없으나 인류에게 치명적인 해가 된다는 점을 나는 주장하는 것이다.

사람들은 언제나, 잘못은 의사에게 있을 뿐 의학 자체는 좋다고 말할 것이다. 그렇기도 하겠다. 그렇다면 의사는 오지 말고 의학만 와달라고 하면 되지 않겠는가. 왜냐하면 그 둘이 같이 올 경우에 기술의 구원을 기대하기보다는 그 기술자의 실수를 몹시 두려워해야만 하기 때문이다.

육체의 병보다는 마음의 병을 위해서 있게 된 이 허위의 의술은 육체를 위해서나 정신을 위해서나 유익하지 못하다. 그 기술은 우리에게 병을 고쳐주기보다는 오히려 병에 대한 공포감만을 심어준다. 죽음의 공포를 물리치기보다는 오히려 죽음을 미리 예감하게 하고, 생명을 연장시켜주는 대신 두려움을 가중시킨다. 의술이 생명을 연장시킨다면 그것도 인류에게는 손해일 뿐이다. 왜냐하면 의술은 우리에게 간호의 필요성을 강조함으로써 우리를 사회에서 따돌리고, 병에 대한 공포를 줌으로써 우리로 하여금 의무를 태만히 하도록 하기 때문이다. 스스로를 믿는 사람은 아무것도 두렵지 않을 것이다. 위험에 대비해서 아킬레스를 무장시킨 호메로스는 그 때문에 아킬레스에게서 용기의 가치를 빼앗는 결과를 초래했다.

진실로 용기를 지닌 사람들을 발견하려 한다면 의사들이 없는 곳을, 사람들이 병의 결과를 모르는 곳을, 그리고 사람들이 죽음을 생각하지 않는 곳을 찾아가는 것이 좋다. 사람이란 당연히 고통을 참을 줄 알며, 그래서 평화롭게 죽어간다. 인간의 마음을 타락시키고 죽음을 자연스럽게 받아들이게 하는 것은 의사들이며, 또 교훈을 주는 철학자들이며, 설교하는 신부들이다.

내게 이런 사람들을 필요로 하지 않는 제자를 주길 바란다. 그렇지 않으면 나는 사양하겠다. 나는 다른 사람들이 내 일을 방해하는 것을 원하지 않으며 혼자서만 가르치고 싶을 뿐, 그렇지 않다면 손도 대고 싶지 않다. 생애의 일부분을 의학 연구에 바친 학자 로크는 예방을 하기 위해서나 가벼운 병일 때는 아이들에게 약을 먹이지 말라고 강하게 충고하고 있다. 한 걸음 더 나아가 나 자신을 위해서도, 에밀을 위해서도, 그의 생명이 위독하지 않는 한 결코 의사를 부르지 않을 것이다.

이렇게 지연시키는 일이 의사에게도 유리하리란 것을 나는 잘 알고 있다. 아이가 죽으면 의사를 너무 늦게 불렀다고 할 것이고, 아이가 위기를 벗어나면 아이를 구한 것은 의사라고 할 테니 말이다.

아이는 병 고치는 법은 몰라도 아프다는 게 어떠하다는 것쯤은 알고 있다. 이러한 것은 의술의 부족함을 메워주며 훨씬 더 좋은 성공을 거두게 한다. 이것은 자연의 기술이다. 동물은 앓을 때 말없이 견디면서 꼼짝 않는다. 병들었을 때 인간보다 나약한 동물은 없다. 시간이 지나면 저절로 나을 텐데도 초조와 공포와 불안, 그리고 특히 약 때문에 얼마나 많은 사람들이 죽어 갔던가? 동물들은 사람보다 자연에 더욱 잘 적응했기에 병에 걸리는 일이 적다고 사람들은 말하는데, 그 생활 방법이야말로 내가 내 제자에게 주고 싶은 교훈 바로 그것이다.

의학에서 유익한 부분이 있다면 위생학이다. 그런데 위생학이란 학문이라기보다는 오히려 하나의 덕이다. 절제와 노동이야말로 인간의 진정한 두 의사로서, 일은 식욕을 돋우고 절제는 그것의 남용을 막아준다.

어떤 식이요법이 가장 유익한가를 알려면, 가장 건강하고 튼튼하며, 가장 오래 사는 국민들을 찾아보면 될 것이다. 만일 일반적인 관찰을 통해 약의 사용이 사람들에게 더욱 튼튼한 건강과 생명의 연장을 가져다준다는 사실이 발견되지 않는다면, 그것만으로도 이 기술은 유익하지 못한 것이다. 왜냐하면 그것은 시간과 사람들과 물건들을 낭비하기 때문이다. 생명을 보존하기 위한 시간은 생명을 소비하기만 하는 헛된 시간이기 때문에 그런 시간은 생명에서 제외되어야 한다. 더구나 그 시간이 우리를 괴롭히는 데 쓰인다면 나쁠 뿐만 아니라 손해이므로 정확히 계산하자면 우리에게 주어진 시간에서 그 낭비한 시간을 빼야 한다. 의사 없이 10년을 산 사람은 의사의 피해자로서 30년을 산 사람보다도 자신을 위해서나 남을 위해서 더 오래 살아온 셈이 되지 않는가!

이것이 내가 튼튼하고 건강한 제자를 원하는 이유이며, 그 제자를 튼튼하고 건강하게 키워 나가기 위한 나의 원칙이다. 체질과 건강을 강화시키는 데는 손노동과 신체훈련이 유익하다는 점에 대해서는 시간을 끌지는 않으려 한다. 가장 오래 산 사람들의 예를 보면, 대부분이 신체를 단련시키고 많은 피로와 노동을 견디어낸 사람들이다. 이 유일한 목적을 위해 내가 얼마나 많은 배려를 할 것인가를 말하진 않겠다. 다만 그 정신만 파악하면 별도의 설명이 없어도 된다는 사실을 나중에 알게 될 테니까 말이다.

탄생과 더불어 갖가지 필요한 일이 생겨난다. 갓난아기에게는 유모가 필요하다. 사람들은 그에게 여러 가지를 써주기만 하면 된다. 그러나 아이의 이익을 생각하고, 또 사랑스러운 아이를 맡기고자 하는 사람에 대한 존경심에서, 어머니가 선생의 의견에 귀를 기울이는 것도 필요하다. 그리고 어머니는 하려고 마음만 먹는다면 무엇이든 다른 누구보다도 잘해 내리라는 것을 우리는 확신한다. 그러나 만일 우리에게 낯선 유모가 필요하다면 우선 유모 선택을 잘하는 것으로부터 시작해야 한다.

부자들의 불행 중의 하나는 매사에 있어 그릇된 판단을 하고 있다는 점이다. 그들이 사람을 제대로 판단하지 못한다고 해서 놀라지는 말자. 그들을 부패시키는 것은 재물이고 그 당연한 대가로서 그들은 자신의 유일한 도구의 결점을 누구보다도 먼저 느낀다. 그들은 아무것도 자기의 손으로 하지 않을 것이다. 유모를 구하는 것이 문제라면 그들은 산파를 통해서 유모를 구한다. 그러니 그 결과가 어떨 것인가? 그때는 산파의 환심을 산 유모가 언제나 가장 훌륭한 유모가 된다. 그러므로 나는 에밀의 유모를 구하려고 산파와 상의하지는 않겠다. 반드시 나 자신이 선택하겠다. 이 점에 대해 나는 의사만큼 유식하게 설명하지는 못하겠지만 의사보다 내가 더 성실한 것은 틀림없는 일이며, 나의 열성이 구두쇠인 의사의 욕심보다는 나를 덜 속일 것이다.

유모의 선택에 대단한 비결이 있는 것은 아니다. 그 기준들은 알려져 있지 않다. 그러나 젖의 질에 대해서와 마찬가지로 젖을 먹이는 시기에 대해서도 사람들은 좀더 주의를 기울여야 한다. 처음 나오는 젖은 순전한 장액으로 아주 묽어서 갓난아기 창자 속의 태변(胎便) 찌꺼기를 씻어내기 위한 이뇨제와도 같은 것이다. 그러다가 젖은 점점 진해져서 이를 소화시킬 수 있을 만큼 강해진 아이에게 영양을 공급하는 것이다. 모든 동물의 암컷에게 젖먹이의 나이에 따라 자연이 젖의 농도를 바꾸어준 것은 확실히 이유가 있다.

그러므로 갓난아이에게는 아기를 갓 분만한 유모가 필요하다. 이는 쉬운 일이 아니며, 나도 그 점은 알고 있다. 그러나 무슨 일이든 자연의 질서를 벗어나면 어려움이 따르게 마련이다. 이러한 경우, 유일하고 편리한 방법은 아무렇게나 한다는 것이다. 이것이 대부분의 사람들이 유모를 택하는 수단인 것이다.

유모는 심신이 고루 건강해야만 한다. 더우기 육체의 건강만을 유지하려는 것은 사물을 절반밖에는 보지 못하는 것과 같다. 젖은 좋아도 유모의 성격이 나쁠 수 있다. 좋은 성격은 좋은 체질만큼이나 중요하다. 악독한 여자를 유모로 둘 경우, 그 못된 점이 젖먹이에게 옮겨진다고는 믿어지지 않지만 그 악덕 때문에 젖먹이가 고통을 받을 것이다. 유모는 젖뿐만이 아니라 열성과 인내, 상냥함과 청결 등 여러 가지 보살핌도 주어야 하기 때문이다. 유모가 만일 대식가(大食家)이고 절제없는 여자라면 그녀의 젖도 이내 나빠지며,

또한 게으르거나 극성스러운 여자라면 자신을 방어할 수도 불평을 털어놓을 수도 없는 가엾은 아기는 어찌될 것인가?

가정교사 이외의 교사를 가져서는 안 되는 것과 마찬가지로 젖먹이는 유모 이외에 딴 가정부를 가져서는 안 되므로 유모의 선택은 더욱더 중요하다. 우리만큼 합리적으로 이론을 전개하지는 못하나 우리보다 현명했던 고대의 유모들은 아들을 길러낸 뒤에도 아이들 곁을 떠나지 않았다. 고대 연극에서 대부분의 이야기 상대가 유모인 것도 바로 이 때문이다. 차례로 여러 사람의 손을 거쳐 자라나는 아이는 절대로 훌륭하게 양육되지 못한다. 유모가 바뀔 때마다 아이는 속으로 비교해보게 되고 이러한 비교는 자기를 가르치는 사람들에 대한 존경심을 감소시킨다. 따라서 자연 그들의 권위도 떨어지게 된다. 만일 아이들이 일단 자기보다 지각없는 어른들이 있다는 데에 생각이 미치면 나이에서 오는 모든 권위는 없어지고 교육은 실패로 돌아간다. 아이는 자기 부모 이외의, 그리고 부모가 없으면 유모와 교사 이외의 딴 어른들을 알아서는 안 된다. 유모와 교사 둘 중의 하나만 있어도 이미 충분한데 그들이 둘로 나누어지는 것은 불가피한 일이다. 그러니 이 결함을 바로잡기 위해서 가능한 한 아이를 지도하는 두 이성(理性)들이 아이에게는 마치 한 사람처럼 생각되도록 서로 도와야 한다.

유모는 어느 정도 편안한 생활을 해야 하고 영양있는 음식을 섭취해야 하지만, 완전히 생활 방식을 바꾸어서는 안 된다. 왜냐하면 설사 그것이 나쁜 상태에서 좋은 것으로 바뀌는 것이라 해도 급격하게 바뀌면 건강을 해치기 때문이다. 그녀가 지금까지 취해 온 생활 덕분에 건강하고 체격이 튼튼해진 이상, 생활 방식을 바꿀 필요가 어디 있겠는가?

농촌 여자들은 도시 여자들에 비해 고기보다는 채소를 많이 먹는다. 이러한 채식은 자신이나 아이들에게 이롭다. 그런데 그녀들이 상류계층 집안의 젖먹이들을 맡게 되면, 육류에 더욱 영양가가 많다는 생각에서 유모로 하여금 풍부한 육식을 하게 한다. 이런 의견에 나는 반대한다. 그런 젖을 먹고 자란 아이들이 딴 아이들보다 저항력이 약하다는 것을 경험에 의해서 잘 알고 있기 때문이다.

이것은 당연한 얘기로서 부패한 동물성 물질에는 벌레가 들끓지만, 식물성 물질에는 그런 일이 없는 것이다. 젖은 동물의 체내에서 생겨나지만, 식물성 물질이다. 젖에 대한 분석이 이를 증명해주고 있다. 젖은 쉽사리 산성이 되고, 식물처럼 중요한 중성염을 갖게 되는 것이다.

초식 동물의 젖은 육식 동물의 젖보다 맛이나 영양면에 있어서도 좋다.

자기 젖과 같은 질의 음식을 섭취하므로 초식 동물의 젖은 본래의 질을 잘 보존하고 있으며 부패하는 경우도 적다. 전분이 전적으로 고기보다 많은 피를 만든다는 것은 누구나 다 아는 사실이다. 그러니 전분이 젖을 더 많이 만든다는 것 또한 분명한 사실이다. 너무 일찍 젖을 떼지 않고 그 유모 역시 채식만 하는 그런 아이는 병에 대한 저항력이 강하다는 것을 나는 믿는다.

그리고 젖이 체질에 맞지 않는 아이가 있는데, 그 아이에게는 어떤 흡수제도 젖을 받아들이게 하지 못하며, 그밖의 체질의 아이들은 흡수제가 없어도 젖을 소화시킬 수 있다. 젖이 엉기는 것을 걱정하는 사람들이 있는데, 그것은 쓸데없는 생각이다. 왜냐하면 젖이란 위 속에 들어가면 늘 엉기기 때문이다. 이렇게 해서 젖은 아이들과 동물이 새끼들을 키우기에 적당하도록 응고된 먹이가 되는 것이다. 젖이 절대로 엉기지 않는다면 위를 그냥 지나갈 뿐, 영양분이 되지는 못할 것이다. 온갖 방법으로 젖을 묽게 하거나 갖가지 흡수제를 쓴다 해도 모두 헛일이다. 젖을 먹을 수 있는 아이라면 누구나 치즈도 소화시킬 수 있다.

그러므로 나는 유모가 평상시와 같은 음식을 더 많이 선택해서 먹으면 된다고 생각한다. 기름기 없는 음식이 변비를 일으키는 것은 그 음식물 때문이 아니며, 그 음식물을 나쁘게 만드는 것은 양념이다. 그러니 조리법을 개선할 필요가 있다. 버터나 소금이나 유제품을 불에 익혀서는 곤란하다. 삶은 채소는 뜨거운 그대로 식탁으로 가져가서 조리해야 한다. 기름기 없는 음식은 유모에게 변비를 일으키기는커녕 가장 질이 좋은 젖을 풍부하게 나오도록 해준다. 아이에게 가장 좋은 음식이 채소라는 사실은 이미 잘 알려져 있는데 유모에게 육식이 가장 좋다고 할 수는 없지 않은가.

신선한 공기가 아이들의 체질 형성에 영향을 미치는 것은 특히 출생 후 몇 해 동안이다. 이 시기에 공기는 모든 숨구멍을 통해 섬세하고 부드러운 피부로 스며들어 갓 태어난 아기의 몸에 강력하게 작용하며, 지워지지 않는 흔적을 남겨준다. 그러므로 나는 농촌 여자를 데려다가 도시의 방에 가두어 놓고 아이를 기르게 하는 데는 반대다. 유모가 도시의 나쁜 공기를 마시기보다는 아이가 시골에 가서 좋은 공기를 마시는 편이 좋다고 생각하기 때문이다. 그러면 아이는 새로운 어머니의 생활 환경을 받아들여 시골 집에 살게 되며, 교사도 아이를 따라 시골로 갈 것이다. 좋은 교사를 찾을 수 없거나 시골로 옮기는 일이 쉽지 않고 당신에게 권하는 것이 실현성이 없다면, 그때는 어떻게 하는 것이 좋을까. 나는 이미 여러분이 하고 있는 대로 하라는 말을 한 적이 있는데 여기에는 그 이상의 충고는 필요없다.

사람들은 한 곳에 모여 살도록 되어 있지 않고, 경작해야 할 땅에 흩어져 살게 되어 있다. 사람들은 몰려 있을수록 타락한다는 것이다. 육체의 허약과 정신의 악덕함은 너무 많이 몰려 살기 때문에 야기되는 필연적인 결과이다. 인간은 모든 동물 중에서 떼를 지어서는 살 수 없는 동물이다. 양떼처럼 밀집해 산다면 사람들은 모두 당장에 멸망하고 말 것이다. 사람이 토해 내는 숨은 사람들에게 치명적인 것이다.

도시는 인류의 무덤으로서 몇 세대 후면 여러 민족이 멸망하거나 퇴화할 것이다. 이것을 되살리는 역할은 언제나 시골이 한다. 그러므로 여러분의 아이들을 시골로 보내어 되살아나게 하라. 그래서 사람들이 밀집해 살고 있는 도시의 해로운 공기 속에서 잃은 생기를 들 한복판에서 되찾도록 해주어라. 시골에 있는 임산부들은 해산하기 위해서 다시 도시로 오는데, 그러나 그녀들은 그 반대로 행동해야 할 것이다. 특해 자기 자식들을 직접 양육하고 싶다면 더욱 그렇다.

해산을 하면 대부분 아이를 포도주를 탄 더운 물에 목욕시키는데, 포도주를 타는 것은 아무 소용없는 일이라고 생각한다. 자연은 발효성 물질을 하나도 생산하지 않기 때문에 인공적인 발효물을 사용하는 것이 자연의 피조물인 아이의 생명에 중요한 영향을 미친다고는 생각하지 않는다.

또한 물을 데우는 것도 꼭 필요한 것은 아니며 실제로 많은 민족이 갓난 아이들을 그대로 강이나 바다에서 목욕시킨다. 그러나 우리 아이들은 허약한 부모로 인해 태어나기도 전에 약해졌으므로 이 세상에 나오면서부터 보호를 받아야 할 체질을 가지고 태어나게 된다. 그러나 그 건강을 회복하기 위해 필요한 온갖 시련을 처음부터 시도해서는 안 된다. 그런데 계획적으로 아이들에게 본래의 기운을 북돋아주는 일은 가능하다. 그러므로 우선은 습관을 따르도록 하고, 서서히 개선해 나간다. 그리고 아이들에게 자주 목욕을 시켜라. 아이들의 더러운 모습을 보면 목욕의 필요성은 명백하다. 아이들이 튼튼해짐에 따라 차츰 물의 온도를 내리도록 하고, 마침내는 여름이고 겨울이고 찬물이나 때로는 얼음물로 씻긴다. 그러나 건강을 해치지 않으려면 물의 온도를 낮추는 일을 피부로 느끼지 못하게 서서히 계속적으로 하는 것이 중요하므로, 온도를 정확히 재기 위해서는 온도계를 사용한다.

이렇게 목욕하는 습관을 들인 후에는 도중에 중단하는 법 없이 평생토록 지키는 일이 중요하다. 그러한 습관을 몸에 익히는 경우 청결이나 현재의 건강면에서만 중요한 것이 아니라, 근육조직을 더욱 유연하게 만들어서 아무런 노력이나 위험 없이 적응하기 위한 효과적인 예방조치가 된다. 이렇게 해서 뜨겁거나 차가운 물에 견딜 수 있게 되면, 피부에 자극을 주는 어떠한 영향이나 공기의 온도에 대해서 사람들은 적응을 잘하게 될 것이다.

아이가 어머니의 태내에서 나와 최초의 호흡을 하게 되면, 아이를 꼭 싸주는 외에 또 다른 구속을 가해서는 안 된다. 큼직한 옷을 입혀서 동작을 방해하지 않도록 하고, 외기의 자극을 느낄 수 있을 만큼 적당히 두터운 것이라야 한다. 또 위험없이 편하게 움직일 수 있도록 아이를 푹신하고 큰 요람에 넣어두기 바란다. 그리고 어린애가 조금 성장하면 방 안을 자유롭게 기어다니게 내버려두어라. 그러면 여러분은 아이의 팔다리가 날로 튼튼해지는 것을 확인할 수 있으리라. 강보에 싸인 같은 나이의 아이와 비교해 보라. 그러면 여러분은 그 놀라운 성장의 차이를 발견하게 되리라.

항상 지켜봐야만 하는 아이보다는 꼭 붙들어 매두고 키우는 아이가 유모에게는 수월하다. 그러므로 위와 같은 경우, 유모들의 맹렬한 반대를 감수해야 할 것이다.

유모와는 다투지 마라. 단지 명령만 하고서, 행동만을 지켜보도록 하라. 그리고 여러분이 지시한 그 말들이 쉽게 행해지도록 아무것도 아끼지 말라. 육체의 보살핌만을 중요시하는 일반적인 양육에 있어서는, 아기가 살아 있고 쇠약해지지만 않는다면 문제는 없다. 그러나 교육이란 출생과 더불어 비롯되기 때문에 아이는 태어나면서부터 이미 제자이지만, 교사의 제자가 아니라 자연의 제자인 것이다. 그러므로 교사는 이 첫 스승인 자연 밑에서 연구만 하고 이 스승의 일을 방해하지 않도록 해야 한다.

우리는 배울 수 있는 능력을 지니고 태어난다. 그러나 태어날 때는 아는 것은 하나도 없으며, 불완전하고 골격이 다듬어지지 못한 기관(器官)들 속에 매여 있는 영혼은 자신의 존재마저도 의식하지 못하는 것이다. 방금 태어난 아기의 몸짓과 울음 소리는 의식도 의지도 없는 순전히 반사적인 작용이다.

한 아이가 태어나면서부터 완전히 어른과 같이 되어서 태어났다고 가정하면 그 아이는 거의 무감각한 채 움직이지도 못하는 조각품에 불과할 것이다. 그는 아무것도 보거나 듣지 못하며, 사람을 알아보지도 못하고 보아야 할 쪽으로 눈을 돌릴 줄도 모를 것이다. 그는 주위의 어떠한 대상도 인식하지 못할 뿐만 아니라, 자기가 인간이라는 사실조차도 알지 못할 것이다. 그는 오직 하나의 관념, 즉 '자아'라는 관념밖에는 갖지 못할 것이다. 그리하여 모든 감각을 그 관념에 결부시킴으로써 이 관념, 아니 이 감정은 그가 보통 아이보다 더 가지고 있는 유일한 것이 될 것이다. 갑자기 나타난 이 어른은 다리로 설 줄도 모를 것이고, 몸의 균형을 유지하는 법을 배우는 데도 많은 시간을 필요로 하는데, 어쩌면 그는 일어서 볼 생각조차 하지 않을지도 모르고, 그래서 마치 튼튼하고 커다란 돌처럼 한자리에 가만히 있거나 아니면 강아지처럼 이리저리 기어다닐 것이다.

그는 욕구가 무엇인지도 모르고 또 그것을 채울 아무런 수단도 생각해내지 못한 채, 욕구에서 오는 불만만을 느낄 것이다. 위의 근육과 팔다리의 근육 사이에는 직접적인 아무런 연관이 없으므로, 그 아이는 많은 음식에 둘러싸여 있어도 그것을 집으려고 가까이 가거나 손을 뻗을 줄도 모를 것이다. 또 그의 몸은 이미 성장을 끝냈고 팔다리도 완전히 발달되어 있기 때문에, 결과적으로 보통 아이들처럼 늘 반복하는 동작도 없게 되고, 그리하여 그는 먹을 것을 찾아 움직이지도 못하여 마침내 굶어 죽을지도 모른다. 인간의 지식의 발달 순서와 단계에 관해 조금이라도 생각해 본 사람이라면, 이것이 무지와 우매의 원시적인 자연 상태였음을 부인하지는 못할 것이다.

그러므로 우리는 우리들 각자가 이해력의 일반적인 단계에 이르기 위한 시발점을 의식할 수 있다. 그러나 이와 반대의 상황은 아무도 모른다. 인간은 저마다가 자기의 천부적인 재능·취미·욕구·재질, 또는 그것들을 발휘할 수 있는 기회가 주어지면 많건 적건간에 진보하게 마련이다. 대단한 철학자라 해도 이것이 인류가 도달할 수 있는, 그 이상은 뛰어넘을 수 없는 한계점이라고 단정하지는 못하리라 생각한다. 우리는 자연이 우리에게 얼마만큼의 능력을 부여하고 있는지를 모르며 누구 하나 한 인간과 다른 인간 사이의 거리를 재어본 일이 없다. 자만심에 차서 '나는 이미 그들을 얼마나 앞질렀는가! 아직도 얼마든지 그들을 앞지를 수 있을 거다! 나와 똑같은 그가 왜 나보다 더 멀리 앞서 갈 수 있는가?' 하는 생각을 해보지 않은 사람이 있을까?

인간의 교육은 태어나면서부터 시작된다고 거듭 말했다. 말하고 알아듣기 전에 이미 교육은 시작된 것이다. 경험은 배움에 앞선다. 아이가 자기 유모를 알아볼 때는 이미 많은 것을 배운 뒤이다. 자기가 태어나서 성장할 때까지의 지식의 발전 상태를 더듬어본다면, 너무도 현저한 차이에 놀라리라. 만일 인간의 모든 학문을 두 부분, 즉 누구에게나 공통된 부분과 학자들에게만 해당되는 특유한 부분으로 나누면 후자는 전자에 비해 아주 미미한 것이 될 것이다. 그런데도 우리는 일반적인 지식을 대수롭지 않게 여기는데, 그것은 자신도 모르는 사이에 얻게 되는 것이기 때문이며, 그리고 마치 대수의 방정식에서 좌우 항이 같으면 서로 상쇄되어 계산을 하지 않듯이 지식 역시 남들과 현저한 차이가 있을 때라야만 비로소 눈에 띄는 것이기 때문이다.

동물들도 살아가는 동안 많은 것을 습득한다. 그들도 감각이 있으므로 그것의 사용법을 배워야 하고, 욕구를 채우는 법을 배워야 한다. 동물은 태어나면서부터 먹고 걷고 나는 법을 배우는데, 태어나자마자 발로 서는 네발짐승이라 해서 걸을 줄 아는 것은 아니다. 그것들이 첫걸음을 할 때의 모습을 보면 상당히 힘든 연습임을 알 수 있다. 새장을 빠져나온 카나리아는 날아 본 적이 없으므로 날 줄을 모른다. 생명이 있고 감각이 있는 것들에게는 모든 것이 교육이다. 만일 식물들에게 움직임이 있다면, 식물들도 역시 감각을 가져야 하고 교육을 받아야 할 것이다. 그렇지 않으면 이내 멸망하고 말 것이다.

아이들의 최초의 감각은 모두가 감정적인 것이다. 그들은 단지 쾌락과 고통밖에는 깨닫지 못한다. 걸을 수도 없으므로 그들에게 외계의 사물을 인식시켜 주는 감각을 경험하게 하는 데는 많은 시간이 필요하게 된다. 그러나 이 대상들이 확대되어서, 이를테면 아이들 눈에서 떨어져 보이도록 그 크기와 모양을 갖추게 되기까지에는, 아이들로 하여금 습관의 힘에 따라가도록 감정에 기반을 둔 감각 작용이 되풀이된다. 아이들의 눈은 끊임없이 빛이 비치는 쪽으로 돌려지게 되고, 또 그 빛이 옆에서 비치면 아이들의 눈은 그쪽으로 향하게 된다. 그러므로 아이들이 사팔뜨기가 되거나 사물을 옆으로 흘겨보는 버릇이 생기지 않도록 얼굴을 햇빛 쪽으로 향하게 보살펴야 한다. 그리고 또한 아이들로 하여금 어둠에도 익숙해지도록 일찍부터 적응시켜 주어야 한다. 그렇지 않으면 아이들은 어두운 곳에 들어가면 울고 소리지르게 된다. 식사나 잠자는 시간을 너무 정확하게 정할 경우 일정한 시간이 되면 요구하는 버릇을 만들어주게 되고, 그렇게 되면 이내 욕구는 필요에서가 아니라 습관적으로 오게 된다. 특히 그러한 습관은 자연의 욕구에 새로운 욕구를 덧붙여주는데, 이것이야말로 미리 막아야 할 일이다.

다만 아이들에게 길러주어야 할 유일한 습관은, 어떠한 일에도 익숙해지지 않도록 하는 습관이다. 한쪽 팔로만 안아주지도 말아야 하며 한쪽 손만을 내밀거나 한쪽 손만을 더 자주 쓰는 버릇도 좋지 않다. 일정한 시간에 먹거나 자거나 행동하고 싶어지는 버릇과, 밤이건 낮이건 혼자 있지 못하는 버릇도 곤란한 것이다. 아이의 몸을 자연의 습성에 맡겨 둠으로써 항상 아이로 하여금 자신을 지배할 수 있도록 하고 의지를 갖게 되기만 하면 모든 일은 그 의지를 행사할 수 있는 상태에 두게 되며 자신의 자유를 제어할 수 있고 자신의 힘을 사용할 수 있도록 일찍부터 준비해주는 것이 좋을 것이다.

아이가 사물을 구별하기 시작하면 즉시 아이에게 보일 것을 신중히 선택하는 일이 중요하다. 인간은 모두가 새로운 것에 흥미를 느끼기 때문이다. 아이는 자신을 너무도 약하다고 느끼고 있으므로 자기가 알지 못하는 것은 무엇이든 두려워한다. 그러므로 새로운 것들을 아무렇지도 않게 보는 습관은 이러한 두려움을 없애준다. 거미 때문에 괴로움을 겪을 일이 없는 깨끗한 집에서 자라난 아이들은 거미를 무서워하며, 이러한 무서움은 어른이 되어서도 없어지지 않는다. 농촌 사람들 중에 남자든 여자든 거미를 무서워하는 사람은 없을 것이다.

그러므로 우리가 아이에게 무엇을 보여주느냐 하는 것은 아이를 겁장이로 만드느냐 아니면 용감한 아이로 만드느냐 하는 문제가 된다. 따라서 아이의 교육은 그 아이가 말할 줄 알고 알아들을 수 있기 전에 시작되는 것이다. 나는 아이로 하여금 새로운 것들, 흉하고 징그럽고 괴상한 동물들을 볼 수 있도록 배려하기를 바란다. 그리고 차츰차츰 익숙해지도록 하고, 남들이 그것을 만지는 걸 보게 하고 아이 자신도 그것들을 만져볼 수 있게 될 때까지 연습시켜 주기 바란다.

아이들은 누구나 가면을 무서워한다. 나는 에밀에게 우선 보기 좋은 모습의 한 가면을 보여준다. 그러고 나서 누군가가 에밀 앞에서 그 가면을 써 보인다. 나를 비롯한 모두가 웃고, 그러면 아이도 남들처럼 따라 웃는다. 그러고 나서 나는 에밀로 하여금 덜 유쾌한 가면들에 익숙해지게 하다가 마침내는 아주 보기 흉한 가면에도 익숙해지도록 한다. 만일 내가 보이는 순서를 합리적으로 하면 에밀은 마지막 가면을 무서워하기는커녕 첫번째 가면을 보았을 때처럼 웃을 것이다. 그렇게 되면 에밀이 가면을 무서워하리라는 염려는 사라진다.

안드로마크가 헥토르와 이별할 때에 아버지의 투구 위에 나부끼는 깃털 장식을 보고 겁에 질린 아들 아스튜아낙스는, 아버지도 몰라보고 울면서 유모 품에 달려든다. 그래서 그의 어머니로 하여금 눈물 어린 미소를 자아내게 하는데 이런 두려움을 없애려면 어떻게 해야 할 것인가? 그것은 헥토르가 한 대로 투구를 벗어 땅바닥에 놓은 다음, 아이를 쓰다듬어주면 된다. 그러나 평화시에는 그 정도로 그쳐서는 안 될 것이다. 그 투구에 손을 올려놓고서 깃털로 장난치면서 아이에게도 그것을 손으로 만져보게 하고, 여자도 그의 무기에 감히 손을 댈 수만 있다면 유모가 그 투구를 집어들고 웃으면서 자신도 써 보아야 할 것이다.

에밀을 총소리에 단련되도록 하기 위해 나는 우선 피스톨 속에 든 화약을 터뜨린다. 그러면 번개처럼 순식간에 터졌다 사라지는 그 불꽃은 아이를 즐겁게 해준다. 그리고서 나는 차츰 더 많은 화약으로 똑같은 짓을 되풀이한다.

그러다가 피스톨 안의 탄약의 양을 조금씩 늘려서 마침내 에밀로 하여금 총소리나 연발총 소리나 대포 소리나 그보다 훨씬 더한 폭발 소리에도 익숙해지도록 훈련시킨다.

천둥 소리가 그다지 크지 않아서 실제로 청각기관을 다치지만 않는다면 아이들이 좀처럼 천둥을 무서워하지 않을 텐데 아이들은 천둥이 사람을 다치거나 때로는 죽이는 수도 있다는 것을 알 때 비로소 천둥을 무서워한다. 이성이 아이들에게 공포를 주기 시작하면, 습관으로써 아이들을 안심시켜 주어야 한다. 서서히 차례를 밟아 익숙해지면 우리는 어른이건 아이건 모든 것에 대담해지도록 해줄 수 있다.

기억과 상상력이 형성되지 않은 갓난아이는 실제로 그의 감각을 자극하는 것에 대해서만 주의를 기울인다. 아이의 감각이란 지식을 위한 최초의 재료이므로 그 감각들을 적당한 순서로 아이에게 제공해주어야 한다. 그것은 훗날 그와 똑같은 순서로 아이의 이해력을 키워 나가는 데 도움이 되도록 준비시켜 주는 셈이다. 그러나 아이란 자기의 감각에만 주의를 기울이므로, 처음에는 그 감각들과 그것들을 불러일으키는 대상들과의 관계를 분명하게 알려주는 정도로만으로 충분하다. 아이는 무엇이든 손에 대보고 싶어하는데, 아이의 이러한 욕망을 막지 말라. 이러한 욕망은 아이에게 대단히 필요한 일종의 자극제이다. 이와 같이 해서 아이는 눈으로 보고 손으로 만지고 귀로 듣고, 특히 시각·촉각·감각 등으로 평가함으로써 물체들의 뜨겁고 차가움과, 딱딱하고 부드러움과, 무겁고 가벼움을 느끼는 법과, 그것들의 크기나 모양이나 감지할 수 있는 모든 성질을 판별하는 법을 배우는 것이다.

우리는 운동에 의해서만 우리들 이외의 사물들이 존재하는 것을 배우고, 또 우리들 자신을 통해서만이 공간의 개념을 얻게 된다. 아이들은 자신의 손으로 닿을 만한 거리에 있는 것이나, 백 발짝쯤 떨어져 있는 것이라도 움켜쥐려고 손을 뻗치는데 그것은 공간 개념이 전연 없기 때문이다. 아이의 이런 노력이 여러분에게는 가지고 싶어하는 한 징조처럼 보이고 또 그 물건에게 가까이 다가오라고 명령을 하거나 그렇지 않으면 그것을 갖다 달라고 하는 명령처럼 생각되겠지만, 사실은 전혀 그렇지가 않다. 그것은 다만 아이가 처음에는 머릿속으로 보고 다음에는 눈으로 본 동일 물체를 이제는 손끝으로 느끼기 때문이며, 그리하여 자기 손이 닿을 수 있는 공간밖에는 상상하지 못하기 때문이다. 아이가 거리를 느끼기 시작하면 방법을 바꾸어서 아이가 하자는 대로가 아니라 여러분이 하고 싶은 대로 아이를 이끌어야 한다. 왜냐하면 아이란 감각의 속임을 당하지 않으면 이내 그 노력의 동기까지도 바뀌기 때문이다.

욕구를 충족시키는 데 남의 도움이 필요하다면 그 욕구불만은 여러 가지 표현으로 나타난다. 아이들의 울음도 이 욕구불만 때문이다. 아이들은 많이 우는데, 이것은 당연한 일이다. 아이들의 모든 감각은 감정적이므로 그것들이 쾌적할 때 아이들은 그것을 조용히 즐기고, 괴롭다면 그들 특유의 언어로 그것을 알려 편안히 해줄 것을 요청한다. 그런데 아이들은 깨어 있는 한 무관심한 상태에 머물러 있지는 않는다. 우리들의 언어는 모두가 인공에 의한 산물이다. 인류에게 공통된 자연의 언어가 있었는지는 오랫동안 연구되어 왔다. 틀림없이 그런 언어가 하나 있었다. 말을 배우기 이전의 아이들이 지껄이는 언어가 바로 그것이다. 이 언어는 명확한 발음은 아니지만 억양이 있어 이해하기 쉽다. 그런데 우리는 성인의 언어를 사용함으로써 어린이의 말을 완전히 잊어버린 것이다. 그러나 아이들의 언어를 연구하면 우리는 곧 그것을 다시 배우게 될 것이다. 이때에는 유모들이 우리의 선생이다. 유모들은 그들의 젖먹이가 하는 말을 모두 알아듣고 대화도 한다. 그때 유모들은 여러 가지 단어로 발음하지만, 그 단어들은 모두가 쓸데없는 것들이다. 젖먹이가 알아듣는 것은 단어의 뜻이 아니라 그 말의 억양이다.

아이들은 목소리의 언어 외에도 강력한 몸짓으로도 말을 한다. 이 몸짓은 아이들의 손으로 표현되지 않고 얼굴에 나타난다. 제대로 틀이 잡히지도 않은 얼굴로 극히 많은 표정을 나타낸다는 것은 놀라운 일이다. 아이들의 얼굴 표정은 시기각각 생각도 못할 만큼 빨리 바뀐다. 우리들은 아이들의 얼굴에서, 미소와 욕망과 공포의 표정이 번개처럼 나타났다가 사라지는 것을 보게 된다. 아이들은 분명히 성인보다는 잘 움직이는 안면근육을 가지고 있다. 반면에 아이들의 눈은 거의 아무 말도 하지 못하는데, 이는 육체적인 욕구밖에는 없는 나이인 그들의 특징임에 틀림없다.

인간의 최초의 상태가 궁핍과 허약함이며 인간 최초의 소리도 울음이다. 아이는 욕구불만을 느끼면서 그것을 충족시킬 수 없어 울음으로써 남의 도움을 청한다. 아이는 배고프거나 목이 마르면 울고, 너무 춥거나 더워도 운다. 움직이고 싶은데 가만히 놓아두면 울고, 자고 싶은데 흔들어도 운다. 현재의 상태가 마음에 들지 않으면 아이는 그 상태를 바꾸어주도록 더욱 보챈다. 아이에게는 하나의 언어밖에는 없다. 즉, 아이란 불편한 것에 대한 느낌만을 가지고 있는 것이다. 아이는 여러 가지 상이한 인상을 구별하지 못한다. 그래서 모든 불편한 것이 아이에게는 고통이라는 하나의 감각으로만 나타난다. 우리를 둘러싸고 있는 환경과 인간과의 최초의 관계는, 사람들이 거의 주의를 기울일 필요가 없다고 생각하는 아이들의 이 울음으로부터 생성된다. 그리고 이로부터 사회 질서를 이룩하고 있는 긴 연쇄의 첫 고리가 연결되는 것이다.

아이가 울 때는 어딘가가 불편하기 때문이다. 사람들은 아이가 울음을 그치도록 달래기도 하고 요람에 넣고 흔들기도 하며 재우기 위해 노래도 불러 주는데, 그래도 아이가 울음을 그치지 않으면 난폭한 유모들은 아이를 위협하기도 하고 가끔 때리기도 한다. 이것이야말로 인생에 첫발을 내디딘 아이에게는 곤란한 방법이다.

귀찮게 우는 아이가 유모에게 얻어맞는 걸 본 적이 있는데, 그 아이는 이내 울음을 그쳤다. 나는 아이가 겁에 질렸음을 알 수 있었고, 그 아이는 엄하게 다루지 않고서는 말을 듣지 않는 비굴한 인간이 될 것이라고 혼자 생각했다. 그러나 내 생각은 틀렸다. 그 가엾은 아이는 화가 나서 순간적으로 울음을 그친 것이었고, 숨이 막힌 채 얼굴이 파래지는 것을 나는 보았다. 잠시 후 그 아이는 찢어지는 듯한 소리로 울었다. 그 울음 소리에는 그 나이의 아이가 갖는 원한과 노여움과 절망의 표시가 모두 담겨 있었다. 인간이 선천적으로 정의와 부정에 대한 감정을 마음속에 지니고 있다는 것을 일찌기 내가 의심했었다면, 그 아이의 예 하나만으로도 그런 의심은 풀렸을 것이다.

흥분·원한·노여움으로 내닫기 쉬운 아이들의 이러한 기질은 극도의 조심성을 요한다. 아이들은 어른들보다 비례적으로 머리가 크고 신경 계통이 더 넓게 퍼져 있으므로 신경이 더욱 자극을 받기기 쉽다. 그렇기 때문에 뵈르하베는 아이들의 병이 대부분 경련성이라고 간주한다. 사물에서만 저항을 받고 인간의 의지에는 절대로 저항을 느끼지 않는 한 아이들은 결코 반항을 하거나 화를 내지 않을 것이고, 건강도 더 잘 유지할 것이다. 속박을 모르고 자유롭게 자란 서민층 아이들이 잘 기르겠다고 다짐하는 집안의 아이들보다 일반적으로 불구인 경우도 적고 더욱 강한 이유 중의 하나도 바로 이 점에 있다.

아이들의 첫 울음이 무엇을 요구하는 것인지 주의하지 않으면 울음은 곧 명령으로 바뀐다. 아이들은 처음에는 도움을 청하지만 나중에는 자기를 섬기도록 요구하는 것이다. 그런데 이러한 관념은 아이들의 필요에 의해서보다 우리들의 보살핌에 의해서 조장되기 때문에 그 직접적인 원인이 자연에 있지 않은 도덕적 결과들이 이로부터 나타난 것이다. 그러므로 아이들이 갓 태어났을 때부터 그 울음이나 몸짓 속에 어떤 의도가 숨겨져 있는가 알아내는 일은 중요한 것이다.

아이는 거리를 측정하지 못하므로 어떤 물건에 가 닿을 수 있다고 생각한다. 이 경우, 아이는 잘못 생각하고 있다. 그러나 아이가 손을 내밀면서 울부짖을 때는 이미 거리를 잘못 생각한 것이 아니다. 그것은 그 물건에게 다가오라고 명령하거나, 아니면 누군가에게 그것을 가져오라고 명령하고 있는 것이다. 그럴 때에는 우선 아이를 천천히 조금씩 그 물건 쪽으로 데려가도록 하고, 다음에 아이의 울음 소리를 알아들은 척도 하지 말라. 아이가 울면 울수록 여러분은 더 듣지 말아야 한다. 아이들에게는 일찍부터 사람에게나 사물에게나 명령하지 않는 습관을 들여주는 일이 중요한 것이다. 왜냐하면 아이는 사람들의 주인이 아니고, 사물들은 아이가 하는 말을 알아듣지 못하기 때문이다. 그러므로 아이의 눈에 뜨이고, 또 어른들도 아이에게 주고 싶어하는 어떤 물건을 그 아이가 갖고 싶어한다면, 그것을 아이에게 갖다주기보다는 아이를 그쪽으로 데려다주는 편이 더 낫다. 그리하여 아이는 이런 경험에서 자기 나름의 어떤 결론을 찾아내며, 그런 방도 이외에는 이런 결론을 아이에게 암시해 줄 다른 방법은 존재하지 않는다.

생비에르 신부는 어른을 커다란 아이라고 불렀지만, 우리는 반대로 아이를 작은 어른이라 부를 수도 있다. 그런데 이런 말은 설명을 필요로 한다. 홉스가 악인을 강한 아이라고 불렀을 때, 그것은 모순되는 말이다. 모든 악함은 약함에서 온다. 아이는 약하므로 악한 것이다. 그러므로 강하게 해주면 아이는 선해질 것이다. 무슨 일이든 다 할 수 있는 사람은 절대로 나쁜 짓을 하지 않는 법이다. 전능하신 신의 모든 속성 중에서도 선은, 그것 없이는 신을 조금도 인지할 수 없는 한 속성이다. 선악의 두 원리를 인식한 사람들은 누구나 항상 악을 선보다 나쁘게 보는데 그렇지 않았다면 그들은 전혀 논리에 맞지 않는 가정만을 한 셈이 된다.

이성만이 우리에게 선과 악의 인식법을 가르쳐준다. 우리로 하여금 선을 좋아하고 악을 미워하게 하는 양심은, 비록 그것이 이성과는 다르지만 이성 없이는 생겨날 수 없다. 이성의 판별력이 생기기 전부터 우리는 무의식중에 선과 악을 행한다. 우리와 관계있는 남의 행동을 느낄 때에는 때로 도덕성이 있지만, 우리 자신의 행동에는 도덕성이 없다. 아이는 눈에 띄는 것이면 무엇이든지 어지럽히고, 손에 닿는 것이면 잡아 헤쳐 버린다.

왜 그럴까? 우선 철학에서는 인간의 자만심·지배욕·자존심·악행 등 인간 본래의 악덕으로 이를 설명하려 든다. 그리고 또 철학은 이에 덧붙여서 아이란 스스로 무력하다고 느끼므로, 폭력 행위를 써서 자신의 힘을 스스로 증명해 보이려고 애쓰는 것이라 말할지도 모른다. 그러나 인생이라고 하는 원을 돌아서 어릴 때 지녔던 무력함을 다시 맛보게 된, 저 허약하고 무기력한 노인을 보라. 그는 꼼짝 않고 평정 속에 머물고 있으며, 주위의 모든 것이 그렇게 되기를 바라기까지 한다. 노인은 아주 작은 변화에도 당황하고 불안해하며, 이 세상 일체가 고요의 지배 속에 드는 것을 보려는 것이다. 만일 근본적인 원인에 변화가 없다면 어째서 같은 감정과 약체를 가진 노인과 아이 사이에서 그처럼 다른 결과가 생겨나겠는가? 아이와 노인에 공통으로 깃들어 있는 활력소가 아이의 경우에는 발육해 가고 다른 쪽에서는 쇠퇴해 가고 있으며, 한쪽에서는 형성되고 있고 다른 쪽에서는 파괴되는 것이다. 사라져가는 활동력이 노인의 마음속에서 안으로 집중되고, 아이의 마음속에서는 밖으로 퍼져간다. 즉, 자기를 둘러싼 주위의 활기를 불어넣어주기에 충분한 생명력을 자신 속에 가지는 아이들은 파괴적 행동을 즐기는 것 같이 보이기도 한다. 그러나 그것은 악의없는 행동으로서 무엇을 형성하는 행동은 언제나 느리지만 파괴하는 행동은 보다 더 빠르므로, 그것이 아이의 건설적인 성향에 더욱 알맞은 것이다.

조물주는 아이들에게 이러한 활동력을 주고서도 아이들이 이를 행사할 수 있는 그 힘을 조금밖에 주지 않음으로써 위험한 일이 거의 없도록 배려한 것이다. 자기를 둘러싸고 있는 주위 사람들을 자기 마음대로 움직이게 할 수 있는 도구로 여긴다면, 아이들은 이내 자기가 하고 싶은 대로 그 도구들을 자신의 연약함을 보충하기 위해 사용할 것이다. 이렇게 되면 아이들은 귀찮게 굴고 심술궂고 다루기 힘들게 되는 것이다. 이것은 타고난 지배욕 때문이 아니라 주위 사람들이 아이들에게 가르쳐준 성장 단계이다. 왜냐하면 남의 손을 빌어 행동하는 것과 말 한 마디로 세계를 움직일 수 있다는 것이 얼마나 유쾌한 일인가를 깨닫는 데는 오랜 경험이 필요하지 않기 때문이다.

사람은 성장하면서 점점 더 강해지고, 그리하여 덜 불안해지고 더 차분해지며, 자기 중심적이 되어간다. 이를테면 정신과 육체가 균형을 잡게 되고, 자연도 우리에게 우리 자신의 생명 보존에 필요한 운동만을 요구할 것이다. 지배욕이 이기심을 일깨우고 습관이 그 이기심을 북돋아준다. 이렇게 해서 변덕스러움은 필요의 뒤를 잇게 되고 편견과 소신이 그 첫 뿌리를 내리는 것이다.

아이들은 지나치게 강한 힘을 가지고 있지 못하다. 그러므로 자연이 그들에게 주었으되 남용할 줄 모르는 그 힘을 모두 사용하도록 해주어야 한다. 이것은 첫번째 준칙이다.

육체적인 필요에 관계되는 모든 일에 있어서는, 아이들을 도와서 이성적으로 혹은 육체적으로 그들이 충분히 가지고 있지 못한 것을 보충해주어야 하는 것이다. 이것이 두 번째 준칙이다.

아이들을 도와줄 때에는 변덕이나 이유없는 욕구에는 응해주지 말고 필요한 것에만 한해야 한다. 이것이 세 번째 준칙이다.

감정을 감출 줄 모르는 아이들의 욕구 중에서 직접적인 원인으로 생기는 것과 편견에서 생기는 것을 구별하려면, 우리는 아이들의 언어와 여러 가지 몸짓을 연구해야 한다. 이것이 네 번째 준칙이다.

이러한 규칙들은 아이들에게 진실된 자유를 보다 많이 주고 지배력을 보다 적게 주며, 타인의 도움을 빌지 않게 해주려는 것이다. 이렇게 일찍부터 욕구를 자기 힘에 맞도록 제한시킬 줄 아는 습관을 들인다면 자신의 능력이 미치지 못하는 것에 대한 불만을 거의 느끼지 않게 될 것이다.

따라서 이는 아이들을 위험으로부터 멀리해 주고 상처를 입힐지도 모르는 것들을 손에 닿지 않도록 세심한 배려만 해주면, 아이들의 몸과 손발을 완전히 자유롭게 해주기 위한 새롭고도 매우 중요한 이유가 되는 것이다. 몸과 팔을 자유롭게 해둔 아이는 틀림없이 강보에 싸여 있는 아이보다 덜 보챌 것이다. 아이는 고통스러울 때 이외에는 울지 않으며, 이는 대단히 유리한 이점이다. 왜냐하면 아이가 도움을 필요로 할 때 우리는 이를 곧 알 수 있어서, 가능한 한 빨리 아이를 도와줄 수 있기 때문이다. 그러나 아이의 고통을 덜어줄 수 없다면 달래지 말고 가만히 있으라. 달랜다고 해서 아이의 고통이 낫지는 않을 것이고, 오히려 아이는 어떻게 해야 하는지를 기억해 둘 뿐이다. 그래서 일단 아이가 자기 뜻대로 남을 부릴 줄 알게 되면 아이는 주인이 되고, 그렇게 되면 교육은 완전히 헛수고가 된다.

아이들은 자기들의 동작에 방해를 덜 받을수록 울지 않게 된다. 아이들 울음에 시달림을 덜 받을수록 사람들은 울음을 그치게 하기 위한 고통도 덜 겪을 것이며, 위협이나 어루만짐을 받는 일이 적을수록 아이들은 겁을 내거나 고집부리는 일도 적어진다. 아이들이 탈장(脫腸)에 걸리는 이유도 아이들로 하여금 울게 내버려두기보다 그들을 달래느라 너무 서두르기 때문이다. 또한 내 경험에 의하면 보살핌을 적게 받은 아이들이 탈장에 걸리는 확률이 적다. 그렇다고 해서 아이들을 내버려두라는 말이 아니라, 아이들로 하여금 울음으로써 자기들의 요구를 나타낼 때까지 내버려두어서는 안 된다는 것이다. 그러나 또한 아이들에게 쏟는 보살핌이 잘못 받아들여지는 것도 곤란한 문제이다. 자기들의 눈물이 그처럼 많은 일에 영향을 끼친 것을 알고 난 이상 아이들이 어찌 울지 않겠는가? 울기만 하면 뭐든지 해준다는 것을 알고 나면, 아이들은 좀처럼 잠잠히 있지를 못하게 된다. 그러나 아무리 울어도 목적을 이룰 수 없으며 헛수고임을 알아야만 울음을 스스로 그치게 된다.

이런 습관을 고치거나 예방하는 유일한 방법은 모른 척해 버리면 되는 것이다. 아무도 쓸데없이 고생하려고 하지는 않으며 아이들도 마찬가지이다. 아이들은 그들이 원하는 일에 집착이 강하다. 그러나 여러분이 고집 불통인 아이들보다 더 끈기가 있다면, 아이들은 제풀에 꺾여서 다시는 그런 짓을 안 한다. 이렇게 해서 아이들은 울지 않게 되며, 고통을 느껴 울 때 외에는 눈물을 흘리지 않는 버릇을 갖게 된다.

그외에도 아이들이 변덕이나 고집으로 운다면 이를 그치게 하는 한 방법으로서, 재미있는 물건을 눈에 띄게 하여 아이들의 기분을 바꾸어주는 것이 있다. 유모들은 대개 이런 재주가 특출한데, 이때 중요한 것은, 그러한 의도를 아이가 눈치채지 못하도록 하고 남이 자기에게 관심을 두고 있다는 사실을 모르고서 즐길 수 있도록 해주는 일이다.

사람들은 아이들의 젖을 너무 일찍 뗀다. 아이들로부터 젖을 떼어야 할 시기는 젖니가 날 때이다. 이때 아이는 아픔과 괴로움을 느끼게 되어 손에 잡히는 것은 무엇이든 입으로 가져다가 씹는다. 사람들은 상아나 이리 이빨처럼 단단한 것들을 아이에게 장난감으로 주며 이의 발달을 돕는다고 생각한다. 그러나 나는 그 방법은 옳지 않다고 생각한다. 그처럼 단단한 것들을 잇몸에 대면 잇몸이 물러지기는커녕 오히려 굳어져서 이가 날 때 더 아프고 고통스럽다. 사자의 새끼는 갓 돋아나는 이빨로는 나무나 가죽이나 누더기 같이 부드럽고 이빨자국이 잘 나는 것들을 씹으며, 조약돌이나 쇠붙이나 뼈 등을 씹지는 않는다.

사람들은 무슨 일에 있어서나 소박해질 줄을 모른다. 아이들에게도 은이나 금방울·산호·수정·세공품 등 온갖 종류의 값진 장난감들을 주는데 이런 것은 모두 아무 소용이 없다. 아이가 빨거나 깨물 수 있는 감초줄기 등이 화려한 장난감 못지 않게 아이들을 기쁘게 해줄 것이고, 또 나면서부터 아이가 사치한 습관에 물드는 폐단도 없애 준다.

우유에 보릿가루를 넣어 끓인 죽이 건강에 좋지 않은 음식이라는 건 모두 알고 있는데, 끓인 우유와 생밀가루는 뱃속에 많은 앙금이 끼게 하기 때문에 소화에 좋지 않다. 아이에게는 빵수프나 쌀미음이 좋은데, 만일 꼭 우유에 밀가루를 넣어 죽을 쑤겠다면 미리 밀가루를 약간 볶는 것이 좋다. 우리 나라에서는 이렇게 볶은 밀가루로 아주 맛있고 몸에 좋은 수프를 만든다. 우선 아이들에게는 먹는 것에 익숙해지는 습관을 들이는 일이 중요하다. 이것이 이의 발육을 촉진시키는 좋은 방법이다. 그리고 아이들이 음식을 씹어 삼키기 시작하면, 음식에 섞인 침이 소화를 돕는다.

그러므로 나는 아이들에게 말린 과일이나 마른 빵껍질을 씹게 하겠다. 그리고 장난감으로는 작은 막대기 모양의 단단한 빵, 혹은 비스킷을 주겠다. 아이들이 이 빵을 입 안에서 우물거리고 있노라면 약간은 삼켜지는데, 그러는 동안에 이빨이 나게 되어서 젖도 쉽게 뗄 수 있을 것이다. 일반적으로 농촌 사람들은 위장이 아주 튼튼한데 아이들 젖을 뗄 때 이런 방법을 쓰기 때문이다.

아이들은 태어나자마자 말을 듣게 되는데 사람들은 아이들이 말을 알아듣기 전부터, 그리고 듣는 말소리를 흉내내기 전부터도 아이들에게 말을 건넨다. 아직은 둔한 아이들의 성대 기관도 사람들이 자기에게 들려주는 말소리를 조금씩 흉내내며, 더구나 처음에는 그 소리가 우리 귀에 들리듯이 아이들 귀에도 분명하게 들리는지조차도 의심스럽다. 나는 유모가 노래를 부르거나 즐거운 가락으로 아이를 즐겁게 해주는 일을 자주 본다. 그러나 음조밖에는 이해하지 못하는 아이에게 유모가 끊임없이 쓸데없는 말들을 함으로써 아이를 당황하게 하는 것은 반대한다. 처음에는 발음이 쉽고 또렷한 말을 자주 되풀이하기를 바라는데, 그 발음이 나타내는 낱말들은 아이에게 당장 보여주었으면 하는 생각이다. 우리가 자신도 전혀 이해하지 못하는 말들에 쉽사리 익숙해지는 불행한 습성은 이렇게 시작된다. 초등학교 학생은 강보에 싸여 유모의 수다를 듣던 것과는 똑같이, 교실에서는 담임 교사의 잔소리를 듣게 된다. 이런 수다는 들려주지 않는 것이 가장 유익한 교육이라고 생각한다. 아이들의 언어 형성과 그 최초의 이야기들을 연구해보면 많은 생각들이 떠오르게 된다. 우리가 어떻게 하든 아이들은 항상 똑같은 방법으로 말하는 법을 배우게 되는데, 이 점에 대해서는 모든 철학적 고찰도 아무 소용이 없는 것이다.

말하자면 아이들은 우선 자기 연령에 맞는 나름대로의 문법을 가지며, 그 문법은 어른들의 문법보다 훨씬 더 일반적이다. 그러므로 아이들이 얼마나 정확하게 어떤 유추법에 따르고 있는가를 알게 되면 매우 놀랄 것이다. 관습에 어긋나는 아이들의 사소한 잘못들을 일일이 고쳐주려고 안간힘을 쓰는 것은 쓸모없는 참견에 지나지 않는다. 그 정도의 잘못은 아이들 스스로가 시간의 흐름에 따라 고쳐 나가게 된다. 아이들 앞에서는 항상 정확하게 말하고 여러분과 같이 있는 것을 좋아하도록 만들어라. 그리하여 여러분이 그들을 전혀 꾸짖지 않더라도 아이들의 말은 모르는 사이에 바르게 고쳐질 것이다.

그런데 이보다 더 중요성을 띠고 있으면서도 미리 방지하기 어려운 잘못은,

아이들로 하여금 말을 하게 하려고 너무 서두르는 일이다. 이렇게 분별없는 성급함은 전혀 반대되는 결과를 초래하여, 아이들은 더욱 더디게 말을 배우고 더욱 부자연스럽게 말하게 된다. 그리고 아이들이 말하는 것에 지나친 주의를 하게 되면 아이들은 말을 분명하게 발음할 필요성을 느끼지 않게 되어 입도 제대로 벌리지 않게 되는데, 그들 중 상당수는 발음상의 나쁜 버릇과 불명료한 말투를 평생 간직하게 된다.

나는 오랫동안 시골에서 살았다. 그런데도 남녀노소를 막론하고 불완전하게 발음하는 것을 들어본 적이 없다. 그것은 무슨 연유에서인가? 그 이유는 그들의 훈련 방법이 다르기 때문이다. 내 방 창문 맞은편에 언덕이 하나 있는데, 근처 아이들이 몰려와서 논다. 나와 그들과의 거리는 상당히 떨어져 있었지만, 나는 아이들이 하는 말을 정확히 알아들을 수 있었다. 그래서 이 저술의 좋은 재료를 그때의 기억에서 종종 얻는다. 그들이 하는 말을 듣는 내 귀는 매일같이 그들의 나이에 대해 나를 속인다. 소리만으로 들을 때는 열 살 난 아이들 목소리였는데, 바라보면 그들은 서너 살밖에 안 돼 보인다. 이러한 경험을 한 것은 나뿐만이 아니다. 나를 찾아 도시에서 온 사람들에게 물어보면, 그들도 모두 나와 똑같은 착각을 한다고 한다.

이러한 착각을 일으키게 하는 이유는, 대여섯 살 때까지 방 안에 갇혀 가정부의 보호 밑에서 자란 도시 아이들은 어물어물 중얼거리기만 해도 잘 들어준다는 점이다. 그들이 입술만 놀려도 사람들은 그 뜻을 알아들으려고 애를 쓴다. 또 그들이 제대로 표현하지 못하는 말을 그대로 쓰게 한다. 그리고 아이들 곁에 늘 붙어 있는 사람들은 아이들 말에 항상 주의를 기울이기 때문에 아이들이 말하기 전에 미리 알아차리는 것이다.

그 반대로 농촌의 아낙네는 아이와 항상 떨어져 있으므로 아이는 어머니에게 할 말이 있을 경우 아주 분명하고 큰소리로 해야만 한다. 들에서도 아이들은 어머니나 딴 아이들로부터 멀리 떨어져 있게 되므로 먼 데가지 들리게 하는 법과 자기 말을 들려주고 싶은 사람들과의 거리에 따라서 소리의 강도를 조절하는데, 이것이야말로 발음을 제대로 배우게 되는 방법이다. 이는 주의를 기울이는 가정부의 귀에 몇 마디 종알거림으로써 될 일이 아니다. 이리하여 농부의 아이에게 무엇을 물어보면, 아이는 매우 수줍어하면서도 자기가 하고자 하는 말만은 분명히 한다. 반면에 도시 아이의 경우에는 하녀가 통역 노릇을 해야 하며, 그렇지 않으면 그 아이가 입 안으로 중얼거리는 말을 전혀 알아들을 수 없다.

아이들은 자라게 되면 남자 아이들은 학교에서, 그리고 여자 아이들은 수녀원에서 이러한 결점을 고치게 된다. 이런 아이들은 늘 집에서만 자란 아이들보다는 일반적으로 말을 더 분명하게 한다는 것은 사실이다. 그러나 이들도 자기들이 배운 것을 큰소리로 암송해야 하고 또 많은 것을 기억해야 하므로, 농촌 아이들만큼 분명한 발음을 터득할 수 없다. 왜냐하면 도시 아이들은 공부한다는 구실로 말을 얼버무리는 습관과 아무렇게나 제멋대로 발음하는 습관을 갖게 되는데, 암송할 때는 그것이 더욱 나빠진다. 그들은 열심히 말을 생각해 보려고 한다. 그 음절을 길게 끌며 늘어지는데, 왜냐하면 기억이 분명하지 않으면 말을 더듬거릴 수도 있기 때문이다. 이렇게 해서 발음상의 악습이 몸에 붙기도 하고 간직되기도 한다. 하지만 나의 에밀은 그런 악습을 갖지 않고서, 적어도 위에서 본 것과 같은 이유들로 인해 그러한 악습이 몸에 붙지는 않을 것임을 여러분은 나중에 알게 될 것이다.

그리고 나는 또 일반 서민들이나 시골 사람들이 이것과는 반대의 극단에 빠져서 필요 이상의 큰소리로 말하거나 너무 분명히 발음하려다가 음절의 발음이 너무 강하고 거칠게 되고, 또는 억양이 너무 심하여 아름답지 못한 말을 사용하는 경우가 있음을 인정하는 바이다.

그러나 우선 나는 이러한 잘못이 먼저 말한 극단보다는 나쁘지 않다고 생각한다. 왜냐하면 대화의 첫째 법칙은 자기가 하는 말을 남이 알아들어야만 하고, 그러므로 말하는 데 있어서 최대의 결점은 알아듣지 못하게 말하는 것이기 때문이다. 억양이란 이야기의 넋으로서, 말에 감정과 진실성을 부여한다. 실제로 억양이 말보다는 거짓말을 더 한다. 높은 교육을 받은 사람들이 억양을 잘 나타내지 않는 것은 아마 이 때문일 것이다. 눈치채지 못하게 남을 빈정대는 말투를 사용하게 되는 것도 무슨 말이든 똑같은 억양으로 말하는 습성에서 생겨난 것이다. 이와 같은 억양을 떨쳐버리면 궁정의 젊은이들에게서처럼 우스꽝스럽고 부자연스러우며, 유행에 따라서 수시로 변하는 언어가 나타날 것이다. 프랑스 사람은 말과 몸가짐의 이러한 꾸밈으로 인해 다른 나라 사람들에게 접근하고자 할 때 일반적으로 불쾌감을 주고 배척을 받게 된다.

언어상의 이러한 결함들은 아이들이 물들게 될까봐 그토록 염려하지만 쉽게 막거나 교정할 수 있다. 그러나 아이들이 알아들을 수 없게 애매하고 소심하게 말하는 것을 내버려두거나, 그들의 어조를 끊임없이 나무라거나 그들이 쓰는 낱말들을 헐뜯는다면, 아이들에게 붙어 있는 결점들은 절대로 고쳐지지 않는다. 골목길에서만 말하는 것을 배운 남자는 군대에서 자기 말을 제대로 남에게 이해시킬 수 없을 것이다. 또한 폭동 속에서 말로써 군중을 위압할 수는 없을 것이다. 아이들이 우선 남자들에게 말을 하도록 가르쳐 주라. 그러면 여자들에게도 제대로 말할 수 있게 될 것이다.

여러분의 아이들도 시골의 전원 속에서 자라면 더욱 낭랑한 목소리를 갖게 될 것이며, 도시 아이들처럼 입 안에서 우물거리는 말버릇은 고쳐질 것이다. 왜냐하면 아이들이 태어나면서부터 그들과 같이 살고 또 날이 갈수록 더욱 밀접하게 그들과 생활하는 선생이 있게 될 경우, 그 선생이 정확한 말씨를 쓰면 아이들이 사용하는 농부들의 말투를 미리 막아주거나 없애줄 수도 있기 때문이다. 에밀은 내가 말할 수 있는 최대한 순수한 프랑스 어를 구사하게 될 것이고, 나보다도 더 분명하고 훨씬 더 정확한 발음을 할 것이다.

말하고자 하는 아이에게는 그 아이가 알아들을 수 있는 단어들만 들려주어야 한다. 그리고 마치 보다 더 분명하게 발음하는 훈련이라도 하기 위한 것처럼 말을 자꾸 되풀이시켜야 한다. 아이가 더듬거리기 시작할 때 그가 하는 말을 알아내려고 너무 애쓰지 말라. 자기 말을 항상 남이 들어주기를 기대하는 것 역시 일종의 지배욕인데, 아이에게는 어떠한 지배욕도 생기게 해서는 안 된다. 세심한 주의를 기울이면서 아이가 필요로 하는 것을 도와주기만 하면 그것으로 충분하다. 꼭 필요하지 않은 것을 여러분에게 알려야 하는 것은 아이가 할 일이다. 또한 아이가 빨리 말을 배우도록 성급하게 요구해서도 안 된다. 말할 필요를 깨닫게 됨에 따라 아이는 자연히 말을 배우게 되는 것이다.

말을 배우는 게 몹시 더딘 아이들이 딴 아이들만큼 말을 분명히 하지 못한다는 것은 사실이지만, 이것은 말을 더디게 배웠기 때문에 발음 기관이 장애를 일으킨 것은 아니다. 그와는 반대로 그들이 태어날 때부터 성대에 장애를 일으켰기 때문에 더디게 말하는 것이다. 만약 그렇지 않다면 그들이 다른 아이들보다 말을 더디게 할 이유가 어디 있겠는가? 말할 기회가 적어서 그럴까? 또 다른 아이들처럼 말할 수 있는 자극을 덜 받아서일까? 그 반대일 것이다. 이렇게 말을 더디게 배우는 것에 대한 불안을 깨닫자마자 사람들은 그로 인하여 신경질적으로, 말을 분명히 한 아이들에게보다도 훨씬 더 애를 쓰면서 말을 가르친다. 그리고 이렇게 그릇된 성급함은, 조급하게 굴지 않고 내버려 둠으로써 시간이 흐르면서 더 완전히 배울 수 있었을 아이들의 말씨를 더욱 더듬거리게 할 수도 있다.

너무 무리해서 말을 하도록 강요당한 아이들은 발음을 제대로 터득할 여유가 없으며, 또 무슨 뜻인지 제대로 이해할 시간도 갖지 못한다. 그 대신 아이들이 하는 대로 내버려두면 아이들은 우선 발음하기 가장 쉬운 음절을 연습하고, 거기에다가 자기의 몸짓을 보고 사람들이 알게 되는 어떤 의미를 조금씩 익히면서 상대방의 말을 받아들이기 전에 자기 말을 먼저 여러분에게 전하는 것이다. 그래서 아이들은 여러분이 하는 말을 이해하고서야 받아들이게 된다. 여러분이 쓰는 말을 서둘러 사용하려고 하지 않는 아이들은, 우선 여러분이 그 말이 어떤 의미를 가지는가를 잘 관찰하기 시작하고, 그런 다음 그것을 확인하고 나서야 그 말들을 사용하는 것이다.

유아에게 서둘러 말을 시키는 데서 오는 가장 큰 폐단은, 아이들이 말하는 최초의 단어들이 사람들에게 아무런 뜻도 전달하지 못한다는 사실이 아니라, 우리는 모르는 그 말들에 우리와는 다른 의미를 부여한다는 사실이다. 따라서 아주 정확하게 대답하는 것 같이 보일지라도 실은 그들이 우리의 하는 말을 알아듣지도 못하고, 또 그들은 우리가 알아들을 수 없도록 말을 하게 된다는 사실이다. 우리가 부여하고 있는 관념 따위를 전혀 생각하지도 않고서 아이들이 하는 걸 듣고 우리가 이따금 놀라는 것은, 대체로 이와 같은 애매함 때문이다. 아이들의 경우 낱말들이 지니는 참된 의미를 주의 깊게 생각하지 못하는 데서 그들의 최초의 과오가 생기는 것이다. 그리고 그 과오들은 고쳐진 후에도 일생을 통해 그들의 정신 발달에 영향을 미친다. 이 점에 대해서는 나중에 실례를 들어서 설명할 기회가 있을 것이다.

그러므로 아이의 어휘를 가능한 한 줄이도록 힘쓰라. 아이가 관념보다 많은 낱말을 알고 있다는 것은 바람직하지 못하다. 농촌 사람들이 도시 사람들보다 일반적으로 더 정확한 사상을 가지고 있는 이유 중의 하나는, 그들의 어휘의 범위가 넓지 않기 때문이라고 생각된다. 그들은 관념들을 얼마 가지고 있지는 못하지만, 그 관념들의 비교는 아주 잘한다고 보여진다.

아동 초기의 발육은 여러 가지가 거의 동시에 이루어진다. 아이는 말하고 먹고 걷는 법을 거의 비슷한 시기에 배운다. 정확히 말해서 이 시기가 그의 일생의 제1기이며, 엄마의 태내에 있는 것과 같다고 할 수 있다. 이때 아이에게는 감정도 없고 관념도 없으며 다만 감각만이 약간 있어서, 아이는 자기가 생존해 있다는 사실조차도 의식하지 못한다.

'그는 살고 있다. 그러나 그는 자신이 살고 있음을 의식하지 못한다.'

제 2 편

이제부터 인생의 제2기에 들어서게 된다. 정확히 말해 유년기는 끝난 셈이다. 즉 '유년'이라는 말과 '소년'이라는 말은 동의어가 아니기 때문이다. 전자는 후자에 포함되며, '말하지 못한다'를 의미한다. 우리는 발레리우스 막시무스의 저서에 '말하지 못하는 소년'이라는 말이 나옴을 알 수 있다. 그러나 나는 프랑스 어의 관용에 따라 다른 명칭으로 부를 때까지 아이라는 말을 계속 사용하기로 한다.

아이들은 말을 하기 시작하면 전보다는 덜 울게 된다. 이러한 진보는 당연하다. 즉, 하나의 언어가 다른 말로 바뀐 것이다. 어린이가 말로써 괴로움을 표현할 수 있다면 구태여 고통을 울음 소리로 표현할 필요가 있겠는가? 만약 그 시기에도 아이가 여전히 운다면 그것은 주위 사람들의 잘못이다. 에밀이 '나는 아파'라고 말할 수 있다면 고통이 매우 심하지 않은 이상 그는 울지 않을 것이다.

만약 아이가 허약하고 예민해서 나면서부터 우는 일이 잦다면, 나는 그 울음이 효과가 없다는 것을 알게 함으로써 곧 그 습성을 없앨 것이다. 아이가 우는 동안에는 나는 그 곁에 가지 않는다. 그리고 울음을 그쳤을 때 곧 달려간다. 이때 그가 나를 부르는 방법은 울음을 그치든가 아니면 소리를 지르는 것이다. 아이들은 눈에 보이는 효과로써 그 의미를 판단하며, 그들에게 다른 약속이란 없다. 아이가 혼자 있으면서 아무리 아프더라도 누가 들어주리라는 기대가 없으면 울지 않는다.

아이가 넘어져서 머리에 혹이 생기고, 코피가 나고, 손가락을 베었더라도 나는 당황한 모습으로 그의 곁에 달려가지 않고 잠시 동안은 태연하게 있을 것이다. 이미 상처는 난 것이다. 아이는 당연히 참아야 하는 것이다. 내가 당황하면 아이는 겁을 먹고 더욱 고통스럽게 느낄 것이다. 다쳤을 때 고통을 주는 것은 상처보다는 공포심인 것이다. 나는 아이를 공포심에서 벗어나게 하겠다. 아이는 틀림없이 그 상처에 대한 나의 태도를 보고 자신의 상처를 판단할 것이니까. 만일 내가 걱정하면서 아이를 위로하면 큰일이 났다고 여길 것이다. 그러나 내가 무관심하면 아이도 냉정을 되찾아 아픔을 느끼지 않게 되고, 곧 다 나은 것으로 생각할 것이다. 이렇게 해서 고통을 참는 것을 배워가는 것은 바로 이 나이 무렵인 것이다.

나는 에밀이 상처를 입지 않도록 주의하고 싶지는 않다. 그가 전혀 다치지 않고 고통도 모르는 채 성장한다면 오히려 유감스럽게 생각할 것이다. 고통을 겪는다는 것은 그가 제일 먼저 배워야 할 일이며, 장래 그가 꼭 알아야 할 일이다. 아이들의 몸이 작고 약한 것은 이러한 중요한 교훈을 위험없이 배우기 위함이리라. 아이는 넘어지더라도 다리가 부러지지 않고, 막대기에 맞아도 팔이 부러지지는 않을 것이다. 예리한 칼날을 잡아도 너무 세게 쥐지 않으므로 깊은 상처를 입지 않는다. 방임된 아이가 생명을 잃거나 불구가 되거나 심한 상처를 입었다는 얘기를 나는 들어본 적이 없다. 아이가 성장해서도 결국 용기나 경험이 없이 쩔쩔매면서 바늘에 찔리기만 해도 몹시 놀라고, 자기 피 한 방울만 보아도 기절하게 하고 싶진 않을 것이다.

우리들은 어리석으면서도 아이들이 혼자서 배우는 것이 훨씬 더 효과적이라는 것을 가르쳐주려 하고, 정작 우리들이 가르쳐줘야 할 것은 잊어버리고 만다. 유모가 가르치지 않아 다 큰 뒤에도 걷지 못하는 사람은 없으므로, 아이들에게 걷는 것을 가르쳐주는 것처럼 어리석은 짓은 없다. 오히려 걷는 것을 잘못 가르쳐주어서 평생 바르게 걷지 못하는 사람들이 얼마나 많은가?

에밀에게는 다치지 않게 쓰는 모자도, 보행기도, 유모차도, 걸을 때 부축해 주어서도 안 된다. 방 안의 한정된 곳에만 있게 하지 말고, 날마다 들판으로 데리고 나가라. 거기서 달리고 뛰어놀며 하루에 백 번이라도 넘어지게 하라. 그러면 일어나는 법을 일찍 배우게 될 것이다. 어떠한 상처를 입더라도 즐거움이 이를 보상해주는 것이다. 나의 제자는 상처를 입을지 모르지만 그래도 그는 항상 즐거울 것이다. 여러분의 제자는 타박상은 덜 입겠지만, 항상 구속만 당하므로 쾌활하지 못할 것이다. 그러므로 나는 후자 편이 이로울 것이라고 생각하지는 않는다.

더한층 발육하면 아이들은 전만큼 울 필요가 없게 된다. 그것은 아이들의 체력이 발달하기 때문이다. 혼자 힘으로 많은 것을 할 수 있게 되면 아이들은 남에게 의지할 필요가 적어지는 것이다. 체력과 더불어 그 체력을 조절하는 지식도 발달한다. 정확히 말해서 진정한 개인 생활이 시작되는 것은 바로 이 제2단계에서이다. 자아의식을 갖게 되는 것은 바로 이때로서, 자신의 존재의 모든 순간에 대한 자각이 생긴다. 그는 참으로 독립된 인격을 갖춘 사람이 되며, 따라서 이미 행복과 불행을 구별하게 된다. 그러므로 이제는 그를 하나의 도덕적인 존재로 생각해야 할 필요성이 생긴다.

우리는 인간의 수명이 얼마나 되고 그 끝에 이르는 가능성을 어느 나이에서건 생각하고 있지만, 한 사람의 수명보다 더 불확실한 것은 없다. 게다가 그 최대한도의 수명까지 이르는 사람은 매우 적다. 그러한 점에서 가장 큰 위험들은 그 초기에 있다. 나이가 어리면 어릴수록 살 가망도 적다. 모든 아이들 중 청년기까지 살아남을 수 있는 수는 절반 정도에 불과하다. 여러분의 학생도 성인이 될 때까지 살지 못할 수도 있는 것이다.

불확실한 장래를 위해 현재를 희생시키고 속박하여 장래의 행복이라는 것을 마련해주려고 아이를 불행하게 만드는 일부터 시작하는 저 비인간적인 교육에 대해서 어떻게 생각해야 할 것인가? 설령 그런 교육이 옳다 할지라도 고통스러운 속박을 받으며 죄수처럼 항상 공부에만 시달리는 가엾은 아이들을 볼 때, 어찌 분개하지 않을 수 있겠는가? 한창 즐거워야 할 시기를 벌과 위협과 혹사의 상태 속에서 보내 버리고 만다. 우리는 아이를 위한다며 도리어 아이들을 괴롭히는 것이다. 그러한 행동이 아이들을 비참한 지경에 몰아넣고 있다는 사실을 깨닫지 못하는 것이다. 아버지나 교사가 너무 과도하게 다루어 죽어가는 아이들이 얼마나 많은가? 그러한 잔인성에서 벗어나는 것은 다행한 일이다. 그리고 아이들이 그들로부터 받은 고통에서 빠져나오는 유일한 방법은 죽는다는 것뿐이다.

사람들이여, 인간다워져라. 그것이 당신들의 첫번째 의무이다. 모든 사람들이여, 모든 계급의 모든 사람에 대하여 친절하라! 인간성을 제외한다면 여러분에게 필요한 지혜란 없다. 아이들을 사랑하라. 아이들의 오락이나 귀여운 본능을 이해하고 도와주라. 누군들 입가에는 항상 미소가 감돌고 마음은 언제나 평화롭던 그 어린 시절을 그리워하지 않는 사람이 있겠는가? 왜 여러분은 그 천진난만한 아이들에게서 다시 돌아오지 않을 즐거움을 빼앗으려 하는가? 여러분에게 다시 오지 않듯이 아이들에게도 돌아오지 않을 그 짧은 시기를 여러분은 왜 슬픔과 고통을 주면서 빼앗으려 하는가? 아버지들이여, 죽음이 당신의 아이들에게 닥쳐올 그때를 알고 있는가? 자연이 아이들에게 준 그 짧은 시간을 빼앗고서 후회하지 말라. 아이들이 인생의 즐거움을 느낄 수 없고, 즐거움을 맛보지 못하고 죽는 일이 없도록 하라.

내 의견에 대해서 이의를 제기하는 사람이 많을 것이다. 우리를 항상 밖으로 몰아내고 현재를 무의미한 것으로 여기며, 멀리 보이는 환상인 미래를 쉴새없이 추구하고, 우리가 있을 수 없는 곳으로 우리를 자꾸만 끌고가는 저 잘못된 지혜의 비난의 소리가 들려온다.

내가 이렇게 말하면 그때가 인간의 나쁜 버릇을 고치는 시기라고 대답하리라. 고통을 가장 덜 느끼는 유년기야말로 철들 나이의 고통을 미리 덜어주기 위해 고통을 가중시켜야 할 시기라고 말한다. 하지만 그런 계획이 여러분의 뜻대로 될지 안 될지는 모른다. 아이의 연약한 정신을 짓누르는 현재의 교육이 언젠가는 아이에게 해가 되지 않을 것이라고 누가 장담할 수 있겠는가? 장래의 확실한 목표도 없이 왜 아이에게 고통을 주는가? 더구나 여러분이 고쳐주어야 한다고 주장하는 그 나쁜 버릇이 여러분의 그릇된 배려에서 생겨나는 것이 아니라는 사실을 여러분은 어떻게 증명할 수 있는가? 언젠가는 행복해지리라는 예측이 옳을 수도, 틀릴 수도 있는 극히 터무니없는 희망 아래 한 인간을 비참하게만 만드는 그릇된 지혜. 만일 방종과 자유를, 또 아이를 행복하게 기르는 것과 아이를 버릇없이 키우는 것을 혼동하고 있다면, 우리는 이를 구별하는 방법을 가르쳐주어야 한다.

허무한 공상을 좇지 않으려면 우리의 인간 조건에 알맞은 것을 잊지 말자. 만물의 질서 속에 인류가 자리잡고 있다. 그러므로 아이도 인간 생활의 질서 속에 자리잡고 있는 것이다. 저마다에게 자기 자리가 정해져 어른은 어른답게 아이는 아이답게, 이것이 인간의 행복을 위해 우리가 할 수 있는 일의 전부인 것이다. 그밖의 것은 우리 힘이 미치지 않는 외부의 원인들에 달려 있다.

우리는 절대적인 행복을 알 수 없다. 또한 어떠한 순수한 감정도 맛보지 못하는 똑같은 상태로서는 한 순간밖에 지체할 수 없다. 우리 마음속의 감정은 우리 몸의 변화와 함께 끊임없이 흐르고 있다. 행복이나 불행은 우리 모두에게 공통된 것이며, 다만 사람에 따라 그 정도가 다를 뿐이다. 또한 즐거움보다는 괴로움이 더 많은데 이는 누구에게나 마찬가지이다. 따라서 이 세상에 있는 인간의 행복이란 부정적인 상태에 지나지 않는다. 그것은 그 사람이 받고 있는 고통의 많고 적음에 의해 결정되는 것이다.

무릇 고통이란 그것으로부터 벗어나려는 욕망과 분리할 수 없는 것이며, 즐거움이란 것도 그것을 향락하고자 하는 욕망과 분리될 수 없다. 모든 욕망은 결핍된 상태에서 오며, 그 결핍이 바로 고통인 것이다. 그러므로 욕망과 그것을 채우려는 능력과 불균형으로 말미암아 불행이 생기는 것이다. 욕망과 능력에 조화를 이룬 사람은 완전히 행복한 존재일 것이다.

그렇다면 인간의 지혜란 무엇인가? 즉, 참다운 행복에 이르는 길이란 무엇인가? 그것은 우리의 욕망을 제한하는 것은 아니다. 왜냐하면 만약 욕망이 우리의 능력 이하가 되면 우리들 능력의 일부는 할 일이 없어져, 우리는 우리의 존재 모두를 즐겁게 하지 못할 테니까. 또 이것은 우리의 능력을 확대하는 길도 아니다. 왜냐하면 만약 그와 동시에 우리의 욕망이 한층 확대해 가는 날에는 우리는 더욱 고통을 느낄 테니까. 따라서 참다운 행복에 이르는 길은 능력을 초월한 여분의 욕망을 줄이고, 힘과 의지를 완전히 균형있게 조화시키는 것이다. 그래야만 비로소 마음이 평화스러운 위치에 놓이게 되는 것이다. 모든 것을 최고의 상태로 만들어주는 자연은, 최초에는 인간을 이런 상태에 놓이게 했었다. 자연은 맨처음 인간에게 자기 보존을 위해서 필요한 욕망과, 그 욕망을 채우기에 알맞은 능력을 주었다. 다른 능력들은 필요에 따라서 자연히 자라도록 인간의 마음속 깊이 예비로 감추어두었던 것이다. 인간이 불행을 느끼지 않는 것은 능력과 욕망과 균형이 이루어진 이 상태에서뿐이다. 잠재능력이 활동하면 곧이어 모든 능력 중에서 가장 활발한 상상력이 눈을 떠 다른 능력들을 앞지르게 된다. 우리 힘으로 가능한 범위를 넓혀주며, 따라서 욕망을 충족시킬 수 있다는 기대에 의해서 그 욕망들을 자극하고 조장시키는 것이 바로 이 상상력이다. 처음에는 손에 잡힐 것 같이 보이던 물건이 쫓아갈 수도 없게 빨리 도망친다. 우리는 이미 지나온 것은 아무것도 아니라고 여기는데, 반면에 가 보아야 할 범위는 계속해서 커지고 넓어지기만 한다. 이리하여 사람들은 목적지에 도달하기 전에 지쳐 버려, 우리가 욕망을 이루면 이룰수록 행복은 우리에게서 점점 멀어져 간다.

이와 반대로 사람이 자연적 상태에 가까이 있으면 있을수록 능력과 욕망의 차이가 적어져서 그는 행복에 가까워지는 것이다.

현실 세계와는 달리 상상의 세계는 무한하다. 따라서 현실 세계를 더 넓힐 수가 없으므로 상상력을 좁혀야 한다. 우리를 참으로 불행하게 하는 모든 고통은 오로지 현실과 상상이라는 이 두 세계의 부조화에서 일어나기 때문이다. 이 세상의 모든 행복은 사람들의 마음가짐에 달려 있다. 신체의 고통과 양심의 가책을 젖혀두고 보면 우리의 모든 불행은 상상에 달린 것이다. 그런 것은 이미 다 아는 사실이라고 말하는 사람이 있을지도 모르나, 그것을 실제로 응용하는 것은 결코 쉬운 일이 아니고 문제가 되는 것은 오로지 실천뿐일 것이다.

인간은 약한 존재라고 말하는데, 그것은 대체 무엇을 의미하는 것일까? 이 약하다는 말은 상대적인 의미를 갖는 것으로서, 이 말이 적용되는 것에 대한 상대적인 약함을 의미한다. 비록 벌레라 하더라도 능력이 욕망을 넘는다면 강자이다. 이와는 반대로 욕망이 능력을 넘는 자는 코끼리나 사자, 또는 정복자나 영웅이나 신일지라도 약자이다. 자기의 본분을 잊고서 본성에 어긋나는 행동을 하는 천사는, 자신의 분수에 따라 조용히 살고 있는 행복한 인간보다도 약하다. 인간은 자기의 현재 처지에 만족하고 있음을 알 때 아주 강하고, 인간 이상의 것이 되려고 할 때 가장 약하게 된다. 우리는 우리의 힘으로 할 수 있는 범위를 한정해서 마치 거미가 거미줄 한가운데 있듯이 우리도 그 중심에 머물러야 한다. 그러면 스스로에 만족해서 자신의 약함을 슬퍼하지 않아도 된다.

모든 동물은 자기를 보존하는 데에 필요한 능력을 갖는다. 그 이상의 능력을 가지고 있는 것은 인간뿐이다. 그런데 그 여분의 능력이 인간을 불행하게 만드는 도구라는 것은 이상한 일이다. 만일 인간이 이런 여분의 것을 등한시할 정도로 현명했더라면 너무 많이 가지는 일이 없었을 것이고, 따라서 언제나 부족함을 느끼지는 않았을 것이다. '많은 결핍은 큰 부에서 생겨난다. 없는 것을 갖게 되는 가장 좋은 방법은 가진 것을 버리는 것'이라고 파보리누스는 말했다. 우리는 행복을 증진시키려고 너무 애쓰기에 오히려 불행으로 변하게 한다. 그저 사는 것만을 바란다면 누구나 행복하게 살 수 있는 것이다.

만일 우리가 죽지 않는다면 우리는 아주 불행한 존재가 될 것이다. 우리는 언제까지나 살 수 있는 것이 아니며, 이 세상의 고통이 끝나고 보다 나은 생활이 시작될 수 있다는 것을 기대하는 것은 즐거운 일이다. 만일 지상에서 우리에게 불멸의 생명을 준다면, 누가 그런 불미한 선물을 즐겨 받겠는가? 무지한 사람은 생명의 가치를 거의 모르므로 생명을 잃어버리는 것을 별로 염려하지 않는다. 그러나 현명한 사람은 그보다 더 귀중한 행복을 예견하고서, 이것을 생명 이상으로 소중히 여길 것이다. 오로지 죽음만을 생각하고 그 이상의 것은 생각하지 못하여 현세의 생활을 불행으로 만드는 것은, 오로지 헛된 지식이나 거짓 지혜밖에는 없다. 인간이 반드시 죽게 마련이라는 사실은, 현명한 사람에게는 인생의 고통을 견디게 하는 하나의 이유가 될 것이다.

우리의 정신적인 고통은 모두 사회적 편견의 결과이다. 그러나 단 한 가지 죄악만은 예외이다. 그래서 죄악은 우리 자신에게 책임이 있다. 육체적인 고통은 자연히 없어지거나 우리를 죽게 한다. 그 고통의 치료는 시간 아니면 죽음이다. 그런데 우리는 고통을 견디어내지 못할수록 고통을 더 느끼게 된다. 병을 견디어 내는 것보다도 병을 고치려 할 때 많은 고통을 느낀다. 자연에 따라 살아라, 고통을 견뎌라! 그리고 의사들을 멀리하라! 당신은 죽음을 피할 수는 없으나, 그것은 단 한 번만 겪으면 되는 것이다. 그런데도 의사들은 그들의 허위의 의술을 이용하여 당신의 생명을 연장시켜 주기는커녕 삶의 즐거움마저 빼앗아 간다. 나는 의술이 사람들에게 얼마나 공헌을 했는지가 의심스럽다. 의사에게 보여 살아날 사람도 있다. 그러나 가만 두었더라면 더 오래 살았을 텐데 의사들로 인해 죽어간 사람은 수백만이나 될 것이다.

인간이 만들어놓은 제도는 모두가 잘못과 모순 뿐이다. 우리 생명의 가치가 없어지면 없어질수록 우리는 더욱 그 생명에 연연해 한다. 그러므로 노인들은 젊은이들보다 생명을 더 아낀다. 삶을 즐기려고 준비해둔 것을 잃고 싶지 않기 때문이다. 인간은 자기 생명의 보존에 강한 애착심을 느끼고 있음을 당연하게 생각한다. 다만 그 애착심의 대부분은 사람들이 만들어낸 것이라는 사실을 모르고 있는 것이다. 인간은 자기의 힘으로 생명을 보존할 수 없음을 알 때 쓸데없이 괴로워하지 않고 곧 평온해져서 죽을 수 있다. 그런 첫 체념은 자연에서 오는 것이다. 미개인들은 죽음에 대해 괴로워하지 않고 거의 불평도 없이 태연히 죽어갈 것이다. 이 법칙이 무너지면 이성이 만들어낸 법칙이 존재하게 된다. 하지만 그 법칙을 이성에서 끌어낼 줄 아는 사람은 없으며 그런 인위적인 체념은 자연법칙만큼 완전한 것은 아니다.

인간처럼 덧없는 존재가 도달할 수 없는 미래만을 바라보며 확실한 현재를 소홀히 하는 것은 얼마나 어리석은 일인가! 그래서 우리는 모든 것에 집착해서 달라붙게 되고 시간·공간·사람들, 그리고 물건들, 현재 있거나 앞으로 있을 모든 것이 우리를 혼란시킨다.

이처럼 사람들이 자기 현실로부터 그토록 멀리 떨어진 곳으로 가는 것이 자연의 소치일까? 저마다가 타인의 운명에서 자신의 운명을 알고자 하고, 더구나 때로는 마지막에야 자신의 운명을 알게 되며, 자신의 운명에 대해 전혀 예견하지 못하고서 행복하게 혹은 불행하게 죽어간다는 것도 과연 자연인가? 활기있고 쾌활하고 건강한 남자가 있다. 그의 눈에는 만족과 안락의 빛이 어려 있으며, 행복한 표정을 짓고 있다. 그런데 그에게 한 통의 편지가 왔다. 그 남자는 겉봉을 뜯고 내용을 읽더니 기절하고 만다. 다시 정신이 들면서 그는 눈물을 흘리고, 머리를 쥐어뜯으며 통곡한다. 바보 같으니 도대체 그 종이쪽지가 당신을 어떻게 했단 말인가? 그 종이가 그의 팔다리라도 잘라 버렸단 말인가? 아니면 무슨 죄를 짓게 했단 말인가? 도대체 그 편지가 그 사람을 슬프게 한 까닭이 무엇이란 말인가?

만일 그 편지가 도중에서 분실되었거나 누군가가 불에 던져 버렸더라면, 행복한 이 남자는 어떤 운명이 되었을까? 여러분은 그는 실제로 불행했다고 말할 것이다. 그러나 그는 그 불행을 느끼지 못하고 있었던 것이다. 그럼 그는 어떤 상태에 있었던가? 그의 행복은 공상적인 행복이었다. 그렇다. 건강·

쾌활 · 안락, 그리고 정신의 만족은 환상에 지나지 않는다. 우리는 본래부터 우리가 있어서는 안 될 곳에 있다. 우리가 우리 생활의 본질을 이루는 것이 그대로 있는 이상 죽음을 두려워할 이유가 없지 않은가?

모든 인간이여! 네 존재를 네 자신 속에 국한시키라. 그러면 당신은 불행해지지 않을 것이다. 자연의 법칙을 위반하지 말라. 그것에 반항하거나 하늘이 너에게 준 힘을 낭비하지 말라. 네 존재를 확대하거나 연장시키려 하지 말고, 오직 하늘의 뜻대로 또 하늘의 뜻만큼만 네 존재를 보존하라. 너의 자유와 너의 능력은 네가 타고난 힘만큼 미칠 뿐이다. 넘어설 수 없는 그 이상은 구속과 환상과 허세에 지나지 않는다. 남을 지배하는 것마저도 세상 의견에 의존하여 비굴하게 된다. 그들을 네 뜻대로 이끌려면 너도 그들 뜻대로 행동해야만 한다. 그들이 생각하는 방식을 바꾸면 너는 억지로라도 행동 방식을 바꾸어야 한다. 네가 지배하고 있다고 생각하는 그 사람들의 의견이나 너를 다스리고 있는 측근들의 의견, 혹은 당신 가족들의 의견이나 당신 자신의 의견을 다스릴 줄만 알면 된다. 그러면 네가 테미스토클레스 같은 영웅이라 하더라도 대신 · 신부 · 군인 · 시종, 그리고 경박한 여자들과 심지어는 아이들까지도 너를 아이처럼 끌고 가려고들 할 것이다. 당신이 어떻게 하건 아무 소용이 없다. 네가 가진 권력이 너의 실제 능력 이상으로는 결코 나타나지 않을 테니까. 우리가 타인의 눈을 통해 사물을 보아야 한다면, 우리는 또한 타인의 의사를 따라 무엇인가를 원한다. '나의 국민들은 내 신하다'라고 자랑할는지도 모른다. 그러면 도대체 너는 무엇인가? 그대의 장관의 부하가 아니겠는가? 모든 것을 장악하고 모든 것을 빼앗으라. 그리고 돈을 마구 뿌려라. 포병대를 만들고 교수대며 차바퀴며 처형대를 만들어라. 법률을 제정하고, 스파이 · 병정 · 사형 집행인 · 감옥 · 쇠사슬을 더 만들어라. 가련한 인간들아, 그런 것이 도대체 무슨 소용이 있겠는가? 그렇다고 해도 당신들이 더 존경을 받게 되거나 절대적인 군주는 되지 못할 것이다. 당신들은 자신의 의지라고 말하지만, 실상은 남의 뜻에 따라서 행하고 있는 것이다.

자기 뜻대로 행하는 사람은 자기 일을 할 때, 자신 이외의 다른 사람의 손을 빌 필요가 없다. 그러므로 모든 선(善) 중에서 첫째는 권력이 아니라 자유이다. 진정으로 자유로운 사람은 자신이 할 수 있는 일만을 원하는 것이다. 그리고 자신의 마음에 드는 일만을 한다. 이 원칙을 어린 시절에 적용시키는 것만이 문제이며, 교육의 모든 규칙은 여기에서 비롯된다.

사회는 인간에게서 그들 자신이 힘을 쓸 권리를 빼앗았을 뿐 아니라 그의 욕망에 대한 힘을 저하시켜 인간을 더욱 약하게 만들었다. 그러므로 약하면 약할수록 인간의 욕망은 점점 더 커지는 것이며, 어른에 비해서 아이가 약한 것도 이 때문이다. 어른이 강하고 아이가 약하다면, 그것은 어른이 아이보다 절대적인 힘을 더 가지고 있어서가 아니다. 다만 어른은 자기가 할 일을 자신이 하지만, 아이는 그렇지 못하기 때문이다. 그러므로 어른은 의지를 가지고 있고, 아이는 더 많은 변덕을 갖는 것이다. 이 변덕이란 남의 도움을 받지 않고서는 충족될 수 없는 욕망을 말한다.

자연은 아버지와 어머니의 애정으로써 아이들의 부족을 메워주지만, 이 애정은 너무 지나치거나 부족하거나 혹은 남용될 수가 있다. 오늘날의 부모는 아이가 미처 성인이 되기도 전에 문명사회 속에 참여시킨다. 그것은 아이들이 요구하지도 않는 필요 이상의 욕망을 아이에게 줌으로써 약함을 배가시키는 것이다. 더구나 그들은 자연이 요구하지 않는 것을 아이에게 요구하거나, 아이의 빈약한 의지마저도 어른의 의지에 따르게 하거나, 아이의 약함과 부모들의 애착에서 비롯되는 상호의존 관계를 복종으로 바꾸어서 아이를 더욱 약하게 만드는 것이다.

현명한 인간은 제자리에 머물러 있을 수 있지만, 아이는 자신의 위치를 모르므로 그것을 지킬 수가 없다. 아이가 제자리를 지키게 하는 것은 아이를 돌보는 사람들이 해야 하며, 이것은 대단히 어려운 일이다. 아이는 어른스럽지 않아야만 한다. 아이는 자신의 약함을 깨달아야 하지만, 그 때문에 괴로워해서는 안 된다. 또한 어른에게 의존한다 해도 복종해서는 안 된다. 아이는 요구를 해야 하나, 명령해서는 안 된다. 따라서 아이가 누군가를 따르는 것은 자기에게 필요하기 때문이다. 이것은 아이에게 유용한 것, 자기 보전을 돕거나 해칠 수 있는 것을 자신보다는 남들이 더 잘 알고 있기 때문이다. 누구도, 아버지조차도 아이에게 이익이 되지 않는 것을 명령할 권리는 없다.

인간의 편견들과 만들어놓은 제도가 우리의 타고난 성향을 바꾸기까지, 아이들의 행복은 어른들과 마찬가지로 자신의 자유를 누리는 데 있다. 그런데 아이의 행복은 제한을 받고 있다. 자기가 원하는 것을 행하는 사람은 자기 스스로도 그것에 만족해야 행복하다. 자연 상태에 사는 어른의 경우가 그렇다. 그러나 욕망이 그 한계를 넘어서면, 자기가 원하는 것을 행하더라도 결코 행복하지는 못하다. 그와 같은 상태에 있는 아이의 경우도 마찬가지이다. 아이들은 자연 상태에서조차도 불완전한 자유밖에는 누리지 못한다. 우리 문명인들은 모두 타인의 도움 없이는 지낼 수 없게 되어버렸고, 이 때문에 우리들은 또다시 약해지고 비참해져 가고 있다. 우리는 어른이 되기 위해 키워졌지만, 법률과 사회가 우리를 다시 어린 시절로 돌아가게 한 것이다.

부자들이나 귀족들이나 왕들 모두가 자기들의 비참함을 덜어보기 위해 남들이 애쓰는 것을 보고는 유치한 허영심을 유도해 내며 대단한 자만심을 갖는다.

이에 대한 고찰은 중요하며, 또 사회 조직의 온갖 모순을 해결하는 데 도움이 된다. 서로 의존하는 것은 두 가지가 있다. 하나는 사물들에 대한 의존으로, 이는 자연에서 비롯되며, 다른 하나는 사람들에 의존하는 것으로 사회적 작용이다. 사물들에 대한 의존은 아무런 도덕성도 없으므로 자유를 손상하지 않고 악덕을 낳지도 않는다. 그러나 사람들에 대한 의존이란 무절제한 것이어서 모든 악덕을 낳는다. 주인과 노예가 서로를 타락시키는 것도 바로 이 의존 때문이다. 이 사회에서 이러한 해독을 구제하는 방법이 있다면 그것은 법률일 것이다. 또한 모든 개인의 의지적인 행위를 능가한 현실적인 힘으로 일반 의지를 강화시키는 일이다. 만일 국가의 법률이 자연의 법칙처럼 인간의 어떤 힘으로도 꺾을 수 없는 불굴의 힘을 지닌다면 그때는 사람들에 대한 의존은 사물에 대한 의존으로 바뀔 것이다. 그리고 국가와 자연의 모든 이익과 시민 상태의 이익이 일치될 것이다.

아이를 단지 사물에만 의존하도록 하라. 그러면 아이들 교육의 진행과 자연의 질서가 일치된다. 아이의 철없는 의지에 대해서는 육체적 장애들이나 또는 그들의 행동 자체에서 생겨나는 벌만을 주라. 그리고 아이가 이후의 같은 경우에 처했을 때 기억할 벌만을 받게 하라. 아이에게는 나쁜 짓을 못하도록 금하기보다 단지 막는 것만으로 충분하다. 아이에게는 경험이나 무기력만이 법을 대신해야 한다. 아이의 요구가 합당할 때만 응해 주어라. 아이가 무엇을 할 때는 복종이 무엇인가를 알지 못하게 하고 아이에게 무엇을 해줄 때는 지배가 무엇인가를 알지 못하게 하라. 아이에겐 자신의 행동에서건 여러분의 행동에서건 언제나 똑같이 자유를 느끼도록 하라. 아이로 하여금 도움받는 것을 부끄럽게 여기도록 하여, 남의 도움 없이도 행동할 수 있고 스스로 자신을 만족시킬 수 있을 때를 간절히 원하게 해야 할 것이다.

아이들의 의지가 손상되지 않는 한 아이들은 아무것도 쓸데없이 바라지는 않는다. 아이들이 뛰고 싶어하면 뛰게 하고, 달리고 싶어하면 달리게 하며, 소리를 지르고 싶어하면 소리를 지르게 하는 것이 좋다. 아이들의 모든 운동은 발육하려는 신체적 구조의 요구들이다. 그러나 스스로 할 수 없는 것을 하려고 들거나 남들에게 해달라고 요구할 때는 매우 조심해야 한다. 그럴 때는 진짜 필요, 즉 자연에서 오는 필요인지 내가 말한 바 있는 오직 생명의 과잉에서만 오는 필요인지를 잘 구별해야 한다.

아이가 이것저것 하려고 울 때 어떻게 해야 하는가는 이미 얘기했다. 한마디 더 하고 싶은 것은, 아이가 바라는 바를 말로써 요구할 수 있을 때, 그것을 보다 빨리 얻거나 혹은 거절당하는 것을 미리 막으려고 울음으로써 강요하면 단연코 거절해야 한다는 것이다. 아이가 필요해서 말로써 요구할 때는 즉시 들어주어야 한다. 그러나 아이의 눈물에 못이겨 무엇을 준다면 아이에게 눈물을 더 쏟게 하는 결과가 되며, 여러분을 호의로 보지 않을 것이다. 아이는 여러분이 불친절하다고 생각되면 심술을 부릴 것이며, 또한 여러분이 약하다고 생각되면 고집을 피우리라. 한 번 거절한 것에 대해 결코 의사를 굽혀서는 안 된다.

무엇보다 중요한 것은 아이에게 쓸데없는 인사치레 말투를 가르치지 말라는 것이다. 부유한 가정에서의 인위적인 교육은 아이들을 점잖은 척하도록 만든다. 부자집 아이들의 말투에는 부탁의 말투나 태도가 없다. 그들은 모두들 자기 말에 복종할 것이라는 확신을 가졌기에 부탁할 때도 명령할 때만큼, 아니 그 이상으로 거만하다. 나는 에밀이 무뚝뚝해지는 것보다는 거만해지는 것이 더 염려스럽다. 에밀이 '해주십시오'라고 말하기보다는, 부탁할 때 '이렇게 하시오'라고 말하는 편이 훨씬 낫겠다. 중요한 것은 그가 쓰는 말투가 아니고 그 말이 가지는 의미이다. 지나치게 엄격한 것과 지나치게 관대한 것은 피해야 한다. 아이들의 건강을 해치게 내버려두지 말라. 반면에 아이를 너무 지나치게 돌보아서 궂은 것을 모두 피하게 해주면, 여러분은 아이들에게 큰 불행을 마련해주는 것과 같다. 그래서 아이들은 연약하고 예민해지며, 언젠가는 아이들이 되돌아가게 될 인간 본래의 상태로부터 아이들을 떼어놓는 결과가 된다. 여러분은 자연이 아이에게 주는 고통을 면해 보려다가 오히려 자연이 주지 않는 고통까지 주는 셈이 되는 것이다. 먼 장래만을 생각해서 아이들의 행복을 희생시키고 있다고 비난한 바가 있는 저 못된 아버지들과 나 자신도 같은 처지에 빠지고 있다고 말할 것이다.

그러나 그렇지 않다. 왜냐하면 나는 나의 제자들에게 자유를 줌으로써, 그들이 당할 가벼운 고통쯤은 충분히 보상해줄 수가 있기 때문이다. 나는 개구장이들이 눈 위에서 놀면서 추위에 손가락이 얼어 제대로 움직이지 못하는 것을 본다. 그들은 아무도 그 몸을 따뜻하게 하러 가길 말리지 않는데도 그렇게 하지 않는다. 그때 누가 강제로 끌고 가면 아이들은 심한 추위보다도 백 배나 더 심한 고통을 느낄 것이다. 그런데 여러분은 무엇이 불만인가? 아이가 겪고 싶어하는 고통을 느끼게 했다고 하여 내가 그 아이를 불행하게 만들었다고 생각하는가? 나는 아이를 자유롭게 해줌으로써 현재의 행복을 얻을 수 있도록 해주려는 것이다. 또한 아이가 겪어야 할 고생에 대비해서 무장시킴으로써 앞날의 행복도 마련해주고 있는 셈이다.

여러분은 누구든 그 자신의 본질을 벗어나서 참된 행복을 구할 수 있으리라고 생각하는가? 인간을 모든 고생에서 벗어나도록 하고자 마음먹는 것이야말로 그 인간을 본질에서 벗어나게 하는 것이 아니겠는가? 그렇다. 진정한 행복을 알기 위해서는 작은 고통을 알아야 한다고 생각한다. 그것이 인간의 본성이다. 육체가 너무 편안하면 정신은 부패하고, 고통을 모르는 사람은 동포에 대해 연민의 정도 느끼지 못한다. 그런 사람은 다른 사람과 사귈 수 없으며, 동족들 사이에서 하나의 괴물이 될 것이다.

여러분은 여러분의 아이를 불행하게 만드는 가장 확실한 방법을 알고 있는가? 그것은 아이가 원하는 것을 들어주는 것이다. 왜냐하면 아이의 욕망은 끊임없이 커져서 멀지 않아 여러분은 들어주고 싶어도 힘이 모자라서 들어줄 수 없게 될 것이기 때문이다. 그때 아이는 예상 밖의 거절을 당함으로써 원하는 것을 갖지 못한 이상으로 고통을 겪게 된다. 아이는 처음에는 지팡이를 가지고 싶어하고, 다음에는 여러분의 시계를 갖고자 할 것이다. 또한 계속해서 날아가는 새를 바라고 반짝이는 별까지 원할 것이며, 눈에 보이는 것은 모두 다 가지고 싶어할 것이다. 여러분이 신이 아닌 이상 어떻게 그의 욕망을 다 만족시키겠는가?

인간은 천성적으로 자신의 힘이 미치는 모든 것을 자기 소유로 간주한다. 이런 의미에서 홉스의 원칙은 진리이다. 우리의 욕망들이 늘어가는 데 비례해서 그것들을 만족시키는 방법까지 늘어간다면 각자는 만물의 주인이 될 것이다. 즉 원하기만 하면 무엇이든 손에 넣을 수 있는 아이는 자신을 우주의 소유자로 생각하여 모든 사람을 노예로 여길 것이다. 그래서 마침내 어쩔 수 없이 무엇을 거절할 경우, 아이는 그 거절을 배반 행위로 여기게 된다. 사리판단이 불가능한 아이에게 이유를 말해주어 봤자 아이에게는 단지 구실로밖에는 들리지 않을 것이다. 그리하여 아이는 도처에서 악의만을 느끼게 되는데, 그 결과 그는 성격이 비뚤어져서 모든 사람을 미워하고 타인의 친절을 고마워할 줄도 모르며 무슨 일에 있어서든 타인이 반대하면 화를 낸다.

화를 잘 내며 성급한 감정을 가진 아이가 행복하게 될 것이라 생각할 수 있을까? 나는 이런 식으로 키운 아이들을 본 적이 있다. 그 아이들은 어른에게 집을 파괴하라고 하거나, 종각 위에 보이는 수탉을 달라거나, 북소리를 더 들으려고 행군하는 연대를 정지시켜 달라고 요구한다. 그리고 들어주지 않으면 아무리 달래도 듣지 않고 큰소리로 울어댄다. 그들의 욕망은 손쉽게 무엇이건 얻을 수 있기에 더욱 까다로워져서 불가능한 것까지 얻으려고 졸라 댔지만, 슬픔밖에는 남지 않았던 것이다. 그들은 항상 반항하고 화만 내며 매일 울고 불평만 하면서 날을 보낸다. 이런 아이가 행복한 아이들인가? 이런 아이는 약함과 고집이 결합되어 무분별과 슬픔만이 생기게 되는 것이다. 응석만 부리며 자란 아이가 테이블을 두드리면, 우리는 그 아이가 만족할 때까지 언제까지라도 두드리도록 해야 할 것이다.

만일 어려서부터 이런 지배와 폭군적인 관념이 아이들을 비참하게 만들었다면, 자라서 성장했을 때 과연 어떻게 될까? 모두가 자기 앞에서 굽실거리는 것만 보아온 아이가 사회에 나가서 모두가 그에게 저항하는 것을 보고, 제 뜻대로 움직여줄 줄 알았던 이 세계의 무게에 자신이 짓눌리는 것을 깨닫게 되면, 그들은 얼마나 당황할 것인가? 마침내 갖가지 가혹한 시련이 그로 하여금 자신의 상태나 힘도 모르고 있었다는 사실을 깨닫게 하리라. 그러면 자신은 아무것도 할 능력이 없다고 생각하게 된다. 이리하여 겁장이가 되고 비겁하게 되어, 여태까지 자기 이상으로 올라가 있었던 만큼 밑으로 굴러떨어지게 된다.

다시 근본 원칙으로 돌아가자. 자연은 아이들을 타인으로부터 사랑받고 도움을 받도록 만들었지만, 그들이 타인에게 복종하도록 만들지는 않았다. 사자의 울부짖음이 짐승들을 위협하고, 그 무서운 머리만 보고도 짐승들이 몸을 떤다는 것은 나도 잘 알고 있다. 그러나 관리 일행이 훌륭한 예복을 차려입고 강보에 싸인 아이 앞에 엎드려 정중한 말씨로 인사를 할 때 아이는 답례 대신 침을 흘리며 우는 일이 있는데, 이런 광경보다 더 우스운 일은 없을 것이다.

아이를 아이 자체로만 생각하면 세상에서 아이보다 더 약하고 불쌍하며 주위의 모든 것의 지배를 받는, 그리고 동정과 보살핌과 보호가 필요한 존재가 또 있겠는가? 아이는 자신의 약함에 관심을 가지고 달려들어 자기를 도와주도록 하려고 그처럼 귀여운 얼굴을 내미는 것으로 생각되지 않는가? 그런데 고집불통인 아이가 누군가 자신을 돌보아주지 않으면 죽게 될지도 모를 처지에 있으면서도 오히려 지배자 행세를 하는 것처럼 우스운 일이 어디 있겠는가?

이 세상에 거만한 아이처럼 가소로운 것도 없으며, 겁 많은 아이만큼 불쌍한 것도 없다. 어른이 되면 자연히 사회적 노예가 되는데, 무엇 때문에 미리부터 가정의 노예로 만들 것인가? 인생의 한 순간이나마 자연이 우리에게 주지도 않은 속박에서 벗어나도록 함으로써 아이로 하여금 자유를 누리도록 하라. 그래서 아이가 노예 상태에서 생긴 악습에서 잠시나마 멀리 떨어져 있을 수 있도록 해주어야 한다. 그러니 저 엄격한 가정교사, 부모들이여, 자신의 교육법을 자랑하기 전에 한 번만이라도 자연의 교육법을 배우도록 하라.

나는 다시 현실적인 문제로 돌아가겠다. 여러분은 아이가 원한다고 해도 무조건 주지 말고 필요한 경우에만 주어야 한다. 복종 때문이 아니라 필요성 때문에 응해야 한다는 말은 앞에서 이미 했다. 아이에게 참된 쾌락을 주는 것이면 될 수 있는 한 아이의 요구를 만족시키는 것이 좋다. 그리고 '복종하다'라는 말과 '명령하다'라는 말은 아이들의 사전에서 추방되어야 하며, 의무니 책임이니 하는 낱말도 또한 없애 버려야 할 것이다. 반대로 힘·필요·무력·구속 같은 낱말들은 아이의 사전에서 넓은 위치를 차지해야 한다. 이성이 생길 때까지는 도덕적인 존재나 사회 관계에 대한 어떠한 관념도 아이들에겐 무의미하다. 그러므로 그런 관념을 타나내는 낱말들에 대해 우선 그릇된 관념을 갖지 않도록 사용하는 것을 되도록 피해야 한다. 한 번 그릇된 관념을 갖게 되면 도저히 그것을 시정할 수 없게 되는 것이다. 그릇된 관념이 아이의 머릿속에 박혀 버리면 그것이 오류와 악덕의 싹이 되므로, 특히 이 첫걸음에 주의해야 한다. 아이가 감각적인 사물들의 자극밖에 느끼지 못할 동안은, 아이의 모든 관념을 감각에만 한정시키도록 하라. 그리고 아이가 어느 방향으로 가든지 자신의 둘레에서 물리적인 세계만을 인식하도록 하라. 그렇지 않으면 아이는 여러분의 말에 전혀 귀를 기울이지 않게 되거나 도덕의 세계에 대해서도 제멋대로 생각하고 느끼게 된다.

아이들과 더불어 이성을 길러주어야 한다는 것은 로크의 제1의 방침으로서, 이 방침은 오늘날 가장 많이 유행되고 있다. 그러나 나는 그 말이 믿을 만한 것이라고는 생각하지 않는다. 또 나로서는 어른과 더불어 이치를 논의해 온 아이들보다 더 우둔한 아이는 없다고 본다. 인간의 모든 능력 중에서 이성(理性)이란 인간의 다른 모든 능력의 합성물에 지나지 않는 것으로서 그 발달이 가장 늦은 것이다. 그런데 처음 생기는 능력을 발달시키려고 그 이성을 사용하겠다니! 이것은 끝에서부터 시작하자는 것이고, 완성된 것을 도구로 삼겠다는 의도이다. 만일 아이들이 이성을 깨닫고 있다면 교육시킬 필요가 없는 것이다. 그런데 여러분이 아주 어려서부터 아이들이 전혀 알아듣지도 못하는 말로 이야기를 해준다면, 엉뚱한 대답을 하거나 남이 하는 말을 일일이 따지고 반항하는 아이가 되도록 길들이고 있는 것이다.

아이들에게 주거나 줄 수 있는 모든 도덕적 교훈은 대개가 다음과 같은 형식으로 요약될 수 있다.

선생님 그런 짓을 하면 안 돼.
아 이 왜 안 돼요?
선생님 그건 나쁜 일이기 때문이지.
아 이 나쁜 일이라뇨? 무엇이 나쁜 일인데요?
선생님 그건 네가 해서는 안 되는 일이야.
아 이 그런 일을 하면 무슨 나쁜 일이 생기나요?
선생님 말을 듣지 않아서 벌을 받게 된다.
아 이 그럼 남에게 들키지 않게 하지요.
선생님 누군가는 보게 돼.
아 이 나는 숨길 텐데요.
선생님 누가 너에게 캐어물을 거야.
아 이 그럼 난 거짓말을 하지요.
선생님 거짓말을 하면 안 돼.
아 이 왜 거짓말을 하면 안 되지요?
선생님 그건 나쁜 일이니까.

이것은 피할 수 없는 순환논법이다. 이러한 교훈이야말로 아주 유익한 교육이 아니겠는가? 선과 악을 구별하고, 인간의 의무와 도리를 이해하는 일은 아이가 할 일이 아니다.

자연은 아이들이 어른이 되기 전에는 아이 상태대로 두고 싶어한다. 만일 우리가 이 순서를 바꾼다면 아이는 익지도 않고 맛도 없는 금방 썩어버릴 조숙한 과일을 만들어낼 것이다. 즉, 나이 어린 박사나 겉늙은 아이를 만들어낼 것이다. 유년기에는 보고 생각하고 느끼는 제나름대로의 독특한 방식이 있다. 그것을 우리의 방식과 같이 생각하는 것보다 더 어리석은 일은 없다. 열 살 난 아이에게 판단력을 요구하기보다는 차라리 키가 더 크기를 바라는 편이 나을 것이다. 사실 그 나이의 아이에게 이성이 무슨 소용이 있겠는가?

여러분은 자기 제자들에게 복종의 의무를 납득시키려고 협박하거나, 혹은 아첨과 유혹을 하는 것이다. 그래서 이익에만 마음이 끌리거나 혹은 힘에 강요당한 아이들은, 마치 이성에 의해 납득당한 척한다. 그렇게 되면 그들은 순종이 이롭고 반항은 해롭다는 것을 터득하게 된다. 그러나 여러분은 아이들에게 싫은 것만을 요구하며, 또 남의 뜻대로 행동한다는 게 언제나 괴로운 일이므로 아이들은 남몰래 하고 싶은 자신의 불복종이 드러나지만 않으면 괜찮다고 생각한다. 만일 그러다가 들키면 더 큰 벌을 받을까 두려워 그 자리에서 곧 나쁜 짓을 했다고 시인한다. 이와 같이 의무를 아이들에게 이해시키려는 사람은 이 세상에 없다. 그러나 벌에 대한 두려움, 용서받을 희망, 귀찮거나 대답하기 난처해지거나 하는 이유 때문에 아이들은 사람들이 요구하는 대로 자백하고 만다. 이리하여 사람들은 아이들을 귀찮게 굴거나 또는 그들을 달래는 것으로 아이들을 설득했다고 간주한다.

그러나 그 결과는 어떠한가? 첫째로, 아이들이 깨닫지도 못하는 의무를 지게 하여 여러분의 횡포에 대해 악감을 품게 만든다. 그래서 여러분을 싫어하게 한다. 그 다음으로, 여러분은 그들에게 상을 받거나 벌을 피하기 위해 거짓말을 하도록 가르치는 결과가 된다. 법률이란 양심에 대해서는 의무적이지만, 어른들에게 있어서도 마찬가지의 구속을 한다고 여러분은 말할 것이다. 그것은 나도 알고 있다. 그러나 그 어른들이란, 바로 교육에 의해서 망쳐진 아이들이 아닌가? 따라서 이러한 것을 미리 막아야 한다. 아이들에게는 힘을, 어른들에게는 이성을 가지도록 하라. 그것이 자연의 질서인 것이다.

여러분은 제자들을 그 나이에 따라 다루어라. 먼저 학생을 제 위치에 두고 그가 거기에서 떠나지 않게 해야 한다. 그러면 그는 알기도 전에 지혜에 대한 가장 중요한 교훈을 실천하게 된다. 아이에게는 어떠한 일이 있더라도 결코 명령을 해서는 안 된다. 여러분이 아이에 대해 어떤 권위를 가지고 있다는 생각을 하게 해서도 안 된다. 다만 아이들이 자기는 약하고 여러분은 강하다는 사실, 즉 자기의 역량과 여러분의 역량이 다르기 때문에 어쩔 수 없이 자기는 여러분의 뜻에 따라야 한다는 사실을 깨닫도록 하라. 자연이 인간에게 가하는 가혹한 시련과 유한한 존재는 모두가 그 앞에 무릎을 꿇어야 한다는 무거운 멍에가 교만한 자기 머리에 올려 있음을 알게 하라. 그리고 이런 필연은 사물 속에 존재하며, 인간의 변덕 속에 있는 것이 아님을 이해시켜야 한다. 아이를 억제하는 것은 권위가 아니라 힘이라는 점을 알려주어라. 아이들이 해서는 안 될 일은, 설명을 하거나 이치를 따지지 말고 무조건 막기만 하라. 원하는 것은 사정하거나 부탁하기 전에 즉시 해주는 것이 좋다. 특히 조건을 달지 않고 해주는 것이 중요하다. 해줄 것은 기꺼이 해주고, 그러나 일단 거절한 것은 아무리 졸라도 해주어서는 안 된다.

이렇게 해서 여러분은 비록 아이가 원하는 것을 얻지 못할지라도 참을성 있고 꾸준하며 단념할 줄 아는 침착한 아이를 만들 수 있는 것이다. 왜냐하면 인간 본성은 타인의 악의가 아닌 한 사물의 필연성을 묵묵히 견디기 때문이다. 또한 여기에 적당히 하는 말은 없다. 즉, 아무것도 요구하지 말든가, 아니면 처음부터 완전히 복종시키든가 어느 하나를 선택해야 한다. 가장 나쁜 교육은 아이의 의지와 여러분의 의지 사이에서 갈팡질팡하게 하는 것이다. 나는 아이들이 자신의 의사에 따르기를 원한다.

사람이 아동교육에 관심을 돌리기 시작한 이래, 그들을 이끌기 위한 수단으로서 경쟁심·질투·시샘·허영심·탐욕·비겁 같은 위험스러운 모든 감정들과 동요되기 쉬운 감정들, 그리고 신체가 채 성숙하기도 전에 영혼을 썩히기에 가장 알맞은 감정들에 의지하지 않았다는 것은 참으로 이상한 일이다. 사람들이 조숙한 생각을 아이들의 머릿속에 넣어주려는 것은 교훈의 하나하나가 아이들의 마음속에 악덕을 심는 결과가 된다.

사람들은 모든 수단을 동원했지만 단 한 가지, 유일한 성공의 수단만은 시도하지 않았다. 그것은 방종에 흐르지 않는 자유이다. 아이 자신은 할 수 있는 것과 할 수 없는 것을 분별하지 못하므로, 사람들은 뜻대로 아이의 주위에서 할 수 있는 일과 할 수 없는 일의 범위를 넓히기도 하고 좁히기도 한다. 오직 권위만으로 압박하고 구속하기 때문에 아이가 이에 대해 불평도 하지 못한다. 그리고 사물의 힘만으로 순종하게 만들기 때문에 아이의 마음속에서 어떠한 악덕이 싹틀 기회마저도 주지 않는 것이다. 왜냐하면 감정들이 아무 효과도 없기 때문이다.

여러분의 제자들에게 말만으로 교훈해서는 안 되며, 경험으로 교훈을 주어야 한다. 그들에게 어떠한 종류의 벌도 가하지 말라. 왜냐하면 그들은 잘못을 깨닫지 못하기 때문이다. 아이에게 결코 사죄를 시켜서도 안 된다. 그것이 여러분의 마음에 들지 안 들지의 여부를 모르기 때문이다.

제자들이 여러분이 보는 앞에서 점잖으면 점잖을수록 그 이외의 자리에서는 소란스럽다. 그들은 가능한 한 평소에 여러분이 가하는 그 엄한 속박을 보상받기 원한다. 도시에 사는 아이가 시골에 가면 그 마을의 아이들을 합친 것보다도 더 소란스러울 것이다. 도시의 아이와 시골 아이를 한방에 놓아두면 도시의 아이는 시골 아이가 움직이기도 전에 모든 것을 뒤집어 놓을 것이다. 그 이유는 무엇일까? 시골 아이는 언제나 자유를 누리므로 결코 서둘러 그것을 사용하려 들지 않는 데 비해, 도시 아이는 드물게 얻는 방종의 순간을 성급하게 남용하려 들기 때문이다. 그러나 시골 아이라 할지라도 아첨을 하거나 구속을 받는 아이라면 아직도 내가 원하는 상태에서 먼 거리에 있는 것이다.

자연의 최초의 충동은 언제나 올바른 원칙이라고 하자. 즉, 인간의 마음 속에는 선천적으로 악덕이란 없다. 어떻게 해서 어디로 들어온 것인지 말할 수 없는 악덕은 하나도 없는 것이다. 인간이 태초부터 지니고 있는 유일한 감정은 자신을 사랑하는 것, 즉 넓은 의미의 이기심을 뿐이다. 그 이기심은 타인과는 필연적인 관계가 없으므로, 이런 점에 있어서는 본래 이해 관계가 없는 것이다. 따라서 그것을 적용하고 그것에 연관을 시킴으로써만 선도 되고 악도 된다. 그러므로 이성이 성장할 때까지 아이가 타인이 보고 있다거나 듣고 있다는 이유 때문에, 즉 타인과의 관계에 의해 지시해서는 안 되며 오직 자연이 요구하는 것만을 해야 한다는 점이 중요하다.

나는 아이에게 어떠한 과오도 없다고 생각하지는 않는다. 그러나 아이가 결코 해를 입히지는 못하고 또한 자신이 다치는 일도 없을 것이며, 값진 가구가 손에 닿는 곳에 있어도 그것을 부수지 않는다는 말은 아니다. 나쁜 행위란 악의 유무에 따라 결정되는 것이다. 아이가 결코 그런 의도를 가질 리는 없지만, 나쁜 짓을 하지는 않더라도 타인에게 많은 해를 입힐 수는 있는 것이다.

이성의 눈에는 전혀 나쁘지 않은 것도 탐욕의 눈에는 나쁘게 보인다. 그러므로 아이들을 자유롭게 놓아두려면, 부서지기 쉬운 것이나 귀중한 것을 가까이 두지 않는 것이 좋다. 그들의 방은 그들의 손이 닿아도 괜찮은 단조롭고 단단한 가구로 장식하라. 나의 에밀은 시골에서 키울 생각이므로 그의 방에는 농부의 방과 다르게 보일 만한 물건은 아무것도 없다. 그 방에 있을 시간이 별로 없는데 정성을 들여 방을 꾸밀 필요가 어디 있겠는가?

만일 여러분이 조심을 했음에도 불구하고 아이가 어쩌다가 무슨 중요한 물건을 망가뜨렸다면 여러분의 부주의로 생긴 일이므로 아이에게 벌을 주어서는 안 된다. 물론 야단쳐서도 안 되고 아이가 여러분의 속을 썩였다는 것조차 눈치채지 못하게 해야 한다. 마치 저절로 깨진 것처럼 하라.

나는 여기서 모든 교육 중에서 가장 위대하고 중요하며 유익한 규칙을 말하려고 한다. 그것은 시간을 아끼지 말고 소비하라는 것이다. 독자들이여, 내 역설을 용서하라. 깊이 생각해 보면 역설을 하지 않을 수가 없다. 그리고 여러분이 무엇이라고 말하건, 나는 편견을 가진 인간이 되기보다는 역설을 하는 인간이 되고 싶은 것이다. 인생의 가장 위험한 시기는 태어나면서부터 열두 살까지이다. 이때는 잘못이나 악덕들이 싹트는 시기이다. 그리고 그것을 뿌리 뽑을 연장이 생기면 이미 뿌리는 너무 깊이 박혀 뽑을 수가 없게 된 때인 것이다. 만일 아이가 단시일 내에 유아기에서 이성을 갖춘 어른으로 성장한다면 오늘날의 교육은 상당한 가치가 있을 것이다. 그러나 자연적인 발육에 따라 교육을 시키려면 그와는 반대되는 교육이 필요하다. 아이들이 정신적인 능력을 갖추게 될 때까지는, 아이들에게 너무 정신을 쓰게 하지 말아야 할 것이다. 왜냐하면 영혼이 눈을 뜨지 않을 때에는 여러분이 그에게 비추는 빛을 아이는 알아보지 못할 것이기 때문이다.

그러므로 초기의 교육은 소극적인 것이어야 한다. 즉, 아이들의 마음을 악덕이나 그릇된 정신으로부터 보호하는 것이다. 만일 여러분이 아이들에게 아무것도 하지 않고 아무 일도 시키지 않는다면, 또 아이들이 열두 살이 될 때까지 건강하고 튼튼하게 기를 수만 있다면 아이의 이해력은 이성을 향해 눈을 뜨게 될 것이다. 그릇된 습관이 없는 아이에게는 여러분의 노력과 효과를 방해할 만한 것이 하나도 없을 것이다. 그러므로 그는 곧 가장 현명한 인간이 될 것이다. 그리고 여러분의 교육에 의해 현명한 사람이 됨으로써 상당한 교육의 성과를 올리게 될 것이다.

관습과 상반되는 행동을 하라. 그렇게 하면 언제나 올바른 것인가. 사람들은 아이를 만들지 않고 학자로 만들려고 하기 때문에 아버지나 선생들은 아이를 꾸짖고, 바로잡고, 야단치고, 비위를 맞추고, 약속을 하고, 이치를 따지고 하는 것이다. 이치에 맞게 하되, 학생과 이치를 따지지 말아라. 왜냐하면 아이는 이치를 귀찮은 것이라고만 여기게 되어서, 아직 이치를 이해할 수 없는 아이에게 오히려 이치를 믿지 않게 하는 결과를 초래하기 때문이다.

아이의 육체나 기관, 감각들이 충분히 활동할 수 있도록 훈련시켜라. 그러나 될 수 있는 한 영혼만은 오랫동안 건드리지 마라. 아이에게 감정들을 평가하는 판단력이 생기기 전에 모든 감정들이 일어나지 않도록 주의해야 하며, 외부로부터 이상한 인상들이 아이의 마음에 들어오지 않도록 하라. 그리고 악의 발생을 막기 위해 선을 행하도록 재촉하지 말아라. 왜냐하면 선이란 이성의 빛으로 밝혀질 때까지는 선이 아니기 때문이다. 아이에게는 아이들 시대를 향락시키는 것이 좋다. 아무것도 잃지 않고 목표를 향해 나아가는 것은 유익한 것으로, 아이의 내부에서 유년기가 성숙되도록 해주어라. 내일까지 미루어도 아무 위험이 없다면, 그 교훈을 오늘 주는 것은 삼가야 한다.

이 방법이 유익하다는 것을 입증해주는 점이 또 하나 있다. 그것은 아이만의 특이한 천분에 대한 고찰이다. 즉 아이에게 어떤 도덕적인 훈련이 필요한가를 알기 위해서는 아이의 천분으로 꼭 알아두어야 한다. 인간의 정신에는 저마다의 고유한 형태가 있어 그것에 따라 정신이 다스려져야 한다. 또 우리가 한 수고가 성공하기 위해서는 다른 형태가 아닌 바로 이 형태에 따라 정신을 다스려야 한다. 조심성있는 인간이여, 본성을 오랫동안 살펴보고, 여러분의 제자에게 첫 말을 하기 전에 우선 그를 충분히 관찰하라. 그리고서 아이의 성격의 싹이 자유롭게 돋아나도록 내버려두어라. 이러한 자유로운 기간이 아이에게 낭비라고 생각할지 몰라도, 그것은 가장 유효하게 보낸 기간이 되리라. 그러나 반대의 행동을 하면 과오를 범하게 되고, 그 때문에 원점으로 되돌아와야만 한다. 그러므로 아무것도 잃지 않으려다가 더 많은 것을 잃게 되는 짓은 하지 말아라. 초기에는 시간을 희생하라. 현명한 의사는 경솔한 처방을 내리지 않는다. 우선 그 환자의 체질을 세밀히 진찰한 후 치료해 간다. 반대로 서둘러 치료를 하는 의사는 실패율이 높다. 그런데 우리가 아이를 이와 같이 무감각한 자동인형처럼 기르기 위해 그 아이를 어디에 두어야 할 것인가? 무인도에 가둘 것인가? 그를 모든 인류로부터 격리시킬 것인가? 자기 또래의 다른 아이들의 감정을 본받게 되지 않을 것인가? 부모도, 이웃도, 유모도, 가정부도, 하인도, 그리고 교사까지도 보지 않게 될 것인가?

이러한 반박은 타당하다. 그러나 자연의 교육이 손쉬운 일이라고 내가 말한 적이 있었던가? 나도 이 교육이 어렵다는 것은 알고 있지만 그 어려움은 극복하기 힘들 것이다. 그러나 그것을 미리 피하려고 노력하면 어느 정도까지는 예방할 수 있을 것이다. 나는 우리가 내세우지 않으면 안 될 목표를 제시한 것뿐이지, 그 목표에 반드시 도달할 수 있다고는 말하지 않았다. 그러나 나는 이 목표에 가장 가까이 접근한 사람이 가장 성공한 사람이라고 단언하겠다.

여러분이 한 인간을 만들어내려고 하기 전에 여러분 자신이 인간이 되어야만 한다. 아이에게 보여주어야 하는 본보기는 자신이어야 한다. 아이가 아직 주위의 사물을 의식하지 못할 동안은 아이에게 이로운 것만이 아이의 눈에 띌 수 있도록 모든 것을 안배해야 할 필요가 있다. 여러분 자신이 존경을 받도록 하라. 여러분은 아이의 주위에 있는 모든 사람들의 스승이 되어야만 비로소 아이의 스승이 될 수 있을 것이다. 그러면 그들은 여러분의 의도에 맞추려고 노력할 것이다. 또한 나는 돈으로 사랑을 이뤘다는 예를 한 번도 들어본 적이 없다. 인색하거나 몰인정해서도 안 되며, 도와줄 수 있는 불행을 동정만 해서도 안 된다. 그러나 여러분이 금고 문을 열어준다 해도 마음의 문을 열지 않으면 헛수고일 것이다. 주어야 할 것은 여러분의 시간·정성·애정, 그리고 여러분 자신이다. 왜냐하면 사람들은 여러분의 돈이 여러분 자신은 아니라는 점을 알고 있기 때문이다. 마음은 어떠한 선물보다 더 효과적이고 더 유익한 관심과 호의의 증거물이 된다. 물질보다 위로를 더 필요로 하는 불행한 사람들과 병자들이 얼마나 많은가? 돈보다는 위안을 필요로 하는 고통받는 사람들이 얼마나 많은가? 아이들에게는 의무감을, 아버지들에게는 너그러운 마음을 갖도록 해야 하며, 행복한 결혼에 장애가 없도록 해주라. 정당한 대우를 받지 못하고 권력자에게 짓눌리는 약자들을 위해서 불행한 사람들의 보호자임을 소리 높이 외쳐라. 올바르고 인간적이고 인정 있는 사람이 되어라. 돈이 아닌 사랑이 그들의 고통을 덜어줄 수 있다. 남들을 사랑하라. 그러면 여러분도 사랑을 받을 것이다. 남들에게 봉사하라. 그러면 그들도 여러분에게 봉사할 것이다.

또한 내가 에밀을 시골에서 기르고 싶어하는 이유 중의 하나는, 시골이라면 비천하고 타락한 사람들로부터 벗어날 수 있다는 점이다. 또한 잔뜩 겉치레만 하여 아이들에게 유혹적이고 전염되기 쉬운 도시의 악습에서 멀리 떨어져 있을 수 있기 때문이다.

시골에서는 교사가 아이들에게 보이고 싶어하는 것들을 훨씬 더 자유롭게 취사선택할 수가 있다. 그의 말이나 모범은 도시의 교사로서는 도저히 얻지 못할 권위를 지니게 된다. 즉, 교사는 모범이 되고 사람들 저마다가 다투어 그에게 친절을 베풀려고 애쓰며, 그리하여 그들은 제자 앞에서 모범을 보일 수 있다. 그리고 설령 악덕은 고칠 수 없다 해도 창피한 짓은 삼갈 것이다. 이것은 우리의 목적을 위해서 필요한 것이다.

여러분 자신의 과실을 남의 탓으로 돌리지 말라. 여러분이 가르쳐준 악보다는 아이들이 직접 보는 악이 아이들의 타락을 막아준다. 항상 훈계하고 항상 도덕군자 같은 행동을 하면서 여러분이 좋다고 믿고 아이들에게 주는 관념 하나는 아무 쓸모없는 아이에게 한꺼번에 주는 격이 되고 만다. 여러분은 자기 머릿속의 것이 빚어내는 결과를 모르는 것이다. 여러분은 끊임없이 아이들이 감당 못할 많은 말들 가운데서 아이들이 잘못 알아듣는 것은 하나도 없다고 생각하는가? 그리고 자기 나름대로 생각하여 언젠가 기회만 있으면 여러분에게 반항하게 되리라고는 생각하지 않는가?

아이에게 훈계를 하고 나서 곧 그의 말을 들어보라. 아이가 제멋대로 수다를 떨고 질문을 하고 엉뚱한 소리를 하도록 해보라. 그러면 여러분은, 여러분의 이론이 아이의 머릿속에서 엉뚱하게 해석되고 있음에 놀랄 것이다. 그러므로 여러분이 입을 다물거나 아이의 입을 다물게 할 도리밖에 없다. 그러나 그처럼 말하기를 좋아하는 어른이 침묵을 지킨다면 아이는 어떻게 생각할 것인가? 그것을 아이가 눈치챘다면 더 이상 교육은 계속될 수 없는 것이다. 그 순간부터 아이는 더 이상 배우려 하지 않고 여러분을 반박하려고만 할 것이다.

열성적인 선생들이여. 솔직하고 신중하게 행동하라. 다른 사람의 행동을 방해하는 경우는 별문제이지만, 혹시 나쁜 교육을 하게 될지도 모른다는 점을 고려해서 좋은 교육이라 할지라도 가능한 한 뒤로 미루어라. 자연이 인간의 최초의 낙원이었던 이 지상에서, 천진난만한 아이에게 선악에 대한 구별을 넣어주려고 악마의 역할을 연습시키는 일이 없도록 하라. 아이가 외부에서 무엇을 보고서 모방하려는 것을 막을 수는 없으므로 여러분은 그것이 좋은 모습으로 아이의 머릿속에 새겨지게 하는 데만 주의를 기울여라.

격렬한 감정은 그것을 목격한 아이에게 커다란 영향을 미친다. 왜냐하면 그 감정은 아주 뚜렷이 나타나므로 아이에게 충격을 주어 주의를 집중시키기 때문이다. 특히 지나치게 성을 내는 사람의 경우에 있어, 바로 이때 교육자는 근사한 연설을 해야 할 좋은 기회라고 생각하지만 그래서는 안 된다. 천만에, 아무것도, 단 한 마디도 소용없다. 그런 광경을 보고 놀란 아이가 틀림없이 여러분에게 까닭을 물을 텐데, 그때 대답은 간단하다. 아이의 감각을 자극한 대상물 자체에서 대답을 끌어내는 것이다. 아이는 상기된 얼굴이며 반짝이는 눈, 위협하는 몸짓과 고함 소리를 듣는다. 여러분은 숨김없이 아이에게 말하라. 이 가엾은 인간은 병에 걸려 열이 났다고 단 몇 마디 말로써 병과 그 결과에 대해 가르쳐줄 좋은 기회를 얻을 수 있다. 왜냐하면 병도 역시 자연에서 오는 것이며, 아이가 자신도 속박을 받고 있다는 것을 깨달아야 하는 필연적인 요소 중의 하나이기 때문이다.

이렇게 해서 아이는 지나치게 성내는 것이 스스로 병이라고 생각하게 되어 일찍부터 성을 내지 않는 습관을 기른다. 여러분은 적절하게 주어진 이러한 관념이 도덕적인 설교 못지 않게 유익한 결과를 가져오지 못한다고 생각하는가? 장차 어쩔 수 없는 경우에 반항적인 아이를 병이 난 아이처럼 다루어 자기 방에 가두고, 필요하다면 침대에 눕혀 아이의 마음속에 싹트고 있는 악덕들에 겁을 먹게 하고, 그것을 싫어하며 무서워하도록 만들 수 있다. 그렇게 되면 아이는 자신을 위협하는 것이 아니라 그것이 병을 고치기 위한 불가피한 수단이라고 생각할 것이다. 혹시 여러분 자신이 흥분해서 스스로 냉정이나 절제를 벗어나게 될 경우, 그것을 아이에게 감추려고 해서는 안 된다. 오히려 그때에는 부드럽고 솔직하게 아이에게 너는 나를 성나게 했다고 말해야 한다.

더욱 중요한 것은 아이는 지극히 단순하므로 아이가 이상한 행위를 하더라도 제삼자의 앞에서 지적하거나 나무라지 말라는 점이다. 아이의 스승이 되려면 우선 자기 자신의 스승이 되어야 한다는 말은 아무리 되풀이해도 지나치지가 않다.

나는 이웃 여자 둘이 싸우고 있을 때 그중에 화가 더 난 여자 쪽을 향해 나의 어린 에밀이 다가가 동정하는 말투로, '아주머니, 병이 나셨군요. 참 안 됐습니다.' 라고 말하는 것을 상상해 본다. 이러한 재치는 틀림없이 구경꾼들이나 어쩌면 당사자들까지 웃게 만들지 모르지만, 그때 내가 할 일이란 에밀이 그 효과를 알아차리기 전에 웃지도 않고 나무라지도 않고 칭찬하지도 않으며 무조건 그를 데리고 나와, 그 일을 빨리 잊어버리도록 다른 일 쪽으로 관심을 돌리게 하는 일이다.

나는 모든 세부적인 문제까지 파고들 생각은 없다. 다만 일반적인 원칙들을 제시하면서 실례로 들어보려는 것이다. 나는 이 사회에 있어서 아이가 열두 살이 될 때까지 인간 상호간의 관계나 인간 행위의 도덕성에 대한 어떠한 관념도 가르쳐주지 않고 아이를 키우기란 불가능하다고 본다. 이러한 지식들을 가능한 한 늦게 알도록 하고, 그리고 그것을 피할 수 없을 경우 남에게 해를 끼치는 일이 없도록 하기 위해서 그 지식들은 당장 필요한 것에만 국한시키는 것으로 충분하다. 그중에서 아무 위험 없이 순진성을 그대로 유지해 나가는 순하고 조용한 성격의 아이들도 있지만, 일찍부터 난폭함이 발달해서 성급하게 어른처럼 점잖게 만들어야만 나중에 그들을 구속하는 데 큰 어려움이 없는 그런 성질의 아이들도 있다.

우리의 최초의 의무는 자기 자신에 대한 의무이다. 우리의 본능은 모두가 우선 자신의 보존이나 안락과 연관을 맺고 있다. 그러므로 최초의 정의감은 타인의 의무가 아니고 우리가 해야 할 정의에서 비롯된다. 따라서 아이들에게 맨먼저 그들의 의무만을 이야기하고 그들의 권리에 대해서는 말해주지 않거나, 그들의 관심을 끌 수 없는 것을 말하는 데서부터 시작한다는 일반 교육도 또 하나의 잘못이라고 할 수 있다.

그러므로 내가 상상한 것 같은 아이를 지도한다면 나는 다음과 같이 생각할 것이다. 즉, 아이란 사람들을 향해서 공격하는 것이 아니라 사물들을 향해 공격한다고. 아이는 경험에 의해서 연장자나 자기보다 힘이 센 사람이면 누구든지 존경하는 것을 곧 배울 것이다. 그러나 사물들은 결코 자신을 방어하지 않는다. 따라서 아이에게 제일 먼저 주어야 할 관념은, 자유의 관념보다는 소유의 관념이다. 그리고 아이가 소유의 관념을 이해하려면 그 자신이 무엇인가를 가지고 있어야 한다. 이때 아이의 옷가지나 가구나 장난감들을 너의 소유물이라고 말해 봤자 아무 소용도 없다. 아이가 비록 그것들을 마음대로 쓰기는 하지만, 어떻게 해서 그것들을 가지게 되었는가를 알지 못하기 때문이다. 남이 주어서 가지게 되었다고 아이에게 말해주어도 소용없다. 왜냐하면 주기 위해선 가지고 있어야 하니까. 따라서 그것은 아이의 소유 이전의 소유이다. 그런데 우리가 아이에게 설명해주고 싶은 것은 소유의 원칙이다. 사람에게 물건을 준다는 것은 하나의 약속인데, 아이는 아직 그 약속이 무엇인지 이해하지 못하기 때문이다. 독자들이여, 제발 그 점에 유의해주기 바란다. 아이들 능력이 미치지 못하는 말들만 아이들 머릿속에 억지로 넣어주고서 훌륭한 교훈을 주었다고 생각할 수 있겠는가!

그러므로 우리는 소유의 근원까지 거슬러 올라가지 않으면 안 된다. 시골에서 살고 있는 아이는 들일에 대한 약간의 지식을 얻게 되는데, 그러한 일은 눈과 여가만 있으면 가능하며, 아이는 양쪽을 모두 가지고 있다. 어느 나이에서나 그렇지만, 특히 그 나이에는 창조하고 모방하고 생산하여 자신의 능력과 활동력을 드러내 보이려고 한다.

이미 내가 앞에서 기술한 원칙에 따라서 나는 아이의 소망을 무시하지 않을 것이다. 따라서 그 소망을 부추겨주며, 아이의 즐거움보다는 나 자신의 즐거움을 위해 아이와 취미를 같이 하고 아이와 함께 일할 것이다. 그리고 아이의 팔에 힘이 생길 때까지 내가 대신 땅을 판다. 아이는 그 땅에 콩을 심음으로써 그 땅을 차지한다. 그리고 이런 소유는 분명히 스페인의 탐험가 발보아가 남미의 남부 해안에 스페인 왕의 이름으로 국기를 꽂음으로써 남미를 점령한 것 이상으로 존경받을 만한 일인 것이다. 우리는 날마다 콩에 물을 주고 그것이 자라나는 것을 보며 기뻐하고, 나는 아이에게 '이건 너의 것이다.' 라고 말해 줌으로써 그 기쁨을 더해 줄 것이다. 그리고 그가 자기의 시간과 노동과 고생, 요컨대 자기 자신을 거기에 바쳤음을 그에게 깨닫도록 해주고 그때 '소유' 라는 개념을 설명해준다. 그러나 어느 날 그가 물뿌리개를 손에 들고 밭에 갔을 때 가슴 아프게도 콩은 모조리 뽑아지고 땅은 온통 파헤쳐져 있었다. 아, 내가 한 일, 내가 가꾼 것이, 내 정성과 땀의 결실이 어찌 되었는가? 누가 나의 콩을 빼앗아갔으며 훔쳐갔는가? 어린 가슴속에서 증오가 불꽃처럼 타오른다. 부정에 대한 최초의 감정이 그의 가슴에 고통을 주어, 눈물을 흘리며 큰소리로 운다. 나는 그의 괴로움과 노여움을 공감하여 찾아본다. 마침내 정원사의 짓임을 알고 그를 불러온다.

그러나 잘못은 우리에게 있었다. 우리가 투덜대는 이유를 안 정원사가 우리보다 더 큰 소리로 투덜대기 시작한다. "네? 도련님! 저의 일을 그렇게 망쳐 놓은 것이 바로 당신들이군요. 제가 어렵게 얻은 말타 종 멜론 씨를 여기에 심었단 말입니다. 저는 나중에 그 열매가 익으면 두 분께 대접하려 했는데 이게 뭡니까. 그 보잘것없는 콩을 심느라고 이미 싹이 돋아난 멜론을 망쳐버린 것입니다. 당신들은 저에게 큰 잘못을 저질렀으며, 저 기막힌 멜론을 맛볼 수 없게 되었어요."

루 소 용서하게, 로베르. 자네는 여기다 자네의 노동과 정성을 바쳤었군. 자네 일을 망쳐놓았으니 우리가 말타 종 멜론 씨를 다시 구해주겠네. 그리고 이제부터는 다른 사람이 먼저 손을 댔는지 알아보기 전에는 땅을 갈지 않겠네.

로베르 아, 좋습니다! 그렇지만 헛수고일 겁니다. 갈지 않은 땅이라곤 이제 없으니까. 저는 제 아버님이 개간하던 땅을 갈고 있거든요.

에 밀 로베르, 그렇다면 멜론 씨를 망치는 경우가 종종 있어요?

로베르 천만에요, 도련님. 도련님처럼 경솔한 사람들이 그렇게 많지는 않으니까요. 아무도 이웃 사람의 밭을 건드리지는 않는답니다. 모두들 자기 일을 방해받지 않기 위해 남들의 일도 존중하니까요.

에 밀 하지만 내겐 밭이 없는걸요.

로베르 그게 저와 무슨 상관인가요? 만약 또다시 제 밭을 망쳐놓게 된다면 앞으론 걸어다니지도 못하게 하겠습니다. 저도 헛고생은 하고 싶지 않으니까요.

루 소 로베르, 타협할 수 없겠나? 수확물의 반은 주인이 갖는다는 조건으로 밭 한구석을 내 꼬마 친구와 나에게 갈도록 허락해 주게나.

로베르 그 정도라면 빌려드리죠. 하지만 제 멜론에 손을 댄다면 나도 완두콩을 파헤쳐 버리겠습니다.

아이들에게 극히 초보적인 관념을 가르치기 위한 이와 같은 시도에서 소유라는 관념이 노동에 의해서 점유된다는 사실을 알게 된다. 이것은 분명하고도 정확하고 단순하여, 어떤 아이라도 이해할 수 있는 일이다. 여기까지만 오면 소유나 교환의 관념은 쉽사리 이해된다.

여러분은 내가 여기서 단 두 페이지를 통해 설명한 것을 실행하는 데는 아마 1년쯤 걸리리라는 사실을 알았을 것이다. 왜냐하면 도덕적인 관념의 발달 과정이 너무 느리게 진행되어 설명할 수도 없기 때문이다. 여러분은 제발 이 예를 잘 생각하여 여러분의 모든 가르침은 말보다는 행동으로 나타나야 한다는 점을 명심하라. 왜냐하면 아이들은 자기가 한 말이나 남이 해준 말을 곧잘 잊어버리지만, 자기가 한 일이나 남이 시켜서 한 일은 쉽게 잊지 않기 때문이다. 예를 하나 더 들겠다.

성질이 사나운 아이는 만지는 것마다 모두 깨뜨려버린다. 그럴 경우 화를 내지는 말고 그의 손이 닿지 않는 곳에 두어라. 아이가 좋아하는 가구를 부쉈을 때는 서둘러 다른 가구를 갖다주지 말고, 그것이 없어져서 받는 불편을 깨닫도록 해야 한다. 그가 자기 방의 창문을 깨뜨리거든, 바람이 밤낮으로 들이치도록 내버려두라. 아이가 여러분에게 끼치는 불편에 대해 투덜대지 말고, 아이가 먼저 불편을 느끼게 해주라. 한참 후에 아무말도 말고 유리를 갈아끼워 주어라. 만약 또다시 유리창을 깨뜨리면, 그때는 방법을 바꾸어라. 아이를 향해 무뚝뚝하게, 그러나 화는 내지 말고 이렇게 말하라. '유리는 내 것이다. 내가 힘들게 끼웠으니까 유리가 깨지지 않았으면 한다.' 그리고는 창이 없는 어두운 방에 가둔다. 이 뜻밖의 태도에 놀라 아이는 큰소리로 울고 소란을 피울 것이다. 그래도 누구 하나 들어주지 않으면 아이는 지치게 되어 태도를 바꾼다. 하소연을 하고 끙끙거린다. 그때 하인을 나타나게 한다. 그 개구장이는 내보내 달라고 부탁을 한다. 하인은 그저 "저도 역시 보호해야 할 유리창이 있어요."라고 대답하고 가버린다. 마침내 아이가 지루해서 못 견디고 그 일을 반성하도록 내버려둔다. 그때 누군가를 통해 다시는 유리를 깨지 않겠으니, 이젠 내보내 달라고 사정하도록 아이한테 귀띔해주도록 하라. 그러면 아이는 여러분에게 내놓아달라고 할 것이다. 여러분은 다시는 창문을 깨뜨리지 않겠다는 서약을 받고 그 제안을 당장 받아들이라. "잘 생각했다. 그러면 우리 두 사람 모두에게 좋지. 그렇게 좋은 생각을 왜 좀더 일찍 못 했을까!" 아이에게 그의 약속에 대해서 다짐을 요구하지 말고, 엄숙한 선서라도 하듯이 그 약속을 신성하고 깨뜨릴 수 없는 것처럼 생각하게 하고 아이를 껴안아주며 곧 제 방으로 데리고 가라. 아이는 이러한 약속의 맹세와 그 효력에 대해 어떤 마음을 품으리라 생각하는가? 이미 버린 아이가 아니라면 이런 일을 당하고도 일부러 계속 창문을 깨뜨리는 아이는 없을 것이다.

지금 우리는 도덕의 세계에 들어와 있다. 약속이나 의무와 더불어 속임수나 거짓이 생겨난다. 해서는 안 될 짓을 하는 순간부터 우리는 하지 말았어야 할 짓은 감추려 든다. 이익을 위해 약속을 맺게 되면 곧 더 큰 이해 관계로 그 약속을 어긴다. 그렇게 되면 약속을 어기는 것만이 문제가 될 뿐 아무 탈 없이 저절로 꾀가 생겨난다. 즉 감추거나 거짓말을 하는 것이다. 이리하여 인생의 불행은 시작되는 것이다.

아이들에게 벌을 주어서는 안 되고 언제나 제가 한 나쁜 짓의 결과로서 오는 것이라는 사실을 이해시키도록 하라고 이미 말한 바 있다. 여러분은 아이의 거짓말에 대해 야단치지 말고, 거짓말을 했다 해서 벌하지 말라. 그보다는 진실을 말했는데 남이 믿어주지 않는다든가, 혹은 아무리 변명해 봐도 나쁜 일을 했다고 비난받는다든가 하는, 거짓말에서 생기는 모든 나쁜 결과를 그들 머릿속에 심어주도록 하라. 어쨌든 아이들에게는 거짓말을 한다는 것이 무엇인지를 설명해 주라.

거짓말에는 두 종류가 있다. 과거의 행동에 대한 거짓말과 미래와 관련되는 당위의 거짓말이다. 첫번째 것은 하고도 하지 않았다고 우기거나 혹은 하지 않은 것을 했다고 하는 거짓말이다. 또한 두 번째 것은 지킬 생각도 없는 약속을 할 때, 즉 자기의 의도와 반대되는 의도를 표시할 때에 생겨난다. 이 두 가지 거짓말은 때로 한 가지로 혼동될 경우도 있다. 두 가지의 상이점을 관찰해 보자. 남들의 도움이나 호의를 받고 있는 사람에게는 그들을 속인다는 것이 아무 이익도 될 수 없다. 오히려 남들이 잘못 생각하여 자기에게 손해가 되지 않을까 염려되어 사물을 있는 그대로 보아주었으면 하는 점에 관심을 가진다. 따라서 사실에 대한 거짓말이 아이에게 좋지 않다는 것은 분명하다. 아이는 되도록 복종을 남몰래 피할 뿐만 아니라 벌이나 책망을 피하려는 다급한 관심으로, 장래를 위해 진실을 말하는 것을 희생시켜 버린다. 그리하여 거짓말의 필요성을 낳게 되는데 이게 바로 복종의 법칙이다. 자유로운 교육을 받은 아이라면 왜 여러분에게 거짓말을 하겠는가? 여러분이 이를 전혀 꾸짖거나 벌하지도 않으며 그에게서 아무것도 요구하지 않는다면, 제가 한 모든 일을 솔직하게 여러분에게 말할 것이다.

의무적으로 무엇을 하겠다느니 하지 않겠다느니 하는 약속은 자연 상태에서 벗어나고 자유에 어긋나는 계약 행위이므로, 당위의 거짓말은 특히 더 부자유스럽고 어긋난 일이다. 더우기 아이들의 한정된 시야는 현재를 넘어설 수가 없으므로 약속을 하면서도 자기가 하고 있는 바를 알지 못하는데, 아이들의 약속은 그것 자체 모두가 무효인 것이다. 아이는 약속할 때도 거의 거짓말을 하지 못한다. 왜냐하면 아이는 현재의 고난을 피하기 위해 미래에 대한 약속은 아무래도 좋기 때문이다. 아직 잠자고 있는 그의 상상력은, 자신의 존재를 다른 미래에 걸쳐 확대시킬 줄을 모른다. 만약 내일 창문에서 몸을 던지겠다는 약속을 해서 사탕 한 봉지를 얻을 수 있다면 아이는 당장에 그런 약속을 할 것이다. 또 엄한 아버지나 선생들이 아이에게 약속을 지키도록 강요할 때도, 아이들이 마땅히 해야 할 일에만 국한하여야 한다.

아이는 약속을 할 때 자기가 무엇을 했는지도 모르게 거짓말을 한다고 말할 수는 없다. 그러나 약속을 어길 때는 문제가 다르다. 그것 역시 일종의 거짓말이다. 왜냐하면 아이는 그 약속을 한 것은 잘 기억하고 있지만, 약속을 지키는 일이 중요하다는 사실을 모르기 때문이다. 아이는 미래를 내다볼 수 없으므로 결과를 예측하지 못하기 때문에, 어겼다고 해서 아이가 이성에 어긋나는 짓을 했다고 할 수 없다.

그러므로 아이들의 거짓말은 모두가 선생이 시키는 것처럼 되고, 결국 아이들에게 진실을 가르친다는 것은 거짓말을 가르치는 것과 같다. 여러분은 실속없는 격언이나 불합리한 규범을 가지고 아이들 정신에 감화를 심어주려 하지만, 아이들은 아무것도 모르고 정직한 상태에 머물러 있기보다는 가르침을 알아듣고 거짓말하기를 더 좋아하는 것이다.

학생들에게 실용적인 교훈만을 주고 아이들이 선량하기를 바라는 우리로서는, 아이들이 거짓을 꾸미지 않을까 두려워서라도 그들에게 아예 진실을 요구하지 않고, 또 그들이 약속을 어길까 해서 아예 약속하지도 않는다. 만일 어느 누가 내가 없는 사이에 나쁜 일을 저질렀을 때, 나는 그것 때문에 에밀을 나무라거나 다그치지는 않겠다. 왜냐하면 아이에게 부인하는 것을 가르치는 결과밖에 안 되니까. 설사 그가 나에게 굳이 약속을 하자고 조른다면, 나는 그런 제의를 언제나 그쪽에서 하고 이쪽에서는 결코 하지 않도록 조심하겠다. 그가 일단 한 약속을 지키는 것이 분명한 이익이 되게 하고, 만약 그것을 어기기라도 하면 그 거짓말 때문에 생기는 손해를 느끼게 한다. 또한 그것이 결코 교사의 악의에서가 아니라 사물의 질서 자체에서 생겨나는 것임을 깨닫게 한다. 그러나 에밀에게는 그런 지독한 수단을 쓸 필요가 없다. 에밀은 거짓말을 한다는 것이 무엇인지, 또 거짓말이 무엇에 소용이 되는지 늦게까지 모르기 때문에, 그가 그것을 알고 상당히 놀라리라는 것을 나는 확신한다. 그의 안락을 남들의 의지나 판단에서 독립시켜 줄수록, 그만큼 더 내가 그에게 거짓말하려는 관심을 모두 없애주는 셈이 된다는 건 분명한 사실이다.

우리는 급히 가르치려 하지 않으며, 서둘러 요구하지도 않는다. 적당한 시기가 아니면 아무것도 요구하지 않도록 천천히 해나가면 된다. 그러면 아이는 조금도 손상되지 않고 스스로 수양하게 된다. 그러나 경솔한 교사가 무분별하게 이것저것 약속만 시키게 되면, 그런 모든 약속에 짓눌려 지쳐버린 아이는 약속을 소홀히 여기거나 잊어버리고, 마침내는 실속없는 형식으로 생각할 것이다. 그러니 아이가 약속을 충실히 지키기를 바란다면 약속을 조절해야 한다.

거짓말에 대해서 이제까지 말한 것들은 여러 가지 면에서 아이들에게 실천

불가능한 것으로서, 다른 모든 의무들에도 적용될 수 있다. 아이들에게 미덕을 가르치는 것 같아도 오히려 온갖 악덕을 좋아하게 만들고 있다. 아이들에게 신앙심을 갖게 하려고 싫증이 나도록 아이들을 교회에 데리고 간다. 그들에게 끊임없이 기도를 중얼거리게 하면서 그들이 다시는 신에게 기도를 드리지 않아도 되는 행복을 갈망하도록 만들어라. 아이들에게 자선을 가르치려고, 자신은 헌금하지 않으면서 아이에게 헌금하기를 권한다. 헌금해야 할 사람은 아이가 아니고 선생이다. 제자로 하여금 아이로서는 아직 그럴 자격이 없다는 것을 판단하도록 해야 한다. 헌금이란 자기가 주는 것의 가치를 알고, 또 누군가가 그것이 필요하다는 것을 아는 어른들이 할 행동이다. 그런 것을 전혀 모르는 아이로서는 준다는 것이 아무런 미덕도 되지 못한다.

아이에게 돈을 주면 아이가 그 가치를 모른다는 것, 즉 호주머니 속에 넣어 두는 쓸모없는 쇠붙이에 지나지 않다는 것은 주목할 일이다. 아이는 과자 한 개를 남에게 주느니 차라리 1백 루이 짜리 금화를 줄 것이다. 그런데 그처럼 인심 좋은 분배자에게 장난감이나 사탕 같은, 그에게 소중한 물건을 주도록 권해 보라. 그러면 여러분이 그 아이를 정말로 인심이 후한 아이로 만들었는지 어떤지의 여부를 곧 알게 될 것이다.

사람들은 이 문제에 대한 다른 수단을 알고 있다. 그것은 곧 아이가 자기 손에 되돌아오리라는 것을 잘 알고 있는 물건들을 주는 버릇이 들도록 하는 일이다. 나는 아이들에게서 다음 두 가지의 너그러운 마음 외에는 본 일이 없다. 즉 자기에게 아무 소용도 없는 것을 주거나, 곧 돌려받을 물건을 주는 일이다. 가장 인심이 후한 사람이 언제나 최대의 배당을 받는다는 사실을 아이들이 경험에 의해서 이해하도록 하라고 로크는 말한다. 그러나 이것은 아이를 겉으로는 인심 좋게 보이지만 실상은 인색하게 만드는 일이다. 아이들은 이렇게 해서 남에게 베풀 줄 아는 습관이 들게 된다고 로크는 덧붙여 말한다. 그러나 이것은 소 한 마리를 가지려고 달걀 하나를 주는, 고리대금업자와 같은 선심이다. 진심으로 주어야 할 경우가 생기면 그런 습관은 사라지고, 남에게서 돌아오는 것이 없을 때에는 결국 주지 않을 것이다. 주의할 것은 손의 습관이 아니라 정신의 습관인 것이다. 우리가 아이들에게 가르치는 이러한 덕행들도 얼마나 훌륭한 교육이 되겠는가?

교사들이여, 겉치레를 버려라. 덕이 있고 착한 인간이 되어라. 그래서 여러분이 보이는 본보기가 제자들 가슴속에 스며들어, 그것이 그들의 기억에 새겨지도록 하라. 나는 내 제자에게 선을 행하라고 강요하지 않고서 오히려 그가 보는 앞에서 먼저 그것을 행하겠으며, 또 그것을 명예로 여길 것이므로 내 흉내를 내지 못하도록 그에게서 빼앗아 버리겠다. 왜냐하면 아이가 어른들의 의무를 그대로 자신들의 의무로 여기는 버릇이 들지 않도록 하는 일이 중요하기 때문이다. 만일 내가 가난한 사람들을 돕는 것을 보고 아이가 그 까닭을 묻게 된다면, 나는 이렇게 대답하겠다. "부자는 가난한 사람의 덕택으로 부자가 된 것이므로 부자들이 재산이나 노동으로도 살아나갈 길이 없는 사람들 모두를 먹여 살리기로 약속했기 때문이란다." "그럼, 아저씨도 그런 약속을 하셨나요?" 하고 그는 계속 물어올 것이다. "물론, 그런 조건을 이행하지 않으면 그 재산의 임자가 될 수 없으니까."

이런 얘기를 듣고 나서도 에밀 이외의 다른 아이는 내 흉내를 내어 부자로서 행세하려 들지도 모른다. 이러한 경우에 나는 적어도 자랑삼아 한 것이 되지 않도록 물건을 줄 때 숨어서 주도록 하고 싶다. 그것은 내가 허용할 수 있는 유일한 속임수인 것이다.

나는 이런 미덕 모두가 흉내에 지나지 않는다는 것, 또 어떤 선행이건 남들이 하기 때문이 아니라 선으로서 행할 때에만 진정한 도덕적 선이 된다는 것을 알고 있다. 그러나 아직은 아무것도 감각할 줄 모르는 나이이므로, 여러분이 아이에게 갖게 하고 싶은 그 습관적인 행위를, 아이들이 이성을 가지고 선에 대한 사랑에 의해 스스로 할 수 있게 될 때까지는 그들에게 그런 행위를 흉내내도록 해야 한다. 인간은 모방자와 같다. 모방의 취미는 자연적인 것이며, 그것이 사회에서는 악덕으로 변하는 것이다. 원숭이는 자기보다 우월한 인간의 흉내는 내지만, 자기가 경멸하는 동물들의 흉내는 결코 내지 않는다. 즉, 자기보다 나은 존재가 하는 행동은 좋은 것이라고 판단하는 것이다. 그러나 반대로 인간들 사이에서는 어릿광대들이 미덕을 웃음거리로 만든다. 그들은 그 비천한 감정 속에서 자신을 자기보다 우월한 자와 동등하다고 자부하려 하거나, 자기들이 존경하는 자를 흉내내려고 애쓴다. 이런 경우에도 그 대상의 선택을 보면 흉내장이의 악취미가 엿보인다. 그러므로 우리는 이런 욕망이 초래하는 위선을 버려야 한다.

여러분이 실시하는 교육법을 깊이 연구해 보면 미덕과 도덕에 관한 것들이 마구 뒤섞여 있음을 발견하게 될 것이다. 유년 시절을 비롯한 모든 연령에 있어서도 가장 중요한 도덕적 교훈은, 누구에게도 결코 해를 입히지 말아야 한다는 것이다. 좋은 일을 하라는 교훈마저도 위의 교훈에 따르지 않으면 위험하고 위선적이며 모순된 것이다. 세상에는 악인이나 선인이나 모두가 착한 일을 한다. 악인은 백 사람을 희생시켜 행복한 한 사람을 만든다. 그 때문에 우리의 모든 불행이 생기는 것이다. 가장 숭고한 미덕은 겸양으로서,

그것은 뽐내는 일이 없을 뿐더러 우리가 한 일에 대해 남이 기뻐하고 있다는 생각, 인간의 마음에 가장 달콤한 저 기쁨마저도 맛볼 수 없기에 가장 어려운 일이기도 하다. 자기 이웃에게 절대로 해를 끼치지 않는 사람이 하나라도 있다면, 그 사람은 그들에게 결과적으로 선행을 한 것이 아닌가! 그러기 위해서는 용감한 정신과, 얼마나 강한 성격이 필요한 것인가. 우리가 그것이 얼마나 위대하고 힘든 일인가를 깨닫기 위해서는 이 법칙을 따질 것이 아니라 그것을 실천하려고 노력해야만 할 것이다.

아이들로 하여금 자신이나 남을 해치게 내버려 두거나, 특히 마침내는 고치기 힘든 나쁜 버릇이 들게 버려두지 않기 위해, 때로는 어쩔 수 없이 아이들에게 교훈을 주어야 할 때 가져야 할 몇 가지 생각을 대충 설명한 셈이다. 그러나 좋은 교육을 받은 아이들에게는 이런 교훈을 줄 필요가 없다는 것을 확신한다.

왜냐하면 아이들이 고집을 부리고 심술궂고 거짓말 잘하고 욕심을 부리는 것은 그와 같은 악덕의 씨를 마음속에 심어주지 않고서는 불가능하기 때문이다. 그러나 아이들이 자기의 환경을 벗어나 어른들의 악덕에 물들게 될 기회가 많아질수록 일반적 규칙이 아닌 예외의 경우가 빈번히 발생한다. 그러므로 세상 한가운데서 자라는 아이들에게는 외딴 곳에서 자라는 아이들보다도 필연적으로 더 조숙한 교육이 필요해진다. 그러므로 혼자만의 교육은, 설사 아이에게 자연적으로 성숙할 시간을 줄 뿐이라 하더라도 바람직한 것이다.

선천적으로 천분을 타고난 아이들에게는 이와 반대되는 또 다른 종류의 예외가 있다. 유년기 상태를 벗어나지 못하는 사람들이 있는 것과 마찬가지로, 이를테면 유년기를 거치지 않고 태어나면서부터 매우 조숙한 그런 사람들도 있다. 문제는 이러한 경우는 극히 드물며 알아보기 힘들기 때문에 어머니들은 저마다 자기 아이가 천재라고 생각해서 추호도 의심하지 않는다는 점이다. 게다가 어머니들은 정상적인 발육을 나타내는 징조들, 이를테면 활발성이나 기지 등을 비범한 것인 양 생각한다. 겸손할 필요가 없는 아이가 우연히 똑똑한 말 한 마디를 했다고 해서 그것이 놀라운 일인가? 그 아이에게 그런 일이 전혀 없었다면, 마치 점술가가 거짓말 천 번에 단 한 마디의 진실도 예언하지 못한 것과 마찬가지로 오히려 이상스런 일이다. 누구건 그럴싸한 말을 하고 싶다면 되는 대로 아무 말이나 늘어놓기만 하면 된다.

가장 값비싼 다이아몬드가 아이들 손에 쥐어질 수 있듯이 훌륭한 생각이 아이들의 머릿속에 들어갈 수 있고, 또한 훌륭한 말이 아이들의 입에서 나올 수 있다. 그렇지만 그런 생각이나 다이아몬드가 그 아이들 것이 되지는 않는다. 아이의 말들이 아이에게는 우리와 같은 의미를 갖지 않으며, 아이는 같은 말이라도 거기에 같은 관념을 결부시키지 않는 것이다. 아이가 생각하는 것 중에 고정되거나 확실한 것이라고는 없다. 소위 신동을 살펴보면 어떤 순간에는 아주 발랄한 활동력이나 날카로운 지혜의 반짝임을 발견할 수 있지만, 대개의 경우에는 그같은 머리가 마치 짙은 안개에 싸여 맥이 빠진 듯 활기가 없는 것처럼 보일 때가 있다. 때로는 아이가 여러분을 앞지르지만 어떤 때는 꼼짝 않고 있을 것이다. 여러분은 이 아이를 천재라고 말하다가도 다음 순간에는 바보라고 말할 것이다. 그것은 양쪽 모두가 잘못이다. 그는 아이일 뿐이다.

그러므로 아이를 외모에 유의하지 말고 나이에 따라 다루고, 아이의 힘을 지나치게 소모시키지 않도록 배려하라. 그 어린 두뇌가 뜨거워지거든, 우선 자유롭게 발효하도록 내버려두는 것이 좋다. 그렇지 않으면 모든 것이 다 증발해 버릴지도 모르기 때문이다. 그리고 최초의 정기를 발산하거든 남은 정기는 보존하고 압축해 두라. 그렇지 않는다면 여러분의 시간과 수고가 헛되이 될 것이며, 경솔하게도 여러분이 이 독한 수증기에 취한다면 단지 김빠진 찌꺼기만 남게 될 것이다.

우둔한 아이는 성장하면 평범한 어른이 된다. 나는 이보다 더 보편적이고 확실한 의견을 알지 못한다. 진짜 바보와 강한 정신을 예고하는 표면적인 바보를 구별하는 것보다 더 어려운 일은 없다. 두 가지의 극단이 외관상 같은 표시로 나타난다는 사실이 언뜻 보기에는 이상할 것이다. 그러나 인간이 어떤 참된 관념을 갖지 못한 나이에서 천재와 둔재와의 차이는, 둔재는 허위의 관념만을 받아들이고 천재는 어떠한 것도 받아들이지 않는다는 점이다. 그러므로 둔재는 아무것도 할 수 없으며, 또 천재는 아무것도 그에게 알맞지 않다는 점에서, 양자가 모두 바보로 보이는 것이다. 이들을 구별하는 유일한 특징은 둔재가 언제나 항상 마찬가지인 데 반해, 천재는 그의 능력이 미치는 어떤 관념을 제공할 수 있는 우연한 기회에 그 천재성이 나타난다는 점이다. 카토는 어렸을 때 부모들에게는 바보처럼 보였으며, 말이 적고 고집이 세다는 것이 그에 대한 어른들의 판단 전부였다. 그의 삼촌이 술라 장군의 집 응접실에서야 비로소 카토의 진짜 면모를 인정했던 것이다. 만일 그가 그 응접실에 들어가지 않았더라면, 그는 훨씬 후에까지 바보 취급을 받았을 것이다. 만일 시저가 살아 있지 않았더라면, 카토는 언제까지나 몽상가 취급을 받았을 것이다. 너무 성급하게 아이들을 판단하는 사람은 많은 오류를 범하는 것이다.

고맙게도 내게 우정을 베풀어주던 철학자 콩티야크가 꽤 나이가 들어서까지도 그의 가족이나 친구들로부터 바보 취급을 받는 것을 나는 본 일이 있다. 그러나 그의 뛰어난 두뇌는 말없이 성숙하고 있었다. 그래서 그는 갑자기 철학자로서 이름을 날렸다.

어린 시절을 소중히 하라. 그리고 그 시기를 어떤 식으로든 성급하게 판단하지 말라. 천품이 저절로 드러나 증명되고 분명해질 때까지 특수한 교육방법을 사용해서는 안 된다. 자연의 순리를 역행할 염려가 있으니, 여러분이 자연을 대신해 무엇을 하려 들기 전에 자연이 행하는 대로 오랫동안 내버려두라. 여러분은 시간의 소중함을 알고 있다고 말한다. 그러나 시간의 잘못된 사용은 아무것도 하지 않는 것보다 더 많은 시간을 허비하게 된다는 사실과, 또 잘못 교육을 받은 아이는 전혀 교육을 받지 않은 아이보다 오히려 우둔하다는 사실을 모르는 것이다. 아이가 최초의 몇 해를 아무것도 하지 않고 지낸다 해도 여러분은 걱정할 필요가 없다. 하루 종일 뛰고 놀고 달리는 것이 아무것도 아니란 말인가? 평생에 이보다 더 바쁠 때는 없을 것이다. 매우 엄격한 교육론이라 생각되는 플라톤의《국가론》에선 아이들을 축제나 놀이·노래·오락만으로 기르고 있다. 아이들에게 노는 것을 제대로 가르쳐놓으면 그는 할 일을 다한 것 같이 보인다. 또 세네카는 고대 로마의 젊은이들에 대해 다음과 같이 말했다. '그들은 항상 서 있었고, 앉아서 배워야 할 것은 하나도 배우지 않았다.' 그런데 그들은 어른이 되어 쓸모가 없었는가? 일생을 이용하려고 전혀 자지 않으려는 사람이 있다면, 여러분은 그 사람을 미련하다고 말할 것이다. 그는 시간을 즐기는 것이 아니라 스스로 시간을 버리고 있는 것이다. 그러므로 이 경우와 마찬가지로 어린 시절을 이성의 수면의 시기라고 생각하라.

쉽게 깨닫는 것은 아이들을 망치는 원인이 된다. 사람들은 쉽다는 사실 자체가 그들이 아무것도 배우지 않았다는 증거임을 모른다. 아이들의 부드러운 두뇌에는 거울처럼 반사만 하고, 아무것도 남기지 않고 아무것도 스며들지 않게 한다.

기억과 이성은 본질적으로 다른 두 기능이지만, 이 두 기능은 서로 함께 있을 때 이외에는 제대로 발달하지 못한다. 철들 나이가 되기 전에는, 아이는 관념이 아니라 사물의 형상을 받아들인다. 이것에는 차이가 있다. 이 형상은 단지 감각적인 사물들의 그림에 불과하지만 관념은 그 대상들의 개념, 여러 가지 관계에 의해 정해진 사물의 개념이라는 차이가 있다. 그러나 모든 관념은 다른 관념들을 전제로 한다. 형상은 정신 속에 독단적으로 존재할 수 있지만,

관념은 다른 관념을 비교한다. 우리의 감각은 수동적이지만 지각 관념의 판단은 능동적인 근원에서 생겨난다. 이것은 다음에 설명될 것이다.

그러므로 나는 아이들이야말로 판단이 불가능하기 때문에 진짜 기억을 가지고 있지 않다고 말하는 것이다. 그들의 소리・형상・감각들은 기억하지만 관념들을 기억하는 일이 드물고, 그 관념들의 관계를 기억하는 일은 더욱 드물다. 사람들은 아이들이 기하학의 원리를 배우고 있다는 반증을 들어보임으로써 내 주장을 반박하는 충분한 증명이 된다고 믿겠지만, 실은 그것이 오히려 내 주장을 뒷받침하고 있는 셈이다. 왜냐하면 이 어린이들의 기억을 따라가 보라. 그러면 여러분은 아이들이 고작 도형의 형상과 설명의 용어들밖에는 기억하지 못한다는 것을 곧 알게 될 것이다. 그러므로 도형을 거꾸로 해놓으면 아무것도 모르게 된다. 그들의 지식 모두 감각 속에 있을 뿐 이해력까지 이르는 것은 하나도 없다. 어렸을 때 말로만 배운 사람들은 성장한 후 다시 배워야 하는 경우가 대부분이다. 그러니 아이들의 기억 자체도 다른 능력들보다 더 완전한 것은 없다. 그렇다고 해서 아이들이 어떤 종류의 추리도 하지 않는다고 말하려는 것은 아니다. 반대로 그들은 현실적・감각적인 행복에 영향을 미치는 것에 대해서는 매우 훌륭하게 추리한다는 사실을 나는 알고 있다. 그러나 그들이 가지고 있지도 않은 지식을 가진 것으로 보거나, 이해할 줄도 모르는 것에 대해 추리하게 함으로써 아이들의 지식에 대해 잘못 생각하고 있는 것이다. 또한 사람들은 아이들의 앞날에 닥쳐올 이익이라든가 어른이 되었을 때의 행복, 또는 커서 남으로부터 존경받을 것 같은, 아이들의 관심을 끌지 못할 문제들에 주의를 기울이게 하려다가 잘못에 빠진다. 이 가엾은 아이들에게 강요하는 모든 공부가 아이들의 정신과는 전혀 상관없는 그런 대상들을 노리고 있는 것이다.

자기 제자에 대한 가르침을 자랑하는 교사들은 보수만을 생각한다. 그런데도 그들 자신의 행동으로 보아, 그들도 나와 똑같이 생각하고 있다는 것을 알 수가 있다. 왜냐하면 그들이 결국 아이들에게 가르치는 것은 말이고, 또 말이고, 항상 말이다. 그들이 아이들에게 가르치는 모든 지식 중에서 참으로 아이들에게 유익한 것은 하나도 없으며, 또한 그것을 현명하게 선택하지도 않는다. 왜냐하면 그것은 사물에 대한 지식으로서 성공할 가능성이 없기 때문이다. 그래서 그 용어들만 알고 있으면 전체를 알고 있는 것 같이 보이는 학문들, 즉 문장학・지리학・역사학・어학 등, 어른은 물론 아이들에게 있어서도 상당히 거리가 먼 것들만 택한다.

내가 어학 공부를 교육상의 무용지물로 취급하는 데는 놀랄 테지만, 그러나 내가 여기서 단지 어린아이의 학문에 대해서만 말하고 있다는 점을 잊어서는 안 된다. 그리고 누가 뭐라고 하든간에 신동을 제외한 열두 살에서 열다섯 살까지의 어떤 아이도 두 가지 언어를 정확히 배웠다고 생각하지 않는다.

만일 어학 공부가 단순히 단어의 공부, 이를테면 그 낱말들을 나타내는 문자나 음의 연구에 지나지 않는다면, 그런 공부는 아이들에게 적합하다. 그러나 언어란 기호가 바뀌면 그것이 표현하는 관념도 바뀐다. 정신은 언어에 의해서 형성되고 관념으로써 이루어진다. 이성만이 공통이다. 각국의 언어는 저마다 독특한 형태를 가지는데, 부분적으로 각 국민성의 원인이나 결과가 될 수 있는 차이가 있을 뿐이다.

관습에 따라 우리는 그 여러 형태 중의 하나를 아이에게 주며, 그것은 아이가 어른이 될 때까지 간직하는 유일한 형태이다. 그중의 두 언어를 가지려면 아이는 여러 관념들을 가져야 하는데, 관념을 겨우 이해하는 상태의 아이가 어떻게 그것들을 비교하겠는가? 모든 사물에 많은 의미가 있음을 아는지는 몰라도 아이는 하나의 표현형식밖에 갖지 못한다. 그러므로 아이는 하나의 언어밖에는 배울 수가 없다. 그래도 한 아이가 몇 가지의 언어를 배우고 있지 않느냐고 말하는 사람들이 있는데, 나는 6개국어를 구사하는 신동을 본 적이 있다. 그 어린이는 독일어 · 라틴어 · 프랑스 어 · 이탈리아 어를 차례로 지껄이는 것이었다. 분명히 그는 대여섯 가지 언어를 사용했지만, 늘 독일어만을 사용했다면 그 아이는 분명히 하나의 언어밖에는 알지 못할 것이다.

아이들에게 특히 사어(死語)를 가르치는 것은 교사가 자신의 무능력을 은폐하기 위해서이다. 사어에서는 그것에 대해 검증할 심판자가 없기 때문이다. 이 사어는 일상 용어에서는 이미 오래 전부터 소멸되었으므로 사람들은 책에 씌어진 것을 흉내내는 것으로 만족하고 있다. 그렇게 흉내냄으로써 그 언어를 말하는 것이라고 자부하는데, 만일 교사들의 그리스 어나 라틴 어가 이처럼 나약하다면 아이들의 그리스 어는 말할 필요도 없다. 아이들이 전혀 이해하지도 못하는 입문서를 간신히 암기하고 나면, 교사는 우선 프랑스 어를 라틴 어로 옮기는 법을 교육시킨다. 그리고 계속해서 키케로의 문장을 산문으로 고치고, 베르길리우스의 시를 산문으로 고치는 법을 가르친다. 그러면 아이들은 라틴 어를 말할 수 있다고 생각하는데, 그것에 누가 이의를 제기하겠는가?

어떤 학문을 막론하고 표현된 사물에 대한 관념이 없이는 무의미하다. 그런데도 기호가 표현하고 있는 사물들을 아이에게 이해시키는 데 성공한 사람은 하나도 없다. 여러분이 아이에게 지구를 가르치는 것은 지도를 가르치는 것에 불과하며, 도시나 나라나 강 이름을 가르쳐주지만, 아이에게 있어 그것들은 종이 위 이외의 어느 곳에도 존재하지 않는다. 자기 아버지의 정원 안내도에 나타난 그 구부러진 길목들을 제대로 찾아갈 수 있는 아이는 하나도 없다고 주장한다. 북경・에스파냐・멕시코, 그리고 지구 위의 모든 나라들의 위치를 정확히 알고 있다는 저 박사들이란 바로 이런 것이다.

아이에게는 두 눈만 필요로 하는 공부를 시키는 것이 좋다는 설을 나는 들은 적이 있다. 그런 편리한 학문이 있을는지는 모르겠지만 나는 그런 학문은 모른다.

아이들에게 역사 공부를 시키는 것은 참으로 어처구니없는 일이다. 역사란 단순히 사실만을 모은 것이므로 아이들에게 이해된다고 생각하지만, 이 사실들이라는 말이 무슨 의미를 가지고 있는가? 역사상의 사실들을 결정하는 관계를 파악하기가 쉬워 그 관념들이 아이들 머릿속에서 쉽사리 형성될 것이라고 생각하는가? 또한 역사적 사건들에 대한 원인이나 결과가 지식과 분리될 수 있는 것이라고 생각하는가? 또 역사적인 사실이 도덕과는 거의 관련이 없으므로 그것들이 인식될 수 있으리라고 생각하는가? 여러분이 사람들의 행동에서 외부적이고 물리적인 현상만을 인정한다면 여러분은 역사에서 무엇을 배우는 것인가? 결과는 아무것도 얻지 못하는 것이 된다. 흥미라고는 전혀 없는 이런 공부는 기쁨도 교훈도 주지 못한다.

독자들이여, 여러분에게 이런 말을 하고 있는 필자는 학자도 철학자도 아니다. 그저 평범한 인간이고 진리의 벗이며, 사람들과 사귀는 일이 별로 없기에 그들의 편견에 물들 기회도 적고 그들과 사귀면서 느낀 바에 대해 숙고할 시간이 많은 인간이라는 점도 명심하라. 나의 이론은 원리보다 더 사실들에 근거를 두고 있으므로 그러한 추리들을 내게 암시해주는 관찰 가운데서 그 실례를 자주 들어 보임으로써 여러분한테 그 추리들에 대해 판단하도록 하는 것이 가장 좋은 방법이라고 생각한다.

나는 며칠 동안 아이들 교육에 정성이 대단한 어느 시골 가정에서 지낸 일이 있다. 어느 날 아침 나는 맏아들의 수업 광경을 보게 되었다. 그의 가정교사는 그 아이에게 고대 역사를 성실하게 가르치고 있었다. 능력이 있는 그 교사는 알렉산더의 용기에 대해 몇 가지 의견을 말했다. 나는 그것이 마음에 들지 않았지만 학생의 마음 속에 선생의 신용을 떨어뜨리고 싶지 않아 아무 말도 하지 않았다. 관례대로 식탁에선 프랑스 풍습에 따라 아이에게 많이 지껄이게 했다. 그 나이의 아이는 분명히 칭찬받으리라는 기대에서 쓸데없는 말을 많이 했다. 마침내 의사 필리포스가 화제에 올랐을 때 아이는 명석하고 썩 재치있게 그 이야기를 했다. 아들이 기대했던 그 흔한 칭찬이 있고 나서 모두들 아이가 한 말에 대해 논평하기 시작했다. 대부분의 사람들은 알렉산더의 무모한 만용을 비난했다. 몇몇 사람은 알렉산더의 결단과 용기를 칭찬했다. 나는 거기 있던 사람들 중의 누구도 그 일화의 진가를 모른다는 사실을 알아냈다. 그래서 나는 그들에게 알렉산더의 행위에서 조금이라도 용기나 꿋꿋함이 엿보인다면 그것은 허세에 불과한 것으로 여겨진다고 말했다. 그러자 모두들 내 말에 동의했다. 내가 다시 대꾸하려고 했을 때, 내 곁에 있던 어떤 부인이 내게로 와 낮은 소리로 '잠자코 있어요, 장 자크 씨. 이 사람들은 당신 말을 이해하지 못해요.'라고 말했다. 나는 그 여자의 현명함에 입을 다물고 말았다.

식사 후에 우리 꼬마 박사와 나는 손을 잡고 산책을 하며 그가 알렉산더의 용기를 찬양하고 또 감탄하고 있음을 알아냈다. 그런데 그가 감탄한 그 용기란 바로 알렉산더가 맛이 고약한 물약을 서슴없이 단숨에 마셨다는 사실이었던 것이다. 이 가엾은 아이는 약 2주일 전에 어른들이 먹이는 약을 애를 쓰며 간신히 삼켰는데, 아직도 그 쓴맛의 기억이 남아 있었던 것이다. 죽음이나 독살이라는 개념이 그의 머릿속에서는 단순히 기분 나쁜 감각으로밖에는 이해되지 않았고, 그로서는 센나 이외의 독약은 상상할 수도 없었던 것이다. 그러나 영웅의 결단성이 그 어린 마음에 강한 인상을 주었다는 사실과 다음에 약을 삼켜야 할 경우에는 자기도 알렉산더 같이 되겠다는 결심을 하고 있더라도 사실은 밝혀두어야겠다. 나는 그 아이가 이해할 수 없는 설명은 그만두기로 하고 그 마음가짐을 칭찬해주었으며, 아이들에게 역사를 가르치려는 아버지나 선생들의 고상한 지혜에 미소를 지으면서 집으로 돌아왔다.

국왕·제국·전쟁·정복·혁명·법률 같은 말들을 아이들이 사용하게 하기란 쉬운 일이다. 그러나 그런 말에 명확한 관념을 결부시키는 것이 문제가 되면 정원사 로베르가 한 말과는 매우 달라질 것이다.

"잠자코 있어요, 장 자크 씨."라는 말만으로는 불만스러운 몇몇 독자는 요컨대 알렉산더의 행위의 어떤 점이 아름답냐고 물어올 것만 같다. 그 말을 내가 여러분에게 한다 하더라도 여러분은 그것을 어떻게 이해할 수 있겠는가? 내가 아름답게 생각한 것은 알렉산더가 덕을 믿고 있었다는 점이다. 그는 신념을 위해 목숨을 바친 것이다. 그의 위대한 혼이 그것을 믿도록 해주었다는 점이다. 그 약을 단숨에 마셨다는 것은 신앙의 숭고한 고백이었다. 그렇다, 그토록 숭고한 신앙 고백을 한 인간은 일찌기 없었다.

만약 단어의 학문이 없다면, 아이들에게 적합한 공부는 하나도 없을 것이다. 아이들이 진실한 관념을 가지고 있지 않다면 진실한 기억도 없는 것이다. 왜냐하면 나는 감각적인 것만을 간직하는 것은 기억이라고 생각하지 않기 때문이다. 아무 의미도 없는 기호들의 목록을 아이들 머릿속에 새겨 넣어준들 무슨 소용이 있는가? 아이들은 사물을 배우면서 자연히 부호도 배우게 된다. 왜 그것을 두 번씩이나 배우는 헛수고를 아이들에게 시키는가? 더구나 아무 뜻도 없는 말들을 학문으로 여기게 한 것은 아이들의 머릿속에 지극히 위험한 편견을 넣어주는 것이다. 아이의 판단력을 흐리게 하는 것은 아이가 그것만으로 윈 첫마디부터이며, 스스로 그것의 소용도 알지 못하면서 남의 말만 듣고 배우는 최초의 사물에서부터이다. 아이가 이런 손실을 보충할 때까지 아이는 바보들 눈에 오랫동안 뛰어나 보일 것이다.

안 된다. 자연은 아이의 두뇌로 하여금 보이는 것을 다 받아들이도록 해주는 순응성을 부여했다. 그것은 '왕들'의 이름이나 연대나 천문학이나 지리학의 용어처럼, 아이들뿐만 아니라 모든 사람에게 쓸모없는, 오히려 아이들의 슬프고 메마른 어린 시절을 괴롭히기만 하는 용어들을 아이들 뇌리에 기억시키려고 부여한 것은 아니다. 그것은 아이가 이해할 수 있고, 아이의 행복과 관련이 있으며, 언젠가는 아이에게 제 의무를 이해시켜줄 모든 관념들이 일찍부터 아이의 머릿속에 뚜렷이 새겨져 아이가 일생 동안 자신의 존재와 능력에 알맞게 처신하는 데 소용이 될 수 있도록 하려는 것이다.

책으로 공부하지 않는다 해서 아이가 가진 기억력이 잠자는 것은 아니다. 보는 것과 듣는 것 모두가 아이에게 인상을 심어주어, 아이는 그것을 기억한다. 아이는 사람들의 언행을 마음속에 새겨둠으로써 아이를 둘러싼 모든 것이 한 권의 책이 되고, 아이는 그 책 속에서 그의 기억력을 끊임없이 살찌워 나가는 것이다. 아이의 이러한 최초의 능력인 기억력을 계발시켜 주는 참다운 기술은 그러한 대상의 선택에 달려 있다. 즉 아이가 인지할 수 있는 대상들은 항상 보여주고 아이가 알아서는 안 될 대상들을 숨겨주는 배려 여하에 달려 있는 것이다. 젊은 시절의 교육이 평생을 통해 그의 행동에 사용될 지식의 창고를 아이에게 만들어주도록 애써야 한다. 그때 비로소 이런 기술에 의해서 올바르고 튼튼하여 몸도 이해력도 건전한 인간, 어려서는 칭찬받지 못하더라도 어른이 되어서는 존경받는 인간을 만들어낼 수 있는 것이다.

에밀은 아무것도 암송하지 않을 것이다. 우습고 재미있는 라 퐁텐의 우화라 할지라도 암기하지 않을 것이다. 사람들은 어째서 아이들의 도덕책이라 부를 정도로 우화에 매혹되어 있을까? 그런 교훈 이야기가 아이들을 즐겁게 해주면서 실은 허위를 가르치고, 아이에게 교훈을 가르치려고 하는 행동이 오히려 그것의 이용을 방해하는 결과가 된다는 사실을 사람들은 생각하지 못하고 있는 것이다. 우화는 어른들을 가르칠 수는 있지만 아이들에게는 있는 그대로의 진실을 말해주어야 한다. 진실을 한 꺼풀 베일로 덮어버리면 아이들은 애써 그것을 벗기려고 하지 않고 있는 그대로 받아들인다.

모든 아이들에게 라 퐁텐의 우화를 들려주지만 그것들을 이해하는 아이는 한 명도 없다. 그러나 이해한다면 더욱 큰일이다. 왜냐하면 우화의 교훈은 아이들에게는 적합하지 않으며, 그것들은 미덕보다는 악덕을 가르치기 때문이다. 여러분은 이것 또한 역설이라고 말할 텐데, 이것이 진리인지 아닌지 살펴보기로 하자.

아무리 우화를 단순하게 만들려고 애를 써도 거기서 끌어내고 싶어하는 교훈에는 아이가 이해할 수 없는 관념이 들어 있다. 또 시의 표현법 자체가 우화를 아이로 하여금 보다 쉽게 기억하게는 하지만 이해하기는 힘들므로, 결국 재미를 위해서 아이에게 우화를 가르치는데 아이들은 우화를 전혀 이해하지 못하는 것이다. 아이들로서는 알 수도 없고 소용도 없지만 그렇지 않은 것들과 섞여 있어 경솔하게도 아이들에게 배우도록 하는 그런 숱한 우화들을 인용하지 말고, 특히 아이들을 위해 지은 우화들에 대해서만 생각해 보기로 하자.

라 퐁텐 우화집 중에서 어린이에게 알맞은 우화는 대여섯 개밖에 되지 않는다. 이 대여섯 개 중에서도 나는 그의 맨 첫머리 것을 보기로 하겠다. 왜냐하면 이 우화의 교훈이 어느 나이에나 알맞고 아이들이 가장 잘 이해할 수 있으며, 또 가장 재미있게 배울 수 있고, 그래서 저자가 기꺼이 책머리에 내놓았기 때문이다. 실제로 아이들에게 이해되고 마음에 들고 가르침을 주는 목적을 지니고 있는 이 우화는 분명 그의 걸작이다. 그러므로 내가 이 우화의 줄거리를 예로 들며 몇 마디로 검토해 보기로 하겠다.

우화——까마귀와 여우

까마귀 선생이 앉아 있다, 나무 위에.

선생! 이 말은 무슨 뜻인가? 고유명사 앞에서는 무슨 뜻이 될까? 여기서는 무슨 뜻인가?

까마귀란 무엇인가?

'앉아 있다. 나무 위에.' 란 무엇인가? 대개 '앉아 있다, 나무 위에.' 라고는 하지 않고, '나무 위에 앉아 있다.' 라고 말한다. 따라서 시의 도치법에 대해 설명해야 한다. 또한 산문과 운문의 구별을 설명해야 한다.

부리에 치즈를 물고 있다.

무슨 치즈인가? 스위스? 브리튼? 네덜란드 치즈인가? 그리고 만일 아이가 까마귀를 본 적이 없다면, 까마귀의 이야기를 한들 무슨 소용이 있겠는가? 또 본 일이 있다면, 까마귀들이 치즈를 물고 있는 것을 어떻게 해석할까? 자연 그대로에서 형상을 그려내도록 하자.

여우 선생이 그 냄새에 끌리어서.

또 선생이라 했다. 그러나 여우에게는 잘 어울린다. 여우는 기교에 있어서는 뛰어난 선생이다. 여우란 어떤 것인가를 설명하고, 그 진짜 성질과 우화에 나타나는 관례상의 성격을 설명해주어라.

'끌리어서' 란 말은 별로 쓰지 않는다. 그러니 그것을 설명할 필요가 있다. 이제는 운문에서만 사용된다고 말해주어야 한다. 그러면 또 아이는 왜 운문에서는 산문과 다르게 말하느냐고 물을 것이다. 여러분은 무엇이라고 대답하겠는가?

'치즈 냄새에 끌린' 나무 위의 까마귀가 물고 있는 이 치즈의 냄새를 숲속이나 굴 속에 있던 여우가 맡았다면 그 냄새는 대단한 것이었으리라! 이렇게 해서 남의 말에서 진실과 거짓말을 가려낼 줄 아는 분별있는 비판정신을 여러분의 제자에게 길러주는 것이다.

까마귀에게 대강 이런 어조로 말을 걸었다.

'이런 어조' 라고? 그러면 여우가 말을 한다는 것인가? 여우의 말을 도대체 까마귀가 알아듣는단 말인가? 현명한 교사여! 그 질문에 대답을 하기 전에 자신이 할 대답에 대해 신중히 생각해 보라. 그것은 여러분의 생각보다 매우 중요한 것이다.

아! 안녕하세요, 까마귀님!

'님!' 아이는 그것이 경칭이라는 것을 알기 전에 조롱의 뜻으로 쓰인다고 생각하기 쉽다. 사람들이 이 '님'이라는 말을 설명하기란 어려운 일일 것이다.

당신은 참으로 예뻐요! 정말 아름다워 보이는군요.

이것은 쓸데없는 표현을 늘어놓은 것이다. 아이는 말의 중복으로써 어물어물 넘어가는 법을 배운다. 만일 이런 군소리가 온갖 말로 칭찬을 늘어놓으려는 여우의 속셈이라고 한다면, 그런 변명을 제자들은 알아듣지 못할 것이다.

정말로 만일 님의 울음 소리가.

'정말로'라고! 그렇다면 때로는 거짓말도 한다는 뜻인가? 그래서 '정말로'라고 말하는 것이라고 아이들에게 가르쳐준다면, 아이들은 과연 어떻게 생각할까?

당신의 깃털에 어울린다면,

'어울린다면!' 이 말은 또 무슨 뜻일까? 목소리와 깃털처럼 성질이 판이한 것을 비교시켜 보라. 그러면 아이가 여러분의 말을 얼마나 이해하는지 알게 되리라.

이 숲속의 손님들 중에서 당신이 불사조이겠지요.

'불사조'란 무엇인가? 여기에서 우리는 갑자기 허황한 고대 신화 속에 던져진다. '이 숲속의 손님들!' 얼마나 비유적인 말인가! 꾀가 많은 여우는 이 비유적인 말을 고상하고 매력있게 만들기 위해 말에 품위를 더한다. 하지만 과연 이런 술책을 아이가 이해할 수 있을까?

그 말에 까마귀는 너무 기뻐서,

이런 표현을 이해하려면 지금까지 매우 격렬한 감정들을 경험했어야 할 것이다.

자신의 아름다운 목소리를 들려주려고,

이 싯구와 이 우화 전체를 이해하려면 까마귀의 아름다운 목소리가 무엇인가를 아이가 알고 있어야 함을 명심하라.

주둥이를 크게 벌려, 먹이를 떨어뜨린다.

이 한 줄은 대단히 흥미롭다. 그 음률만으로도 그것을 상상할 수 있다. 나는 까마귀가 크고 보기 흉한 주둥이를 벌리는 것을 보는 듯하다. 치즈가 나뭇가지들 사이로 떨어지는 소리도 들리는 듯하다. 그러나 이것을 아이들은 모른다.

여우가 치즈를 집어들고 말한다. 이 양반아,

그러니까 여기서는 선량함이 어리석음으로 변하고 만다. 여러분은 아이들에게 교훈을 주기 위해 이때를 놓치지 않을 것이다.

아침에 솔깃한 자의 덕택으로 사는 것.

열 살 난 아이는 결코 이 구절을 이해하지 못한다.

이 교훈은 분명 치즈 한 쪽만큼의 가치가 있는 것이다.

이것은 알아들을 수 있을 것이고, 의미도 매우 훌륭하다. 그러나 교훈을 치즈와 비교함으로써 치브보다 교훈을 좋아하는 아이는 없으리라. 그러므로 이 문구는 하나의 조롱에 불과하다는 것을 아이들에게 이해시켜야 한다. 아이에게는 이것이 얼마나 어려운 문제인가?

까마귀는 창피하고 부끄러워서 어쩔 줄을 몰랐다.

여기서도 쓸데없는 중복이다. 그러나 여기에는 변명할 여지가 없다.

다시는 간사함에 걸려들지 않겠다고 맹세했으나, 이미 때는 늦었다.

'맹세했다!' 맹세에 대해 설명하려는 어리석은 교사가 과연 있을까?

이것으로 자세히 설명했지만 이 우화 속에 담긴 모든 관념을 분석하여 그 하나하나의 관념을 구성하고 있는 단순하고 기본적인 관념들로 환원시키려면 지금까지의 설명으로는 불충분할 것이다. 아이에게 이해시키기 위해 이러한 분석이 필요하다고 생각하는 사람이 있겠는가? 우리 어른들 중 누구도 자신이 한 아이의 입장에 설 수는 없다. 이제는 이야기를 우화의 도덕성 쪽으로 옮겨보자. 자신의 이득을 위해 아첨하거나 거짓말하는 사람들이 있다는 사실을 열 살 난 아이들에게 이해시켜야 할 필요가 있을까?

그러나 치즈 때문에 허사가 된다. 제 주둥이에서 치즈를 떨어뜨리지 않도록 가르치기보다는, 남의 주둥이로부터 치즈를 떨어뜨리는 방법을 가르치고 있는 것이다. 이것이 바로 나의 두 번째 역설이며, 이는 첫번째 역설 못지 않게 중요한 것이다.

우화를 배우는 아이들을 주시해보면 실제로 적용할 기회가 생겼을 때 아이들은 대개 작자의 의도와는 반대로 적용함을 알 수 있다. 그리고 그들은 사람들이 교정하고 예방해주려는 결점에 대해서는 조심하기보다는, 남들의 결점을 이용하려는 악덕을 좋아하게 된다는 사실도 알게 될 것이다. 앞의 우화를 들려주면 아이들은 까마귀를 비웃고 여우에게 애착을 갖게 된다. 다음 우화에서 여러분은 아이들이 매미를 본받을 것이라고 생각한다. 그러나 아이들이 택하는 것은 개미이다. 사람들은 누구나 자기를 낮추는 걸 좋아하지 않으며, 아이들은 항상 좋은 역할을 맡으려고 한다. 그것은 아주 자연스러운 현상이다. 아이들에게 있어 이는 얼마나 좋지 못한 교훈인가! 남이 요구하는 것을 알면서도 거절하는 인색하고 몰인정한 아이가 되란 말인가? 그런데 개미는 거절하면서 거기다가 비웃는 법까지 아이에게 가르쳐주는 것이다.

대체로 사자가 가장 화려한 역할을 맡는 모든 우화에서는 아이는 반드시 자기가 사자가 되려고 한다. 그래서 그가 어떤 분배를 하게 되면 아이는 사자를 본받아서 모두 자기가 독차지하려고 한다. 그러나 모기가 사자를 골탕먹이는 경우에는 이미 아이는 사자가 아닌 모기가 된다. 이때 아이는 정정당당하게 대항할 수 없는 상대를 만났을 경우 바늘로 찔러 죽이는 것을 배우게 된다.

굶주린 늑대와 살찐 개의 우화에서, 아이는 작자가 가르치려는 절제의 교훈 대신 방종의 교훈을 배운다. 나는 이 우화를 읽고 몹시 슬퍼하는 소녀를 보았다. 나는 결코 그것을 잊을 수가 없다. 그 소녀가 슬퍼하는 이유는 속박을 당하며 지내는 것이 싫었기 때문이다. 그 소녀는 마치 자신의 목이 사슬로 인해 상처가 난 것처럼 느껴졌으며, 자신이 늑대가 아닌 것이 슬퍼서 울었던 것이다.

그러므로 첫번째 우화는 아이에게 가장 비열한 아첨을 가르치고, 두번째 우화는 몰인정의 교훈이며, 세번째는 부정의 교훈, 네번째는 조소의 교훈, 다섯번째는 불순종의 교훈을 가르치는 것이다. 그 마지막 교훈은 역시 여러분의 제자에게도 부적당하다. 학생들에게 서로 모순되는 교훈을 주고 어떠한 교육의 성과를 기대하려 하는가? 그런데 이것만 제외하면, 우화들을 반대하는 이유인 그 모든 교훈이 어쩌면 그 우화들을 계속 보존해야 할 이유가 될 수도 있을 것이다. 사회에는 언어상의 교훈과 행동상의 교훈이 필요한데, 이 두 가지 교훈은 전혀 다른 것이다. 전자는 교리문답 속에 포함되어 있어서 그것에 일임시키고 있다. 후자는 라 퐁텐의 아이들을 위한 우화 속에 있고, 어머니들을 위한 것은 콩트 속에 들어 있다.

그러니, 라 퐁텐 선생, 타협하는 것이 어떨까요? 나는 기꺼이 당신의 작품을 읽고 당신을 좋아하며 당신의 우화에서 배우겠습니다. 왜냐하면 나는 그 우화들을 잘못 이해하지 못하는 것이 그들에게 유익하다는 것을 당신이 나에게 증명해줄 때까지 나는 그들에게 단 한 가지도 가르치지 않으렵니다. 그리고 나의 제자들이 이해할 수 있는 것들에서도 그가 결코 잘못 생각하지 않으리라는 것과 또 속은 사람을 보고 자신을 반성하지 못하고 교활한 사람을 닮게 되는 일이 없으리라는 것을 증명해줄 때에야 비로소 나는 그들에게 당신의 우화를 가르치겠습니다. 이렇게 하여 나는 아이들에게서 가장 큰 불행을 초래하는 도구인 책을 없애 버리겠습니다. 독서는 어린 시절의 재앙이며 동시에 아이들에게 유일한 일거리이기도 하다. 에밀은 열두 살이 될 때까지 책이 무엇인지 모를 것이다. 독서가 아이에게 필요한 때는 글을 읽을 줄 알아야 하겠지만 그때까지는 독서는 아이에게 유해할 뿐이다.

무슨 일이든지 아이들에게 결코 강요해서는 안 된다고 한다면, 결국 아이들은 재미있는 것이든 유용한 것이든 가르칠 필요가 없다. 그 이외에 어떤 동기가 아이들에게 배우도록 할 수 있겠는가? 현재 없는 사람과 이야기하며 그들의 말을 듣거나, 멀리 떨어져 있는 사람들에게 우리의 감정이나 의지나 욕망 등을 전달하는 것은 매우 유용한 기술이다. 이렇듯 유익하고 기분 좋은 재주가 어째서 아이에게 고통이 되고 말았을까? 그것은 아이에게 억지로 그 일을 강요하기 때문이며, 아이가 전혀 이해하지도 못하는 목적에 쓰이기 때문이다. 아이란 자기를 괴롭히는 도구에 익숙해지는 데 그다지 호기심을 갖지 않는 법이다. 그러므로 아이가 그 도구를 즐겁게 사용하도록 해주라. 그러면 아이는 그 일에 열중하게 될 것이다.

사람들은 아이들에게 글을 가르칠 좋은 방법을 알아내려고 애쓴다. 글자 맞추기 상자나 카드가 발명되어 아이의 방은 인쇄 공장처럼 되어버렸다. 로크는 아이가 주사위를 가지고 읽는 법을 가르치려 했으나 무익한 노력일 것이다. 그것보다 더욱 확실한 방법이 있는데, 바로 글을 알고 싶어하는 욕망을 갖도록 해주는 일이다. 그러고 나서 글자 맞추기 상자나 주사위를 주면 모든 방법이 아이에게 이로울 것이다.

눈앞에 보이는 이익, 이것이야말로 확실하고도 오래 갈 수 있는 유일한 원동력이다. 에밀은 때때로 아버지나 어머니 또는 친척이나 친구들로부터 만찬이나 산책이나 뱃놀이나 혹은 어떤 축제를 구경하러 가자는 초대장을 받는다. 그러나 초대장을 읽어줄 사람을 찾아내야 한다. 그런데 그의 곁에 아무도 없거나, 있어도 그 사람은 아이의 불친절에 대한 앙갚음으로 냉정하게 대한다. 그래서 기회도 시간도 흘러가 버린다. 그리하여 누가 그에게 초대장을 읽어주었을 때는 이미 늦은 것이다. 아! 자신이 읽을 수 있었더라면 이런 일은 없었을 텐데! 또 다른 초대장들을 받는다. 얼마나 흥미로운 내용인가? 아이는 그것을 읽어보려고 애쓸 것이다. 아이는 때로는 도움을 받고 매우 애를 써서 마침내 얼마간 알아낸다. 내일 크림을 먹으러 간다는 내용인데, 어디로 누구하고 가는 것인지 알 수가 없다. 그 나머지를 알려고 아이는 또 얼마나 애를 쓰겠는가! 그러면 이제는 쓰기에 대해서 말해 볼까? 천만에, 나는 교육론에서 이렇게 하찮은 일로 날짜를 보내는 것을 창피하게 여긴다.

나는 단지 중요한 격언이 되는 한 마디만 덧붙이겠다. 그것은 성급하게 얻으려고 하지 않는 것이 가장 확실하게, 그리고 가장 빨리 얻는 방법이라는 말이다. 나는 에밀도 열 살이 되기 전에 완전히 읽고 쓸 수 있을 것이라고 확신한다. 그가 읽고 쓰기를 알게 되든 모르든 그것은 별로 중요한 일이 아니다. 모든 걸 희생하여 에밀에게 지식을 얻게 하느니 차라리 그가 전혀 읽을 줄 모르는 편이 낫다고 생각한다. 읽는 것이 평생 지겨운 일이 된다면 그에게 독서가 무슨 소용이겠는가?

내가 나의 방임적인 방법을 강조할수록 반대 주장도 더욱 강해질 것이다. 만일 당신의 학생이 당신에게서 아무것도 배우지 못하면 그는 남들에게서 배우게 될 것이다. 만일 당신이 진리로써 오류를 미리 막아주지 못하면 당신의 학생은 허위를 배우게 될 것이다. 당신이 편견들을 염려해도 그는 주위 사람들로부터 편견을 받아들일 것이다. 그래서 그 편견은 이성이 미처 형성되기도 전에 이성을 파괴하고, 오랫동안 활동하지 않아 둔해진 정신은 물질적인 욕망에 사로잡힐 것이다. 어린 시절에 사고력을 길러두지 않으면, 평생 사고력을 잃고 지내리라.

나는 이런 반대 의견에 대해서는 쉽게 반박할 수 있다. 그러나 내가 왜 대답하지 않으면 안 되는가? 만일 나의 교육방법 그 자체가 반대 의견의 답이 된다면 그것은 좋은 방법이 될 것이고, 만약 답이 되지 못한다면 무가치한 방법이 되리라. 그래서 나는 계속하겠다.

만일 여러분이 내 계획에 따라 기성 규칙과는 상반되는 규칙들을 따르거나 또 여러분 제자의 정신을 다른 곳으로 끌어가거나 헤매게 하지 않고 항상 그것을 학생 자신에게 두어 자기와 직접 접촉하는 것에 만족하도록 보살피면 여러분은 그가 지각하고 기억하는 능력까지도 가지고 있다는 것을 발견하게 될 것이다. 이것이 자연의 질서이다. 감각적인 존재는 활동함에 따라 점차로 그 자신에게 알맞은 분별력을 얻게 된다. 그리고 자기 보존에 필요한 것보다 더 많은 여분의 힘을 다른 용도에 쓰기 위한 적절한 사고 능력이 자신 속에서 발달하게 된다. 그러므로 여러분은 제자의 지능을 발달시키려면 그 지능을 다스릴 수 있는 힘을 길러주라. 그를 현명하고 이성적인 인간으로 만들려면 우선 그를 건강하게 만들어라. 그리고 항상 일하고, 행동하고, 달리고, 외치고, 움직이게 하라. 우선 체력이 성숙되게 하라. 그렇게 하면 그는 이성에 의해서 행동하는 인물이 될 것이다.

사실상 이런 방법을 따르더라도 아이를 항상 통제해서는 안 된다. 이런 말만 항상 되풀이한다면 아이는 결국 어리석은 인물이 될 것이다. 여러분의 머리가 항상 아이의 팔을 이끌어주면 아이의 머리는 쓸모없는 것이 되고 만다. 그러므로 나와 한 약속을 잊지 말라.

신체의 단련이 정신 활동을 해친다는 것은 잘못된 생각이다. 그것은 마치 두 가지 작용이 함께 움직여서는 안 되며, 어느 한쪽이 다른 한쪽을 이끌어주면 안 된다고 하는 것과 같은 생각이다.

항상 신체만 단련시키면서 정신의 계발에는 소홀한 사람이 있다는데, 농부와 미개인이 그러하다. 전자는 상스럽고 거칠고 둔감한 반면 후자는 대단히 예민한 감각을 지닌 것으로 알려져 있고, 그 정신 또한 예민하다. 그러나 일반적으로 말해 농부보다 더 미련한 인간도 없으며 미개인보다 더 예민한 인간도 없다. 그런 차이는 농부는 항상 남이 시키는 일과 아버지의 일을 이어받아 오로지 습관적으로만 움직이는 데서 기인한다. 그리고 항상 같은 일에만 기계적으로 매달려 있는 농부의 생활에서는 습관과 복종이 이성을 대신하고 있는 것이다.

미개인의 경우는 전혀 다르다. 그는 어떠한 장소에도 매여 있지 않고 자기 의지 이외에 어떠한 법률도 모른다. 미개인은 생활의 행동 하나하나를 추리해야만 하고, 미리 그 결과를 생각해보지 않고서는 한 발짝도 앞으로 나아가려 하지 않는다. 그 때문에 힘과 이성이 함께 발달하여 뻗어 나간다.

현명한 교사여, 우리의 제자 중에서 어느 쪽이 미개인에 가까운가? 학생은 항상 무엇을 가르치려는 권위에 복종한다. 그는 남이 명령하지 않는 한 배가 고파도 먹지 못하고, 즐거워도 웃지 못하고, 슬퍼도 울지 못하고, 발도 움직이지 못한다. 그러다가 마침내는 여러분의 명령이 없으면 숨마저도 쉬지 않을 것이다. 여러분이 모든 것을 다 생각해주는데 그가 생각을 할 틈이 있겠는가? 그의 장래도 여러분이 확실히 해주는데 그가 걱정할 필요가 있겠는가? 그는 자신의 보호와 안락을 여러분이 맡고 있다는 것을 알기 때문에, 자신은 그러한 염려에서 풀려나온 것으로 느낀다. 여러분이 그에게 허용한 것은 무엇이건 위험하지 않다는 것을 충분히 알고 있는 그는 아무 생각도 없이 일을 할 것이다. 산책 시간을 조절할 필요도 없다. 여러분이 늦지 않게 해줄 테니까. 그는 여러분이 말리지 않는 한 먹는다. 그러나 여러분이 먹는 것을 막으면 더 이상 먹지 않는다. 그는 제 위가 어떻게 되든 여러분의 의견만 듣는다. 여러분이 그의 신체의 활동력을 막는다고 그의 이해력이 원할해지는 것은 아니다. 이와는 반대로, 그가 지닌 얼마 안 되는 이성마저 가장 무익한 것들에 사용함으로써, 여러분은 그의 머릿속에서 이성에 대한 신용만 있도록 하는 결과를 초래한다. 그는 이성이 어디에 소용되는 것인지를 전혀 모르고, 마침내 그것을 아무 소용도 없는 것으로 판단하게 된다. 추리를 잘못해서 생기는 결과란 꾸중을 듣는 일이다. 그러나 자꾸 듣는 꾸중이기 때문에 그에 대한 걱정은 전혀 하지 않는다. 그런 것에는 이미 더 이상 겁먹지 않는 것이다.

그렇지만 여러분은 그들이 지혜를 가졌다는 것에 유의해야 한다. 그러나 직접 일을 해야 할 경우나 곤란한 사태에 부딪쳐 결단을 내려야 할 경우에 직면하면, 그는 가장 천박한 농민의 아들보다 백 배나 더 우둔하고 미련하다는 것을 여러분은 알게 될 것이다.

나의 제자라기보다 자연의 제자라는 것이 타당한 에밀은 일찍부터 가능한 한 자급자족을 하도록 훈련받았으므로 남들에게 구원을 바라는 버릇, 더구나 자기 능력을 남들에게 과시하는 버릇은 전혀 없다. 그 대신 그는 자기에게 직접 관계되는 모든 일을 스스로 판단하고 추리한다. 또한 그는 조용히 행동한다. 그는 세상에서 일어나는 일은 아무것도 모르지만, 자기에 관한 일은 어떻게 해야 하는지를 충분히 알고 있는 것이다. 그는 항상 활동하므로 많은 것을 관찰하고 많은 결과를 얻게 된다. 그는 사람들로부터 교훈을 얻는 것이 아니라 자연으로부터 교훈을 얻는다. 그에게 가르쳐주려는 행위가 보이지 않는 만큼 더욱 열심히 스스로 배운다. 그래서 그의 심신은 동시에 발달된다. 남의 생각이 아닌 자기 생각에 따라 언제나 행동하는 그는 두 가지 활동을 끊임없이 하나로 결합시킨다. 즉 몸이 건강해질수록 그는 지각있고 사리판단이 분명한 사람이 된다. 이러한 것은 보통 사람으로서는 지닐 수 없는 것이라 생각되지만, 거의 모든 위인들이 육체의 힘과 정신력을 동시에 지니게 될 방법인 것이다.

젊은 교육자여, 나는 당신에게 어려운 기술 하나를 가르치려 한다. 그것은 훈계하지 않고 지도하는 기술, 아무것도 하지 않으면서 모든 것을 다 하는 기술인 것이다. 이 기술이 당신에겐 다소 어렵겠지만 이것은 당신의 재능을 나타내기 위한 것도, 또한 학부형들에게 당신의 진가를 과시하고자 하는 것도 아니다. 당신은 먼저 개구장이를 만들지 않고서는 결코 현명한 인간을 만들 수 없다. 이것은 스파르타 인들의 교육이었다. 그들은 아이에게 책을 읽도록 하기보다는 음식을 훔치는 일부터 가르치기 시작했다. 그 결과 스파르트 인들은 난폭한 성격이 되었던가? 우리들 중 그들의 날렵한 힘과 기지를 모르는 사람이 있는가? 그들은 항상 승리의 준비가 되어 있어서 아테네 인들은 그들의 공격만큼이나 그들의 말을 두려워했다.

가장 신중한 교육은 선생이 명령하면서 다스리는 것이라고 생각한다. 그러나 아이는 자기 마음에 드는 것을 여러분에게서 얻으려고 여러분이 자기에게 요구하는 것을 이용하므로, 한 시간 동안 일하면 한 주일 동안 자유롭게 해주리라는 것을 잘 알고 있는 것이다. 그러므로 여러분은 항상 아이와 계약을 맺어야 한다. 여러분은 여러분 식으로 제의하지만 아이는 자기 방식대로 실행할 계약들을 제시하며, 그것은 언제나 아이의 변덕에 유리하도록 바뀌게 되므로 당신은 이용당한다. 특히 여러분이 서투르다면 실행 여부와는 상관없이 이득이 확실한 것을 아이에게 유리한 조건으로 삼고 계약을 체결하는 경우에는 더욱 그렇다. 일반적으로 아이는 선생이 자기의 마음을 알아차리는 것보다 선생의 머리를 더 잘 알아차린다. 그것은 당연한 것이다.

왜냐하면 아이는 스스로 자기 보존에 대비해야 할 경우에 사용할 모든 지혜를, 자신의 타고난 자유를 구하는 데 사용하기 때문이다. 그러나 상대편을 꿰뚫어보는 일이 그다지 대단한 관심을 가지고 있지 않은 선생으로서는, 때로는 아이의 게으름이나 허영심을 모르는 척하고 내버려두는 편이 자기에게 이익이라고 생각하는 때가 있다.

여러분은 제자와 반대의 방법을 취하라. 다시 말해서 아이에게는 자신이 선생이라고 생각하도록 하고, 선생은 늘 여러분이 하도록 하라. 표면적으로 자유로운 예속만큼 완전한 예속은 없는 것이다. 그렇게 하면 의지까지도 사로잡아 아이는 여러분의 뜻대로 될 것이다. 아이에 대해서는 그를 둘러싸고 있는 모든 것을 여러분 마음대로 할 수 있지 않은가? 여러분은 아이들을 생각대로 움직일 수 있다. 물론 아이는 자기가 원하는 일만 할 것이지만, 그러나 그는 여러분이 바라는 것 이외에는 하지 않을 것이다. 또한 자신이 말하려 하는 것을 당신이 모른다면 아이는 입을 벌리려고도 하지 않을 것이다.

아이가 우둔해지지 않고서도 제 나이에 필요한 육체의 훈련에 몰두할 수 있는 것은 바로 이때다. 그리고 귀찮은 예속을 피하려고 약은 꽤를 부리지 않고, 주위의 모든 것 중에서 현실의 안락을 위해 가장 유리한 것을 택하려는 아이를 보는 것도 바로 이때다. 또 스스로의 힘으로 사물을 자기 것으로 만들려고 아이가 생각해내는 교묘한 수단에 여러분이 놀라는 것도 바로 이때다.

이와 같이 아이를 자유롭게 방임해두어도 그의 고집을 조장하지는 않는다. 그는 자기에게 알맞은 일만을 하다가 결국 자기가 해야 할 일밖에는 하지 않게 되는 것이다. 그리고 비록 그의 신체는 계속해서 움직이고 있어도 현재 눈에 띄지 않는 이익에 관한 한, 순수한 이론적 연구에 비해 훨씬 더 합리적이고도 적절한 방법으로 발달해 가는 것을 알게 될 것이다.

그렇게 해서 여러분이 자신을 구속하지 않는다는 것을 확인하게 되면 아이는 여러분을 전혀 경계하지도 않고, 여러분에게 아무것도 숨기지 않으며, 속이거나 거짓말을 하지도 않을 것이다. 그렇게 되면 여러분은 아이를 쉽게 관찰할 수 있고, 아이가 의식하지 못하는 사이 여러분이 그에게 주고자 하는 교훈들을 주위에 마련해줄 수 있을 것이다. 또한 아이는 여러분의 행동에 호기심을 갖지 않게 되고, 여러분의 잘못을 찾아내어 은근히 기뻐하는 일도 없을 것이다. 이것은 중요한 문제로서 아이들의 첫 관심사의 하나는, 내가 이미 말한 바와 같이 자기들을 가르치는 사람들의 약점을 찾아내는 일이다. 이러한 경향은 악의가 되지만 그것은 그를 귀찮게 구는 어떤 권위를 피하려는 욕구에서 비롯되는 것이다. 그에게 과해진 속박의 굴레가 너무 부담스럽기 때문에 그것을 떨쳐버리려고 하는 것이다. 그런데 그들이 선생에게서 찾아내는 결점들이야말로 아이들에게 좋은 수단을 제공해 준다. 그러는 동안에 사람들의 결점을 살피는 습관, 그것을 찾아내는 일을 즐기는 습관이 생기며,

또한 여기에서도 에밀의 마음속으로부터 악덕의 근원 하나를 제거하게 되는 것이다. 왜냐하면 그는 나에게서 결점을 찾아내려는 데 관심이 없고 그것을 나에게서 찾으려 들지도 않을 것이기 때문이다.

이러한 방법은 모두가 새로운 일인만큼 어렵게 느껴지지만 사실은 어렵지 않다. 여러분은 여러분이 선택한 직업에 종사하는 데 필요한 지식을 갖추고 있고, 마음의 자연발달 과정을 알고 있으며 인간과 개인을 살펴볼 줄 안다고 우리는 짐작해야 한다. 또한 그 나이에 흥미있는 모든 것을 여러분이 학생의 눈앞에 보여주면, 그 의지가 어디로 기울어지는가를 여러분은 알고 있다고 짐작하는 것이다. 그런데 아이들에게 영향을 미칠 도구를 가지고 있다는 것과 그 사용법을 정확히 알고 있다는 것은 곧 직업에 권위가 있다는 뜻이 아닌가?

여러분은 아이들의 변덕을 나쁘게만 보는데, 그것은 잘못이다. 아이들의 변덕은 나쁜 교육의 결과로서 아이들이 여러분의 가르침에 복종하거나 명령했기 때문이다. 그런데 나는 양쪽 다 필요없다는 말을 여러번 했다. 여러분의 제자는 여러분이 받아준 만큼의 변덕밖에는 갖지 않았을 것이므로 여러분의 과실 때문에 고생하는 것은 당연하다. 그것은 보다 나은 지도와 많은 인내심에 의해 교정될 것이다.

이전에 나는 수일간 어떤 아이를 돌봐준 일이 있다. 그 아이는 지독히 고집스런 아이였다. 그 아이는 나의 친절을 시험하려고 첫날부터 내가 깊은 잠에 빠져 있는 한밤중에 일어나 침대에서 뛰어내려 옷을 갈아입고 나를 깨웠다. 나는 일어서서 불을 켰다. 그가 원하는 것은 단지 그것뿐이었다. 15분 후 그는 졸려서 자기가 한 시험에 만족한 채 다시 자리에 누웠다. 이틀 후에도 그는 똑같은 짓을 되풀이하여 성공했다. 그러나 나는 조금도 애태우는 기색을 드러내지 않고 그가 다시 누우면서 나에게 키스를 할 때, 그에게 아주 조용히 말했다. "얘야, 이번에는 괜찮지만, 다시는 이런 짓을 해서는 안 된다." 이 말에 호기심이 생긴 그는 다음날 같은 시간에 또 나를 깨웠다. 나는 무슨 일이냐고 물었다. 그는 잠이 오지 않는다고 말했다. "안 됐구나." 하고 나는 가만히 있었다. 그랬더니 그는 촛불을 켜달라고 사정했다. 나는 "그건 왜?" 하고 묻고 다시 가만히 있었다. 그는 이처럼 간단한 대답에 당황해서 더듬거리며 부싯돌을 찾아서 불을 켜려고 했다. 나는 그가 부싯돌로 그의 손가락을 치는 소리를 듣고 웃지 않을 수 없었다. 마침내 안 되리라는 것을 깨달은 그 아이는 결국 부싯돌을 나의 침대로 가져왔다. 나는 모르는 척 돌아누웠다. 그러자 그 아이는 갑자기 노래를 부르며 법석을 떨더니 나의 인내를 깨뜨리려고 연방 고함을 질러대는 것이었다. 그래도 나는 조용히 있었다. 나는 그가 나에게서 심한 훈계나 노여움을 기대했으며, 이런 냉정은 전혀 예상도 못했었다는 사실을 알았다.

그렇지만 아이는 고집스럽게 계속 법석을 떨며 나의 비위를 거슬리려 했다. 그러나 나는 흥분하면 모든 것이 수포로 돌아갈까봐 다른 방도를 취하기로 결심하고 조용히 일어나 부싯돌 있는 곳으로 갔으나 눈에 띄지 않았다. 그래서 아이에게 부싯돌을 달라고 했다. 그러자 그는 승리라도 한 듯 우쭐대며 그것을 주었다. 나는 부싯돌을 쳐서 촛불을 켜고는, 아이의 손을 잡고 조용히 옆방으로 갔다. 덧문이 꼭 닫혀 있는 그 방에 부서질 물건이라곤 하나도 없었다. 나는 불도 켜주지 않고 캄캄한 방에 아이를 밀어넣은 다음 자물쇠를 채우고 내 침실로 돌아와 버렸다. 당장에 그 방에서 소동이 일어난 것은 말할 필요도 없다. 나는 그것이 미리 예견한 일이므로 조금도 당황하지 않았다. 마침내 소란이 멎고 아이의 태도가 가라앉은 것을 알고서 나는 안심했다. 다음날 날이 밝자 그 방에 들어가 보았다. 그 어린 반항자는 지친 모습으로 안락의자에 누워 깊이 잠들어 있었다.

그러나 사건이 이것으로 끝나지는 않았다. 그 아이의 어머니는 아이가 전날 밤 절반 이상이나 침대를 떠나 있었다는 것을 알고는, 마치 그 아이가 죽기라도 한 것처럼 흥분했다. 모든 것이 허사가 되었다. 아이는 나에게 복수할 좋은 기회를 만났다는 듯이 꾀병을 앓았다. 식구들이 의사를 불러왔는데, 그 의사는 익살꾼이었다. 그 의사는 벌벌 떠는 아이의 어머니를 놀려주려고 궁리를 했다. 그러더니 내 귀에 대고는 이렇게 말했다. "나에게 맡겨 두시오. 얼마 안 가서 이 아이의 꾀병은 반드시 고쳐질 테니까요." 의사는 아이에게 방을 정해주고 식사를 줄인 다음 약을 먹으라고 지시했다. 나는 그 가엾은 어머니가 주위 사람들로부터 속고 있는 것을 보고 한숨이 나왔고, 그 여자는 내가 자기를 속이지 않았다는 이유 때문에 나를 미워했다.

아이의 어머니는 나를 매우 책망하고 나더니, 자기 아들은 몸이 허약하며 집안의 유일한 상속자이니 소중히 다루고 아이의 기분을 상하게 해서는 안 된다고 말했다. 아이의 기분을 상하게 해서는 안 된다는 말은, 언제나 아이의 말에 따라야 한다는 의미이다. 나는 이 어머니와 아이를 똑같이 취급해야 한다는 것을 알았다. 나는 그녀에게 냉정하게 말했다. "부인, 저는 상속자를 어떻게 가르쳐야 할지 모르며, 또 알고 싶지도 않습니다. 그것은 부인이 알아서 하십시오." 그러자 그녀는 나에게 얼마동안 더 머물러 달라고 청했다. 그리고 아이 아버지는 가정교사에게 빨리 돌아오라는 편지를 보냈다. 결국 아이는 나의 잠을 방해하거나 꾀병을 부려보았자 아무 이득이 없다는 것을 알고서 마침내 혼자 잤고 꾀병도 부리지 않게 되었다.

여러분은 이 아이의 변덕이 얼마나 그의 가정교사를 골탕먹였는지 상상조차 못할 것이다. 그의 교육은 항상 어머니의 감독하에 행해졌으며, 그 어머니는 무슨 일에 있어서나 자기의 상속자의 말이 무시되는 것을 용납하지 않았던 것이다. 그 아이는 나에게도 같은 식으로 했던 것이고 또 밤에 어쩔 수 없이 나에게 주었던 휴식에 대해 낮에 보복하려고 한 것이다. 나는 무슨 일에나 기꺼이 응해 줌으로써 내가 그를 즐겁게 해주는 것이 나로서는 매우 좋음을 그에게 확인시키기 시작했다. 그리고 아이의 고집을 교정하는 것이 문제가 되자, 나는 다른 방법을 이용했다. 우선 그에게 잘못을 각성시킬 필요가 있었는데, 아이들이란 현재의 일만을 생각하기 때문에 그다지 어려운 일은 아니었다. 나는 그에게 실내오락을 할 수 있도록 해주고는, 그 놀이에 가장 열중해 있다고 생각되는 순간에 그에게 산보를 하자고 제의했다. 그는 거절했지만 나는 계속해서 권했고, 아이는 듣지 않았다. 내가 양보하면 아이는 이러한 복종의 표시를 마음속에 소중하게 새겨두는 것이었다.

다음날은 내 차례였다. 아이는 심심해했고 나는 그렇게 되기를 예상하고서 굉장히 바쁜 척했다. 그는 나에게 와서 자기와 산보를 하자고 말했고, 내가 거절하자 그는 고집을 부렸다. 나는 아이에게 말했다. "안 돼. 네가 네 마음대로 하는 걸 보고 나도 내 마음대로 하는 것을 배웠어. 난 나가고 싶지 않아." 그러자 아이는 흥분해서 말했다. "좋아요, 저 혼자 나가겠어요." "마음대로 해라." 그리고 나는 다시 일을 계속했다.

나는 그를 내버려두었고, 내가 옷을 안 갈아입자 약간 불안해진 아이는 자기 혼자 옷을 갈아입었다. 외출 준비가 된 아이는 나에게 와서 인사를 하고, 자신이 가는 코스에 대해 이야기를 해주어 나를 불안하게 하려고 애썼다. 그가 말하는 것을 들으면 마치 세계의 끝까지라도 갈 것 같은 느낌이 들었다. 나는 태연스럽게 잘 다녀오라고 했다. 아이는 당황했으나 태연한 척하며, 하인에게 따라오라고 일렀다. 그러나 미리 약속이 된 하인은 그럴 시간이 없다고 대답했다. 이번에는 아이도 어찌할 바를 몰랐다. 그는 자기가 남들 모두에게 소중한 존재라고 생각해 왔으므로, 자신을 혼자 외출하게 내버려둔다는 것은 생각조차 해본 적이 없었다. 그는 곧 자신의 약함을 깨닫기 시작했다. 그는 앞으로 닥쳐올 위험을 짐작하면서도 고집이 그를 버티어주어서 천천히 계단을 내려갔다. 혹시 무슨 나쁜 일이 생기면 그 책임이 자기에게 돌아올 것이라는 예상이 있었던 것이다.

내가 기대했던 바가 바로 이것이다. 나는 그의 아버지에게서 미리 동의를 얻어두었던 것이다. 그가 몇 발짝 내딛자마자 그는 여기저기서 자기 이야기를 하는 것을 듣게 된다. "예쁜 도련님이군! 저렇게 혼자서 어디로 가는 걸까? 길을 잃으면 어떻게 하려고." "조심하세요. 아무 짝에도 쓸모가 없어서 집을 쫓겨난 버릇없는 아이에요." "버릇없는 아이를 끌여들여선 안 되죠. 아무 곳으로나 마음대로 가게 내버려 두세요." "그럼 할 수 없군요! 하느님이여, 잘 인도해 주시옵소서!" 아이는 좀더 걸어가다가 자기 또래의 장난꾸러기들로부터 놀림과 비웃음을 받는다. 더 걸어가면 갈수록 난처한 일만 생긴다. 보호자 없이 혼자인 그는 자신이 모든 사람의 놀림감이 되고 있다는 것을 깨닫고 자기 옷의 금박 장식 같은 것이 자신을 보다 높여주지는 못한다는 사실을 느낀다.

그러는 동안 내가 감시를 부탁해둔 내 친구 한 명이, 아이가 눈치채지 못하도록 한 걸음 뒤를 밟으며 따라갔다. 그러면서 그는 적당한 때에 아이에게 다가가서 말을 걸었다. 그의 연기는 완벽해서 아이를 너무 겁에 질리게 하지도 않고 아이 자신이 무모한 짓을 했다는 것을 분명히 깨닫게 했으므로, 30분 후에 아이를 나에게 돌아오도록 했다. 그때 그 아이는 매우 온순해졌으며, 부끄러워 감히 얼굴을 들지 못했다.

그의 계획의 실패를 결정적으로 하기 위해 아이가 돌아온 바로 그 순간, 외출하려고 내려오던 아버지와 아이가 마주쳤다. 아이는 어디에 갔다 오는 길인지, 왜 내가 동반하지 않았는지를 설명해야 했다. 가엾은 아이는 땅 속 깊이라도 내려가고 싶은 심정이었을 것이다. 아버지는 내가 예상했던 이상으로 퉁명스럽게 말했다. "혼자 나가고 싶다면 마음대로 해라. 나는 그런 불량배 같은 놈은 집에 두고 싶지 않으니까. 또다시 그런 일이 있을 때는 결코 돌아올 생각은 하지 말아라."

나는 다소 신중한 태도로 책망을 하거나 비웃지 않고 아이를 대했다. 그리고 일어난 일 모두가 계획적이라는 사실을 눈치챌까봐 그날은 그를 산보에 데리고 가지 않았다. 그 이튿날, 그는 전날 혼자 나갔을 때 그를 놀리던 사람들 앞을 무사히 지나가자 무척 기뻐했다. 이후 다시는 혼자 외출하겠다고 나를 위협하는 일은 없었다.

내가 그 아이에게 명령이나 금지나 훈계나 권고를 하지 않고서도, 그리고 교훈을 구실로 그를 귀찮게 하지 않고서도 내 의도대로 그를 교육시키는 데 성공한 것은 바로 이러한 방법에 의해서이다. 그래서 아이는 내가 말하는 동안 기뻐했고 침묵을 지킬 때는 두려워했다. 내가 침묵을 지킬 때는 무엇인가 잘못되었다는 것을 알았기 때문이다.

이렇게 자연의 지도에만 맡겨짐으로써 몸은 튼튼해지고, 정신도 결코 둔화되지 않는 것이다. 이렇세 해서 어떤 나이에도 가장 필요한 단 한 가지의 이성을 우리의 내면에 형성시켜 주기도 했다. 그리고 이러한 훈련은 우리 자신과 주위에 있는 사물들과의 관계, 자연의 도구들의 사용법을 우리에게 가르쳐주는 것이다. 언제나 방 안의 어머니 아래서만 자란 아이가, 무게도 모르는 채 큰 나무를 뽑으려 하거나 바위를 들어올리려는 것처럼 어리석은 짓이 있을까?

내가 처음 제네바에 갔을 때, 나는 질주하는 말을 뒤쫓아가기도 했고, 20리나 떨어져 있는 살레브 산에 돌멩이를 던지기도 했다. 온 동네 아이들은 나를 바보로 여겼다. 열여덟 살이 되면 우리는 과학에서 지렛대가 무엇인지를 배운다. 그런데 농촌의 아이는 열두 살이 되면 이미 아카데미의 일류 기계학자보다 지렛대의 사용법을 더 잘 알고 있다. 학생들이 학교 운동장에서 배우는 공부는 교실에서 배우는 모든 공부보다 더욱 효과적인 방법이다.

방에 처음 들어가는 고양이를 주시해 보라. 여기저기 냄새를 맡으며 잠시도 가만히 있지 않고, 모든 것을 조사해서 알기 전에는 결코 믿지 않으려고 한다. 아이가 걷기 시작하면서, 이를테면 세계의 공간으로 들어가는 때에도 마찬가지이다. 아이와 고양이의 차이점이라면 공통된 시각 이외의 것을 관찰하기 위해서 아이는 손을, 고양이는 예민한 후각을 사용한다는 사실이다. 이러한 성향이 제대로 계발되었는지의 여부에 따라서 아이들은 기민해지기도 하고 우둔해지기도 하며, 경솔해지거나 신중해지기도 한다.

인류 최초의 자유로운 움직임이란 자기 주위의 모든 것과 겨루어보는 일이고, 눈에 띄는 대상물에 대해 자기와 관계를 맺을 수 있는 모든 감각적 성질을 시험해 보는 일이다. 그리고 인간의 최초의 연구는 자기 보존에 관련된 일종의 실험 물리학이다. 그리고 지적인 이성의 바탕이 되는 것이 바로 이것이다. 우리의 최초의 과학 교사는 우리의 손·발·눈인데, 이것을 대신하여 책을 사용하면 우리에게 이성으로 추리하는 법을 가르쳐주지 못하고 남의 이성을 사용하는 법을 가르쳐주는 것이다. 그것은 우리에게 많은 것을 믿도록 하지만, 실제로는 맹목의 상태로 이끌어주는 셈이 되는 것이다.

우리는 기술을 이용하기 전에 먼저 그 도구로부터 준비하고, 그 도구들을 유용하게 쓰려면 그 도구를 단단하게 만들어야 한다. 따라서 생각하는 법을 배우려면 우리들의 지능의 도구인 수족과 신체의 각 기관들을 훈련시키지 않으면 안 된다. 또 이런 도구들을 잘 활용하려면 그것을 공급해주는 신체가 건강해야만 한다. 진정한 인간의 이성은 육체와 무관하게 형성되지 않으며, 오히려 정신의 활동을 용이하고도 확실하게 만들어주는 게 바로 훌륭한 체질인 것이다.

어린 시절의 긴 시간에 대해 지나치게 말한 것 같다. 사람들은 이렇게들 말할 것이다. "사람들이 비난하던 것에 빠져서 아무것도 배울 필요가 없는 것만 가르치려고 한다. 자연히 알 수 있을 것을 가지고 왜 시간만 허비하는가? 열두 살 난 아이 치고 여러분이 가르치려고 하는 것, 더구나 선생들이 이미 가르쳐준 것을 모르는 아이가 어디 있겠는가?"

여러분은 잘못 생각하고 있는 것이다. 여러분의 학생들은 결코 가지고 있지 않은, 또한 배우기도 힘든 기술을 나는 내 제자에게 가르치고 있는 것이다. 자기가 알고 있는 것 이외에는 다른 사람의 지식도 특별하지 않다. 생각하는 사람의 지식이란 그리 대단하지 않은 것이다. 여러분이 지식을 가르치는 것은 좋은 일이나, 그러나 나로서는 지식을 얻는 데 알맞은 도구에만 전념하고 있을 뿐이다. 어느 날 베니스 사람들이 스페인의 어느 대사에게 성(聖) 마르코 성당의 보물을 보여준 적이 있었다. 그때 그 대사는 테이블 밑을 보더니 그저 인사말로 "여기는 뿌리가 없군요."라고 말했다고 한다. 나는 어느 교사가 제자의 학식을 자랑할 때마다 언제나 이러한 말을 들려주고 싶다.

고대인들의 생활 방식을 관찰해본 사람은, 현대인과는 뚜렷이 구별되는 고대인의 힘찬 심신력은 운동에 의한 것이라고 말하고 있다. 몽테뉴가 이 의견을 지지하는 것을 보면, 그가 그것으로부터 강한 영향을 받았다는 것을 알 수 있다. 몽테뉴는 여러 가지 방법으로 교육 문제에 관한 그의 의견을 언급하고 있다. 아이의 정신을 강하게 하기 위해서는 근육을 튼튼하게 해야 하며, 고생시킴으로써 온갖 모진 고통에 순응하도록 만든다. 다른 모든 문제에서는 서로들 의견이 다른 로크나 롤랭이나 플로리나 크루자도, 아이들의 몸을 충분히 단련시켜야 한다는 이 점에서만은 모두가 일치한다. 이것은 그들의 가르침 중에서 가장 올바른 가르침이지만 현재는 등한시되고 있다. 그 중요성은 이미 충분히 말했지만 이 점에서는 로크의 책에 씌어 있으므로, 나는 몇 가지 나의 고찰을 덧붙이고자 한다.

성장하는 아이의 옷은 아주 헐렁해야 한다. 팔다리의 운동이나 성장을 방해해서는 안 된다. 순환을 방해당한 혈액은 움직이지 않고 한곳에 괴어 있다가 불활동의 상태에서 부패하여 괴혈병이 된다. 오늘날 우리들 사이에서 나날이 번져만 가는 괴혈병을 고대인들은 거의 몰랐는데, 이유인즉 그들의 헐렁하게 옷 입는 방식이 그 병을 예방해주었던 것이다. 경기병(輕騎兵)식의 옷차림은 이러한 불편을 덜어주기는커녕, 오히려 아이들의 온몸을 죄는 것이다. 가장 좋은 방법은 아이에게 되도록 자켓을 입히다가 다음에는 아주 헐렁한 옷을 입히는 일이다. 아이들의 심신의 결함은 대개 너무 성급하게 아이를 어른으로 만들려는 원인에서 비롯된다.

색깔에는 밝은 색과 어두운 색이 있다. 아이들은 밝은 색을 좋아하며, 또 그 색이 아이들에게 잘 어울린다. 그런데도 이토록 자연스럽고 적합한 이치를 따르지 않는 까닭을 나는 모르겠다. 어떤 옷감을 값이 비싸다는 이유로 좋아한다면 그 어린이는 이미 사치병이 생긴 것이며, 세론의 온갖 변덕에 넘어간 것이다. 옷의 선택이나 그 선택의 동기는 교육에 큰 영향을 미친다. 어리석은 어머니들이 자식들에게 상으로서 장신구를 주기로 약속할 뿐만 아니라, 지각없는 교사들이 학생들에게 벌로서 농촌 아이들처럼 허름한 옷을 입히겠다고 협박하는 경우까지 볼 수 있다. 이것은 마치 아이들에게 인간이란 옷을 빼놓으면 아무것도 아니며, 그리고 너의 가치는 모두 네 옷의 가치에 있다는 말과 다름없는 것이다. 이와 같이 그릇된 가르침을 받은 아이가 의복 이외에는 아무것도 소중히 여기지 않고, 외모만 보고 인간의 가치를 판단한다고 해서 그다지 이상한 일은 아니지 않는가?

만일 이러한 아이를 바로잡아주려면 가장 값비싼 옷이 가장 불편한 옷이 되게 해주고, 아이가 늘 거북해하고 행동이 불편하도록 해줄 것이다. 그가 수수하게 입은 다른 아이들과 함께 놀려고 하면 당장에 모두가 놀이를 그만두고 가버리게 하고, 결국 그 아이는 자기 겉치레에 진저리가 나도록 만들어 놓겠다. 그가 화려한 옷의 노예가 되게 함으로써 그것이 그의 생활의 방해물이 되게 하는 것이다. 아이들이 우리의 편견에 사로잡히지 않는다면 아이의 첫째 소망은 자유와 유쾌한 일일 것이다. 그러므로 소박하고 가장 편안한 옷이 언제나 아이에게는 가장 좋은 옷이 될 것이다.

세상에는 활동적인 신체와 비활동적인 신체가 있다. 후자는 대기의 변화로부터 몸을 보호해야 하는 데 비해 전자는 몸을 쉴새없이 활동해서 휴식으로, 더위에서 추위로 옮기는 대기의 변화에 익숙해져 있다. 항상 실내에 있는 사람들의 어느 계절에나 또 하루의 어느 시간에나 변함없는 온도로부터 자신의 몸을 보존하려고 늘 옷을 두껍게 입어야 하는 것은 바로 이 때문이다. 반면에 바람과 태양과 비를 무릅쓰고 활동을 많이 하고, 대부분의 시간을 밖에서 보내는 사람들은 대기의 모든 변화나 모든 온도에 익숙하도록 언제나 가볍게 옷을 입어야 한다. 나는 이 양자에게 계절의 변화에 따라 옷을 바꿔 입지 말도록 권하고 싶은데, 이것은 나의 에밀이 꾸준하게 실천할 습관이 될 것이다. 내가 말하고자 하는 것은 항상 방 안에 있기를 좋아하는 사람들처럼 여름에도 두꺼운 옷을 입으라는 것이 아니고, 밖에서 활동하는 사람들처럼 겨울에도 가벼운 옷을 입으라는 것이다. 이것은 뉴톤의 습관으로서, 그는 여든 살까지 살았던 것이다.

에밀에게는 1년 내내 머리에 아무것도 씌우지 않는다. 고대 이집트인들은 모자를 쓰지 않았고 페르시아 인들은 아직까지도 커다란 두건을 쓰고 있다. 샤르댕에 의하면 그런 습관은 이 나라의 기후 때문이라고 한다. 헤로도토스는 전장에서 페르시아 인과 이집트 인의 두개골을 구별한 적이 있었다고 한다. 상처나 또난 감기나 염증이나 공기의 모든 영향으로부터 뇌를 보호하려면 될 수 있는 한 두개골을 단단하고 강건하게 발달시키는 것이 필요하다. 그러므로 여러분의 아이들은 여름이나 겨울이나 모자를 쓰지 않도록 습관들여야 한다. 대부분의 어머니들이 내 이야기보다는 샤르댕의 관찰이 기억에 남아 어느 나라든지 페르시아의 기후와 같다고 생각할 것이다. 그러나 나는 아시아 인으로 만들기 위하여 유럽 인 제자를 택한 것은 아니다.

일반적으로 사람들은 아이들에게 겨울철에 옷을 너무 두껍게 입힌다. 아이들은 더위보다는 오히려 추위에 더 잘 견디도록 단련시켜야 할 것이다. 어려서부터 아이를 심한 추위에 견디도록 단련시키면 아이들은 웬만한 추위로는 병에 걸리지 않을 것이다. 그러나 아직은 너무 부드러운 아이들의 피부조직인지라 땀이 잘 나서 지독한 더위에는 아이들도 지칠 것이다. 그래서 유아의 사망률은 1년 중 8월이 가장 높다. 더욱이 사람은 심한 더위보다는 추위를 견딤으로써 더욱 튼튼해진다는 것은, 북방 민족과 남방 민족을 비교해 봄으로써 확실해질 것이다. 그러나 아이가 자라서 근육이 발달하면 차츰 태양광선을 견뎌낼 수 있도록 훈련시켜야 한다. 점차적으로 해나가면 큰 위험 없이 열대 지방의 혹서에도 견딜 수 있게 될 것이다.

로크는 우리에게 사나이다운 강건한 교훈을 주고 있는데, 그럼에도 그는 모순에 빠져 있다. 즉 여름에 냉수욕을 시키면서 아이들이 더울 때 찬 것을 마시게 하거나 습기 있는 땅바닥에 눕혀서는 안 된다는 것이다. 그런데 그는 아이들의 구두가 언제나 물에 젖어 있기를 바라는데, 그렇다면 추울 때보다는 더울 때 아이의 구두가 덜 젖어 있을 것이란 말인가 ? 또 그는 손보다는 발에 대해, 얼굴보다는 몸에 대해 똑같은 방법으로, 이번에는 몸에 대해 권고할 수는 없었던가 ? 만일 당신 편에서 인간이 온통 얼굴뿐이라고 생각한다면 나는 인간이 온통 발뿐이기를 바란다. 그런데 당신은 어째서 그것을 비난하는가 ?

아이들이 더울 때 물 마시는 것을 방지하기 위해 로크는 물을 마시기 전에 미리 빵 한 쪽을 먹도록 하라고 말한다. 나는 차라리 아이가 배고플 때 물을 주겠다. 우리의 본능적인 식욕은 무절제해서 죽음을 각오해야만 그것을 만족시킬 수가 있다는 것을 믿게 할 수는 없다. 만일 그것이 사실이라면 인류는 생존하기 전에 이미 수백 번 멸망했을 것이다. 나는 에밀이 목이 마르다면 물을 줄 것이다.

땀에 흠뻑 젖어 있을 때건 한겨울이건간에 차디찬 물을 그대로 그에게 주었으면 한다. 한 가지 주의하고 싶은 것은, 물의 종류에 대해서이다. 시냇물이라면 길어온 그대로 주어도 좋지만, 만약 샘물이라면 마시기 전에 잠깐 공기 속에 두어야 한다. 샘물이 대기의 온도와 같아질 때까지 기다리는 것이다. 반대로 겨울에는 샘물이 시냇물보다 더 안전하다. 그러나 겨울에 특히 밖에서 땀을 흘린다면 비정상이며, 그리 흔하지도 않은 일이다. 그러나 나는 에밀이 겨울에 따뜻한 불 옆에서 운동하도록 주장하는 것이 아니고, 들 한가운데서나 추위 속에서 운동하라는 것이다. 그가 눈뭉치를 만들어 던지는 등의 운동을 함으로써 몸을 따뜻하게 하고, 목이 마를 때 자유로이 물을 마시도록 하라. 그리고 물을 마신 후에도 운동을 계속하고, 어떤 사고도 염려하지는 말라. 만일 그가 다른 운동으로 땀을 흘리고 갈증을 느낄 때도 역시 찬물을 마시도록 하라. 다만 멀리 데리고 가서 천천히 자기가 물을 찾아 마시도록 하라. 어느 정도 추울 것이 예상되므로 그가 도착했을 때는 아무런 위험도 없이 찬물을 마셔도 될 만큼 충분히 몸이 식어 있을 것이기 때문이다. 그러나 특히 이러한 조심은 그가 눈치채지 않도록 해야 한다. 그가 항상 자기 건강에 신경을 쓰는 것보다는 차라리 가끔 병에 걸리는 편이 나을 것이라 생각하기 때문이다.

아이들은 여러 가지 심한 운동을 하기 때문에 충분한 수면이 필요하다. 수면은 피로를 완화시켜 준다. 잠자는 것은 휴식이다. 그것은 자연이 정해 놓은 것이다. 태양과 함께 자고 태양과 함께 일어나는 것은 가장 건전한 습성이다. 사람이나 모든 동물이 대체로 여름보다는 겨울에 잠을 더 많이 자야 하는 이유는 바로 이 때문이다. 그러나 문명인의 생활은 그토록 단순하지도 자연스럽지도 않으므로, 인간을 그런 습관에 익숙하게 만들어서는 안 된다. 분명히 규칙에는 따라야 한다. 그러나 가장 중요한 규칙은 필요하다면 위험 없이 그 규칙들을 깨뜨릴 수도 있다는 것이다. 그러므로 여러분의 제자를 언제까지나 결코 중단되지 않는 평화스러운 수면 속에 내버려둬 나약하게 만들려고 하지 말라. 우선 그를 구속하지 말고 자연의 법칙에 맡겨라. 그러나 우리들 사이에서는 이 법칙을 극복해야 한다는 점을 잊지 말아라. 즉, 늦게 자고 아침 일찍 일어날 수 있어야 하며, 며칠 밤을 새워도 병에 걸리지 않아야 한다는 점을 말이다. 일찍부터 이렇게 하여 언제나 천천히 단계적으로 이를 실행하면, 이미 체질이 형성되어버린 사람에게 급히 가하면 어른에 대해서도 건강을 해칠 바로 그러한 일들에 의해 체질은 단련되는 것이다.

다음엔 불편한 잠자리에서 자게 하는 습관이다. 고된 생활도 일단 습관이 되면 즐거움을 느끼게 되는 법이다. 그러나 편한 생활은 불쾌감을 키워준다. 너무 애지중지 자라난 사람들은 깃털 이불에서라야만 잠을 잘 수 있다. 그러나 마룻바닥에서 자는 것에 익숙해진 사람이라면 어디서나 잘 수가 있다.

좋은 침대란 가장 잠을 잘 잘 수 있는 침대이다. 에밀과 내가 낮 동안에 준비하는 것이 바로 그런 침대이다. 그러한 침대를 마련하기 위해서 페르시아 노예의 손을 빌 필요는 없다. 우리는 땀 흘려 노동을 함으로써 잠자리를 마련하는 것이다.

건강한 상태의 아이는 거의 마음대로 재울 수도 깨울 수도 있는데 아이가 누운 채 응얼거리며 하녀를 귀찮게 하면 하녀는 "잠을 자요."라고 말한다. 그것은 마치 아이가 아플 때 빨리 나으라고 말하는 것과 같다. 아이를 재우는 가장 좋은 방법은 아이를 곤하게 잘 수 있도록 피곤하게 만드는 일이다. 아이가 입을 다물 때까지 계속 이야기를 시키고 설교를 해서 재우는 것도 좋은 방법이다. 설교란 언제 어디에나 쓸모가 있어서 일러주는 만큼의 효과가 있다. 그러나 이런 수면제는 밤에만 사용하고 낮에 사용해서는 안 된다.

나는 에밀을 너무 오래 재우지 않고 갑자기 깨워서 일어나는 습관을 길러 주려는 것이다. 그런데 만일 내가 그를 일어나게 할 수 없다면 나는 내 임무를 수행할 능력이 없다고 할 수 있을 것이다.

만일 그가 충분히 자지 않았다면, 나는 그에게 다음날 아침 몹시 피곤할 것이라고 깨닫게 해준다. 그러면 그 자신도 어느 정도 잠을 자야 하는지 그 시간을 알게 될 것이다. 만일 그가 너무 오래 자면, 잠이 깼을 때 그가 좋아하는 장난감을 보여준다. 만일 내가 일정한 시각에 그를 깨우고 싶으면 "내일 아침 6시에 낚시하러 함께 가지 않겠니?"라든가 "이러저러한 곳을 산책하게 되어 있는데, 같이 가겠니?" 하고 말하면, 그는 나에게 깨워달라고 부탁하게 된다. 그러면 나는 필요에 따라 약속하기도 하고, 하지 않기도 한다. 만일 그가 늦잠을 자면, 나는 먼저 출발해 버린다. 이리하여 그는 늦잠을 자면 뭔가 손해라는 것을 깨닫게 된다.

이것은 드문 일이지만, 혹시 아이가 이불 속에서 꾸물거릴 때 그대로 묵

인해서는 안 된다. 깨달을 만한 어떤 자극을 주어야 한다. 아이를 억지로 움직이게 하지 말고, 활동하려는 어떤 욕망에 의해 움직이게 해야 한다는 것은 매우 중요하다. 또 자연의 질서 속에서 선택된 그 욕망은 우리에게 한꺼번에 두 가지 효과를 얻게 해준다.

어느 정도 수단이 있는 사람이라면 아이들에게 취미와 욕망까지도 얼마든지 길러줄 수 있다고 나는 생각한다. 아이들은 그것이 단지 장난에 불과하다는 것을 알게 됐을 경우, 만일 장난이 눈물을 쏟지 않고는 도저히 참지 못할 것이라 해도 한 마디의 불평도 없이 웃으면서 참아낼 것이다. 오랜 단식(斷食)과 상처와 화상, 그리고 온갖 종류의 피로가 모두 이 어린 야만인에게는 재미가 된다. 이것은 고통 자체에도 그 쓰라림을 없애줄 무엇인가가 있다는 증거인 것이다. 그러나 이러한 진미를 요리할 수 있는 재주를 선생 모두가 가지고 있지는 않듯이 모든 학생들이 그것을 즐겁게 먹는다고는 할 수 없다. 조심하지 않으면 방향을 잃게 될 것이므로 나는 이 정도로 끝맺겠다.

그렇지만 곤란한 것은 인간이 고통이나 인류의 불행이나 사고나 또는 죽음 등의 노예가 된다는 사실이다. 인간은 이런 온갖 관념에 익숙해질수록 계속해서 고통을 견디어 내야 하는 귀찮은 감수성으로부터 벗어나는 법이다. 몽테뉴가 말했듯이 자신한테 닥칠 고통들에 익숙해질수록 그만큼 낯선 고통의 아픔도 줄어들고, 또한 그의 영혼도 상처받지 않을 정도로 강해질 것이다. 그리고 그의 몸은 급소를 보호하고 모든 화살을 막아낼 갑옷이 될 것이다. 죽음이 가까워오는 것 자체가 죽음은 아니므로 죽음을 그대로 느끼는 일은 거의 없을 것이다. 그는 죽지 않을 것이고, 살아 있든 그냥 있든 어느 한편이지, 그 이상의 아무것도 아니다. 확고하고 꿋꿋한 자세는 다른 미덕들과 마찬가지로 어릴 때 배워야 할 중요한 과제이지만, 아이들에게 미덕을 말로만 가르쳐서는 안 될 것이다. 아이들 스스로가 경험에 의해서 자연히 배우도록 해야 한다.

죽음에 대한 이야기를 하자면, 우리는 아이들을 천연두의 위험에서 어떻게 보호할 것인가? 어릴 때 종두를 맞힐 것인가, 아니면 면역되길 기다릴 것인가? 이에 대한 방침은 생명의 가치를 깨닫지 못하는 나이에 위험을 겪게 함으로써, 생명의 가치가 귀중한 것임을 깨닫게 될 때 닥칠 위험으로부터 보호해주는 것이다.

두 번째 방침은 우리의 일반적인 원칙과 일치한다. 즉 만사를 자연에게 맡겨두는 것이다. 자연인은 언제나 준비가 되어 있다. 이 자연의 선생에게 접종받도록 내버려두자. 자연은 우리보다는 한층 더 적절한 시기를 선택할 것이다.

내가 접종하는 것을 비난하고 있다고 결론내리지는 말라. 왜냐하면 내가 내 제자에게 접종을 안 하는 이유가, 여러분의 학생들에게는 맞지 않을 것이기 때문이다. 여러분의 교육은 아이들이 천연두에 걸렸을 때 그들을 병에서 벗어날 수 없도록 만든다. 그래서 어쩌다가 천연두가 발생하면 아이들은 죽고 말 것이다. 나는 여러 나라에서 접종이 필요해질수록 더욱 그 접종을 반대하고 있다는 것을 알고 있는데, 그 이유는 쉽게 이해된다. 그래서 나는 에밀을 위해 이 문제를 다룰 생각은 없다. 그는 때와 장소와 사정에 따라 접종을 받든지 안 받든지 할 것이다. 왜냐하면 그에게는 아무래도 상관이 없는 일이기 때문이다. 만일 그에게 접종을 하면 그의 병을 미리 예방할 수 있는 이득이 있으며, 그러나 그가 병에 걸린다 하더라도 우리는 그를 의사에게 보일 필요가 없으므로 이것은 더욱 귀찮은 일이다.

특수 교육이란, 그 교육을 받은 사람들을 일반인과 분리하려는 배타적인 교육이다. 그래서 싼 것이 가장 보편적이고 유용한 교육이라 해도, 훨씬 비용이 많이 드는 교육을 택하려는 경향이 있다. 그래서 공들여 길러진 젊은이들은 많은 비용이 든다는 한 가지 이유로 승마를 배운다. 반면 수영이란 비용이 전혀 들지 않고 또한 직공까지도 할 수 있는 것이기 때문에, 그런 젊은이들 중 수영을 배우는 사람은 거의 없다. 승마를 배우지 않은 사람이라도 말에 올라타 매달림으로써 어느 정도는 말을 탈 수 있다. 하지만 만일 수영을 못하면 익사하게 되며, 배우지 않고서는 헤엄을 칠 수가 없다. 또한 어떤 사람이라도 익사의 위험을 면한다고 장담할 수 없지만, 반대로 목숨을 걸면서까지 꼭 말을 탈 필요는 없다. 에밀은 땅에서와 마찬가지로 물에서도 길들여질 필요가 있다. 가령 공중을 나는 법을 배울 수만 있다면 나는 에밀을 독수리로 키울 것이며, 만일 불에 단련할 수만 있다면 에밀을 불도마뱀으로 만들 것이다.

사람들은 아이가 수영을 배우다가 익사하지나 않을까 염려한다. 만일 그들이 수영을 배우다가 죽거나 수영을 못해서 죽는다면, 그건 여러분의 잘못이다. 허영심만이 우리를 경솔하게 만든다. 자기를 보고 있는 사람이 없다면 아무도 무모한 짓을 하지는 않는다. 그러나 에밀은 온 세상 사람이 다 지켜보고 있어도 결코 무모한 짓을 하지는 않을 것이다. 그는 정원에 있는 연못에서 수영 연습을 하며, 도버 해협을 횡단할 수 있는 능력을 배울 것이다. 그러나 위험에 부닥쳤을 때 당황하지 않는 능력에 따라 위험의 정도를 조절할 것이며 내 생명과 같이 그의 생명에도 주의를 기울일 것이므로, 걱정할 정도의 경솔한 짓을 저지를까봐 염려할 필요는 없으리라.

아이는 어른보다 작다. 그는 어른과 같은 힘과 이성도 가지고 있지 못하다. 그러나 아이의 감각은 훌륭하게 발달해 있으며, 어른과 같거나 혹은 거의 비슷하게 보고 듣고 한다. 우리의 내부에서 최초로 발달하는 기능은 감각이다. 제일 먼저 가꾸어야 할 기능은 감각인데도 사람들은 이 감각을 등한시하는 것이다.

감각을 훈련시키기 위해서는 단순히 쓰는 것만으로는 충분하지 않다. 감각에 의해서 바르게 판단하고 느끼는 법을 배우지 않으면 안 된다. 우리는 이미 배운 대로밖에는 만지거나 보거나 듣거나 하지 못하니까 말이다.

세상에는 판단력을 발달시키지 않고 신체만을 발달시키는 기계적이고 자연적인 운동이 있다. 이를테면 헤엄치기・달리기・뛰기・팽이 돌리기・돌 던지기 등이다. 우리는 팔과 다리만 가지고 있고 눈과 귀는 가지고 있지 않은 것인가? 그리고 이런 기관은 팔다리를 사용하는 데 불필요한 것인가? 그러니 체력만을 단련하지 말고 그 체력을 지도하는 모든 감각까지도 단련해야 한다. 되도록이면 그 모든 감각을 최대한도로 이용하라. 그리고는 한 감각에서 얻은 인상을 다른 감각을 통해 확인해 보라. 아이에게 필요 이상의 과도한 힘을 쓰지 않도록 하라. 아이에게 자신이 하는 모든 운동의 결과를 예견하게 하고 또 경험에 의해서 자신의 잘못을 고치는 버릇을 들여주면 아이는 틀림없이 현명해질 것이다.

어떤 큰 덩어리를 움직이려 할 때 아이가 너무 긴 지렛대를 사용하면 그는 너무 많은 운동량을 소비하며, 너무 짧은 것을 사용하면 힘이 모자랄 것이다. 경험은 그에게 알맞은 막대기를 사용하도록 가르칠 것이다. 그러므로 이런 지혜는 그의 나이에 비해 결코 무리한 것은 아니다. 어떤 무거운 짐을 옮기려 할 경우 그가 옮길 수 있는지 어떤지를 알아보기 위해서는 눈으로 그 무게를 짐작할 도리밖에 없지 않겠는가? 아이가 같은 물질로서 크기가 다른 덩어리들을 비교할 줄 모르면, 같은 크기의 다른 물질을 비교하는 데 고심해야 할 것이다.

우리들의 모든 감각이 우리들 마음대로 조절되는 것은 아니다. 예컨대 우리가 깨어 있는 동안에는 촉감은 그 작용이 결코 중지되는 일이 없다. 우리가 좋건 싫건간에 그 촉감은 계속적으로 움직여서 가장 빨리 경험을 얻게 한다. 따라서 특별한 훈련을 할 필요도 없는 감각이다. 장님들이 우리들보다 더 확실하고 예민한 촉각을 가졌다는 사실은 이미 잘 알려져 있다. 왜냐하면 그들은 시각의 인도를 받지 못하므로 모든 판단을 오로지 촉각에만 의존하기 때문이다. 그렇다면 우리에게는 그들처럼 어둠 속을 걷고 손에 닿는 물체를 알아맞히는 훈련을, 우리가 밤에 불빛 없이 알 수 있는 훈련을 시키지 않는 것일까? 태양이 비치는 동안은 우리가 그들보다 유리하지만 어둠 속에서 그들은 우리를 안내한다. 우리는 일생의 절반이 장님인 셈이다. 장님과 다른 점이 있다면, 장님은 언제나 혼자 다닐 수 있지만 우리는 어둠 속에서 감히 한 발자국도 떼지 못한다는 것이다. 우리들은 등불을 가지고 있지 않느냐고 사람들은 말할 것이다. 그러나 필요할 때 언제나 등불이 여러분 곁에 있을 것이라고 누가 단언할 수 있겠는가? 나로서는 차라리 에밀의 눈이 양초 가게에 있기보다는, 손가락끝에 달려 있기를 바라겠다.

만일 여러분이 밤에 어느 건물 안에 갇혔거든 손뼉을 쳐 보라. 그 소리의 반사에 의해 공간이 넓은지 좁은지를, 또는 자신이 가운데에 있는지 구석에 있는지를 알 수 있으며, 벽에서 떨어져 있는 곳이라면 공기는 굴절하므로 여러분의 얼굴에 색다른 느낌을 줄 것이다. 그 자리에 가만히 서서 이쪽 저쪽으로 몸을 돌려보면, 열린 문이 있다면 가벼운 바람으로써 알 수 있을 것이다. 만일 배를 타고 있다면 얼굴을 스치는 공기의 흐름에 따라 배가 어느 방향으로 가고 있는지는 물론 강물의 흐름이 느린지 빠른지도 알 수 있을 것이다. 이러한 관찰과 그밖의 이와 흡사한 많은 관찰들은 밤이라야만 제대로 알 수가 있다. 대낮에는 아무리 주의를 기울여도 방해를 하는 것이 많으므로 제대로 관찰할 수가 없다. 더구나 이 경우는 손이나 지팡이를 쓰지 못하므로 우리는 무엇 하나 전혀 만져보지 않고서도 많은 것을 배울 수 있다.

어둠 속에서 놀이를 많이 해보는 것이 좋다. 이 충고는 매우 중요한 것이다. 인간은 원래 밤을 두려워한다. 이성도 지식도 정신도 용기도 이 공포심에서 사람을 해방시켜 주지는 못한다. 대낮에는 용감한 이론가요 철학자인 사람이, 그리고 군인들도 밤이면 나뭇잎이 흔들리는 소리에 떠는 것을 본 적이 있다. 이러한 공포심은 유모에게서 들은 이야기에서 기인한다고 한다. 그러나 이는 잘못된 생각으로서 거기에는 자연적인 원인이 있다. 그 원인이란 무엇인가? 그것은 우리 주위의 사물들이나 우리 주위에서 일어나고 있는 일에 대해서 우리가 무지하다는 것이다. 멀리서 물건들을 알아보고 그 인상을 미리 예견하는 일에 익숙해 있다 해도 주위에 있는 것이 하나도 보이지 않는다면 나를 해칠 수도 있으며, 내가 막아낼 수 없는 수많은 존재와 수많은 움직임이 거기에 있을 것이라는 생각이 어찌 안 들겠는가? 내가 있는 곳이 안전한지는 내가 그것을 실제로 보지 않는 한 결코 확실히 알 수는 없다. 그러므로 낮에는 없던 걱정거리를 밤에는 언제나 갖게 된다. 실제로 외부의 물체가 내 몸에 영향을 미칠 때는 소리를 내리라는 것을 알고 있으므로 항상 나는 귀를 곤두세우고 있다. 원인을 알 수 없는 하찮은 소리에도 나의 관심은 우선 나를 가장 긴장하게 만들고, 따라서 내 마음에 많은 공포감을 심어준다.

전혀 아무 소리를 듣지 않았다 해도 역시 불안할 것이다. 왜냐하면 갑자기 나를 기습할 수도 있기 때문이다. 그래서 상상력을 움직이지 않을 수 없게 되었을 때에도 나는 이내 그 상상력을 행사할 수 없기 때문에, 나를 안심시키려고 한 일 모두가 나를 더욱 불안스럽게 할 것이다. 나를 지키려는 경계심은 걱정거리만 가져다줄 뿐이다. 자신을 안심시키는 것은 모두 자신의 이성 안에만 존재한다. 그러므로 본능은 이성보다 큰 것이다. 그러니 무서워할 것이 하나도 없다고 생각한들 무슨 소용이 있겠는가?

이제 불행의 원인이 밝혀진 이상 그에 대한 치유 방법도 분명해진다. 매사에 있어 습관은 상상력을 무너뜨리고, 상상력을 일깨워주는 것은 대상들 밖에 없다. 우리가 날마다 보고 있는 사태에 작용하는 것은 상상이 아니라 기억력이다. 그러므로 여러분은 어둠에 대한 공포심을 없애주려는 사람과 이치를 따지지 말라. 그를 어두운 곳으로 자주 데려가는데, 그런 습관이 철학의 모든 논증(論證)보다 낫다는 확신을 가져라. 기술자가 지붕 위에서도 현기증을 느끼지 않듯이, 어둠에 익숙한 사람은 어둠을 무서워하지 않는다. 그러므로 우리가 밤에 놀면 다른 하나의 이득이 덧붙여진 셈이다. 그러나 그 놀이를 성공으로 이끌기 위해서 나는 즐거워야 한다는 것을 강조한다. 어둠만큼 쓸쓸한 것은 없다. 그러나 아이를 감옥에 가두지는 말라. 아이가 어둠 속에 들어갈 때는 웃도록 해주고 나올 때에도 웃도록 하라. 즐겁게 해줌으로써 그에게 찾아들지도 모를 엉뚱한 상상에서 그를 보호해 주어라.

사람의 생애는 일정한 시기가 지나면 그 이상 진보하지 못하고 퇴보하게 마련이다. 나는 그 시기가 지난 것으로 느껴지는데, 이를테면 나는 다른 인생을 걷고 있는 것이다. 나에게 느껴지고 있는 중년기의 공허감이 어린 시절의 유쾌한 시기로 다시 되돌아가게 한다. 그리고 서른 살 때 한 일보다는 열 살 때 한 일이 더 즐겁게 기억된다. 독자들이여, 내가 때로는 나 자신의 경험을 예로 드는 것을 용서해주기 바란다. 이 책을 제대로 만들기 위해서는 써야 하니까 말이다.

옛날 나는 어떤 시골의 목사의 집에 기숙한 일이 있었다. 당시 같이 있던 나의 사촌은 상속자로서 굉장한 부자였다. 그러나 나는 아버지의 슬하를 떠난 불쌍한 고아나 다름없었다. 사촌형 베르나르는 이상하게도 겁이 많았으며, 특히 밤에는 더했다. 나는 그를 겁이 많다고 놀려댔다. 그러자 나의 자만심에 화가 난 랑베르셰 목사는 나의 용기를 시험해 보려고 몹시 어둡던 어느 가을날 저녁, 나에게 예배당 열쇠를 주면서 설교단에 잊어버리고 두고 온 성서를 갖다 달라고 했다. 나는 거절할 수가 없었다. 나는 등불도 없이 나섰는데, 만일 내가 등불을 가졌더라면 사태는 더 나빴을지도 모른다. 도중에 묘지가 있었는데 나는 그곳을 대담하게 통과했다. 왜냐하면 집 밖의 어둠을 무서워하지 않았기 때문이다.

문을 열자 천장에서 이상한 소리가 들렸다. 그것은 사람 목소리와 비슷했으므로 나의 굳센 용기가 흔들리기 시작했다. 열린 문으로 들어가려고 했지만 몇 걸음도 못 가서 발을 멈추고 말았다. 광대한 건물 속에 감도는 짙은 어두움을 보자 두려움에 사로잡힌 나는 뒷걸음질쳐 빠져 나와 벌벌 떨며 도망치기 시작했다. 나는 마당에서 쉴탕이라 부르는 강아지를 만나 그놈을 쓰다듬어주노라니 마음이 놓였다. 자신의 겁에 부끄러워진 나는 쉴탕을 데리고 다시 들어가려고 했는데 강아지는 따라오지 않았다. 나는 재빨리 예배당 안으로 들어섰다. 들어서자마자 다시 겁에 질려 정신을 차릴 수가 없었다. 그래서 설교단이 오른쪽에 있는데도 나도 모르게 한참 동안 왼쪽을 더듬고 있었다. 나는 의자에 걸려 쩔쩔맸으며 내가 어디 있는지조차 모르게 되었다. 설교단도 문도 찾아낼 수 없게 된 나는 형언할 수 없는 혼란에 빠졌다. 겨우 문을 찾아 내어 예배당을 빠져나온 나는, 대낮이 아니면 다시는 들어가지 않겠다고 결심하며 재빨리 도망쳤다.

나는 집에까지 돌아왔다. 막 안으로 들어가려는데 목사의 웃음 소리가 들렸다. 대뜸 그것이 나 때문이라고 지레짐작한 나는 얼굴을 내밀기가 창피스러워 문 여는 것을 망설였다. 그때 나를 걱정해주고 있던 랑베르셰 양이 하녀에게 램프를 가져오라고 이르는 소리가 들렸다. 그리고 랑베르셰 씨가 나의 대담한 사촌형과 함께 나를 찾으러 나갈 준비를 하는 눈치였다. 그렇게 되면 이 모험의 명예는 모두가 사촌에게 넘어갈 것만 같았다. 그러자 나는 순식간에 공포심은 사라지고 도망쳐온 것을 들키지나 않을까 하는 두려움밖에는 남지 않았다. 나는 다시 뛰어서 예배당으로 들어가 헤매거나 더듬지도 않고 설교단 위에 있는 성서를 들고 아래로 뛰어내렸다. 나는 매우 쉽게 예배당 밖으로 나왔으며, 문을 닫는 것조차 잊어먹었다. 나는 숨을 헐떡거리며 방 안으로 들어가 나에게 보내려던 구조원들을 피했다는 기쁨에 가슴을 두근거리며 성서를 테이블 위에 내려놓았다.

이 이야기를 하나의 본보기로서, 또는 이런 종류의 훈련에서 내가 요구하는 유쾌한 놀이의 하나의 예로서 내놓는 것이냐고 여러분은 나에게 묻겠지만 그렇지가 않다. 나는 다만 겁먹은 사람을 안심시킬 수 있는 것은 옆방의 웃음 소리뿐이라는 것을 얘기하고 싶다. 나는 여러분이 혼자서 학생들과 놀지 말고 저녁마다 활달한 아이들을 많이 모아서 처음에는 아이들 여러 명이 같이 보내도록 권하는 바이다. 무서움을 타지 않을 때까지 어떤 아이건 절대로 홀로 모험시켜서는 안 된다.

이러한 놀이만큼 재미있고 유익한 것은 없다고 생각된다. 나는 넓은 방에 테이블 · 안락의자 · 걸상 · 병풍 같은 것을 가지고 마치 미궁처럼 꾸며놓겠다. 그리고 여덟 개 내지 열 개의 속임상자를 두는데, 그중 한 상자에는 과자를 가득 채우고, 그 보물 상자가 있는 장소를 정확하게 가르쳐주겠다. 아이들보다 신중하긴 하지만 아이들처럼 경솔하지 않은 어른들이라면 그 상자를 찾아내기에 충분한 정보를 알려주겠다. 그러고 난 다음에는 꼬마 경쟁자들에게 추첨하게 한 후 그 과자 상자를 찾아낼 때까지 한 사람씩 차례로 보내는 것이다. 내가 일부러 아이들에게 어렵도록 복잡하게 만들어놓은 그것을 찾을 때까지 말이다.

손에 상자를 들고 의기양양해서 돌아오는 꼬마 영웅의 모습을 상상해 보라. 상자가 책상 위에 놓이고 모두가 엄숙하게 그것을 여는데 그 속에서 기대하던 과자 대신 이끼나 풍뎅이 · 달팽이 · 도토리, 그밖의 다른 물건이 나오면 아이들의 웃음과 즐거운 환성이 벌써 거기에서 들리는 것 같다. 다음에는 새로 하얗게 칠을 한 방 안 벽 가까이에 장난감을 매달아놓고, 벽에 손을 대지 말고 아이에게 그것을 가져오도록 한다. 그것을 가지고 돌아온 아이가 조금이라도 그 조건을 어기면 그의 모자 가장자리에 하얀 가루가 묻었거나 아니면 구두의 코나 옷소매 끝에 실패의 흔적이 나타나도록 꾸미겠다. 이러한 놀이의 의도를 이해시키기 위해서는 이 정도의 예만으로도 충분할 것이다.

이런 교육을 받은 사람은 어둠 속에서도 확고하게 발을 딛고 어떤 물체라도 손쉽게 다룰 것이다. 그의 상상력은 그가 어렸을 때 밤중에 하던 놀이들로 가득 차서 그로 하여금 좀처럼 무서운 일을 상상하지 못하게 할 것이다. 만일 어떠한 웃음 소리를 들었다 해도 그것을 유령의 웃음 소리가 아니라 옛날 친구들의 웃음 소리라고 생각할 것이다. 밤은 그에게 즐거운 생각만을 하게 해주며 결코 무서운 것이 되지는 않을 것이다. 그리하여 그는 밤을 두려워하지 않고 오히려 밤을 좋아하게 될 것이다. 그는 군대에서 정찰을 떠날 준비가 되어 있을 것이다. 레수스의 말을 훔쳐와야 한다면 걱정 말고 그에게 부탁하라. 이와 다르게 자라난 사람들 중에서 율리시스 같은 사람을 찾아보기는 힘들 것이다.

나는 아이들을 놀라게 함으로써 그들이 어둠에 겁을 내지 않도록 훈련시키는 사람들을 본 적이 있다. 그러나 이 방법은 의도했던 것과는 정반대의 결과를 가져와, 아이들을 더욱더 겁장이로 만들 따름이다. 내가 보기에는 그러한 두려움을 미리 예방할 수 있는 가장 좋은 충고는 다음과 같은 것이다. "그럴 경우 너는 정당방위를 할 상태에 있는 것이다. 왜냐하면 공격자는 너를 해치려는 것인지 어떤지를 판단할 여유를 주지 않기 때문이다. 게다가 그가 유리한 입장에 있으므로 네가 도망을 친다 해도 아무 소용이 없는 것이다. 그러니 어둠 속에서 너를 기습하는 것이 있다면 사람이건 동물이건 네가 먼저 잡아야 한다. 만일 발버둥치거든 두들겨 패라. 그리고 그가 어떠한 말을 하건 그의 정체가 밝혀지기 전에는 절대로 놓아주지 말아라. 설령 밝혀지더라도 두려워할 정도는 아님을 알게 될 것이며, 또한 이런 식의 태도는 장난을 친 사람이 다시는 그런 짓을 못하도록 만들 것임은 명백하다."라고 말이다.

촉감은 우리의 모든 감각 중에서 가장 끊이없이 사용되는 것이다. 그러나 촉감은 다른 감각의 판단보다도 불완전한 것이다. 왜냐하면 우리들은 언제나 촉감을 시각과 함께 사용하여 눈이 손보다는 빨리 대상물에 닿으므로, 머리는 언제나 손의 촉감의 도움 없이도 판단하기 때문이다. 그렇지만 촉감의 판단은 우리의 손이 닿는 범위 밖으로는 미치지 못하기 때문에 다른 감각들의 경솔한 판단을 고쳐준다. 다른 감각의 판단들은 멀리 떨어져 있는 대상에까지 미치지만 촉감은 어느 것이든 판단하는 것이다. 게다가 마음이 내키면 근육의 힘과 신경의 작용과 함께 온도나 크기나 형태의 판단 및 무게와 견고성의 판단을 동시에 할 수 있는 것이다. 이와 같이 촉감은 모든 감각 중에서도 외계의 물체가 우리의 신체에 미치는 인상을 우리에게 가장 잘 알려주므로 가장 자주 사용되며, 그것은 또 우리의 자기 보존에 필요한 지식을 가장 직접적으로 알려주는 감각이다. 그러므로 훈련된 촉감이 시각의 대용이 된다면 청각의 대용도 될 수 있을 것이다. 첼로에 손을 얹으면 눈이나 귀의 도움을 받지 않고 그 나무의 진동만으로도 소리가 낮은지 높은지, 또 고음의 현에서 나오는 것인지 저음의 현에서 나오는 것인지를 구별할 수 있다. 만일 우리의 감각이 그런 차이를 느낄 수 있도록 훈련된다면, 언젠가는 손가락으로 전음조를 들을 수 있을 정도로 민감해지리라는 것을 나는 결코 의심하지 않는다.

촉각을 더욱 무디게 하는 방법이 있는가 하면 촉각을 자극하여 섬세하고 날카롭게 만드는 훈련도 있다. 단단한 물체들의 인상에 수많은 운동과 힘을 결합하는 전자는 피부를 거칠고 단단하게 하여 본래의 느낌을 없애 준다. 반면에 후자는 그와 같은 느낌의 빈번한 접촉에 의해 정신 활동을 끊임없이 되풀이함으로써 갖가지 변화를 판단하는 힘을 얻게 하는 것이다. 이러한 차이는 악기를 사용하면 뚜렷해진다. 첼로나 콘트라베이스, 그리고 바이올린의 딱딱한 감촉은 손가락 마디를 유연하게 하는 동시에 손가락을 부드럽게 만들어주면서 동시에 더욱더 민감하게 해준다. 그러므로 이런 점에서는 클라브생이 더 바람직하다.

피부를 공기의 영향에 의해 둔하게 함으로써 그 변화에 견딜 수 있도록 하는 것은 중요한 일이다. 왜냐하면 피부는 다른 모든 육체를 보호해주기 때문이다. 이 점을 제외하면 나는 손을 너무 사용하여 굳어져 버리거나 피부가 뼈처럼 단단해져서 손에 닿는 물체가 무엇인지도 모르고 때로는 촉감의 종류에 따라서 어둠 속에서도 우리에게 갖가지 전율을 느끼게 하는 미묘한 감각을 잃게 하고 싶지는 않다.

왜 나의 제자는 언제나 발밑에 소가죽을 붙이고 다녀야 하나? 구두를 신지 않으면 어떠한 해가 있다는 것인가? 피부가 부드러운 것은 이런 경우에는 아무 소용이 없으며, 때로는 오히려 해를 끼친다는 건 분명한 일이다.

사람은 뜻하지 않은 사고에 대비해서 항상 무장해야 한다. 에밀이 어느 계절이건 매일 아침 맨발로 방과 계단 또는 뜰로 뛰어다닌다면, 나는 그것을 꾸짖기는커녕 나 자신도 따라 하겠다. 다만 나는 유리 조각만은 치우는 주의가 필요할 뿐이다. 지금 그는 몸의 발육을 돕는 온갖 운동과 어떤 경우에서도 바른 자세를 취하는 법을 배워야만 한다. 그는 넓이뛰기나 높이뛰기, 또는 나무에 기어오르거나 담을 뛰어넘는 것을 배우게 하라. 그는 걸음걸이와 서 있을 때의 자세에 따라 신체의 건강 상태를 알 수 있어야 한다. 안정된 앉음새는 언제나 품위가 있으며, 또한 튼튼한 자세는 가장 아름답다. 만일 내가 무용 선생이라면 절대로 마르셀 풍의 곡예만을 추도록 시키지는 않을 것이다. 그런 짓은 그가 사는 고장에서는 훌륭하겠지만, 나는 나의 학생을 그런 식으로 총총거리게 하는 대신 바위 밑으로 데리고 간다. 울퉁불퉁하고 거칠고 가파른 오솔길을 가볍게 걸어가기 위해, 또 오르내리면서 바위를 뛰어넘기 위해 어떤 자세를 취해야 하고 어떤 동작을 취해야 하며, 때로는 발이나 손을 어떤 식으로 놓아야 하는가를 그에게 가르쳐주겠다.

촉각이 인간의 환경에 직접 작용하는 반면 시각은 그 작용을 인간의 직접 환경 너머로 펼친다. 시각이 오류를 범하는 것은 바로 이 때문이다. 인간은 한눈에 지평선의 절반을 보는데, 이처럼 동시에 느끼는 무수한 판단이 완전무결할 수는 없지 않은가? 그래서 시각은 모든 감각 중에서도 가장 오류가 많은 것이다. 뿐만 아니라 공간을 알고 그 모든 부분들의 원근의 착각마저도 우리에게는 필요한 것이다. 이러한 환각이 없다면 우리는 멀리 있는 것을 하나도 볼 수 없으며, 크기와 명암의 일정한 차이가 없다면 우리는 어떠한 거리도 판단할 수가 없을 것이다. 가령 같은 크기의 두 그루의 나무 중 우리로부터 백 발짝 떨어진 곳에 있는 나무가 열 발짝 떨어진 곳에 있는 나무와 똑같이 보인다면, 우리는 그 두 그루의 나무가 나란히 서 있다고 생각할 것이다. 만일 우리가 모든 사물들의 실제의 크기를 알 수 있다면 우리는 공간을 전혀 느낄 수가 없을 것이다.

시각은 물체들의 크기와 그 거리를 판단할 때에는 하나의 기능만 사용한다. 즉, 그것은 우리의 눈 속에서 이루는 각도에만 달려있는 것이다. 그러나 그 각도는 복합된 원인에서 생기는 단순한 결과이므로 우리에게 일으키는 판단은 개개의 원인을 정확하게 구별하지 않는다. 왜냐하면 그 판단은 필연적인 오류를 범할 가능성이 높기 때문이다.

그러므로 여기서는 먼저 방법과는 전혀 반대의 방법을 따르는 것이다. 감각을 단순화하는 대신 복합시키고 항상 다른 감각에 위해 확인하도록 하여 시각 기관을 촉각 기관에 종속시킴으로써, 시각의 성급함을 촉각의 느리고 정확한 판단으로 억제할 필요가 있다. 우리가 한 번 보아서는 높이·길이·깊이·거리를 정확하게 측정할 수 없는데, 그것은 감각 자체의 잘못보다는 오히려 눈의 사용이 잘못된 때문이다. 그 증거로서 측량사·건축가·석공·화가들은 일반적으로 눈짐작이 확실하며 공간적인 넓이를 정확하게 평가한다. 왜냐하면 우리가 관심을 안 가지는 분야의 전문성을 직업을 통해 습득하는 그들은, 각도에 따르면서 그 각도의 두 가지 원인의 관계를 그들의 눈에 보다 정확하게 결정지어주기 때문이다. 아이들로 하여금 무엇이건 거리를 측정하고 식별하고 짐작하는 일에 흥미를 갖게 하는 방법은 얼마든지 있다. 버찌를 따려면 어떻게 해야 하나? 사닥다리로 딸 수 있을까? 저기 매우 넓은 개울이 있다. 안마당에 있는 널빤지를 양쪽 기슭에 걸칠 것이다. 다른 집에서는 우리 방이 25평방미터라고 말한다. 그것이 우리에게 적당하다고 생각되는가? 그 방은 이 방보다 클 것인가? 이런 등등의 방법이 그것이다.

어떤 게으른 아이가 달리기를 배우게 되었다. 그는 장차 군인이 될 아이인데도 달리기나 그밖의 다른 어떤 운동에도 흥미가 없었다. 그 아이는 자기와 같은 귀족 신분의 사람은 일을 하거나 기억할 필요도 없으며, 자신의 신분이 팔다리뿐만 아니라 모든 재능을 대신할 것으로 생각했기 때문이다. 이런 도련님을 걸음이 빠른 아킬레스로 만드는 일은 케이론으로서도 성공할 수 없었을 것이다. 나는 그에게 무엇이든 명령할 생각이 전혀 없었기 때문에 어려움은 더욱 컸다. 그러면 아무 말도 하지 않고 그에게 달리고 싶은 욕망을 일으키게 할 수는 없을까? 나 자신이 달린다는 것은 효과도 거의 없을 뿐만 아니라 오히려 해로운 방법이었을 것이다. 게다가 나로서는 신체 작용과 정신 작용을 함께 진행시키려 했으며, 그에게 가르침이 되는 어떤 교훈을 그 훈련에서 끌어내는 일이 중요했다. 다음은 내가 취했던 방법이다.

나는 그와 산책을 나갈 때, 그가 좋아하는 과자 두 개를 넣어가지고 갔다. 아이는 산책길에서 그 과자를 하나씩 먹고 아주 만족해서 돌아오곤 했다. 어느 날 그는 내가 과자를 세 개 가지고 있는 것을 알아차렸다. 그러자 그는 자기 것을 얼른 먹고는 나에게 더 달라고 했다. "안 돼. 이것은 저기 있는 두 소년에게 달리기 경주를 시켜서 이긴 아이한테 주는게 재미있지 않겠니?" 하고 말했다. 그리고는 두 소년을 불러 과자를 주는 조건으로 경주할 것을 제의하자 아이들은 매우 기뻐했다. 과자는 결승점의 돌 위에 놓여졌고 신호가 내리자 꼬마들은 출발했다. 이긴 아이는 그 과자를 집어서 진 아이가 보는 앞에서 맛있게 먹어치웠다.

이 놀이는 처음에는 아무런 효과도 보지 못했다. 그러나 나는 실망하거나 서두르지 않았다. 아이들을 교육한다는 것은 시간을 소비하지 않고서는 불가능하다. 우리는 산책을 계속했다. 나는 종종 과자를 세 개 또는 네 개를 가지고 나갔다. 그러면 경주자들에게 하나 아니면 두 개까지도 주는데, 대단한 것이 아니었으나, 상을 타는 아이는 칭찬과 우대를 받았다. 모든 것이 근사하게 행해졌다. 경쟁에 여유를 주거나 흥미를 돋우기 위해 나는 코스를 더 멀리 정하기도 하고 경쟁자를 여러 명 끌어들이기도 했다. 지나가던 사람들이 발걸음을 멈추고 구경하는 경우도 있었다. 갈채와 환성과 박수가 그들의 기운을 북돋아주었으며, 나의 아이가 갑작스레 몸을 떨거나 일어서거나 소리 지르는 것을 보았다.

경쟁자들은 이따금 부정 수단을 쓰기도 했다. 그들은 서로 붙잡거나 넘어뜨리거나, 남이 지나가는 길에 돌멩이를 차 넣기도 했다. 그래서 나는 그들 사이를 떼어놓거나 각기 다른 출발점에서 달리도록 했다. 이와 같은 조치를 한 이유는 이 중대한 문제를 아주 상세하게 다루어야만 했기 때문이다.

자기도 몹시 좋아하는 과자를 항상 남이 먹는 것을 보고 화가 난 우리 도련님은 마침내 잘 달리면 이익이 있다는 것을 깨닫게 되었고, 그래서 남몰래 달리기 연습을 하기 시작했다. 나는 나의 전략이 성공한 것을 알았다. 어느 정도 자신이 있다고 생각했을 때, 그는 남은 관자를 달라고 했다. 내가 거절하자, 그는 화난 얼굴로 말했다. "좋아요! 그 과자를 돌 위에 놓고 코스를 정하세요. 어디 두고 봐요." 나는 웃으며 말했다. "좋다. 하지만 네가 달릴 줄 아나? 힘만 들었지 과자는 얻지 못할 걸." 그러자 약이 오른 그는 있는 힘을 다하여 달렸다. 내가 미리 코스를·제일 짧게 정해준 후 가장 잘 뛰는 아이를 일부러 빼 버렸으므로 그는 쉽게 상을 탈 수 있었다. 이렇게 첫발을 내딛자 마침내 그 훈련에 재미를 붙인 그는 어떤 특혜 없이도, 그리고 코스가 아무리 길더라고 경주에서 언제나 개구장이들을 물리치게 되었다.

이렇게 해서 얻은 결과는 내가 전혀 생각하지 않았던 이익을 낳았다. 다른 경쟁자들도 그랬듯이 그는 어쩌다 상을 타게 되면 언제나 과자를 혼자 먹어 버리곤 했다. 그러나 승리를 자주 하게 되자 진 아이들과 그것을 나누어 먹는 것이었다. 이 사실은 나 자신에게도 하나의 교훈을 주었다. 그로부터 나는 너그러움의 참다운 의미를 배운 것이다.

나는 저마다가 출발하는 지점을 계속 서로 다른 곳에 정해주면서 그가 눈치채지 못하도록 코스의 거리를 다르게 해두었다. 그래서 어떤 아이는 남보다 더 먼 길을 달려야 했기 때문에 불리할 수밖에 없었다. 그런데 내 제자에게 코스를 고르도록 하였는데, 그는 그 선택에 별다른 신경을 쓰지 않고 항상 평탄한 길만을 고르는 것이었다. 그가 선택하는 방법을 쉽게 짐작할 수 있었던 나는 대부분 내 마음대로 그가 과자를 잃게도 따게도 할 수 있었다.

그런데 내 의도는 그에게 그 거리의 차이를 알게 하는 것이었으므로 나는 매우 노력했다. 그러나 그는 가만히 있을 때는 게을렀지만 놀이에서는 매우 활발하였고 또한 나를 의심하는 일이 없었으므로 내가 속임수를 쓰고 있다는 사실을 눈치채게 하는 것은 매우 힘들었지만 마침내 성공했다. 그는 눈치를 채고서 나를 비난했다. 나는 이렇게 말했다. "무엇이 불평이지? 내가 주는 상이니까 조건도 내 마음대로 정하는 거야. 누가 너더러 억지로 달리라고 했지? 코스의 길이를 똑같이 하겠다고 약속하진 않았잖아? 제일 짧은 코스를 골라 봐. 아무도 막진 않을 테니까. 네가 잘 이용할 줄만 알면 너에게 이득이 될 거야." 그것은 명백한 일이었으므로 그는 코스를 골라잡기 위해 더 자세히 살폈다. 그는 처음에는 발걸음으로 재려고 했다. 그러나 아이의 발걸음은 느리고 틀리기가 쉬웠다. 게다가 나는 하루에 달리기를 여러 번 시켰기에, 놀이가 일종의 열정으로 되어 달리는 데 쓰일 시간을 코스의 길이를 측정하는 데 허비하는 것을 아까워했다. 활달한 아이는 그런 짓에는 적합하지 않다. 그래서 그는 눈으로 거리를 측정하는 연습을 했다. 나는 그런 취미를 북돋아주는 일에 별로 힘이 들지 않았다. 마침내 몇 달 동안의 오류를 정정하고 나자 그는 눈짐작으로 판단할 수 있게 되었다.

시각이란 모든 감각 중에서도 정신의 판단에서 분리하기가 가장 어려운 것이다. 그래서 보는 법을 배우는 데는 많은 시간이 필요했다. 시각과 청각 중 우선 시각으로 하여금 형태나 거리를 분명히 알 수 있도록 길들이기 위해 먼저 시각과 촉각을 오랫동안 비교해 보아야 한다. 촉각이 없이는 세상에서 가장 예리한 눈이라 할지라도 우리에게 어떠한 공간 관념도 줄 수 없을 것이다. 사람이 크기를 평가하는 법을 배우려면 걸어보고, 만져보고, 세어보고, 재어보아야만 가능한 법이다. 그러나 사람이 항상 재고만 있다면 감각은 도구에만 의존하게 되어 감각의 정확성을 전혀 믿을 수 없을 것이다. 에밀은 첫눈에 비교할 수 없는 것은 부분적으로 비교하기를 계속함으로써 언제나 눈만으로 측정하는 버릇을 길러야 한다. 그러나 나는 아이가 처음에 눈짐작으로 했던 측정들을 실제로 자로 측정해 보여서 나쁜 버릇이 남아 있으면 보다 올바른 판단으로 그것을 고치는 법을 배우도록 하고 싶다. 사람들은 어느 곳에서나 거의 같은 자연의 척도를 가지고 있다. 즉 사람의 발넓이·팔길이·키 따위가 그런 것이다. 아이가 방의 높이를 측정할 때 교사는 키로써 측정하도록 할 수가 있다. 도로의 길이를 알고 싶다면 직접 걷고 소요된 시간을 계산하면 좋다. 특히 이런 일들은 모두 아이 스스로 해야 한다. 사람은 물체들의 형태를 알고 그것을 모방하는 법을 배우지 않고서는 그 물체의 넓이와 크기를 제대로 판단할 수 없을 것이다. 즉 원근법을 어느 정도 알고 있어야 공간을 그 겉모습만으로도 측정할 수가 있다. 아이들은 대단한 모방자이므로 사물을 보고 그리려 한다. 그것은 분명 기술 자체를 위해서가 아니라 눈을 정확히 하고 손을 민첩하게 하기 위해서이다. 또 일반적으로 말해서 그가 그 연습에서 예민한 감각과 몸의 좋은 습관을 획득하기만 한다면, 그가 어떠어떠한 일을 잘한다는 것은 중요하지가 않다. 따라서 나는 데생을 보고 데생시키는 그런 미술 선생을 그에게 소개하지는 않겠다. 나는 그가 자연을 유일한 교사로 하고 실물을 유일한 표본으로 하기를 바란다. 그의 눈앞에는 그림이 아닌 실물 그 자체를 갖지 않으면 안 된다. 집을 그리기 위해서는 집을, 나무를 보고 나무를, 사람을 보고 사람을 그려야 한다. 그렇게 해야만 물체와 그 겉모습을 올바르게 관찰하는 버릇이 길러질 것이다. 나는 반복된 관찰에 의해서 대상물의 정확한 형태가 그의 상상 속에 재대로 새겨지기 전까지는, 대상물 없이 기억만으로는 아무것도 그리지 못하게 하겠다. 따라서 그가 균형에 대한 지식과 자연의 아름다움에 대한 취미를 잃지 않도록 할 것이다.

이런 방법으로 인해 그는 오랫동안 무엇인가 알아볼 만한 것을 그리지 못하고 되는 대로 그려낼 것이다. 그가 데생 화가들의 멋진 윤곽이나 경쾌한 필치를 터득하는 데에는 오랜 시간이 걸릴 것이고, 회화적인 효과를 알아보는 안식(眼識)이나 데생에 대한 고상한 취미를 기르기가 어려울 것이라는 사실은 나도 알고 있다. 그러나 그는 보다 정확한 눈과 확실한 손, 동물이며 식물이며 자연의 물체들 사이에서 보이는 크기와 형태에 대한 올바른 지식, 그리고 원근법을 아는 경험 등을 얻게 될 것이다. 내가 바라는 것은 바로 이 점이며, 나의 의도는 아이가 사물을 묘사하기보다는 알리는 데 있다.

또한 나는 다른 연습에서와 마찬가지로 이 연습도 나의 제자에게만 시킬 생각은 없다. 나 자신도 항상 그와 함께 연습함으로써 더욱 즐거운 것으로 만들어주고 싶다. 그가 나 이외의 다른 경쟁자를 만들지 않으면 나는 그의 위험하지 않은 경쟁자가 될 것이며, 우리들 사이에 질투를 일으키지 않고 흥미있게 될 것이다. 나는 그가 하는 대로 연필을 잡고서 처음에는 설사 내가 대화가라도 엉터리 화가처럼 서투르게 낙서할 것이다. 나는 먼저 하인들처럼 벽에다 사람을 그리겠다. 두 팔과 다리가 하나의 막대기처럼, 그리고 손가락을 팔보다 굵게 그려놓으면 한참 지나서 그 불균형을 깨닫게 될 것이다. 다리의 굵기가 일정하지 않다는 사실도 우리는 알게 되고 팔도 몸에 비례해서 일정한 길이가 있다는 사실도 알게 될 것이다. 이런 진보에서도 나는 그와 같이 나아가며 그가 쉽게 따라올 수 있도록 약간 앞서거나 때로는 그가 앞서도록 해준다. 그리고 채색을 하면서도 자연에 대한 관찰은 중단하지 않고서 자연의 가르침 아래서만 할 것이다.

우리는 걱정하던 우리들의 방의 장식들을 손쉽게 얻게 되었다. 나는 우리의 그림들을 틀 속에 넣어 소중히 걸어놓는 것이다. 한 장의 그림이 수십 번씩 되풀이되어 각각의 견본마다 정확히 묘사될 때까지 아이의 진보를 보이도록 했다. 이러한 점진법은 반드시 우리에게 흥미로운 그림을 계속 제공해주는데 남들에게는 호기심을 일으키고, 동시에 항상 우리의 경쟁심을 자극할 것이다. 그 데생들 중 처음의 서투른 것은 화려한 액자에 넣고, 묘사가 점점 정확해져서 정말로 훌륭해지는 데생은 아주 수수한 액자에 끼운다. 다시 말하면 그런 그림은 다른 장식이 이미 필요없게 된다. 그래서 우리는 저마다 장식이 없는 액자를 자랑으로 여기게 된다.

이미 앞에서 기하학이 아이들한테는 부적당하다는 말을 했다. 그러나 그것은 우리의 실수인 것이다. 우리의 방법을 아이들에게 가르치는 대신 우리가 아이들의 방법을 택하는 편이 좋을 것이다. 왜냐하면 우리가 기하학을 배우는 방식은 상상력의 문제이기 때문이다. 하나의 명제가 주어졌을 때 그 증명을 생각해야 하는데 이를테면 그것이 이미 알려진 어떤 명제의 결과였는가를 찾아내야 하며, 그 명제에서 인용될 수 있는 모든 귀결을 정확하게 끌어내야 한다. 거기서 어떤 결과가 나올 것인가? 우리로 하여금 증명을 찾아내게 하는 대신 그것은 우리에게 증명을 받아쓰게 하는 결과를 낳는다. 선생은 우리에게 추리하는 법을 가르쳐주지만 우리는 기억력을 연습하는 데 불과하다.

정확한 도형을 그려라. 그리고 그것들을 조립시켜 보라. 그리고 관찰을 거듭하는 사이에, 기하학의 전부를 발견하게 될 것이다. 나는 에밀에게 기하학을 가르치려고 하지는 않는다. 오히려 에밀이 나에게 가르쳐줄 것이다. 내가 그 관계를 보여주면 에밀은 그것을 발견하는 것이다. 왜냐하면 나는 에밀이 그것을 발견할 수 있도록 도와주기만 하면 되기 때문이다. 이를테면 내가 콤파스로 원을 그리는 대신 실 끝에 연필을 매달아 두 개의 원을 그린 후 반지름을 서로 비교하려고 할 때 에밀은 나를 놀려댈 것이다. 그는 같은 길이의 팽팽한 실이 서로 다른 거리를 그릴 수는 없다는 사실을 나에게 알려주리라.

60도의 각을 재려고 한다면 나는 그 각의 정면에서 하나의 호가 아닌 원 전체를 그린다. 나는 이 각의 두 변 사이에 끼인 원 부분이 원주의 6분의 1이라는 것을 발견한다. 그 다음에 나는 같은 정점에서 또 하나의 더 큰 원을 그리고, 그 호도 역시 그 원주의 6분의 1이라는 것을 알아낸다. 나는 셋째 동심원을 그려서 같은 결과를 얻는다. 그리고는 에밀이 나의 어리석은 짓에 화가 나서, 같은 각 사이에 끼인 호는 원의 크기에 상관없이 언제나 그 원주의 6분의 1이라는 사실을 나에게 알려줄 때까지 새로운 원들을 그려 같은 시험을 계속한다.

사람들은 도형의 정확성을 등한시하면서 증명에만 열중한다. 그러나 우리 두 사람은 이와 반대로 아주 정확한 선을 그려, 반듯한 사각형과 동그란 원을 그린다. 우리에게는 또 매일 그것의 새로운 성질을 발견할 기회가 주어지게 될 것이다. 우리는 직경을 중심으로 두 개의 반원형을 접는다. 또 대각선을 중심으로 두 개의 사각형을 접는다. 때로는 실험을 하기 전에 실험 결과를 예측하고 그 이유를 찾아내려는 노력을 할 것이다.

기하학은 나의 제자에게 있어 자와 콤파스를 제대로 사용하는 방법에 지나지 않는다. 그가 아무렇게나 그리는 습관을 갖지 않도록 자와 콤파스를 감추고서 이따금 잠깐 동안만 사용하도록 해야 할 것이다.

나는 토리노에서 한 청년을 만난 적이 있는데, 그는 어린 시절에 기하학적 형상으로 된 케이크를 보고서 윤곽과 표면의 관계를 배웠다고 하는데 아직도 그가 기억에 남는다. 그 꼬마는 어느 것이 가장 큰가를 알기 위하여 아르키메데스의 기술을 사용했을 것이다.

아이는 배드민턴을 칠 때 눈과 팔을 정확하게 훈련시킨다. 나는 아이들에게 어른들이 하는 소위 숙련을 요하는 놀이, 즉 정구·활쏘기·축구·연주 등을 시키지 않는 이유에 대해서 묻는다. 그러면 어떤 것은 아이들의 힘에 부치고 또 어떤 것은 그런 것을 할 만큼 아이들의 팔다리나 기관이 발달하지 않았다고 대답하는데, 나는 그런 이유들은 타당하지 않다고 생각한다. 아이는 어른만큼 키가 크지는 않지만 어른 옷을 입을 수는 있다. 그렇다고 해서 그가 석 자 높이의 당구대에서 당구를 치는 것을 원하지는 않으며, 그 작은 손에 채를 쥐어주라는 것은 더욱 아니다. 아이들은 준비가 잘된 방에서 놀게 하라. 처음에는 소프트한 공만을 쓰도록 하라. 여러분은 아이에게 위험이 적다는 이유로 배드민턴을 택하는데, 이것은 다음 두 가지 이유에서 잘못된 것이다. 배드민턴은 여자들의 놀이이다. 날아오는 공을 보고 도망치지 않는 여자는 하나도 없다. 여자들의 연약한 피부에 상처를 입혀서는 안 된다. 그러나 우리 남자는 본래 강인하게 길러진다. 만일 우리가 전혀 공격을 받는 일이 없다면 어떻게 방어를 하겠는가? 떨어지는 배드민턴 공에는 아무도 다치지 않겠지만 머리를 타격으로부터 보호해야 할 때만큼 손을 날쌔게 움직이는 것도 없고, 눈을 보호해야 할 때만큼 시력을 정확하게 만드는 것도 없다. 구석에서 구석으로 뛰어다니기, 아직 공중에 있는 공의 바운드를 예상하고 그 공을 되던져보내기 등의 놀이는 어른보다는 소년을 훈련하는 데 유용한 것이다.

여러분은 아이의 근육이 너무 약하다고 말할 것이다. 그것은 더 유연한데 그 차이만 고려한다면, 우리가 하는 일은 그들도 다 하게 되어 있다. 아이들의 손은 전혀 기술이 없으므로 나는 그 손에 기술을 가르치려고 한다. 어른도 아이들처럼 훈련을 받지 않으면 아이보다 더 능숙하지 못하리라. 우리는 우리 자신의 기관들을 써보지 않고서는 결코 사용법을 알 수가 없는 것이다.

사람이 하는 일은 무엇이든 다 가능한 일이다. 그래서 우리는 재치있고 날씬한 아이가 어른 못지 않게 날쌘 팔다리를 가지고 있음을 흔히 볼 수있다. 그 아이들이 줄을 타고 거꾸로 걷고 줄 위에서 뛰고 춤추는 것을 쉽게 볼 수 있으며, 독일이나 이탈리아 사람 중에 니콜리니의 팬터마임 극단의 소문을 들어보지 못한 사람이 있겠는가? 그 아이들이 성인들의 무용단에 비해 미숙하다고 생각하는 사람이 있는가? 처음에는 손가락이 제대로 움직이지도 않고 포동포동한 손은 거의 아무것도 쥘 수 없지만 어떤 아이들은 곧잘 글씨도 쓰고 그림도 그리지 않는가? 파리 사람들은 아직도 열 살 난 한 영국 소녀가 클라브생을 놀랍도록 연주했던 일을 기억하고 있을 것이다. 나는 어느 관리의 집에서, 그의 여덟 살 난 어린 아들이 식탁 위에 앉아서 자기 키만한 바이올린을 연주하여 그 자리에 있던 음악가들을 놀라게 한 것을 본 일이 있다.

이러한 실례와 그밖의 수많은 예들을 보면, 아이들은 어른이 하는 일을 못한다고 가정하는 것은 어리석은 생각이며, 또 만일 그들이 하지 못한다 해도 그것은 아직 그런 일을 훈련시킨 적이 없기 때문이라고 생각된다.

여러분은 아이들의 조기 교육을 반대하던 내가 지금은 모순된 말을 한다고 하겠지만, 그러나 그것은 사정이 전혀 다르다. 왜냐하면 정신적인 진보는 내면적인 것에 불과하지만, 신체의 진보는 현실적인 것이기 때문이다. 아이들이 가지고 있는 것처럼 보이는 정신은 실제로 없을지도 모르지만, 아이들이 하는 것처럼 보이는 것은 모두가 실제로 하고 있다는 점을 나는 증명한다. 따라서 그들의 오락을 조금도 귀찮다고 생각하지 말고, 자연이 아이에게 요구하는 운동의 자발적이고도 손쉬운 놀이를 그들에게 보다 재미있는 것으로 다양화시키는 기술이라는 것을 항상 염두에 두어야 한다. 왜냐하면 내가 그들을 위한 교육의 재료로 쓸 수 없는 놀이라면 어떤 것인들 그들이 즐거워할 수 있겠는가? 그리고 그렇지 않은 경우라도 아이들이 유쾌하게 시간을 보낼 수 있다면 진보란 그다지 중대한 문제가 아니다. 반면에 아이들에게 이것저것을 꼭 가르쳐야 할 경우, 불만이나 권태를 일으키지 않고는 결코 목적을 달성할 수 없다.

그 사용에 있어서 가장 지속적이고도 중요한 두 개의 감각에 대해서 내가 말한 것은 다른 감각을 훈련시키는 방법의 한 예도 될 수 있다. 시각과 촉각은 정지한 물체나 움직이는 물체에 똑같이 적용된다. 그러나 청각을 자극하는 것은 공기의 진동뿐이고, 움직이는 물체 이외의 것은 소리를 낼 수 없다. 만물이 정지해 있을 때 우리는 아무 소리도 듣지 못할 것이다. 따라서 우리 자신의 의지로 움직이는 물체 이외의 것은 전혀 두려워할 필요가 없다. 그러므로 귀를 가다듬는 일이 중요하며 우리를 자극하는 감각에 의해 그 감각을 일으키는 물체가 큰가 작은가를, 멀리 있는지 가까이 있는지를, 또는 그 진동이 강한가 약한가를 판단할 수 있는 능력이 중요하다. 진동하는 공기는 그것을 반사하는 방향으로 하여 감각을 되풀이해 울리거나 소리나는 물체를 다른 곳에 있는 것처럼 들리게 하는 반향을 일으킨다. 평지나 계곡에서 귀를 땅에 대고 들으면 모든 소리들은 서 있을 때보다도 훨씬 멀리 들린다.

이번에는 시각과 청각을 비교하여 한 물체에서 동시에 일어나는 인상 중 어느 쪽이 더 빨리 그 기관에 도달하는가를 알아보자. 대포의 불꽃이 보일 때에는 그것을 피할 수 있으나 소리를 들었을 때는 이미 포탄이 가까이 와 있는 것이다. 우리는 번개와 천둥 사이의 시간 간격에 의해 어느 정도의 거리에서 일어나는지를 알 수 있다. 아이들로 하여금 이런 사실들을 그가 이해할 수 있는 실험을 통해 모두 가르치고, 그 이외의 것들은 귀납법을 통해 발견하도록 해주라. 그러나 여러분이 그것을 말로써 가르치기만 한다면 차라리 모르고 있는 편이 좋을 것이다.

우리는 청각에 대응하는 기관인 음성을 가지고 있다. 그러나 시각에 대응하는 기관은 없다. 그러므로 우리는 빛을 낼 수가 없다.

사람에게는 세 가지 목소리가 있다. 그것은 이야기하는 목소리, 노래하는 목소리, 그리고 감동적인 목소리로서 이것은 정열을 나타내며, 또한 노래와 이야기에 활기를 주기도 한다.

아이도 어른처럼 이 세 가지 목소리를 다 가지고 있다. 그러나 이 세 가지를 결부시켜 어른들처럼 그것을 적절하게 사용할 줄 모른다. 우리처럼 웃음·울음·탄식·외침·울부짖음을 다 가지고 있지만, 그 억양들을 다른 목소리에 섞을 줄 모른다. 완벽한 음악이란 이 세 가지 목소리를 가장 잘 표현하는 것인데, 아이들로서는 이런 음악을 이해하지 못한다. 따라서 그들의 노래에는 영혼이 들어 있지 않은 것인데, 마찬가지로 말하는 목소리만 해도 아이들의 말에는 억양이 없다. 그리고 그들의 이야기에 거의 억양이 없듯이, 그 목소리에도 힘이 없다. 우리의 제자는 아직 매우 단순하고 순수한 말씨를 쓸 것이다. 그러니 그에게 비극이나 희극의 대사를 암송시킨다거나 낭독을 가르쳐서는 안 된다. 그는 너무나 많은 지각을 가지고 있어서, 자신이 이해할 수 없는 것에 어떤 어조를 붙인다거나 전혀 경험한 적이 없는 감정을 표현하지 못할 것이다.

아이에게는 단조롭고 분명하게 말하도록 가르치고 한 마디 한 마디를 정확하게 말하도록 가르쳐야 한다. 산문 및 시의 올바른 억양을 알아서 그것을 따라 언제나 남이 잘 알아들을 수 있도록 소리를 내되 결코 필요 이상의 소리는 내지 말 것 등등을 가르쳐라. 이것은 학교 교육을 받은 아이들에게서 흔히 볼 수 있는 결점인데, 무슨 일에서든지 필요 이상의 말을 하지 않는 것이 좋다.

마찬가지로 노래를 부를 때에도 목소리가 정확하고 고르고 잘 어울리도록 해주라. 귀를 박자와 화음에 익숙하도록 해주고, 그 이상은 아무것도 하지 말라. 가사를 붙여 노래하는 것조차도 바라지 않는다. 그러나 그가 꼭 노래를 부르고 싶어한다면, 나는 그 또래의 아이들이 흥미를 느낄 수 있는 단순한 가사의 곡을 부르도록 한다.

내가 그에게 글자를 성급하게 가르치지 않는 것과 마찬가지로 악보 읽는 법 또한 성급하게 가르치지 않으리라는 것은 분명한데, 우리는 그의 두뇌에 너무 부담을 주지 말도록 하자. 또한 성급하게 그의 머리를 약정된 기호들에 잡아두려고 하지도 말라. 이 일에 어려움이 따른다는 것은 나도 자인하는 바이다. 왜냐하면 말하는 데 있어 문자 지식이 필요한 것만큼 노래하는 데 있어 악보에 대한 지식이 필요한 것 같지는 않다 하더라도, 그 양자 사이에는 상당한 차이가 있기 때문이다. 즉 말을 할 때는 우리 자신의 생각을 표현한다. 그러나 노래를 부를 때는 거의 남의 사상을 표현하는 것이다. 그러므로 남의 생각을 나타내려면 그것을 읽을 수 있어야 하는 것이다.

그러나 우리는 남의 생각을 읽지는 못한다 해도 들을 수는 있으며, 또한 노래는 눈보다도 귀에 전달되는 것이다. 따라서 음악을 제대로 알려면 음악을 표현하는 데 그쳐서는 안 되고 음악을 창작해야 하므로 이 두 가지를 함께 배워야 한다. 그렇지 않으면 결코 음악을 충분히 알 수가 없다. 여러분은 소년 음악가에게 우선 매우 규칙적이고 음률적인 문구를 만드는 훈련부터 시켜라. 그런 후에 극히 단순한 전조(轉調)에 의해서 그 작은 악절을 서로 연결시킨다. 그렇지만 그 작은 악절들의 여러 가지 관계나 이상한 노래, 또는 감상적인 노래나 표정이 많은 노래는 가르치지 말라. 멜로디는 부르기 쉽고 단순한 것으로서 언제든지 기본적인 화음에서 나와야 하고, 늘 아이가 쉽게 반주할 수 있는 그러한 멜로디여야 한다. 왜냐하면 목소리와 귀를 훈련시키는 클라브생을 따라서 노래를 해야 하기 때문이다.

음을 잘 구별하기 위해서 그 음을 하나하나 분명히 발음한다. 계명으로 노래하는 버릇은 바로 여기서 온 것이다. 음정을 구별하려면 그 음정과 그것들의 일정한 관계에 하나하나 이름을 붙여주어야 한다. 건반의 건(鍵)과 음계의 음(音)을 나타낼 때의 음정 이름과 알파벳 문자 이름은 여기서 생겨난 것이다. C와 A는 고정된 음이며 변화하지 않는다. 그러나 '도'와 '라'는 다르다. '도'는 장음계의 주음이거나 단음계의 제3음음이며, '라'는 단음계의 주음이거나 장음계의 제6음이다. 이와 같이 알파벳 문자는 음악의 고정된 음을 나타내고, 음질들은 서로 다른 여러 음계에서 비슷한 연속 관계들의 대응 관계를 나타낸다. 문자는 악기의 건반을 나타내고 음질은 음계의 음정을 나타낸다. 프랑스의 음악가들은 이런 구별을 뒤섞어 놓았다. 그들은 건반의 기호를 불필요하게 겹치게 해서 음정과 화음을 나타내는 기호를 남겨두지 않은 것이다. 그래서 그들에게 있어서 '도'와 'C'는 항상 같다. 그러나 사실은 그렇지 않으며, 그래서도 안 될 것이다. 그렇다면 'C'의 용도는 무엇인가? 그들의 계명창법에 따르면 예를 들어 '도'와 '미'의 두 음절은 장3도와 단3도, 증3도와 감3도를 다같이 나타내므로 그 방법은 아무런 역할도 하지 못하고 지나치게 어렵기만 하다. 음악에 관해 세계에서 가장 훌륭한 책을 쓴 나라가 음악을 배우는 데는 가장 어려운 나라가 되었다는 것은 묘한 일이다.

나의 제자에게는 좀더 간단명료한 방법을 가르치도록 하자. 그가 노래를 하건 악기를 연주하건 주조음이 되어줄 12음을 사용하여 자신의 음조를 정할 줄 알게 하고, 전조하더라도 마지막 음은 언제나 그 음조에 따라 '라'와 '도'가 되도록 한다면 그는 언제나 근본적인 관계를 이해하게 될 것이다. 그러나 정확한 노래나 연주하기 위한 음계의 연속 관계를 항상 잊지 않으면, 그의 연습은 더욱 명확해지고 진보도 빠를 것이다.

음악에 대해서는 이 정도로 하고, 음악이 언제나 재미있기만 하다면 여러분은 여러분 생각대로 음악을 가르치는 것이 좋다.

이제 우리는 우리 자신의 육체에 관련된 외계의 상태를 충분히 알게 되었다. 가까이해도 좋은 것들이나 멀리해야 될 것들을 배웠다. 또 그들의 저항을 이겨내는 방법이나 그 저항에도 해를 입지 않는 방법 등을 배웠으나, 이것으로 충분하지는 않다. 우리의 몸은 끊임없이 소모되므로 부단한 갱신을 필요로 한다. 비록 우리가 다른 물질들을 우리 자신의 것으로 변화시킬 능력을 가지고 있기는 하지만, 그 선택이 무조건 좋은 것은 아니다. 모든 것이 인간의 먹이가 될 수 없으며, 또 먹이가 될 수 있는 물질들 중에서도 인류의 체질·풍토·신분·정해진 생활 방식에 따라 그 알맞은 정도가 각기 다르기 때문이다.

만약 알맞은 먹이를 고르는 데 경험이 우리에게 그것을 알려주고 선택해줄 때까지 기다려야 한다면, 우리는 기아의 해독으로 죽을 것이다. 그러나 감각있는 동물의 쾌감을 자기 보존의 수단으로 삼아준 신의 자비는 입에만 맞는다면 무엇이든 우리의 위에도 적당한 것임을 우리에게 알려준다. 인간에게 있어 자기의 식욕보다 더 확실한 의사는 없다. 인간을 원시 상태에 놓고 생각할 때, 가장 맛있게 생각되었던 먹이들이 몸에도 가장 좋으리라는 것을 나는 의심하지 않는다.

그리고 조물주는 인간에게 준 욕구만이 아니라 우리 스스로가 만든 욕구까지도 충족시켜 준다. 생활 방식에 따라서 우리의 입맛이 바뀌고 변하는 것은, 언제나 욕망을 필요에 따르게 하려는 것이다. 습관이 제2의 자연이 되고, 그리하여 우리는 점차 우리들 중 누구도 원래의 자연을 알아볼 수 없을 정도로 이성을 잃고 있는 것이다.

가장 자연스러운 미각이 또한 가장 단순한 것인 까닭은 바로 이런 변화 때문이다. 이에 반해서 우리의 미각이 날카로워지고 자극을 받고 하면 그것은 더 이상 변하지 않고 일정한 형태를 취하게 된다. 어느 나라에도 적응해 있지 않은 사람은 다른 나라의 관습에도 쉽게 적응하지 못한다. 그러나 어느 나라에 완전히 속해 있는 사람은 이미 다른 나라 사람이 될 수는 없는 것이다.

이는 모든 의미에 있어서 진실이다. 미각의 본래의 의미로 볼 때 우리들의 최초의 먹이는 젖이고, 강렬한 맛을 가진 음식은 처음에는 우리 입에 맞지 않는다. 과일・채소・풀, 그리고 양념이나 소금을 치지 않고 구운 고기 등이 원시인들의 잔치 음식인데 미개인이 처음 술을 마실 때는 얼굴을 찌푸리고 그것을 뱉어 냈다. 우리들 중에서도 스무 살이 되도록 술을 마셔보지 못한 사람은 끝내 그것을 마시지 못한다. 그러므로 젊었을 때 포도주를 입에 대지 않았더라면, 우리들은 모두 술을 못 마시는 사람이 되었을 것이다. 일반적으로 사람들이 가장 싫어하는 음식은 복잡한 음식이다. 물이나 빵을 싫어하는 사람은 이것이 자연의 길이며, 따라서 우리의 규범인 것이다. 아이에게는 가능한 한 그 최초의 미각을 간직하도록 해야 한다. 그의 음식은 보편적이고 단순하며 자극적이지 않은 맛에 익숙하도록 해서 편식하지 않도록 하라.

나는 여기서 이런 생활 방식이 보다 건전한지 아닌지의 여부를 검토하고 있는 것은 아니다. 나는 나의 선택이 자연과 일치한다는 것, 모든 생활 양식에 가장 쉽게 적응할 수 있는 길임을 확인할 수 있다면 그것으로 충분하다. 아이들은 어른이 되었을 때 먹게 될 음식에 미리 길들여져야 한다는 사람들의 의견은 잘못된 것이라 생각된다. 아이와 어른의 생활 방식이 전혀 다른데 음식물이 같을 수 있겠는가? 노동과 걱정과 고생에 지친 어른의 두뇌에 신선한 기운을 주려면 영양이 풍부한 음식이 필요하다. 한창 몸이 성장하고 있는 아이에게는 유산균이 다량으로 함유된 음식이 필요하다. 아이에게는 무슨 일이건 너무 엄격하게 정해진 형식을 따르게 하다가 필요하면 변경함으로써 골탕먹이는 일이 없도록 하자. 프랑스 인은 요리사를 데리고 다니지 않으면 다른 나라에 갔을 때 굶어 죽게 된다거나, 또 다른 나라 사람들은 음식을 요리할 줄 모른다는 말을 하지 않도록 길러야 한다. 나는 프랑스 인들이야말로 음식을 먹을 줄을 모르는 사람들이라고 말하겠다. 왜냐하면 프랑스 인들이 먹을 음식을 만들려면 그야말로 특수한 기술을 필요로 하기 때문이다.

일반적으로 우리의 여러 감각 중에서 미각은 우리에게 가장 강한 자극을 준다. 실제로 우리는 우리 몸을 둘러싸고 있는 물질보다는 우리 몸의 일부분이 된 물질을 정확히 판단하는 데 더 관심을 갖는다. 촉각이나 청각·시각에는 아무래도 좋은 것들이지만 미각에는 아무래도 괜찮은 건 하나도 없다. 게다가 이 미각의 작용은 완전히 육체적이고 물질적이며, 또한 모든 감각 중에서 상상력에 의존하지 않는 유일한 감각이다. 적어도 상상력이 덜 개입하는 감각인 것이다. 반면에 모방과 상상이 종종 다른 모든 감각의 인상에 정신적인 요소를 혼합시킨다. 일반적으로 마음이 정열적이며 감수성이 예민한 사람들은 다른 감각에는 쉽게 움직이지만 미각에는 비교적 미온적이다. 미각을 다른 감각의 밑에 두고 우리를 그 속에 빠뜨리는 경향을 멸시하게 만드는 것은 이 때문이다. 따라서 아이들을 다스리는 데 가장 알맞은 수단은 음식인데, 탐식의 동기는 특히 허영심의 동기보다는 낫다. 왜냐하면 전자는 감각에 직접 연결된 것으로 자연의 욕망인 반면 후자는 세론의 소산으로서 사람들의 변덕과 모든 종류의 오류에 좌우되기 때문이다. 탐식은 어린 시절의 정열이다. 그러나 이 정열은 다른 어떤 것에도 지시를 받지 못하고 뒤로 물러서고 만다. 그러니 내 말을 믿으라. 아이는 먹는 생각은 곧 그만두게 될 것이다. 왜냐하면 머리가 다른 일로 가득 차게 되면 먹는 일 따위에는 거의 관심을 갖지 않을 것이기 때문이다. 아이가 크면 숱한 격정들이 탐식을 잊고 허영심만을 자극할 텐데, 이 허영심이라는 정념은 다른 정념을 이용하여, 결국은 그것들을 모두 삼켜 버릴 것이다. 미식(美食)을 중요시하는 사람이 있는데, 그는 아침에 잠이 깨면 그날 먹을 것을 생각하면서, 마치 역사학자가 어느 전투를 묘사한 이상으로 정확하게 식단을 묘사한다. 그러한 사람들은 모두가 기력도 줏대도 없는 가엾은 인간에 지나지 않는다는 사실을 나는 발견했다. 탐식은 재간이 없는 사람들의 결점으로 그들의 영혼은 모두 입 속에 있다. 그는 오로지 먹기 위해서 태어난 인간에 불과하다. 우둔하고 어리석은 그는 식탁만이 유일한 자기 자리이며, 요리 이외의 것은 전혀 모른다.

재능있는 아이에게 이 탐식이 습관화될까봐 염려하는 것은 소심한 사람들이나 하는 짓이다. 어릴 때는 먹는 것만을 생각한다. 그렇다고 해서 내가 미식을 미끼로 훌륭한 행위에 대한 명예를 뒷받침하려는 것은 아니다. 그런데 어린 시절은 놀이와 철없는 장난의 시기여야 하는데, 순수한 육체적인 운동의 상이 왜 물질적이고 감각적인 것이어서는 안 되는지 그 이유를 모르겠다. 한 아이가 나무 꼭대기에 있는 바구니를 보고 돌팔매질로 그것을 떨어뜨린다고 하면, 그것을 자기 마음대로 처분하고 또 그것을 얻느라고 소비한 힘 대신 근사한 점심 식사를 보상받는 것이 과연 정당한 일이 될까?

스파르타의 한 어린아이가 백 대의 매를 맞을 위험을 무릅쓰고 부엌으로 숨어들었다. 그리고는 살아 있는 여우 새끼를 훔쳐 옷 속에 넣어가지고 나오다가 여우에게 할퀴고 물어뜯겨 피투성이가 된다. 그러나 붙잡히는 것이 부끄러워 그놈한테 물어뜯겨도 한 마디 비명조차 지르지 못한다. 그렇다면 아픔을 참고 나서 그 약탈물을 자기 마음대로 처분한다면 그것은 정당한 일이 아닌가? 근사한 식사를 상으로 주어서는 안 된다고 하지만, 때로는 그것을 얻기 위해 쏟은 노력의 대가가 되어도 좋지 않을까? 에밀은 내가 돌 위에 올려놓은 과자를, 자기가 달리기를 잘한 데 대한 상으로는 보지 않는다. 그는 다만 그 과자를 갖기 위해서 남보다 빨리 그곳에 도착해야 한다는 사실만 알고 있을 뿐이다.

이것은 내가 조금 전에 음식은 간소해야 한다고 주장한 것과 모순되지 않는다. 왜냐하면 아이들의 식욕을 돋우려면 그들의 감성을 자극할 것이 아니라 만족시켜주기만 하면 되기 때문이다. 성장의 필요성 때문에 아이들의 식욕은 그들에게는 다른 어떤 것보다도 확실한 조미료이다. 과일이나 유제품들, 그리고 맛있게 구운 과자 등을 절도있게 준다면 강한 맛에 대한 구미를 붙여주거나 싫증도 없이 아이들을 이 세계의 끝까지라도 데리고 갈 수 있다.

고기를 좋아하지 않는다는 것이 인간의 자연적인 경향이라는 증거의 하나는, 모든 아이들이 유제품이나 과자나 과일 같은 식물성 음식을 좋아한다는 것이다. 이 본래의 구미를 변질시키지 않고 아이들을 육식가로 만들지 않는 일이 중요하다. 이것은 아이들의 건강을 위해서라기보다는 성격을 위해서이다. 일반적으로 고기를 많이 먹는 사람들이 다른 사람들보다 잔인하고 난폭한 것은 확실하다. 이것은 어느 장소 어느 시대를 막론하고 나타나는 사실이다. 영국인의 잔인성은 널리 알려져 있다. 그 반대로 조로아스터 교도들은 인류 중에서 가장 유순하다. 미개인들은 모두 잔인하다. 그것은 그들의 습관 때문이 아니라 음식에서 비롯된 것이다. 그들은 마치 사냥이라도 가는 것처럼 전쟁터로 나가서 사람을 마치 공처럼 다룬다.

영국에서도 백정은 외과의사와 같이 법정의 증인으로 서지 못한다. 지독한 악당은 피를 마심으로써 살인을 예사로 생각한다. 호메로스는 육식가인 애꾸눈 거인 키클롭스들을 무서운 인간으로 그리고 있다. 아프리카의 연꽃을 먹는 종족들은 너무 상냥해서, 그들과 한 번 사귀면 모든 것을 잊고 같이 살고 싶어지는 민족으로 묘사되고 있다. 플루타르코스는 이렇게 쓰고 있다.

“당신은 피타고라스가 왜 짐승의 고기를 못 먹게 하느냐고 나에게 묻는다. 그러나 나는 반대로 이렇게 묻겠다. 인간으로서 죽은 짐승의 고기를 입에 대고, 거기다가 짐승의 뼈를 이빨로 부러뜨리고, 죽은 육체, 즉 시체를 자기의 눈앞에서 요리하게 하여 조금 전만 해도 울고 으르렁거리고 걷던 동물의 사지를 삼킨 사람은 도대체 어느 정도의 용기를 가진 사람인가? 그는 어떻게 눈으로 도살을 보고도 견뎌 낼 수 있었던가? 저항도 못하는 가엾은 동물의 가죽을 벗기고 사지를 잘라내는 것을 어떻게 지켜볼 수 있었던가? 꿈틀거리는 살을 보고도 어떻게 견딜 수 있었던가? 그 고기 냄새를 맡고도 어찌하여 구역질이 나지 않았던가?

사람이 처음으로 자연을 배반하고 그 끔찍스러운 식사를 했을 때, 느낀 감정은 어떠했을까? 그가 처음으로 산 짐승에 대해 식욕을 느꼈을 때, 또는 풀을 뜯고 있는 동물을 먹이로 하고자 했을 때, 그리고 자기 손을 핥고 있는 양의 목을 조르고 고기를 요리하는 것을 생각했을 때 그는 어떤 일을 상상하고 느꼈을까? 우리를 놀라게 한 것은 이런 잔인한 잔치를 시작한 사람들에 대해서이지, 그것을 그만둔 사람들에 대해서가 아니다. 그래도 그것을 최초로 시작한 사람들은 자기들의 야만성을 변명할 만한 구실이 있었을 것이다. 그러나 지금의 우리의 야만성에는 그럴 만한 이유가 없으므로 우리의 야만성은 그들보다 백 배나 더 잔인한 것이다.

‘신의 은총을 받은 인간들이여, 시대를 비교해 보라. 그대들은 얼마나 행복하고, 우리는 얼마나 불행했던가를 보라!’ 이렇게 원시인은 말할 것이다. ‘지구 표면의 4분의 3은 연못이며 호수 또는 깊은 늪들이 덮고 있었다. 나머지 4분의 1은 불모의 숲으로 덮여 있었다. 대지는 열매를 맺지 못했으며, 우리에게는 땅을 갈 만한 농기구도 없었고 사용할 줄도 몰랐다. 아무것도 뿌리지 않은 자에게 수확의 시기가 올 리 만무했다. 그리하여 겨울이면 이끼나 나무껍질이 우리의 주식이었다. 그러다가 너도밤나무나 호도나 도토리라도 발견하면 몹시 기뻐하며 노래에 맞추어 떡갈나무나 너도밤나무 주위를 빙빙 돌며 춤을 추었다. 이것이 우리들의 유일한 향연이었다. 마침내 모든 것을 벗겨 먹고 벌거숭이가 된 대지가 우리에게 더 이상 아무것도 주지 못하자, 우리는 자기 보존을 위해서 어쩔 수 없이 자연을 침범했다. 우리의 비참한 패들과 함께 멸망하기보다는 차라리 그들을 잡아먹기로 했다. 그러나 잔인한 인간들이여, 누가 그대들에게 피 흘리기를 강요하는가? 얼마나 많은 재화가 당신들을 둘러싸고 있는가 보라! 대지가 얼마나 많은 산물을 당신들에게 주고 있는가! 그리고 얼마나 많은 동물들이 당신들을 위해서 젖을 주고 털을 제공하고 있는가! 그런데도 여러분들은 또 그 이상의 무엇을 요구하는가? 여러분은 많은 재산과 먹을 것이 있는데 무엇 때문에 그와 같은 살육을 범하는가? 여러분은 어째서 어미인 대지에게 비난을 일삼는가? 여러분은 어째서 신성한 법칙을 만들어낸 케레스나, 사람들을 위로해주는 바커스를 반대하고 죄를 범하는가? 마치 그들이 주는 선물들이 인류의 보존에 충분하지 못한 것처럼 말이다. 어떻게 여러분은 그들이 주는 맛있는 열매들과 동물의 뼈를 식탁 위에 함께 놓고, 젖과 그 젖을 공급하는 동물들의 피를 같이 먹을 수 있는가? 여러분들이 맹수라고 부르는 표범이나 사자들은 살아남으려는 본능에 따라 다른 동물들을 잡아먹는다. 그러나 당신들은 공연히 본능적으로 잔인한 쾌락을 위해 싸우는 것이다. 당신들이 먹는 동물들은 다른 동물을 먹지 않는다. 그와 마찬가지로 여러분은 육식 동물을 먹지 않고 그들의 흉내만 내고 있는 것이다. 여러분은 아무에게도 해를 끼치지 않는 온순한 동물들에게만 식욕을 느낀다. 오, 자연을 파괴하는 살해자여! 자연이 너와 작은 인간을 너로 하여금 잡아먹도록 하는 그런 끔찍한 식사에 대해서, 공포심을 없애 보라. 동물들을 너 자신이, 즉 쇠붙이나 칼을 쓰지 말고 너 자신의 손으로 직접 죽여라. 사자나 곰처럼 손톱으로 할퀴고 물어뜯어서 말이다. 살갗을 손톱으로 할퀴고 양을 산 채로 먹어 버려라. 아직 열이 식지 않은 살을 먹고 그 뜨거운 피를 마셔라. 너는 감히 이빨 사이에서 살아 있는 고기가 꿈틀거리는 것을 느낄 용기는 없는가? 어리석은 인간아! 너는 동물을 죽여 놓고, 그 다음에야 그것을 먹는다. 말하자면 두 번 죽이는 것이다. 그것뿐만이 아니다. 죽은 고기는 또한 너에게 소름을 끼치게 할 텐데, 너의 창자는 그것을 견뎌내지 못한다. 불로 모양을 바꾸어야 하고, 삶거나 구워야 하며, 양념으로 변모시켜야 한다. 그 때문에 속은 미각이 이상한 것을 토하지 않고 보기만 해도 끔찍한 송장을 먹이도록 해서 너에게서 도살의 공포를 없애주고, 시체를 요리해 줄 요리사 같은 인간들이 필요한 것이다.'"

이 인용문이 내 주제와는 맞지 않는 것이지만 그것을 전재하지 않을 수 없었으므로 독자는 양해하리라 생각한다. 더구나 여러분이 아이들에게 어떤 식사를 시키건 그들을 평범한 음식에 익숙해지도록 해준다면, 그들이 마음대로 먹고 뛰고 놀게 해도 괜찮다. 그렇게 하면 아이들은 과식이나 소화불량에 걸리는 일이 절대로 없을 것이다. 그러나 그들을 굶주리게 하면 아이들은 여러분의 감시를 피해 때마다 전력을 다해서 배가 터질 정도로 먹을 것이다. 우리의 식욕은 자연법칙들을 부여하면 도를 지나친다. 끊임없이 조절하거나 명령하는 우리들은 저울이 없이는 아무 일도 하지 못한다. 그런데 그 저울은 우리의 변덕을 기준으로 한 것이지, 우리의 위를 기준으로 삼은 것은 아니다. 여기서 실례를 들겠다. 농가의 빵 상자나 과일 상자는 늘 열려 있지만, 아이들도 어른들도 모두가 소화불량이라는 것이 무엇인지를 모르고 지낸다.

내 방법에 따르면 있을 수 없는 일이지만 혹시 아이가 과식하는 경우가 있게 되면 아이가 좋아하는 놀이로써 기분을 바꿔줄 수 있다. 그때문에 지나친 놀이로 아이 자신도 모르는 사이에 사람들은 그를 영양실조에 걸리게 만들 수도 있을 것이다. 이처럼 확실하고 손쉬운 방법을 어째서 선생들은 못하는 것일까? 헤로도토스에 의하면 지독한 기근에 허덕이는 리디아 인들은 며칠을 넘길 수 있는 여러 가지의 재미있는 경기나 오락들을 궁리해내어 배고픔을 잊게 했다고 한다. 박식한 교사들은 아마 이 이야기를 백 번도 더 읽었겠지만, 그것이 아이들에게 적용되리라는 것은 깨닫지 못했던 것이다. 그들 중 어떤 교사는 '아이란 공부하러 가기 위해 식사를 그만두지는 않는다.'고 말할지도 모르겠다. 그것은 맞는 말이지만, 내가 생각한 것은 그런 놀이가 아니다.

미각에 대한 후각의 관계는, 촉각에 대한 시각의 관계와 같다. 후각은 어떤 물질이 어떠한 방법으로 미각을 자극하는가를 미리 예고해 준다. 그리고 그 인상에 따라 그 물질을 요구하거나 피하게 한다. 미개인들은 우리와는 다른 후각을 가지고 있어서 냄새의 판단이 우리와 전혀 다르다는 얘기를 들은 적이 있다. 나로서는 그 얘기를 믿고 싶다. 냄새 그 자체는 약한 감각이다. 그것은 감각기관보다는 상상력을 자극하여 그것 스스로가 주는 것보다는 기대하게 만드는 것에 의해서 자극된다. 그렇다고 가정하면 생활 방식에 의해 다른 사람들의 미각과 전혀 달라진 미각이, 맛에 대해서나 그 맛을 예고하는 냄새에 대해서 상반된 판단을 내릴 것은 분명한 일이다. 타타르 인은 죽은 말의 다리에서 나는 악취에 대해 마치 우리 나라 사냥꾼이 반쯤 썩은 꿩의 냄새를 맡을 때 느끼는 것과 같은 쾌감을 느낄 것이다.

화단의 꽃냄새 같은 약한 감각들은, 항상 바쁘기 때문에 산책할 여유가 없거나, 일을 안 해서 쉬는 즐거움을 모르는 사람들로서는 느끼지 못할 것이다. 항상 굶주린 사람들은 먹을 수 없는 향수 냄새 같은 것은 그리 반가워하지 않을 것이다.

후각은 상상적인 감각이다. 따라서 신경에 매우 강한 자극을 주어 두뇌를 크게 자극시키므로 일시적으로 기분이 달라지지만 오래되면 피로해지는 것이다. 화장품의 좋은 향기도 사람들이 생각하는 이상으로 효력이 있는 함정이다. 그리고 애인의 가슴에 꽂힌 꽃향기에 가슴이 두근거림을 느껴본 적이 없는 둔감한 남자를 축복해야 할지 동정해야 할지 나도 모르겠다. 따라서 후각은 어린 시절에는 그다지 활동할 필요가 없다. 그 시기에는 별로 자극받지 않은 상상력이 감동을 받아들이기가 힘들기 때문이다. 대부분의 아이들에게는 후각이 거의 무감각한 상태에 있다. 그것은 아이들의 감각이 어른만큼 예민하지 못하기 때문이 아니라 감각에 다른 어떤 관념을 결부시키지 않으므로 그 기쁨이나 고통의 감정에 쉽사리 동정하지도 않으며, 또 그런 것으로 인해 어른들처럼 기뻐한다거나 상처를 받는 일이 없기 때문이다. 나는 이와 같은 이론하에서 남녀 양성의 비교 해부학에 의하지 않고도, 왜 여자들이 일반적으로 남자들보다 냄새에 자극을 강하게 받는가 하는 이유를 쉽게 발견할 수 있다고 생각한다.

캐다다의 미개인들은 어려서부터 후각을 연마하여 개가 있으면서도 사냥에서 개를 사용하지 않고 개의 역할을 그들 자신이 할 정도라고 한다. 사실 개가 사냥감을 알아채듯이 아이에게 제 식사를 알아채도록 가르치면 아이들의 후각도 그 정도까지 발달할 수 있으리라는 생각까지 든다. 그러나 아이에게 있어서 후각이 그다지 쓸모있는 용도를 유도해 낼 수 있다고는 생각되지 않는다. 자연은 미각과 후각 기관을 가까이 해놓고 그 두 감각 사이의 직접적인 통로를 입 안에 두어 그 때문에 냄새를 맡지 않고는 아무것도 맛볼 수 없게 함으로써 미각의 작용과 후각의 작용에 불가분의 관계가 맺어지도록 해주었다. 나는 다만 사람들이 이 자연적인 관계를 변경시켜 아이를 속이는 일이 없기만을 바랄 뿐이다. 보다 활발한 쪽의 감각이 다른 한쪽의 작용을 흡수하므로 아이는 여전히 약을 먹을 때 싫어하는 것이다. 이 불쾌감은 동시에 모든 감각들에 퍼지는데, 이쯤 되면 매우 달콤한 향기도 그에게는 역겨운 냄새가 되고 말 것이다. 이리하여 우리의 배려는 유쾌한 감각들을 희생시켜 가면서 불쾌한 감각을 더욱 증가시킨다.

이어서 제6감이라는 것을 숙달시키는 일에 대해 이야기하고자 한다. 그것은 공통 감각이라 부르는데, 그 까닭은 다른 감각들의 정상적인 사용에서 생겨난 것이 사물들의 갖가지 힘을 빌어 우리에게 그 사물들의 본성을 가르쳐주기 때문이다. 따라서 이 제6감은 특별한 기관이 없이 두뇌 속에만 자리잡고 있다. 사상의 명확이란 지각 또는 관념의 정확성에 의지하고 있다. 이 관념들의 수가 바로 우리 지식의 넓이를 재는 척도가 되는 것이다. 인간의 이성이라 불리는 것은 바로 이 관념들을 서로 비교하는 기술을 말한다. 그래서 내가 감각적인 이성 또는 덜 성숙된 이성이라 말한 이유는 몇 개의 감각들이 결합에 의해 단일한 관념을 구성해 내기 때문이다. 그리고 내가 지적인 이성 또는 인간의 이성이라 부르는 것은 몇 개의 단순한 관념들에 의해 복합 관념을 만드는 것을 의미한다.

만일 내 방법이 자연의 방법이고 그 방법을 적용하는 데 있어 오류를 범하지 않았다고 가정한다면, 우리는 이제 우리의 제자를 감각의 세계를 지나 유치한 이성의 경계선에까지 데려온 셈이다. 그것을 넘어선 우리의 첫걸음은 어른으로 다가가는 길이어야만 한다. 그러나 이 분야에 들어서기 전에 우리가 지나온 길을 더듬어보기로 하자. 일생의 모든 시기나 모든 상태는 저마다 고유한 완전이 있고, 고유한 그 나름대로의 성숙이 있다. 우리는 흔히 이미 성숙한 사람에 대해 말하는 것만을 들어 왔지만, 성숙한 아이에 대해서도 생각해 보자.

유한한 것들의 존재는 극히 보잘것없고 좁은 것이므로, 우리는 있는 그대로의 상태만을 보고서는 결코 감동하지 않는다. 그래서 우리 눈에 띄는 것에 상상력이 매력을 유도하지 못하면 거기서 느껴지는 보람 없는 기쁨은 무감동한 그대로일 것이다. 가을의 보물들로 장식된 대지의 풍부한 색채를 보여 우리 눈을 현혹시켜도 그 현혹은 전혀 감동적인 것이 아니다. 그것은 감정에서보다는 오히려 사색에서 오는 것이다. 그러나 봄이면 황량한 들판에 아무것도 보이지 않고 그늘도 없으며 풀이 겨우 돋아나기 시작할 뿐인데도 그 모습에 감동한다. 자연이 그렇게 되살아나는 것을 보고 자신도 생기를 되찾게 되는 것이다. 감미로운 감정을 만나면 언제라도 어울릴 준비가 되어 있는 달콤한 눈물이 우리의 눈시울에 감도는 것이다. 그러나 포도 수확기의 모습이 아무리 활기있고 유쾌할지라도 사람들은 항상 차가운 눈으로 바라볼 뿐이다.

왜 이러한 차이가 있을까? 이유인즉 봄의 광경 앞에서는 상상력이 다음의 계절들의 모습을 연결시켜 주기 때문이다. 그 보드라운 싹이 눈에 띌 때 상상력은 그 싹에 꽃이며 열매며 녹음을, 때로는 그 녹음이 감추고 있을지도 모를 신비까지를 그려주고 또 뒤이어 올 시간들을 한 점에 모아 대상물들을 실재의 상태로서보다는 자기가 바라보는 상태로서 보도록 한다. 왜냐하면 대상물의 선택이 상상력에 달려 있기 때문이다. 반대로 가을에는 있는 그대로밖에는 볼 수가 없다. 봄을 연상하려 해도 겨울이 가로막고 있어서 얼어붙은 상상력은 눈과 서리 위에서 사라지고 만다.

성숙기의 완성에서보다 오히려 아름다운 어린 시절을 바라볼 때에 발견하는 매력은 바로 그것이다. 만일 우리가 인간을 현재 있는 그대로 보거나 혹은 그의 노년기에 어찌될 것인가를 생각한다면, 쇠퇴해 가는 자연에의 관념이 우리의 모든 기쁨을 없애버리고 말 것이다. 한 인간이 무덤을 향해 나아가는 모습을 보고 기쁨을 느낄 수는 없으며 죽음의 모습은 모든 것을 보기 흉하게 만든다.

그러나 나이에 비해 발육 상태가 좋고 건강하며 씩씩한 열 살 내지 열두 살 난 아이를 보노라면 그 현재에 대해서나 미래에 대해서나 유쾌한 느낌만이 생긴다. 속 썩일 걱정이나 미래에 대한 예상도 없이, 자신의 현재 상태에 완전히 빠진 발랄하고 생기있는 아이를 보며, 나는 그가 나날이 자라나 시시각각으로 새로운 징조를 보이는 감각과 정신과 힘을 과시하는 그의 미래의 모습을 예견하고 아이로서의 그를 바라보면 마음이 흡족해진다. 어른이 된 그를 상상해보면 더욱 기분이 좋아져 그의 뜨거운 피가 나의 피를 뜨겁게 해준다. 마치 그의 활기가 나를 다시 젊어지게 하는 느낌을 받는 것이다. 시간이 흘러간다. 그의 눈은 흐려지고, 쾌활함이 사라진다. 기쁨이여 안녕! 즐거운 놀이여 안녕! 엄격하고 성난 모습을 한 남자가 아이의 손을 잡고 점잖게 말한다. "자, 도련님 나와요." 그리고는 그를 데리고 간다. 그들이 들어가는 방에는 책들이 보인다. 책! 그 나이의 아이에게는 얼마나 매력없는 상대인가? 가엾은 아이는 끌려가면서 섭섭한 듯이 주위를 둘러보며 입을 다물고, 눈물을 흘리지도 못하지만, 눈물로 부은 눈과 감히 내쉬지도 못하는 한숨으로 가득찬 가슴을 안고 떠난다.

행복하고 사랑스러운 나의 제자여, 오라, 와서 저 불행한 아이가 떠나버린 슬픔으로부터 우리를 위로해 다오. 오라…… 그는 뛰어왔다. 나는 그가 다가오는 것을 보고 기쁨이 용솟음치는 것을 느낀다. 그도 역시 이 기쁨을 함께 느끼고 있음을 나는 알았다. 그는 그의 친구를 향해서 오고 있다. 그는 나를 보자 곧 재미있는 장난이 시작되리라는 것을 확신한다. 우리는 함께 있을 때만큼 행복한 적은 없었다.

그의 얼굴·자세·태도는 자신감과 만족감을 나타내고 있다. 그의 얼굴은 건강으로 빛나고, 힘찬 발걸음은 힘찬 느낌을 보여준다. 아직 섬세한 그의 얼굴에는 당황한 빛은 전혀 없다. 대기와 태양이 이미 그의 얼굴에 남성의 명예로운 인상을 주었기 때문이다. 아직도 부드러운 그의 근육은 형성되기 시작하여 용모의 뚜렷한 개성이 드러나기 시작했다. 아직 감정의 불꽃을 좋아하지 않는 두 눈은 적어도 타고난 맑은 빛을 그대로 지니고 있다. 그의 두 눈은 눈물을 흘린 일도 없으며, 재빠르면서도 확실한 그의 동작에서는 그 나이에 알맞은 활기가 확고한 자주성과 심한 훈련으로 쌓은 경험을 엿볼 수 있다. 그의 태도는 개방적이고 자유스러우면서도 거만스럽거나 뽐내지 않는다. 책에 매달린 적이 없는 얼굴은 축 늘어지는 일이 없다.

여러 사람이 모인 가운데 끼어 있는 그를 살펴보라. 안심하고 질문해 보라. 그를 귀찮게 한다거나 수다를 떨거나 경솔한 질문을 할까봐 걱정할 필요는 없다. 여러분이 그에게서 풀려나올 수 없게 될까봐 두려워하지도 말라.

그렇지만 여러분은 그에게서 찬사를 기대하진 말라. 또한 나에게서 교육받은 대로 그가 여러분에게 말하리라고 기대하지도 말라. 꾸밈이 없는 소박하고 단순한 진실 이외에는 기대해서는 안 된다.

나쁜 일도 자유롭게 여러분에게 얘기한다. 그가 쓰는 말은 처음 말을 배웠을 때의 그 소박한 어조를 그대로 지니고 있다.

사람들은 아이들의 앞날에 큰 기대를 갖기를 좋아한다. 어쩌다가 아이의 입에서 나온 몇 마디 뛰어난 말을 들으면 거기에 기대를 걸어보려 하지만, 그 이후로는 거의 언제나 기대를 무너뜨리는 바보 같은 행동들을 보고서 여러분은 서운함을 느낀다. 내 아이는 결코 나에게 그런 서운함을 느끼도록 하지는 않을 것이다. 왜냐하면 쓸데없는 말을 거의 하지 않으며, 남이 들어주지 않을 말을 늘어놓음으로써 기운을 축내지도 않을 것이기 때문이다. 그의 관념은 한정된 것이지만 명확하다. 특별히 외진 않았어도 그 대신 경험에 의해 많은 것을 알고 있다. 그가 다른 아이들보다 책 읽는 것은 서투를지라도 자연이라는 책은 다른 아이들보다 더 잘 읽는다. 그의 정신은 혀에 있지 않고 머릿속에 있다. 그는 기억력이 미약하나 판단력은 뛰어나다. 그는 하나의 언어만을 말할 수 있지만 자신이 하는 말은 충분히 이해하고 있다. 그리고 남들이 하는 만큼 말을 잘하지는 못하지만 행동은 그들보다 뛰어나다.

그는 관례나 습관이 무엇인지 모른다. 그가 어제 한 일은 오늘 하는 일에 아무런 영향도 미치지 않고, 그는 결코 공식에 따르지 않으며, 권위나 본보기에도 굴하지 않고, 자신에게 알맞은 행동과 말만을 한다. 그러므로 그에게서 남이 시킨 말이나 태도를 기대하지 말고, 오직 그의 생각에 정직한 표현과 자신의 성향에서 나온 행동만을 기대하라.

여러분은 그가 자신의 현재 상태에서 약간의 도덕적 관념을 가지고 있는 것을 발견할 것이다. 또한 어른들의 상대적인 상태에 대한 관념은 하나도 없다는 것도 발견하게 될 것이다. 아이는 아직 사회의 활동적인 구성원이 아니므로 그런 관념들이 아무 소용도 없는 것이다. 그에게 자유나 소유권 또는 인습에 대해서 말해보면 그는 이해할 것이다. 그러나 그는 자기의 소유물과 남의 소유물은 구별하지만 그 이상은 모를 것이다. 그에게 의무나 복종에 대해서 들려주어도 그는 잘 알아듣지 못할 것이다. 그에게 무엇인가 명령해 보아도 그는 여러분의 말을 듣지 않을 것이다. 그러나 여러분의 말을 들어주면 언젠가는 사례하겠다고 말하면 당장에 여러분을 만족시켜 줄 것이다. 왜냐하면 자기 영역을 넓히면서 자신도 알고 있는 여러분에게서 얻기를 바라던 터였기 때문이다. 아마 어른들 사이에 끼어들고, 무엇인가를 인정받는 동기를 갖게 되면 그는 이미 자연에서 벗어나 결국 모든 허영의 문들을 잘 닫아주지 못한 셈이 된다.

에밀로서는, 만일 도움을 필요로 한다면 누구든지 먼저 만나는 사람에게 그것을 부탁할 것이다. 그의 눈에는 모든 인간이 평등하게 보이기 때문이다. 부탁하는 태도로 보아 여러분은 그가 여러분에게 의무적으로 요구하는 것이 아니라 은혜를 베풀어주기를 원한다는 사실을 알 수 있다. 그는 또 인정이 은혜를 베풀어줄 것이라는 사실도 알고 있다. 그의 표현은 간결하다. 그의 목소리·시선·몸짓은 승낙이나 거절에도 똑같이 답변할 것이다. 하인의 비굴한 복종도 주인의 명령적인 어조도 아니다. 그것은 자기 동료에 대한 신뢰이며, 또한 자유로우면서도 강하고 친절한 사람의 도움을 청하는 고귀하고도 애처로운 상냥함이다. 만일 원하는 것을 들어주더라도 그는 고맙다는 인사를 하지 않을 것이다. 내심으로는 빚을 지고 있다고 느낄 것이다. 또 만일 여러분이 그 청을 거절해도 그는 불평하지 않고 그런 짓이 소용없다고 생각할 것이다. 그는 거절당했다는 생각 대신 불가능한 일이었다고 생각할 것이다. 인간이란 잘 아는 필연성에 대해서는 결코 반항하지 않는 법이다.

그를 혼자 자유롭게 내버려두고서 그의 행동을 주시하라. 자신에게 자유라는 것을 확인시킬 필요가 없는 그는 자기 힘을 과시하기 위해서 결코 아무 행동도 하지 않을 것이다. 그는 언제나 자기의 마음대로 행동할 수 있다는 것을 알고 있기 때문이다. 그는 민첩하고 가볍고 그 나이에 알맞은 쾌활함을 지니고 있다. 우리는 그중에서 목적 없는 동작은 하나도 발견하지 못할 것이다. 하고 싶은 일이 있어도 자기 힘 이상의 것은 절대로 시도하지 않을 것이다. 그의 수단은 언제나 목적에 적합하며 성공할 가망이 없으면 좀체로 행동하지 않을 것이다. 그는 주의 깊고 정확한 눈을 가질 것이다. 남들한테 물어보지도 않고 알고 싶은 것을 스스로 발견하려고 노력할 것이다. 설령 뜻하지 않은 난관에 부딪치더라도 그는 다른 아이들처럼 당황하지 않고, 위험이 있더라도 역시 겁내지도 않을 것이다. 그의 상상력은 아직 활동을 시작하지 않았으며 또 그것을 자극할 만한 것이 없기 때문에 그는 눈앞에 있는 것만을 볼 것이다. 위험도 필요 이상의 평가를 하지 않아 결코 냉정을 잃지 않을 것이다. 몇 번인가 필연의 억압을 자주 느끼지만 그것에 대해 반항하지 못한다. 태어나면서부터의 필연성의 압력에 이제는 익숙해져 있기 때문이다. 그는 모든 일에 대해 만반의 준비가 되어 있다.

일을 하거나 놀거나 그에게는 마찬가지이다. 놀이가 그의 일이므로 그는 거기서 아무런 차이도 느끼지 않는 것이다. 무슨 일을 하든지 남을 웃기는 흥미와 자신을 기쁘게 하는 자유를 발견한다. 한 귀여운 아이가 생기있고 밝은 눈과 만족스럽고 밝은 표정으로 시시한 장난에 완전히 몰두해 있는 것을 바라보는 것처럼 유쾌하고 매혹적인 일이 또 있을까?

이번에는 그를 다른 아이와 비교해 보자. 다른 아이들과 섞여 그가 하는 대로 그를 내버려두어 보라. 그러면 누가 가장 잘 자랐는지, 누가 그 나이에 맞는 성숙도에 가장 접근해 있는지를 곧 알게 될 것이다. 도시의 아이들 중에서는 그보다 재치있는 아이가 없으며, 그는 어느 누구보다도 힘이 셀 것이다. 농촌 아이들과 견주어볼 때 그의 힘은 그들과 비슷해도 재치는 그들을 능가한다. 아이의 능력이 미치는 범위 안에서는, 그는 어느 누구보다 잘 판단하고 추리하고 예측한다. 행동하고, 달리고, 뛰고, 물건들을 움직이고, 큰 덩어리를 들어올리고, 거리를 측정하고, 놀이를 생각하고, 상을 타고 하는 것은 별 문제가 되지 않는다. 그는 마치 자연이 그의 명령하에 있다고 생각할 만큼 모든 것을 자기 뜻대로 만들 줄 아는 것이다. 그는 자기 또래의 아이들을 지도하고 지배하도록 배웠으며, 그에게서는 재능과 경험이 권리와 권위의 역할을 대신하고 있다. 어디에서나 뛰어난 그는 다른 아이들의 우두머리가 될 것이다. 다른 아이들은 언제나 그가 강하다는 사실을 느낄 것이다. 그는 명령하려고 들지 않아도 지배자가 될 것이다. 아이들은 복종하고 있다는 생각을 하지 않고 그에게 복종할 것이다.

그는 소년 시절의 성숙기에 이르렀다. 그는 자신의 행복을 희생해서 그 완성을 얻은 것이 아니고, 오히려 그 두 가지가 서로 협력한 것이다. 그 나이에 알맞은 모든 이성을 얻은 동시에 그는 그의 체질이 허용하는 한도 내에서 행복했고 자유로웠다. 설사 운명의 낫이 그에게서 우리의 희망의 꽃을 베어 버린다 해도 우리는 그의 생명과 죽음을 슬퍼할 필요가 없다. 그리고 그에게 고통을 주었다는 것을 상기하며 고통스러워할 필요도 없다. 우리는 이렇게 말할 것이다. '적어도 그의 어린 시절은 행복했었다. 자연이 그에게 베풀었던 것을 우리가 잃어버리게 한 것은 하나도 없으니까."라고.

이런 초등 교육의 큰 난점은, 현명한 사람들만이 그것을 이해할 수 있다는 것과, 그처럼 주의를 기울여 키운 아이도 보통 사람의 눈에는 개구장이로밖에는 보이지 않을 것이라는 데 있다. 교사는 제자의 이익보다 자신의 이익을 더 생각한다. 그는 자기가 시간을 허비하고 있지 않으며, 당연히 자기에게 주어질 돈을 받을 수 있음을 증명하려고 애쓴다. 그는 늘어놓기 쉽고 쓸데없는 지식을 제자에게 가르친다. 자기가 가르치는 것이 쉽게 눈에 보인다면 가르치는 내용이 유익하지 않은 한 별로 문제가 되지 않는다. 시험 때가 되면 교사는 물품을 가져와 보이게 한다. 내 제자는 그렇게 부유하지 못하기에 뭉쳐 보일 보따리가 없고 자기 자신밖에는 보여줄 것이 하나도 없다. 그 사람의 진가가 한눈에 보여지는 것은 아니다. 아이의 성격상 특징을 첫눈에 알아볼 수 있는 사람이 있을 수 있을까? 그런 사람은 10만 명의 아버지 중의 한 명도 안 될 것이다.

질문이 너무 되풀이되면 누구나 지겹고 싫증을 낸다.

나는 고(故) 하이드 경에게 그 친구가 이런 얘기를 했다는 말을 들은 적이 있다. 그 사람은 이탈리아에서 3년만에 집으로 돌아와 아홉 살인가 열 살 난 아들을 시험해 보려고, 어느 날 저녁 들에서 가정교사와 함께 연을 날리며 놀고 있는 아이 곁으로 갔다. 아버지가 지나가다 아들에게 물었다. "저기 연의 그림자가 있는데, 그 연은 어디에 있지?" 아들은 고개도 들지 않은 채 간단히 "큰길 위에요."라고 대답했다. "과연 큰길이 태양과 우리 사이에 있었다." 고 하이드 경은 덧붙여 말했다. 그러고 나서 아들한테 키스를 해준 다음 시험을 그것으로 중지했다. 집으로 돌아온 아버지는 이튿날, 가정교사에게 보수 이외에 종신연금 증서를 주었다.

이 얼마나 훌륭한 아버지인가! 또 그는 얼마나 유망한 아들을 가지고 있는가! 그 질문은 그 나이에 매우 적당했고 그 대답도 극히 간단했다. 그 대답이 얼마나 정확한 아이로서의 판단력을 보여주었는가를 생각해 보라! 어떠한 마부도 길들일 수 없었다는 저 유명한 준마를 아리스토텔레스의 제자(알렉산더 대왕)가 길들였던 것이다.

제 3 편

청년기에 이르기까지의 인생의 과정은 허약한 시기이다. 그러나 이 초기의 기간 동안에는 체력의 발달이 욕망의 발달을 앞지르기 때문에, 성장 중의 동물이 절대적으로는 약하긴 하나 상대적으로 강한 것이다. 그의 육체적 욕망이 완전히 발달하지는 않았으므로 그가 지닌 현재의 힘은 그의 욕망을 충족시키고도 남음이 있다. 인간으로서는 매우 약하나 어린이로서는 강한 것이다.

인간이 약한 원인은 그들의 체력과 욕망 사이에 있는 불균형에서 비롯되는 것이다. 우리를 약하게 만드는 것은 우리의 정욕인데, 그것을 만족시키는 데에는 자연이 우리에게 준 힘으로는 불충분하다. 그러므로 욕망을 억제하라. 그것은 힘을 증가시키는 것과 마찬가지가 된다. 욕망 이상의 체력을 가진 자는 여유있는 힘을 갖게 된다. 그는 진실로 매우 강한 존재이다. 이것이 소년기의 제3의 상태이며, 나는 지금 이것에 대하여 이야기하려 한다. 나는 계속 이 시기를 소년기라고 부르겠다. 왜냐하면 이 시기는 그가 청년기에 가까워지고 있으나 아직 사춘기에는 이르지 못했기 때문이다.

열두세 살이면 소년의 힘은 그의 욕망보다 훨씬 더 빠르게 발달한다. 가장 격렬하고 가장 무서운 욕망은 아직 그에게는 느껴지지 않으며 그의 신체 기관은 미완성 상태에 있고 거기서 빠져나오기 위해 그의 의지가 부르기를 기다리는 것처럼 보인다. 공기나 계절의 해로움에 그리 민감하지 않은 그는 어려움없이 그것을 견딘다. 그의 피는 뜨거워서 그의 옷을 대신하며, 식욕은 약을 대신한다. 이 나이에는 어떠한 음식도 모두 맛이 있다. 졸음이 오면 땅바닥에서도 자는데, 그는 어디에나 그에게 필요한 모든 것이 가까이 있음을 안다. 어떤 상상 속의 욕망도 그를 괴롭히지 않으며 다른 사람들의 의견은 그의 관심을 끌지 못한다. 그의 욕망은 먼 데 있는 것이 아니다. 그는 자족할 수 있을 뿐만 아니라, 자기에게 필요한 것보다 더 많은 힘을 가지고 있다.

이런 상태는 그의 일생 중 유일한 시기이다.

나는 이에 반대하는 의견이 있으리라 예측한다. 사람들은 내가 주장하는 욕망 이상을 소년이 갖는다고 말하지는 않겠지만, 그들의 체력이 강하다는 나의 말은 부정할 것이다. 나는 이 방 저 방으로 돌아다니고 방 안에서 공작을 하여 종이를 들고 다니는 인형에 대한 이야기를 하는 것이 아니라 나의 제자에 대해 이야기한다는 것을 잊지 말아야 한다.

성년의 힘은 성년이 되어야만 나타난다고 사람들은 나에게 말하리라. 그리고 또 혈관 속에서 만들어져 온몸에 퍼지는 생명의 활력만이 근육들에게 견실함과 활동력과 원기와 탄력을 줄 수 있으며, 거기서부터 진실한 힘이 나온다고 말할 것이다. 이것이야말로 서재의 철학이다. 그러나 나는 경험에 의해 말하는 것이다. 나는 시골에서 큰 소년들이 그들의 아버지와 똑같이 땅을 경작하고 포도주통을 다루고 마차를 모는 것을 본다. 만약 그들의 목소리가 아니라면 누구든지 어른으로 착각할 것이다. 도시에서도 철공소나 목공소 등의 소년 직공들은 주인들과 거의 마찬가지로 건장하며, 기술적으로 훈련만 시킨다면 주인에게 결코 뒤지지 않을 것이다. 차이가 있다 하더라도 어른의 격렬한 욕망과 어린이의 한정된 욕망 사이의 차이보다는 훨씬 작은 것임을 나는 거듭 말하겠다. 또한 그것은 육체적인 힘만의 문제가 아니라 특히 그것을 강화하고 지도하는 정신과 힘과 능력의 문제인 것이다.

개인의 체력이 욕망 이상인 이 기간은 절대적으로 최대 체력을 가지는 시기는 아니지만, 이미 언급한 대로 상대적으로 최대 체력을 지니는 시기이다. 이것은 일생에서 가장 중요한 시기이며, 유일하고도 매우 짧은 시기이다.

그런데 현재에는 이처럼 여유가 있지만 장래에는 모자라게 될 능력과 힘을 그는 어떻게 쓸 것인가? 소년은 이 힘을 필요한 경우에 유익하게 쓰려고 노력할 것이다. 말하자면 어릴 때의 원기를 성인이 되어 허약할 때 충당하기 위해 저장할 것이다. 그러나 도난을 당할 수 있는 장소나 생소한 창고 속에다 저장하지는 않을 것이다. 자신이 얻은 것을 진실로 자기 것으로 하고자 한다면 자기의 머릿속이나 자기의 손 안에 두어야 할 것이다. 그러므로 이때가 일과 교육과 연구의 시기이다. 그리고 이것은 나의 독단적인 말이 아니며, 그것을 지시하는 것은 자연이라는 점을 주목하라.

인간의 지성에는 일정한 한계가 있다. 그리고 인간은 모든 것을 알 수 없으며 다른 사람이 알고 있는 사소한 것도 완전히 알 수 없는 것이다. 그릇된 명제에 대한 반대는 진리이므로 오류의 수만큼 진리의 수도 무한한 것이다. 그러므로 가르치기에 적당한 시기를 선택해야 하는 것과 마찬가지로 무엇을 가르칠 것인가도 선택해야 한다. 우리의 능력으로 얻을 수 있는 지식 중 어떤 것은 거짓이고 어떤 것은 쓸모가 없으며 또 어떤 것은 오만함을 키워줄 뿐이다. 우리의 행복에 실제로 공헌하는 사소한 지식만이 현명한 사람들이 추구하는 대상이 되고, 따라서 현명해지기를 바라는 어린이만이 교육할 가치가 있는 것이다. 무엇이 있는가를 아는 것이 중요한 게 아니라, 무엇이 유용한가를 아는 것이 중요하다.

이러한 사소한 지식 중에서도 마음의 성장이 없으면 습득하기 어려운 지식은 또한 제외되어야 한다. 어린이들이 이해할 인간 관계의 지식을 전제로 하는 것이나, 지식 그 자체로 볼 때에는 진실일지라도 경험이 없는 그들을 가르쳐서 다른 주제들에 대해서 편견을 갖게 하는 지식들은 제외되어야 한다.

이렇게 해서 우리는 사물들의 존재에 비하면 미미한 하나의 작은 세계에 갇히게 된 셈이다. 그러나 이 세계도 어린이의 척도로 재어보면 참으로 광대한 세계이다. 인간의 이해력의 암흑이여, 감히 당신의 베일을 걷는다는 것은 얼마나 무모한 손일까. 우리의 거만한 학문 때문에 이 불행한 소년의 주위에 얼마나 많은 함정을 파놓는가? 오, 이 위험한 길로 그를 인도하고 그의 눈앞에 자연의 성스러운 막을 걷으려 하는가. 두려움에 떨지어다. 허위의 특별한 유혹과 거만의 향기를 두려워하라. 기억하라. 무지는 결코 해를 끼치지 않으며 실수만이 해가 되는 것이고, 사람들은 무지 때문에 빗나가는 것이 아니라 자신을 과신한 것에 의해 빗나간다는 사실을 기억하라.

기하학에 있어서 소년의 진보는 당신에게 그의 지적인 발전에 대한 확실한 척도와 증거가 될 수 있지만, 어린이가 유익한 것과 그렇지 않은 것을 분별할 수 있게 되면 곧 그를 이론적인 연구로 이끌기 위해서 많은 숙련과 주의를 해야 함이 중요하다. 예를 들어 두 직선 사이의 비례중항을 알리려면 주어진 장방형과 같은 정사각형을 찾는 것부터 시작해야 한다. 만일 두 개의 비례중항이 문제가 된다면, 우선 그에게 입체를 두 배로 만드는 문제로 흥미를 유도해 내야 한다. 선과 악을 구별하는 도덕적 개념에 우리가 어떻게 단계적으로 접근하는가를 관찰해보면 지금까지 우리는 필연의 법칙 이외에는 어떤 법칙도 몰랐었다.

동일한 본능이 인간의 여러 가지 능력을 자극한다. 성장하려 하는 육체의 활동에 지식을 구하려고 하는 정신의 활동이 뒤따른다. 어린이는 처음에는 시끄럽기만 하지만 그후 그들은 호기심을 갖게 된다. 따라서 이 호기심을 올바르게 지도하면 어린이들의 정신력을 발달시킬 수 있다. 자연으로부터 오는 경향과 학습에서 오는 경향을 항상 구별하자. 박식하다고 존경받고 싶은 욕망으로 아무런 근거 없이 학문에 열중하는 학자가 있다. 그리고 가까이에서건 멀리에서건 자연적인 호기심에서 일어나는 또 다른 지식욕이 있다. 행복에 대한 선천적인 욕망과 이 욕망을 완전히 충족시킬 수 없다는 생각으로 인간은 그것을 만족시킬 수 있는 새로운 방법들을 찾아내려고 하는데, 그것이 호기심의 첫째 원리이다. 이것은 인간의 마음에는 자연스러운 원리이지만, 그 발달은 우리의 감정과 지식에 비례한다. 도구와 책들을 가지고 무인도에서 혼자 여생을 보내야 하는 한 철학자를 상상해 보라. 그는 사상의 체계나 태양계의 인력의 법칙이나 미분에 대해 결코 고심하지 않으며. 아마 일생 동안 한 권의 책도 보지 않을 것이나, 그 섬이 아무리 커도 섬 구석구석까지 탐사하는 일을 결코 중지하지 않을 것이다. 그러므로 우리의 연구에서 인간에게 자연스러운 자극을 주지 않는 지식은 버리고 본능이 우리에게 추구하도록 하는 지식에 한정하자.

인류의 섬, 그것은 대지이다. 우리의 눈에 가장 인상적인 물체는 태양이다. 그러므로 우리의 첫 관찰은 이 두 물체에 집중된다. 마찬가지로 모든 미개 종족의 철학은 오로지 대지의 구획과 태양의 신성에 대한 것이다. 사람들은 아마 그것을 갑작스런 변화라고 할 것이다. 이제까지 우리는 우리와 접촉하는 물건과 우리를 직접적으로 둘러싸고 있는 것에 대해서만 다루었다. 그런데 갑자기 지구를 돌아다니고 우주의 끝까지 뛰어오르게 되다니! 이것은 우리 체력의 증대와 정신적인 경향의 결과이다. 허약하고 불충분한 상태에서는 자신을 보존하려는 생각이 우리 내부에 우리를 집중시키려 한다. 힘과 능력이 충분해지면 우리의 존재를 확장시키려는 욕망이 우리를 더 멀리 보내고 멀리 돌진하게 한다. 그러나 지적 세계는 아직 우리에게 미지로 남아 있어서 우리의 생각은 눈이 미치는 이상으로 더 멀리 가지는 않으며, 우리의 이해력은 보이는 세계 밖으로 확대되지 않는다.

이제 우리의 감각을 관념으로 바꾸는 것은 좋으나 갑자기 감각적인 대상에서 사고적인 대상으로 도약하지는 말자. 우리가 지적인 것에 다다르면 감각적인 것을 건져야 하고, 정신의 최초의 작용에 있어서는 감각이 언제나 정신의 안내자가 되는 것이다. 세계 없이는 어떠한 책도 읽을 수 없고, 사실(事實) 없이는 어떤 교육도 곤란하다. 책을 읽는 어린이는 생각하지 않으며 단지 읽기만 할 뿐이다. 그는 지식을 얻는 것이 아니라 말을 배울 뿐이다.

여러분의 제자로 하여금 자연 현상에 주의를 기울이도록 하면 그들은 곧 호기심을 일으킬 것이다. 그러나 호기심을 기르기 위해서는 곧바로 만족감을 주어서는 안 되며, 그의 능력 한도 내에서 문제를 제시하여 그것을 스스로

풀도록 해야 한다. 여러분이 그에게 말을 했기 때문이 아니라, 스스로가 이해했기 때문에 알고 있다고 생각해야 한다. 학문은 배우는 것이 아니라 창조하는 것이다. 여러분이 그의 머릿속에 사고력 대신 권위를 심어준다면 그는 이치를 따질 줄 모르게 되어서 타인의 사고에 놀림감이 될 뿐이다.

여러분은 이 어린이에게 지리를 가르치려고 지구의나 지도를 가져다가 보여 주려 하는데, 이러한 상징물이 무슨 소용이 있는가? 그보다는 그에게 대상 자체를 보여주는 것이 좋다.

어느 날 저녁, 우리는 넓은 지평선으로 해가 지는 것을 바라볼 수 있는 곳으로 산책을 하러 간다. 그리고 태양이 지는 지점에서 여러 사물을 관찰하고, 그 다음날 태양이 뜨기 전에 같은 장소로 다시 나간다. 동쪽 하늘은 불타는 듯하다. 그 광경을 보며 태양이 올라오기를 한참 동안 기다리는데, 이윽고 태양이 떠오른다. 눈부신 섬광을 발하며 이내 모든 공간을 가득 채우며 어둠의 장막은 사라진다. 인간은 자신이 있는 곳을 돌아보고 새들은 떼를 지어 합창하며 생명의 아버지인 태양을 맞이하여 일제히 인사한다. 그 순간 조용히 있는 새는 한 마리도 없다. 새들의 지저귐이 하루 중 어느 때보다도 아름답고 부드러워서 평화로운 잠에서 깨어나는 나른한 기분을 느낄 수 있다. 이 모든 대상들이 한 데 모여서 마음에까지 스며드는 듯한 신선한 인상을 주고 있다. 누구도 거역할 수 없는 황홀한 순간이다. 이처럼 장엄하고 아름답고 감미로운 광경 앞에서 누가 감동하지 않겠는가?

자신이 경험한 환희로 교사는 어린이에게 그 감격을 전하고 싶어한다. 그는 자신이 감동을 받은 느낌에 대해 제자로 하여금 주의를 기울이게 함으로써 그를 감동시키려 하지만, 그것이 얼마나 어리석은 일인가! 자연의 광경의 생명은 사람의 마음속에 숨어 있어서 그것을 느끼기 위해서는 그 광경을 보아야 한다. 어린이는 사물 자체를 지각하긴 하지만 그것들을 연결시키는 관계는 모르며 그것들이 부르는 노래의 아름다운 하모니는 들을 수 없다. 이 모든 감각으로부터 동시에 발생하는 복합된 인상을 느끼기 위해서는 그가 경험하지 못한 지식과 전혀 느끼지 못했던 감정들이 필요하다. 그가 건조한 평야를 뛰어다녀 보지 못했고, 뜨거운 모래에 그의 발을 태워보지 못했으며 태양이 내리쬐는 바위의 뜨거운 반사에 괴로움을 당해보지 못했다면 어떻게 그가 아름다운 아침의 신선한 공기를 맛보겠는가? 꽃들의 향기, 초원의 매력, 이슬의 축축한 내음, 그리고 폭신폭신하고 부드러운 잔디 위에서의 산보가 어떻게 그를 매혹시키겠는가? 사람들이 상상을 통하여 아름다운 날을 그릴 줄 모른다면 그가 아름다운 하루가 태어나는 것을 어떻게 느낄 수 있을까?

그리고 어떤 손이 자연을 창조하는지 모른다면, 어떻게 자연의 아름다움을 보고 감동할 것인가?

어린이가 이해할 수 없는 이야기를 하지 말라. 웅변이건 비유이건 모두 소용없다. 아직은 감정이나 취미가 문제될 시기는 아니므로 분명하고 단순하고 냉정하게 하라.

우리의 격언의 정신 속에서 교육되어 자신에게서 모든 도구를 만들어내는 데 익숙해 있고, 자신의 실패를 경험하고서야 남에게 도움을 청하는 그는 새로운 대상물을 볼 때마다 조심스럽게 오랫동안 그것을 조사한다. 그는 질문하기보다 생각에 잠기기를 좋아한다. 그러니 그에게 대상물들을 적절한 시기에 제시하는 것으로 만족하라. 그리고 그가 호기심에 가득차 있을 때 그에게 어떤 간단한 문제를 주어서 그것을 풀 수 있는 길에 이르도록 하라.

이런 경우에는 그와 함께 떠오르는 태양을 주시하며 그에게 같은 쪽에 있는 산들과 부근의 다른 것들을 기억하게 하고, 보고 느낀 것에 대해 얘기하도록 한 후, 얼마 동안 침묵을 지키다가 그에게 이렇게 말하라. "어제 저녁엔 태양이 저기서 졌고 오늘 아침엔 이쪽에서 떠올랐는데, 그런 일이 어떻게 일어날 수 있을까?" 그렇게만 말한 다음 그가 질문을 하더라도 대답하지 말고 혼자 생각하도록 내버려두라. 그러면 그는 분명히 스스로 생각해낼 것이다.

어린이로 하여금 어떤 경험적인 진실에 감명받을 수 있도록 하는 주의 깊은 관찰력을 주려면 그가 발견하기 이전에 며칠 동안 불안을 주도록 해야 한다. 이러한 방식으로도 그가 그 진리를 충분히 이해하지 못하면 주의력을 좀더 뚜렷하게 하는 방법은 문제를 거꾸로 묻는 것이다. 태양이 지고 나서 어떻게 다시 뜨게 되었는가는 몰라도 적어도 태양이 뜬 후에 어떻게 지게 되었는가는 그의 눈으로도 알 수 있는 것이다. 그러므로 나중의 문제에 의해서 첫 문제를 밝혀주도록 하라. 여러분의 제자가 바보가 아니라면, 유추하는 것은 명백하다. 이것이 그의 우주학의 첫 수업이다.

우리는 하나의 관념에서 다른 관념으로 서서히 옮아가고 각각의 관념에 오랫동안 머물러 숙지하기를 바라며 결코 우리의 제자가 주의력을 가지도록 강요하지는 않으므로, 이 첫 수업으로부터 태양의 운행과 지구의 형태에 대한 지식에 도달하기까지는 아직도 많은 시일이 필요하다. 그러나 전체가 보여주는 모든 운동은 동일한 원리에 의거하며 또한 최초의 관찰이 다른 모든 관찰들과 연관되기 때문에 태양의 일주 운동에서 일식·월식에 이르는 데는 낮과 밤을 충분히 이해하는 경우보다 시간이 더 걸리기는 하지만 노력은 덜 들 것이다.

태양은 지구의 둘레를 원을 그리며 회전하고, 모든 원은 중심이 있는 법이다. 우리는 이미 그것을 알고 있다. 그 중심은 지구 한복판에 있으므로 볼 수는 없어도 그것에 대응하는 두 개의 상반된 점은 지구의 표면에 표시할 수 있다. 이 세 개의 점을 통과하여 양쪽에서 하늘까지 연장되는 점은 지축으로, 태양의 하루 운동의 축이 된다. 그 첨단 위에서 돌고 있는 둥근 팽이는 그 축 위에서 돌고 있는 하늘을 나타낸다. 팽이의 두 개의 첨단은 두 개의 극이다. 어린이는 그것을 알고 매우 기뻐할 것이다. 나는 그것이 작은곰별자리 꼬리에 있음을 그에게 가르쳐준다. 이것은 밤의 즐거움이 된다. 그리하여 그는 차츰 별들과 친해지고, 또한 유성들을 알고 성좌들을 관찰하려는 흥미가 솟아난다.

우리는 한여름에 태양이 뜨는 것을 보며, 겨울날에 태양이 뜨는 것도 보게 된다. 나는 첫번째와 같은 장소에서 두 번째 관찰을 하면서 주의력을 불러일으키기 위해 이렇게 외치게 한다. "아! 이상하구나. 태양은 같은 자리에서 뜨지 않는다. 우리가 전에 해둔 표시들은 여기에 있었는데 지금은 해가 저기서 떠오르는구나. 그렇다면 여름의 동쪽과 겨울의 동쪽이 있구나." 젊은 선생이여, 이제 당신은 바른 길로 접어든 셈이다. 이러한 예는 태양을 태양으로서 명백하게 가르치기 위해 여러분이 어떻게 할 것인가 알리는 데 충분할 것이다. 일반적으로 실물을 보이는 것이 불가능할 때 이외에는 결코 실물 대신에 상징을 사용하지 말라. 기호는 어린이의 주의력을 흡수하고, 사물을 관심 밖으로 두기 때문이다.

혼천의(渾天儀)는 조잡한 기구이다. 혼잡한 원들과 거기에 표시해 놓은 이상한 형태들은 마치 마법서 같이 어린이들을 어리둥절하게 한다. 지구는 너무 작고, 천공권(天空圈)은 너무 크고 너무 많다. 종이는 단단한 느낌을 주어서 실제로 존재하는 물체처럼 생각하게 한다. 그리고 어린이에게 이것들이 상상으로 만든 선이라고 얘기하면 그는 자기가 무엇을 보는지 모르게 되며, 더 이상 아무것도 이해하지 못하게 된다.

우리는 어린이의 입장에 서지 못하기에 그들의 생각을 이해하지 못하므로, 우리의 생각을 그들에게 주입시킨다. 그리고 늘 우리의 논리를 따르기 때문에 어린이들의 머릿속에 진리보다도 더 많은 오류를 넣어준다.

학문을 연구하는 데 있어 분석적 방법과 종합적 방법 중 어느 쪽을 선택할 것인가에 대해 사람들은 논쟁을 한다. 그러나 그 어느 것도 선택할 필요는 없다. 때로는 같은 연구에 있어서도 분석하고 종합할 수가 있으며, 어린이가 분석만을 한다고 생각되면 가르치는 방법에 의해서 그를 지도할 수 있다.

그러므로 두 가지를 동시에 사용하면 양자는 서로가 증명하는 역할을 할 것이다. 상반되는 두 점에서 출발한 어린이는 도중에서 만나게 되면 매우 놀라겠지만, 이러한 놀라움은 매우 유쾌할 것이다. 예를 들어 나는 지리학을 이러한 두 개의 출발점에서 시작한다. 그리고 지구의 공전 연구에 대해서는 우리가 살고 있는 곳으로부터 시작하여 지역들의 측량을 연결시키고자 한다. 어린이가 천구를 연구하고 또 하늘에 있는 것처럼 상상할 때, 그를 지구로 데려와 우선 그에게 자신이 살고 있는 곳을 보여주라.

지리학에서 그의 출발점은 그가 살고 있는 마을과 아버지의 별장이 될 것이며, 계속해서 그 중간에 있는 토지와 근처에 있는 하천, 마지막으로 태양의 형태와 방향을 정하는 순서로 될 것이다. 우리는 어린이 스스로가 지도를 만들게 해야 한다. 우선은 매우 간단하지만, 거리와 위치를 알거나 추산하는 데 따라 차츰 다른 것들을 거기에 덧붙이게 된다. 그에게 콤파스를 돌리게 함으로써 우리가 그에게 어떤 이익을 미리 주었는가를 알게 된다.

물론 그 소년을 다소 지도는 해야 한다. 그러나 극히 적게 하며 드러나지 않도록 하라. 그가 잘못해도 내버려두고, 그의 잘못을 고쳐주어서는 안 된다. 그 자신이 그것들을 알아차리고 고치기까지 조용히 기다려라. 아니면 적당한 기회를 봐서 잘못을 느끼게 하라. 그가 잘못을 범하지 않는다면, 그는 아무것도 완전히 배우지 못할 것이다. 그에게는 지형도를 정확히 아는 일이 아니라, 그것을 배우는 방법을 터득하는 일이 중요하다. 지도가 나타내는 것을 잘 이해하고 그것을 작성하는 데 필요한 기술을 명백히 알고 있다면, 그가 머릿속에 지도를 가지고 있느냐 없느냐는 중요하지 않다. 여러분의 제자들의 지식과 나의 제자의 무지 사이의 차이를 보라! 여러분의 제자는 지도를 알지만, 나의 제자는 그것을 만든다. 이것도 그의 방을 위한 새로운 장식품들이다.

나의 교육 방침은 어린이에게 많은 것을 가르치는 것이 아니라, 정확하고 명백한 관념들만을 그의 머릿속에 심어주는 데 있다는 점을 항상 기억하라. 그가 아무것도 기억하지 못하더라도 잘못 생각하지만 않는다면 괜찮다. 그리고 내가 그의 머릿속에 진리를 되새겨주는 것은 진리를 대신할 잘못들로부터 그를 지켜주기 위해서일 뿐이다. 이성과 판단력은 서서히 발달하지만 편견은 순식간에 몰려오는데, 그를 이러한 편견들로부터 보호해야 한다. 그러나 만일 학문을 그 자체로서만 본다면, 여러분은 거기서 벗어나지 못할 것이다. 지식애에 빠진 사람이 그것의 매력에 끌려 끝없이 달려드는 것을 보면, 나는 마치 어린이가 바닷가에 매력에 끌려 끝없이 달려드는 것을 보면,

나는 마치 어린이가 바닷가에서 조개껍질을 모을 때 처음에는 그것을 줍다가 새로 보는 것들에 이끌려 먼저 모은 것을 버리고 다시 줍다가 그것들에게 압도되어서 더 이상 무엇을 고를지 몰라 결국은 조개껍질을 모두 버리고 빈 손으로 돌아가는 것처럼 느껴진다.

처음에는 시간이 많으므로 우리는 그것을 잘못 사용할까 두려워 허송하려고만 노력했다. 그러나 지금은 전혀 다르다. 언젠가는 유익할 모든 일을 전부 다할 수 있는 충분한 시간이 없다. 정욕들이 점점 다가오고 일단 정욕들이 문을 두드리기만 하면 여러분의 제자는 곧 그것들에만 주의를 기울일 것이라는 점을 생각하라. 평화로운 지성의 시간은 매우 짧고 매우 빨리 지나가지만, 그밖에 해야 할 일들이 매우 많아서 그 동안에 어린이를 박식하게 만들려고 생각하는 것은 어리석은 짓이다. 그에게 학문을 가르치기보다 그것을 사랑하는 취미를 붙여주고, 그 취미가 발달했을 때 학문을 배우기 위한 방법을 가르치는 일이 중요하다. 이것이야말로 모든 교육의 근본 원칙이다.

이 시기는 또한 어린이로 하여금 동일한 대상에 대해 연속적인 주의를 기울이면서 점차로 그것에 익숙해지도록 해야 할 때다. 그러나 결코 강제가 아니라 늘 즐거움이나 의욕이 앞서도록 해야 한다. 그러나 어린이를 괴롭히거나 귀찮은 것이 되지 않도록 많은 조심을 해야 한다. 그러므로 그를 항상 살펴보아서 어떤 일이 있더라도 어린이가 싫증을 내기 전에 모든 것을 중지하라. 왜냐하면 어린이가 배운다는 것보다 그가 마음에 내키지 않아하는 것을 방지하는 것이 중요하기 때문이다.

어린이가 여러분에게 질문을 하면, 그의 호기심을 길러주는 데 필요한 만큼만 대답하라. 그리고 어리석은 질문으로 여러분을 괴롭히려는 것처럼 보일 때는 즉시 대답하는 것을 중단하라. 그때는 이미 어린이가 문제에 관심을 두는 것이 아니라, 오직 질문으로 여러분을 굴복시키려는 의도인 것이다. 그가 하는 말들에 주의를 기울이기보다는 그가 말하는 동기에 더 주의를 기울여야 한다. 이러한 충고는 지금까지는 필요하지 않았지만 어린이가 이치를 따지기 시작하면 중요하게 된다.

모든 학문에는 공통 원리에 기인되어 점점 발전해 나가는 수단이 되는 진리의 연쇄라는 것이 있다. 이것은 철학자들의 방법이지만, 여기서는 그 연쇄가 문제시되지 않는다. 이와 매우 다른 또 하나의 연쇄가 있는 데 이것에 의해서 그 각자는 다른 것을 찾아냄으로써 그 다음의 것을 항상 지시하고 있다. 이 모든 순서는 호기심에 의해 각각의 물체가 모든 사람들에게 요구하는 주의를 일으키는 것으로 대부분의 사람들이 따르는 것이며 특히 어린이들에게 필요한 것이다. 지도를 그리려고 방위를 정할 때 우리는 자오선을 그려야 한다. 아침과 저녁에 생기는 동일한 그림자 사이의 두 교차점은 열세 살의 천문학자에게 훌륭한 자오선이 되어준다. 그러나 이 자오선은 곧 사라지므로 그것을 그리는 데에는 시간이 필요하다. 그러므로 반드시 우리는 같은 장소에서 일해야만 한다. 너무 주의를 기울이고 복잡해지면 마침내 어린이는 싫증을 내게 된다. 우리는 그것을 예측할 수 있으므로 미리 대비해야 한다.

여기서 나는 상세한 설명을 해야겠다. 나는 여러분이 불평하는 소리를 듣지만 그것을 이겨 나갈 것이다. 여러분의 성급함으로 이 책의 가장 필요한 부분을 희생시키고 싶지는 않기 때문이다. 나의 긴 이야기를 들을 각오를 하라. 오래 전부터 우리, 즉 나와 나의 제자는 호박(琥珀)·유리·밀랍 등의 여러 물체들을 마찰시키면 짚을 끌어당긴다는 사실을 관찰했고, 또한 우연히 우리는 더욱 독특한 성질을 가진 물체를 발견했다. 그것은 상당한 거리에서도 마찰시키지 않고서 줄밥과 다른 쇳조각들을 끌어당기는 것이다. 우리는 얼마나 오랫동안 그 성질에 대해 흥미를 가졌던가. 마침내 우리는 어떤 방향으로 자기를 띤 철 자체에 이 성질이 전달된다는 사실을 발견했다. 어느 날 우리는 시장에 갔다. 곡예사가 물통 위에 떠 있는 밀랍으로 된 오리에게 빵조각을 주면서 끌어당기고 있었다. 매우 재미있었지만 우리는 그가 마술사라고 말하지는 않았다. 왜냐하면 우리는 마술사가 무엇인지를 모르기 때문이다. 원인을 알 수 없는 결과들로 말미암아 끊임없이 놀라면서도 우리는 아무것도 성급하게 단정하지 않으며, 그것을 알 기회를 발견할 때까지 무지의 상태에 머문다.

집으로 돌아와 시장에서 본 오리에 대해 이야기를 하다가 우리는 그 흉내를 내어본다. 우리는 충분히 자력이 걸린 좋은 바늘 하나를 가지고 흰 밀랍으로 그것을 싼 다음, 바늘이 오리의 몸을 꿰뚫어 바늘의 머리가 부리가 된 것 같이 오리의 모양을 만들었다. 우리는 오리를 물 위에 띄우고 열쇠 고리를 그 부리에 가까이 댔다. 그러자 오리는 빵을 따라가듯이 열쇠를 따라가는 것이었고, 우리는 그것을 기뻐하며 바라보았다. 오리가 물 위에서 정지했을 때 그것이 어느 방향을 향하는가에 대해서는 나중에 관찰하기로 하자. 현재로서 우리는 이 일에 너무 몰두했기에 더 이상의 것을 바라지 않기 때문이다.

그날 저녁 우리는 주머니 속에 특별히 준비한 빵조각을 가지고 시장에 다시 갔다. 그리고 마술사가 재주를 보이자, 우리의 어린 박사는 그런 것쯤 자기도 할 수 있다고 말했다. 마술사가 선뜻 허락하자 어린 박사는 곧 주머니에서 쇳조각이 들어 있는 빵을 꺼내 들었다. 테이블에 가까이 다가서자 그의 가슴은 약간 두근거렸다. 그가 떨리는 손으로 빵을 내밀자 오리는 빵을 따라갔다. 그는 너무도 기뻐서 어쩔 줄을 몰라했다. 모인 사람들의 박수와 환호에 머리가 멍해진 그는 제정신이 아니었다. 마술사는 당황했지만 가까이 다가와 그를 칭찬하며, 그의 재능을 찬양할 더 많은 사람들을 모으겠다고 하며 다음날 다시 와주기를 간청했다. 우리의 어린 과학자는 의기양양해하지만 즉시 나는 그의 입을 다물게 하고 데려왔다.

소년은 초조하게 다음날까지 시간을 기다리면서 만나는 사람마다 나올 것을 권유했다. 그는 모든 사람이 그의 영광에 대해 목격자가 되기를 바라는 것이다. 다음날 약속된 장소에 그가 갔을 때 거기에는 사람들로 가득차 있었으며, 다른 곡예들이 먼저 행해지도록 되어 있어서 마술사는 평상시보다 뛰어난 것들을 해보였다. 소년은 초조해 떨리는 손을 주머니에 넣고 빵조각을 만지작거리며 시간을 보내다가 드디어 그의 차례를 맞았다. 소년은 약간 부끄러워하며 앞으로 나아가 빵을 꺼냈다. 인생의 무상함이여! 어제는 그렇게 말을 잘 듣던 오리가 오늘은 조금도 따르지 않는 것이다. 부리를 내미는 대신 꼬리를 돌리고는 가버렸다. 어제와는 반대로 오리는 빵을 내미는 손을 피해서 달아났다. 계속 야유를 받으면서 헛된 시도를 여러 번 하다가 소년은 전번 오리와 바뀌었다고 말하며, 마술사에게 이 오리를 끌어보라고 항의했다.

마술사가 아무 말 없이 빵 한 조각을 집어서 오리에게 내밀자, 즉시 오리는 빵을 따라가며 손쪽으로 가까이 왔다. 어린이도 같은 빵조각을 집어서 내밀었으나 오리는 비웃기라도 하듯이 주위를 맴돌 뿐이었다. 그는 매우 당황하여 결국 포기하고서 더 이상 야유하는 소리를 참지 못해 그 자리에서 도망쳤다.

그러자 마술사는 소년이 가져온 빵조각을 집어서 자기 것처럼 멋지게 해냈다. 그가 모든 사람 앞에서 빵 속의 쇳조각을 꺼내자, 우리는 더욱 심한 조소를 받았다. 그리고 그는 그 빵을 가지고 전과 마찬가지로 오리를 끌어당겼다. 그는 관람자가 보는 앞에서 제삼자의 손을 빌어 다른 빵을 자르게 하더니 그것으로도 오리를 끌어당겼다. 또 그의 장갑이나, 손 끝으로 같은 일을 해보였다. 마침내 한가운데로 나온 그는 과장된 말투로, 오리가 그의 몸짓에 복종하듯이 그의 목소리에도 복종할 것이라고 말했다. 그가 오리에게 오른쪽으로 가라 하면 오리는 오른쪽으로 가고, 돌아오라고 하면 돌아왔다. 박수 소리는 한층 더 커지고 그 갈채는 우리에게는 더 큰 모욕이 되었다. 우리는 슬그머니 빠져나와 방 안에 틀어박히고 말았다.

다음날 아침, 마술사가 찾아와 우리가 한 일에 대해 정중하게 항의를 했다. "내가 무슨 잘못을 했다고 나의 생계를 끊으려 듭니까? 밀랍 오리를 끌어당기는 기술 따위에서, 한 인간의 생계 수단을 끊으면서까지 명예를 얻을 것이 있습니까? 선생님들, 저에게 살아가기 위한 다른 재주가 있다면, 저도 이 노릇을 하지는 않을 것입니다. 이 보잘 것 없는 손재주로 일생을 지내온 사람이, 단지 오락으로밖에 해보지 않는 당신보다 더 잘 알고 있다는 사실을 생각하셔야지요. 내 솜씨를 모두 보여주지 않았던 것은, 알고 있는 것을 쉽사리 다 털어놓아서는 안 되기 때문이었습니다. 나는 나의 재주들을 비상시를 대비해서 간직합니다. 그리고 그외에도 나는 철없는 젊은이들을 꼼짝 못하게 할 재주들을 얼마든지 가지고 있습니다. 하지만 나는 당신들을 곤궁에 빠뜨린 비결을 기꺼이 가르쳐주려고 왔습니다. 그러니 나를 해치기 위해 그것을 사용하지 마시고, 이 다음에는 더욱 신중하시기를 바랍니다."

그러고 나서 그는 우리에게 그 마술을 보여주었다. 그것은 한 개의 강력한 자석으로 테이블 아래 한 어린이가 숨어서 자석을 움직이고 있는 것에 불과했다. 우리는 매우 놀랐고, 그 사람은 자기의 도구를 집어넣었다. 우리는 그에게 사과를 하며 그에게 선물을 하려고 하자, 그는 거절했다. "아닙니다. 당신들의 마음에 들지는 않겠지만 제가 당신들에게 은혜를 베풀고 싶습니다. 그것만이 제가 할 수 있는 유일한 보복입니다. 어떠한 환경의 사람이라도 너그러움을 가지고 있다는 걸 기억해 주십시오. 나는 재주에 대해서 보수를 받는 것이지 가르친 것에 대해서 받는 것은 아닙니다."

그는 나가면서 큰 소리로 나를 비난했다. "저 어린이는 물론 용서합니다. 무지로 인해 죄를 범했으니까요. 그러나 당신은 그의 잘못을 아시면서 왜 잠자코 계셨습니까? 나이가 더 든 사람으로서, 그를 보살펴주고 충고를 해야 합니다. 당신의 경험은 그를 인도해야 할 권위가 되어야 합니다. 그는 성장해서 자신의 어릴 적 잘못에 대해 자신을 책망할 뿐만 아니라, 당신이 주의시키지 않았던 것에 대해 분명히 당신을 비난할 것입니다."

그는 떠나고 우리들은 매우 당황했다. 나는 자신의 경솔함을 책망했다. 앞으로는 소년에게 그러한 짓을 못하게 할 것이며, 그가 잘못을 저지르기 전에 미리 경고할 것을 약속했다. 왜냐하면 우리의 관계가 변해서 친구의 우정과 선생으로서의 엄격함이 있어야 할 시기가 되었기 때문이다. 이러한 변화는 단계적으로 이루어져야 한다. 모든 것을 미리, 아주 멀리서부터 예상해야 하는 것이다.

다음날 우리는 마술을 보러 다시 시장에 갔다. 우리는 깊은 존경심을 가지고 마술사에게 가까이 갔다. 우리는 그의 얼굴을 똑바로 볼 수 없었지만, 그는 우리를 매우 정중하게 특별석에 안내했으므로 우리는 더욱 당황했다.

그는 여느 때처럼 곡예를 부리고 특히 오리의 재주에 대해서 자랑스러운 태도로 우리를 보면서 오랫동안 즐거워하고 만족해했다. 우리는 비결을 다 알지만 입을 열지 않았다. 만일 나의 제자가 입을 열기만 한다면 그는 궁지에 몰리게 될 것이다.

이러한 예는 겉보다는 그 내면의 뜻이 훨씬 더 중요하다. 한 가지 가운데 얼마나 많은 교훈이 들어 있는가! 순간적인 허영심이 얼마나 많은 괴로운 결과를 가져오는가. 젊은 선생이여, 이 최초의 충동을 주의하라. 만약 여러분이 이 충동에서 이와 같은 창피와 치욕을 끌어낼 수만 있다면, 그러한 충동은 두 번 다시 일어나지 않으리라고 믿어도 좋다. 그것은 매우 어려운 일이라고 당신은 말할 것이다. 나도 그것을 시인하지만, 이 모든 것은 자오선이 필요없는 나침반을 만들기 위해서이다.

자석이 다른 물체들을 투과해서도 작용한다는 것을 알고 난 후, 우리는 우리가 보았던 것과 비슷한 기구를 만들었다. 원형 테이블과 그 테이블에 꼭 맞는 매우 얕은 물통, 그리고 좀더 공을 들여 만든 오리 등등. 물통 쪽으로 간혹 주의를 기울이던 우리는 마침내 정지하고 있는 오리가 거의 항상 같은 방향을 향하고 있다는 사실을 알아 냈다. 우리는 이 실험을 계속하면서 그것이 남쪽에서 북쪽을 향하고 있음을 발견하게 되었다. 이제 나침반이 발견된 것이다. 그러므로 이제 물리학의 영역으로 접어든 것이다.

지구상에는 여러 가지의 풍토가 있고, 여러 가지의 기후가 있다. 극이 가까워짐에 따라 계절의 변화는 분명해서 모든 물체는 추위에는 수축하고 더위에는 팽창한다. 이러한 작용은 액체로 쉽사리 측정할 수 있으며 알코올을 함유한 액체 속에서는 명백히 알 수 있다. 여기에서 온도계가 나오는 것이다. 사람은 바람을 볼 수는 없지만 느낄 수는 있다. 물속에 컵을 뒤집어 놓고 공기가 빠져나갈 틈을 주지 않을 경우, 컵에는 절대로 물이 채워지지 않는다. 그러므로 공기는 저항력이 있다. 컵을 더 깊이 넣어보라. 그래도 물이 공간의 어느 부분까지는 들어가지만 완전히 이 공간을 채우지는 못한다. 그러므로 공기는 어느 정도까지 압축을 허용한다. 압축 공기로 가득 채워진 공은 다른 물질로 채워진 공보다 더 잘 튀어오른다.

그러므로 공기의 탄성이 증명된다. 욕조에 누워서 물속에 팔을 수평으로 들어올리면 팔에 굉장한 무게가 느껴질 것이다. 그러므로 공기는 무게가 있는 물체이다. 공기와 마른 유체를 평형되게 놓음으로써 그 무게를 알 수 있는데 이 원리로 기압계·사이펀·공기총·공기 펌프 등이 만들어진다. 정력학(靜力學)과 수력학의 모든 법칙은 이러한 단순한 실험에 의해 발견된다. 그러나 이러한 실험들을 위해 아이들이 물리 실험실에 들어가는 것을 나는 원하지 않는다. 과학적인 분위기는 과학을 망치기 때문이다. 이 모든 기계들의 모습은 어린이들에게 위협적이며, 실험 결과에 집중해야 할 어린이의 주의력을 분산시키거나 빼앗는 것이다.

나는 우리의 모든 기계를 우리들이 만들기를 바라지만, 실험 전에 도구를 먼저 만드는 걸 원하지는 않는다. 우연인 것처럼 실험을 실시한 후 그것을 증명할 기계를 순차적으로 만들고 싶다. 나는 그 기계들이 완전무결하고 정확할 것을 바라기보다는 그것들이 어떠한 것이며, 거기에서 나오는 작용이 어떠한 것인지에 대해 더욱 확실히 배우길 바란다. 나의 정력학의 첫 수업으로서 저울을 찾으러 가는 대신에 의자 위에 막대기를 가로질러 놓고 평형상태에 있는 막대기의 두 부분의 길이를 잰 후, 양쪽에 무게가 같거나 다른 물체를 올려놓거나 밀어봄으로써, 결국 평형은 무게와 막대기의 길이와의 상대적인 비율의 결과라는 것을 알도록 하면 나의 어린 물리학자는 보기도 전에 저울을 바로잡을 수 있게 된다.

분명히 사람들은 남의 가르침으로부터 얻은 것보다는 이처럼 자기 스스로 배운 것에 대해 더 정확하게 분명한 개념을 갖게 된다. 이렇게 해서 우리는 자신의 이성을 권위에 맹목적으로 예속시키지 않으며, 우리에게 주어진 대로 모든 것을 받아들인다. 그리하여 정신을 무기력하게 할 때보다는 사물들의 관계를 발견하고 관념들을 연상하며 도구들을 발명하는 일에 더욱 능숙해질 것이다. 푸알로는 라신에게 어렵게 시를 쓰는 방법을 가르쳐준 것을 자랑했다. 학문 연구를 단축시킨 훌륭한 방법이 행해질 때, 그 방법을 가르쳐주는 사람 또한 필요할 것이다.

이렇게 느리고도 힘든 연구에서 가장 뚜렷한 이점이라면 사색적인 연구 도중에도 육체를 활동시키고 팔다리를 유연하게 유지시킨다는 것이며, 성인이 될 때 유용하도록 손을 단련한다는 것이다. 우리의 실험을 지도하고 감각기관의 정확성을 보충하도록 발명된 많은 도구들은 오히려 그 감각의 훈련에 소홀하게 함으로써 분도기는 각의 크기를 계산할 필요가 없게 하고, 거리를 정확하게 재던 눈은 측량기에게 그 일을 맡겨 버린다. 우리의 도구가 정묘해질수록 우리의 감각은 둔해지고 쓸모없게 된다. 우리는 애써 우리 주위에 기계를 많이 모아놓았기 때문에 자신 속에 있는 자연적인 기계를 찾을 수 없게 되었다. 우리가 기계를 대신했던 재능과 기계 없이 지내기 위해 필요했던 예민함을 기계를 만드는 데 사용할 때, 우리는 아무것도 잃지 않는다. 그리고 자연에 기술을 추가함으로써 교묘해져서 기술을 잃지 않게 된다. 어린이를 책에 얽어매지 말고 작업장에서 일하게 하면, 그의 손은 자기의 정신 발달에 이익이 되도록 일을 한다. 그는 노동자일 뿐이라고 믿는 동안에 철학자가 되는 것이다. 그때에는 어떻게 하여 철학의 유희에서부터 인간의 참된 의무를 수행할 수 있는가를 보게 될 것이다.

그가 청년기에 가까워져도 순전히 사색적인 지식이 어린이에게는 알맞지 않다는 점을 나는 이미 말했다. 그러나 어린이가 이론 물리학에 너무 깊이 파고들지 않게 하여 그의 모든 경험이 서로 연관을 가지도록 하고, 이 연관의 도움으로 어린이가 자기의 정신에 경험을 순서대로 자리잡게 하고, 필요할 때 그것을 생각할 수 있도록 하라. 고립된 사실이나 추리는 기억으로부터 그것들을 연상할 만한 실마리가 없다면 오랫동안 기억하기가 매우 어렵기 때문이다.

자연법칙에 대한 연구를 할 때는 가장 공통적이고 명백한 현상들로부터 시작해서 여러분의 제자가 이러한 현상들을 이론으로서가 아니라 사실로 받아들이는 데 익숙하게 하라. 나는 돌 하나를 집어들고 공중에 놓아두려는 듯이 손을 편다. 돌이 떨어진다. 그리고는 내가 무엇을 하는지 주의를 기울이고 있는 에밀을 쳐다보며, "왜 이 돌이 떨어졌을까?" 하고 그에게 묻는다.

질문에 대답하는 것을 막지 않는다면 이 질문에 대답하지 못하는 어린이가 있을까? 아무도 없다. 에밀까지도 대답했을 것이다. "돌은 무게가 있기 때문에 떨어져요." "그럼 무게란 무엇인가?" "그것은 떨어지는 것입니다." "그러면 돌은 단지 떨어지기 때문에 떨어지는가?" 여기서 나의 어린 철학자는 막혀 버린다. 이것이 이론물리학에 대한 그의 첫 수업이다. 그리고 이러한 종류의 수업이 양식을 길러줄 것이다. 어린이의 지능이 발달함에 따라 또 다른 중요한 이유에서 어린이가 하는 일들을 더욱 신중하게 선택해 주어야 한다. 어린이가 자신의 행복이 어디에 있는가를 이해할 만큼 충분한 자의식을 갖게 되고 또 자기에게 어떤 것이 알맞고 알맞지 않은가를 판단하는 상당히 광범위한 관계들을 이해하게 되면 그는 곧 그때부터 오락과 일의 차이점을 느낄 수 있게 되어 오락은 단지 유희일 뿐이라고 생각하게 된다. 그렇게 되면 실제로 유용한 일들이 그의 공부에 포함되며 단순한 오락에 전념하던 것보다 끈기있게 그 일에 전념하도록 지도해야 한다. 항상 되살아나는 필연법칙은, 장차 마음에 들지 않을 불행을 예방하려면 현재 좋아하지 않는 것도 해야 한다는 것을 일찌기 인간에게 가르쳐주었다. 그것이 선견지명이고, 이러한 선견지명을 잘 이용하느냐 그렇지 못하냐에 따라 인류의 지혜나 불행이 생겨난다.

사람은 누구나 행복하기를 바라지만, 행복해지기 위해서는 먼저 행복이란 무엇인가에 대해 알아야 한다. 자연인의 행복은 그의 생활과 마찬가지로 단순하다. 그것은 고통을 느끼지 않는 것, 즉 건강·자유·필요한 것 등이 행복의 요소로 되어 있다. 윤리적인 사람의 행복은 그것과는 다르지만 현재 우리에겐 관계가 없다. 어린이, 특히 아직 허영심에 물들지 않고 세속적인 인습에 구애받지 않는 소년의 흥미를 일으킬 수 있는 것은 오직 감각적인 대상들뿐이라는 말은 아무리 강조해도 지나치지 않다.

소년들이 욕구를 느끼기 전에 그것을 예견한다면 그들의 지성은 이미 대단히 진보한 것이며 시간의 가치를 알기 시작한 것이다. 이때에는 어린이들이 시간을 유익한 일에 사용하도록 교육하는 일이 중요한데, 이 유익하다는 것도 그들의 나이에서 경험할 수 있고 자기들 지식으로 이해할 수 있는 범위에서 느낄 수 있어야만 한다. 도덕적인 질서와 사회의 습관에 관계있는 모든 것을 그들에게 너무 일찍 가르칠 필요는 없는데, 아직은 그들이 모든 것을 이해할 수 있는 상태에 있지 않기 때문이다.

어린이가 남의 말만 듣고서 어떤 일을 하게 해서는 안 된다. 스스로 선으로 느끼는 것 이외에 그들에게 실제로 좋은 것은 하나도 없다. 어린이에게 항상 그의 지식보다 앞서 말함으로써 여러분은 선견지명을 사용한다고 믿겠지만, 사실은 그것은 오히려 선견지명이 부족한 것이다. 그것은 아마 쓸모없고 사용하지도 않을 도구로 그들을 무장시킴으로써 그들로부터 인간의 가장 귀중한 도구, 즉 양식을 빼앗는 결과를 초래한다. 즉 여러분이 아이를 항상 타인에게 끌려다니는 한낱 기계로 만들어놓는 것이다.

여러분은 어린이가 어릴 때 온순하기를 바라는데 그것은 커서 그가 쉽게 믿고 속아넘어가는 사람이 되길 바라는 셈이 된다. 여러분은 그에게 자주 이렇게 말한다. "내가 너에게 원하는 건 너를 위한 거야. 그리고 내가 요구하는 것을 하건 하지 않건 그것이 나와 상관은 없어. 네가 공부하는 건 단지 너를 위해서야." 여러분은 지금 어린이를 훌륭하게 만들려고 그럴싸한 말들을 늘어놓고 있지만, 사실은 훗날 환상가나 사기꾼이나 교활한 사람들이 어린이를 함정에 빠뜨리거나 자신들의 우행을 받아들이게 하려고 이야기를 미리 마련해주고 있는 셈이다.

어른은 어린이가 이해하지 못하는 일들을 많이 알고 있어야 한다. 그러나 어른이 알고 있는 모든 것을 어린이가 배워야 하며, 또 배울 수가 있겠는가? 어린이에게는 그 나이에 맞는 필요한 지식만을 가르쳐주면 그것으로도 그의 모든 시간이 충분히 채워지리라는 것을 알게 될 것이다. 왜 여러분은 어린이에게 현재 필요한 공부 대신에 그가 채 도달하지도 않은 나이의 공부를 시키려고 하는가? 물론 여러분은 "알아야만 할 지식을 사용할 시기가 되어서야 배운다면 너무 늦지 않은가?" 하고 묻겠지만 너무 일찍 배우는 게 불가능하다는 것만은 분명하다. 왜냐하면 사람은 자기가 처해 있는 상황에서만 그에게 적합한 것이 무엇인지를 배울 수 있기 때문이다. 어린이는 자신이 어른이 된다는 사실을 알고 있으며 그가 어른에 대해 가질 수 있는 모든 관념은 그에게 훌륭한 교육의 기회가 된다. 그러나 그가 이해할 수 없는 이러한 상태의 관념에 대해서는 그가 전혀 모르도록 하라. 나의 이 책 전체는 이러한 교육원리의 끊임없는 증명에 불과하다.

우리의 제자에게 '유용'이라는 말의 개념을 가르쳐주면 우리는 그를 지도하기 위한 또 하나의 커다란 수단을 가지게 된다. 이 말은 그의 나이에 관계되는 의미만을 가지며, 이 말이 그에게 느낄 수 있는 현재의 행복에 대해 가지는 관계를 명백히 보여줌으로써 그에게 많은 감명을 주게 된다. 여러분의 제자가 이 말에 조금도 감동을 받지 않는 이유는, 여러분이 그들이 이해할 수 없는 개념을 가르치려 하지 않았고 또한 다른 사람들이 항상 그들에게 유용한 것을 해주려 했으므로, 그들 자신은 그것에 대해 생각할 필요가 전혀 없게 되어서 유용하다는 말이 무엇을 뜻하는지 모르기 때문이다.

"그것이 무슨 소용이 있는 것일까?" 이 말은 이제 신성해져서 그와 나 사이에서 우리 생활의 모든 행동을 결정하는 말이 된다. 이것이 바로 그의 모든 질문에 반드시 뒤따라야 할 질문인 것이다. 이것은 어린이들이 자기 주위의 모든 사람에게 효용도 없는 질문을 던져서 사람들을 피곤하게 만드는 것을 방지하는 데 효과적이다. 그들의 이런 질문은 어떤 이득을 얻기 위해서라기보다는 일종의 권력을 행사하기 위해서인 것이다. 가장 중요한 교훈으로서 유용한 것만을 알아야 한다고 배운 사람은 소크라테스처럼 질문한다. 즉, 어린이는 사람들이 자기의 질문에 답하기 전에 자기에게 그 질문의 이유를 요구하리라는 것을 알고 있어서 질문의 이유를 자기 스스로 이해하지 않고는 질문하지 않는 것이다.

여러분의 제자에게 영향을 줄 얼마나 강력한 도구를 내가 여러분의 손에 쥐어 주었는가 보라. 여러분이 원한다면 여러분은 제자로 하여금 입을 다물게 할 수도 있다. 한편 여러분은 제자에게 가르치는 모든 사물의 유용성을 보여주는 데 여러분의 지식과 경험이 참으로 막대한 이득을 여러분에게 제공하지 않는가? 왜냐하면, 이러한 질문을 어린이에게 한다는 것은, 어린이로 하여금 그 질문을 하도록 가르쳐주는 것이기 때문이다. 그리고 여러분이 장차 그에게 제시할 모든 것에 대해서 그가 "그것이 무슨 소용이 있을까?" 하고 물어 볼 것도 예상해야 한다.

여기에 교사로서 피하기 힘든 함정이 있다. 만일 여러분이 어린이의 이와 같은 난처한 질문으로부터 벗어나려고 애쓰면서 어린이로서는 이해할 수도 없는 이유를 말해준다면, 그는 자신이 여러분의 관념에 대해서 추론하고 있다고 생각할 것이다. 그리하여 여러분이 그에게 말하는 것은 모두가 그의 나이에 유익한 것이 아니라 여러분에게 유익한 것이라 믿을 것이다. 그렇게 되면, 그는 더 이상 여러분을 신뢰하지 않게 되어 여러분의 모든 노력은 무의미해질 것이다. 그러나 제자에게 자신의 잘못을 시인하려는 선생이 있을까? 누구나 자신이 지닌 잘못조차도 인정하지 않는 것을 규칙으로 삼고 있다. 그러나 나는 내가 저지르지 않은 잘못이라도 그 이유를 어린이에게 이해시키지 못할 때는, 잘못을 시인하는 것을 규칙으로 삼을 것이다. 그리하여 항상 나의 행동은 그의 마음에 뚜렷이 새겨져서 그에게 결코 의심을 주지 않을 것이다. 그리고 나는 스스로도 잘못이 있으리라고 가정함으로써, 다른 사람들이 자신의 잘못을 숨겨서 얻는 신뢰보다 더 큰 신뢰를 유지할 것이다.

첫째로, 어린이가 배워야 할 것을 여러분이 암시할 필요는 없다는 점에 유의하라. 그것을 원하고 탐구하고 발견하는 사람은 어린이 자신이 되도록 하라. 여러분은 그것을 어린이의 손이 미치는 곳에 두어 그것을 알고자 하는 욕망이 생기도록 하고, 그것을 만족시킬 방법을 제공하기만 하면 된다. 또한 여러분의 질문은 별로 많지 않으면서도 잘 선택되어야 한다. 그리고 여러분이 어린이에게 하는 질문보다는 어린이가 여러분에게 하는 질문이 더 많으므로, 여러분은 항상 유리한 입장에 서서 이렇게 말하게 될 것이다. "네가 나에게 질문하는 점에 대해서 꼭 알아야 할 필요가 있을까?"

또한 어린이가 자신이 배우는 것과 그것의 필요성을 충분히 이해하고 있다면 그가 무엇을 배우느냐는 그리 중요하지 않으며, 여러분이 그에게 말한 것에 대해 유용한 설명을 할 수 없다면 어떤 설명도 하지 말라. 그에게 이렇게만 말하라. "너에게 해줄 충분한 대답이 없구나." 만일 여러분이 가르치던 것이 사실과 다르게 실제로 틀린 것이었다면 그것을 완전히 버린다 해도 상관없다. 만일 그렇지 않다면 약간의 연구로써 곧 그것의 유용성을 그에게 알게 해줄 기회가 올 것이다.

나는 말로 설명하길 좋아하지 않는데, 어린 사람들은 그런 것에 별로 주의를 기울이지 않으며 거의 기억조차 하지 않는다. 실물! 실물을 아무리 강조해도 충분한 것 같지 않다. 우리는 말에 너무 많은 의미를 부여한다. 말이 많은 교육은 단지 수다장이들만을 만들어낼 뿐이다.

내가 나의 제자와 함께 태양의 운행과 방향을 감지하는 방법에 대해 공부하고 있는 동안, 갑자기 그가 이런 것이 무슨 소용이 있느냐고 질문한다고 가정해 보자. 내가 얼마나 훌륭한 이야기를 해줄 수 있을까? 또한 그때 우리의 대화를 들은 사람이 있었다면 그 질문에 대한 답으로 나는 얼마나 많는 사물에 대해 그에게 가르칠 기회를 얻을 수 있겠는가! 여행의 유용함, 상업의 이익, 각 자방의 특산물, 여러 국민들의 풍습, 달력의 사용, 농업을 위한 계절 활용의 계산법, 항해술 등에 대해서 나는 그에게 말할 것이다. 나의 설명에 정치학·박물학·천문학·심지어는 도덕·국제법 등등이 포함되어, 나의 제자에게 이 모든 학문에 대한 훌륭한 개념을 심어주고 그것을 배우려는 욕망을 일으키도록 할 것이다. 모든 것을 다 말했을 때, 그는 나에게 전처럼 방향을 감지하는 게 무슨 소용이 있느냐고 묻고 싶어도 나의 기분을 손상시킬까 두려워서 감히 묻지 못한다. 강제로 들려주는 말을 이해하는 척하는 편이 차라리 이익이라고 생각한다. 이것이 우리의 훌륭한 교육의 실제이다.

그러나 우리의 에밀은 비교적 단순하게 교육받았으며 어려운 관념을 습득하는 데 매우 애를 썼으므로 그런 말은 하나도 경청하지 않으며, 알아듣지 못할 말을 한 마디만 해도 에밀은 달아나, 나 혼자 방 안을 돌아다니며 지껄이도록 할 것이다. 좀더 평범한 해결책을 찾아야만 한다.

몽모랑 시(市) 북쪽에 있는 숲의 위치를 관측할 때, 그가 귀찮은 질문으로 나를 가로막았다. "그게 무슨 소용이 있어요?" 나는 그에게 말한다. "거기에 대해선 천천히 생각하자. 만일 이 일이 아무짝에도 쓸모가 없다면 더 이상 그것을 하지 말자." 그러고 나서 우리는 다른 일을 시작한다. 지리는 이제 더 이상 문제가 되지 않는 것이다.

다음날 아침, 나는 그에게 아침 일찍 산보를 하자고 제안했다. 어린이들은 항상 돌아다닐 준비가 되어 있으며, 그는 또한 튼튼한 다리를 가졌으므로 대찬성이다. 우리는 숲속으로 들어가 수목 사이를 돌아다니다가 길을 잃었다. 우리는 지금 있는 곳이 어디인지 알 수가 없다. 시간은 자꾸 흐르고 점점 더워지며 시장기를 느끼자 우리는 초조해졌다. 우리는 여기저기 헤매지만 길을 찾을 수가 없다. 숲과 바위산, 그리고 벌판만이 보일 뿐, 우리가 있는 지점을 알 수 있는 표시란 하나도 없다. 결국 휴식하면서 생각하기 시작했다. 에밀을 다른 어린이처럼 키웠다면 생각할 여유조차 없었을 것이다. 그는 눈물을 흘리면서 우리가 몽모랑 시 근처에 있다는 것과, 단지 작은 숲이 우리와 몽모랑 시를 가로막고 있다는 사실을 깨닫지 못한다.

나는 잠시 동안 침묵을 지키다가 그에게 불안한 표정으로 말한다. "에밀, 어떻게 하면 여기서 빠져나갈 수 있을까?"

에밀은 눈물을 흘리며 말한다. "난 모르겠어요. 피곤하고 배고프고 목이 말라 더 이상 걸을 수가 없어요."

장 자크 나도 너와 똑같은 상태란다. 눈물이 밥이 된다면 나도 울겠다. 그렇지만 지금은 울 때가 아니야. 어떻게 해서든지 우리가 어디 있는지 알아내야 해. 네 시계를 좀 봐라. 지금 몇 시지?

에 밀 정오예요. 배가 고파요.

장 자크 정말, 정오군. 나도 배가 고프구나.

에 밀 아, 선생님도 매우 배가 고프시군요.

장 자크 불행하게도 점심이 이곳까지 우리를 찾아주지 않는구나. 지금이 정오니까. 바로 어제 우리가 몽모랑 시에서 숲의 위치를 관측하던 시각이군. 마찬가지로 우리가 이 숲에서 몽모랑 시의 위치를 관측할 수만 있다면…….

에 밀 참 그렇지요. 그런데 어제는 숲을 볼 수 있었지만, 여기선 마을을 볼 수가 없어요.

장 자크 그렇군. 마을이 보이지 않아도 위치를 찾을 수만 있다면…….

에 밀 어떻게 하지요?

장 자크 우리가 어제 숲은 어느 쪽에 있다고 했지?

에 밀 몽모랑 시의 북쪽에요.

장 자크 그렇다면 몽모랑 시는?

에 밀 숲의 남쪽에 있겠군요.

장 자크 정오에 북쪽을 알아내는 방법을 알고 있었던가?

에 밀 네, 그림자의 방향으로.

장 자크 그럼 남쪽은?

에 밀 어떻게 알 수 있을까요?

장 자크 남쪽은 북쪽의 반대지.

에 밀 정말 그렇군요. 그림자의 반대쪽만 찾으면 되겠네요. 아! 여기가 남쪽이다! 분명히 몽모랑 시는 이쪽에 있어요.

장 자크 네 말이 맞는 것 같구나. 이 오솔길로 가보자.

에 밀 (손뼉을 치고 환성을 올리며) 아, 몽모랑 시가 보여요! 바로 눈앞에 있어요. 자, 식사하러 가요. 빨리 뛰어요. 천문학도 이런 경우에 쓸모가 있군요.

그가 마지막 말을 하지 않더라도 그렇게 생각하리라는 점은 확실하다. 그리고 그날의 교훈을 그는 평생 잊지 않을 것이다. 반면에 만일 이러한 것을 방 안에서만 가정해서 가르쳤다면, 그는 다음날이면 잊어버렸을 것이다. 가능한 한 행동에 의해 가르치고, 실행할 수 없는 것에 한해서만 말로 해주어라.

내가 모든 종류의 연구에 대해 일일이 실례를 들어줄 정도로 독자를 무시하고 있다고는 독자도 생각하지 않을 것이다. 그러나 교사는 어떠한 것을 가르치더라도 제자의 능력에 맞추어 설명을 신중히 해야 한다는 말은, 아무리 해도 지나치지 않을 것이다. 왜냐하면 다시 한 번 강조하지만 곤란한 점은 이해하지 못한 데 있는 것이 아니라 이해했다고 믿는 데 있기 때문이다.

나는 그에게 화학에 대해 취미를 느끼게 할 때 몇몇 금속의 침전을 보여주고서, 잉크가 어떻게 만들어지는가를 설명했던 일을 기억한다. 그 검은색은 황산염으로부터 분리되어 알칼리 용액에 침전된 철의 미립자에서 생겨난 것일 뿐이라고 말했다. 내가 박식한 설명을 하고 있을 때 갑자기 나의 어린 과학자는, 내가 그에게 가르쳐주었던 바로 그 질문법을 가지고 나의 말을 가로막았다. 나는 매우 당황했다.

잠시 생각한 후 나는 집주인의 지하실에서 포도주를 가져오게 하고 포도주 가게에서 값이 싼 포도주를 사오게 했다. 나는 작은 병에 일정한 알칼리 용액을 넣은 다음 내 앞에 각기 다른 포도주를 담은 컵 두 개를 놓고 그에게 이렇게 말했다.

"많은 식품들은 실제보다 더 좋게 보이려고 혼합되어 있다. 그것은 해로우며, 겉으로는 좋게 보이지만 질이 나쁘게 만들어진다. 사람들은 음료 중에서도 특히 포도주를 이렇게 만드는데, 왜냐하면 이런 속임수를 알아내기가 어렵고 그들에게 많은 이득을 주기 때문이다.

떫은 포도주나 신 포도주에는 산화연을 넣는다. 산화연은 납의 화합물로서, 산과 결합된 납은 아주 맛있는 염을 만들어 포도주의 신맛을 없애주지만 그것을 마시면 매우 해롭다. 그러므로 포도주를 마실 때는, 먼저 그것에 산화연이 포함되어 있는지의 여부를 알아보는 것이 중요하다. 이제 내가 어떤 방법으로 그것을 알아내는가를 말해 보겠다.

포도주액은 브랜디와 마찬가지로 가연성 알코올을 포함하고 있으며, 그것으로부터 만들어지는 식초나 주석을 통해서 알 수 있듯이 산도 포함되어 있다.

산은 금속물질들과의 화합력을 가지고 있으며, 용해되어 금속들과 결합하면 합성염을 만든다. 예를 들면, 공기나 물속에 포함되어 있는 산에 의해 용해된 녹이 그것이다. 또 녹청도 산에 용해된 구리이다.

그러나 이 산은 금속물질보다는 알칼리성 물질에 더 큰 화합력을 갖고 있어서 내가 방금 말한 합성염 속에 알칼리성 물질을 넣으면 산은 결합되어 있던 금속에서 분리되어 알칼리와 결합한다.

그렇게 되면, 금속물질은 그것을 용해하고 있던 산에서 침전하여 액체를 불투명하게 만든다.

그러므로 만약 이 두 가지 포도주 중에 하나가 산화염을 포함하고 있다면 산이 그것을 용해하고 있는 것이다. 여기에 알칼리액을 넣으면 산을 납과 분리시켜 다시 알칼리와 결합시키는 결과가 될 것이다. 납은 더 이상 용해되어 있지 않고 다시 나타나 액체를 흐려 놓고, 결국은 컵 바닥에 침전한다.

포도주 속에 납이나 다른 금속물질이 없다면, 알칼리는 산과 결합하여 어떤 침전도 생기지 않을 것이다."

이렇게 말하며 나는 두 컵에 알칼리액을 떨어뜨렸다. 집에 있던 포도주는 투명한 채로 있었지만 다른 컵은 순식간에 탁해지고, 한 시간 후에는 컵 바닥에 침전된 납을 명백히 볼 수 있게 되었다. 나는 다시 말했다. "이것이 사람들이 마실 수 있는 자연 그대로의 순수한 포도주이고, 또 이것은 해를 끼치는 포도주이다. 네가 나에게 '무슨 소용이 있는가'라고 묻던 지식들은 이런 것을 알기 위해서이다."

나는 내가 든 실례에 대해 매우 만족하고 있었지만, 그가 전혀 그것에 감명을 받지 않았다는 사실을 깨달았다. 잠시 후에 나는 자신이 어리석었음을 깨달았다. 열두 살 짜리 어린이로서는 나의 설명을 이해하기가 어렵다는 것은 물론이거니와, 그는 이 실험의 유용성을 깨닫지 못했던 것이다. 그는 두 가지 포도주를 맛보고 모두가 맛이 좋다고 느꼈기 때문에 내가 충분히 설명했다고 생각했던 위조라는 말에 어떠한 개념도 갖지 못했기 때문이다. '건강에 해롭다.'라든가 '독'이라는 말들이 그에게는 아무런 의미가 없었던 것이다.

우리가 그 관계를 알 수 없는 인과 관계, 어떤 의미도 가지고 있지 않은 선과 악, 결코 느끼지 못했던 욕구 등은 우리에게 아무것도 아니다. 그것들에 의해 흥미를 느끼게 함으로써 무엇인가를 하기란 불가능하다. 우리는 열다섯 살에 현자의 행복을 보고 서른 살에 천국의 영광을 본다. 우리가 이 두 가지를 충분히 이해할 수 없다면 그것을 얻으려고 노력하지도 않을 것이다. 그리고 그것을 이해했다 하더라도 그것을 원하거나 자신에게 필요하다고 느끼지 않는다면 노력을 하지도 않으리라. 어린이에게 가르치려는 것이 유익하다고 그들에게 입증해 보이기는 쉽다. 그러나 그를 이해시킬 수 없다면 입증한다는 것은 아무 의미도 없다. 이것이 우리로 하여금 헛되이 찬성하게 하거나 비난하게 할 수는 있으나, 우리를 행동하도록 만드는 것은 정열 이외에 아무것도 없다. 흥미를 느끼지 못하는 일에 어떻게 열중할 수 있을 것인가?

어린이가 볼 수 없는 것도 가르치지 말라. 인간성이란 무엇인지 그가 모르는 동안에는 그를 성인의 상태로 이끄는 것은 불가능하므로, 성인을 어린이 상태로 끌어내려라. 나이가 들면 그에게 유익할 수도 있을 것을 주의는 하되, 지금 현재는 그가 느낄 수 있는 것에 대해서만 말해주어라. 그리고 그가 이치를 따지기 시작하면 다른 어린이들과 결코 비교는 하지 말아라. 경주를 할 때라도 경쟁자를 만들지 못하도록 하라. 그가 단순히 질투심이나 허영심에 의해서 배우는 것보다 아무것도 모르고 있는 편이 낫다. 나는 다만 해마다 그가 성장해가는 것을 기록하고 그것을 전해에 이룩한 성장과 비교할 것이다. 나는 그에게 이렇게 말할 것이다. "너는 여러 면에서 성장했다. 저것이 네가 성장한 기록이다. 이것이 네가 돌을 던졌던 거리이고, 한 번에 달렸던 거리이다. 그러면 이제 네가 얼마만큼 일을 할 수 있는가를 살펴보도록 하자." 나는 이처럼 그가 아무에게도 질투심을 느끼지 않게 하면서 그를 자극한다. 그는 더 좋은 실력을 발휘하려고 하며, 또 당연히 그래야 한다. 그가 자기 자신의 경쟁자가 되는 것은 괜찮다고 생각한다.

나는 책을 싫어한다. 책은 우리에게 자신이 알지도 못하는 것을 말하도록 가르칠 뿐이다. 헤르메스는 돌기둥에다 학문의 원리를 새겨서 홍수로부터 그의 발견을 보호하려고 했다. 만일 그것을 사람들의 두뇌 속에 잘 새겨넣었더라면 그것은 대대로 전승되어 보존되었을 것이다.

많은 책 속에 있는 가르침을 흥미있게 읽을 수 있고, 그리고 어린이에게 자극제 역할을 할 수 있는 대상에다 결합시키는 방법은 없을까? 만일 사람의 모든 자연적 욕구가 어린이라도 분명히 이해되도록 제시되고 또 이러한 욕구를 채워주는 방법도 어려움없이 계속 발전할 수 있는 그러한 상황이 이루어지면, 이 상태에 대한 생생하고도 소박한 묘사에 의해서 어린이에게 상상력의 첫 훈련을 시킬 수 있다. 나는 이미 여러분의 상상력이 활동하고 있음을 본다. 지나친 걱정은 하지 말라. 이러한 상황은 이미 발견된 것이며, 여러분에게 피해를 입히지 않으면서 동시에 여러분 자신이 묘사한 것보다 훨씬 더 높은 진실성과 단순성을 가지고 기술되어 있다. 책이 우리들에게 꼭 필요한 이상 내 생각으로는 자연에 따른 교육에 관한 가장 편리한 이론을 갖춘 책을 제공하는 것이 좋다고 생각한다. 이 책은 나의 에밀이 읽을 최초의 책이고 이 책만이 오랫동안 그의 책꽂이에 꽂혀 있을 것이며, 언제까지나 명예로운 가치를 지닌 책이 되는 것이다. 그 책은 우리가 성장하는 동안 우리의 판단력을 시험하는 기준이 되고, 우리의 취미가 바뀌지 않는 한 그 책을 읽을 때마다 우리는 항상 즐거움을 느낄 것이다. 그러면 도대체 이런 놀라운 책은 무엇인가? 아리스토텔레스인가? 뷔퐁인가? 아니다. 그것은《로빈슨 크루소》이다.

로빈슨 크루소는 고도에서 아무의 도움도 받지 않고 아무런 도구도 없이 자신을 보호하고, 나아가서는 어느 정도 행복까지도 얻고 있었다. 이 책은 어떤 연령층에게나 흥미를 불러일으키며, 여러 가지로 어린이들에게 즐거움을 줄 수 있다. 애초에 내가 예를 들었던 무인도도 이렇게 해서 실현하게 되었다. 이것은 사회적 인간의 상태가 아니라는 것을 나도 인정한다. 또한 에밀의 상태도 그렇게 될 수는 없다. 우리는 이러한 상태 위에서 다른 상태들을 평가해야 한다. 편견을 초월하여 사물들의 진정한 관계에 대한 판단을 하게 하는 가장 좋은 방법은, 고립된 인간의 자리에 자신을 놓고서 생각해보고 인간 자신의 이익을 고려하여 모든 것에 대해 스스로 판단을 내리도록 하는 일이다. 모든 사소한 이야기를 제외하면 섬 근처에서 로빈슨이 난파하는 것으로부터 시작하여 그를 섬에서 구출하기 위하여 배가 도착하는 것으로 끝나는 이 소설이 에밀에게는 즐거움과 동시에 교훈을 줄 것이다. 나는 에밀이 끊임없이 그의 성이나 염소나 농장에 몰두하기를 바란다. 그리고 이와 비슷한 경우에 필요한 것을 책에서가 아니라 실질적으로 자세히 배우기를 바란다. 또한 자기 자신이 로빈슨이 된 기분으로 모피 옷에 커다란 모자를 쓰고 큰 칼을 차고 필요없는 우산까지 사용해서, 그림에서 보듯이 로빈슨의 기이한 차림을 한 자신의 모습을 발견하기를 바란다. 또 가기에게 어떠한 물건이 부족하면 어떻게 대비해야겠다는 생각으로 걱정하기를 바라며, 또한 그 행위를 검토하면서 잊은 것은 없는가, 더 잘할 수는 없는가를 생각하길 바란다. 주인공의 과오를 잘 살펴두었다가 자신이 그와 같은 과오에 빠지지 않도록 잘 이용할 수 있게 되길 바란다. 왜냐하면 분명히 그도 로빈슨과 비슷한 왕국을 건설하려고 할 것이기 때문이다. 이러한 생각은 그것을 잘 이용하기 위해서 일으킨 노련한 교사에게는 얼마나 좋은 수단인가? 자신의 섬에 저장하기에 바쁜 어린이는 선생보다도 열성을 가지고 배울 것이다. 그는 쓸모 있는 것이면 무엇이든지 알려고 할 것이다. 그렇게 되면 여러분은 그를 더 이상 지도할 필요가 없으며 오히려 그를 제지해야 된다. 그리고 그가 이 섬에다 자신의 행복을 한정시키고 있는 동안에 그를 이 섬에 안주시켜야 한다.

왜냐하면 그가 이 섬에서 더 살고 싶더라도 혼자서는 만족할 수 없고, 하인 프라이디와 둘이서만으론 부족을 보충할 수 없는 시기가 다가오고 있기 때문이다.

한 사람으로도 충분한 자연기술들의 실행은, 여러 사람의 협력을 필요로 하는 산업 기술을 인도한다. 산업 기술은 사회 속에서만 발생하는 것이므로 사회가 필요한 것이다. 모든 사람이 육체적인 욕망만을 생각한다면 자기 자신만으로도 충족시킬 수 있다. 그러나 혼자 노동하는 사람은 한 사람만의 생계를 유지하지만, 1백 명이 협력하여 노동하면 2백 명의 생계를 유지할 수 있는 것이다. 그러므로 일부 사람들이 쉬게 되면, 노동하는 사람은 아무것도 하지 않는 사람의 태만을 보충해야만 한다.

여러분이 해야 할 가장 중요한 일은, 여러분의 제자가 이해할 수 없는 사회적 관계에 대한 관념을 그에게서 멀리하는 일이다. 그러나 지식이 발달하여 꼭 그에게 인간 상호간의 의존을 보여주어야 할 경우에는 그것을 도덕적인 측면에서 지도하지 말고, 인간들이 서로 필요로 하고 있는 산업과 기계적인 기술에 그의 모든 주의력을 향하게 하라. 이 공장 저 공장으로 그를 데리고 다니면서 보이는 모든 일을 직접 해보도록 하고는, 거기서 이루어지는 모든 일들의 목적이 무엇인가를 완전히 깨닫기 전까지는 거기서 나와서는 안 된다. 그러기 위해서는 여러분 자신이 노동을 함으로써 그에게 모범을 보여라. 그를 우두머리로 만들려면 여러분이 견습공이 되어야 하는 것이다. 그리고 하루종일 설명하는 것보다 한 시간의 노동에서 더 많은 것을 배울 것이라는 사실을 기억하고 있어야 한다.

가장 쓸모있는 기술은 가장 빈약한 보수를 받고 있다. 그 이유는 노동자의 수가 인간의 수요에 의해 제한되고 있으며, 모든 사람에게 필요한 일은 반드시 가난한 사람까지도 지불할 수 있는 대가를 갖기 때문이다. 반면에 한가한 사람과 부자만을 위해 일하는 소위 예술가라고 하는 사람들은 불필요한 물건에다 엄청난 가격을 매긴다. 그리고 이러한 쓸데없는 작품들의 가치는 단지 사람들의 의견에 의해서 정해지므로 가격이 비쌀수록 높이 평가된다. 부자가 그러한 것을 중시하는 이유는 그 유용성 때문이 아니라 가난한 사람이 살 수 없기 때문이다.

만일 여러분이 제자들에게 이러한 어리석은 편견을 가지게 한다면 여러분의 제자들은 어떻게 되겠는가? 그들이 도처에서 실제적인 유용성에 따라 붙여진 가격과 상반되는 엄청나게 비싼 가격을 보게 되고 어떤 물건이 값이 비쌀수록 가치가 없다면, 그들 기술의 진정한 가치와 사물의 현실적인 가치에 대해 어떤 판단을 내리겠는가? 이러한 관념이 그들의 머릿속에 박히면 그 순간부터 교육의 시도를 단념하라. 여러분의 노력에도 불구하고 그들은 다른 소년들과 마찬가지로 교육될 것이다. 여러분은 14년간의 수고를 헛되이 한 것이다.

자신의 섬을 갖추려고 생각하는 에밀은, 다른 견지에서 사물을 평가할 것이다. 로빈슨은 쓸모없는 장신구보다 도구를 훨씬 더 아끼고 도구를 만드는 사람을 매우 존경하게 될 것이다.

"나의 아들은 이 세상에 살 운명을 지니고 태어났다. 그는 현자들과 함께가 아니라 광인들과 함께 살 것이다. 그러므로 그는 그들의 광적인 행위를 알아야 하는데, 왜냐하면 그들은 그에 의해 인도되기 때문이다. 사물에 대한 참지식은 그 자체로서 훌륭하지만, 사람들과 그들의 판단에 대한 지식은 훨씬 더 훌륭하다. 왜냐하면 인간 사회에서 인간의 최고의 도구는 인간이며, 가장 현명한 사람이란 이 도구를 가장 적절히 사용하는 사람인 것이다. 어린이들에게 이미 확립되어 있어 그들이 따라야 할 질서와는 상반되는 상상적인 질서의 개념을 어린이들에게 준들 무슨 소용이 있는가? 우선 그들로 하여금 현자가 되도록 가르치고서 다른 사람들의 광적인 행위를 판단할 수 있게 가르쳐라."

이러한 허울 좋은 습관에 따른 아버지들의 잘못된 조심성은 어린이를 편견으로 기르고 편견의 노예로 만들려 하고 있으며, 그들 자신도 정욕의 도구로 만들려는 지각없는 군중의 놀림감이 되도록 하는 것이다. 인간의 연구는 철학자의 마지막 연구인데, 여러분은 그것을 어린이의 최초의 연구로 삼으려 한다. 우리의 의견을 가르치기 전에 먼저 그 가치를 평가하는 법을 가르쳐라. 현명해지려면 현명하지 않은 것을 식별해야 한다. 만일 여러분의 어린이가 어른들의 판단을 구별할 줄 모르고 잘못도 분간할 줄 모른다면 어떻게 그가 인간을 알 수 있겠는가? 그러므로 먼저 어린이에게 사물 그 자체에 대해 가르치고 그뒤에 그것들이 우리의 눈에 어떻게 비치는가를 가르쳐야 한다. 그렇게 함으로써 그는 진실과 사람들의 의견을 비교하며 일반 대중을 초월할 수 있게 될 것이다. 그러나 만일 여러분이 그에게 여론을 평가하는 법을 가르치기 전에 여론을 가르친다면 여러분이 어떤 노력을 하더라도 여론이 그의 의견이 되어 이미 그것을 제거하지 못하게 될 것이라는 점을 생각하라. 정확한 판단력을 지닌 젊은이로 만들기 위해서는 우리의 판단을 그대로 가르치지 말고 그의 판단력을 충분히 양성시켜야 한다.

여러분은 내가 이제까지 나의 제자한테 인간에 대해서는 조금도 이야기하지 않은 것을 알고 있을 것이다. 그는 충분한 양식을 가지고 있으므로 나의 가르침을 받을 필요가 없다. 친구와의 관계는 아직 스스로의 힘으로 타인을 판단할 수 있을 만큼 그에게 명백하지는 않다. 그는 자기 자신을 아는 것조차도 아직은 불완전하다. 그러나 만일 그가 타인에 대해 약간이라도 판단을 하게 된다면, 그는 올바른 판단만을 할 것이다. 그는 남들의 위치는 잘 모르지만 자신의 위치는 느끼며 거기에 집착하고 있다. 우리는 그를 그가 이해할 수 없는 사회적 법칙이 아닌 필요의 사슬로 묶어놓은 것이며, 그는 아직도 육체적인 존재에 지나지 않으므로 계속 그렇게 다루기로 하자.

자연의 모든 물체와 인간의 모든 활동은 자신의 이익·안전·보호·안락에 대한 뚜렷한 관계에 의해서 평가되는 것이다. 따라서 그의 눈에는 철이 금보다 더욱 값지게 보여야 하고, 유리가 다이아몬드보다 훨씬 더 값진 것으로 느껴져야 한다. 마찬가지로 그는 랑플뢰르나 루블랑 같은 사람과 유럽의 유명한 보석상인보다는 제화공이나 석공을 더 존경할 것이다. 특히 과자를 만드는 사람은 그에게는 가장 필요한 사람으로 보일 것이다. 금은 세공사·귀금속 조각가·도금공 등은, 그에게는 전혀 쓸모없는 놀이로 시간을 보내는 게으름뱅이로 보일 것이다. 행복한 어린이는 시간의 노예가 되지 않고서 시간을 즐기는데, 시간의 흐름이 그에게는 항상 동일하기 때문에 시간을 재는 도구는 그에게 필요없다. 마음의 평온은 필요할 때 시간을 재는 도구의 역할을 한다.

또한 세상에는 자연적이고 더욱 정확한 질서가 하나 있다. 사람들은 이 질서에 따라 가장 독립적인 기술을 첫번째로 두고, 다른 기술에 가장 많이 의존하는 기술들을 마지막으로 생각한다. 그리고 그것들을 맺어주는 관계에 따라서 기술들을 고찰한다. 이 질서는 일반 사회 질서에 대한 중요한 고찰을 암시하며, 인간의 평가 역시 상하전도(上下顚倒)하여 생각하게 한다. 따라서 원료의 사용은 가장 보수가 적은 직업에서 이루어지며, 원료가 여러 사람의 손을 거칠수록 점점 고귀하게 된다. 그러나 어떤 사물에서든지 그 가장 일반적이고 가장 필요한 기술이야말로 분명히 가장 좋은 평가를 받을 만한 가치가 있다. 그리고 독립적인 기술이 다른 기술에 의존하는 기술들보다 평가를 더 받아야 한다는 것은 당연하다. 이것이 바로 기술과 산업을 평가하는 진정한 법칙이며, 그외의 것은 모두 여론에 의해 좌우된 것이다.

모든 기술 중에서 가장 극적이고 존중할 만한 것은 농업이다. 나는 대장장이를 두 번째에 놓고, 목수를 세 번째에 놓겠다. 일반적 편견을 지니지 않는 어린이라면 이런 식으로 바르게 판단할 것이다. 에밀은 이 점에 대해서 얼마나 귀중한 생각들을 로빈슨에게서 끌어낼 것인가. 기술들은 세분되고 동시에 많은 도구를 늘어놓아야만 완전해진다는 것을 보고 그는 어떻게 생각할까? 그는 이렇게 혼자 중얼거릴 것이다. "저 모든 사람들은 영리한 바보로구나. 그들은 팔이나 손가락을 쓰지 않을 만큼 수많은 도구들을 만들어내고, 단 한 가지의 기술을 실행하려고 수천가지의 다른 기술의 노예가 되었다. 한 사람의 직공에 대해 마을 하나가 필요하다. 나의 친구와 나는 우리의 타고난 재능을 사용해서 어디에라도 가지고 갈 수 있는 도구를 만든다. 파리에서 자신들의 재능을 자랑하는 모든 사람들도 우리의 섬에서는 아무것도 소용이 없고 거기서 그들은 우리의 제자가 되어야 한다."

독자여! 여기서 우리 제자의 육체 훈련과 손재주를 보면서 그의 어린이다운 호기심에 대해 어떻게 지도해야 하는가를 생각하라. 그리고 우리가 그를 위해 어떤 두뇌를 가지도록 하려는지를 생각해 보라. 그가 보고 행하는 모든 것 속에서 그는 모든 이유를 알려고 할 것이다. 그는 늘 최초의 도구로 거슬러 올라가려고 하며, 단지 추측에 불과하다면 그 무엇도 인정하지 않을 것이다. 만약 그가 용수철이 만들어지는 과정에 대해 알려고 하면 강철이 어떻게 해서 광산에서 채취되는지를 알려고 하고, 나무 상자를 만드는 것을 보면 나무가 어떻게 베어지는가를 알려고 할 것이다. 자기 자신이 사용하는 도구들을 보며 반드시 이런 생각을 할 것이다.

여기에 피치 못할 잘못이 있다면, 여러분이 어떤 일을 좋아할 때 아이들도 항상 같은 취미가 있다고 가정하는 일이다. 여러분이 그 일의 즐거움에 열중하고 있는 동안 어린이가 지루해하면서도 그 감정을 나타내지 못하는 것에 주의하라. 무엇이든 어린이가 일에 몰두해야 하며 여러분은 그에게 봉사하도록 해야 한다. 그를 관찰하면서 눈치채지 못하게 계속 그를 감시하고, 그가 원하지 않는 행동은 금해야 한다. 그가 그 일이 유익하다고 느낄 뿐만 아니라 자기가 하는 일이 어디에 소용되는가를 이해하여 그 일에 흥미를 갖도록 해야 한다. 기술 사회는 산업의 교류로 성립되며, 상업사회는 물물교환으로, 은행은 담보와 화폐의 교환으로 성립된다. 이러한 모든 관념은 서로 연관이 있는데, 이에 대한 기본 개념들을 터득해야 한다. 우리가 할 일은 이제 이같은 관념을 일반화하고 더 많은 실례로써 그것을 확대해야 한다는 점이다. 그렇게 함으로써 무역 사업을 이해시킬 수 있으며 또한 이 무역 활동은 각 고장의 특산물에 관한 자세한 정보, 항해의 기술과 과학에 대한 지식, 그리고 장소의 원근이나 육지·바다·강 등의 위치에서 생기는 운송상의 어려움에 의해 분명해지는 사업의 중요성을 이해시킨다.

어떤 사회도 교환 없이는 존재할 수 없고, 어떤 교환도 공통적인 기준이 없으면 불가능하며, 어떤 공통적인 기준도 평등 없이는 존재하지 않는다. 그러므로 모든 사회는 인간이나 사물에 있어서 일종의 협정에 의한 평등을 지니고 있다.

인위적인 협정에 의한 평등은 자연적 평등과는 매우 다르므로 정부와 법률을 필요로 한다. 어린이가 가진 정치적 지식은 명확하고 한정된 것이어야 한다. 어린이들에게는 어느 정도 관념을 가지고 있는 소유권 문제 이외에 일반적인 정부에 대해서는 알리지 않아야 한다.

협정에 의한 평등 원칙은 화폐를 발명했는데, 화폐는 다른 종류의 사물의 가치에 대한 비교의 기준이 된다. 그리고 이러한 화폐는 사회의 산물이지만 어떤 것이든 화폐가 될 수 있다. 옛날에는 가축이 화폐였고, 조개류는 아직도 많은 종족간에 화폐로 쓰이고 있다. 스파르타에서는 철을 사용하고, 스웨덴에서는 가죽을 사용했으며, 우리는 금과 은을 사용했다.

금속은 운반에 있어서 매우 용이하므로 모든 교환의 매개물로 선택되었다. 그리고 교환 때마다 치수나 무게를 재는 수고를 덜기 위해서 이 금속을 화폐로 바꾸었다. 그리고 군주만이 화폐를 만들 권리를 가지는 데, 그것은 군주만이 자신의 힘이 온 국민에게 권위를 갖도록 요구할 수 있기 때문이다.

이상 설명한 바와 같이 이러한 화폐의 효용은 누구라도 알 수 있는 것이다. 예를 들어 직물과 밀의 비교 같이 성질이 다른 사물들을 비교하기는 어렵다. 그러나 공통적인 기준, 즉 화폐를 이용할 경우 제조업자와 농업자들이 그들이 교환하려는 물품의 가치를 이 공통적인 기준에 따라서 비교하는 것은 어렵지 않다. 만일 얼마만큼의 직물이 어느 정도의 화폐 가치가 있고 얼마만큼의 밀이 같은 정도의 화폐 가치가 있을 때, 공인이 자신의 직물을 주고 그 밀을 받는다면 그는 공정한 교환을 한 셈이 된다. 즉 화폐에 의해서 수많은 다른 품종들이 같은 단위로 계량되고 서로 비교되는 것이다.

여기서 더 나아가, 이러한 제도의 도덕적 영향을 설명할 필요는 없다. 무엇이든지 그 악용을 가르치기 전에 효용을 충분히 보여줘야 한다. 금전이 얼마나 큰, 사회의 모든 허위적 관념의 근원이 되어 있는가? 또한 왜 돈이 많은 국가가 다른 모든 면에서 빈곤해야 하는가를 어린이들에게 설명하려 든다면 여러분은 어린이들을 철학자뿐만 아니라 현자로 취급하는 셈이며, 극히 소수의 철학자들만 이해하는 것을 어린이들에게 이해시키려 드는 셈이 된다.

제자가 이해할 수 있는 현실적인 관계를 떠나지 않고, 흥미로운 대상물이 제자가 호기심을 갖도록 할 수 있지 않은가! 선생의 의무는 제자가 사소한 것에 대해 관찰하는 것을 막고, 훗날 인간 사회의 선악을 판단하기 위해 알아야 할 중요한 관계들에 끊임없이 그를 접근시키는 데 있다. 또 제자의 흥미를 끌 만한 이야기를 어린이의 성격에 따라서 맞출 줄 알아야 한다. 다른 어린이의 흥미를 조금도 끌지 못할 문제라도 에밀을 6개월 동안이나 괴롭힐 수 있다.

우리는 어느 부유한 집에 초대를 받아서 그곳에 갔을 때 연회상이 준비되어 있는 것을 본다. 그리고 많은 하인들이 요리를 나르고 예의 바르게 접대하는 것을 본다. 환락과 만찬을 위한 이러한 것들은 거기에 익숙하지 못한 사람들을 황홀하게 만든다. 식사가 진행되고 식탁 주위에서 즐거운 담화가 오갈 때, 나는 그의 귀에 대고 이렇게 속삭인다. "이 식탁 위에 있는 모든 것이 여기에 나오기까지 얼마나 많은 손을 거쳤을지 상상할 수 있느냐?" 그로써 나는 그의 머릿속에 얼마나 많은 관념들을 불러일으켰던가! 즐거움은 순식간에 사라지고, 그는 깊이 생각하고, 반성하고, 불안해한다. 철학자들은 술과 곁에 있는 여자 때문에 흥겨워져서 농담을 하며 어린이처럼 떠들고 있을 때, 그는 구석에서 혼자 생각에 잠겨 있다가 나에게 질문을 한다. 나는 대답하지 않고 다음으로 미룬다. 그는 초조한 나머지 먹고 마시는 일도 잊고, 나와 자유롭게 이야기하기 위해 식탁에서 물러나려고 한다. 그를 교육하기 위한 얼마나 좋은 교과서인가! 손상되지 않은 건전한 판단력으로 사치에 대해서 그는 어떻게 생각할 것인가? 세계의 곳곳에서 약탈해 오고 2천만의 손이 일을 하고 수천 명의 목숨을 희생시킨 이 모든 것이 저녁이 되면 버려지게 될 것임에도 불구하고 낮에 호화로운 식탁을 장식하기 위해 이루어진 것이다.

이 모든 관찰로부터 끌어낸 그의 독특한 결론을 주의 깊게 살펴보라. 만일 여러분이 주의 깊게 그를 인도하지 않았다면, 그는 자신의 생각을 다른 방향으로 돌려서 자기의 점심을 준비하려고 그렇게 많은 노력을 한 것을 보고 자신을 세계에서 가장 중요한 인물이라고 생각할지도 모른다. 그러나 여러분이 그의 생각이 이 방향으로 가는 것을 미리 알아차린다면, 여러분은 그가 그런 생각을 하기 전에 미리 그를 막을 수 있거나 적어도 그같은 그릇된 인상을 지워 버릴 수 있다. 아직 그는 물질적인 향락에 의한 것 외에는 사물을 향락할 줄 몰랐기 때문에 감각적인 관계에 의해서만 그러한 것들이 자신에게 적합한지 아닌지를 판단한다. 그러므로 운동을 하고 난 뒤의 시장기와 자유와 즐거움에 의해 맛이 더 좋아지는 간단한 시골풍의 식사와, 매우 화려하고 격식을 갖춘 연회를 비교해보면 잔치 때의 모든 준비는 그에게 아무런 실질적인 이익을 주지 않으며, 부잣집 식탁에서나 마찬가지로 농부의 식탁에서도 그는 만족감을 느끼기에 그가 실제로 자기 것이라고 부를 수 있는 것을 어느 쪽도 가지고 있음을 충분히 느낄 것이다.

이때 교사가 그에게 어떤 말을 해야 될지 상상해 보자. "이 두 가지 식사를 비교해 보고 네 스스로 어떤 것이 더 마음에 들었는지 결정해라. 어떤 것을 맛있게 먹고 마셨으며, 더 즐거웠는가? 어떤 식탁이 지루했는가? 그러면 그 차이점을 알아둘 필요가 있다. 네가 매우 맛있다고 생각하는 갈색 빵은 이 농부가 직접 거둬들인 밀로 만들었으며, 포도주는 검고 거칠긴 하지만 갈증을 풀어주고 건강에 좋으며, 이것은 그의 포도밭에서 나온 것이다. 식탁 위를 덮은 천은 그의 부인과 딸들과 하녀가 겨울 동안 쉴새없이 짰으며, 그의 가족들 외에는 그의 식탁을 차리는 데 가담하지 않았다. 너는 멀리 떨어진 곳에서 여러 사람을 거쳐 하나의 식탁 위에 차려진 모든 것에서 얼마나 즐거워하고 있는가? 만일 그러한 음식이 너에게 즐거운 식사가 되지 않았다면, 그 많은 것에서 무슨 이익을 얻겠는가? 거기에 너를 위해 만들어진 것이 무엇이 있어나?" 그리고 교사는 이렇게 덧붙였다. "만일 네가 그 집의 주인이었다 하더라도 모든 것은 역시 너에게 아무 쓸모 없게 되었을 것이다. 왜냐하면 다른 사람들의 눈에 너의 즐거움을 펼쳐 보여야 하는 고심이 너의 즐거움을 빼앗을 테니까. 너는 수고를 하고, 다른 사람들은 즐길 뿐이다."

이러한 이야기는 매우 훌륭하지만 그것이 에밀에게는 아무런 가치도 없다. 그것은 그의 능력을 넘어서며, 또 타인의 의견을 그에게 강요하지는 않기 때문이다. 그러므로 좀더 간단하게 그에게 말하라. 이러한 경험을 한 후에 어느 날 아침 그에게 이렇게 말하는 것이 좋다. "우리 오늘은 어디서 식사할까? 은식기와 아름다운 화단이 있고, 너를 인형 같이 취급하고 알아들을 수 없는 말을 중얼거리는 파티복을 입은 여자들 사이에서 식사를 할까, 아니면 여기서 8킬로쯤 떨어진 마을이지만 우리를 반갑게 맞아주는 선량한 사람들의 집으로 갈까?" 에밀은 수다스럽지도 않고 허영심도 없으므로 그의 선택은 분명하다. 그는 언제든지 들판을 뛰어다닐 준비가 되어 있으며 맛있는 과일, 맛있는 야채, 맛있는 크림, 그리고 착한 사람들을 매우 좋아한다.

내가 든 예는 한 어린이에게는 타당하게 들려도 다른 많은 어린이에게는 그렇지 않을 수도 있다. 그러나 그 의미만 파악한다면 필요에 따라 그 실례를 바꿀 수 있는데, 그 선택은 한 어린이의 독특한 성품을 연구함으로써만 결정될 것이다. 이런 연구는 어린이들에게 자신을 드러낼 기회를 줌으로써 가능하다. 내가 여기서 말하려는 3, 4년 동안에, 가장 천재적인 어린이일지라도, 언젠가 그가 스스로 배울 수 있도록 하기에 충분한 만큼 모든 기술과 자연과학에 대한 관념을 가르친다는 것은 불가능한 일이다. 그러나 그가 꼭 알아야 할 모든 것들을 그에게 제공하여 그가 자신의 취미와 재능을 발전시키고 소질에 적합한 대상을 향하여 나아가게 하며, 자연을 향하여 열린 길을 우리한테 보여줄 기회를 주도록 그에게 마련해줄 수 있다.

한정되어 있으나 정확한 지식의 연계(連係)가 지닌 또 다른 이점은, 그 지식을 유대 관계에 의해서 그에게 보여줌으로써, 어린이가 평가할 수 있도록 지식을 바른 위치에 놓는다는 점이다. 또한 많은 사람들이 자기가 소홀히 했던 재능을 가볍게 보고, 자신들이 길러준 재능을 중요시하려는 편견을 막는다는 이점이 있다. 전체의 질서를 명백히 보는 사람이라면 각 부분의 위치도 바르게 보는 법이다. 한 부분을 철저히 아는 사람은 학자라 할 수 있고, 앞에 말한 사람은 현자이다. 그리고 우리가 얻으려는 것은 학문이 아니라 지혜라는 점을 여러분은 기억해야 한다.

어쨌든 나의 방법은 내가 든 실례에 의한 것은 아니다. 그것은 연령에 의해 인간의 능력을 측정하는 것과, 그 능력에 따라 적합한 일을 선택하는 데 근거를 두는 것이다. 더 잘할 수 있는 방법이 있으리라고 생각되지만, 그 방법이 나이나 성(性)에 적당하지 못한다면 성공의 여부는 아직 미지수이다.

이 제2기를 시작하면서 우리는 우리의 욕구보다 힘이 월등히 많아서 자기 자신에 넘친다는 사실을 이용했다. 우리는 하늘로 날아 올라가 대지를 측량했고, 자연의 법칙을 배우려고 섬 전체를 돌아다닌 것이다. 이제 우리가 자신도 모르는 사이에 우리의 집으로 돌아왔을 때, 우리를 위협하고 집을 점령하려 하는 적이 아직 우리 집을 점령하지 못한 것을 본다면 얼마나 다행인가.

우리를 둘러싸고 있는 모든 것을 관찰했을 때 우리에게 남은 과제는 무엇인가? 그것은 우리가 소유할 수 있는 것은 모두 사용할 수 있도록 변화시키는 일이며, 우리의 호기심을 이용하여 우리의 행복을 증진시키기는 일이다. 이제까지 우리는 무엇에 필요한지도 모르면서 온갖 종류의 도구를 준비해 두었다. 어쩌면 그 도구들은 우리에게는 쓸모가 없으되 남들에게는 도움을 줄 수 있을는지도 모르며, 또한 우리도 남의 도구가 필요할는지도 모른다. 따라서 우리는 이러한 교훈에 의해 이득을 볼 것이다. 그러나 교환을 하면서 서로가 필요로 하는 것들을 알아야 한다. 그리고 우리는 남이 가진 것 중에 자신에게 필요한 것이 무엇이며, 그 대신에 남에게 줄 수 있는 것이 무엇인지를 알아야 한다. 열 사람이 제각기 열 가지를 요구한다고 가정할 때,

각자는 자기가 필요한 것을 가지려면 열 종류의 일을 해야 한다. 그러나 소질과 재능에 차이가 있으므로, 이 일을 하는 데 누구는 어떤 일에, 또 다른 누구는 다른 일에 적합할 것이다. 각자의 재능이 다른데 열 사람 모두가 같은 일을 한다면 좋은 결과를 얻지 못할 것이다. 이 열 사람으로 하나의 사회를 구성하여 각자가 자기 자신과 나머지 아홉 사람을 위해서 자기에게 가장 적합한 종류의 일에 종사하도록 하자. 각자는 아홉 사람의 재능에서 이익을 얻으므로 마치 자기 혼자만이 그 모든 재능을 가진 것처럼 생각한다. 각자는 계속적인 훈련에 의해서 자신의 재능을 발달시키고, 열 명 모두가 그들의 필요를 완전히 충족시키고, 나아가 다른 사람들에게 여분을 줄 수 있을 것이다. 이것은 오늘날 모든 제도의 명백한 원칙이다. 여기서 그 결과를 검토하는 것이 우리의 주제는 아니다. 그것은 내가 다른 책에서 이미 언급한 바가 있다.

이 원칙에 의하면 다른 모든 것으로부터 독립해서 자기 자신만으로 자족하는 사람은 불행한 존재이며, 생존하는 것조차도 그에겐 불가능할 것이다. 왜냐하면 대지는 다른 사람이 소유하고 있으며 그의 것이라곤 자신의 몸 하나밖에 없으니, 어디서 자신의 필수품을 얻을 수 있겠는가? 우리는 자기가 자연 상태로부터 벗어나면 타인에게도 벗어나기를 강요한다. 누구도 다른 사람들의 의사를 무시하고 자연 상태에 머물 수는 없다. 왜냐하면 자연의 제1법칙은 자기 보존에 있기 때문이다.

이렇게 해서 어린이는 실제로 사회의 한 일원이 되기도 전에 그의 마음속에 사회적 관계에 대한 관념이 조금씩 형성된다. 에밀은 자신이 사용할 수 있는 도구를 가지려면 남들이 사용하는 도구도 자신에게 필요하다는 사실과, 그 도구는 다른 사람의 것과 교환을 통하여 얻을 수 있다는 사실도 알게 된다. 나는 그가 교환의 필요성을 느끼고 그것을 이용할 수 있도록 이끌 것이다.

불행한 어느 풍자 작가가 "각하, 저는 살아야 합니다."라고 그의 직업의 불명예스러움을 비난하는 대신에게 말하자, "나는 그 필요성을 인정할 수 없다."라고 그 대신은 냉정하게 대꾸했다. 이것은 대신으로서는 훌륭한 대답이었으나, 다른 사람의 입에서 나왔다면 잔인하고도 잘못된 말일 것이다. 누구나 살아야 한다. 이러한 논쟁은 각자에게 인간성이 있느냐 없느냐에 따라 다르겠지만, 자기 자신에 관련시켜서 이 말을 하는 사람에게는 반박할 여지가 없는 것처럼 보인다. 즉 자연이 우리에게 주는 모든 혐오감 중에서 가장 강한 것은 죽음이기 때문에, 살기 위한 수단이 전혀 없는 사람이라면 모든 것이 허용되어야 한다는 뜻이다. 덕망있는 사람이 자신의 생명을 경시하고 의무를 위해 생명을 희생하도록 배울 때의 대의는, 이러한 근본적인 단순성과는 차이가 있다. 생존을 위해 어쩔 수 없이 사기꾼이 되는 그러한 비참한 나라가 있다면, 처형할 사람은 그가 아니라 그를 그렇게 만든 사람이다.

에밀이 생명에 대해 알기 시작하면 내가 해야 할 일은 그에게 생명의 보존 방법을 가르치는 일이다. 지금까지 나는 신분·지위·재산에 아무런 구별을 두지 않았으며 인간은 모든 신분에 있어서 동일한 이상, 이후에도 전혀 그것을 구별짓지 않을 것이다. 주인이 노예보다 더 길고 강한 팔을 가지고 있지도 않으며, 높은 사람이 서민보다 키가 큰 것도 아니다. 결국 자연적 욕구란 누구에게나 같으며, 그것을 만족시키는 방법도 어디에서나 똑같아야 할 것이다. 인간의 교육은 인간에게 알맞게 해야만 한다. 오로지 한 신분에만 맞는 인간을 만들려고 노력하여 다른 신분에는 쓸모없는 인간을 만든다면, 운명이 바뀔 경우 여러분의 노력은 비참한 인간을 만들려고 애쓴 셈이 된다는 것을 알지 못하는가? 귀족이 거지가 되었는데도 자신의 가문에 대한 긍지만을 가지고 있는 것보다 더 우스꽝스러운 일이 있겠는가? 가난해진 부자가 전에 자기가 가난한 사람들을 멸시했던 것에 대해 생각하면서, 자신은 인간 중에서 가장 하등 인간이 된 듯이 느끼는 것보다 더 초라한 것이 있겠는가?

여러분은 현재의 사회 질서를 믿는다. 그러나 이 질서가 피할 수 없는 혁명에 말려들 수도 있고, 또 여러분의 어린이들이 직면할지도 모를 혁명을 예견하거나 예방할 수도 없다는 것을 생각해야만 한다. 높은 지위의 사람이 비천한 사람이 되고, 부자가 가난하게 되고, 군주가 신하로 된다. 이런 변화는 매우 희박하기 때문에 여러분은 거기서 제외되리라 기대하는가? 우리는 불안한 위기의 혁명의 시대로 다가가고 있다. 그때 여러분이 안전하리라고 누가 보장할 수 있는가? 인간이 건설한 모든 것을 인간이 파괴할 것이다. 자연이 만든 것 외에는 변경하기 어려운 특질은 없다. 그리고 자연은 군주도, 부자도, 대영주도 만들지 않았으므로 높은 신분에만 맞도록 교육받은 귀족이 몰락하면 어떻겠는가? 황금에 의해서만 살아갈 수 있는 사업가가 가난해지면 어떻겠는가? 그런 경우에 처했을 때 자신을 떠나 서슴없이 신분을 버리고 여전히 인간으로 남을 줄 아는 자는 행복할지어다! 왕관의 조각 아래에서 땅에 묻히기를 바라는 폐왕을 칭찬할 것인가? 나는 그런 왕을 경멸한다. 나는 그가 왕관에 의해서만 존재하며 그가 왕이 아닌 이상 아무것도 아니라는 사실을 알지만, 왕관을 잃고도 살아가는 사람은 왕보다 더 높은 지위에 있는 것이다. 그는 보잘것없는 왕이란 지위에서 극히 소수의 사람만이 만족할 수 있는 인간이라는 상태에까지 올라가는 것이다. 그래서 그는 운명을 이겨내고 용감하게 맞선다. 그는 자신 이외에는 아무에게도 의지하지 않으며, 그가 보일 것이라고는 자기 자신 외에 아무것도 없어도 그는 무의미한 존재는 아니다. 그렇다. 나는 세 왕국의 후계자보다 코린트에서 학교 선생이 된 시라쿠사의 왕이나, 로마에서 서기가 된 마케도니아의 왕을 백 배나 더 좋아한다. 그런데 그 후계자는 비참함을 경멸하는 사람들의 비난의 대상이 되어 이 궁정 저 궁정을 방랑하면서 여기저기 도움을 청했지만, 아무 일도 할 줄 모르는 그는 모욕을 당할 뿐인 것이다. 인간의 모든 재산은 그가 아무리 주장한다 해도 사회의 것이다. 그리고 어떤 사람이 부자일 때 그는 자신이 부를 향락하지 않더라도 사회가 부를 누리고 있는 것이다. 첫번째의 경우는 그가 자신에게는 소용도 없는 것을 남에게서 빼앗는 것이며, 두 번째 경우는 그들에게 아무것도 주지 않는 것이다. 그러므로 그가 한 사회에 진 빚은 그대로 남아 있게 된다. 그러면 여러분은 "그러나 나의 아버지는 재산을 모으면서 사회에 공헌했다"라고 말하겠지만, 그러나 그는 자신의 빚을 갚은 것이지 여러분의 빚을 갚은 것은 아니다. 여러분은 행복한 환경에서 선택받고 태어났으므로 재산 없이 태어난 사람보다는 타인에게 더 많은 부채를 지고 있는 것이다. 한 사람이 사회를 위해 한 일이 다른 사람이 사회에 대해 진 빚을 갚아준다는 이론은 옳지 않다. 왜냐하면 각자는 자신의 모든 것을 빚지고 있으므로 자신을 위해서만 갚을 권리가 있으며, 누구든 자기의 아들에게 인류에게 쓸모없는 사람이 될 권리를 줄 수 없기 때문이다. 그런데 여러분은 아버지가 그의 노력의 대가인 재산을 아들에게 물려주는 것이라고 한다. 그러나 아무 일도 하지 않고 자기 자신이 벌지 않은 것을 갖는 사람은 그것을 훔치는 것과 같다. 그리고 아무 일도 하지 않고 국가에서 지급하는 연금으로 생활하는 사람은, 지나가는 사람들의 지갑으로 살아가는 것과 다를 바 없다. 사회를 떠나서 고립되어 있는 사람은 아무에게도 부채가 없어 자유롭게 살 권리가 있지만 필연적으로 남을 희생시키며 살아가는 사회에서는 일을 해서 그들에게 갚아야 한다. 거기에는 예외가 없으므로 노동은 사회적 인간에게는 필수적인 의무이다.

그런데 인간의 생계를 유지시킬 수 있는 모든 일 중에서 인간을 자연 상태에 가장 가까이 접근시키는 것은 손으로 하는 일인데, 모든 신분 중 운명으로부터 가장 멀리 떨어져 있는 것은 직공이다. 직공은 자신의 노동에만 의존하며 자유롭다. 농부는 자신의 밭에 의존하여 살아가지만 수확은 다른 사람의 손에 의해 처분되고, 적이나 군주나 소송 등으로부터 그의 밭을 몰수당하는 일이 있기 때문이다. 만일 직공이 그런 괴로움을 당하면 그는 어디에서나 곧 짐을 꾸려서 자신의 두 손만 가지고 떠나가 버린다. 그렇지만 농업은 인간의 가장 기본적인 직업으로서 가장 성실하고 가장 유익하고, 따라서 가장 고귀한 직업이기도 하다. 나는 에밀에게 농업을 가르치진 않았지만 그는 이미 그것을 안다. 그는 농촌의 모든 일들에 친숙한데 그것은 그의 최초의 일이었고, 지금도 끊임없이 그 일을 하고 있다.

그래서 나는 에밀에게 이렇게 말한다. "너의 조상이 물려준 토지를 경작하라. 그러나 만일 네가 그 땅을 잃는다거나 그 땅을 갖지 못한다면, 무엇을 할 것인가? 뭔가 다른 일을 배워라."

"내 아들이 직공이 된다구요! 선생님 그게 진정입니까?" 세상의 어머니는 이렇게 말한다. "저는 부인보다 더 진지하게 생각하고 있습니다. 부인께선 아드님을 후작·공작 이외에는 아무것도 되지 못하게 하고, 언젠가는 천한 인간보다도 더 못한 인간으로 만들려고 하십니다. 그러나 저는 없어지지 않을 지위를, 어느 때라도 그를 명예롭게 할 지위를 주고자 합니다. 그를 인간의 지위로 올려놓는 것입니다. 부인께서 무슨 말씀을 하시더라도 아드님이 인간이라는 자격을 갖게 될 때, 그는 더욱 귀한 인간이 될 것입니다."

언어에 얽매이지 말고 정신을 살려라. 직업을 배우는 데 중요한 것은 그 직업을 경시하는 편견을 극복하는 것이다. 여러분이 살기 위해서 노동을 한다면 궁지에 몰리지는 않을 것이다. 이것은 참으로 딱한 일이다. 여러분은 필요에 의해서 일하지 말고 명예를 위해 일하라. 여러분이 자신의 신분보다 높아지려면 자신을 노동자의 신분으로 낮추어라. 운명과 세상 일에 승리하려면 먼저 여러분이 자주적이어야 한다.

내가 여러분에게 요구하는 것은 재능이 아니라 하나의 직업이다. 그것은 손이 두뇌보다 많이 움직이는 순전히 기계적인 기술이다. 그것은 여러분을 결코 운명에 맡기는 것이 아니고 운명에서 독립되는 기술이다. 생활고를 염려할 필요가 없는 집안에서도 아버지들이 장래를 생각하여 어린이를 교육하고, 무슨 일이 닥쳐도 헤쳐 나갈 수 있는 지식을 주려고 애쓰는 것을 나는 보았다. 그런 아버지들은 실제로는 아무것도 하지 않는 것이다. 그 이유는 그들이 어린이에게 주었다고 생각하는 모든 수단은 어린이를 독립시키려는 운명 그 자체에 달려 있기 때문이다. 따라서 훌륭한 재능을 가졌어도 그것을 이용할 만한 환경에 있지 못하다면, 재능있는 사람은 마치 그 재능을 전혀 갖지 못한 것처럼 비참하게 죽을 것이다.

모든 일에서 외교와 술책이 문제가 되면 부유한 생활을 유지하기 위하여 그 술책을 사용하는 경우와 마찬가지로, 다시 유복한 상태로 되돌아가기 위해서도 그 술책을 사용해야 한다. 가령 여러분이 명성에 따라 그 성공 여부가 좌우되는 기술을 배운다면, 또는 누군가의 특별한 은총에서만 얻을 수 있는 지위에 자신을 적응시키고자 한다면, 바로 그런 일들 때문에 세상이 싫어져 성공을 위한 필수적인 수단마저 멸시한다면, 이 모든 것이 여러분에게 무슨 소용이 있겠는가? 여러분은 정치학과 왕족들의 이해 관계를 연구했는데, 대신이나 궁정의 장관과 가까이할 수 없다면 이런 지식이 무슨 소용이 있겠는가? 그들의 총애를 받는 비결을 모르고 그들 모두가 여러분을 그들에게 맞는 사기꾼으로 인정해주지 않는다면 어떻게 될까? 여러분이 화가라면 여러분의 재능을 인정받아야 한다. 성급하게 살롱으로 가서 작품을 전시하려고 생각하는가? 그것은 그렇게 쉽지 않다. 보잘것없는 지위라도 차지하려면 후원자가 있어야 한다. 자와 붓을 버리고 여기저기로 돌아다녀야만 명성을 얻을 수 있다. 그런데 저명한 사람들의 집에는 어디나 손짓으로만 통하는 문지기가 있다는 사실을 여러분은 알 것이다. 지리·수학·음악, 또는 데생 교사가 되려고 하는가? 그러기 위해서는 제자가 있어야 하고, 따라서 여러분을 찬양하는 사람이 있어야 한다. 평판이 기술보다 많은 명예를 얻는다. 여러분이 만일 기술에 대해서만 알고 있다면, 여러분은 사실 무지한 사람이라는 것을 생각하라.

그러므로 이 모든 훌륭한 수단들이 얼마나 헛되며, 그것을 어느 정도 이용하기 위해서는 얼마나 많은 다른 수단들이 필요한가 보라. 게다가 또 여러분이 미천한 상태에 빠졌다면 어떻게 할 것인가? 어려움은 여러분을 타락시킨다. 어느 때보다 타인의 노리개가 되어 있는 여러분이 어떻게 여러분의 운명을 지배하는 편견에서 벗어날 수 있는가? 여러분이 살아가는 데 필요한 비천함과 악을 어떻게 경멸할 것인가? 여러분은 전에는 재산에만 의존했지만 지금은 부자들에게 의존하고 있다. 여러분은 노예 상태를 더 악화시키며, 빈곤으로 인하여 더 무거운 짐을 지게 되었다. 그리하여 여러분은 자유를 갖지 못한 빈자이다. 이것이야말로 인간이 떨어질 수 있는 가장 최악의 상태이다.

그러나 육체를 위해서가 아니라 정신을 위해서 이룩한 높은 지식들을 살아가기 위하여 쓰지 않고, 필요할 때 손으로 하여금 그것으로 할 수 있는 일을 하게 한다면 모든 어려움은 사라지고 생활의 길은 항상 열린다. 여러분은 더 이상 높은 사람들 앞에서 비열해질 필요가 없으며, 사기꾼 앞에서 거짓말을 할 필요가 없다. 다른 사람들의 의견에 상관하지 않으므로 누구에게도 환심을 사려고 애쓸 필요가 없다. 악한들이 국권을 휘어잡고 있다 해도 여러분에게는 상관이 없다. 그런 것이 검소한 생활을 하는 여러분에게, 정직한 인간이 되고 의식주를 해결하는 것을 방해하지는 않을 것이다. 여러분이 배운 직업을 필요로 하는 장소가 있으면 어디라도 들어가 본다. "주인, 일을 좀 해야겠습니다." "친구, 여기서 일을 하시오." 여러분이 근면하고 검소하다면, 1주일이 지나기 전에 벌써 다음 1주일을 살아갈 만큼 벌게 된다. 여러분은 자유롭고, 건강하고, 진실하고, 근면하고, 올바르게 살게 될 것이다. 그러한 보수를 받는 것은 시간을 헛되이 보내는 것은 아니다.

나는 에밀이 반드시 어떤 기술을 배우기를 바란다. 적어도 정직한 직업이라면 무엇이든 좋다고 생각한다. '정직한 직업이라면', 이 말은 무엇을 뜻하는가? 대중에게 유익한 직업이라면 모든 정직한 직업이 아닌가. 나는 그가 로크의 신사처럼 자수공이나 도금공이나 칠장이가 되는 것을 원하지 않는다. 나는 그가 음악가나 배우나 글 쓰는 사람이 되는 것도 바라지 않는다. 이러한 직업이나 그와 유사한 직업을 제외하고 그가 원하는 직업을 택하도록 해주고, 무슨 일에서건 그를 구속하지 않겠다. 나는 그가 도자기의 꽃을 그리기보다도 도로를 포장하는 편이 더 낫다고 생각한다. 여러분은 다음과 같이 말할 것이다. "그러나 순경이나 탐정이나 또는 사형 집행인도 꼭 있어야 할 사람들이다."라고. 그러나 유용한 직업을 택하는 것만으로는 충분하지 않다. 그 직업이 악하고 인간성과 양립할 수 없는 심적 경향을 그에게 발달시키는 것이어서는 안 된다. 그러므로 품위있는 직업을 택해야 할 것이다.

원대한 계획과 편협한 견해로 가득 찬 책을 쓴 생피에르 신부는, 자기 교파의 다른 신부들과 마찬가지로 결혼을 하지 않겠다는 맹세를 했다. 그러나 그는 아름다운 하녀를 거느리고 그녀들과 더불어 결혼하지 않겠다는 경솔한 약속으로 인하여 인류에게 끼친 손해를 보충하는 데 최선을 다했다는 것이다. 즉 그는 국가에 자식을 낳아 바치는 것을 시민의 의무로 생각하고, 그런 식으로 낳은 자식들을 조국에 바침으로써 기술자 계급을 늘려갔던 것이다. 그 어린이들이 성인이 되자 그는 어린이들에게 그들의 취미에 맞는 직업을 갖게 했는데, 하찮거나 무익한 직업 또는 굴곡이 심한 직업은 제외했다. 예를 들면 자연이 우리에게 머리카락을 주는 일을 중지하지 않는 한, 아무 쓸모도 없는 가발 기술자 같은 것이 그러하다.

이것이 바로 에밀의 직업을 선택하는 데 있어서 따라야 할 나의 방침이다. 그러나 선택을 해야 할 사람은 에밀 자신이다. 왜냐하면 그의 마음속에 새겨진 격언은 쓸데없는 사물들에 대한 본래의 경멸감을 그에게 계속 갖게 할 것이므로, 그는 결코 아무런 의미도 없는 일에 자신의 시간을 낭비하지 않고, 사물의 실질적인 유용성 이외에 아무런 가치를 인정하지 않기 때문이다. 그에게는 로빈슨이 섬에서 이용한 것 같은 직업이 필요하다.

어린이 앞에 자연과 기술의 산물을 펼쳐보여 그의 호기심을 자극하고 호기심이 이끄는 방향으로 따라가게 해 그의 취미와 기질, 그리고 경향을 알게 되는 기회를 준다. 그가 어떤 재능을 가지고 있다면 우리는 그 재능의 불꽃이 빛나는 것을 볼 수 있다. 그러나 여러분이 조심하지 않으면 안 될 공통적인 오류는, 우연한 일을 강렬한 재능의 덕으로 생각하는 것이다. 또한 인간과 원숭이에게 공통된 것으로, 무엇에 소용되는지도 모르면서 보는 것이면 무엇이든지 하고 싶다는 본능적인 모방의 정신을 재능으로 착각하는 것 또한 잘못이다. 세상에는 자신이 종사하는 분야에 재능을 갖지 않은 직공이나 어릴 때부터 타인의 인습적인 관념에 의해 끌려간 기술자들, 특히 예술가들로 가득 차 있다. 그들은 다른 기술을 택할 수 있었을 외형상의 열성에 의해 속은 것이다. 어떤 사람은 북소리를 듣고 자신을 마치 장군처럼 생각하고 어떤 사람은 집짓는 것을 보고 건축가가 되려 하는데, 누구나 자기가 보는 직업이 남에게 존경받는다고 느끼면 거기에 마음이 끌리게 마련이다.

주인이 그림을 그리는 모습을 보고 화가가 되겠다고 결심한 어떤 하인이 있었는데, 이러한 결심을 하자 즉시 그는 연필을 잡았다. 배우지도 않고 규칙도 모르면서 자기 가까이에 있는 것은 무엇이든 그리기 시작한 그는, 거기에 빠져들어 꼬박 3년을 보냈다. 그동안 그 무엇도 그를 거기서 떼어놓을 수 없었으며, 평범한 재능으로 별로 진보도 없었지만 결코 싫증을 내지 않았다. 나는 무더운 여름 6개월 동안 그가 숨이 막힐 듯한 작은 방의 의자에 하루종일 앉아서 지구의를 앞에 놓고, 그것을 만족할 정도로 그릴 때까지 되풀이하는 것을 본 적이 있다. 결국 그는 주인의 도움과 한 예술가의 지도로, 붓으로 살아가기에 이르렀다. 어느 정도까지는 인내가 재능을 대신하므로 그도 그 정도까지는 이르렀지만 그 이상은 나아가지 못했다. 이 성실한 청년은 항상 부지런함과 인내심 그리고 큰 뜻에 의해서 존경을 받겠지만, 그는 입문 이상을 초월하지는 못할 것이다. 그리고 그의 열성에 속아 그 열성을 재능으로 생각하는 사람이 있겠는가? 어떤 일을 좋아하는 것과 일에 적합하다는 것과는 많은 차이가 있다. 어린이는 능력보다는 욕망을 더 나타내며, 사람들은 능력을 연구할 줄 모르기 때문에 욕망으로 어린이를 판단한다. 그러므로 어린이의 재능과 취미를 확신하려면 매우 세밀한 관찰이 필요하다. 나는 어떤 현자가 어린이를 관찰하는 기술에 대한 개론 하나를 우리에게 보여주기를 바란다. 이 방법은 매우 중요하지만 아버지나 선생들은 아직 그 기술의 원리도 모른다.

그러나 우리는 여기서 직업의 선택을 너무 중요시하는지도 모른다. 그것이 손으로 하는 일과 상관이 있다면 그러한 선택은 에밀에게는 아무것도 아니다. 그리고 지금까지 우리가 그에게 시킨 훈련에 의해서 그의 수업은 이미 반 이상이 성취되었다. 여러분이 그에게 무엇을 시키려 하든지간에 그는 모든 것을 할 준비가 되어 있다. 그는 이미 삽과 괭이를 다루며 선반(旋盤)·망치·대패·줄도 사용할 줄 안다. 그는 온갖 직업의 도구들에 익숙해져 있는 것이다. 다만 남은 문제는 이 도구들을 신속하고 쉽게 사용하는 충분한 기술을 터득하여 훌륭한 일꾼들처럼 민첩해지는 것이다. 그리고 그 점에 대해서 그는 무엇보다도 커다란 이점이 있다. 그것은 그가 민첩한 신체와 유연한 팔다리를 가지고 있기에 어떤 종류의 자세도 쉽게 취할 수 있고, 어떤 종류의 동작도 오래 계속할 수 있다는 점이다. 또한 그는 정확하고 잘 훈련된 기관들을 가지고 있고, 기술과 관계있는 역학은 이미 알고 있다. 다만 지도자로서 일하기에는 경험이 부족하지만, 이것은 시간과 더불어 쌓게 될 것이다. 우리에게 남아 있는 문제가 있다면, 어느 직업에 대해서나 민첩해지도록 시간을 적절히 활용하는 일이다.

성인에게는 그 성(性)에 적합한 직업을 주고, 젊은이에게는 그 연령에 적합한 직업을 주라. 신체를 나약하게 만드는 한 장소에 틀어박혀서 일하는 직업은 그들에게 재미도 없고 적합하지 않다. 결코 젊은 청년이 스스로 재단사가 되기를 열망하지는 않을 것이므로, 그러한 여성적 직업에 남성의 마음을 끌기 위해서는 기교가 필요하다. 바늘과 칼은 같은 손으로 다룰 수 없을 것이다. 내가 만일 군주라면, 나는 재봉이나 바늘로 하는 일들은 여자나 여자들처럼 일할 수밖에 없는 불구자에게만 허용할 것이다. 내시(內侍)들이 필요하다 해서 일부러 그들을 만들어낸 동양 사람들은 매우 어리석다고 생각한다. 왜 그들은 자연이 만들어놓은 사람들만으로는 만족하지 못할까? 그런 사람들은 필요하다면 충분히 있을 것이다. 허약하고 섬세하며 겁 많은 남자는 모두 자연에 의해 집 안에서 움직이지 않고 생활하도록 되어 있는 것이다. 그들은 여성과 같이 살거나 여성처럼 살도록 되어 있다. 그런 남자가 여성에게 적합한 직업을 선택한다면 그것은 좋은 일이다. 내시들이란 자연의 잘못된 한 면을 보여준다. 이러한 잘못은 어떤 방법을 써서라도 고치기만 하면 좋은 일을 하는 결과가 될 것이다.

나는 나의 제자에게 건강에 해로운 직업은 금하겠지만, 힘든 직업이나 위험한 직업이라고 해서 막지는 않겠다. 그러한 직업은 힘과 용기를 동시에 단련시킨다. 그것은 남자에게만 적합하여 여자는 관여할 엄두도 못 낸다. 그런데 남자로서 여성의 직업을 침해하는 것을 부끄럽게 생각하지 않겠는가?

이탈리아에서는 여자가 상점 경영을 하는 예를 찾아볼 수 없다. 그래서 프랑스나 영국의 거리에 익숙한 사람에게 있어 이 고장의 거리 풍경보다 더 쓸쓸한 풍경은 없다고 생각된다. 장식품을 취급하는 상점 주인이 부인들에게 리본이나 브러시 또는 머리에 쓰는 망이나 장신구를 팔고 있었는데, 나는 대장간에서 쇠붙이를 두들기도록 만들어진 거친 손이 이 섬세한 장식품들을 취급하는 모습이 우습게 생각되어 혼자 중얼거렸다. "이 고장에서는 여자들이 숫돌이나 무기를 파는 상점을 시작하지 않으면 안 되겠다."라고.

젊은이여, 너의 일에 남자의 손자국을 새겨라. 억센 팔로 도끼와 톱을 다루는 법을 배우고, 돌과 목재를 써서 집을 짓는 법을 배워라.

나는 사랑하는 동시대 사람들에게 너무 많은 말을 하고 있다는 사실을 알고 있지만, 나는 가끔 나의 이론에 끌려가곤 한다. 만일 누군가가 도끼를 들고 가죽 앞치마를 두르고 대중 앞에서 일하는 것을 부끄러워한다면, 나는 그를 정당한 일을 하고도 얼굴이 붉어지는 우매한 대중의 노예라고 비난할 것이다. 그렇지만 어린이의 판단에 해를 끼치지 않는다면 아버지들의 편견에 양보하자. 모든 유용한 직업을 존중한다고 해서 그 모든 것에 종사할 의무는 없다. 자유롭게 직업 선택을 할 수 있고 아무것도 우리를 구속하지 않는다면, 같은 분야의 직업 중에서 더욱 유쾌하고 매력있고 적합한 직업을 선택하는 것은 당연하다. 그러나 특별한 이유가 없는 한 나는 에밀을 제철공이나 대장장이로 만들지는 않을 것이다. 나는 그가 키클롭스 같은 모습으로 대장간에 있는 것을 보고 싶지는 않기 때문이다.

마찬가지로 석공이나 제화공으로 만들기는 더욱 원하지 않는다. 어떤 직업이든 종사하는 사람이 있어야 하지만, 자유롭게 선택할 수 있다면 청결을 고려할 필요가 있다. 왜냐하면 이것은 직업 편견의 문제가 아니기 때문이다. 이 점에 대해서는 감각이 우리의 지도자이다. 그리고 나는 직공들이 정신적인 노력 없이 거의 자동적으로 같은 한 가지 일에만 힘을 쓰는 그런 직업을 좋아하지 않는다. 방직공·양말 제조공·석공 등이 그것인데, 지적인 사람을 그런 일에 종사케 하여 무슨 유익함이 있겠는가? 그것은 다른 기계를 움직이는 또 다른 기계인 것이다.

모든 것을 잘 생각해 본 결과 나의 제자의 취미에 맞고 또 내가 가장 좋아하는 직업은 목수이다. 그것은 깨끗하고 유용하며, 집 밖에서 해야만 하는 일이므로 신체를 충분히 단련시킬 수 있다. 그리고 일꾼에게 숙련과 노력을 요구한다.

만일 우연히도 여러분 제자의 소질이 확실히 사색적인 학문 쪽으로 나타난다면, 나는 그의 성향에 알맞은 직업을 주었다고 해서 비난하지는 않겠다. 예컨대 그는 수학 기계나 안경이나 망원경 등을 만드는 법을 배우면 되는 것이다.

에밀이 일을 배울 때, 나도 에밀과 함께 그것을 배울 것이다. 왜냐하면 나는 우리가 같이 배우지 않으면 그가 철저히 배우지 못하리라고 생각되기 때문이다. 그러므로 우리는 둘 다 도제(徒弟)가 되고, 신사로 대우받지 않고 착실한 견습공으로 취급받기를 원한다. 왜 우리가 그렇게 될 수 없는가? 러시아의 표트르 대제는 목수였고, 군대에서는 북 치는 사람이었다. 여러분은 이 대제가 신분으로나 공적으로 보아 비천했었다고 생각하는가? 나는 이런 말을 에밀에게 하는 것이 아니라 당신들 모두에게 말한다는 것을 이해할 것이다.

불행하게도 우리는 모든 시간을 작업대에서만 보낼 수 없다. 우리는 단순한 견습공 수업을 하고 있는 것이 아니라 인간 수업을 하고 있다. 인간 수업은 견습공 수업보다 훨씬 더 엄격하고 오랜 시일을 요한다. 그렇다면 무용 교사를 고용하듯 하루에 한 시간씩 목수에게 배우는 방법은 어떨까? 그렇게 되면 우리는 도제가 아니라 제자가 되는 것이다. 그리고 우리가 목수의 상태에까지 갈 만큼 목수 일을 배우려는 것도 아니다. 그러므로 나는 우리가 1주일에 적어도 한두 번 정도 하루 종일 목수장의 집에 가서 그가 일어나는 시간에 일어나고, 그보다 먼저 일을 시작하고, 그의 식탁에서 식사를 하고, 그의 지시에 따라 일하고, 그의 가족과 함께 저녁 식사를 해본 다음 돌아오고 싶을 때 돌아와 우리의 딱딱한 침대에서 자야 한다고 생각한다. 이렇게 해서 많은 직업을 동시에 배우고 견습 기간을 소홀히 하지 않고도 다른 수공을 배울 수 있게 된다.

허영심을 없애려다가 새로운 허영심에 빠지게 해서는 안 된다. 편견을 극복했다고 자랑하는 것은 거기에 굴복하는 것과 같다. 오스만 가문의 전통에 의하면 터키 황제는 손수 세공을 해야만 한다고 한다. 그러니 황제의 손으로 된 작품은 모두 걸작일 수밖에 없다. 그래서 그는 이 작품들을 궁정의 귀족들에게 나눠주었으며, 그 작품은 만든 사람의 신분에 따라 높은 값이 지불되었다. 여기서 내가 잘못되었다고 생각하는 점은 약자를 괴롭힌다는 것이 아니다. 서민에게서 빼앗은 재물을 그와 함께 나누어 가지도록 귀족들에게 강요함으로써, 군주는 서민들로부터 직접 약탈하지 않아도 된다. 그것은 전제정치에 필요한 일종의 완화제이며, 그것이 없다면 그러한 정부는 영속될 수 없을 것이다.

그와 같은 관습의 진정한 폐해는 가난한 사람에게 자신의 가치에 대한 관념을 강요한다는 것이다. 미다스 왕은 자신이 만지는 것이 모두 황금으로 변하는 것을 보지만, 그렇게 함으로써 자기가 어떻게 변하는가를 모르고 있었다. 그가 만드는 작품의 가치를 제작자로부터가 아니라 작품으로 판단하도록 해야 한다. 자신의 작품을 훌륭한 사람들과 비교하여 판단하는 것을 막도록 하자. 그의 일은 일 자체로서만 평가받도록 해야 한다.

잘된 것에 대해서는 이렇게 말해 주라. "이거 참 잘 만들었구나." 그러나 이렇게 덧붙이지는 마라. "이거 누가 만들었니?" 만일 그렇게 물었을 경우 그가 자랑스러운 태도로 "그것은 제가 만들었어요."라고 말한다면 냉정하게 다음과 같이 덧붙여라. "네가 만들었건 다른 사람이 만들었건 어쨌든 그 작품은 잘되었다."

훌륭한 어머니여, 사람들이 당신에게 하려는 거짓말로부터 당신을 지키도록 하라. 만일 당신의 아들이 많은 지식이 있다 해도 그의 지식을 너무 믿지 마라. 불행히도 그가 파리에서 자랐고 부유하다면 그를 구제하기는 더욱 어렵다. 노련한 예술가들이 가까이 있는 동안 그는 그들의 재능을 소유하지만, 그들과 멀어지면 그는 더 이상 그 재능을 소유할 수 없게 될 것이다. 파리에서는 부자는 매우 유식하며, 가난한 사람만이 무식하다. 이 도시는 여성 예술 애호가들로 가득 차 있으며, 그들은 기욤 씨가 색채를 만들어내듯이 갖가지 작품을 만든다. 나는 이 점에서 남자들 중에서 적어도 세 사람의 존경할 만한 인물을 알고 있는데 여자는 한 명도 모른다. 그런 인물이 있는지 어떤지도 의심스럽다.

그러므로 하나의 직업을 갖는 것이 유익하다고 인정되면, 여러분의 어린이들은 기술을 배우지 않고도 하나의 직업을 갖게 될 것이다. 취리히의 참의원들처럼 그는 대가(大家)로 통할 것이다. 그러나 에밀에게는 결코 이러한 소란스러운 일은 필요없다. 겉치레가 아니고 항상 진실만이 필요하다. 그로 하여금 언제나 침묵 속에서 조용히 배우고, 항상 걸작을 만들지만 결코 대가로 통하지 않게 하라. 그를 이름만의 기술자가 아니라 실질적인 직공이 되도록 하라.

이제까지 내가 한 말을 이해했다면, 나의 제자에게서 사람들의 판단에 대한 무관심한 정열의 부족에서 오는 태만을 피하기 위해 내가 어떻게 그에게 반성과 사색의 취미를 길러주는지 알아야 한다. 그가 미개인처럼 게으름뱅이가 되지 않으려면 그는 농부처럼 일하고 철학자처럼 생각해야 한다. 가장 좋은 교육의 방법은 신체의 훈련과 정신의 훈련이 서로의 피로를 풀어주도록 하는 데 있다.

그러나 더욱 성숙한 정신을 필요로 하는 교육을 하지 않도록 조심하자. 에밀이 오랫동안 직공으로 있지 않았어도 신분의 불평등을 스스로 느낄 것이다. 내가 가르친 격률에 대해 이번에는 그가 나에게 질문하려 할 것이다. 그는 자신이 가난한 사람들과 가깝다는 것을 알고 있으며, 내가 왜 그들과 멀리 떨어져 있는가를 알려고 나에게 갑자기 곤란한 질문을 할지도 모른다. "선생님은 부자예요. 그렇지만 부자도 사람인 이상 다른 사람들처럼 사회를 위해 일할 의무가 있습니다. 그런데 선생님은 사회를 위해 도대체 무슨 일을 하십니까?" 훌륭한 교사라면 이런 때 뭐라고 말하겠는가? 그가 만약 어린이에게 "나는 너를 돌보고 있다."고 말했다면, 그는 매우 어리석은 일을 한 것이다. 작업장이 나를 궁지에서 구해준다. "그것은 참 좋은 질문이구나. 나는 네가 너 자신에 대해 만족스럽게 대답할 수 있을 때 나 자신에 대해 대답하겠다고 약속한다. 그때까지 나는 가지고 있는 것을 너와 가난한 사람들에게 줄 것이다. 그리고 내가 완전히 무용한 인간이 되지 않도록 1주일에 탁자 하나와 의자 하나를 만들도록 하겠다."

이리하여 우리는 자기 자신으로 돌아왔다. 우리의 어린이는 지금 자신을 소유했기 때문에 이미 이전의 어린이가 아니다. 그는 자신을 사물들에 의존시키는 필연을 어느 때보다 절실히 느낀다. 먼저 그의 신체와 감각을 훈련시켰고, 다음에 우리는 그의 정신과 판단력을 훈련시켰으며, 그리고는 최후에 그의 손발의 사용을 그의 재능의 사용에 결합시켰다. 우리는 그를 움직이고 생각하는 인간으로 만드는 것이다. 한 인간을 완성시키기 위해 우리가 해야 할 남은 일은 단지 사랑할 줄 아는 민감한 인간으로 만드는 일이다. 다시 말하면 감정에 의해서 이성을 완성시키는 일이다. 그러나 사물의 새로운 질서에 들어가기 전에 우리는 이제까지 지나온 상태로 다시 눈을 돌려서 우리가 어디까지 왔는지를 정확하게 판단해야만 한다.

우리의 제자는 처음 감각밖에는 가지고 있지 않았으나 지금은 관념을 가지고 있으며, 전에는 단지 느낄 수밖에는 없었지만 지금은 판단을 한다. 왜냐하면 연속적이거나 동시적인 몇몇 감정의 비교와 이에 의해 도달되는 판단으로부터 내가 관념이라고 부르는 일종의 감정이 생겨나기 때문이다.

관념을 형성하는 방법은 인간 정신에 어떤 특성을 부여한다. 사물의 실질적인 관계에 의해서 관념만을 형성하는 정신은 굳은 정신이며, 표면에 나타난 관계만으로 만족하는 정신은 피상적인 정신이다. 사물의 온갖 관계들을 있는 그대로 보는 정신은 정확한 정신이다. 실제적으로 존재하지 않는 상상적인 관계를 위조하는 정신은 미치광이이다. 전혀 비교할 줄 모르는 정신은 바보이다. 관념들을 비교하고 관계를 발견하는 능력의 다수에 따라서 인간의 정신 지능이 크거나 작아진다.

단순한 관념들은 몇 개의 비교된 감각에서 생긴다. 그러나 이러한 감각에도 판단은 있다. 감각에 있어서 판단은 완전히 수동적이며, 느끼는 것을 느낀다고 단언한다. 지각이나 관념 속에서는 판단은 능동적이다. 그 판단은 감각이 분별하지 못하는 관계들을 접근시키고 비교하고 측정한다. 이것이 양자의 차이인데 그 차이는 실로 크다. 자연은 결코 우리를 기만하지 않으며 우리를 기만하는 것은 항상 우리들 자신이다.

나는 여덟 살짜리 어린이에게 아이스크림을 주는 것을 보게 되는데 그는 그것이 무엇인지도 모르면서 입으로 가져간다. 그리고 차가운 것에 놀라서 "앗 뜨거워!" 하고 외친다. 그는 매우 예민한 감각을 경험한다. 그는 불의 뜨거움보다도 더 뜨거운 것을 알지 못하기 때문에, 바로 그것을 느꼈다고 믿는다. 그러나 갑작스러운 차가움이 그에게 충격을 준 것이며, 화상을 입은 것은 아니다. 그리고 이 두 감각을 경험한 사람이라면 그것을 혼동하지는 않을 것이다. 그러므로 그를 속이는 것은 감각이 아니라 잘못된 판단이다.

그것은 처음으로 광학 기계를 보거나 한겨울이나 한여름에 깊은 굴 속에 들어갈 때, 매우 뜨겁거나 차가운 손을 미지근한 물에 담글 때에도 마찬가지이다. 그 사람이 느낀 것만을 말한다면 그의 판단은 수동적이어서 틀리는 일이 없지만 사물을 겉모양에 의해 판단할 때 그는 능동적이 되며, 그가 느끼지 못한 관계를 귀납적으로 비교하고 확정한다. 그렇게 되면 그는 잘못 생각하거나 잘못 생각할 가능성이 있다. 그 잘못을 고치거나 방지하려면 경험이 필요하다.

밤중에 여러분의 제자에게 달과 그 사이를 지나가는 구름을 보도록 하면 그는 달은 움직이고 구름은 정지해 있다고 할 텐데, 그 이유는 작은 물체는 움직이고 큰 물체는 정지한 것을 보아왔기 때문이다. 떠나는 배를 타고 약간 멀리서 바닷가를 볼 때 그는 정반대의 착각을 하게 된다. 그것은 육지가 달려가는 것처럼 보인다는 점이다. 그것은 자신이 움직이고 있다는 것을 전혀 느끼지 못하고 바다나 강이나 수평선을 움직이는 전체로 보며, 그가 달려가고 있는 것처럼 느끼는 언덕은 그 일부분처럼 보이기 때문이다.

어린이가 처음으로 물에 반쯤 잠긴 막대기를 볼 때 그는 막대기가 꺾인 것으로 생각하는데, 그 감각은 옳다. 그러므로 그에게 무엇을 보았느냐고 물으면, 그는 "꺾어진 막대기요."라고 대답할 것이다. 그런데 그는 자기가 꺾어진 막대기의 감각을 얻었으므로 옳게 말한 것이다. 그러나 자기의 판단에 의해 속은 그가 자기가 본 것은 실제로 꺾어진 막대기라고 주장한다면, 그는 잘못을 범하고 있는 것이다. 왜 그럴까? 그 이유는 그때 그는 능동적으로 되어서, 관찰에 의해서가 아니라 귀납적으로 판단하기 때문이다. 말하자면 한 감각에 의해 그가 받아들인 판단은 다른 감각에 의해 확인될 것이기 때문이다.

우리의 모든 오류는 판단으로부터 생기므로 만일 우리에게 판단할 필요가 없다면 우리는 배울 필요도 없으며, 따라서 그러면 우리도 잘못 생각하지 않으리라는 것은 명백하다. 우리는 지식이 있어서 만족스러워하는 것보다, 무지 때문에 훨씬 더 만족스러워할 것이다. 학자는 무학자가 모르는 수많은 사실을 알고 있다는 것을 아무도 부정하지는 않는다. 그 때문에 그들은 진리에 가까워졌는가? 아니다. 학자들은 전진함으로써 진실로부터 멀어지는데, 판단하려는 허영심이 지식의 진보보다 빨리 증가하므로, 그들이 배우는 모든 진실을 백 가지의 틀린 판단을 이끌어내기 때문이다. 유럽의 학자 단체가 공공연하게 거짓말을 가르치는 학교에 지나지 않는다는 사실은 분명하고, 휴런 족에게보다도 과학 아카데미에 더 많은 잘못이 있다는 것 또한 확실하다.

사람들은 알면 알수록 잘못을 범하므로, 잘못을 방지하는 유일한 방법은 무지이다. 판단하지 말라. 그러면 결코 잘못을 저지르지 않을 것이다. 그것은 이성의 교훈이며 자연의 교훈이다. 우리가 사물에 가지는 직접적인 관계는 극히 적고 매우 분명하지만, 이것을 제외하면 우리는 자연히 다른 모든 점에 대해서 절대적인 무관심만 가진다. 미개인은 훌륭한 기계의 움직임이나 전기 등을 보는 데 별다른 관심을 갖지 않는다. "나와 무슨 상관이 있는가?" 이 말은 무식한 사람의 상투어이며 현자에게도 가장 적당한 말이다.

그러나 불행히도 이 말은 이미 우리에게 적용되지 않으며, 우리가 모든 것에 의존하는 이상 모든 것은 우리와 관계가 있다. 그리고 우리의 호기심은 필연적으로 우리의 필요에 따라 증가하므로 우리는 철학자에게 매우 큰 호기심을 부여하고 미개인에게는 전혀 부여하지 않는 것이다. 미개인은 누구도 필요로 하지 않지만 철학자는 모든 사람을 필요로 하는 것이다.

사람들은 내가 자연에서 떠났다고 말하겠지만, 나는 그렇게 생각하지 않는다. 자연은 그의 도구들을 선택하고 공상이 아니라 필요에 의해서 그것들을 정리한다. 그런데 필요는 인간의 상황에 따라 변화하므로, 자연 상태 속에 살고 있는 자연인과 사회 속에 살고 있는 자연인 사이에는 차이가 있다. 에밀은 무인도로 보내야 할 미개인이 아니라, 도시에서 살도록 태어난 자연인이다. 그는 거기서 자신이 필요한 것을 찾아내서, 그 주민들을 이용하고 그들과 함께 살아가야 한다.

그가 의존해야 하는 수많은 새로운 관계들이 그의 주위에 있기 때문에 그는 판단을 해야 할 입장이므로 그에게 올바로 판단하는 법을 가르치자. 올바로 판단하는 법을 가르치는 가장 좋은 수단은 우리의 경험들을 단순화하고, 오류에 빠지는 일이 없도록 하는 것이다. 그렇다면 감각의 관계를 서로에 의해서 확인한 후에 다른 감각의 도움을 받지 않고도 감각의 관계를 그 자체로서 확인할 수 있도록 배워야 한다. 그러면 감각은 저마다 우리에게 한 관념이 될 것이며, 이 관념은 언제나 진리에 일치되리라. 나는 인생의 제3기를 이러한 종류의 지식으로 채워주려고 노력한 것이다.

이것은 교사에게 인내와 신중함을 요구한다. 그러한 능력은 몇몇 선생만이 가지고 있으며, 그것이 없으면 제자는 결코 판단하는 법을 배울 수 없다. 예를 들어, 만일 제자가 꺾어진 막대기라고 말했을 때 그의 잘못을 지적해주기 위해 즉시 막대기를 물에서 끌어올린다면, 여러분은 그에게 자기의 잘못을 깨닫게 할 수는 있어도 그에게 아무것도 가르치지는 못할 것이다. 그가 스스로 알게 될 것 외에는 아무것도 가르친 것이 없다. 그에게 진실을 보이기보다는 그가 진실을 발견하게 하는 것이 더욱 중요하므로, 그를 더 잘 교육시키기 위해서는 너무 급히 그의 잘못을 깨닫게 해서는 안 된다. 에밀과 나를 예로 들어보자.

우선 앞에서 가정한 두 개의 문제 중 두번째 문제에 대해, 어린이라면 모두 그것은 분명히 꺾인 막대기라고 대답할 것이다. 나는 에밀이 그와 동일한 대답을 하리라고는 생각하지 않는다. 학자가 되거나 그렇게 보일 필요가 전혀 없는 그는 결코 서둘러서 판단하려고 하지 않는다. 외관에 의해 내린 판단이 얼마나 착각을 일으키기 쉬운가를 그는 잘 알고 있기 때문이다.

게다가 나의 질문이 아무리 사소한 것이라도 반드시 무슨 의미를 지니고 있다는 것을 알고 있으므로 경솔하게 대답하지 않는다. 오히려 에밀은 질문에 대해 의심하고 주의를 기울이며, 대답하기 전에 매우 신중한 주의력으로 검토하고 자기 스스로가 만족하지 않는 대답은 결코 하지 않는다. 게다가 그는 쉽사리 만족하지 않는다. 또한 우리는 무엇이든 단순히 사물의 진실을 안다는 데 대해 잘 아는 것이 아니라 단지 잘못 판단하지 않은 것만 자랑한다. "나는 모른다."란 말만큼 우리 두 사람에게 어울리는 말은 없고 되풀이되는 말은 없다. 우리가 그 말을 사용하는 데 조금도 괴로운 것이 아니다. 그러나 그가 경솔한 대답을 했건 '나는 모른다'라고 쉽게 대답을 피했건 나는 '자, 살펴보자.' 라고 대답했을 것이다.

물에 반쯤 잠긴 막대기는 수직으로 서 있다. 그 막대기가 부러져 있는가 어떤가를 알기 위해 그것을 물에서 끌어내거나 손을 대보기 전에 우리는 어떤 실험을 해보아야 하겠는가?

첫째, 먼저 막대기 주위를 돌아보면 그 꺾어진 모양이 우리와 같이 도는 것을 보게 되므로, 그것을 변명하는 것은 우리의 눈뿐이며 시선이 사물을 움직이는 것은 아니다.

둘째, 물 밖으로 나와 있는 막대기 위에서부터 수직으로 내려다보면 그 막대기는 굽어 있지 않고, 우리 눈의 가까운 쪽에 있는 막대기 끝은 다른 한 끝을 잘 숨기고 있다. 우리의 눈이 막대기를 바로 세웠는가?

셋째, 우리는 물 표면을 휘젓는다. 그러면 그 막대기가 여러 부분으로 부러져서 물결에 따라 움직이는 것을 본다. 우리가 물을 움직이자 막대기가 그처럼 변한 것이다.

넷째, 우리는 물을 빼서 수면이 차차 낮아짐에 따라 막대기가 곧게 서는 것을 본다. 굴절을 발견하는 데 이보다 더 충분한 실험이 있을까? 그러므로 시각이 우리를 속인다는 것은 사실이 아니다. 왜냐하면 우리가 시각 탓으로 돌리는 오류를 바로잡을 수 있는 것은 오직 시각 뿐이기 때문이다.

이러한 실험의 결과를 보고도 이해하지 못하는 어리석은 어린이가 있다고 가정하자. 이런 경우에는 촉각을 사용하여 시각을 도와야 한다. 물 밖으로 막대기를 끌어내지 않고 어린이로 하여금 물속에 손을 넣어 다른 쪽 끝을 만져보게 하자. 그러면 그는 굴절을 느끼지 못할 것이다. 그러므로 막대기는 꺾여 있는 것이 아니다.

여러분은 여기에는 단순한 판단뿐만이 아니라 추리가 있다고 할 것이며 그것은 사실이다. 그러나 정신이 어떠한 관념에까지 이르면 모든 판단은 추리가 된다는 것을 여러분은 모르는가? 모든 감각의 의식은 하나의 명제이며 판단이다. 그러므로 하나의 감각을 다른 감각과 비교할 때 우리는 추리를 하는 것이다. 판단 기술과 추리는 동일한 것이다.

에밀은 아직 광선의 굴절을 모르겠지만, 알고자 한다면 나는 그가 이 막대기 주위에서 배우기를 바란다. 그는 곤충을 해부해보지 않았으며 태양의 흑점을 세어보지도 않았을 것이다. 현미경이나 망원경이 무엇인지도 모르므로, 여러분의 박식한 제자들은 그의 무식을 비웃을 것이다. 그가 그러한 도구들을 사용하기 전에 그것들을 만들어보게 하려는 데, 그것은 다소의 시간을 필요로 한다.

이것이 나의 방법의 모든 기본 정신이다. 만일 그가 엇갈린 손가락 사이에 작은 구슬 하나를 굴려 두 개의 구슬이 있다고 느낀다면, 그 자신이 구슬이 하나뿐이라는 것을 납득할 때까지 나는 그가 보는 것을 허용하지 않을 것이다.

이상의 설명은 나의 제자의 진보를 분명하게 보여주는 데 충분하리라 생각한다. 그러나 여러분은 내가 그의 앞에 펼쳐 보인 수많은 지식들이 그의 정신을 질식시켰을까봐 우려하겠지만 그렇지 않다. 나는 그에게 지식들을 모르도록 가르치며, 실제로는 평탄하나 길고 무궁하고 느려서 진보하기가 어려운 학문의 길을 보여주는 것이다. 그가 입구를 찾을 수 있도록 나는 그에게 첫걸음을 내딛게 하여 입구는 보여주지만 그 이상으로 멀리 가는 것은 결코 허락하지 않는다. 모든 것을 스스로 배워야 할 그는, 남의 이지가 아니라 자신의 이지를 사용하게 된다. 우리의 오류의 대부분은 우리에게서 생기는 것보다는 남들에게서 비롯되는 것이 많기 때문이다. 이러한 계속적인 훈련으로 인해 육체가 노동과 피로에 의해 얻는 것과 똑같은 정신의 활력을 얻게 된다. 또 다른 이점은 사람들이 자신의 힘에 의해서만 진보한다는 것이다. 정신도 육체와 마찬가지로 가질 수 있는 것만을 가질 뿐이다. 사물들을 기억 속에 축적시키기 전에 먼저 이해한다면 그후 기억으로부터 끌어내는 것은 쉬운 일이다. 그러나 이해하지 못하고 기억에 지나친 부담을 주었다면 자기의 것을 하나도 가질 수 없게 된다.

에밀은 사물에 대한 지식이 적어도, 그가 가진 지식은 진정한 자신의 것이다. 그가 잘 알고 있는 소수의 지식 중에서 중요한 것은, 자신이 현재는 몰라도 언젠가는 많은 것을 알게 되리라는 사실, 또 다른 사람은 알고 있지만 자신은 평생 동안 모르고 지낼 것들이 매우 많다는 사실, 또 어느 누구도 알 수 없는 또 다른 것들이 무수히 많다는 사실이다. 그러므로 에밀의 정신은 개방되어 있고 총명하고 무슨 일이든지 할 준비가 되어 있으며 박식하진 않지만 적어도 박식해질 수 있을 만한 정신인 것이다. 그가 하는 모든 일에 대해서 '어떤 소용이 있나.'를 발견하고, 그가 믿는 모든 것에 대해 '이유를 발견하는 것'으로 나는 만족한다. 왜냐하면 나의 의도는 그에게 지식을 주지 않고 필요할 때 습득하도록 가르치고, 어떤 가치가 있는가에 대해 정확히 평가하도록 해주며, 무엇보다도 진리를 사랑하게 만드는 데 있기 때문이다. 이러한 방법을 가지고는 우리의 진보는 느리지만 결코 쓸데없는 걸음을 내딛지는 않으며 또 절대 후퇴해야 할 일도 없다.

에밀은 자연적이고 물질적인 지식만을 가지고 있기에 역사라는 이름조차도 모르며, 형이상학이나 윤리학이 무엇인지를 모른다. 인간과 사물간의 기본적인 관계는 알지만 인간과 인간 사이의 윤리적인 관계는 전혀 모르고, 관념들을 일반화 또는 추상화시키는 방법도 모른다. 어떤 물체들의 공통적인 성질을 이해하나, 그 자체로서 그 성질을 추리할 줄은 모른다. 그는 기하학 도형의 도움으로 추상적인 공간의 넓이를 안다. 그리고 대수학 기호의 도움으로 추상적인 수량을 안다. 이 도형과 기호는 이러한 추상적 관념의 뒷받침이 되며, 그의 감각은 그 위에 머물러 있다. 그는 사물의 본성을 알려 하지 않고 사물이 그에게 영향을 미치는 관계만을 알려고 노력한다. 그는 자기 이외의 것을 판단하는 데 다만 자신과의 관계에 의해서 평가하며, 그러한 평가는 거의 정확하다. 거기에 환상이나 편견은 전혀 포함되어 있지 않으며 자신에게 가장 유용한 것을 가장 중요한 것으로 생각한다. 그리고 그는 이러한 평가 방법을 결코 떠나지 않으므로 조금도 편견에 휩쓸리지 않는다.

에밀은 부지런하고 절제를 지키며, 참을성이 있고 확고하며, 용기에 넘쳐 있다. 아직 자극받지 않는 그의 상상력은 결코 위험을 느끼지 않는다. 그는 운명과 대결하는 방법을 배웠기 때문에 그리 위험을 느끼지 않고 꿋꿋이 이겨나간다. 죽음에 대해서는 아직 그것이 무엇인지를 모르지만 필연의 법칙을 저항없이 복종하는 데 익숙해져 있다. 그가 죽어야만 할 때 에밀은 신음하거나 몸부림치지 않고 죽을 것이다. 이것이야말로 모든 사람이 필연적으로 맞게 될 그 순간에 자연이 허락하는 전부이다. 자유롭게 살아서 인간의 일에 너무 집착하지 않는 것이 죽는 법을 배우는 최선의 길이다.

즉, 에밀은 자신에게 관계되는 덕을 모두 가지고 있으며, 그 덕을 필요로 하는 관계만을 받아들이려는 지식이 부족할 뿐이다. 그는 다른 사람의 일에는 관심이 없고 자신만을 생각한다. 그는 누구에게든 아무것도 요구하지 않으며, 누구에게도 빚을 지고 있다고 생각하지 않는다.

그는 인간 사회에 고립되어 있고 자기 자신만을 의지하고 있다. 왜냐하면 그는 자기 또래의 소년으로서는 이상적이기 때문이다. 그는 전혀 잘못이 없으며, 있다 해도 우리로서는 불가피한 잘못뿐이다. 그는 전혀 악덕을 가지고 있지 않으며, 가지고 있다고 해도 인간으로서 피할 수 없는 것 뿐이다. 그는 건강한 육체와 민첩한 손발, 그리고 편견이 없는 올바른 정신과 자유롭고 정욕에 시달리지 않는 마음을 가지고 있다. 자존심조차도 그의 마음속에서는 아직 분명하게 나타나지 않고 어떤 사람의 평화도 방해하지 않으면서 자연이 허용하는 한 만족하고 행복하고 자유롭게 생활한다. 이렇게 해서 15세에 이른 어린이가 그의 초기의 세월을 낭비했다고 생각하겠는가?

제 4 편

세월은 얼마나 빨리 지나가는가! 인생에서 최초의 4분의 1은 우리가 어떻게 살아야 할지 미처 알기도 전에 지나가 버리고, 마지막 4분의 1은 우리가 능력을 잃은 사이에 지나가고 만다. 처음에는 사는 방법을 모르며 살고, 어떻게 살아갈 것인가를 알았을 때에는 이미 때가 늦었다. 또 이러한 두 극단 사이에서 우리에게 남아 있는 시간의 4분의 3은 잠과 일과 속박과 온갖 고통으로 소요된다. 인생이 짧다는 것은 살고 있는 시간이 짧다기보다는 그 시간 동안에 참다운 인생을 맛볼 수 없다는 의미이다. 죽는 순간과 태어나는 순간과의 사이가 길어도 아무 소용이 없다. 그 여백을 제대로 메우지 못한다면 인생은 짧은 것이다.

말하자면 우리는 두 번 태어나는 셈이다. 한 번은 존재하기 위해서, 또 한 번은 생활하기 위해서이다. 다시 말하면 한 번은 인간 존재로서, 또 한 번은 남성이나 여성으로 태어나는 것이다. 여자를 미완성의 남자로 간주하는 것은 분명히 잘못 생각한 것이다. 사춘기에 이르기까지의 남녀 아이들 사이에는 구별할 만한 뚜렷한 차이가 없다. 같은 얼굴·모습·체격·목소리 등 모두가 같다. 소녀도 아이이고, 소년도 아이인 것이다. 그처럼 유사한 존재들은 동일한 이름으로 불러도 무방하리라. 그 후에 성(性)의 발달은 방해당한 남성은 평생토록 이 유사성을 지니고 있으므로 언제까지나 큰 어린이에 불과하며, 이 유사성을 잃지 않은 여성은 여러 면에서 아이와 다른 점이 없다. 그러나 일반적으로 인간은 언제까지나 아이의 상태에 머물러 있도록 만들어지지는 않았기 때문이데 자연이 정해주는 시기에 아이에서 벗어난다. 이 중요한 시기는 매우 짧지만 오랫동안 영향을 미친다.

태풍이 일기 전에 파도가 심하듯이 이 강렬한 변화는 정욕에 의해서 알려진다. 표면에 나타나지 않는 흥분은 이 위험이 다가왔음을 예고한다. 기분의 변화·흥분·끊임없는 정신적 동요가 아이를 다루기 힘들게 만든다. 그는 이제 자신을 지도하는 목소리에 더 이상 귀를 기울이지 않는다. 그는 마치 열병에 걸린 사자와도 같아서 자기의 지도자를 무시하고 이젠 지도받는 것조차 원하지 않는다.

정신적인 변화와 함께 얼굴에도 명백한 변화가 나타난다. 그의 외모는 단정해지고 어떤 특징을 나타낸다. 뺨 아래 자라나는 부드러운 솜털이 점차 검어지고 억세지며, 목소리도 변한다. 그는 아이도 어른도 아니므로 그 어느 쪽의 목소리도 낼 수가 없다. 지금까지 영혼의 기관이던 그의 눈은 언어와 의미를 갖게 된다. 타오르는 불길이 눈에 생기를 불어넣어주며, 더욱 강렬한 눈길에는 아직 청순함은 있으나 이전의 우둔함은 이미 없다. 그는 눈으로도 충분히 말할 수 있다는 사실을 깨닫게 되며 눈을 내리깔고 얼굴을 붉힐 줄도 알게 된다. 그는 무엇을 느끼든 그 일에 민감해지고 까닭도 없이 불안해한다. 이런 모든 것은 서서히 나타나므로 여러분에게 시간적인 여유를 주지만, 만일 그의 활기가 너무 성급해지거나 흥분이 열광으로 바뀌거든, 또 금방 화를 내거나 공연히 눈물을 흘리거든, 그리고 그에게 위험이 되는 대상물들 앞에서 호흡이 빨라지고 여자의 손이 그의 손 위에 닿았을 때 몸이 떨리거나 여자 곁에서 당황하거나 겁을 먹거든, 율리시스여, 주의하라! 당신이 그토록 조심스레 닫아두었던 가죽부대가 열린 것이다. 즉, 바람이 일기 시작한 것이다. 이젠 잠시도 키를 놓지 말아라. 그렇지 않으면 만사는 모두 물거품이 되고 만다.

이것이 내가 말한 바로 제2의 탄생으로, 인간이 이 세상에 태어나서 인간적인 생활을 시작하는 것은 바로 이때이다. 지금까지 우리가 한 교육은 아이들의 유희에 지나지 않았지만 이제야 비로소 진정한 뜻을 갖게 된다. 그러나 이 새로운 계획을 충분히 설명하려면 그것과 관련되는 사태를 낱낱이 살펴보아야 한다.

우리의 정욕은 자기 보존을 위한 중요한 도구이다. 그러므로 정욕을 없애려고 하는 것은 쓸데없는 노력이다. 그것은 자연을 무시하는 행위이며, 신의 창조물을 개조하는 것이다. 만일 신이 인간에게 준 정욕들을 없애려 한다면 신이 스스로 그것을 바라면서 또한 바라지 않는 것이 되어 모순에 빠지게 된다. 신은 결코 그런 터무니없는 명령을 내리지도 않으며, 그와 같은 일은 인간의 마음에도 새겨져 있지 않을 것이다. 신은 인간이 행하도록 바라는 것을 다른 인간에게 말하도록 하지는 않는다. 신은 그것을 자신이 말하며 인간의 마음속에 새겨둔다. 그러므로 정욕이 생겨나는 것을 막으려는 사람 또한 그것들을 없애려는 사람과 마찬가지로 어리석게 보인다. 그러한 것이 지금까지의 나의 목적이었다고 생각하는 사람들은 과오를 범한 것이다.

그러나 만일 정욕을 갖는 것이 자연이라고 하여 우리가 자신 속에 느끼는 정욕들과 남들에게서 볼 수 있는 정욕들을 모두 자연적인 것이라고 결론짓는다면, 그것은 결코 올바른 판단이라고 할 수 없다. 정욕의 원천은 자연이며 그것은 사실이다. 그러나 그 원천은 다른 수많은 흐름으로써 더욱 커지고, 끊임없이 증대되어 큰 강을 이룬다. 우리의 선천적인 정욕은 극히 제한되어 있어서 그것들은 바로 우리의 자유로운 도구들이며 자신을 보존하는 것이 목적이다. 우리를 억압하고 멸망시키는 모든 정욕은 다른 곳에서 생기는데 자연은 우리에게 그것을 주지 않았으나 우리는 자연에 거역하여 그것을 소유하는 것이다.

우리가 지닌 정욕의 원천이고, 다른 모든 정욕의 근본이며, 인간과 함께 태어나 인간이 살아 있는 한 결코 떠나지 않을 유일한 정욕은 자신에 대한 사랑이다. 그것은 원시적이고 본능적이며 다른 모든 정욕에 앞서는데, 다른 정욕들은 어느 의미에서는 그 변형에 지나지 않는다. 그러므로 모든 정욕들은 다 자연적인 것이라고 말할 수 있다. 그러나 변형의 대부분은 외부에서 비롯된 원인을 가지는데 그런 원인이 없으면 결코 생겨나지도 않았을 것이다. 그리고 그러한 변형들은 우리에게 유익하기는커녕 오히려 해롭다. 그것은 본래의 목적을 변경하고 목적에 반대되는 활동을 하므로, 인간이 자연을 벗어나 자기 모순에 빠지는 것은 바로 이 때문이다.

자기애는 언제나 선한 것이고, 또 항상 그것은 자연의 질서에 따른다. 사람은 누구나가 자신을 보존할 의무가 있으므로 이 점에 있어서 가장 중요한 일은 끊임없이 자기 보존에 주의하는 일이고, 또 그렇게 해야만 한다. 그런데 각자가 자기애에 최대한 관심을 기울이지 않는다면 어떻게 이 일에 주의할 수 있겠는가?

그러므로 자기 자신을 보존하려면 먼저 자기 자신을 사랑해야 한다. 그리고 이 감정의 직접적인 결과로서 우리는 자기 보존에 필요한 것을 사랑해야 한다. 아이는 모두 자신의 유모에게 애착심을 느끼므로 로마의 건설자 로물루스는 자기에게 젖을 먹여준 암늑대에게 애착심을 가졌을 것이다. 이러한 애착은 처음에는 무의식적인 것으로, 사람은 자신의 행복을 도와주는 것에는 호감을 가지는 반면 그를 해치는 것에는 혐오감을 느낀다. 이것은 단지 본능에 불과할 뿐이다. 이 본능을 감정으로 변형하여 애착을 사랑으로 미움을 증오로 바꾸는 것은, 우리를 해치려는 것인지 혹은 우리에게 이로운 것인지를 구별하려는 의도이다. 사람들은 감정을 일으키지 않는 무감각한 존재에 대해서는 열광하지 않는다. 그러나 그 내면적인 의향이나 의지에 따라 선이나 악을 기대하는 사람들, 즉 우리에게 동조하건 하지 않건 우리가 보아서 자유롭게 행동할 수 있는 사람들은, 그들이 우리에게 보이는 감정과 비슷한 감정을 우리에게도 불러일으킨다. 우리는 우리에게 이로운 것을 추구하며, 우리를 이롭게 해주는 사람을 또한 사랑한다. 우리에게 해로운 것을 피하며, 우리에게 해를 주는 사람을 미워한다.

아이의 최초의 감정은 자신을 사랑하는 것이며, 이 최초의 감정에서 파생된 두번째 감정은 주변의 사람들을 사랑하는 것이다. 왜냐하면 아이는 자신이 처한 허약한 상태에서 자기가 받는 도움과 보살핌 외에는 아무것도 기억하지 못하기 때문이다. 유모나 보모에 대한 애착도 처음에는 습관에 불과해서, 그들이 자신에게 필요하고 또 그들과 같이 있는 것이 편하기 때문에 그들을 찾는 데 불과하다. 그녀들이 자기에게 유용할 뿐만 아니라 그녀 자신들도 그러기를 바라고 있다는 것을 이해하는 데는 상당한 시간이 필요하다. 그리고 그가 그녀들을 사랑하게 되는 것도 그 때문이다.

따라서 아이는 자기 주위에 있는 사람은 모두가 자기를 도와준다는 것을 알게 되므로 그는 자기와 같은 인간에 대해 호감을 느끼는 습관이 들어서 자연히 누구에게나 호의를 갖게 마련이다. 그러나 아이는 자신과 관계있는 것들이나 욕구들, 능동적이나 수동적인 의존 상태를 확대하므로 타인에 대한 유대감이 눈을 뜨게 되며 의무감과 편애감이 생기게 된다. 그러면 아이는 오만해지고 질투심이 생기고 복수심이 생기는 데, 만약 사람들이 그를 복종시키려고 하면 그는 우리가 시키는 이유를 알지 못하므로, 그것을 단순히 변덕이나 자신을 괴롭히려는 의도로 생각하여 반항한다. 반대로 누군가 그에게 순종할 경우, 만일 조금만 그의 의사에 따르지 않아도 아이는 그것을 자기를 골탕먹이려는 것이라고 여긴다. 그래서 자기 말에 따르지 않았다고 하여 소동을 피운다. 자기 자신만을 생각하는 자기애는 자신의 진실된 욕구들이 충족되었을 때는 만족하지만, 자기를 남과 비교해 보는 자존심은 결코 만족되지 않으며 또한 만족될 수도 없다. 왜냐하면 남들보다 자기 자신을 더 좋아하는 이 감정이 다른 사람들로 하여금 그들보다 자기 자신을 더 좋아하도록 요구하기 때문이다. 그러나 그것은 불가능한 일이다. 부드럽고 다정한 감정들은 자애심에서 생겨나고, 사납고 성을 잘 내는 정욕들은 자존심에서 생겨나는 것도 이런 이유에서이다. 따라서 인간을 본질적으로 선량하게 하려면 욕구를 갖지 않도록 해야 하며, 될 수 있는 한 자기를 남들과 비교하지 않도록 해야 한다. 인간을 본질적으로 악하게 만드는 것은 욕구를 많이 갖는다는 것이고, 또한 남의 의견에 크게 집착하는 것이다. 이 원칙에 따르면 인간의 모든 정욕을 어떻게 선이나 악으로 이끌 수 있는지를 알아내기란 쉬운 일이다. 인간이란 항상 혼자 살 수는 없으므로 언제나 선량하기란 힘들다는 것 또한 사실이다. 그들의 인간 관계가 확대됨에 따라 이러한 어려움도 필연적으로 늘어나는데, 특히 이런 경우에 있어서 사회의 위험인 새로운 욕구들로부터 생겨나는 타락에 빠지지 않도록 인간을 보호하기 위한 기술과 배려는 더욱 불가피한 것이다.

인간에게 알맞는 연구는 자기와 관계가 있는 것에 대해서이다. 인간이 자기를 오직 육체적인 존재로만 알고 있는 동안은 자기 자신을 사물들과의 관계에 의해서만 인식하는데, 이것이 유년 시절에 하는 일이다. 그러나 자신을 도덕적 존재로서 느끼기 시작하면 자기 자신을 인간들과의 관계에 의해서 인식하게 되고, 이것은 지금 우리가 도달한 지점으로부터 전생애를 통해 해야 할 일이다.

인간이 동반자를 필요로 하게 되면 이미 그는 고립된 존재가 아니고, 거기서 인류와의 모든 관계자와 자기 영혼의 애정이 생겨난다. 그의 최초의 정욕이 곧 다른 정욕들을 동요하게 만드는 것이다.

본능의 방향은 아직 확정되지 않았다. 하나의 성이 다른 성에 이끌리는 것은 자연의 작용이다. 선택·기호·개인적인 애착은 지식이나 편견이나 습관의 산물로서, 우리가 사랑을 하기까지는 시간과 지식이 필요하다. 사람은 판단을 하고 나서 비로소 사랑을 하며, 비교를 한 후에 비로소 선택한다. 이러한 판단들은 무의식적으로 이루어지지만 그렇다고 그 판단이 위선적인 것은 아니며, 진실한 사랑은 누구에게나 존중될 것이다. 왜냐하면 비록 사랑의 충동이 우리를 혼미하게 하고, 사랑을 느끼는 마음이 혐오의 감정을 물리치지 못하고 그런 성질을 만들어낸다 하더라도 사랑이란 언제나 훌륭한 성질을 간직하기 때문이다. 만일 그렇지 않다면 사랑을 느낄 수 없으리라. 사람들은 이 선택을 이성과 반대되는 것으로 생각하나, 사실은 이성에서 생겨나는 것이다. 우리가 사랑을 맹목적으로 만든 것은, 사랑의 눈이 우리가 미처 깨닫지 못하는 관계를 인식하기 때문이다. 가치나 아름다움에 대해 어떠한 관념도 갖지 않는 사람에게는 모든 여자가 다 동일하므로 처음 만난 여자가 언제나 가장 좋아하는 여자가 되지만, 사랑은 자연에서 생겨나는 것이 아니라 자연의 여러 경향들의 규범이고 구속이어서 사랑하는 대상을 제외한 다른 이성(理性)에게 무관심한 이유는 이 때문이다.

인간은 일단 누군가를 좋아하면 그 사람도 자기를 좋아해주기를 바란다.

사랑은 상호적인 것이어서 사랑을 받으려면 자기도 누군가를 사랑해야만 한다. 동료에게 돌려지는 최초의 시선은 바로 여기에서 생기며, 또한 자기 자신과 그들과의 최초의 비교 또한 여기에서 비롯된다. 또 경쟁심・적대감・질투심도 이 때문에 생긴다. 사람은 감정이 꽉 차 있으면 털어놓기를 좋아해서 애인과 친구가 필요해진다. 그러나 누구나가 좋아하는 사람이 있는 반면에 싫어하는 사람도 많이 있게 마련이다. 그러므로 사랑과 우정뿐만 아니라 불화와 증오도 생기게 된다. 나는 이 수많은 정욕들 한가운데서 타인의 비판이 확고부동한 왕좌를 구축하는 것을, 또 어리석은 인간들이 그 비판의 위력에 눌려 자기 자신의 존재를 타인의 판단 하에서만 쌓아올릴 수 있음을 보아왔다.

이러한 관념들을 넓히면 우리가 선천적인 것으로 생각하는 자존심의 근원을 알게 되고, 어떻게 하여 자존심이 절대적인 감정으로서가 아니라 어떤 사람들 속에서는 오만이 되고 어떤 사람들 속에서는 허영심이 되어, 모든 영혼들 속에서 끊임없이 이웃을 희생시키며 영양을 취하는가를 알게 될 것이다. 아이들의 마음속에는 없는 이러한 정욕들은 저절로 생겨나는 것이 아니다. 그것을 아이들 마음에 심어주는 것은 우리들이며, 우리의 잘못만 없으면 결코 정욕은 거기에 뿌리를 내리지 못한다. 그러나 청년기에는 그렇지가 않다. 우리가 무엇을 할 수 있건 없건간에 우리의 의지와 관계없이 정욕이 생겨난다. 그러므로 우리의 방법을 바꾸지 않으면 안 된다.

먼저 문제가 되는 이 시기의 상태에 대해 몇 가지 중요한 고찰부터 시작하자. 소년기에서 사춘기로 옮아가는 시기는 뚜렷이 정해진 것이 아니다. 개인적인 기질이나 풍토에 의해 빠르게, 혹은 느리게 형성된다는 것은 모두가 다 아는 사실이다. 그러나 우리는 원인에 대해 잘못 생각하여 흔히 정신적인 원인에 속하는 것을 육체적인 원인으로 돌리는 경우가 있다. 이것은 현세기의 철학에서 일반적으로 범하는 오류 중의 하나이다. 자연의 가르침은 점진적으로 행해지지만 인간의 가르침은 언제나 한 걸음 앞선다. 전자의 경우에는 감각들이 상상력을 일깨우고, 후자의 경우에는 상상력이 감각들을 일깨운다. 상상력은 감각에 대해 처음에는 개인을, 나중에는 인류를 무기력하게 만드는 조숙한 활동을 지시한다. 풍토의 영향보다 더 일반적이고 확실한 관찰에서 조숙한 활동은, 사춘기와 성적으로 무지하고 야만적인 국민에게보다는 문명인에게서 더 빨리 나타난다는 것이다. 아이들은 예절의 가식을 통하여 그 속에 숨어 있는 부도덕한 풍습을 알아내는 비상한 재주를 지니고 있다. 아이들에게 가르치는 세련된 말씨, 예절의 교훈, 아이들 눈앞을 가리는 신비의 베일 등은 모두 아이들의 호기심을 자극하는 것이어서, 어른들이 아이들에게 감추려고 하는 일들을 가르쳐주는 결과밖에 안 된다. 그런데 아이들에게 주는 모든 가르침 중에서 그들에게 가장 빨리 동화되는 것은 바로 이 가르침이다.

경험에 비추어보면 이 방법이 얼마나 자연의 작용을 재촉하며 성격을 망쳐놓는가를 알게 될 것이다. 이것이야말로 도시인을 타락시키는 중요한 원인 중의 하나로서, 일찍 조숙해진 청년들은 허약하며 제대로 자라지도 못하고 늙어버린다. 그것은 마치 봄에 열매를 맺은 포도나무가 가을이 되기도 전에 시들어버리는 것과 같다.

행복한 무지가 아이들의 천진성을 어느 정도 연장시킬 수 있는가를 알기 위해서는 무지하고 소박한 국민들 속에서 생활해 보아야 한다. 그러한 나라에서는 남녀가 서로 안심하고 어린 시절의 천진난만한 놀이를 아름다움이 무르익을 때까지 계속하며, 또 친밀감으로써 순수한 기쁨을 나타내는데, 그러한 모습을 바라보는 것은 그야말로 감동적이고 흥겨운 일이다. 이런 사랑스러운 젊은이들이 결혼하면 서로 순결한 몸을 나눔으로써 더욱 사랑하게 되는 것이다.

사람이 자기 성을 깨닫는 시기가 자연의 작용과 더불어 교육의 효과에 따라서 달라진다면, 아이들을 기르는 방법에 따라 그 시기를 빠르게 하거나 늦출 수 있다는 결론이 나온다. 또 이 과정을 조절하는 데 따라서 몸이 튼튼해지거나 허약해진다면, 우리가 그것을 늦추면 늦출수록 청년은 더욱 활기와 힘을 얻게 된다. 나는 단순히 육체적인 결과에 대해서만 이야기하고 있으므로 여러분은 그 결과가 여기에서 그치지 않는다는 사실을 곧 알게 될 것이다.

나는 이와 같은 고찰에서 자주 논의되는 문제의 해답에 도달한다. 즉, 아이들의 호기심의 대상에 대하여 일찍부터 아이들에게 설명해주는 것이 좋은가, 혹은 적당한 거짓말로 속이는 것이 좋은가 하는 문제이다. 나는 그 어느 쪽도 필요없다고 생각하는데, 첫째 이러한 호기심은 우리가 그들에게 그런 기회를 주지 않으면 생기지 않으므로 아이들이 기회를 갖지 않도록 해야 한다. 둘째, 반드시 대답해야 할 질문이 아니면 그런 질문을 하는 아이를 속일 필요가 없다. 그에게 거짓 대답을 해주기보다 차라리 침묵을 지키는 편이 낫다. 별로 중요하지 않은 일에 대하여 잠자코 있으라고 말한 일이 있었다면, 나는 이런 취급에 별로 놀라지도 않을 것이다. 그리고 대답해주기로 했다면 당황하거나 난처한 표정을 짓지 말고 아주 솔직하게 대답해주어라. 아이의 호기심을 자극하기보다 충족시켜주는 편이 훨씬 위험이 적은 것이다.

여러분의 대답은 언제나 신중하고 간결하고 확고하여 망설이는 빛을 보이지 말아야 한다. 대답이 진실해야 한다는 것은 두말 할 필요도 없다. 아이들에게 거짓말을 하는 것이 더 위험한 일임을 어른들이 깨닫지 못한다면, 거짓말로부터 비롯되는 위험을 아이들에게 가르칠 수 없다. 선생이 학생에게 단 한 번이라도 거짓말을 한 사실이 드러나게 되면 교육의 효과는 완전히 상실된다.

어떤 문제에 대해서는 전혀 모르고 있는 것이 아이들에게 좋을지도 모른다. 그러나 그들에게 언제까지나 숨길 수 없는 것은 일찌기 가르쳐줌으로써 아이들의 호기심이 자극되지 않도록 하든지 또는 위험이 따르기 전에 그것을 만족시켜주든지 둘 중의 하나를 택해야 한다. 이때 여러분이 학생에게 취해야 할 태도는 그들의 특수한 처지, 그가 처하게 될 것으로 예상되는 환경 등을 고려해서 무엇이건 우연에 맡겨두지 않는 일이다. 만일 여러분이 성의 차이를 열여섯 살이 될 때까지 숨길 자신이 없다면 차라리 열 살 전에 그것을 가르쳐 주도록 하라.

나는 사람들이 아이들에게 매우 점잖은 말을 하는 것을 좋아하지 않는다. 또한 사물의 진짜 이름을 부르는 것을 피하려고 너무 세련된 말을 쓴다거나, 아이들이 곧 알게 될 텐데도 일부러 돌려서 말하는 것도 좋아하지 않는다. 이런 문제라면 품행이 단정한 사람은 언제나 솔직한 태도를 보여주지만, 악덕에 더렵혀진 상상력은 귀를 예민하게 만들고 표현에 지나치게 신경을 쓰게 만든다. 단순한 말씨는 그리 중요하지 않으며, 피해야 할 것은 저속한 관념이다.

인간에게 수치심은 천부적이지만 아이들은 느끼지 못하며, 그것은 매우 자연스러운 현상이다. 수치심은 악을 알게 되면서 비로소 생기는 것이다. 악을 알지도 못하고 또 알아서도 안 되는 아이들이 어떻게 그 결과인 수치심의 감정을 가질 수 있겠는가? 아이에게 수치심이나 정숙에 대해 가르치는 것은 이 세상에 수치스럽거나 부정한 일이 있다는 것을 가르치는 셈이고, 아이들에게 그러한 것을 알고자 하는 욕망을 일깨워주는 결과만을 초래한다. 머지않아 아이들은 모든 것을 알게 되며, 상상력을 자극하는 최초의 불꽃은 어김없이 감각의 불꽃을 재촉하는 것이다. 얼굴을 붉히는 자는 이미 죄를 지은 것이며, 진실로 결백한 자는 어떠한 것에도 부끄러움을 느끼지 않는다.

아이들은 어른과 같은 욕망을 갖지는 않지만, 어른처럼 부도덕한 행위를 하게 되고 이러한 행위가 감각을 불쾌하게 하기 때문에, 이 점을 이용하여 아이들은 예절의 교육을 받을 수가 있다. 자연의 정신을 따르라. 자연의 정신은 은밀한 쾌락의 기관들과 불쾌한 욕구의 기관들을 같이 두었으므로 각층의 연령에 따라 어떤 때는 하나의 관념에 의해, 또 어떤 때는 다른 관념에 의해 같은 주의를 하도록 우리에게 일러준다. 그리고 어른들에게는 절제에 의해서, 아이들에게는 청결에 의해 항상 주의하도록 가르치고 있다.

나는 아이들의 천진성을 보존시키는 방법은 하나밖에 없다고 생각한다. 그것은 아이들 주위에 있는 모든 사람들이 아이의 순진성을 존경하고 사랑하는 일이다. 그렇지 않으면 아이들을 아무리 조심스럽게 다룬다 해도 머지않아 모순점이 드러나고 만다. 아이들은 그들에게 숨기려는 사실을 아는 것만으로도 그것을 충분히 알아차릴 수 있다. 점잖은 사람들이 사용하는 미묘한 말씨나 표정은 아이가 모르는 지식을 가상하기 때문에 아이들에게는 적당하지 않다. 그러나 아이들의 천진성을 진정으로 존중한다면 아이들에게는 그들에게 알맞고 쉬운 말을 쓰게 된다. 순진한 사람에게 알맞으며 그들이 사용하는 소박한 말이 있다. 이것이 바로 아이를 위험한 호기심에서 벗어나게 할 수 있는 말씨이다. 모든 것을 솔직하게 말한다면 의심을 갖지 않게 된다. 꾸밈이 없는 말로 불쾌한 관념을 얘기해주면 여러분은 상상의 최초의 불길을 끌 수가 있는 것이다. 아이가 그런 말을 하거나 그런 관념을 갖는 것에 대해 염려할 필요가 없다. 단지 아이가 자신도 모르는 사이에 그런 관념에서 상기되는 혐오를 느끼도록 해주면 된다. 이와 같이 언제나 해야 할 말을 하고 또 자신이 느끼는 대로만 말한다면 문제는 없을 것이다.

“아이는 어떻게 해서 생기나요?” 이것은 아이들이 매우 자연스럽게 묻게 되는 난처한 질문이지만, 이 질문에 대한 대답이 어떤가에 따라 때로는 아이들 평생의 품행과 건강이 결정된다. 어머니가 아이를 속이지 않고 이 곤경을 모면하기 위해 생각해 내는 가장 간단한 방법은 아이에게 침묵을 강요하는 것이다. 만약 오래 전부터 아이에게 그렇게 하도록 습관을 들여 왔으며, 그런 때에 아이가 어떤 수상한 것을 느끼지 않는다면 그것도 좋은 방법이다. 그러나 일반적으로 어머니가 그대로 그치는 경우는 드물며, “그것은 결혼한 사람들만의 비밀이니까 아이들이 알고 싶어하면 안 돼.” 하고 아이에게 말하는데, 이것은 어머니가 아이를 속이지 않고 궁지에서 벗어날 수 있는 가장 좋은 말이다. 그러나 이와 같은 경멸적인 말투에 호기심을 느낀 아이가 결혼한 사람들의 비밀을 알기 전까지는 결코 그만두지 않으리라는 것과, 또 그 비밀이 곧 알려진다는 사실을 각오해야 한다.

나는 위와 같은 질문에 대해 이상한 대답을 들은 적이 있었는데, 그 대답을 여기에 옮겨본다. 그것은 행동과 말씨가 신중하면서도 아들의 행복과 미덕을 위해 필요하다면 남의 비난에 대한 두려움이나 익살꾼들의 쓸데없는 농담을 무시하던 어느 부인의 입에서 나온 것이었던만큼 나에게 매우 인상 깊은 말이었다. 아이가 방뇨할 때 작은 결석(結石)이 섞여 나와 요도를 상한 지 얼마 되지 않아서 "엄마, 아이는 어떻게 해서 생기나요?" 하고 물었다. "얘야, 여자들은 가끔 목숨을 걸 만큼 고통을 느끼면서 오줌을 누듯이 아이를 낳는 거란다." 하고 어머니는 서슴없이 대답했다. 어리석은 사람들은 폭소를 터뜨리겠지만, 현명한 사람들이여, 이보다 더 정확하고 합당한 대답이 있는가 찾아보라.

우선 아이가 알고 있는 고통과 죽음에 따르는 관념들이 상상력을 약화시키고 호기심을 억누르는 슬픔의 베일로 그것을 덮어준다. 어린이의 호기심을 출산의 결과로 쏠리게 한다. 만일 이 대답에 염오(厭惡)를 느끼면서도 아이가 그 이상의 설명을 요구한다면, 그 대답은 인간 본성의 약점들과 불쾌한 사물들과 고뇌의 모습들에 대한 설명이다. 이런 식으로 이끌어간다면 불안스러운 욕망이 일어날 기회는 없을 것이다. 그렇게 해서 여러분은 진실이 조금도 변경되지 않았고, 학생에게 가르치는 대신 속일 필요가 없음을 알게 될 것이다.

여러분의 아이들은 책을 읽음으로 인해, 책을 읽지 않았더라면 얻지 못했을 지식들을 얻고 있다. 그들이 공부를 하면, 상상력은 묵묵히 공부하는 가운데서 자극을 받고 예민해진다. 그들은 자기가 인간이라고 믿으므로 자기가 보는 앞에서 인간들이 하는 모든 행동이 자신에게도 알맞은가를 알려고 한다. 타인의 판단이 그들에게 법칙의 역할을 할 때에는, 타인의 행동은 모두 모범이 되는 것이다. 아이들을 돌보는 하인은 아이들의 환심을 사려고 아이들의 품행을 희생시키면서까지 그들에게 아첨하며, 교활한 유모는 열다섯 살 난 아이에게도 감히 할 수 없는 어려운 말을 네 살 난 아이에게 마구 해준다. 그들은 자기가 한 말을 곧 잊어버리나, 아이들은 자기가 들은 말을 잊지 않는다. 음란한 이야기는 타락한 품행을 빚어낸다. 교활한 하인은 아이를 방탕아로 만드는 것이다.

자기 나이에 알맞게 길러진 아이는 자주적이어서, 그는 습관적인 것 외에는 애착을 모른다. 그는 자기의 시계를 소중히 여기듯이 누이를 사랑하며, 자기의 개를 사랑하듯 친구를 사랑한다. 그에게는 남자건 여자건간에 관심이 없고, 그들이 하는 말이나 행동에 대해서 아무것도 자신과 결부시키지 않는다. 그런 것은 보거나 듣지도 않으며 전혀 관심조차 갖지 않는다. 그런 것은 모두 그와는 아무런 상관이 없는 것이다. 그것은 우리의 방법에 의해서 그에게 가르친 인위적인 잘못이 아니라 자연의 무지이다. 바로 이같은 자연을 자기 제자에게 신중하게 설명해줄 시기가 온다. 그때 비로소 자연은 그가 아이에게 주는 교훈을 아무런 위험 없이 이용할 수 있도록 해주는데, 이것이 원칙이다. 내가 말하려는 주제가 이 원칙의 세부적인 점에 관한 것은 아니지만, 다른 문제들을 위해서 내가 제안한 방법들은 이것을 설명하는 데에도 역시 모범이 되는 것이다.

나타나기 시작하는 정욕들에 질서와 규칙을 세우려고 한다면, 그것들이 생겨남에 따라서 스스로 조정할 시간을 갖도록, 그것들이 발전하는 기간을 넓혀주어라. 그때에 정욕을 정리하는 것은 인간이 아니라 자연이며, 여러분은 자연이 자기 일을 정리하도록 내버려두기만 하면 된다. 만일 여러분의 제자가 홀로 있다면 여러분은 전혀 할 일이 없지만 그의 주위에 있는 모든 것이 그의 상상력을 자극하고, 끊임없이 생기는 편견이 그를 끌어들인다. 그를 붙잡으려면 그를 반대 방향으로 인도하여 감정이 상상력을 속박하고 이성이 관습의 비판을 잠잠하게 해야 한다. 모든 정욕의 근원은 감수성이지만, 정욕들의 경향을 결정하는 것은 상상력이다. 자신과의 관계를 깨닫고 있는 모든 존재는 이 관계들이 변화할 때, 또는 자기에게 보다 알맞은 관계를 상상할 때 상당한 영향을 받게 된다. 모든 존재들의 정욕을 악덕으로 바꾸는 것은 상상력의 잘못으로, 천사에게 정욕이 있다 하더라도 그것은 마찬가지이다. 왜냐하면 그들은 어떤 관계가 자기들의 본성에 알맞는가를 알려면 모든 존재들의 본성을 알아야만 하기 때문이다.

그러므로 정욕의 용도에 대한 인간의 지혜는 모두 다음과 같이 요약된다. 우선 인류로서의, 그리고 개인으로서의 인간의 참된 관계들을 인식하는 것과, 다음으로 이 관계에 부합하도록 영혼의 모든 움직임을 정돈하는 것이다.

그러나 인간은 온갖 관계들에 따라 영혼의 움직임을 마음대로 정리하지 못하는데, 만일 자신의 상상력을 마음대로 어느 것에 집중시킬 수 있거나, 혹은 모든 습관을 마음대로 그 상상력에 부여할 수만 있다면 틀림없이 그렇게 할 것이다. 또한 여기에서는 어느 사람이 자기 자신을 위해 할 수 있는 것보다, 우리가 제자의 환경을 선택함으로써 할 수 있다는 것이 최대의 관심사인 것이다.

아이의 감수성이 자기 자신에 국한되어 있다면 그의 행동에는 도덕성이라고는 전혀 없다. 그의 감수성이 자신의 밖으로 확대되기 시작할 때 그는 비로소 선악의 감정을, 그리고 선악의 관념을 갖게 된다. 그 관념은 그를 인류의 필요 불가결한 일부로 만든다. 그러므로 우리는 먼저 이 점에 우리의 관찰을 집중시켜야 한다.

이 관찰은 어려운 일인데, 이를 위해서는 우리는 눈앞에 있는 실례를 버리고, 자연의 질서에 따라 발전해 나가는 실례들을 찾아야 하기 때문이다.

세련된 교양을 쌓고 문명의 혜택을 받은 아이는 이제 자기가 받은 조숙한 교육을 사용할 기회만을 기다리는데, 능력이 자기에게 다가올 시기를 결코 놓치지 않는다. 그는 일찍부터 자기의 피를 끓게 하여 욕망을 느끼기 훨씬 이전에 욕망의 대상이 무엇인가를 알고 있다. 자연이 그를 자극하는 것이 아니라 그가 자연에게 강요하는 것이다. 따라서 그가 어른이 되면 자연은 그에게 가르쳐줄 것이 하나도 없는데, 사실 그는 어른이 되기 훨씬 전부터 상상 속에서 이미 어른이 되어 있었던 것이다.

자연의 진정한 과정은 보다 점진적이며 느리다. 피가 조금씩 뜨거워지고 정신이 다듬어지며, 기질이 형성된다. 최초의 욕망들이 오기 전에 오랜 불안이 계속되고 무지가 그 욕망들을 속여서, 아이는 자기가 원하는 것이 무엇인지도 모르는 채 원하고, 넘쳐흐르는 생기가 밖으로 터져나오려고 한다. 눈은 활기를 띠며, 다른 존재들을 살피려고 사방으로 두리번거린다. 주위 사람들에게 관심을 갖기 시작하면서 인간은 혼자 살도록 만들어지지 않았다는 것을 깨닫기 시작한다. 이렇게 해서 마음은 인간의 애정을 향하여 열리고 애정을 가질 수 있게 된다.

주의 깊게 교육받은 청년이 느낄 최초의 감정은 사랑이 아니라 우정이다. 그에게 나타나는 상상력의 최초의 행위는 그에게 동료가 있다는 것을 자신에게 가르쳐 주는 일이다. 성보다는 인류가 그를 감동시켜 그를 무지의 상태에 오래 머물게 하는 것은 또 하나의 이득인데, 그것은 눈뜨기 시작하는 감수성을 이용하여 젊은이의 마음속에 인정의 최초의 씨를 뿌리는 일이다. 이러한 배려가 참다운 성공을 거둘 수 있는 시기는 그의 생애 중에 이 때뿐이므로 더욱 귀중한 이득이다.

나는 여자에 빠져 몸을 버린 청년들을 많이 보아 왔다. 그들은 몰인정하고 잔인한 것이 보통인데, 격한 기질이 그들을 참을성없고 사납게 만드는 것이다. 그들의 상상력이 오로지 한 가지 대상에만 집중되어서 나머지 모든 것을 거부하는 것이다. 그들은 동정도 자비도 모른다. 그들은 자신의 쾌락을 위해서라면 부모도 전세계도 희생시킨다. 반대로 순박하게 자란 청년은 자연의 최초의 충동에 의해서 부드럽고 다정한 정서로 이끌리게 된다. 동정심이 많은 그의 마음은 동료들의 괴로움을 볼 때 감동하고, 친구를 다시 만나면 몹시 반가워한다. 그의 팔은 정답게 안을 수 있으며, 그의 눈은 동정의 눈물을 흘릴 수 있다. 그는 남을 불쾌하게 한 것을 부끄러워하고 남의 기분을 상하게 한 것을 뉘우칠 줄 알며, 끓어오르는 피가 그를 성급하고 화를 내게 하는 일이 있더라도 그의 선량한 마음씨는 이것을 억제한다. 자기가 준 상처 때문에 신음하고 그는 자신의 피로써 타인이 흘린 피를 보상하려고 한다. 자책감 앞에서 노여움은 사라지고 자존심도 모두 꺾이며, 자신이 모욕을 당했을 때 아무리 화가 나더라도 단 한 마디의 사과에 그의 화는 가라앉고 만다. 그는 자신의 잘못을 뉘우칠 때와 마찬가지로 기꺼이 남의 잘못도 용서한다. 청년기는 복수나 증오의 시기가 아닌 동정과 자비와 관용의 시기라고 주장하는데, 경험에 의해 반박을 받을 염려는 없다. 약하게 태어나지 않았으며 스무 살까지 동정을 지켜온 청년은 이 나이에 어느 누구보다도 가장 관대하고 선량하며, 인정 많고 사랑스럽다. 공립학교의 온갖 타락된 분위기 속에서 교육받은 여러분의 제자들은 그것을 깨닫지 못한다.

인간을 사교적으로 만드는 것은 인간의 허약함이다. 인류에 대한 우리의 마음을 인정으로 이끄는 것은 우리의 공통된 불행인데, 우리가 인간이 아니라면 우리에게 인정에 대한 의무는 전혀 없을 것이다. 만일 우리들 각자가 타인을 필요로 하지 않는다면, 그들과 교제하려는 생각도 전혀 없을 것이다. 이리하여 우리의 약점 그 자체에서 작은 행복이 생겨난다. 진실로 행복한 존재는 고독한 존재이다. 신만이 홀로 절대의 행복을 향유한다. 그렇지만 우리 가운데 누가 그런 행복을 원할 것인가? 만약 어떤 완전한 존재가 있어 자기 자신만으로 만족할 수 있다 해도 그는 무엇을 즐길 수 있을 것인가? 그는 고독하고 불행한 것이다. 아무것도 필요하지 않은 사람이 행복할 수 있다고는 생각되지 않는다. 또 아무것도 사랑하지 않는 사람이 행복할 수 있다고도 생각되지 않는다. 그러므로 우리가 우리 동료에게 애착을 갖는 것은 그들의 기쁨의 감정에 의해서보다는 괴로움의 감정에 의해서이다. 왜냐하면 우리는 거기서 자신과 같은 본질을 인식할 수 있고, 우리에 대한 그들의 애정의 확신을 분명하게 알아볼 수 있기 때문이다. 우리의 공통된 욕구가 이해 관계에 의해 우리를 결합시킨다면, 우리의 공통된 불행은 우리를 애정으로써 결합하게 한다. 행복한 사람은 타인에게 사랑보다는 혐오감을 일으키게 하는데, 사람들은 그가 자기 것이 아닌 권리를 가로채어 자기만의 행복을 누리고 있다고 비난할 것이다. 그리고 우리의 이기심은 이들에게는 우리가 필요하지 않다는 것을 느끼게 한다. 그러나 괴로워하고 있는 불행한 사람을 보면 누구든 불쌍하게 여기게 마련이다. 상상은 행복한 사람의 경우보다 불행한 사람의 경우에 한층 용이하게 우리를 이끌어간다. 동정은 감미로운 것이다. 왜냐하면 자신을 괴로워하는 사람의 입장에 놓고서, 자기는 그 사람처럼 괴로워하지 않는다는 기쁨을 느낄 수 있기 때문이다. 부러움은 견딜 수 없는 것이다. 행복한 사람은 부러워하는 사람을 자기의 위치에 두지 않고, 다만 그 위치에 있지 못한 것을 안타깝게 생각할 뿐이기 때문이다. 전자는 그가 겪는 불행을 우리에게 면하게 해주고, 후자는 자신의 행복을 우리에게서 빼앗아가는 것 같이 생각된다.

그런데 여러분은 청년의 마음속에서 눈을 뜬 감수성이 최초의 움직임을 자극하고 북돋아주기를 바라고, 또 그의 성격을 선행과 친절 쪽으로 돌려주기를 바라는가? 사람들의 거짓된 행복의 모습으로 마음속에 오만과 허영과 질투가 싹트게 하지 말라. 우선 그의 눈앞에 화려함이나 구경거리의 매력을 보이지 말라. 그를 회합이나 화려한 모임에 데리고 가지 말라. 그가 상류 사회 자체를 평가할 수 있을 때까지 그 겉모습조차 보여주지 말아라. 그가 인간에 대한 충분한 지식을 얻기도 전에 세상을 보여주는 것은 그를 진보시키는 것이 아니라 타락시키는 것이며, 가르치는 것이 아니라 오류로 이끄는 것이다.

모든 인간은 벌거숭이로 가난하게 태어나 인생의 비참·슬픔·불행·궁핍·고통 등을 당하고서 결국에 모두가 죽어야 할 운명이다. 이것이 바로 인간의 진정한 모습이다. 어느 누구도 이 모든 것을 면할 수는 없으므로 우선 인간의 본성에서 가장 근본적인 것과, 또 인간성을 이루는 가장 본질적인 것부터 연구하도록 하라.

열여섯 살이 되면 청년은 괴로움이 무엇인지를 알게 된다. 왜냐하면 그 자신이 경험을 했기 때문이다. 그러나 다른 사람도 역시 괴로움을 당하고 있다는 사실은 거의 모른다. 내가 여러 번 이야기했듯이 타인이 느끼는 불행을 전혀 상상하지 못하는 아이는 자신의 불행밖에는 알지 못한다. 그러나 감각의 발달이 그의 내부에서 상상력에 작용하면 비로소 그는 동료들 속에서의 자기를 느끼게 되어 그들의 눈물에 감동하고, 그들이 당하는 고통에 괴로움을 느끼기 시작한다. 인간의 괴로워하는 모습이 그의 마음속에서 아직 경험하지 못한 최초의 동정심을 불러일으키는 것은 바로 이때이다.

만일 여러분의 아이들에게서 이러한 시기를 알아차리지 못한다면, 여러분은 이것을 누구의 책임으로 돌리겠는가? 여러분은 그들에게 너무 일찍 감정을 표현하도록 하고 감정의 말을 가르쳤기에, 그들은 여러분의 교훈을 여러분에게 되넘기는 것이다. 그리고 그들이 언제 거짓말을 중단하고 자신이 말한 의미를 깨닫기 시작하는지 식별할 수 있는 방법을 여러분에게 전혀 남겨주지 않는다. 그러나 에밀을 보라. 내가 이끌어준 이 나이까지 그는 감정을 느낀 적도 거짓말을 한 적도 없다. 사랑한다는 것이 무엇인지를 모르므로 "나는 당신을 사랑합니다."라는 말을 해본 일이 없다. 또한 그는 아버지나 어머니의 방에, 혹은 앓고 있는 가정교사의 방에 들어갈 때 어떤 태도를 취해야 하는지도 배우지 않았고, 자신이 느끼지도 않은 슬픔을 가장해 보이는 기술을 배운 적도 없다. 그는 죽음이 무엇인지를 모르기 때문에 누구의 죽음에도 눈물을 흘리지 않는다. 그의 마음이 무감각하듯이 그의 태도도 무감각하고, 다른 모든 아이들과 마찬가지로 자신을 제외한 무엇에도 관심이 없다. 그가 다른 아이들과 다른 점은 그가 관심이 있는 것처럼 가장하지 않는다는 점과, 다른 아이들처럼 거짓말을 하지 않는다는 점뿐이다.

감각을 가진 존재들에 대해 거의 생각해 본 일이 없기 때문에 에밀은 고통과 죽음에 대해서 먼 후일에야 알게 되고, 울음 소리가 그의 마음을 뒤흔들기 시작할 것이다. 그는 피를 흘리는 것을 보면 눈을 돌리고, 죽어가는 동물이 경련하는 것을 보면 그 애는 이 새로운 감동의 이유가 무엇인지 모름에도 불구하고 괴로움을 느낄 것이다. 그가 만약 둔하다면 그렇지 않을 것이나, 보다 많은 지식을 가지고 있다면 그 고뇌의 원인을 알 것이다. 그는 이미 많은 관념들을 비교해보았기 때문에 완전히 무감각하지는 않으나, 나 자신이 느끼는 것을 완전히 이해할 정도로 충분한 것은 아니다.

이렇게 해서 자연의 질서에 따라 인간의 마음을 움직이는 최초의 상대적 감정, 즉 동정심이 생기는데, 아이가 감수성과 동정심이 깊어지려면 자기가 괴로워한 것과 똑같이 괴로워하고, 자기가 느낀 고통을 똑같이 느끼는 자기와 비슷한 존재들이 있다는 것을 알아야 한다. 우리 자신을 초월해서 고통받고 있는 대상과 하나가 되어야만, 즉 자기의 존재를 떠나 상대의 존재가 되어 보아야만 동정심으로 마음을 움직일 수 있는 것이다. 우리는 우리 자신의 고통에 괴로워하는 것이 아니고 그의 고통에 괴로워한다. 그러므로 상상력이 활발하여 자신을 초월할 때 외에는 아무도 동정심이 생기지 않는다.

싹트기 시작하는 감수성을 자극하고 북돋우기 위해서 그것을 이끌거나 자연의 경향에 따르게 하려면 어떻게 할 것인가? 청년의 마음속의 팽창력이 작용할 수 있도록 그의 마음을 열어 다른 존재에게까지 미치게 하며, 어디에서나 그 자신을 초월하게 할 수 있는 대상들을 청년에게 보여주는 일과, 그의 마음을 좁히고 억눌러 인간의 자아라는 대상을 멀리해 주어야만 한다. 바꾸어 말하면 친절 · 인정 · 동정심 · 자비심과 같은 매력있고 다양한 모든 정서들을 그의 마음속에서 자극하는 길과, 질투 · 탐욕 · 증오와 같은 감수성을 무능하고 부정적인 것으로 만들어 그것을 느끼는 사람을 괴롭히는 불쾌하고 잔인한 모든 정욕들이 싹트지 않도록 막는 길밖에 없을 것이다.

이제까지의 나의 고찰은 모두 정확하고 명료하고 이해하기 쉬운 몇 개의 격률(格律)로 요약할 수 있다.

첫째 격률

인간은 자기보다 행복한 사람의 입장에서가 아니고 자기보다 불행한 사람의 입장에 자신을 놓고 생각한다.

혹시 이 격률에 대한 예외가 있다면 그것은 진실한 것이 아니라 표면적인 경우이다. 그렇기에 우리는 애착을 느끼고 있는 부자나 귀족의 위치에 자신을 두고 생각하지 않는다. 진심으로 애착을 느낀다 해도 그들의 행복의 일부분만을 가지게 될 뿐이다. 가끔 우리는 그가 불행한 처지에 있을 때는 그를 사랑하지만 그가 행복하면 그를 부러워하기보다는 그를 가엾게 여기는 그런 사람들 외에는 진정한 친구가 없다.

사람은 어떤 상태의 행복, 이를테면 전원이나 목가적인 생활에 감동되기도 한다. 그 행복하고 선량한 사람들을 바라보는 즐거움은 부러움으로 손상되지 않으며, 진정으로 그 생활에 흥미를 느끼게 된다. 그 이유는 우리가 평화롭고 순박한 상태로 언제든지 돌아갈 수 있으며 그와 같은 행복을 누릴 수 있음을 알기 때문이다. 그것은 또 우리가 원할 때는 언제든지 당장 누릴 수 있기 때문에 유쾌한 생각만을 불러일으키는 일시적인 수단이다. 우리의 이러한 일시적인 수단으로 자신의 행복을 생각하는 것은, 설사 그것들을 당장 사용하지 않는다 해도 언제나 기쁜 일이다.

그러므로 청년에게 인정을 느끼게 하려면 타인의 화려한 생활에 감탄하게 하지 말고 그 비참한 면들을 보여줌으로써 그것을 두려워하도록 해주어야 한다. 그러면 그는 누구의 간섭도 없는 행복에의 길을 스스로 개척해 나갈 수 있을 것이다.

둘째 격률

사람은 자기 자신도 동일한 고통을 받는다고 생각되는 남의 불행 외에는 결코 동정하지 않는다.

불행을 알고 있으므로 나는 불쌍한 사람들을 도울 줄 안다.

나는 이 싯구처럼 아름답고 심오하며 감동적이고 진실한 것을 알지 못한다. 제왕은 왜 국민들에게 잔인할까? 그것은 그들이 결코 서민이 되지는 않는다고 생각하기 때문이다. 부자들은 왜 가난한 사람들에게 그처럼 가혹한가? 그것은 그들이 결코 가난해질 염려가 없다고 믿기 때문이다. 귀족은 왜 평민들을 멸시하는가? 그것은 귀족이 결코 평민이 되지 않는다는 것이 확실하기 때문이다. 일반적으로 터키 사람들은 왜 우리보다 인정이 많은가? 그 이유는 전제정부 지배하에 살고 있는 개인들의 영화나 재산은 항상 불안하므로, 그들은 몰락이나 가난을 남의 일처럼 여기지 않기 때문이다.

사람은 누구나 내일이라도 오늘 자기가 도와주고 있는 사람의 처지에 놓일 수 있으며 이러한 예는 동양 소설에 많이 나오는데, 우리의 메마른 도덕 체계에서는 결코 느낄 수 없는 감동을 준다.

그러므로 여러분의 제자에게는 영화의 높은 곳에서 사람들의 고통이나 고생을 내려다보지 말도록 하라. 또 그들을 자기와는 상관이 없는 사람으로 여기는 한 그들에게 동정하는 것을 가르치지도 말라. 그에게 그 불행한 사람들의 운명이 될 수도 있으며, 또 뜻밖의 사건들이 금방 그를 불행 속에 빠뜨릴 수도 있다는 것을 충분히 이해시키고 가문·건강·재산에 의지하지 말 것을 가르치라. 그에게 운명의 성쇠를 보여주라. 전에는 높은 위치에 있었으나 지금은 불행한 사람들보다도 더 낮은 위치로 전락한 사람들의 실례를 보여주라. 그것이 그들의 잘못 때문이건 아니건 그것은 문제가 안 된다. 대체 그들은 과실이란 것이 무엇인지 알고 있는가? 그의 인식 질서를 침해하지 말고, 단지 그의 힘이 미치는 지식하에서만 그에게 설명해주라. 한 시간 후에 자신이 죽을지 살지, 한 달 후에는 부자가 될지 가난한 사람이 될지, 혹은 1년 후에는 알제리 노예선에서 가죽 채찍에 얻어맞으며 노를 젓고 있지나 않을지 등은 인간의 지식으로는 도저히 대답할 수 없다는 것을 깨닫게 하는 데 대단한 학식을 가질 필요는 없다. 더구나 그에게 그런 모든 말을 할 때 종교 문답자와 같이 냉정하게 하지 말라. 그로 하여금 인간의 재앙들을 보고 느끼도록 하라. 항상 모든 인간 행로를 둘러싸고 있는 위험으로 그의 상상력에 타격을 주어 두려워하게 하고, 여러분의 설명을 듣고서 그로 하여금 거기에 빠지는 것이 두려워져서 여러분에게 매달리도록 하라. 누군가는 그를 겁장이로 만들 것이라고 말하겠지만 곧 진실을 알게 될 것이다. 그러나 지금은 우선 그를 인간으로 만드는 일부터 시작하자. 이것이 우리에게는 가장 중요한 일이다.

셋째 격률

우리가 타인의 불행에 대해 느끼는 동정은 그 불행 자체의 크기에 비례하는 것이 아니라 그것을 겪는 사람들에게 베푸는 감정에 비례한다.

우리는 어떤 사람이 동정받을 만한 처지에 있다고 생각되면 동정한다. 고통에 대한 우리의 육체적인 감각은 생각보다 한정되어 있으나, 그 고통이 진실로 우리를 약하게 하는 까닭은 우리에게 그 고통을 계속 느끼게 하는 기억력과 고통을 미래로 연장시키는 상상력 때문이다. 나는 우리의 공통된 감수성이 인간과 동물에 대하여 똑같이 작용해야 하는데도, 우리가 사람들의 고통보다는 동물들의 고통에 대해서 더 무관심한 이유 중의 하나가 바로 여기에 있다고 생각한다. 우리는 짐을 끄는 말이 마굿간에 있을 때 동정하는 일은 없다. 왜냐하면 그런 말이 건초를 먹으며 그가 맞은 매나 힘든 일에 대해 생각한다고는 보지 않기 때문이다. 마찬가지로 우리는 곧 죽을 것이라는 사실을 알고 있어도 풀을 뜯어먹고 있는 양을 보았을 때 그를 동정하지는 않는다. 왜냐하면 그 양이 자기의 운명을 예측하고 있다고는 생각되지 않기 때문이다. 더 범위를 넓혀 생각해보면 우리는 사람들의 운명에 대해서도 마찬가지로 무관심해서 부자들은, 가난한 사람이란 우둔하기 때문에 아무것도 느끼지 못한다고 간주함으로써 자기들이 그에게 가하는 고통에 대해서 자위한다. 나는 일반적으로 각자가 자기 동포들의 행복을 그들에 대해 갖는 존경도(尊敬度)에 의해서 판단한다고 생각한다. 그러므로 자기가 멸시하는 사람의 행복을 대수롭지 않게 여기는 것은 당연하며, 정치가가 민중에게 극히 멸시하는 투로 말한다거나 대부분의 철학자들이 인간을 악하게 취급한다해서 놀랄 필요는 없다.

인류를 구하고 있는 것은 바로 민중이다. 그러나 대부분이 민중이므로 중요시할 필요도 없다. 인간은 모두가 평등하므로 다수의 사람이 속하고 있는 신분이 가장 존경받을 가치가 있다. 생각이 깊은 사람 앞에서는 모든 사회적인 차별이 사라진다. 그가 평민이거나 고귀한 사람이거나 다같은 정욕과 감정을 갖는다. 그들의 말씨나 다소간 꾸미는 듯한 얼굴밖에는 차이가 없다. 민중에 있는 그대로를 나타내므로 상냥스럽지가 못하다. 사교계 사람들은 가면을 써야 되는데, 만일 그들이 있는 그대로의 자신을 보인다면 사람들은 혐오감을 느낄 것이다.

현자들은 어떤 신분이건 같은 양의 행복과 불행이 있다고 말하는데, 그 의견에는 공감할 수 없다. 왜냐하면, 모든 사람이 똑같이 행복하다면 누구를 위해 번민할 필요는 없기 때문이다. 모두가 현재 그대로 있어야 한다. 노예는 학대받는 그대로, 병자는 고통받는 그대로, 불행한 자는 파멸하는 그대로 내버려두라. 환경 조건이 바뀌어도 그들에게 이득이 될 것은 아무것도 없다. 현자들은 부자의 불행을 늘어놓으며, 쾌락의 허무함을 말한다. 그러나 부자의 불행은 그 신분에서 비롯되는 것이 아니라 그것을 남용하는 데서 비롯되는 것이다. 그가 설령 가난한 사람보다 더 불행하다 해도 조금도 동정할 것은 없다. 왜냐하면 그의 불행은 모두 자초한 것이고 행복해지는 것도 자기에게 달려있기 때문이다. 그러나 가난한 사람의 고생은 주위 형편에 따른 것으로, 그를 짓누르는 가혹한 운명에서 발생한다. 그에게서 피로와 쇠약과 허기 등 육체적인 고통을 제거할 수 있는 습관이란 아무것도 없다. 뛰어난 머리나 지혜도 그의 불행한 처지를 면해주는 점에 있어서는 아무 쓸모가 없다. 노예 신분의 철학자 에픽테토스가 주인이 자기 다리를 부러뜨리려 한다는 것을 미리 알았다 한들 무슨 소용이 있는가? 오히려 그 고통 자체에다 예상하여 생긴 고통까지도 겹치는 것이다. 우리가 우둔하다고 생각하는 민중에게 지각이 있다 한들 그들이 현재와 무엇이 다를 것인가. 이런 종류의 사람들을 관찰해 보라. 말씨는 다르더라도 그들에게도 여러분 정도의 재치와 여러분 이상의 양식을 가지고 있다는 것을 인정하게 될 것이다. 그러므로 여러분은 민중을 존경하라. 그들은 본질적으로 민중의 집단으로 구성되어 있다는 것을 생각하라. 그리고 모든 왕들과 철학자들이 사라져도 아무런 이상 없이 진행될 것이며, 모든 일이 더 나빠질 까닭도 없으므로 여러분의 제자에게 모든 사람을 사랑하도록 가르쳐라. 그리하여 그를 어떤 계급에도 한정하지 말고 모든 계급 속에 존재하도록 해주라. 그의 앞에서는 애정과 연민의 감정을 갖고서 인류에 관한 이야기를 하라. 그러나 결코 멸시하는 태도를 보여서는 안 된다. 인간이여, 인간을 결코 모욕해서는 안 된다.

어린 청년의 가슴속에 자연의 최초의 충동을 자극시켜서 그 마음이 동포에게까지 미칠 수 있도록 하려면 이미 개척된 길과는 전혀 반대되는, 혹은 그 비슷한 다른 길들을 걸어야만 할 것이다. 그가 걸어온 길과는 얼마나 차이가 있는가. 나는 가능한 한 그러한 충동들이 개인적인 이해 관계는 포함하지 않는 것이 중요하다는 사실을 강조한다. 특히 허영심·경쟁심·명예심 등 남과 자신들을 비교하는 감정이 있어서는 안 된다. 왜냐하면 그러한 비교는, 그것이 우리 자신의 평가에 그친다 해도 우리와 우열을 다투는 사람에 대한 어떤 증오심을 일으키지 않고는 결코 이루어지지 않기 때문이다. 그렇게 되면 우리는 분별을 잃거나 악인이 되거나 또는 바보가 되고 만다. 그러니 이러한 경우는 피하도록 하자. 여러분은 이런 위험한 정욕들이 머지 않아 생기게 되리라고 말할 것이다. 나도 그것을 부인하지는 않으나 다만 그것들이 생겨나도록 조장해서는 안 된다는 점을 말하는 것이다.

이것이 우리가 취해야 할 방법의 기본 정신이다. 여기에서는 실례나 자세한 설명이 필요없을 것이다. 여기서부터 성격이 매우 복잡하게 나누어지고 내가 말할 실례가 어쩌면 10만 명 중 한 사람에게 적용되는 데 불과하기 때문이다. 선생이 제자의 마음을 형성시키면서 그 심중을 헤아리는 기술을 터득한 관찰자나 철학자로서의 자세가 시작되는 것도 바로 이 시기이다. 청년이 아직 거짓말을 생각하지도 않고 또 그 의미조차 알기 전에는 그의 태도나 눈빛, 또는 몸짓에서 바라본 대상들로부터 그가 받는 인상을 감지할 수 있다. 그 움직임들을 잘 살펴봄으로써 제자가 받을 충동을 미리 알고, 마침내는 그것들을 관리할 수 있게 된다.

일반적으로 피·상처·울음 소리·신음·고통스러운 수술 기구 등 고통의 대상물을 감각으로 이끄는 모든 것은 사람의 마음을 가장 빨리 보다 보편적으로 사로잡는다는 사실이 널리 인정되며, 파괴의 관념은 더욱 복잡하기 때문에 그와 같은 충격을 주지는 않는다. 죽음의 영상은 보다 늦게 보다 약하게 우리의 마음을 움직인다. 왜냐하면 죽음을 경험한 사람은 아무도 없기 때문이다. 죽음에 임박한 사람의 고통을 느끼려면 시체를 보아야 하지만, 그 영상이 일단 우리의 머릿속에 뚜렷이 새겨지고 나면 그보다 더 끔찍스러운 광경은 없다. 왜냐하면 그 죽음의 영상이 감각을 통해서 우리에게 완전한 파괴의 관념을 주고, 또 그 순간이 모든 사람에게 도저히 피할 수 없는 상황이라는 것이 확실하므로 마음의 동요가 커지기 때문이다.

이런 여러 가지 인상들은 각 개인의 성격과 이제까지의 습관에 따라 형성되며 그 정도 또한 다르다. 그러나 이러한 인상들은 보편적이어서 어느 누구도 그것을 완전히 면할 수는 없다. 또 그렇게 보편적이 아닌 훨씬 늦게 생기는 인상이 있는데 민감한 사람들에게는 이것이 늦게 오며, 그것은 정신적 고민·근심·우울·슬픔 등에서 받는 인상들이다. 울음 소리나 눈물 이외에는 감동되지 않는 사람들도 있다. 고뇌로 인한 신음 소리가 그들에게 결코 한숨을 자아내게 하지는 않으며 침울한 모습, 핼쑥하고 창백한 얼굴, 더 이상 울 수도 없이 푹 꺼진 눈을 보고도 그들은 눈물을 흘린 적이 없다. 정신적인 고통 역시 그들에게는 무의미해서, 그들도 그걸 알고는 있지만 결코 느끼지는 못한다. 이런 사람들에게서는 강직한 엄격과 냉혹과 잔인 이외에 아무것도 기대할 수 없다. 그들은 공정하고 정직해도, 결코 인자하고 관대하고 인정이 많지는 않다. 그러나 이러한 규칙으로 청년들을 성급하게 판단해서는 곤란하다. 특히 바르게 교육되었기 때문에 지금껏 느껴본 적이 없는 정신적 고통에 대하여 아무런 관념도 갖지 않은 청년을 그렇게 판단하지 말라. 그런 청년들은 자신이 알고 있는 고통밖에는 동정할 줄 모른다. 인간 생활에서는 자기들이 모르는 무수한 괴로움이 있다는 것을 느끼기 시작하면, 무지에서 생겨난 이러한 무감각은 곧 동정으로 바뀌는 법이다. 나의 에밀의 경우, 만약 그가 유년 시절에 순진성과 양식(樣式)을 지니고 있었다면 청년 시절에는 인정과 감수성을 갖게 되리라 확신한다. 왜냐하면 감정의 진실은 주로 관념의 정확성에서 생겨나기 때문이다.

에밀을 여기에 등장시킨 것에 대해 대부분의 독자들은 아마도 내가 처음에 한 결심과 나의 제자에게 약속했던 영속적인 행복을 잊었다고 나를 비난할 것이다. 그러나 죽어가는 사람들, 고통과 불행의 광경들, 인생에 눈을 뜨기 시작한 젊은 마음에 그런 것들이 조그만 기쁨이라도 될 수 있겠는가? 그처럼 즐거운 교육을 약속한 이 교사는 고작 그를 괴롭히려고 그를 눈뜨게 한 것인가. 나는 그를 행복하게 해준다고 약속했지, 행복한 듯이 보이게 해준다고 약속하지는 않았다. 여러분이 항상 겉모습에 속아 그것을 현실로 착각한 것이 내 잘못인가?

첫 교육을 마치고서 상반된 두 개의 문을 통해 세상으로 들어서는 두 청년을 가정해 보자. 한 청년은 곧 올림포스 산에 올라 화려한 사교계에, 그리고 궁정에, 귀족들 집에, 부자들 집에, 아름다운 여자들 집에 자주 드나든다. 나는 그가 어디서나 환영받는다고 가정하는데, 그러한 환대가 그의 이성에 어떤 영향을 끼치는지는 조사해보지 않고 단지 그의 이성이 그것에 견뎌낼 수 있을 것이라고 가정한다. 쾌락들이 그에게 몰려들고, 매일 새로운 일이 그를 즐겁게 한다. 여러분을 사로잡는 그런 흥미로써, 그는 모든 것에 전념한다. 그가 바쁜 듯이 몰두한 모습은 여러분에게 큰 놀라움을 준다. 여러분은 그가 만족하고 있다고 생각하겠으나, 그의 마음의 상태를 보라. 여러분은 그가 즐기고 있다고 믿겠지만, 나는 그가 괴로워하고 있다고 생각한다.

그가 눈을 떠서 맨먼저 보는 것은, 그가 전에는 모르고 있던 이른바 수많은 쾌락이란 것이다. 그러나 그 쾌락의 대부분은 잠시 동안만 그의 손에 닿기 때문에, 마치 그것을 잃어버리는 아쉬움만을 남겨주려고 그의 앞에 나타나는 것처럼 보인다. 그가 궁정 안을 거닐 때, 여러분은 그의 불안해하는 호기심에서 그가 자기 아버지의 집은 왜 초라한가를 자문하고 있는 것을 엿볼 수 있다. 그의 의문은 모두가 그 집주인을 자신과 비교하고 있다는 것을 알려주며, 또한 그 비교에서 생긴 굴욕적인 모든 생각은 그의 허영심을 자극해서 그로 하여금 반항하게 한다. 자기보다 훌륭한 의복을 입은 청년을 만나면 그는 자기 부모의 인색함에 대해 투덜거리고, 그가 다른 청년들보다 좋은 의복을 입었을 때에도 상대방의 가문이나 재산 때문에 무색해지면서 오히려 자신의 금빛 나는 옷이 수수한 옷 앞에서 위압되는 것을 느끼고 괴로워한다. 그가 어떤 모임에서 자기를 과시하려고 설친다면 그 젊은이의 거만한 태도를 꺾으려고 생각하지 않을 사람이 어디 있겠는가. 점잖은 사람의 걱정스러운 눈초리와 신랄한 사람의 독설이 곧 그에게 퍼부어지리라.

그에게 모든 것을 허용하여 매력과 재능을 마음껏 발휘하도록 하라. 그는 여자들에게 환영을 받을 것이다. 그러나 그가 여자를 사랑하기 전에 여자 편에서 먼저 그의 환심을 사려고 함으로써 여자들은 그를 애인이 아니라 미치광이로 만들어버릴 것이다.

그에게는 많은 행운이 찾아들 것이다. 그러나 그 행운을 느낄 수 있는 정열이나 감정은 갖지 못할 것이다. 그의 욕망은 항상 억제당하고 있어서 그는 쾌락의 품안에서도 구속의 권태감을 느끼게 되며, 남성의 행복을 위해 만들어진 성도 그것을 깨닫기 전에 그는 미리 혐오감을 느끼고 싫증을 내게 된다. 그런데도 그가 계속해서 이성을 만난다면 그것은 이미 허영심 때문이며, 설사 그가 여자를 진실로 좋아해서 마음이 끌린다 해도 자기만이 젊고 재주있고 상냥한 것은 아니므로 그가 언제나 애인에게 환영받는 존재일 수는 없음을 알 것이다.

지금까지 가족과 친구들에게 둘러싸여 자신을 그들의 관심을 끄는 유일한 존재로만 알고 있던 청년이 갑자기 자기는 거의 무시되는 새로운 질서 속으로 들어간다면, 그처럼 오랫동안 만인의 중심이던 청년이 미지의 세계에 빠진 것처럼 생각되어 얼마나 모욕을 느낄 것인가? 자기 주변의 사람들 사이에서 자라난 청년이 자신이 중요하다는 편견을 가지지 못한 사람들 사이에서 바른 길을 찾기까지는 얼마나 많은 굴욕을 당해야만 하는가! 그가 아이였을 때는 모든 사람이 그에게 양보해주고 친절히 대해주었는데, 청년이 된 지금은 그가 모든 사람에게 양보해야 하는 것이다. 만일 그렇지 않고 옛날의 태도를 고수한다면 얼마나 가혹한 교훈들이 그에게 반성을 강요하겠는가? 원하는 것들을 쉽사리 얻던 습관 때문에 그는 많은 것을 바라면서 언제나 부족함을 느낄 것이다. 그는 마음에 드는 모든 사물에 이끌리고, 남이 가진 것은 무엇이든 가지려고 한다. 모든 사람들을 부러워하고 어디에서나 지배하려는 허영심이 그를 충동질하고 있으며, 젊은 마음은 방종한 욕망으로 불타고 있다.

그 욕망은 질투를 이끌어내고, 탐욕스러운 정욕이 일제히 용솟음친다. 그는 그 불안을 사교계로 끌고 다니며 자신과 타인에게 불만을 품고 돌아온다. 그는 수많은 헛된 계획 속에서 환상에 시달리며 잠이 든다. 그의 자만심은 꿈속에서까지 채워지지 않아 어쩔 줄 모르지만, 어쩌면 일생 동안 소유할 수 없을 행복을 그려본다. 바로 이것이 여러분의 제자이다. 이제 나의 제자를 보기로 하자.

설령 에밀의 마음에 충격을 준 최초의 광경이 슬픈 광경이었다 해도 자신을 반성하여 생기는 최초의 감정은 기쁨의 감정이다. 그는 자기가 얼마나 많은 불행을 헤쳐 왔는지를 알고 상상한 것보다 훨씬 행복하게 느낀다. 그는 동료의 고통을 나누어 가지는데, 그 분배는 자발적인 것이므로 유쾌한 것이다. 그는 타인의 불행에 대하여 느끼는 동정심과 자기가 그 불행을 면했다는 행복감을 동시에 느끼는 것이다. 우리는 우리 자신을 초월하여 우리의 행복 속에 깃들어 있는 여분의 활동력을 다른 곳으로 나눠주는 능력이 있음을 느낀다. 남의 불행을 동정하려면 분명히 그 불행을 알아야 하며 느껴서는 안 된다. 사람들은 괴로워한 적이 있거나 괴로워할 염려가 있어야만 괴로워하는 사람을 동정하는 법이다. 그러나 자기가 괴로워하고 있을 때는 자기 자신만을 동정한다. 사람은 누구나 인생의 불행에 얽매여 있어서 남들에게는 현재의 자신에게 필요없는 감수성만을 배우는 법이라고 가정하면, 연민은 우리 자신을 위한 감정이므로 유쾌한 감정일 수밖에 없다. 그러나 냉혹한 사람은 그의 마음의 상태가 남의 괴로움에 대해 배풀 수 있는 감수성이 전혀 없으므로 항상 불행할 수밖에 없다는 결론이 나온다.

우리는 행복을 겉모습만을 보고 판단한다. 행복이 가장 없을 만한 곳에 행복이 깃들어 있다고 가정하므로, 엉뚱한 곳에서 행복을 찾고 있다. 쾌활은 모호한 행복의 표시에 불과해서, 쾌활한 사람은 흔히 남을 속이고 자신을 잊으려는 불행한 사람에 지나지 않는 경우가 많다. 여러 사람과의 만남에서는 개방적이고 명랑한 사람들이 자기 집에서는 우울하고 잔소리가 많다. 그래서 하인들은 주인이 밖에서 행한 쾌락의 뒤치다꺼리를 위해 고생만 하게 된다. 진정한 만족감은 쾌활도 익살도 아니다. 사람들은 그처럼 유쾌한 감정을 열망하고 그것을 즐기고 음미하며, 그것이 사라져 버릴까봐 염려한다. 진실로 행복한 사람은 침묵을 지키며 웃지도 않는다. 말하자면 행복을 마음속에 간직하고 있는 것이다. 떠들썩한 놀이나 과장된 환희의 이면에는 항상 혐오와 권태가 숨겨져 있으며, 우울은 쾌락의 친구인 것이다. 감동과 눈물은 가장 유쾌한 즐거움을 동반하고, 극도의 기쁨은 웃음보다 눈물을 자아내게 마련이다.

가령 처음에는 여러 가지 즐거운 오락이 행복을 가져다주는 것 같이 보이고 단조로운 생활이 지루해 보일지라도, 자세히 보면 이와는 반대로 정신의 가장 유쾌한 습관은 욕망이나 혐오감이 스며들 여지가 없는 절제있는 즐거움 속에 있다는 것을 우리는 발견하게 된다. 욕망의 불안이 호기심과 변덕을 이끌어 내며, 쾌락의 허망함이 권태를 낳는다. 사람이란 자신의 처지보다 더 유쾌한 처지를 모를 때는 결코 자신의 처지에 권태를 느끼지 않는 법이다. 세계의 모든 인종 가운데 야만인이 가장 호기심이 적고 따라서 권태도 적은데, 그들은 모든 것에 무관심하기 때문이다. 그들은 사물을 즐기지 않고 자기 자신만을 즐길 뿐이다.

사교계의 사람은 모두 가면을 쓰고 있다. 자기 자신으로 존재하지 않고 언제나 타인으로 존재하므로, 어쩔 수 없이 자기 자신으로 돌아가야만 할 때에도 그들은 불안해한다. 그들에게는 자신이 어떠한 인간인가가 문제가 아니라 어떻게 보이느냐 하는 점만이 문제인 것이다.

앞서 말한 청년의 얼굴에서 나는 어딘지 모르게 오만하고 가식이 있고 우쭐거리는 면을 느껴야 했는데, 그런 표정은 꾸밈없는 사람들에게 불쾌감을 준다. 그러나 나는 나의 제자의 얼굴에서 만족감과 영혼의 평온을 나타내는 유쾌하고도 소박한 표정을 보게 된다. 그러한 표정은 존경과 신뢰감을 주며, 또 자기한테 접근하는 사람들에게 자신의 우정을 주려고 기다리고 있는 듯한 그러한 표정이다.

인상이란 자연이 이미 정해놓은 특징이 단순히 발달된 것에 불과하다고 생각하지만, 나로서는 그런 발달 이외에도 얼굴의 특징들은 정신적인 어떤 감동에 따라 습관적으로 반복되는 인상에 의해서 무의식적으로 이루어진다고 생각한다. 이러한 감동들이 얼굴에 나타나는 것이며, 이보다 더 확실한 것은 없다. 그리고 그 감동들이 습관이 되면 얼굴에 인상을 남기는 것이다. 이 점이 바로 내가 인상은 성격을 나타낸다고 생각하는 이유이며, 때로는 우리가 잘 모르는 상대방을, 설명들을 구하지 않더라도 인상으로 판단할 수 있다는 이유인 것이다.

아이에겐 분명한 두 가지 감정, 즉 기쁨과 슬픔밖에는 없어서 웃지 않으면 울 뿐이다. 아이에게 그 중간의 감정은 아무 의무가 없다. 아이는 이 두 감정의 한 극단에서 다른 극단으로 항상 옮겨가고 있다. 이 계속적인 움직임 때문에 아이의 얼굴에 영속적인 인상은 없으며 따라서 아이의 얼굴은 어떠한 인상도 못 띠지만 아이가 좀더 민감해지고 생생하게, 또는 더욱 계속적으로 감동받는 나이가 되면 보다 더 깊은 인상들이 더욱 지우기 힘든 흔적을 남긴다. 그래서 정신의 습관적인 상태로부터 시간의 힘으로도 지우기 어려운 특징들이 생긴다. 그러나 나이에 따라 인상이 변하는 사람들도 간혹 있다. 나는 그런 경우를 여러 번 보았다. 그리고 나는 자신을 충분히 관찰하고 조사할 수 있었던 사람들에게서, 습관적인 정욕들이 역시 변했다는 사실을 발견할 수 있었다. 이 관찰은 충분히 확인된 것이므로 나한테는 결정적인 것으로 보이며, 또 이것은 외부적 징후로써 마음의 여러 움직임을 판단하는 방법을 배우기 때문에 교육론에 삽입해도 잘못된 결과를 낳지는 않을 것이다.

인습적인 방법들을 흉내내는 법과 자기가 느끼지 않은 점을 느끼는 듯이 가장하는 법을 배우지 않았기에 나의 청년이 덜 사랑스러워 보일는지 모르겠으나, 그런 것은 여기에서 문제가 되지 않는다. 나는 다만 그가 인정이 많다는 것을 알고 있을 뿐이다. 그리고 자기 자신만을 사랑하는 사람이 남의 마음에 들기 위해 자기의 감정을 위장할 수 있다고는 생각되지 않는다. 그러나 행복감 그 자체를 두고 말한다면 내가 모순되지 않았음을 증명할 수 있을 만큼 충분히 설명했다고 생각한다.

그러므로 다시 나의 방법으로 돌아가겠다. 위험한 나이가 가까워지면 청년들에게 그들을 자극하는 광경은 보여주지 말고, 그들을 억제하는 광경만을 보여주라. 그들의 관능을 흥분시키지 말고, 차라리 그 활동을 저지하는 대상물들을 이용해서 싹트기 시작한 그들의 상상력을 멀어지게 하라. 도시에서는 여자들의 허영과 대담한 행동이 자연의 교훈을 앞서므로, 청년들이 모든 것을 선택할 수 있는 나이가 될 때까지는 알아서는 안 될 쾌락들만을 그들에게 보여주는 대도시에서 그들을 멀리 격리시켜라. 전원의 순박함이 그들 또래가 갖는 여러 정욕의 발달을 서서히 촉진시키는, 그들의 최초의 거주지로 다시 이끌라. 만일 예술에 대한 그들의 취미가 그들을 여전히 도시에 머물게 한다면, 그 취미를 이용해서 그들이 아무것도 하지 않게 되는 위험한 경우에 빠지지 않도록 미리 막아주라. 그들의 교제·일·쾌락을 조심스럽게 선택해주어야 하며, 그들을 유혹하지 않고 감수성을 북돋울 수 있는 감동적이면서도 순수한 그림들만을 그들에게 보여주라. 어디에나 두려워해야 할 무절제한 일들이 있다는 사실과, 절제하지 않는 정욕은 불행 이상의 불행을 가져온다는 사실을 잊지 말라. 여러분의 학생을, 부단히 고통받는 것을 보여서 괴롭힐 필요는 없다. 그러나 인간의 비참한 광경을 보도록 해서 그를 감동시켜야 하며, 냉혹하게 만들어서는 안 된다. 같은 광경에 여러 번 충격을 받으면 거기에 대해서는 더 이상 충격을 받지 않을 것이다. 습관은 제2의 천성이므로 자주 보게 되면 이미 그것을 상상하지도 않게 되는데, 우리에게 타인의 불행을 느끼게 하는 것은 오직 상상력뿐이다. 그러므로 죽음과 고통을 자주 보아온 신부나 의사는 냉혹해진다. 그러니 여러분의 학생에게는 인간의 운명과 동포의 불행을 공감하도록 해주되 너무 자주 보게 해서는 안 된다. 잘 선택하여 적절한 시기에 보여주는 단 하나의 사건의 효과는 상당히 오래 계속될 것이다. 그의 판단을 결정하는 것은, 보는 것보다는 오히려 본 것에 대한 그의 반성이다. 그리고 그가 어떤 대상에게서 받는 인상은 그 자체에서보다는 그에게 그것을 상기시키는 관점에 따라 달라지므로, 여러분은 실례나 교훈들을 잘 안배함으로써 오랫동안 관능의 자극을 둔화시킬 수 있고, 자연 본연의 방향을 따르면서 자연과 일치할 수 있다.

그가 지식을 얻으면 그 지식과 관련되는 관념들을 선택하라. 그의 욕망이 불타오르면 그것을 억제할 수 있는 적당한 광경을 보여주라. 나는 인격과 용기가 있는 어느 늙은 군인에게서 그의 청춘 시절에 지각있고 매우 신앙심 깊은 아버지가, 아들에게 여자들을 향한 정욕이 생기는 것을 보고서 그것을 없애려고 어떠한 노력도 아끼지 않았다는 이야기를 들은 적이 있다. 그러나 아버지의 정성으로도 아들을 지도할 수 없음을 깨달은 아버지는 마침내 아들을 어느 매독 환자 병원에 데려가기로 결심하고서, 아무런 예고도 없이 불쌍한 환자들이 무서운 치료를 받으면서 자기들을 그곳으로 몰아넣은 방탕 생활을 속죄하고 있는 병원으로 아들을 보냈다. 모든 감각이 동시에 곤두서는 그 처참한 모습에 청년은 굉장한 충격을 받았다. “자, 불쌍한 방탕아야, 너도 머지 않아 이 방에 올 수 있을 테니 무척 기쁘겠구나. 여기에서 가장 창피한 고통의 희생물이 된 네 죽음을 아비는 하느님께 감사드리지 않을 수 없으리라.”

이 몇 마디의 말은 처참한 광경과 더불어 청년에게 결코 지울 수 없는 인상을 남겼다. 그리하여 그는 직무상 청년 시절을 여러 병영에서 보냈지만 동료들의 방탕한 생활을 따르지 않았으며, 그들의 조롱을 받기만 했다. 그는 말했다. “나는 분명 남자이지만 이 나이까지 두려워하지 않으며 창녀를 본 일이 없다.” 선생들이여! 말은 필요없다. 다만 장소 · 시간 · 인물을 선택하는 법을 배우라. 그러고 나서 당신의 교훈을 구체적 실례를 들어 보여준다면, 그 성과에 대해서는 확신해도 좋다.

어린 시절을 어떻게 보내는가는 중요하지 않다. 그 시기에 알맞은 대책이 없는 것도 아니며, 또 거기에서 생겨나는 선(善)은 늦어질 수도 있다. 그러나 청년이 진실로 생활하기 시작하는 이 최초의 시기는 그렇지 않다. 이 시기는 모든 일을 다 할 수 있을 정도로 충분한 시간은 없고, 또한 그 중요성이 끊임없이 주의를 요구한다. 내가 이 시기를 연장시킬 것을 강조하는 이유가 바로 여기에 있다. 잘 기르는 가장 좋은 방법 중의 하나는 되도록 모든 것을 느리게 성장시키는 것이다. 천천히, 그리고 확실하게 진보하도록 하라. 어른이 될 만한 자격도 전혀 없이 일시에 청년을 어른이 되게 해서는 안 된다. 신체는 자라면서 피에는 활력을 주고, 근육에는 힘을 주어서 정기가 형성되고 가다듬어진다. 만일 그 정기를 다른 곳으로 가게 하여 한 개인을 완성시키게 할 힘이 다른 사람을 형성하는 데 소용이 된다면 양쪽이 모두 무력해짐으로써 자연의 작업은 미완성에 그칠 것이다. 그리고 정신의 작용도 이러한 변질의 영향을 받아 신체 못지 않게 약해져서 무력하고 쇠약한 기능만을 갖게 된다. 굵고 튼튼한 팔과 다리일지라도 용기와 재능을 만들어내지는 못한다. 그래서 나는 이 두 가지 실체를 연결하는 기관들이 제대로 되어 있지 않으면 정신의 힘이 육체의 힘을 수반하지 않는다는 사실을 깨닫게 되었다. 그러나 그 기관들이 제대로 되어 있다 해도 기관에 힘과 탄력을 주는 실체가 부족한 활력이 없는 피만이 그 원동력이 되고 있다면, 그 기관들은 여전히 약하게 움직일 것이다. 일반적으로 청년 시절에 타락을 면한 사람들은 그 생활에 젖어든 사람들보다는 정신력이 강하다는 게 통설이다. 보통 좋은 도덕성을 지닌 국민이 그렇지 못한 국민보다 문화적인 면이나 용기에 있어서 우월한 이유 중의 하나는 분명 이것이다. 후자는 오직 재치니 총명이니 세련이니 하고 부르는 헛된 재질로써만 전자보다 우월하다. 그러나 훌륭한 행위와 미덕, 참으로 유익한 노력을 통해 인간을 돋보이게 하고 존경하는 지혜와 이성의 고귀한 기능들은 전자에서만 볼 수 있다.

선생들에 의하면 이 시기의 열정이 청년을 다루기 힘들게 한다고 하는데, 나도 그것은 알고 있다. 하지만 그것 또한 선생들의 잘못이 아닐까. 만일 그들이 그 열정을 그 관능에 따라 흐르도록 하면 그것이 다시는 진로를 바꾸지 못한다는 사실을 그들은 모르는 것이다. 현학자는 제자의 마음에서 그를 지배하는 욕망을 내쫓을 수 있겠는가? 그가 이미 자각하는 정욕의 열기를 지워버릴 수 있겠는가? 그가 그의 유일한 관념인 행복을 방해하는 장애물에 대해 화를 내지 않겠는가? 그리고 그에게 이해시키지도 않으면서 명령만 하는 가혹한 규칙에서 그는 자기를 괴롭히려는 인간의 변덕과 증오 이외에 또 무엇을 보겠는가? 그가 선생에게 반항하고 증오심을 갖는 것은 당연한 일이다.

사람이란 수월할 때는 비교적 인내심도 가지고 외관상의 권위도 지닐 수 있다는 사실을 나는 잘 알고 있다. 그러나 억제해야 할 악덕들을 오히려 조장시키면서 학생과의 관계를 유지할 수 있는 그러한 권위라면 아무짝에도 쓸모가 없다. 그것은 마치 화가 난 말을 진정시키려고 마부가 그 말을 낭떠러지로 뛰어내리게 하는 것과도 같다. 청년의 이러한 열정은 교육의 장애물이 아니고 오히려 그것이 있기 때문에 교육이 이루어지고 완성되는 것이다. 청년이 여러분보다 힘에 있어 뒤지지 않는 때에 여러분에게 그의 마음의 고삐를 쥐어주는 것이 바로 이 열정이다. 그의 최초의 애정은 여러분이 자기 마음의 모든 움직임을 이끌도록 해주는 고삐여서, 자유로웠던 그가 순종하기 시작하는 것을 우리는 알 수 있다. 그가 아무것도 사랑하지 않을 경우에는 자기 자신과 자신의 욕구 이외의 것에 구속되지 않는다. 그러나 사랑을 하기 시작하면 그는 곧 자기의 애정에 좌우되어 행동을 하게 된다. 이리하여 그를 인류에 결합시키는 최초의 연결이 형성된다. 싹트기 시작하는 그의 감수성을 인류 쪽으로 돌리는 즉시 그의 그 감수성이 곧 모든 사람을 포용할 것이라든가, 또는 이 인류라는 단어가 그에게 어떤 의미를 주는가 하는 따위는 생각하지 말라. 그 감수성이란 처음에는 자기 동류의 사람들에게만 한정되는데 그 동류의 사람들이란 자기와 관계있는 사람들, 습관에 의해서 다정해지거나 필요해진 사람들, 생각하고 느끼는 방식이 자기와 같은 사람들, 그가 느끼는 고통을 느끼고 그가 즐기는 쾌락을 즐기는 사람들, 한 마디로 말해서 천성의 동일성이 보다 분명해서 서로 사랑할 마음을 더욱 많이 느끼도록 해주는 사람들이다. 그가 자신의 개인적인 관념들을 인류라는 관념 아래 일반화시키고 개인적 애정을 가지고 자기와 인류를 하나로 연결할 줄 알게 되는 때는, 그가 그의 천성을 여러 모로 가꾸고 자신의 감정들과 타인에게서 볼 수 있는 감정들에 대해 많은 반성을 한 다음이라야 가능하다.

그가 애정을 가지게 되면 타인의 애정에도 민감해진다. 그리하여 그 애정의 징조에도 주의하는데, 여러분은 그에 대해서 어떤 새로운 지배력을 얻게 될 것인지를 생각해 보았는가? 여러분은 그가 모르는 사이에 그의 마음의 주위에 얼마나 많은 제약을 했었는가? 눈을 떠서 자신을 바라보며 여러분이 그를 위해 해준 일을 보고서 그는 무엇을 느낄 것인가? 자기를 비슷한 나이의 다른 청년들과 비교하고, 여러분을 다른 선생들과 비교할 수 있게 되면 그들은 얼마나 많은 것을 느낄 것인가? 여러분이 그에게 미리 말해주면 그는 그것을 인정하지 않으려 할 것이며, 만일 여러분이 그에게 베풀어준 배려의 대가로 그가 복종하기를 요구한다면 그는 여러분이 자기를 속였다고 생각할 것이다. 여러분이 무상으로 그를 돌보아주는 척하면서 그에게 부담을 지우고 그가 모르는 계약으로 자기를 구속할 계획이었다고 생각하리라. 여러분이 그에게 요구하는 것이 오로지 그를 위한 것이라고 아무리 설명해도 소용없는 일이다. 결국 여러분은 그의 동의를 얻지 않고 여러분이 한 일에 따라서 요구하고 있는 것이다. 어떤 불쌍한 사람이 자기에게 그냥 주는 것 같은 돈을 관리로부터 받고 자기도 모르는 사이에 병적에 등록됐다면, 여러분은 그 부당함을 비난할 것이다. 그러니 여러분이 학생의 동의를 구하지도 않은 보호의 대가를 요구하는 것은 부당한 일이다. 사람이 자기에게 잘 해주는 사람을 사랑하는 것은 자연적인 감정이 아닌가. 원래 사람의 마음속에 배은망덕은 없으나 이기심은 존재한다. 그래서 이해타산적인 은인들보다는 자기가 받은 은혜에 감사할 줄 모르는 사람들 수가 적다. 만일 여러분이 어떤 선물을 나에게 팔려고 한다면 나는 그 값을 깎겠지만, 여러분이 그냥 주는 척하다가 나중에 비싼 값으로 팔려고 한다면 여러분은 사기를 친 셈이다. 무상이기 때문에 선물에는 무한한 값어치가 있는 것이다.

어부가 낚시바늘에 미끼를 매달아 던지면, 고기는 경계도 않고 주위에 모여든다. 그러다가 미끼 속에 감추어둔 낚시바늘에 걸려서 줄이 당겨지는 것을 느끼면 도망치려고 애쓴다. 그렇다면 어부는 은인이고, 고기는 배은망덕한 것일까? 은인에게 잊혀진 사람이라 하더라도 은인을 잊는 사람은 없다. 은혜를 입은 사람은 늘 은인에 대해 이야기를 하고, 감동하지 않고서는 은인을 생각하지 못한다. 만일 어떤 뜻하지 않은 기회에 자기가 은인으로부터 입은 은혜를 잊지 않고 있음을 그에게 나타낼 수 있을 때, 그는 자신의 감사의 뜻이 충족된 것에 대해 얼마나 기뻐하겠는가! 그리고 얼마나 감격스럽게 은인에게 말하겠는가. "이번에는 은혜를 갚을 수 있었군요."라고. 이것이 바로 진정한 자연의 교훈이다. 참된 은혜는 결코 배은망덕을 초래하지 않는 법이다.

그러므로 감사하는 마음은 자연스러운 감정이다. 또한 여러분이 자신의 잘못으로 인해 그 효과를 소멸시키지만 않는다면, 여러분의 제자가 여러분의 보호의 가치를 알게 될 때 확실히 그 제자는 그것을 감사하게 여길 것이다. 그래서 그 배려가 제자의 마음속에 그 무엇으로도 깨뜨릴 수 없는 권위를 심어줄 것이다. 그러니 여러분이 학생에게 자신의 공을 내세움으로써 그 이득을 잃지 않도록 조심하라. 여러분이 자신의 공적을 자랑하는 것은 그들에게는 견디기 어려운 일이며, 자신의 공적을 잊어버리는 것은 그들에게 그 공적을 잊지 않도록 하는 한 방법일 것이다. 그를 어른으로 대우할 시기가 올 때까지는 여러분의 수고를 문제시해서는 안 되며, 그 자신에 대한 의무만을 중요시해야 한다. 그를 순종하게 하려면 그에게 완전한 자유를 주고 여러분은 숨어서 그에게 구하도록 하라. 그에게 그의 이익만을 말해 줌으로써 그의 정신을 고귀한 감사의 감정으로 이끌어가도록 하라. 여러분이 하는 일이 그를 위한 것이라는 사실을 그가 이해할 때까지 그에게 말하지 않기를 바란다. 그런 말을 해준다면 그는 여러분이 자기에게 종속되어 있다고만 생각하여 여러분을 자기의 하인으로 여길 것이다. 그러나 사랑하는 것이 무엇인지를 느끼기 시작한 지금 그는 무엇이 자기를 사랑하는 사람과 이어줄 수 있는가를 알고 있어서, 항상 자기를 돌보아주는 여러분의 열성 속에서 이제는 하인에 대한 애착이 아닌 친구로서의 애정을 가지게 된다. 그리하여 세상에서 충분히 인정된 우정의 목소리만큼 사람의 마음을 움직이는 것은 없다. 왜냐하면 그 목소리는 우리의 이익 이외에는 말하지 않는다는 것을 알고 있기 때문이다. 우리는 친구가 잘못했다고 생각할지라도 친구가 우리를 속이려 한다고는 생각하지 않는다. 그리고 친구의 충고를 거역해도 결코 그것을 무시하는 일은 없다.

우리는 드디어 도덕의 질서 속으로 들어간다. 이제 인간은 두 번째 발걸음을 내디딘 것이다. 만일 여기가 그런 장소라면 나는 어떻게 하여 마음이 최초의 충동에서 양심의 최초의 목소리가 일어나며, 어떻게 하여 최초의 사랑과 미움의 감정에서 선악의 개념이 생겨나는가를 보여주겠다. 정의와 선은 단순히 추상적인 순수 개념이 아니라 원시적인 애정의 질서정연한 진보의 한 단계에 불과한, 말하자면 이성에 의해서 각성된 영혼의 참다운 애정임을 보여주겠다. 또 양심과 무관한 이성으로서는 어떠한 자연의 법칙도 세울 수 없다는 것과, 모든 자연의 권리도 그것이 사람의 마음의 어떤 자연적인 요구 위에 근거를 두지 않는다면 하나의 망상에 지나지 않는다는 것을 보여주겠다. 그러나 나는 여기서 형이상학이나 윤리학에 대한 어떠한 연구나 강의를 하려는 것은 아니다. 단지 우리의 성장과 관련하여 우리의 감정과 지식의 질서와 진보를 알려 주면 충분하다고 생각한다. 내가 여기서 지적에만 그친 것을 아마도 다른 사람들이 증명해줄 것이다.

나의 에밀은 지금까지 자기 자신 외에는 생각해본 일이 없으므로 그가 자기의 동료들에게 던지는 최초의 관심은 자기를 그들과 비교하도록 할 것이다. 그리고 이 비교가 그의 마음속에 일으키는 최초의 감정은 가장 선두에 서고자 하는 소망이다. 이때가 바로 자기애가 자존심으로 변하는 시점이다. 그리고 자존심에서 기인되는 모든 정념은 이때 생긴다. 그러나 이들 가운데 장래 그의 성격을 지배할 정욕이 인간적이고 다정한 것일는지, 잔인하고 악의가 있는 것일는지 또 친절과 동정의 정욕일는지 혹은 선망과 질투의 정욕일는지를 결정하려면 그가 사람들 가운데서 차지하는 위치와 원하는 위치에 도달하기 위해서 어떤 장애물을 극복할 각오를 하고 있는가를 알아야 한다.

이러한 탐구에서 그를 이끌어주려면 지금까지는 인류의 공통된 불행에 의해서 사람들을 그에게 보여준 것과는 반대로, 앞으로는 그 차이점으로 인간들의 모습을 비교하도록 한다. 그러면 자연적이고 사회적인 불평등의 척도와, 모든 사회 조직을 그려 보이는 일람표가 생길 것이다.

사회는 개인을 통해서, 개인은 사회를 통해서 연구해야 한다. 정치학과 윤리학을 별도로 취급하려는 사람들은 그 어느 쪽에 대해서도 이해하지 못할 것이다. 우선 원시적인 관계들에 시선을 돌려보면, 사람들이 어째서 그들에게서 영향을 받아야 하며 그것들로부터 어떤 정욕이 생겨나는가를 보게 된다. 이러한 감정의 발달에 비례하여 그런 관계가 긴밀해지는 것이다. 사람들을 독립시키고 자유롭게 하는 것은 완력이 아니고 정신의 절제이다. 누구든지 극히 적은 욕구만을 가진 사람은 소수의 사람들에게만 애착을 갖게 마련이다. 그런데 우리의 욕망을 항상 우리의 육체적인 욕구와 혼동해서 육체적인 욕구를 인간 사회의 기초로 삼던 사람들은 언제나 결과와 원인을 착각함으로써 그들의 모든 추리에서 혼란을 일으킬 뿐이었다.

자연의 상태에는 파괴할 수 없는 일종의 평등이 있다. 그 상태에서는 사람들 사이의 차이가 한쪽을 다른 쪽에 예속시킬 정도로 크진 않았기 때문이다. 문명 사회에는 가공적이고 헛된 권리의 평등이 있다. 왜냐하면 이 평등을 유지할 수단이 그 평등을 파괴시키는 데 사용되기 때문이다. 또한 약자를 억압하기 위해 최강자에게 국가 권력이 부여되어 자연이 허락한 일종의 균형을 깨뜨리기 때문이다. 사회질서 속에서 외관과 실제 사이에 나타나는 모든 모순은 이 최초의 모순으로부터 생기므로 , 언제나 다수는 소수를 위해 희생되고 공공의 이익은 개인의 이익을 위해 희생된다. 정의니 종속이니 하는 그럴 듯한 말들은 언제나 폭력의 도구나 부정의 무기로 이용되기에, 다른 계급들에 유익하다고 자처하는 상류 계급들은 사실상 다른 계급들을 희생시켜서 자기 자신에게만 유리한 것을 추구할 따름이다. 우리는 여기서 정의와 이성에 따라 그들에게 존경을 보여야 할지를 판단해야 한다. 우리들 각자가 자신의 운명에 대해 어떤 판단을 내려야 하는가를 알기 위해서는 그들이 얻은 지위가 그것을 차지하고 있는 사람들의 행복에 보다 유리한 것인지를 먼저 알아보아야 한다. 이것은 우리에게 중요한 연구 제목이 될 것이다. 그러나 이 연구를 위해서는 먼저 인간의 마음을 이해하는 일부터 시작해야 한다.

만일 청년들에게 가식에 찬 인간을 보여주는 것이 문제라면 그들에게 인간을 보여줄 필요도 없으며, 그들은 언제나 필요 이상으로 그러한 인간을 보고 있는 것이다. 그러나 가식으로 그들을 속여서는 안 되므로, 그들에게 인간을 보여주려면 있는 그대로의 인간을 보여주어야만 한다. 이는 학생들을 인간을 미워하는 자로 키우려는 것이 아니고, 그들로 하여금 인간을 동정하고 그들을 닮지 않겠다는 생각을 가지도록 하려는 것이다. 내 생각으로는 이것이야말로 인간이 인류에 대해 가질 수 있는 가장 올바른 생각이다.

그러므로 여기서는 우리가 지금까지 걸어온 길과는 반대되는 방법으로 그 자신의 경험보다는 타인의 경험에 의해서 청년을 가르치는 일이 중요하다. 만일 사람들이 그를 속이면 그는 그들을 미워할 것이다. 그러나 그들이 서로 속이는 것을 알아차리면 그는 그들을 가엾게 여길 것이다. 피타고라스는 "세상은 마치 올림픽 경기와 비슷해서 어떤 사람들은 거기에서 장사를 해서 얻게 될 자신의 이익만을 생각하고, 어떤 사람은 몸을 바쳐 영광을 추구한다. 또 어떤 사람들은 경기를 보는 것만으로 만족하는데, 그렇다고 해서 이 사람들이 가장 열등한 사람들은 아니다."라고 말했다. 나는 여러분이 청년으로 하여금 교제 관계를 선택해서 그가 함께 사는 사람들을 좋게 생각해주기를 바라며, 또한 그가 세상을 잘 알도록 가르쳐서 세상에서 행해지는 모든 일에 흥미를 느끼도록 해주기를 바란다. 인간은 선천적으로 착하다는 사실을 알고, 그것을 깨닫고서 이웃 사람을 자기 자신이 판단하도록 하라. 반면에 사회가 어떻게 인간을 타락시키고 변질시키는가를 알게 해서, 사람들의 편견 속에서 모든 악덕의 근원을 발견하도록 해주어라. 그가 각 개인을 존경하되 군중은 경멸하도록 하라. 모든 사람이 비슷한 가면을 쓰고 있다는 것을 알도록 하는 동시에, 본래의 얼굴이 얼굴을 가린 가면보다 더 아름답다는 것을 알려주어라.

이 방법에는 여러 가지 불편한 점이 있어서 실천하기가 쉽지 않다. 그가 너무 일찍부터 타인의 관찰에 전념하고 또 여러분이 타인의 행동을 자세히 살피도록 그를 훈련시킨다면, 여러분은 그를 비웃기를 잘하고 단정적이고 경솔하게 타인을 판단하는 인간으로 만들 것이기 때문이다. 그러면 그는 악한 동기를 구하여 미워하는 쾌감을 느낌으로써, 선한 것 가운데에서도 선을 찾을 수 없는 밉살스러운 아이가 될 것이다. 어쨌든 그는 악덕을 보는 것에 익숙해져서 악인들을 두려움없이 예사롭게 보게 될 것이다. 그것은 마치 우리가 불쌍한 사람들을 아무런 감정도 없이 보는 것에 익숙해진 것과 같아서 얼마 안 가서 일반적인 타락은 그에게 교훈보다는 변명의 구실이 되리라. 그리고 그는 인간이 이렇다면 자기도 그런 인간과 다르게 될 필요가 없다고 생각하게 될 것이다. 만일 여러분이 그를 원칙대로 교육하려고 인간 마음의 본성뿐만 아니라 우리의 성향을 악덕으로 몰고 가는 외부적인 원인들을 그에게 이해시키려고 한다면, 여러분은 그를 감각적인 대상에서 지적인 대상으로 급하게 옮겨주어 그가 전혀 이해할 수 없는 형이상학을 그에게 적용하고 있는 셈이 된다. 이럴 때 여러분은 조심해서 피해 온 오류, 즉 그에게 교육시킨다고 그의 정신 속에 있는 자신의 경험과 이성의 발달을 여러분의 경험과 권위로 바꾸는 오류에 빠질 것이다.

이 두 가지 장애를 한꺼번에 없애고 자신의 마음을 손상시키는 위험없이 인간의 마음을 그에게 이해시키기 위해서, 나는 그에게 멀리 떨어져 있는 인간을 보여주려고 한다. 그리고 다른 시대나 다른 곳에 있는 인간을 보여주어, 그가 볼 수 있어도 행동하지 않도록 해주고 싶다. 이때가 바로 역사를 가르칠 시기인 것이다. 그가 철학 공부를 하지 않고도 인간을 이해할 수 있는 것은 바로 역사를 통해서이다. 그가 아무런 이해관계 없이 단순한 방관자로서, 또는 재판관으로서 인간의 마음을 읽을 수 있는 것도 바로 역사를 통해서이다.

사람을 알려면 그들의 행동을 보아야 한다. 사회에서는 그들이 말하는 것을 듣는다. 그들은 말은 들려주지만 행동은 숨긴다. 그러나 역사에서는 그 행동들이 그대로 나타나므로 사실에 의해서 그들을 판단할 수 있다. 또한 그들의 말 자체가 그들을 평가하는 데 도움이 된다. 왜냐하면 그들의 행동은 진실된 그들의 모습을 보여줄 것이기 때문이다. 불행하게도 이 연구에는 몇 가지 위험과 불편이 따른다. 인간이 자기 동포를 공정하게 판단할 수 있는 입장에 서기란 어려운 것이다. 역사의 큰 잘못들 중 하나는 대부분의 인간을 좋은 면에서보다 나쁜 면에서 묘사하고 있다는 점이다. 역사란 혁명이나 큰 변화가 있어야만 흥미가 있으므로 한 국민이 평화스럽고 평온한 통치 하에 성장하고 번영하는 동안은 역사는 침묵을 지키나, 자기 자신만으로 만족할 수 없고 한 국민이 이웃 나라 일에 개입하거나 아니면 그 나라가 이웃 나라의 간섭을 받게 될 때에야 비로소 역사는 입을 여는 것이다. 역사는 그 나라가 이미 쇠퇴기에 접어들었을 때만 그 국민을 유명하게 해준다. 우리의 역사는 모두가 끝나갈 때 시작된다. 우리는 쇠퇴하는 국민들에 대한 매우 정확한 역사는 갖고 있지만, 번영하는 국민의 역사는 없다. 왜냐하면 역사가 그들에 대해서 아무런 할 말이 없을 정도로 그들은 행복하고 현명했기 때문이다. 또 사실상 오늘날에도 좋은 정부는 사람들의 입에 가장 적게 오르내리는 정부라는 것을 우리는 알고 있다. 그러므로 우리는 단지 나쁜 이야기만 듣는다. 선이 역사에 기록되는 예는 없다. 유명해지는 것은 악인뿐이고, 선한 사람들은 잊혀지거나 웃음거리가 되어 있다. 그러니 역사 또한 철학과 마찬가지로 인류를 망치고 있는 것이다.

게다가 역사에 기록된 사실들은 있었던 그대로 정확하게 기록되지 않았다. 그 사실들은 역사가의 머릿속에서 그의 이해관계에 따라 변형되고, 그의 편견에 의해 채색된 것이다. 사건을 일어난 그대로 볼 수 있도록 독자를 그 장소까지 정확하게 인도할 사람이 누가 있겠는가? 무지나 편견이 모든 것을 변형시킨다. 하나의 역사적인 사실 자체는 변형시키지 않더라도 그와 관련된 환경을 확대시키거나 축소시킬 때, 그것은 사실과 얼마나 달라지게 될 것인가! 같은 대상물도 여러 가지 관점에서 보면, 같은 것으로 보기는 매우 어려운 일이다. 그러나 보는 사람의 눈 이외에 바뀐 것이라고는 없다. 실제로 있었던 일과는 전혀 다르게 보여주면서 그것이 진실이라고 나에게 말했다고 해서 그것으로 충분히 진실을 존중한 셈이 될까? 바위가 오른쪽에 있었는지 왼쪽에 있었는지, 회오리바람이 먼지를 일으켰던 일 등이 아무도 모르는 동안에 전투에 많은 영향을 미쳤을 것이다. 그런데도 역사가는 마치 자기가 모든 것을 다 본 듯이 확신을 가지고 패배나 승리의 원인을 분석하는 것이다. 또 내가 사건의 원인을 정확하게 알고 있지 못하면 무슨 교훈을 끌어낼 수 있단 말인가? 사실 역사가는 어떤 이유를 말해주지만 그것은 그가 조작한 것이다. 그리고 사람들이 그처럼 떠들어대는 비평 그 자체도 하나의 추측하는 기술에 불과한 것으로서, 즉 여러 가지 거짓말 중에서 진실과 흡사한 거짓말을 택하는 기술일 뿐이다.

여러분은《클레오파트라》나《카산드라》, 혹은 그와 비슷한 종류의 책들을 읽은 적이 있는가? 작자는 유명한 사건 하나를 선택해서 그것을 자신의 의도에 맞추고, 자신이 만들어낸 세부 묘사와 가공 인물들과 상상적인 묘사로 그것을 꾸며서 허구에 허구를 거듭한다. 나는 이러한 소설과 역사의 차이를 인정하지 않는다. 다만 차이가 있다면 소설가는 자신의 상상력에 전념하고, 역사가는 타인의 상상력에 의지한다는 사실뿐이다. 여러분이 원한다면 소설가는 좋건 나쁘건 어떤 도덕적인 목적을 제시하고, 역사가는 그런 것에는 무관심하다는 말도 덧붙이고 싶다.

여러분은 "역사의 정확성은 인간의 태도와 성격의 진실성보다 재미가 없으며, 인간의 마음이 제대로 묘사되어 있다면 사건들이 충실하게 기록되고 안 되고는 중요하지 않다."라고 말할지도 모른다. 그리고 덧붙여 "2천 년 전에 일어났던 일들이 우리에게 무슨 소용이 있느냐?"라고 말할지도 모른다. 인물에 대해 실물 그대로 묘사되어 있다면 그 말이 옳겠지만, 만일 대부분의 인물이 역사가의 상상력에 의해서만 그 모델을 끌어냈다면 결국 피하고자 했던 오류에 다시 빠져 선생의 권위에서 없애려고 하던 것을 작가들의 권위에 주는 셈이 되지 않겠는가? 만일 나의 제자가 그런 상상화만을 보아야 한다면, 그 그림을 남의 손보다는 내 손으로 그리는 편이 훨씬 낫다고 생각한다.

청년에게 가장 나쁜 역사가는 스스로 판단을 내리는 역사가이다. 사실만 보여 주고서, 그 다음은 만사를 읽는 사람 자신이 판단하도록 하라. 그가 인간을 이해하는 법을 배우는 것은 그런 간접 경험을 통해서이다. 만일 작자의 판단에 항상 끌려다닌다면 그는 타인의 눈으로 사물을 보고 있을 뿐이니, 그 눈이 없어지면 그는 더 이상 아무것도 보지 못하리라.

나는 여기서 근대 역사는 제외하겠다. 왜냐하면 근대 역사에는 아무런 특징이 없어 근대의 인간들은 모두가 다 비슷비슷하며, 역사가들이 오로지 효과를 노리는 데만 열중하여 강렬하게 채색된 초상화들을 그릴 생각만 했기에 그 초상화들은 대개 아무것도 나타내지 못하기 때문이다. 일반적으로 고대의 역사가들은 초상화를 많이 그리지 않았으며, 자신들의 판단 속에 재치는 조금만 넣고 양식을 많이 넣었다. 그러나 그들 중에서도 선택해야 할 필요는 있다. 여러분은 처음에는 가장 정확한, 가장 단순한 작가를 택해야 한다. 나는 폴리비오스나 가이우스의 책을 권하고 싶지 않다. 여러분은 인간의 마음의 깊이를 재어보기 전에 인간의 마음의 가장 간단한 특징을 보는 법을 배워야만 한다. 격언을 연구하기 전에 명백한 사실을 읽을 수 있어야 한다. 격언으로 된 철학은 경험자에게만 적합해서 청년 시절에는 어느 것이든 일반화해서는 안 된다. 청년의 교육은 모두가 개별적인 규칙들로 되어 있어야 한다.

내 견해로는 투기디데스가 역사가의 진정한 본보기이다. 그는 판단하지 않고 사실대로 기록했으면서도, 우리가 그것을 판단하는 데 필요로 하는 상황을 하나도 빠뜨리지 않았다. 그는 자기가 이야기하는 것을 모두 다 독자의 눈앞에 내놓는다. 그러므로 독자는 읽는 것이 아니라 보는 것 같은 기분이 되지만, 유감스럽게도 그는 항상 전쟁 이야기만 하므로 그의 이야기에서는 세상에서 가장 비교훈적인 이야기밖에는 볼 수가 없다. 인물 묘사나 격언을 쓰지 않고서도 유창하고 소박하며 가장 흥미롭고 즐거움을 주는 상세한 묘사들이 풍부한 헤로도토스는, 그 상세한 묘사 자체가 유치한 단순성으로 가끔 변질되지만 않는다면 아마 가장 훌륭한 역사가로 꼽힐 것이다. 그의 책을 읽으려면 날카로운 판단력을 가지고 있어야 한다. 나는 티투스 리비우스에 대해서는 아무 말도 하지 않겠다. 그는 정치가이며 수사학자이므로, 여기서 논하기엔 적합하지 않은 사람이다.

일반 역사는 인물·장소·날짜에 의해 뚜렷한 사실만을 기록하는데, 이러한 사실들의 완만하고도 점진적인 원인들은 같은 식으로 규정할 수 없으므로 알려지지 않는 결함이 있다. 우리는 종종 승패에 관계 없이 어떤 전쟁에서 혁명의 이유를 발견할 수 있는데, 이로 미루어보아 우리는 그 전쟁이 일어나기 전에 이미 불가피한 혁명의 원인이 있었음을 알 수 있다. 전쟁이란 단지 역사가들이 좀체로 알아볼 수 없는 무형의 원인에 의해서 이미 결정된 것임을 드러내 보인 데 불과하다.

철학적 정신이 현세기의 여러 작가들에 대한 고찰을 이 방법으로 바꿨지만, 그들의 노력으로 진실이 더 많이 밝혀졌는지는 의심스럽다. 그들 모두가 체계에 대한 열의로 정신이 집중되어 있어서 누구도 사물을 있는 그대로 보려 하지 않고, 자기 체계와 일치하도록 보려고 한다.

이상의 모든 고찰과 함께 역사는 그 자체보다는 인간의 행동을 더 많이 제시해준다는 사실을 또한 생각하라. 왜냐하면 역사란 인간을 어느 특별한 순간에 성장을 한 모습으로 파악하기 때문이다. 역사는 남에게 보이려고 몸치장을 한 인간만을 노출시킬 뿐이어서 남의 집이나 서재·가족·친구들 속으로 파고드는 일은 하지 않는다. 그러므로 역사가가 묘사하는 것은 인간 자체가 아니라 그가 입고 있는 옷이다.

인간의 마음의 연구를 위해서는 개인의 전기를 읽는 편이 나을 것 같다. 왜냐하면 거기서는 인간이 결코 숨을 수 없기 때문이다. 기록자는 어디에서나 그를 추적해서 그에게 숨돌릴 시간도, 날카로운 눈을 피할 구석도 주지 않는다. 그래서 본인이 충분히 숨었다고 생각할 때가 역사가가 그를 가장 잘 볼 수 있는 때이다. 몽테뉴는 "전기를 쓰는 사람들은 사건보다는 사상을, 밖에서 생긴 일보다는 안에서 생긴 일을 더 좋아하므로 나에게는 그런 사람들이 적합하다. 플루타르코스가 모든 점에서 나에게 알맞은 이유도 바로 이 때문이다."라고 말하고 있다.

국민의 기질은 개별적인 인간의 성격과는 크게 다르므로 인간의 마음을 집단 속에서 검토하지 않고서는 그 마음을 극히 불완전하게밖에는 알 수가 없다. 그러나 민중을 판단하려면 우선 인간을 연구하는 것에서부터 시작해야 하고, 각 개인의 성향을 완전히 알 수 있다면 국민 전체 속에 결합된 모든 결과도 예견할 수 있을 것이다.

다시 고대 작가들에게 도움을 청해야겠다. 그것은 내가 이미 말한 이유로써 평범하면서도 참되고 독특한 세부 묘사 모두가 근대의 문체에서 추방당했으므로, 인간들은 근대 작가들에 의해 사생활에서도 공적인 무대에 선 것처럼 꾸며지기 때문이다. 행동에 못지 않게 글에 있어서도 엄격한 소위 예절이란 것은 공중 앞에서 행할 수 있는 것 이외에는 말하는 것조차 허용되지 않는다. 그리고 우리는 인간을 언제나 대표자로밖에 나타낼 수 없으므로 책 속에서도 영화에서와 같이 인간을 제대로 알 수가 없다. 왕들의 전기를 쓰고 백 번을 고쳐 써도 소용없을 것이다.

플루타르코스는 우리가 감히 엄두도 못 내는 그러한 세부 묘사에 뛰어나다. 그는 위대한 사람들을 세밀하게 묘사하는데, 표현법을 선택하는 솜씨가 너무도 훌륭해서 단지 한 마디의 말로 주인공의 특징을 충분히 나타내었다. 한니발은 겁먹은 그의 부하들을 농담 한 마디로 안심시키고 전투에 웃으면서 나아가게 하여 이탈리아를 점령했다. 가난한 마을을 지나가며 친구들과 이야기하던 시저는 오직 폼페이우스와 대등한 사람이 되고 싶을 뿐이라고 말하여 자신의 교활함을 무의식중에 나타내고, 알렉산더는 약을 삼키고도 단 한 마디의 말도 하지 않았다. 그것이 그의 일생 중 가장 아름다운 순간이다. 아리스테이데스는 조개껍질 위에 자기 이름을 써서 그의 별명을 정당화한다. 필로포이멘은 외투를 벗어던지고 그의 주인 집 부엌에서 장작을 팬다. 이것이 바로 인간을 묘사하는 참다운 기술이다. 인간의 특징은 위대한 사실 속에서 나타나는 것이 아니며, 인간의 성격도 위대한 행동 속에서는 나타나지 않는다. 인간의 본성이 드러나는 것은 사소한 일에서이고, 공적으로 이루어진 일들은 너무 평범하거나 너무 부자연스럽다. 그런데 근대의 사조(思潮)에서 우리의 작가들에게 허용하는 것은 거의 이런 일들뿐이다.

지난 세기의 가장 위대한 사람 가운데 하나는 두말 할 것도 없이 드튀렌이다. 또 그에 대해 호감을 갖게 하는 사소한 일들을 가지고 그의 일생을 재미있게 묘사한 용기를 가진 사람도 있었다. 그러나 그에게 더 많은 호감을 갖게 하는 일들을 그 사람은 얼마나 많이 삭제했는지 모른다. 나는 그 가운데 하나를 예로 들겠는데 이것은 출처가 분명한 이야기로서 플루타르코스 같으면 결코 삭제하지 않았을 것이고, 램지는 설사 그것을 알았다 해도 절대로 쓰지 않았을 것이다.

무더운 어느 여름날에 튀렌 자작은 짧은 흰 윗저고리에 챙이 없는 모자를 쓰고서 거실 창가에 있었다. 그때 하인이 들어와서는 옷차림을 보고 부엌 일을 보는 자기와 친한 하인으로 생각하고 뒤로 살금살금 다가가, 거친 손으로 자작의 궁둥이를 힘껏 쳤다. 얻어맞은 사람이 돌아보자, 순간 하인은 덜덜 떨면서 주인의 얼굴을 바라보았다. 그는 어쩔 줄을 모르며 무릎을 꿇고 말했다. "주인님, 저는 조르주인 줄로만 알았습니다." "조르주라 해도 그렇게 세게 때리면 되나." 하고 튀렌은 엉덩이를 문지르며 말했다. 누구도 그렇게 말할 수는 없을 것이다. 그러니 영원히 자연미도 인정도 없는 채 지내라. 당신들의 냉철한 마음을 천한 예절 속에서 무감각하게 만들어라. 품위를 지키려면 멸시받는 인간이 되어야 한다. 그러나 선량한 청년이여, 너는 이 일화를 읽고서 상냥한 마음씨에 감동할 것이다. 그러나 이 위대한 사람도 자기의 출생이나 가문이 문제시될 때는 사정이 달라짐을 깨달아야 할 것이다. 언제나 자기 조카에게 한 걸음 양보하는 척하여 그 아이가 집안의 우두머리라는 것을 사람들에게 보여주고자 했던 사람이 바로 그 튀렌이다. 이 대조적인 일들을 비교해 보고, 자연을 사랑하며 편견을 경멸하고 또한 인간을 이해하라.

이러한 독서가 청년의 미숙한 정신에 미치는 영향을 깨달을 수 있는 사람은 별로 없다. 우리는 어려서부터 책에 붙들려 아무 생각 없이 독서하는 버릇이 들었으므로 독서에서 감동을 받는 일은 적다. 이를테면 인간의 역사나 전기 속에 가득 차 있는 정욕과 편견들을 우리 자신 속에도 가지고 있어서, 그들이 하는 일은 모두가 우리에게 자연스럽게 보인다. 그것은 자연이 자신에 의해 타인을 판단하기 때문이다. 그러나 내 격률들에 따라 교육받은 청년을 상상해 보라. 오직 올바른 판단력과 건전한 마음을 간직하게 하는 것만을 목적으로 삼고 18년 동안 끊임없이 보살펴 온 나의 에밀을 상상해 보라. 막이 오르면 세상이라는 무대에 처음으로 시선을 던질 때의 그를, 아니 그보다 무대 뒤에서 배우들이 분장하는 것을 바라보면서 조잡한 마술로 관객의 눈을 속이는 밧줄이나 도르래를 보고 있는 그를 상상해 보라. 그의 최초의 놀라움은 곧 이어 인류에 대한 수치와 경멸의 감정으로 변할 것이다. 그는 이처럼 전인류가 아이들 같은 유희로 인해 타락하는 것을 보고 분노할 것이며, 또한 자기의 형제들이 사소한 일로 서로 싸우며 인간이라는 것으로는 만족하지 못한 채 사나운 짐승과 같이 변하는 것을 보고 비애를 느낄 것이다. 그러나 이같이 자연적 성품을 지닌 학생에게 실천적인 소질이 있고 선생이 신중하게 선택하여 독서를 시킨다면, 또 독서에서 끌어내야 할 심사 숙고의 길로 그를 인도한다면, 이러한 훈련은 틀림없이 그에게 학교에서 청년들의 정신을 혼란시키는 공허한 이론보다 확실히 더 낫고 이해하기 쉬운 실천철학의 강의가 될 것이다. 정복자 피로스의 엉뚱한 계획을 듣고 난 후 키네아스는 "그런 고뇌 없이는 성공할 수 없는 세계 정복이 그에게 어떤 실질적인 이익을 가져다주며, 상당히 고생하지 않고도 지금 행복을 즐길 수는 없는가." 하고 그에게 물었다. 우리는 여기서 순간적인 흥미만을 느낄 뿐이다. 그러나 에밀은 거기에서 현명한 생각을 느끼게 될 것이다. 이것은 그의 뇌리에서 결코 사라지지도 않을 것이다. 왜냐하면 그의 머릿속에서 그 고찰의 인상을 가로막을 어떠한 반대의 편견도 찾지 못할 것이기 때문이다. 곧 이어서 전기를 읽고, 그의 위대한 계획들 모두가 결국은 한 여자의 손에 의해 끝장이 나는 것을 발견하게 될 때, 에밀은 이른바 영웅적인 것을 찬미하기는커녕 그처럼 위대한 장군은 위대한 정치가의 모든 책략 속에서 그의 인생과 계획을 불명예스러운 죽음으로 끝마쳐 주는 것을 찾으려고 그처럼 멀리 갔다는 사실 이외에 무엇을 이해할 수 있겠는가?

정복자라고 모두가 살해된 것은 아니다. 모든 찬탈자가 다 계획에 실패한 것도 아니다. 그중 몇몇 사람은, 편견에 젖어 있는 사람들에게 있어서 행복했던 듯이 보일 것이다. 그러나 사람들의 행복을 사건의 표면에서 찾지 않고 마음의 상태에 의해서 판단하는 사람은, 그들이 성공했을 경우에도 불행을 보게 된다. 그들의 마음을 좀먹는 욕망과 근심들도, 그들의 행복과 더불어 늘어가는 것이다. 그리고 마치 처음으로 알프스 산에 오르는 초보 여행자가, 다 올랐다고 생각하는 어느 산의 정상에 올라서면 더 높은 산들이 앞에 있는 것을 보고 낙담하는 것과 비슷하다고 그들은 생각할 것이다. 아우구스투스는 로마 시민을 복종하게 하여 적대자들을 멸망시키고, 거대한 제국을 40년 동안이나 지배했다. 그러나 그 권력이 아무리 굉장하다 하더라도, 전멸된 군인들을 돌려달라고 요구하면서 자기 머리를 벽에 부딪치며 그 넓은 궁전이 쩡쩡 울리도록 소리지르는 것을 막을 수 있었던가? 그가 모든 적을 다 정복했다 해도 온갖 종류의 불행이 그의 주위에서 끊임없이 발생하고, 가장 사랑하는 친구들이 그를 죽이려고 했었던 것이다. 그는 모든 부하들의 죽음을 슬퍼해야만 하는데, 그의 공허한 승리가 그에게 무슨 소용이 있었겠는가? 그 불행한 사람은 세계를 지배하려 했으나, 자기 집 하나도 지배하지 못했다. 그러한 결과는 어떠했는가? 그는 자기 조카와 양자 그리고 사위가 젊디젊은 나이에 죽어가는 것을 목격해야만 했고, 딸과 손녀는 불명예스러운 행동으로 그를 부끄럽게 하고 하나는 무인도에서 궁핍과 굶주림으로, 다른 한 사람은 감옥에서 형리의 손에 의해 죽었다. 불행한 집안의 마지막 생존자인 그 자신도 결국은 자기 아내 때문에 괴물 하나만을 후계자로 남겨놓지 않을 수 없게 되었다. 이것이 그 명예와 행복으로 화려하기만 했던, 세계를 지배했던 사람의 운명이었다. 그러한 명예와 행복을 찬양하는 사람조차도 그와 같은 희생을 치르면서까지 그것을 얻고자 하지는 않을 것이다.

나는 인간의 야망을 예로 들었다. 그러나 인간의 모든 정욕에서 생겨나는 이러한 유희는 죽은 사람들을 희생시켜서까지 현명해지려는 역사 연구가들에게 그와 비슷한 교훈을 준다. 아우구스투스의 전기보다는 안토니우스의 전기가 청년들에게 더 좋은 교훈을 줄 시기가 가까워 오고 있다. 에밀은 이 새로운 연구를 하는 동안 자기 눈을 놀라게 할 진기한 대상들 속에서 자신의 모습을 잊게 될 것이다. 그는 정욕들이 생겨나기 전에 미리 그 환상을 멀리할 줄 알고 있으며 어느 시대에서나 정욕들이 인간의 눈을 멀게 했다는 사실을 알고 있으므로 그는 설사 훗날 자기가 그것에 빠지는 일이 있더라도 그 정욕이 어떤 방법으로 자기의 눈을 멀게 할 것인지 미리 예측할 것이다. 이러한 교훈들이 그에게 적당하지 않다는 것을 나는 알고 있다. 교훈은 어떤 경우, 너무 때가 늦거나 불충분할는지도 모른다. 그러나 내가 이 연구에서 끌어내려는 것은 이런 교훈이 아니라는 것을 상기하라. 나는 이 연구를 시작하면서 다른 성과를 기대하고 있는데, 만일 이 목적이 제대로 달성하지 않는다면 그것은 분명 선생의 잘못이다.

자존심이 발달하면 곧 타인에 대한 '자아'가 끊임없이 활동하게 되고 청년은 자기를 생각하지 않고서는 결코 타인을 관찰하지 않으며, 늘 자신을 타인들과 비교하게 된다는 것을 잊지 마라. 그러므로 그가 동료들을 살펴보고 나서 그들 사이의 어떤 위치에 자신을 두어야 하는가를 아는 것이 문제이다. 여러분이 청년들에게 역사를 읽히는 방법에 따라 그들을 그들이 보는 모든 인물로 바꾸고 있다는 것을 나는 알고 있다. 즉 여러분은 그들을 때로는 키케로로, 때로는 트라야누스로, 때로는 알렉산더로 만들려고 애쓰고 있다. 그리고 그들이 다시 자기 자신을 돌아볼 때 낙담시키고 자신 이외의 것이 되지 못한 섭섭함을 각자에게 주려고 한다. 이 방법에도 어떤 이득이 있기는 하지만, 만일 나의 에밀이 한 번이라도 자기 자신이 아닌 다른 사람이 되기를 바랐다면 그게 소크라테스이건 카토이건 모든 것은 완전히 실패했을 것이다. 자기 자신을 타인으로 만드는 사람은 곧 자신을 없애는 것이다.

인간을 가장 잘 알고 있는 사람은 철학자들이 아니다. 그들은 철학이라는 선입관을 통해서만 인간을 알 수 있을 뿐이다. 나는 철학자들만큼이나 많은 편견을 가진 사람들을 본 적이 없다. 미개인이라도 철학자보다는 현명하게 인간을 판단한다. 철학자는 인간의 악덕을 알고 있고 우리의 악덕에 분개하며, 우리 모두가 악인이라고 중얼거린다. 미개인은 아무런 감정 없이 우리들에게 이렇게 말한다. "너희들은 미치광이다."라고. 그의 말은 옳다. 왜냐하면 악을 위해 악을 행하는 사람은 아무도 없기 때문이다. 나의 학생은 이러한 미개인이다. 나의 학생과 미개인의 차이는, 에밀이 더 많이 생각하고 관념들을 더 많이 비교하여 우리의 잘못을 더 가까이에서 보기 때문에, 자기 자신을 더욱 조심하고 자기가 알고 있는 것만을 판단한다는 점뿐이다.

타인의 정욕에 의해 우리를 자극하는 것은 바로 우리 자신의 정욕이다. 우리에게 악인을 미워하도록 한 것은 우리의 이기심이다. 만일 우리에게 아무런 해도 끼치지 않는다면, 우리는 그들을 증오하진 않을 것이다. 악인들이 우리에게 끼치는 해는 우리로 하여금 악인들 자신에게 끼치는 해를 생각하지 못하도록 하는데, 만일 그들 자신의 마음이 그들의 악덕을 얼마나 심하게 벌하는가를 알 수 있다면 우리는 그들의 악덕을 쉽게 용서할 수 있을 것이다. 우리는 그 죄를 알고 있으나 그 벌을 보지는 못한다. 자신의 악덕의 결과를 즐기고 있다고 생각하는 사람들도, 자신이 성공하지 못한 경우와 마찬가지로 그 고통에 번민하는 것이다. 그들이 아무리 자신의 행운을 과시하고 자신의 마음을 숨긴다 해도 그들의 행동이 무의식중에 그 마음을 보여주기 때문이다. 그러나 그 마음을 보려고 그 비슷한 마음을 가질 필요는 없다.

우리도 가지고 있는 정욕들이 우리를 유혹한다. 우리의 이기심에 어긋나는 정욕들은 우리에게 반감을 갖게 한다. 그 정욕들에서 생겨나는 모순 때문에 우리는, 우리가 모방하려던 것을 타인의 경우에 있어서는 비난한다. 만일 자기도 그런 입장에 처한다면 저질렀을 악을 타인이 저질렀다면 증오하는 것은 불가피하다.

그러면 인간을 제대로 관찰하기 위해서는 무엇이 필요할까? 인간을 이해하려는 관심, 그들을 판단하는 데 있어서의 공정성, 인간의 모든 정욕을 이해할 정도로 민감하면서 그것들에 의해 움직이지 않는 평온한 마음이 필요하다. 인간의 일생 중 이러한 연구가 알맞은 시기는 에밀을 위해 선택한 시기이다. 이보다 더 빨랐다면 인간이라는 것이 그에게는 생소했을 것이고, 더 늦었다면 에밀도 그들과 비슷했을 것이다. 그가 이미 그 힘을 알고 있는 편견은 아직 에밀을 지배할 능력을 가지지 못하고, 그가 그 결과를 알고 있는 정욕들은 에밀의 마음을 움직이지 못했다. 그는 인간이므로 그의 동포들에게 관심을 갖고 있으며, 공정하므로 그의 동포들을 판단한다. 그런데 만일 그가 그들을 제대로 판단한다면, 그는 분명 그들 중 어느 누구와도 자리를 바꾸려 하지 않을 것이다. 왜냐하면 그들이 스스로에게 과하는 모든 고통의 목적은 에밀에겐 없는 편견에서 생겨난 것이어서 그에게는 허무하게만 여겨질 것이기 때문이다. 자기 자신에 대해 만족하고 모든 편견에 억압받지 않는 그가 누구에게든 의존할 필요가 있겠는가? 그는 건강한 팔과 또한 절제를 갖고 있으며, 다소간의 욕망과 그것을 충족시킬 수단도 갖고 있다. 가장 완전한 자유 속에서 자라난 그에게 있어, 다른 사람에게 예속되는 것은 최대의 악이다. 그는 불쌍한 왕들, 즉 자신들에게 복종하는 모든 사람의 노예였던 왕들을 동정한다. 공허한 명예에 얽매인 저 가짜 현인들을 동정한다. 그리고 자신의 사치의 희생물이 되는 어리석은 부자들을 동정한다. 또 즐거운 것처럼 보이려고 일평생을 권태 속에 빠져 지내는 저 방탕아들을 동정한다. 그는 자기 자신에게 해를 끼치는 적까지도 동정한다. 왜냐하면 그는 그들의 악덕 속에서도 불행을 보게 될 테니까. 그는 스스로에게 말할 것이다. "이 사나이는 나에게 해를 주려는 욕구 때문에 그의 운명을 나의 동정에 맡기지 않았는가."

이제 한 걸음만 더 나아가면 우리는 목적에 도달한다. 자존심은 유용하긴 하지만 위험한 도구여서 그것을 사용하는 손에 종종 상처를 입히며, 악의없이 선을 행하는 일이 거의 없다. 에밀이 인류 속에서 자기의 지위를 생각하고 자신이 매우 유리한 위치에 놓여 있음을 깨닫게 되면, 그는 여러분이 한 일을 자신의 이성이 한 일로 생각해 자신의 행운의 결과를 자신의 공적으로 돌릴 것이다. 그리고서 나는 현명하지만 인간들은 어리석다고 생각할 것이다. 그는 인간을 동정하는 동시에 경멸하며, 또한 자신을 칭찬하면서 자신을 더욱 높이 평가할 것이다. 또 자신이 그들보다 더 행복할 자격이 있다고 생각할 것이다. 이것이 가장 두려워해야 할 잘못힌데, 왜냐하면 이 오류는 근절시키기가 가장 어렵기 때문이다. 만일 그가 이 상태에 머문다면 우리의 모든 노력으로도 그가 얻는 것은 거의 없을 것이다. 그리고 만일 어느 하나를 택해야 할 경우, 오만의 착각보다는 편견의 착각이 더 나으리라고 나는 생각한다.

위대한 사람들은 자신의 우월성에 대해 잘못 생각하는 일이 없다. 그렇다고 해서 겸손하지 않은 것도 아니다. 그들은 많이 가지면 가질수록 그들에게 결여되는 것을 안다. 그들은 우리보다 우월하다는 것을 과시하기보다 자기의 약점을 깨닫고 겸손해진다. 그들은 독점적인 재산을 가지고 있으면서도 매우 분별이 있어서, 자기 자신이 만든 것이 아닌 선물을 자랑하지 않는다. 선인은 자신의 미덕을 자랑할 수도 있는데, 그 미덕은 가지 것이기 때문이다. 그런데 지자(智者)는 무엇을 자랑하겠는가? 라신은 플라톤이 되지 않으려고 무엇을 했는가? 부알로는 코탄이 되지 않으려고 무엇을 했는가? 여기서는 이것 역시 전혀 다른 문제이다. 언제나 평범한 질서 속에 머물러야 한다. 나는 나의 학생이 천재라거나 우둔한 이해력을 가졌다고 가정하지 않았으며, 교육이 인간에게 할 수 있는 것을 보여주기 위하여 평범한 아이들 중에서 그를 선택했다. 흔하지 않은 경우들은 모두 규칙에서 벗어나므로 나의 뒷바라지의 결과로 에밀이 자신의 생활 방법, 즉 보고 느끼는 방법을 다른 사람들의 방법보다 더 좋아한다면 에밀은 옳다. 그러나 그것 때문에 자기가 남들보다 천성이 뛰어나 더 행복하게 태어났다고 믿는다면 에밀은 틀린 것이다. 그 잘못을 깨닫게 해주어야 하고, 더욱 큰 실수를 미리 막아주어야 한다. 왜냐하면 너무 늦어서 그것을 바로잡지 못할까 걱정스럽기 때문이다.

정신 이상자가 아니라면 깨우쳐줄 수 없는 잘못은 허영심밖에 없다. 허영심으로 말하자면, 만약 그것을 고쳐줄 수 있는 것이 있다면 경험밖에 없다. 적어도 허영심이 생겨날 때 자라지 못하도록 할 수는 있다. 그러나 청년에게 그도 다른 사람들과 마찬가지로 인간이며, 그래서 같은 약점을 가진다는 것을 증명하기 위해 공허한 이론에 빠져 정신이 혼란해지는 일이 없도록 하라. 그것을 그가 느끼도록 하라. 그렇지 않으면 그는 결코 그것을 깨닫지 못하리라. 여기에도 역시 내 규칙에 예외적인 경우가 하나 있다. 그것은 나의 학생으로 하여금 자기가 우리보다 현명하지 않다는 것을 증명해줄 모든 사건들에 접하도록 하는 경우이다. 곡예적인 모험이 여러 가지 방법으로 자꾸 되풀이될 것이다. 나는 아첨꾼들이 에밀을 이용하도록 내버려둘 것이다. 만일 경솔한 사람들이 그를 어떤 위험으로 끌어들인다면, 나는 그가 위험에 부딪치도록 내버려둘 것이다. 또 만일 협잡꾼들이 그를 도박장에 끌어들인다면, 나는 그가 그들에게 속아넘어가도록 내버려두어 그들의 이용물이 되게 할 것이다. 그들이 그에게 아첨하고 빼앗아가도록 내버려두겠다. 그리고 그들이 그를 빈털터리로 만들어버리고 마침내 그를 비웃을 때, 나는 그의 눈앞에서 그들이 그에게 준 교훈에 대해 감사하리라. 돈을 쓰게 하고, 다만 내가 그를 조심스럽게 보호해줄 유일한 함정은 창녀들의 함정이다. 내가 그를 취할 유일한 대비책은 그가 부딪치게 될 모든 모욕을 나도 같이 당하는 것이다. 나는 불평이나 책망이나 그밖에 모든 일도, 그에게 단 한 마디의 말도 없이 침묵 속에서 견디어 내리라. 이런 조치를 꾸준히 해 나간다면 내가 그를 위해 고통받는 모든 것을 그가 깨닫게 되고, 자기가 직접 고통받는 것보다 더 많은 인상을 그의 마음에 심어주게 되리라고 확신한다.

여기서 나는 어리석게도 현자 노릇을 하려고 학생들을 무시하고 그들을 항상 아이로만 취급하여, 그들이 하는 일을 모두 다 자신의 일과 구별하려는 가정교사들의 그 거짓된 위엄을 지적하지 않을 수 없다. 이런 방법으로 그들의 젊은 용기를 꺾지 말고, 그들의 정신을 앙양시키기 위해 어떠한 수고도 아끼지 말아라. 그들을 여러분과 동등하게 하려면 그들을 실제로 동등하게 대해주고, 만약 그들이 아직 여러분의 수준에 다르지 못했다면 부끄러움이나 주저함이 없이 그들의 수준으로 내려가도록 하라. 여러분의 명예는 이미 자기 자신에게 있지 않고 제자에게 달려 있다는 것을 생각하라. 학생의 잘못을 고쳐주려면 그 잘못을 함께 나누어 가지고, 그의 치욕을 없애주려면 그 치욕을 같이 받아라. 자기 군대가 도망치는 것을 보고 그들을 복귀시킬 수 없음을 깨닫자 "저들은 도망치는 것이 아니라 그들의 대장을 따라가는 것이다."라고 외치며 병정들의 선두에서 외치던 저 용감한 로마의 카롤루스를 본받아서. 그는 그것 때문에 명예가 손상되었던가? 그렇게 자기의 명예를 희생함으로써 오히려 명예를 더 높였던 것이다. 만일 내가 에밀에 대한 나의 임무를 수행하다 타인에게 매를 맞는다면, 나는 그에 대해 복수를 하기는커녕 오히려 어디에서나 그 일을 자랑할 것이다. 그 일 때문에 나를 더욱 존경하지 않을 비열한 사람이 과연 이 세상에 있을까? 그렇지만 학생이 교사를 자기와 같이 한정된 지식을 가지며 자기와 마찬가지로 유혹에 넘어가기 쉬운 사람으로 생각하게 하는 것은 원하지 않는다. 아직 아무것도 보지 못하고 비교할 줄도 모르며 모든 것이 자기 마음대로 된다고 생각하는 아이와, 자기 수준으로 생각하는 사람들만을 신용하는 아이에게는 좋다. 그러나 에밀만큼 지각이 있는 청년은 이미 그 정도로 어리석지도 않으며, 또 그렇게 하는 것은 바람직한 일이 못 된다. 그가 그의 교사에 대해 가져야 할 신뢰는 이성의 권위와 뛰어난 지식, 그리고 청년이 이해할 수 있고 또 그에게 유익하다는 것에 근거를 두어야만 한다. 그는 오랜 경험에 의해서 자기가 지도자로부터 사랑을 받고 있다는 것과, 그 지도자는 현명하고 식견이 있는 사람이라는 것과 그리고 그는 자기의 행복을 바라며 또한 자기에게 행복을 줄 수 있는 사람이란 것을 확신하리라. 그는 자신의 이익을 위해 선생의 의견을 듣는 것이 타당하다는 것을 알아야 한다. 그런데 만일 교사가 제자처럼 속아넘어간다면, 그는 제자에게 존경을 받을 권리나 교훈을 줄 권리를 잃게 된다. 하물며 교사가 학생에게 자기를 고의적으로 유혹에 빠지게 하고, 무경험에 대해 함정을 만들고 있다고 상상하게 해서는 안 된다. 그러면 이 두 가지 곤란을 한꺼번에 피하기 위해서는 어떻게 해야 할까? 가장 훌륭하고 자연스러운 것은 그 자신이 학생처럼 단순하고 정직해져야 한다는 것이다. 그러므로 학생이 빠질 위험을 경고해주되 과장하거나 흥분하지 말고, 현학자적인 과시도 하지 말고 그 위험들을 분명하고 뚜렷하게 보여주어라. 특히 명령적인 어조가 절대로 필요하게 될 때까지는 충고를 명령으로 바꾸지 말아라. 흔히 있을 수 있는 일이지만, 그런 후에도 그가 고집을 부린다면 더 이상 아무 말도 하지 마라. 제멋대로 내버려두고, 그를 뒤따르며 그의 흉내를 내라. 그것도 즐겁고 꾸밈이 없도록 해야 한다. 가능한 한 그와 똑같이 즐기라. 만약 그 결과가 중대하게 된다면 여러분은 그것을 언제든지 중지시킬 수 있다. 더구나 여러분의 선견지명과 친절을 본 청년이라면 그 선견지명에 매우 놀라며 동시에 그 친절에도 감동할 것이다. 그런데 여기서 선생의 최대 기술은 그를 결코 큰 위험에 빠뜨리지 않고 언제나 경험에서 생긴 교훈으로 그를 보호하기 위해서, 청년이 언제 복종하고 언제 고집을 부리는가를 미리 알아내어 기회를 만들고 충고를 하는 일이다.

그가 잘못을 저지르기 전에 그에게 잘못을 경고해주라. 그러나 일단 실수를 저질렀다면 그를 나무라지 말라. 일부러 그의 자존심을 자극할 필요는 없다. 반항하게 하는 충고는 아무런 이득이 없다. "내가 너에게 그렇게 말하지 않았는가."라는 말보다 더 어리석은 말이 있을까? 그에게 해주었던 말을 상기시키는 최선의 방법은 그 말을 잊어버린 척하는 것이다.

반대로 그가 여러분의 말을 듣지 않았던 것을 부끄러워한다면 재치있는 말로 그 부끄러움을 부드럽게 없애주어라. 그러면 여러분이 꾸짖는 대신 오히려 자기를 위로해주는 것을 보고 반드시 여러분에게 애착을 갖게 되겠지만, 만약 여러분이 상심하고 있는 그에게 책망을 한다면 그는 여러분을 미워하게 된다. 그리고 여러분이 해준 충고의 가치에 대해 여러분처럼 생각하지 않는다는 것을 증명이라도 하려는 듯이 그는, 다시는 여러분의 말을 듣지 않겠다고 맹세할 것이다.

그는 여러분이 위로해주려는 경향 역시 교훈이라고 생각하지 않기에, 그것 또한 그에게는 더욱 유익한 교훈이 될 수 있다. 이를테면 그에게 수많은 사람들도 그와 같은 잘못을 저지른다고 말하면 이것은 그가 예기하지 못하는 것이어서, 여러분은 다만 그를 동정하는 것 같으면서도 그를 고쳐주는 셈이 된다. 왜냐하면 다른 사람들보다 위대하다고 믿는 사람에게는 다른 사람을 모범으로 하여 위로받는다는 것이 매우 굴욕적이기 때문이다.

그가 최소한 위로를 받을 만한 일이 있다면, 그들도 자신과 동일하다고 하는 점을 이해하는 것이다.

잘못을 범했을 경우에 우화를 들려주는 것이 좋다. 죄 지은 사람에게 우화적인 이야기로 바꿔 비난한다면, 그의 비위를 거스르지 않고도 그를 훈계할 수 있다. 그때 그는 자신에게 적용된 진리에 의해서, 그 우화가 황당무계하지 않다는 것을 알게 된다. 칭찬에 속아본 적이 없는 아이는, 내가 앞에서 언급했던 까마귀와 여우의 우화를 전혀 이해하지 못한다. 그러나 아첨하는 사람에게 속아본 사람은 까마귀가 바보에 지나지 않았다는 것을 잘 알게 된다. 그래서 그는 거기에서 하나의 교훈을 얻는다. 그렇지 않으면 그가 쉽게 잊을 수 있는 경험이 이 우화 덕분에 그의 판단력 속에 새겨진다. 남의 경험이나 자신의 경험에 의해서 얻지 못할 도덕적 지식이란 아무것도 없다. 그 경험이 위험한 것이라면, 자신이 직접 경험하지 않고 역사에서 그 교훈을 끌어낸다. 시련이 대단한 것이 아닐 때에는 청년을 시련에 직면하도록 내버려두라. 그러면 그가 알고 있는 특수한 경우들이 우화에 의해 교훈으로 요약된다.

그렇지만 나는 그 교훈이 말해지거나 기록되기를 바라지는 않는다. 대부분의 우화 끝에 있는 교훈만큼 오해하기 쉬운 것은 없다. 마치 그 교훈이 우화 속에서 독자가 충분히 알 수 있도록 펼쳐져 있지 않거나, 펼쳐져서는 안 되는 듯 숨겨져 있는 것 같다. 그리고 왜 그런 교훈을 우화 끝에 붙여서 독자 스스로가 그것을 찾아내는 기쁨을 빼앗는가? 가르친다는 재능은 학생이 그 가르침을 좋아하게 만드는 재능을 말한다. 그런데 그가 배움을 즐기려면, 그의 정신은 여러분의 말을 알아듣기 위한 것 외에는 아무런 할 일이 없는 수동적 상태에 있어서는 안 된다. 선생의 자존심은 언제나 학생의 자존심에 어느 정도 양보해서, 학생은 이렇게 말할 수 있어야 한다. "나는 이해한다. 나는 통찰한다. 나는 행동한다. 나는 배우고 있다."라고. 이탈리아의 연극 《판탈로네》를 지루하게 하는 이유 중의 하나는, 이미 누구나 다 알고 있는 사소한 것들을 관객들에게 설명해주려는 헛수고 때문이다. 나는 가정교사가 판탈로네나, 또는 작가가 되기를 바라지 않는다. 우리는 의도한 바를 명백히 이해시켜야 하지만, 항상 모든 것을 다 말해서는 안 된다. 모든 것을 다 말하는 사람은 조금 밖에 말하지 않은 셈이 된다. 왜냐하면 결국 아무도 더 이상 그의 말을 듣지 않기 때문이다. 배를 부풀려서 터져버린 개구리의 우화에 라 퐁텐이 덧붙인 네 줄의 싯구의 의미는 무엇인가? 사람들이 그 우화를 이해하지 못할까봐 걱정이 되어서인가? 이 위대한 화가도 자신이 그린 그림들 밑에 그 이름들을 써두어야 했을까? 그는 그렇게 함으로써 그의 교훈을 일반화시키기는커녕 도리어 특수화시켰고, 어떻게 보면 인용된 실례에만 교훈을 국한시켜서 우리가 그것을 다른 예들에 적용하는 것을 막고 있다. 나는 아무도 흉내낼 수 없는 우화들을 청년의 손에 넘겨주기 전에, 그가 이미 재미있고도 명백하게 이야기해둔 것을 다시 설명하려는 그 결론들을 모조리 삭제하기를 원한다. 만일 여러분의 학생이 그런 설명 없이는 우화를 이해하지 못한다면, 그는 설명을 해주어도 역시 이해하지 못한다는 것을 확신하라.

이 우화들에, 청년의 감정과 지식의 발달에 보다 교훈적이고 알맞은 그 독서의 순서를 주는 것 역시 중요하다. 여러분은 욕구와 환경은 고려하지 않고 그 기계적인 책의 숫자적 순서에 따라가는 것만큼 어리석은 짓을 상상할 수 있는가. 맨 처음에 까마귀, 다음에 매미, 그 다음은 개구리, 그리고 다음에는 두 마리의 노새 등등. 나는 이 두 마리의 노새 이야기를 잊지 못한다. 왜냐하면 장차 금융인이 되기 위한 교육을 받은 어떤 아이를 본 일이 있기 때문이다. 그 아이는 장차 맡게 될 일 때문에 구속을 당했으며, 장차 그가 갖게 될 직업에 대해 조금도 반감을 가지지 못한 채 이 우화를 읽고 배우고 말하고 수백 번 반복해 말하는 것이었다. 나는 아이들이 자기가 배운 우화들을 응용하는 걸 보지 못했으며, 그들에게 그것을 응용하도록 시키려는 사람도 본 일이 없다. 그러나 어머니나 아이가 추구하는 목적은 아이가 우화를 암송하는 동안 같이 있는 사람들의 주의를 그에게 집중시키는 데 있을 뿐이어서, 아이가 자라서 그 우화를 외는 것이 문제가 아니라 이용하는 것이 문제가 될 때에 아이는 그것을 모두 잊어버릴 것이다. 다시 한 번 말하자면, 우화에서 무엇인가를 배우는 사람은 어른들이므로 이제 에밀을 위해서도 시작할 시기가 된 것이다.

나도 역시 모든 것을 다 말하고 싶지는 않기 때문에 그릇된 길에서 벗어난 길들을 피하는 방법을 배우도록 멀리서 그것들을 보여주겠다. 내가 표시해 둔 길을 따라가면 여러분의 학생은 인간과 자기 자신에 대한 지식을 가장 쉽게 얻으리라고 생각된다. 그리고 그가 운명의 총아를 부러워하는 일 없이 운명의 장난을 인정하고, 자기가 남보다 현명하다고 생각하지 않으면서도 자기 자신에게 만족할 수 있게 할 것이다. 여러분은 그를 관객으로 만들 목적으로 먼저 그를 배우로 만들기 시작했던 것이다. 그것은 실행해야만 한다. 왜냐하면 관람석에서는 대상물들이 표면대로만 보이지만, 무대에서는 진실 그대로 보이기 때문이다. 전체를 한눈에 보려면 그 전체를 볼 수 있는 원거리에 있어야 하고, 자세히 보려면 접근해서 관찰해야만 한다. 그러나 청년이 무슨 자격으로 세상 일에 끼여들 수 있겠는가? 그에게 이 캄캄한 신비 속에 참여할 어떤 권리가 있는가? 그의 나이가 갖는 흥미들은 그의 쾌락의 범위 내에 제한되고 있다. 그는 아직 자기 자신밖에는 마음대로 할 수 없으므로 타인에 대해서는 아무것도 마음대로 할 수 없다.

가장 활동적인 나이에 접어든 청년들이 순전히 이론적인 공부에만 치우치는 것을 보면, 그리고 그후에 아무런 경험도 없이 세상과 세상 일에 뛰어드는 것을 보면, 나는 사람들이 자연에 못지 않게 이성에도 어긋남을 발견한다. 그래서 나는 이제 자신의 처신 방법을 알고 있는 사람이 극소수라는 것에도 놀라지 않는다. 행동하는 기술이 전혀 문제가 되지 않는데 쓸모없는 것들을 그처럼 많이 가르쳐주려는 것은 얼마나 터무니없는 생각인가. 사람들은 우리를 사회적인 인간으로 만든다는 구실로, 우리가 독방에서 혼자 사색을 하거나 우리와 상관없는 사람들과 공상적인 주제들을 토론하는 데 일생을 보내야 되는 것처럼 우리를 교육하고 있는 것이다. 여러분은 아이들에게 몸을 움직이는 방법과 무의미한 말의 형식 몇 가지를 가르치고, 그들에게 살아가는 방법을 가르쳤다고 말한다. 나 역시 에밀에게 살아가는 방법을 가르쳤다. 자기 자신과 함께 사는 것은 물론 자신의 빵을 얻는 방법까지 가르쳤으니까 말이다. 그러나 그것만으로는 부족하다. 이 세상에서 살아남기 위해서는 타인과 교섭할 줄 알아야 하고, 그들을 움직일 수 있는 능력도 있어야 한다. 공중 사회에서의 개인적인 이해관계의 작용과 반작용을 고려하여 그 계획이 실패하는 일이 없도록, 아니면 적어도 성공하기 위해 언제나 최선의 방법을 택할 수 있도록 사건들을 정확하게 예상해야 한다. 법은 청년들이 자기 자신의 사업을 경영하고 자신의 재산을 마음대로 처분하는 것을 허용하지 않는데, 청년이 법적 연령에 이르기까지 아무런 경험도 갖지 못한다면 이러한 고려가 그에게 무슨 소용이 있겠는가? 청년이 어느 시기까지 기다린다 해도 아무런 이득도 얻지 못하고, 25세가 되어도 15세 때보다 경험이 많다고는 할 수 없을 것이다. 청년이 무지 때문에 맹목적이 되거나 정욕 때문에 자신을 해치는 일은 물론 막아야 한다. 그러나 어떤 나이에서도 친절을 베풀 수 있으며, 현명한 사람의 지도하에 남한테 의지할 필요가 있는 불쌍한 사람들을 보호할 수 있다.

유모나 어머니들은 아이들을 보살피며 그들에게 애착심을 느낀다. 사회적인 미덕의 실천은 인류애를 사람들 마음속 깊이 심어준다. 사람은 착한 일을 함으로써 선한 사람이 될 수 있는데, 나는 이보다 더 확실한 방법을 알지 못한다. 여러분의 제자에게 그 능력의 한도 내에서 선행을 하도록 일러라. 가난한 사람들의 이익이 항상 그의 이익과 같은 정도가 되도록 하라. 물질적으로만 그들을 돕지 말고 신체와 시간을 그들에게 바치도록 하라. 단순히 지도자로서가 아니라 그들을 위해 봉사하고, 그들을 보호하라. 그리고 그들의 대리인이 되게 하라. 일생을 통해서 이처럼 훌륭한 일은 없는 것이다. 미덕의 실천으로 인해 자연적으로 생긴 용기와 굳은 확신을 가지고 그가 불쌍한 사람들을 위해 정의를 요구하면, 또 귀족이나 부자들의 문을 부수고 들어가거나 남에게 해를 입고도 보복을 두려워해 감히 불평조차 못 하는 불쌍한 사람들의 소리를 들어달라고 왕좌 밑에까지 나아가면, 호소할 길 없는 숱한 불쌍한 사람들이 정당한 판결을 받을 수 있게 되겠는가?

그런데 우리는 에밀을 떠돌이 기사나 의사(義士)로만 생각할 것인가? 그가 공적인 일에 간섭하고, 고관이나 군주에게서 법률의 수호자가 되고, 재판소의 판사나 변호사 앞에서 청원인이 되게 하려는가? 나는 그런 문제에 대해 아무것도 모른다. 우스꽝스런 명칭들은 결코 사물의 본질을 변화시키지 못하므로 자기가 유익하고 선이라고 생각되는 것은 전부 행할 것이나 그 이상의 것은 하나도 하지 않을 것이며, 자기 나이에 맞지 않은 일은 유익하거나 좋지도 않다는 것을 알고 있다. 그는 자기의 가장 큰 의무가 자기 자신에 대한 의무라는 사실을 알고 있다. 그리고 청년들은 자기 자신의 행동에 신중해야 하며 웃사람들에게는 공손해야 하는 것을 알고 있다. 또한 이유없이 말하지 않도록 신중을 기해야 하며, 무관한 일에는 겸손하되 선을 행하는 데는 용기있게, 진실을 말하는 데는 과감해야 한다는 것을 알고 있다. 이것이 저 유명한 로마 인들의 행위였다. 그들은 공직을 맡은 이후에는 정의를 따르고 선행을 보호함으로써, 자기 자신을 교육하는 것 이외에는 아무런 이해관계도 없는 죄인을 공정하게 재판하고 무고한 사람들을 옹호하는 것으로 일생을 보냈던 것이다. 에밀은 인간들 사이는 물론이고 동물 사이의 소동이나 싸움도 좋아하지 않는다. 그는 결코 두 마리의 개에게 싸움을 시키는 등의 짓은 하지 않는다. 개로 하여금 고양이를 쫓게 하지도 않는다. 이러한 평화 정신은 그가 받은 교육의 결과 중 하나이다. 그 정신은 그에게 이기심과 강한 자존심을 끌어내지는 않기에, 그로 하여금 타인을 지배하거나 타인의 불행에 기뻐하지 않도록 하는 것이다. 그는 남이 괴로워하는 것을 보면 자연스럽게 자신도 같이 괴로워한다. 청년을 냉정하게 만들고 동물들이 고통받는 것을 즐기도록 하는 것은, 자신의 지혜와 선행에 의해 자기는 그와 같은 고통을 받지 않으리라고 생각하는 일종의 허영심 때문이다. 이러한 허영심에서 벗어나면 그 허영심의 결과인 악덕에 빠지지 않을 것이다. 에밀은 평화를 사랑한다. 행복의 영상이 그를 즐겁게 한다. 나는 그가 불쌍한 사람들을 보고 도와주지 않고, 그들의 불행을 단지 동정하는 것만으로 만족하는 냉정한 젊은이라고 생각하지 않는다. 그의 동정심은 그의 동정심은 매우 적극적이어서, 그가 냉혹한 감정의 소유자라면 전혀 얻지 못했거나 매우 늦게서야 얻었을 지식들을 나는 그에게 준다. 다툼으로 친구들 사이가 어색하면 그는 화해시키려고 애쓴다. 고민하는 사람들을 보면 그는 고통의 원인을 알려고 한다. 권력가나 부자에게 억눌려 신음하는 불쌍한 사람을 보면 그는, 그 박해를 막아낼 수 있는 방법을 찾아본다. 그리고 그는 모든 불쌍한 사람들에 대해 깊은 관심을 가지고 있으므로, 그들의 불행을 면하게 할 방법에 대해서도 결코 무관심하지 않다. 그러면 이러한 성향을 그의 나이에 알맞도록 이용하기 위해서 우리는 무엇을 해야 할 것인가? 그의 노력과 지식을 지도하고, 또 그것을 증가시키려면 그의 열성을 이용해야 할 것이다.

이런 일이라면 몇 번씩 반복해서 말한다. 청년들의 모든 교육을 말로써 하지 말고 행동의 형식으로써 하며, 경험으로써 가르쳐줄 수 있는 것을 결코 책에서 배우게 하지 마라. 말할 이유도 없는데 말하는 훈련을 시킨다든가, 누구에게 무엇을 납득시킬 흥미가 없는데도 학교에서는 정열적인 말의 힘과 남을 설득시키는 기술을 익혀주려는 것은 이상한 일이다. 수사학의 모든 법칙은, 자신의 이익을 위해서 그것을 이용하지 못하는 사람에게는 단순한 언어의 낭비에 지나지 않는다. 한니발이 자기의 병정들에게 알프스를 넘어가도록 하려고 무슨 말을 했는가에 대해서 안다는 것이 학생에게 무슨 이익이 되겠는가.

만일 내가 모든 정욕이 발달되어 있는 청년에게 수사학을 가르친다면 나는 그의 정욕을 자극해주는 일들로 끊임없이 그의 주의를 끌도록 할 것이며, 또 남들에게 그의 욕망들을 만족시키려면 그들에게 어떤 말을 사용해야 하는지를 그와 함께 연구하겠다. 그런데 나의 에밀은 웅변술은 그렇게 대단하지 못하다. 그는 자신의 육체적인 필요성에만 만족하므로 타인이 그를 필요로 하는 만큼 그는 타인을 필요로 하지 않는다. 따라서 자신을 위해 타인에게 요구할 것이 전혀 없기에, 설사 그가 타인에게 납득시키고 싶은 일이 있더라도 그것은 그렇게 절실하지는 않다. 그렇기 때문에 그의 말씨는 단순하고 명백하다. 그는 요점만을 간추려 남이 이해할 수 있을 정도로만 말할 뿐이다. 그는 자기의 관념들을 일반화시키는 법을 배우지 않았으므로 점잖은 문구가 거의 없다. 또한 쉽게 감격하지 않기 때문에 몸짓으로 말하는 일이 없다.

그렇다고 그가 냉담하거나 무감각해서 그런 것은 아니다. 단지 그의 나이·습관·취미가 그것을 허용하지 않기 때문이다. 청년기의 열정 속에서는 생명의 정기가 청년의 마음에 열정을 준다. 그 열정은 그의 눈에서 빛나고 말에서 느껴지며, 행동에서도 나타난다. 그의 말씨는 때로는 격정적이고 열정이 들어 있으며, 그를 고취시키는 고귀한 감정은 그에게 힘과 품위를 준다. 인류애에 가득 차 있기 때문에 그의 말은 그의 영혼의 움직임을 드러내 보인다. 그의 솔직함은 다른 사람들의 인위적인 웅변보다 더한 매력을 지니고 있다. 왜냐하면 그는 자기의 이야기를 상대방한테 전달하기 위해서 자기가 느낀 것을 그대로 보여주기만 하면 되기 때문이다.

이처럼 자비심을 행동으로 나타내면서 우리의 성공이나 실패의 원인을 볼 수 있다면, 청년의 머릿속에 심어주지 못할 지식이란 없으리라고 생각한다. 또한 학교에서 얻을 수 있는 모든 참다운 지식과 더불어 그것을 실생활에 응용하는 더욱 중요한 학식도 얻게 될 것이다. 동포들에게 그처럼 관심을 갖고 있는 에밀이 동포들의 행동과 취미와 쾌락을 검토하고 평가하여, 그것이 인류의 행복에 어떻게 이바지할 것인가에 대하여 어느 누구에게도 관심이 없어 타인을 위해서는 아무것도 하지 않는 사람들보다 올바르게 가치 평가를 내리는 법을 모를 리는 없을 것이다. 자신의 일에만 집착하는 사람들은 그것에 대한 욕망이 강해서, 사물에 대하여 올바른 판단을 내리지 못한다. 그들은 만사를 자기에게 유리한 쪽으로만 생각하고 선악의 관념도 자신의 이해 관계에만 따르므로 그들의 생각은 편견으로 가득 차 있다. 그래서 그들은 자신의 이익이 조금이라도 손상당하면 당장 온 세상이 뒤집히는 것처럼 생각한다.

자존심을 다른 존재들에게 확대시켜 보자. 그러면 우리의 자존심은 미덕으로 보이며, 미덕이 없는 인간은 존재하지 않게 될 것이다. 우리가 기울이는 주의의 대상이 우리와 직접적인 관련이 없으며 개인적인 이해 관계에서 생겨나는 망상을 두려워할 필요도 없을 것이다. 그런 이해 관계가 일반화되면 더욱 공정해져서, 우리에게 있어서 인류애는 정의에 대한 사랑과 같게 될 것이다. 그런데 에밀이 진리를 사랑하기를 바라는가? 그러기 위해서는 그가 모든 일에서 항상 개인의 이해 관계를 떠나도록 해야 하는데, 그가 자기의 배려를 타인의 행복에 바친다면 그것은 보다 현명한 일이 되며 선악을 잘못 판단하는 일도 적어질 것이다. 그러나 누구에게 치우치거나 부당한 선입관에 근거를 둔 편견을 결코 그에게 허용해서는 안 된다. 한 사람의 이익을 위해 그가 왜 다른 사람을 해롭게 해야만 하는가. 그가 모든 사람들의 최대의 행복을 생각한다면, 가장 큰 행복이 누구에게 가든 그것은 그와 상관없는 일이다. 그것이야말로 현자가 가질 수 있는 최소의 편견이다. 왜냐하면 우리는 인류의 일부분이지 개개인의 일부가 되는 것은 아니기 때문이다.

동정심이 연약한 감정으로 변하는 것을 막으려면 동정심을 일반화하여 인류 전체에 확장시켜야 한다. 그러면 정의와 일치되는 경우에만 동정심이 생기는데, 왜냐하면 정의란 모든 미덕 중에서 인간의 공통된 행복에 기여하는 바가 가장 크기 때문이다. 우리는 이웃을 대할 때 이상으로 인류에 대해서 더 많은 동정심을 가져야 한다. 그러나 악인들에 대한 동정은 인류에 대해서는 아주 잔인한 일이다. 그외에 내가 이처럼 나의 학생으로 하여금 자신을 초월하도록 하는 이 모든 방법은 그 자신에게 직접적인 관련이 있다는 것을 기억시켜라. 왜냐하면 그 결과로 인해 내면적인 기쁨이 생겨날 뿐 아니라, 타인에게 친절을 베풀도록 가르치는 동시에 그 자신의 교육에 힘을 기울이고 있기 때문이다.

먼저 나는 수단을 제시했는데, 이번에는 그 결과를 보기로 하자. 그의 머릿속에서 얼마나 많은 견해들이 점차 정리되고 있는가. 얼마나 숭고한 감정들이 그의 마음속에서 정욕의 싹을 질식시키고 있는가! 그의 다듬어진 성향에 따라 위대한 영혼의 소망을 가능성의 좁은 범위에 집중시키는 경험, 남보다 우월하지만 남들을 자기의 수준으로 이끌지는 못하므로 자신이 스스로 그들의 수준으로 내려감으로써 올바른 이성이 그의 머릿속에 형성되고 있는 것이다. 정의의 진리, 아름다움의 모습, 인간의 모든 도덕적 관계, 질서의 갖가지 관념들이 그의 이지(理知) 속에 새겨진다. 그는 모든 사물의 정당한 위치를 인식하고 그 사물들을 그 위치에서 몰아내는 원인을 알고 있다. 그는 선을 행하는 것과 그것을 방해하는 것을 보고 있다. 그리고 인간의 정욕을 느낀 일은 없어도 정욕의 환상과 작용은 알고 있는 것이다.

나는 사물의 힘에 끌려 앞으로 나아가지만 여러분에게 나의 생각을 강요하지는 않겠다. 오래 전부터 세인들은 내가 망상의 세계에 있다고 생각하지만, 나는 그들이 항상 편견의 세계에 있음을 알고 있다. 나는 속된 의견들에서 멀리 떨어져 있지만 그것을 잊지는 않고 있다. 계속 그 의견들을 염두에 두고서 이성의 저울로 판단하려고 그것들을 관찰하고 생각해 본다. 그들은 자기들이 보는 것만을 상상하므로, 내가 묘사하고 있는 청년을 환상적이며 공상적인 존재로 생각하리라는 것을 알고 있다. 그것은 그들이 알고 있는 청년과 내가 묘사하는 청년이 다르기 때문이다. 그들은 당연히 자신이 다른 청년과 다르다는 사실을 잊고 있다. 그가 다른 청년들과는 다르게 길러지도록 교육을 받았는데 다른 청년들과 닮았다면 그것이 더 놀랍다는 생각을 하지 않겠는가. 그는 인간의 아들이 아니라 자연의 아들이다. 그러니 그가 그들의 눈에 낯설게 보이는 것은 지극히 당연한 일이다.

내가 이 글을 쓰기 시작할 때는 모든 사람이 나와 같이 인정할 수 있는 것 외에는 아무것도 가정하지 않았다. 왜냐하면 우리는 모두 똑같이 출발하기 때문이다. 그러나 앞으로 나아갈수록 나는 자연을 가꾸려 하지만 여러분은 자연을 훼손시키기 위한 행동을 하므로 우리 사이는 점점 벌어질 것이다. 여섯 살 때 나의 학생은 여러분의 학생과 그리 큰 차이는 없었다. 그때는 여러분이 그들을 빛나가게 할 시간적 여유가 없었지만, 이제 그들 사이에는 닮은 점이라고는 하나도 없다. 게다가 성년이 되면 에밀은 전혀 다른 모습으로 나타날 것이다. 그들이 얻은 지식의 양은 둘 다 비슷할지는 모르지만 지식 자체는 전혀 다르다. 에밀은 아직 철학이 무엇인지 모르며 또 아직 신에 대한 이야기를 듣지도 못했는데, 이미 다른 아이들은 모두 철학자나 신학자가 되어 있다는 사실도 큰 차이이다.

그러므로 만일 누군가가 "당신이 상상하는 청년은 가상의 존재이다. 청년들은 결코 그렇게 만들어진 것이 아니다. 그들의 정욕은 이러한 것이고 그들은 이러한 일을 한다."라고 말한다면, 그것은 마치 우리 정원에는 키가 작은 배나무밖에 없으므로 배나무란 결코 크게 자라지 않는다고 말하는 것과 같다.

나는 그와 같은 비평가들에게 이러한 것을 잘 생각해 보길 원한다. 즉 나도 그들이 말하는 모든 것을 알고 있고 그 문제는 내가 더 오랫동안 생각해 보았으며 그들에게 나의 의견을 강요해도 아무 소용이 없기 때문에, 그들에게 어떤 점에서 틀렸는가를 구체적으로 말하라고 요구할 권리가 나에게 있다는 점 등이다. 인간의 본질에 대해 충분히 연구하기 바란다. 한 개인이 교육에 의해 얼마나 달라질 수 있나를 알려면 여러 가지 환경에서 일어나는 마음의 초기 발달을 추적해보기 바란다. 그러고 나서 나의 교육을 내가 말한 그 성과와 비교해보고, 내가 어떤 점에서 잘못 추론했는가를 말해주기 바란다.

나로 하여금 자신감을 갖고 말하게 해주는 것은, 내가 어떤 학설에도 굴복하지 않고 가능한 한 추리에 의존하지 않으며 오직 나의 관찰만을 중요시한다는 점이다. 나는 나의 관찰들을 어떤 도시의 주위나 어떤 계층의 사람 속에도 한정시키지 않고 있다. 오히려 나는 지난 생애 동안 내가 볼 수 있었던 각계각층의 모든 사람을 다 비교해본 후, 어떤 국민에게는 있으나 다른 국민에게는 없고, 또 어떤 계급에게는 있으나 다른 계급에게는 없는 것은 너무 인위적이라고 생각되었으므로 모두 삭제해 버렸다. 나는 어느 시대 어떤 국민, 어떤 계급을 막론하고 모든 사람들에게 공통되는 것만을 인간의 예속물로 취급한 것이다.

그런데 만일 여러분이 타인의 권위나 의견에 영향을 받지 않는, 아직 특정한 형이 되어 있지 않은 한 청년을 어릴 때부터 이 방법으로 일치하도록 계속 보아 나간다면, 그가 나의 제자와 여러분의 제자들 가운데 어느 쪽을 더 닮을 것이라고 생각하는가?

인간은 생각하기 시작하는 것은 쉽지 않으나 일단 생각하기 시작하면 그칠 줄을 모른다. 생각해본 사람은 항상 생각할 것이고, 이지(理知)는 결코 정지하지 않는다. 그러한 까닭에 사람들은 내가 이해력을 과대 평가하거나 혹은 과소평가하고 있다고 생각할 수도 있다. 또한 인간의 정신은 그렇게 빨리 개발되지 않으며, 아직 그 정신이 갖고 있지도 않은 능력을 가정하고 그 정신이 이미 넘어섰을 관념의 테두리 속에 너무 오래 가두어놓았다고 생각할 수도 있다.

그러나 가장 먼저 알아야 하는 것은 인간을 자연인으로 교육하려는 욕심에서 야만인으로 만들어 숲속으로 보내려는 것이 아니라는 사실이다. 설령 사회의 소용돌이 속에 갇혀 있더라도 인간의 정욕이나 편견에 이끌려 가지만 않으면 그것으로 충분하다. 그로 하여금 자신의 눈으로 보고 자신의 마음으로 느끼게 하며, 또한 자신의 이성의 권위 이외에는 어떠한 권위에도 지배당하지 않도록 하라. 바로 이상과 같은 사실을 가장 중요하게 생각하고 이런 상태에서는 그의 눈에 띄는 수많은 사물들, 그가 자주 감동받는 감정들, 자신의 현실적인 욕구를 충족시켜주는 갖가지 수단들이, 그가 전에는 얻지 못했거나 한참 후에야 얻게 될 많은 관념을 그에게 주리라는 것은 명백한 사실이다. 정신의 자연적인 발달은 가속은 될지언정 역행을 하지는 않는다.

또한 우리의 능력은 우리가 감각적인 사물에만 한정되어 있을 때는 추상적인 개념이나 순전히 지적인 관념은 파악할 엄두조차 못 낸다는 사실도 생각하라. 거기에 도달하기 위해서는 강하게 예속된 육체에서 벗어나든가, 혹은 이 대상에서 저 대상으로 서서히 옮겨가든가, 아니면 마지막으로 아이들에게는 불가능한 비약을 하여 단숨에 그 사이를 재빨리 뛰어넘든가 해야 한다. 그런데 그러기 위해서는 특별히 어른들을 위해 만들어진 사다리가 있어야 하며, 최초의 추상적인 관념은 이 사다리의 첫 발판이다. 그러나 그것을 어떻게 만들어야 하는가에 대해서는 나도 분명히 알 수 없다.

모든 세계를 움직이고 모든 존재들의 체계를 형성하는 저 이상한 '존재'는 우리의 감각에서 완전히 벗어나 있어서, 그가 하는 일은 보이지만 일하는 주체는 보이지 않는다. 그런 것이 존재한다는 사실을 알아내는 것도 쉬운 일은 아니다. 그러나 우리가 그 존재를 인식하고 '그는 누구이며 어디에 있는가?' 하고 자문하면 우리의 정신은 혼란해져서 더 이상 무엇을 어떻게 해야 할지를 모르게 된다.

로크는 사람들이 우선 정신의 연구로부터 시작해서 물체의 연구로 옮아가기를 바라고 있다. 이것은 결코 이성의 방법이나 잘 정돈된 자연의 방법이 아닌 미신적이고 잘못된 방법이다. 그것은 보는 방법을 배우려고 눈을 가리는 셈이 된다. 정신에 대한 참다운 관념을 형성하고 또 정신이 존재한다는 것을 확인하려면, 오랜 시간 동안 물체를 연구해야만 한다. 이것과 반대되는 순서는 유물론을 확립시킬 따름이다. 우리의 감각들은 우리가 지식을 얻기 위한 최초의 도구이므로, 형체가 있고 눈에 띄는 것만이 우리가 그것에 대한 관념을 얻을 수 있는 유일한 존재들이다.

이 '정신'이라는 말은 철학상의 문제를 생각해보지 않은 사람에게는 아무런 의미도 없다. 정신도 대중이나 아이들에게는 한낱 형체에 불과하다.

그러므로 팔과 혀를 가지고 있는 정신이 육체와 매우 흡사하다는 것은 누구나 시인하리라. 바로 여기에 유태인을 포함한 세계의 모든 민족들이 형체가 있는 신을 만드는 이유가 있다. 하느님은 어디에나 있다고 말하도록 배우고 있다. 그러나 우리는 또한 어디에나 공기가 있다는 것을, 적어도 대기권 내에서는 그렇다고 믿고 있다. '정신'이라는 말의 어원은 '입김'과 '바람'이라는 뜻이다. 세인들에게 이해시키지 않고 그 말을 습관적으로 사용하게 하면 여러분이 원하는 대로 무슨 말이든 그들에게 시키는 것은 쉬운 일이다.

인간은 자기한테 영향을 미치는 모든 존재에 대해 생명을 부여하고 그 존재의 대부분이 자기보다 강하다고 가정한 다음, 그 존재들이 지닌 힘의 한계를 무한한 것으로 생각했다. 그래서 인간은 그 존재들에게 육체를 주어서 그들을 신으로 삼았던 것이다. 원시 시대에는 인간이 모든 것을 두려워해서, 자연 속에서는 모두 살아 있는 것으로 생각했다. 그들에게는 물질의 관념 역시 정신의 관념 못지 않게 서서히 형성되었다. 이렇게 해서 그들은 우주를 신들로 가득 채웠다. 별·바람·산·강·나무, 그리고 집까지도 모두가 자신의 신을 가지고 있었다. 라반의 난장이 인형들, 흑인들의 숭배물들, 자연과 인간의 창조물 모두가 인간의 최초의 신들이었다. 다신교가 그들의 종교였으며, 우상숭배가 그들의 의식이었다. 그들은 유일신이란 관념을 이해할 수 없었다. 그들의 여러 관념들을 점차로 일반화시켜 존재들의 모든 체계를 일관된 관념으로 통합하고, 마침내 최대의 추상인 '실체'라는 말에 하나의 의미를 주고 나서야 비로소 그들은 유일신을 인정할 수 있게 되었던 것이다. 그러므로 신을 믿는 아이는 모두가 우상숭배자이거나 아니면 적어도 신인동형론자(神人同形論者)이다. 그래서 일단 상상력에 의해 하느님을 보게 되면, 이해력으로 하느님을 인정하는 경우는 극히 드물어진다. 이것이 바로 로크의 순서가 틀린 이유이다.

이유는 나로서도 알 수 없지만 일단 실체라는 추상 관념에 도달하면 이 유일한 실체를 인정하기 위해서 이 실체는 서로 배척하며 양립될 수 없는 성질들을 가지고 있다고 가정해야만 한다. 더구나 생각, 다시 말해 감정이라는 것은 자기가 속해 있는 실체와는 분리될 수 없는 본원적인 성질이어서, 이러한 성질들 가운데 하나를 잃게 된다면 그것이 속해 있는 실체를 잃게 되는 것이므로 죽음이란 실체와의 분리에 지나지 않는다. 따라서 이러한 두 가지 성질이 결합되어 있는 존재는 이 두 가지 성질을 가졌다는 결론을 내릴 수 있다.

그러면 여기서 실체의 관념과 신성의 관념 사이에, 또한 우리의 영혼이 육체에 미치는 이해할 수 없는 관념과 모든 존재에 미치는 신의 작용이라는 관념 사이에 얼마나 큰 간격이 있는가를 생각해보라. 창조・파괴・편재・만능이라는 신에게 속해 있는 모든 관념들은 매우 불분명하고 애매모호해서 이것들을 이해하는 사람은 별로 없다. 더구나 일반 대중은 그것을 전혀 이해하지 못하기 때문에 오히려 이 모든 관념들이 애매모호하지는 않다. 그러나 아직 최초의 감각 작용에만 묶여 있어서 자기의 몸에 닿는 것밖에는 이해하지 못하는 청년들의 정신이 이러한 관념들을 어떻게 받아들이겠는가? 무한이라는 심연이 의지를 아무리 위협해도 아이는 그것을 두려워하지 않는다. 그의 미약한 눈으로는 그 깊이를 측정할 수 없기 때문이다. 아이에게는 모든 것이 다 무한하다. 그래서 그들은 아무것에도 한계를 둘 줄 모른다. 그것은 그들이 지나칠 정도로 단순하게 이해하기 때문이다. 나는 그들이 무한이라는 것을 자신들이 알고 있는 범위 이하로 간주하는 것을 본 일이 있다. 그들은 눈으로보다는 발로서 어떤 공간이 넓다고 판단한다. 무한은 그들이 어디까지 볼 수 있는가 하는 것이 아니고 어디까지 걸어갈 수 있는가에 한정되어 있다. 만일 그들에게 신의 능력을 이야기해준다면, 그들은 신을 자기의 아버지만큼이나 힘이 세다고 상상할 것이다. 모든 일에 있어서 그들의 지식이 모든 가능한 것을 판단하는 척도이므로, 그들이 들은 것은 자신들이 아는 것보다 미미하다고 상상한다. 아이아스는 아킬레우스와 힘을 겨루는 것을 두려워했으나, 주피터에게는 싸움을 걸었다. 왜냐하면 아이아스는, 아킬레우스에 대해서는 알고 있었지만 주피터에 대해서는 몰랐기 때문이다. 이 세상에서 자기가 가장 부자라고 믿고 있던 스위스의 한 농부에게, 누군가가 국왕이 어떤 사람인가를 설명해주었다. 그러나 그 농부는 매우 자랑스러운 태도로 "그래, 그 왕은 산에 있는 목장에 암소 백 마리라도 가지고 있소?"라고 물었다고 한다.

내가 제자에게 종교에 대한 이야기는 언급하지 않고 내가 그의 소년기를 지나쳐버리는 것을 보고 많은 독자들이 놀랄 것이다. 열다섯 살이 될 때까지 그는 자기가 영혼을 가지고 있다는 사실조차 모르며, 열여덟 살에도 그가 종교를 배울 시기라고는 말할 수 없다. 왜냐하면 만일 그가 종교를 너무 일찍 배우면 그는 그것을 진실로 알지 못할 우려가 있기 때문이다.

내가 만일 어떤 아이를 바보로 만들고자 한다면 나는 그 아이에게 교리문답을 설명해 주겠다. 기독교 교리의 대부분은 신비하므로 인간이 그것을 이해하기를 기다리는 것은 인간이 죽을 때까지 기다리는 것과 같다고 하는 말에 대해서 나는 이렇게 대답하겠다. "첫째로, 사람으로서는 이해할 수 없고 믿기도 힘든 신비가 있는데, 아이들에게 그런 것을 가르친다는 것은 그들에게 일찍부터 거짓말을 가르치는 것과 같다고 생각한다." 신비가 있다는 것을 이해하려면 여러분은 적어도 그것이 불가사의하다는 것을 깨닫지 않으면 안 된다. 그러나 모든 것이 신비로운 나이에는 엄밀한 의미에서 신비한 것이란 없다. "구원받기 위해서는 하느님을 믿어야 한다."라는 그릇된 교리는 배척 정신의 근본이며, 인간의 이성에 치명적인 타격을 주는 모든 헛된 교육의 원인이 된다. 구원을 얻기 위해서 말 몇 마디를 되풀이하는 것으로 충분하다면, 왜 앵무새들도 아이들과 마찬가지로 천국에서 살지 못하는가?

믿음의 의무는 신념의 가능성을 전제로 하고 있다. 신앙이 없는 철학자는 옳지 못하다. 그것은 그가 연마한 이성을 잘못 사용하기 때문이며, 또한 그는 자신이 배척하는 진리들을 이해할 만한 처지에 있기 때문이다. 그러나 기독교를 믿는 아이들은 과연 무엇을 믿는 것인가? 그는 남이 시켜서 하는 말을 거의 이해하지 못하므로, 만일 여러분이 그에게 의미가 전혀 다른 말을 해도 그는 역시 그 말도 받아들일 것이다. 아이들이나 많은 어른들의 신앙은 지리적인 문제이다. 만일 기독교도와 회교도가 서로 반대되는 나라에 있었다면 그 나라의 종교에 따랐을 것이다. 이처럼 서로 비슷한 기질에서 출발한 사람들이 한 명은 천국으로, 다른 한 명은 지옥으로 갈 수 있을까? 한 아이가 자기는 하느님을 믿고 있다고 말할 때 그가 믿는 것은 하느님이 아니라, 하느님이라 부르는 어떤 신이 있다고 그에게 말해준 사람이다.

철들 나이가 되기 전에 죽은 아이들은 영원한 행복을 소유한 것이라고 생각되고 있다. 천주교도들은 비록 하느님을 모르는 아이라 하더라도 영세만 받으면 사정은 마찬가지라고 믿고 있다. 그러므로 하느님을 믿지 않고도 구원을 받을 수 있다는 이론이 성립된다. 그것은 어릴 때이거나 제정신을 잃었을 때이거나간에, 인간의 정신이 신성(神性)을 인정하는 데 필요한 능력이 없을 경우에 일어나는 것이다. 여기에서 여러분과 나 사이의 차이란, 여러분은 아이들이 일곱 살만 되면 그러한 능력을 갖는다고 주장하는데, 나는 열다섯 살이 되어도 그들에게는 그러한 능력이 없다고 보는 점뿐이다. 어느 의견이 옳건 여기서 문제가 되는 것은, 신앙의 교리가 아니라 단순한 물리적인 관찰이다.

같은 원리에 의해서 하느님을 믿지 않고 노년에 이른 사람이라도 그의 불신앙이 고의적인 것이 아니라면, 그것 때문에 천국에서 살 권리를 박탈당하지 않으리라는 것은 분명하다. 여러분은 광인의 경우에도 역시 그러하다는 것을 인정한다. 그렇다면 어려서부터 사회에서 격리되어 사람들과의 교제에 의해서 얻게 되는 지식마저 결여된, 완전히 야생적인 생활을 하고 있는 사람들에 대해서는 왜 그 점을 인정하지 않는가? 그런 야생적인 인간은 자신의 생각을 하느님에 대한 인식에까지 높이는 일이 분명히 불가능하지 않은가? 인간은 고의로 저지른 잘못에 의해서만 벌을 받으며, 어쩔 수 없는 무지는 결코 죄악이 될 수 없다는 것을 이성은 우리에게 말해주고 있다. 그러므로 지식만 가졌더라면 믿을 수 있었을 사람은 영원한 정의 앞에서는 모두가 신자로 판단되어 벌을 받지 않게 되는 것이다.

진리를 이해할 수 없는 사람들에게 진리를 말하는 것은 삼가야 한다. 그것은 강제로 오류를 가르치는 것과 같기 때문이다. 신에 대해서 공상적이고 모욕적이며 부당한 관념들을 갖기보다는, 차라리 신에 대해 아무것도 모르는 편이 더 나을 것이다.

아이들 머릿속에 신에 대한 그릇된 관념을 새겨줌으로써 생기는 커다란 폐단은, 그 관념이 그의 머릿속에 평생 남아 어른이 되어서도 어릴 때 생각하던 하느님 이외에 다른 하느님을 인정하지 못한다는 것이다. 나는 스위스에서 자기 아들에게 어렸을 때에는 종교에 대해서 전혀 가르치려고 하지 않는 현명한 어머니를 만난 적이 있다. 그것은, 자기 아들이 그런 조잡한 가르침에 만족해서 성장한 후에 더 좋은 가르침을 소홀히 할 것을 염려했기 때문이다. 그 아이는 마음의 평정이나 존경을 나타내지 않은 채 신에 대해 이야기하는 것을 결코 귀담아 듣지 않았다. 그래서 자기 자신이 신에 대한 이야기를 할 경우에도, 그 일이 너무나 숭고하고 위대한 일처럼 생각되어서 입을 다물고 마는 것이었다. 이러한 조심성이 그의 호기심을 자극해서 사람들이 그처럼 조심스럽게 감추고 있는 그 신비에 대해 알게 될 때를 고대하게 되었다. 사람들이 그에게 하느님에 대한 이야기를 적게 해줄수록 아이는 더욱 하느님에 대해 생각하면서, 도처에서 하느님을 보고 있었다. 이와 같이 꾸며진 신비에 대해 내가 두려워하는 것은, 청년의 상상력을 지나치게 자극하면 오히려 그의 사고력을 혼란시켜서 결국은 그를 신자가 아니라 광신자로 만들지나 않을까 하는 점이다.

그러나 자기 이상의 것에는 주의를 하지 않는 습관이 있기 때문에, 언제나 스스로 이해할 수 없는 일들은 전혀 귀담아 듣지 않을 나의 에밀에 대해서는 그런 걱정을 할 필요가 없다. 그는 평소에 "이건 나에게 관계된 일이 아니다." 라고 말하는 경우가 너무나도 많아서 그런 문제가 하나쯤 생겨도 절대로 당황하지 않으며, 또한 이런 큰 문제들에 대해 불안을 느끼기 시작할 때에도, 그것은 자기가 그런 문제들이 제기되는 것을 들어서가 아니고 그의 지식의 진보가 그의 탐구를 그 방향으로 돌렸기 때문이라고 믿을 것이다.

우리는 교양있는 사람의 정신이 어떠한 경로를 거쳐서 이러한 신비에 접근하는가를 보아 왔다. 나는 그것이 사회 안에서 일정한 나이에 이르기까지는 결코 자연스럽게 그러한 신비에 도달하지는 않았으리라고 믿는다. 그러나 사회 안에는 정욕의 발달을 촉진시키는 불가피한 원인이 있어서 그 정욕을 규제하는 데 쓰이는 지식의 발달을 동시에 축진시키지 않는다면, 그때는 정말로 자연의 질서에서 벗어나 균형을 잡을 수 없게 되고 만다. 너무 빠른 발달을 마음대로 조절하지 못하면 그것에 대응되는 다른 발달을 같은 속도로 이끌어 주어야만 한다. 그렇게 함으로써 질서가 혼란되지 않고, 같이 진보해야 할 것들이 서로 떨어지는 일도 없어질 것이다.

나는 여기에서 얼마나 큰 어려움이 생겨나는가를 보게 된다. 그것은 사물 자체 속에 있기보다는, 그것을 해결할 엄두도 못 내는 사람들의 소심한 마음속에 있는만큼 한층 더 커진다. 우선 그 어려움을 없애야 한다. 아이는 자기 아버지의 종교 속에서 자라게 되는데 그에게 그 종교가 어떤 것이든 그것만이 유일한 종교이며, 다른 종교는 모두 어리석은 것이라는 점을 항상 설명한다. 이 점에 있어서 논증의 힘은 나라에 절대적으로 의존하게 된다. 콘스탄티노플에서 기독교를 매우 우습게 보는 터키 인은, 파리에서 마호메트 교가 어떻게 얘기되고 있는지를 알 필요가 있다. 세인의 편견이 가장 강한 것은 특히 종교 문제에서이다. 그런데 매사에 세인의 편견에서 벗어나기를 바라고 어떠한 권위에도 굴복하지 않으려 하는 에밀에게, 그 자신이 배울 수 있는 것이 아니면 아무것도 가르치려 하지 않는 우리는 과연 그를 어떤 종교 속에서 기를 것인가? 그 대답은 아주 간단하다. 우리는 그를 어느 교파에도 가입시키지 않고, 그의 이성을 가장 올바르게 사용함으로써 자신이 선택할 수 있는 방법을 가르치는 것이다.

독자들이여, 내가 진리에서 벗어나지나 않을까 하는 염려는 하지 말라. 나는 결코 진리에 몸을 바치겠다는 나의 좌우명을 잊지 않을 것이다. 이제 나의 생각을 독단적으로 말하는 대신, 나보다 훌륭한 사람이 생각했던 바를 말하겠다. 나는 이야기하려는 내용이 진실임을 단언한다. 이 사실들은 내가 여기에 옮겨 쓰려는 원고의 필자에게 실제로 있었던 일들로서, 다음 이야기에서 지금 문제가 되고 있는 것에 대하여 어떤 유익한 생각을 끌어낼 수 있는가 없는가는 여러분이 할 일이다. 나는 여러분의 원칙으로 타인의 사상 또는 나 자신의 사상을 제시하려는 것이 아니라, 단지 그것을 여러분이 검토해 보길 바랄 뿐이다.

30년 전 이탈리아의 어느 도시에, 고국에서 추방당한 한 청년이 빈곤의 극한 상황에 달해 있었다. 그는 칼빈 교도로 태어났지만 경솔한 행동으로 인하여 외국으로 추방당한 것인데, 생계 수단이 끊기게 되자 빵을 위해서 개종을 했다. 그 도시에는 개종자들을 위한 수용소가 있었으므로 거기에 수용되어서 논쟁 형식의 교육을 받으면서, 여지껏 가져보지 못한 의문을 갖게 되었다. 그는 생각하지도 못했던 악을 배웠으며, 새로운 교리를 듣고, 낯선 풍습을 보았다. 그는 그것을 보자 희생물이 될 것 같아 도망치려고 했으나, 감금당하고 말았다. 그는 항의를 했으나 그때문에 또 벌을 받았다. 그러나 그는 굴복당하지 않았으므로 압제자들은 그를 죄인으로 다루었다. 난생 처음 폭력과 부정의 시련을 당했을 때 청년의 마음에서 타오르는 분노는 경험한 사람들만이 알 수 있을 것이다. 그는 하늘과 모든 사람들에게 호소했으나 아무도 그의 말을 들어주지 않았으며, 그의 주위에는 비열한 인간들에게 복종하는 비천한 하인들과, 그의 반항을 비웃으며 자기들을 본받으라고 말하는 범죄자들이 있을 뿐이었다. 그때 어느 성실한 성직자가 이 기숙사에 찾아오지 않았더라면 그는 타락했을 것이다. 그는 그 성직자와 은밀히 상의할 기회를 찾아냈다. 그런데 그 성직자도 빈곤하여 자신이 구원을 받아야 할 상태였으나, 이 희생된 청년이 더욱 그의 도움을 필요로 했다. 그래서 이 성직자는 위험을 무릅쓰고 청년이 탈주하도록 도와주었다. 악덕에서 빠져나와 또다시 빈곤한 생활로 되돌아온 청년은 운명과 싸웠다. 어떤 때는 행운의 첫 서광이 비치자 운명을 이긴 것으로 믿고서 그는 자신의 불행이나 보호자도 모두 잊어버렸다. 그러나 곧 벌을 받아서 모든 희망이 사라졌다. 젊음도 그에게는 아무런 힘이 되지 못했다. 그의 허황된 생각이 모든 것을 망쳐놓은 것이다. 그는 편한 길을 개척할 재능이나 수완도 없었으며, 온건한 인간이 되거나 악한 인간이 될 수도 없었다. 그는 너무나 많은 것을 원했기에 아무것에도 성공할 수가 없었던 것이다. 다시 전과 같은 궁지에 빠져 빵도 잘 곳도 없이 굶어죽게 되자, 그때야 비로소 은인에 대한 생각을 하게 되었다.

그는 다시 그곳으로 은인을 찾아갔는데, 그분은 그를 반갑게 맞아주었다. 그 성직자는 청년을 보자 자기가 그에게 베풀었던 선행을 생각했는데, 이러한 기억은 언제나 사람의 마음을 기쁘게 해준다. 그 성직자는 남의 고통도 자신의 고통을 통해서 생각했으므로 안락한 생활이 그의 마음을 교만하게 하지 못했으며, 지혜의 가르침과 밝은 덕성이 그의 착한 천성을 더욱 착하게 했던 것이다. 그는 청년을 맞아들여 숙소를 제공하고, 충분하지 못한 필수품들을 청년과 나누어 썼다. 더구나 그는 청년을 위로해주며, 인내로써 역경을 견디어

내는 어려운 기술을 가르쳐주었다. 편견을 가진 사람들이여! 이탈리아에 이러한 성직자가 있으리라고는 상상도 못 했을 것이다.

이 성실한 성직자는 사부아 태생의 가난한 보좌 신부였는데, 그는 젊은 날의 실수로 주교와 사이가 나빠져 고국에서는 의지할 곳이 없어지자 생활의 길을 찾아 산맥을 넘어 타향으로 온 것이었다. 그는 재주도 있고 학식도 있었으며, 사람을 끄는 힘을 가지고 있었으므로 보호자를 찾아낼 수 있었다. 그는 어느 대신의 집에 들어가 그 아들을 가르치게 되었다. 그러나 그는 구속된 생활보다는 빈곤을 좋아했으며 고관의 집에서 어떻게 처신해야 할지도 몰랐으므로 대신의 집에 오래 머물러 있지 않았지만, 그곳을 떠날 때에도 그는 나쁜 평을 듣지 않았다. 그는 어떻게든 다시 주교의 신임을 얻어서, 어느 산속의 조그마한 교구에서 사제직을 맡아 거기서 여생을 보내려는 기대를 갖고 있었다. 이것이 그의 야심의 전부였다. 그 성직자는 이 젊은 도망자에게 많은 관심을 갖고 신중히 관찰하게 되었다. 그는 악이 이미 청년의 마음에 상처를 입혔다는 사실과 모욕과 멸시가 그의 용기를 꺾었다는 사실, 또 청년의 자부심은 고통과 원한으로 바뀌어 사람들의 본성에 깃들인 악의 환상과 모든 덕행의 부재 외에는 아무것도 인정하지 않게 되었다는 사실도 알았다. 이 청년은, 종교란 이해 관계를 감추는 가면에 불과하며, 신성한 예배도 위선을 은폐하기 위한 수단일 뿐이라고 믿고 있음을 알았다. 그는 신성에 대한 원시적인 숭고한 관념이 인간의 이상한 편견 때문에 손상된 것을 알았으며, 하느님을 믿기 위해서는 그러한 편견을 버려야 한다는 것을 알고서 우리를 경멸했다. 사물의 진실을 모르고 또 그 기원에 관한 아무 관념도 없기 때문에 완고한 무지 속에 빠져서, 그 자신보다 많이 안다고 생각하는 사람들을 전부 경멸했다.

모든 종교를 잊는다는 것은 인간의 의무를 잊는 것과 같아서, 이러한 진전은 이미 그 도망자의 마음속에 깊이 뿌리박고 있었다. 그는 날 때부터 나쁜 아이는 아니었으나 비신앙과 빈곤이 그의 천성을 서서히 훼손하고 그를 파멸로 이끌어, 이제는 거지의 습성과 무신론자의 도덕만을 그에게 준비해 주고 있었던 것이다.

피할 수 없는 이 악도 완성된 것이라고 할 수는 없었다. 청년은 어느 정도의 교육을 받았으므로 여러 가지를 알고 있었다. 또 끓어오르는 피가 그의 마음을 뜨겁게 했지만, 아직 관능의 열광에 휩쓸려 쾌락을 추구하지 않는 행복한 나이였다. 선천적인 수줍음과 소심한 성격이 그를 속박하고 있었기에, 여러분이 학생을 그처럼 주의 깊게 붙들어두는 그 시기가 그에게서 연장될 수도 있었다. 타락과 악덕의 가증스러운 본보기가 그의 상상력을 자극하기는커녕 오히려 그것을 없애주었던 것이다. 미덕 대신 혐오감이 오랫동안 그의 동정을 지켜주었다. 그 동정은 훨씬 더 달콤한 유혹 이외에는 결코 넘어가지 않았던 것이다.

성직자는 위험과 동시에 그것으로부터 벗어나는 방법도 알고 있었기에 어려움들에도 낙담하지 않았다. 그는 자기 일에 흥미를 느껴 이 일을 성취하기로 마음먹었다. 그리하여 자기가 구해준 이 희생자를 덕이 있는 사람으로 만들기로 결심했다. 동기의 아름다움이 그에게 용기를 주고 그의 열성에 적당한 방법을 고취시키는 것이 아니었다. 그 성과야 어떻든 그의 노력이 헛되지 않다는 것을 그는 알고 있었다. 옳은 일을 하고자 하면 반드시 성공하는 법이다.

그는 그 청년에게 자기의 은혜에 대한 대가를 요구하지 않았으며 간섭을 하지도 않았다. 그리고 그는 청년에게 전혀 설교하지 않고 자신을 언제나 그와 같아지기 위해 낮추었으며, 그를 자신의 동료로 취급함으로써 이 개종자의 신뢰를 얻는 일부터 시작했다. 성실한 사람이 부랑자와 친구가 되고, 미덕이 보다 큰 승리를 위해 방종과 타협하는 모습은 매우 감동적인 광경이었음에 틀림없다. 이 경솔한 청년이 그에게 자신의 마음을 털어놓을 때, 신부는 청년의 말을 조용히 들으며 그를 편하게 해주었다. 그는 악을 용납하지 않았지만 모든 일에 관심을 보이고, 조심성없는 책망으로 청년의 마음을 위축시킨 적은 한 번도 없었다. 청년으로 하여금 자신의 이야기가 상대방의 관심을 끈다고 생각하도록 하여 모든 것을 이야기할 때 한층 흥미를 가지도록 했다. 이리하여 그는 고백한다는 생각도 없이 모든 것을 고백할 수 있었다.

청년의 감정과 성격을 파악한 결과 신부는 그가 나이에 비해 무지한 것은 아니지만 꼭 알고 있어야 할 것들을 모두 잊어버렸다는 것과, 운명이 몰아넣은 불운한 처지가 선악에 대한 올바른 판단을 방해하고 있다는 것을 분명히 알게 되었다. 영혼에게서 생명을 빼앗는 타락에는 단계가 있으며, 먹고 살 생각만을 하는 사람에게는 내면의 목소리가 들리지 않는 법이다. 그를 위협하고 있는 도덕의 사멸에서 이 불행한 청년을 구하려고, 신부는 우선 청년의 마음속에 자존심과 자애심을 일깨워주는 일부터 시작했다. 그는 청년에게 자기의 재능만 잘 사용하면 보다 행복한 앞날이 있다는 것을 알게 해주고, 타인의 아름다운 행위를 들려줌으로써 그의 마음속에 관용의 정신을 되살려 그러한 사람을 추앙하게 하고 자신도 그러한 일을 행하고자 하는 희망을 주었다. 게으른 방탕 생활로부터 자신도 모르게 벗어나도록 해주기 위해서 신부는 선택된 책들에서 발췌본을 만들도록 했다. 그리고 그 발췌본이 필요한 것처럼 꾸며 보임으로써 청년의 마음속에 감사라는 고귀한 감정을 길러주었다. 그는 그 책을 통해 간접적으로 청년을 교육한 것이다. 이렇게 하여 자기는 어디에도 무익한 존재라는 생각을 갖지 않도록, 스스로가 자기 평가를 좋게 할 수 있도록 해주었다.

이 자비로운 사람이 청년의 교육은 무시하는 것처럼 보이면서 은밀히 자기 제자를 타락으로부터 구해내려고 사용한 기술은 다음의 예 한 가지만으로도 충분히 짐작할 수 있을 것이다. 이 성직자는 매우 성실했으며 그의 분별력도 아주 확실했으므로, 많은 사람들은 도시의 신부보다 이 신부의 손을 통하여 적선하고 싶어할 정도였다. 어느 날 누군가가 가난한 사람들에게 나누어주라고 약간의 돈을 이 신부에게 기부하자, 이 청년은 자기도 받을 자격이 있다고 하며 그 돈을 요구하는 것이었다. 그때 신부는 "우리는 형제이며 너는 나에게 속해 있으므로 네가 쓰기 위해 이 기탁금에 손을 대어서는 안 된다." 라고 말하고는, 청년이 요구한 돈을 자기 사재(私財)에서 내주었다. 이러한 교훈이 청년을 감동시켰음은 물론이다.

나는 이제 3인칭으로 말하는 것에 싫증이 났으며 그럴 필요도 없다. 이 불행한 도망자가 바로 나라는 것을 여러분은 알아차렸을 것이며, 나는 내 젊은날의 방탕을 자백해도 좋을 정도로 그것에서 완전히 멀어졌다고 자부하고 있다. 그리고 나를 거기에서 끌어내준 은인에 대해서 그 은혜에 경의를 표할 가치가 충분히 있는 것이다.

내가 이렇게 감동한 것은 그 신부의 사생활에서 위선 없는 인정, 언제나 옳고 솔직한 말, 그리고 그 말과 언제나 일치하는 행동을 보았기 때문이었다. 그는 자기가 도와주고 있는 사람들이 고해를 자주 하고 있는지, 정해진 날에 단식을 하는지 등에 대해 전혀 간섭을 하지도 않았으며, 또 이와 비슷한 다른 조건들, 그것이 없으면 도움을 기대하지도 못하고 굶어죽게 될지도 모를 조건들을 그들에게 부과하는 일도 없었다.

여기서 용기를 얻었던 나는 미숙한 나의 생각을 숨기는 일이 전혀 없었고, 그가 얼굴을 찌푸리는 일도 없었다. 그는 내가 귀의하고자 하는 그의 종교에 무관심한 것을 탓하지 않았는데, 그것은 내가 교육받은 종교에도 마찬가지로 관심이 없다는 것을 알고 있기 때문이었다. 그는 종교에 대한 나의 경멸이 종파 때문이 아니라는 사실을 알고 있었지만 가끔 그가 로마 교회의 교리와는 반대되는 교리에 찬성하고 로마 교회의 모든 의식을 무시하는 듯이 생각하는 것 같은 말을 들었을 때, 어떻게 생각했을까? 만일 그가 기독교의 모든 의식을 매우 충실히 지키지 않는 것을 보았더라면, 나는 그를 위선자라고 생각했을 것이다. 그러나 나는 그가 혼자 있을 때도 공중 앞에서처럼 신부의 직무를 어김없이 이행하고 있는 것을 알았고, 그러한 모순을 어떻게 판단해야 좋을지 알 수 없었다. 전에 그에게 불행을 가져다주었던 그 실수만 제외한다면 그의 생활은 모범적이었고, 품행은 비난할 여지가 없었으며, 말도 솔직하고 정당했다. 그와 친밀하게 생활하는 가운데 나는 점점 더 그를 존경하게 되었으며 그의 한없는 친절에 나의 마음이 완전히 사로잡혀 버리자, 나는 그처럼 특이한 생활의 일관성이 어떤 원리에 근거를 두고 있는가를 알게 될 날을 기다리게 되었다.

그 시기는 그리 빨리 오지는 않았다. 그의 제자에게 모든 것을 이야기하기 전에 제자의 마음속에, 그가 뿌린 이성과 선의(善意)의 씨앗을 싹트게 하려고 노력했다. 내 마음속에서 가장 제거하기 어려운 것은 세상의 부자나 행복한 사람들에 대한 어떤 원한의 감정이었다. 마치 그들이 나를 희생시킴으로써 행복해지기라도 한 것처럼, 또한 그들의 행복이 나의 행복을 부당하게 빼앗아 가기라도 한 듯이 나는 그들에게 원한을 품고 있었다. 내 스승이 내 마음속에서 애써 부활시킨 자존심은 자만심으로 바뀌어 나에게는 모든 사람이 더욱 천하게 보였고, 증오심에 덧붙여 경멸감까지 느끼게 할 뿐이었다.

그는 이러한 자만심에 직접 공격하지 않고 그것이 냉혹한 마음으로 바뀌는 것만을 경계했으며, 나에게서 자존심을 잃지 않도록 하면서 타인을 경멸하지 않게 할 뿐이었다. 자신의 약점을 절실히 느끼고서 인류의 약점에 대한 연민으로 감동된 그는, 모든 사람이 자신의 부덕과 남의 부덕 때문에 희생되는 것을 도처에서 보았던 것이다. 가난한 사람들은 부자들의 억압 아래에서, 부자들은 자신들의 편견의 압박 아래에서 신음하고 있는 것을 보았기에 그는 이렇게 말하곤 했다. "내 말을 믿어라. 우리의 망상은 우리의 불행을 감소시켜주지도 못하고 도리어 가치도 없는 것에 가치를 부여하며, 망상만 없다면 느끼지 않을 모든 고통을 느끼게 함으로써 불행을 더욱 가중시키는 것이다. 마음의 평화는 그 평화를 방해하는 모든 것을 무시하는 데 있는 것이고, 인생을 가장 소중히 여기는 사람은 언제나 가장 적게 향유하는 사람이며, 행복을 몹시 원하는 사람은 언제나 불행하게 마련이다."

"만일 모든 것을 부정해야만 한다면 우리가 산다는 것이 무슨 의미가 있을까요? 행복 그 자체마저도 경시해야 한다면 누가 행복할 수 있겠습니까?" "바로 나지." 내 물음에 신부는 대답했다. 나는 그 어조에 깊이 감동했다. "당신이 행복하다구요! 가난하고, 추방당하고, 박해받은 당신이 행복하다구요! 당신은 도대체 행복해지기 위한 무엇을 가졌습니까?" "여보게, 그 이야기를 해주지."하고 그는 대답했다. "나는 자네의 가슴속에 내 모든 감정을 털어놓겠네." 그는 나를 껴안으며 말했다. "자네는 진정한 나를 보게 될 걸세. 내가 실제로 어떤 인간인가는 모른다 하더라도 내가 자신을 어떻게 보는가는 알 수 있을 것이다. 자네가 나의 고백을 들은 후 내 마음의 상태를 제대로 알게 되면, 내가 왜 행복하다고 자부하는지를 알게 될 거야. 그리고 만일 자네도 나처럼 생각한다면 분명히 행복해질 수 있을 걸세. 그렇지만 긴 시간이 필요해. 인간의 운명이나 인생의 참된 가치에 대해 설명하자면 조용히 이야기할 수 있는 시간과 장소가 있어야겠지."

나는 그의 이야기가 몹시 듣고 싶었다. 그 여름의 다음날 우리는 새벽녘에 일어났다. 그는 나를 데리고 포 강이 내려다보이는 높은 언덕 위로 올라갔고, 거기서 비옥한 유역을 가로질러 흐르고 있는 물줄기를 볼 수 있었다. 저쪽에는 거대한 알프스 산의 줄기가 우뚝 솟아 있었다. 아침 햇살이 이미 들판에 퍼져서 나무며 언덕이며 집들의 긴 그림자를 늘어뜨리고 있었으며, 사람들 눈에 감명을 줄 수 있는 가장 아름다운 그림이 펼쳐져 있었다. 이 그림을 잠시 동안 묵묵히 바라보고 나서 이 평화로운 사람의 이야기가 시작되었다.

사부아 인 보좌 신부의 이야기

나의 친구여, 나에게서 학구적인 이야기나 심오한 원리를 기대하지 말라. 나는 위대한 철학자도 아니며 또 그렇게 되려는 생각도 없다. 다만 나에게도 양식은 있고 또 언제나 진리를 사랑하므로, 나는 자네에게 내가 단순하게 생각하고 있는 바를 설명해주기만 할 뿐이다. 설령 내가 잘못 생각하더라도 그것 때문에 나빠지지는 않는다. 만일 내 생각이 옳다면 우리는 서로가 이성을 가지고 있고 이성의 소리에 귀를 기울이려는 동기를 갖기 때문에, 자네도 나와 동일한 생각을 갖게 되리라고 믿는다.

가난한 농부의 자식으로 태어난 나의 신분으로 보면 농사를 지어야 한다. 그런데 부모는 내가 신부가 되는 것이 더 좋겠다고 생각했던지 공부시킬 방법을 모색했다. 분명히 나의 부모나 나는 학문을 하여 참되고 유익한 일을 연구할 생각은 전혀 없었고, 다만 성직자가 되기 위해 필요한 것만을 공부하는 데 불과했다. 결국 모두가 원하는 대로 나는 신부가 되었다. 그러나 나는 이내 내가 지킬 수 있는 이상의 약속을 했다는 사실을 깨달았다.

우리는 양심이 편견의 소산이라는 말을 듣고 있지만, 나는 양심이 인간의 모든 규칙을 어기면서까지 자연의 질서를 따르려고 한다는 사실을 경험을 통해 알고 있다. 우리에게 많은 것을 금지한다 해도 질서정연한 자연이 우리에게 허용한 것이라면, 더구나 자연이 우리에게 명령한 것이라면 질서를 어긴 데 대한 뉘우침은 언제나 미약한 것이다. 오, 착한 젊은이여! 자연은 아직 자네의 감각에 아무 말도 하지 않았다. 자연의 소리가 즐겁게만 들리는 그 행복한 상태에 오래 머물도록 하라. 자연에 거역하는 것보다 자연을 앞지르는 것이 한층 더 자연을 손상시킨다는 사실을 명심하라. 굴복해도 죄가 되지 않는 경우를 알려면 먼저 저항하는 방법부터 배워야 한다.

나는 젊었을 때 결혼을 자연의 가장 으뜸가는 법칙이며 가장 신성한 제도로서 존중해 왔다. 결혼할 권리를 빼앗긴 나는 그것을 결코 모독하지 않기로 결심했다. 왜냐하면, 비록 나는 교육을 받았지만 언제나 단조롭고 일관된 생활만을 해왔으므로 내 정신 속에 자연의 본능적인 밝은 빛을 모두 간직하고 있었으며, 세상의 격률이 그것을 흐리게 한 적도 없으며, 가난이 유혹들에서 나를 멀어지게 해주었던 것이다.

바로 이 점이 나를 파멸로 이끈 동기가 되었는데, 결혼에 대한 나의 존경심이 나의 실수를 드러낸 것이다. 내가 추문에 대한 죄값으로 직무 정지 처분을 당하고 추방된 것은 양심의 가책 때문이었다.

이러한 경험이 사려 깊은 정신을 멀리 끌고간 경우는 거의 없어서, 나는 인간의 정의나 성실성이나 모든 의무에 대하여 이전까지의 내 신념이 뒤집히는 것을 서글프게 바라보고만 있었다. 그리고 나에게 남아 있던 의견들만으로는 스스로 존속할 수 있는 하나의 조직을 이루기에 충분하지 못했다. 나는 여러 가지 원칙들의 명백성이 내 머릿속에서 서서히 흐려져 가는 것을 느끼다가 마침내 어떻게 생각해야 할지를 모르게 되어, 지금 자네와 같은 처지에 이르게 된 것이다.

나는 데카르트가 진리 탐구에 반드시 필요하다고 보았던 불확실과 의혹의 경향 속에 있지만, 이런 상태에는 오랫동안 있을 수가 없으므로 불안하고 괴롭기만 하다. 방탕한 성격과 나태한 정신의 소유자가 아니고서는 그러한 상태에 머물 수 없었다. 나는 그런 것을 즐길 정도로 타락해 있지는 않았으며, 자기 자신의 운명에 만족하고 있는 것만큼 반성의 습관을 잘 간직해주는 것은 없다.

그래서 나는 서글픈 운명에 대해 생각해 보았는데 사람들은 세론의 바다 위를 떠돌아다니면서, 자신의 진로도 모르고 어디서 와서 어디로 가는지도 모르고 미숙한 안내자 외에는 의지할 것 없이 폭풍 같은 번뇌에 몸을 내맡기고 있다. 나는 곰곰이 생각했다. "나는 진리를 사랑하며 그것을 탐구하고 있다. 그러나 그것을 구할 수가 없다. 누가 나에게 그것을 보여준다면 꼭 잡을 것이다. 진리는 왜 자기를 숭배하고 있는 마음에 자신을 숨겨야만 하는 것일까?"

가끔 나는 더 큰 고통을 겪지만, 이 혼란과 불안의 시기만큼이나 끊임없이 비통한 생활을 보낸 적은 일찌기 한 번도 없었다. 그때 나는 회의에서 회의로 끊임없이 방황하여, 오랜 명상 끝에 내가 얻은 것은 단지 나라고 하는 존재의 근원과 자신의 의무의 규범에 대한 불확실과 불명확과 모순뿐이었다.

사람이 어찌 틀에 박힌 회의론자가 될 수 있는가? 나는 그것을 이해할 수가 없다. 그러한 철학자는 존재하지 않거나 또한 가장 불행한 인간이다. 우리가 반드시 알아야 할 사물들에 대한 의혹은 인간의 정신에게는 너무 가혹해서, 인간 정신은 그런 상태에서 오래 버티지 못하므로 아무것도 믿지 않기보다는 차라리 잘못 생각하기를 바란다.

나를 더욱 당황하게 한 것은, 모든 것을 결정하여 어떠한 의심도 허용하지 않는 교회에서 교육받은 나이기에 한 가지만 거부하면 모든 것을 거부하게 된다는 점이다. 나에게 모든 것을 믿으라고 말한 사람은 나로 하여금 아무것도 믿지 못하도록 하는 것이다.

나는 철학자들과 상의했고, 그들의 저서를 읽어보고 그들의 의견을 검토해 보았으나, 그들이 모두 오만하고 단정적이며 독단적이라는 사실만 발견할 수 있을 뿐이었다. 더구나 그들의 회의주의라는 데서도 마찬가지여서, 모든 것을 안다고 말하면서도 아무것도 증명하지 못하고 서로 상대방을 비웃기만 한다는 사실을 발견했다. 어느 철학자에게는 공통되는 그러한 특성이, 그들이 지닌 유일한 진실이라는 것에 나는 놀랐다. 그들은 상대방을 공격할 때는 의기양양하지만 자신을 방어할 입장이 되면 활기가 없어진다. 그들은 파괴하기 위한 이치만을 가지고 있는 것이다. 만약 자네가 그들이 하는 주장을 고찰해 본다면 그들은 제각기 자기 주장에만 급급해서 논쟁한다는 점만 일치할 따름이다. 그들의 말에 귀를 기울이는 것 역시 내가 함정에서 빠져 나올 수 있는 수단은 못 되었다.

나는 이러한 견해의 많은 원인 가운데 하나는 인간 정신의 불완전함이며, 또 하나는 오만 때문이라는 것을 알았다. 우리는 이 광대한 우주를 측량할 방법이 없으며, 그 작용도 측정할 수 없다. 또 그 기본적인 법칙도 궁극적 목적도 모른다. 우리는 우리의 본성도, 우리의 행동 원리도 모른다. 인간이 단순한 존재인지 복잡한 존재인지도 알 수 없으며, 불가사의한 신비들만이 도처에서 우리를 둘러싸고 있다. 그것들은 감각의 영역을 벗어나 있으므로 그러한 것들을 보기 위해 지성을 지니고 있다고 믿지만, 실제로는 상상력 이외에 가진 것이라곤 아무것도 없다. 이 상상력에 의존하여 사람들은 저마다 자신이 바르다고 생각되는 길을 걷지만, 어느 누구도 자신의 길이 목적지로 통하고 있는지 어떤지 알 수가 없다. 그렇지만 우리가 모든 것을 꿰뚫어보고 모두 이해하는 데는 오랜 시일이 필요하다.

우리는 어느 누구도 존재하는 것을 볼 수 없다고 고백하기보다는 차라리 아무렇게나 마음을 결정하여 존재하지도 않는 것을 바란다. 우리로서는 그 한계를 알 수 없는 하나의 커다란 전체가 있어서 그 창조자는 우리를, 전체의 성질을 규명하고 그에 관한 우리의 관계를 정하려는 어리석은 논쟁에 내맡기고 있는 것이다.

철학자들이 진리를 발견한다 해도 과연 그들 중 누가 진리에 관심을 가지겠는가? 그들은 자신의 철학 체계가 다른 사람의 체계보다 확실한 근거가 없다는 사실을 잘 알고 있다. 단지 그들은 그것이 자기의 의견이므로 주장하는 것이다. 가령 진리와 허위를 알았다 해도 남이 발견한 진리를 택하고 자기가 발견한 허위를 버리는 철학자는 한 사람도 없다. 철학자는 자기의 명예를 위해 전세계를 속인다. 근본적인 문제는 타인과 다르게 생각하는 것이다. 신자들 속에서는 무신론자가 되고, 무시론자들 속에서 신자가 되어야만 하는 것이다.

이러한 고찰에서 내가 끌어낸 최초의 결론은, 나와 직접적인 관계가 있는 것에만 탐구를 한정시키는 법을 배운 일이다. 그밖의 모든 일에 대해서 전혀 모르는 채로 만족하며, 내가 알아야 할 일 외에는 의심해보는 것조차 귀찮게 생각하도록 배운 일이다.

또한 나는 철학자들이 나를 쓸데없는 의혹에서 구해내지 못하고 나를 괴롭히는 의혹들을 증가시킬 뿐 단 하나도 해결해주지 못한다는 사실도 알았으므로, 나는 다른 안내자를 택하기로 했다. 그리고 생각했다. 나로 하여금 내면의 빛에 따르도록 하자. 그 빛은 철학자들이 나를 혼란시키는 것보다는 덜 혼란시키고, 잘못이 있더라도 그것은 나 자신의 잘못일 뿐이다. 그리고 철학자들과 같은 큰 과오는 범하지 않을 것이라고 생각했다.

그래서 나는 태어난 이후로 나를 차례로 이끌어온 여러 가지 견해들을 관찰해 보았다. 그 견해들 중 어느 하나도 직접 확신을 갖게 할 정도로 명백한 것은 없었지만 그래도 저마다 어느 정도까지는 진실에 가까운 것을 가지고 있으며, 그 정도의 차이에 따라 무의식중에 그것을 동의하거나 거부해 왔다는 사실을 나는 알게 되었다. 나는 그 견해들이 지니는 서로 다른 관념들을 비교해 보면서 최초의 가장 일반적인 관념이 역시 가장 합리적인 최후의 것이라면, 모든 사람들이 그것을 믿었을 것이라는 사실을 발견했다. 고금의 모든 철학자들이 힘과 기회·숙명·필연성·생명이 있는 모든 종류의 유물론 등에 관한 그들의 터무니없는 학설을 이미 사용했다는 사실을 상상해 보라. 그리고 그 모든 철학자들 다음에 저 유명한 클라크가 세계를 밝혀주었고, 마침내 최고의 존재인 만물의 부여자를 밝혔다는 사실을 상상해 보라. 이처럼 위대하고 고상하며 정신을 향상시키고 미덕에 기초를 두기에 알맞은 이 새로운 학설은 폭넓은 지지와 찬사를 받았던 것이다. 나는 스스로에게 말했다. "어느 학설이건 반대 의견이 따르게 마련인데, 왜냐하면 인간의 두뇌는 한정되어 있으므로 완벽할 수는 없기 때문이다. 그러므로 이러한 난제는 어느 학설에 반대하는 최후의 주장이 되지 않는다. 만일 모든 것을 다 설명할 수 있는 앞의 학설이 다른 학설 이상의 어려운 문제만 없다면 마땅히 그 학설을 택해야 하지 않겠는가?"

그래서 진리에 대한 사랑만을 유일한 철학으로 삼아, 또 공허한 논쟁을 덜어주는 간단한 규칙을 유일한 방법으로 삼아, 이 규칙에 의존해서 나와 관계되는 지식들의 재검토에 착수했다. 나는 성실한 마음으로 시인해야만 할 지식들은 모두 다 명백한 지식으로, 그리고 이 지식들과 필연적인 관계를 가진 지식들은 모두 다 진실한 것으로 인정하며, 그밖의 모든 지식들은 거부하거나 받아들이지도 않고, 또 그런 것들이 실천에 아무런 이익도 가져다주지 않는 한 구태여 밝히려 들지 않고 그냥 불확실한 채 그대로 두기로 결심했다.

그러나 나는 도대체 무엇인가? 나는 사물을 판단할 어떤 권리를 갖고 있으며, 그 판단을 결정하는 것은 무엇인가? 만일 내 판단들이 피하기 어려운 일이며 내가 받은 인상에 의해서 결정된다면, 이러한 탐구는 헛수고일 뿐이다. 그러므로 이러한 탐구는 결코 이루어지지 않거나, 혹은 나의 간섭을 받지 않고서도 자연히 이루어질 것이다. 그러므로 내가 사용하려는 도구를 알기 위해서는, 또 내가 어느 정도까지 그것을 믿고 사용할 수 있는가를 알기 위해서는 우선 나 자신에게로 시선을 돌려야만 한다.

나는 존재하며, 그것을 느끼게 하는 감각들을 지니고 있다. 이것이 바로 나를 감동시키며, 내가 승인하지 않을 수 없는 최고의 진리이다. 그러면 나는 자신의 존재에 대하여 어떠한 독립된 지식을 갖고 있는가, 또는 자신의 존재를 단지 감각을 통해서만 느끼는가? 이것이 나의 의문이며, 지금의 나로서는 해결할 수 없는 의문이다. 왜냐하면 나는 직접 또는 기억에 의해서 끊임없이 여러 감각을 경험하고 있으나, '나'에 대한 이 느낌이 다른 여러 감각들을 초월한 것인지 다른 감각과는 독립하여 존재할 수 있는 것인지를 알 수 없기 때문이다.

나의 느낌들이 나에게 나의 존재를 느끼게 하고 있다면 그것은 나의 내부에서 일어나는 것이다. 그러나 그것들의 원인은 나의 외부에 있는데 그 느낌들은 어떠한 이유를 막론하고 나에게 영향을 주며, 나와는 관계없이 생기거나 없어지기 때문이다. 따라서 나는 나 자신의 감각과 그 원인이나 대상과는 같지 않다는 사실을 명백히 알 수 있다. 그리하여 나만이 존재하지 않고 다른 존재들, 다시 말하면 나의 느낌의 대상들도 존재하는 것이다.

그런데 나 자신의 외부에 있다고 느끼는 모든 것, 내 감각에 작용하는 모든 것을 나는 물질이라고 부른다. 그리고 개별적인 존재들로서 결합된 것으로 생각되는 물질의 결합체를 물체라고 부른다. 따라서 관념론자나 유물론자들의 논쟁은 모두 내게는 아무런 의미도 없고, 물체의 외관과 실재에 대한 그들의 구별은 한낱 망상으로만 생각된다.

나는 지금 자신의 존재를 확신한 것과 마찬가지로 우주의 존재에 대해서도 확신한다. 이어서 나는 나의 감각의 대상에 대해 생각해 본다. 그리고 그 대상들을 비교하는 능력이 나에게 있다는 것을 발견하고, 내가 전에는 가진 줄 모르고 있던 능동적인 힘이 부여되어 있음을 깨닫게 된다.

인지한다는 것은 느끼는 일이며, 비교한다는 것은 판단하는 일이다. 판단하는 것과 느끼는 것은 다른데, 느낌을 통해서는 대상이 자연 속에 있는 그대로의 모습으로 따로따로 분리되어 나타나고, 비교를 통해서는 내가 그 대상을 정리한다. 즉 대상들을 이동시켜 하나를 또 하나 위에 겹쳐놓고 그들 사이의 모든 관계를 발견하며, 그들의 같고 다름을 결정짓게 된다. 내 생각으로는, 능동적이거나 지적인 존재의 특유한 능력은 이 '존재한다'는 말에 하나의 의미를 부여할 수 있다는 것이다. 내가 완전히 감각적인 존재 속에서 비교하고 판단하는 지적인 능력을 찾으려 해도 소용없는 일이다. 이러한 수동적인 존재는 각 대상을 하나하나 느끼거나 두 개로 형성된 통일체를 느낄 수도 있지만, 그것들을 비교한다거나 판단하는 일은 결코 없을 것이다.

두 개의 대상을 동시에 본다면, 그들의 유사점을 알아보는 것도 아니고 그들의 차이점을 판단하는 것도 아니다. 또한 여러 개의 대상을 따로따로 알아보는 것도 그것들을 판단하는 것이 아니다. 손가락을 세어보지 않더라도 나의 손 전체를 동시에 볼 수 있으며, 큰 막대기에 대해서도 하나가 다른 하나보다 작다고 판단하지 않고도 그 관념을 같은 순간에 가질 수 있다. "더 크다" "더 작다."라는 비교관념은 '하나, 둘' 따위의 수량 관념과 마찬가지로 나의 감각이 생길 때 처음으로 인지되는 것이지만 확실한 감각은 아니다.

감각이 있는 존재는 느낌이 주는 차이에 따라 하나하나를 구별한다고 들어왔는데, 이것은 설명이 필요하다. 느낌들이 서로 다르면 감각이 있는 존재는 그 차이에 의해 구별할 수 있고, 느낌이 서로 비슷한 경우에는 개별적으로 느끼기 때문에 구별이 된다. 두 개의 같은 대상을 어떻게 구별할 수 있는가? 감각이 있는 존재는 필연적으로 그 두 개의 대상을 같은 것으로 보는데, 공간을 표현하는 감각에는 확대 능력이 없다고 주장하는 학설에 있어서는 더욱 그렇다.

비교할 수 있는 두 개의 느낌이 인정되면 그런 인상이 형성되고, 대상 하나하나가 느껴져 두 개의 대상을 느낄 수 있게 된다. 그러나 그것이 그들의 느낌에 불과하고 오직 그 대상 자체에서 오는 것이라면, 나의 판단은 결코 틀리지 않을 것이다. 내가 보는 사물을 내가 느끼는 것은 진리이기 때문이다.

그런데 작은 막대기가 큰 막대기의 4분의 1밖에 안 되는데, 왜 나는 3분의 1이라 할까? 무엇 때문에 느낌인 영상이 대상인 실물과 일치하지 않는가? 그것을 판단할 경우에는 나 자신이 능동적이기 때문이다. 또한 그 비율을 판단하는 나의 이해력이 대상만을 보여주는 느낌들의 진실에 그의 오류를 혼합하기 때문이다.

이 점에 또 하나의 고찰을 덧붙여 보자. 그것을 잘 생각해보면 분명히 자네도 놀랄 것이다. 만일 우리가 우리의 감각을 사용할 때 순전히 수동적이라면, 그 감각들 사이에는 아무런 교류도 없다는 점이다. 그렇게 되면 우리가 만지는 물체와 우리가 보는 대상이 같은 것이라는 사실을 알 수 없게 될 것이다. 우리에게는 다섯 가지의 감각적인 실체만이 있을 뿐, 그 동일성을 알아볼 방법은 하나도 없게 될 것이다.

나의 느낌들을 대조하고 비교하는 나의 정신 능력을 여러분들이 주의력·성찰·반성 등등 어떠한 명칭으로 불러도 좋다. 어쨌든 그 능력은 나에게 있는 것이며 사물들 속에 있는 것이 아니라는 점만은 확실하다. 대상들로부터 어떤 인상을 받을 때에만 내가 그 능력을 사용하는데, 그 능력을 만들어내는 것은 나뿐이라는 것도 확실하다.

그러므로 나는 감각을 가진 수동적인 존재가 아니라, 능동적이며 지적인 존재인 것이다. 그리고 철학이 뭐라고 말하건 나는 생각할 능력을 가지고 있는 것이다. 다만 나는 진리가 사물 속에 존재하는 것이지 그것을 판단하는 나의 머릿속에 있지는 않으며, 또 내가 사물에 대해 내리는 판단에 나의 생각을 적게 개입시킬수록 그만큼 나는 진리에 접근한다는 것을 알고 있다. 그래서 이성보다는 감정에 자신을 맡기는 나의 규칙은 이성에 의해 확인을 받게 되는 것이다.

그때 나는 나 자신을 확신함으로써 나 이외의 사물을 바라보기 시작한다. 나는 그것이 무엇인지 그것과 나 자신과 어떤 관계가 있는지도 전혀 모른 채 무한한 우주 속에 던져진 자신의 모습에 전율을 느끼며 보게 된다. 나는 그 존재들을 연구하며 관찰한다. 그런데 그것들을 비교하기 위해 내 앞에 나타나는 최초의 대상은 바로 나 자신인 것이다.

내가 감각을 통해 느끼는 것은 모두 물질이다. 그리고 나는 물질의 감각적인 특질로부터 그것의 모든 본질적인 특성을 추론해 낸다. 물질의 감각적인 특질은 나로 하여금 그 물질을 알아보게 하는데, 나는 물질이 때로는 움직이고 때로는 정지하고 있음을 본다. 그리고 거기서 나는 정지도 운동도 그 물질로서는 본질적인 것이 아니라는 결론을 얻게 되지만 운동이란 하나의 작용인만큼 어떤 원인의 결과이며, 정지란 그 원인의 부재에 불과한 것이므로 물질에 아무 힘도 가하지 않았을 때에는 그 물질은 움직이지 않을 것이다. 그러므로 물질의 자연적인 상태는 정지 상태인 것이다.

나는 물체에서 두 가지 운동을 인지한다. 이를테면 외부에서 영향을 받은 운동과, 자발적 또는 자의적 운동이 그것이다. 전자의 운동 원인은 움직이는 물체의 외부에 있고, 후자의 운동 원인은 그 내부에 있다. 그렇지만 시계의 운동이 자발적인 것이라고 결론짓지는 않겠다. 왜냐하면 태엽 이외의 다른 어느 힘이 태엽에 작용하지 않으면, 태엽은 풀리려고도 하지 않고 또 톱니바퀴를 움직이지도 않을 것이기 때문이다. 마찬가지 이유로 나는 액체에도, 또 액체에 움직임을 주는 불에도 자발성을 인정하지 않겠다.

자네가 나에게 동물의 운동은 자발적인 것이냐고 묻는다면, 나는 이렇게 대답하겠다. "그런 것에 대해서는 잘 모르지만, 유추는 그것을 긍정하고 있다." 그렇다면 자발적인 운동이 있다는 사실을 어떻게 아느냐고 다시 물을 텐데, 나는 그것을 느끼기 때문에 알고 있다고 대답하겠다. 나는 내 팔을 움직이고 싶을 때 움직인다. 그때 그 움직임에는 나의 의지 이외에는 어떠한 원인도 없으며, 나의 내부에 있는 이런 느낌을 없애려 한다 해도 그건 소용없는 일이다. 그건 내가 존재하지 않는다는 것을 나에게 증명해 보이려는 것과 다름없기 때문이다.

만일 사람들의 행동이나 지구상에서 일어나는 어떤 일에도 자발성이 없다면 모든 운동의 최초의 원인을 상상하기는 매우 어려워질 것이다. 물질의 자연적인 상태란 정지 상태이며, 그 물질 자체에는 움직일 힘이 없다고 믿고 있는 나로서는, 움직이고 있는 물체를 보면 그것이 생명이 있는 물체인지 아니면 그 운동이 외부에서 전달된 것인지 쉽게 판단을 내릴 수 있다.

그렇지만 눈에 보이는 이 우주는 물질이고 그 모든 부분에 공통된 것이라곤 없는, 이를테면 죽은 물질이다. 부분이 되어 있는 우리가 전체에 관해서 아무 의식도 가지고 있지 않다는 것은 확실하기 때문이다.

그런데 이러한 우주가 움직이고 있다. 그 운동은 질서와 통일이 있으며, 일정한 법칙에 따르고 있다. 그것은 인간이나 동물의 자발적 운동 가운데 나타나는 자유는 갖고 있지 않다. 그러므로 세계는 스스로 움직이는 거대한 동물이 아니고, 따라서 세계의 움직임에는 외부로부터 오는 어떤 원인이 있는 것이다. 그런데 나는 그것을 모른다. 그러나 마음속의 확신이 나에게 그 원인을 명백하게 느끼도록 해주기에 나는 태양의 운행을 보고 그것을 추진시키는 어떤 힘을 상상하고, 따라서 지구가 회전한다면 그것을 회전시키는 어떤 손을 느끼는 것이다.

만약 물질과의 근본적인 관계를 이해할 수 없는 일반적인 법칙들을 인정해야 한다면 그것이 나에게 무슨 도움이 되겠는가? 이 법칙들은 현실적인 존재, 즉 실체가 아니므로 나로서는 알 수 없는 어떤 다른 근거를 가지고 있는 것이다. 실험과 관찰은 우리에게 운동의 법칙을 가르쳤고, 운동 법칙은 원인을 보여주지 않고 결과만을 결정한다. 그것은 세계의 체계와 우주의 운행을 설명하기에는 충분하지 않은데, 데카르트는 주사위를 가지고 하늘과 땅을 만들어냈지만 그도 회전 운동의 도움이 없이는 그 주사위들에게 구심력을 작용시키지 못했을 것이다. 뉴턴은 인력의 법칙을 발견했다. 그러나 인력만으로는 머지 않아 이 우주는 움직이지 못하는 물체로 변하고 말 것이므로, 뉴턴은 천체의 황도를 설명하기 위하여 원심력을 추가하게 했다.

운동의 첫째 원인은 물질 속에 있지 않다. 물질은 운동을 받아서 그것을 전달할 뿐 운동을 야기하지는 않는 것이다. 나는 서로 작용하는 자연력들의 작용과 반작용을 관찰하면서, 언제나 하나의 결과에서 다른 결과로 거슬러 올라가 첫째 원인인 어떤 의지에까지 다다라야만 한다는 것을 알게 된다. 왜냐하면 원인들의 무한한 연속을 가정하는 것은, 원인을 전혀 가정하지 않는 것과 같기 때문이다. 한 마디로 말해서 자생적·자발적 운동을 제외하고 다른 운동에 의해 유발되지 않는 운동이란 결코 일어날 수 없는 것이다. 무생물체들은 일종의 운동에 의해서 활동할 수 있으므로, 의지가 없는 행동이란 있을 수 없다. 이것이 나의 제일 원리이다. 그러므로 나는 하나의 의지가 이 우주를 움직이고, 자연에게 생명을 주고 있다고 믿는다.

그렇다면 어떻게 해서 하나의 의지가 물리적·유형적인 작용을 일으키는가? 그것에 대해서는 아무것도 알 수 없지만 의지가 행동을 일으킨다는 것은 내 마음속에서 사실임을 느끼고 있다. 행동하고 싶을 때 나는 행동한다. 그러나 움직이지 않는 무생물이 스스로 움직인다든가, 혹은 운동을 일으킨다는 것은 있을 수 없는 일이다. 내가 의지를 인식한다는 것은 그 행위에 의해서 성실에 의해서 인식되는 것은 아니다. 나는 이 의지를 운동의 원인으로 알고 있다. 그러나 물질이 운동을 일으킨다고 생각하는 것은 원인이 없는 결과를 생각하는 것이 분명하며, 결국 아무것도 생각하지 않는 것과 같다.

어떻게 해서 내 의지가 내 몸을 움직이는가를 이해한다는 것은, 어떻게 해서 내 느낌들이 나의 영혼에 영향을 미치는가를 이해하는 것과 마찬가지로 나에게는 불가능한 일이다. 나로서는 내가 수동적일 때나 능동적일 때나 이 두 실체를 결합하는 것은 전혀 이해될 수 없는 것으로 여겨진다. 마치 이처럼 서로 종류를 달리하는 작용이 두 개의 실체 속에 있을 경우보다는 한 개의 주체 속에 있을 경우에 설명하기가 쉽기라도 하다는 듯, 사람들이 이 두 실체를 혼합시키기 위해 바로 이러한 식으로 출발한다는 것은 참으로 이상한 일이다.

내가 방금 세운 교리가 애매한 것은 사실이지만 적어도 그것은 어떤 의미를 암시해주며, 이성이나 경험에 어긋나는 점은 전혀 없다. 유물론에서도 이같이 말할 수 있을까? 만일 운동이 물질에게 본질적인 것이라면 그것은 물질 속에서 분리될 수 없는 것으로서 언제나 같은 정도로 있으리라는 것은 분명하며, 따라서 정지하는 물질이란 생각조차 할 수 없을 것이다. 만일 누군가가 운동은 물질에 있어 본질적인 것은 아니지만 필연적인 것이라고 하면, 그것은 그 가운데 지닌 의미가 약하기 때문에 좀더 쉬운 말로써 나를 기만하려는 것일 뿐이다. 왜냐하면 물질의 운동은 물질에게만 본질적인 것이며, 다른 원인에서 온다면 운동의 원인이 그 물질에 작용하는만큼 운동은 물질에게 필연적인 것이 되기 때문이다. 따라서 우리는 다시 난해한 문제로 되돌아가게 된다.

일반적이고 추상적인 관념은 인간이 착오를 일으키는 중요한 근원인데, 형이상학의 알아들을 수 없는 말은 단 하나의 진리도 찾게 해준 적이 없다. 나의 친구여, 자연 전체에 퍼져 있는 맹목적인 힘에 관해 누군가가 얘기할 때, 과연 자네에게 어떤 참다운 관념을 주었는가? 그들은 보편적인 힘이니 필연적인 운동이니 하는 막연한 말로 무엇인가를 설명하려 하지만, 사실은 아무 말도 하지 않은 것이다. 운동이란 관념은 다른 곳으로 이동하는 것이다.

그러므로 방향이 없는 운동이란 있을 수 없다. 어떠한 사물이나 어떠한 사람이라도 동시에 모든 방향으로 움직이는 일은 없다. 그러면 도대체 물질은 필연적으로 어느 방향으로 움직이는가? 물질 전체가 일률적인 운동을 하는가, 혹은 각 원자가 자체의 운동을 하는 것인가? 전자를 따른다면 우주 전체가 하나의 단단한 덩어리를 이루고 있어야 하고, 후자를 따른다면 각각의 원자가 결코 결합될 수 없는 분산적인 하나의 유체이어야만 하다. 모든 물질에 공통된 이 운동은 어느 방향으로 향해지는가? 일직선, 또는 원일까? 위에서 아래로 향할까, 오른쪽 또는 왼쪽으로 향할까? 만일 분자가 모두 특유한 방향을 가지고 있다면 그 모든 방향과 그 차이의 원인들은 무엇일까? 만일 물질의 원자가 각 분자가 축을 따라 움직이는 것에 불과하다면, 그 어느 것도 자기 자리를 벗어나지 못하므로 운동이 전달되는 일은 없을 것이다. 추상적으로 물질에 운동을 부여한다는 것은 아무 의미도 없으며, 물질에 임의의 방향을 부여한다는 것은 그 운동을 결정하는 어떤 원인을 가정하는 것이다. 그렇다면 더욱 많은 예를 들면 더욱 많은 원인을 설명해야 하고, 따라서 원인을 지배하는 공통된 동인(動因)은 하나도 발견할 수 없게 된다. 나는 원소들의 우연한 결합 속에서 어떤 질서나 충동조차도 상상할 수 없다. 그러므로 우주의 혼돈이란 것은 나에게는 믿을 수 없는 것이 된다. 나는 우주가 사람의 두뇌로는 이해되기 어렵다는 점을 알 수 있지만, 누군가가 그것을 설명하려고 한 이상 이해할 수 있는 것들을 말해야만 한다.

가령 움직이는 물질이 나에게 어떤 의지를 보여주었다면, 일정한 법칙에 따라 운동하는 물질은 하나의 영적 실재를 나에게 보여주는 것이다. 이것이 나의 제2의 신조이다. 행동하고 비교하고 선택하는 것은 사고하는 존재가 하는 일이므로 그 실재는 존재하는 것이다. 그것이 존재함을 어떻게 증명할 수 있느냐는 물음에 대해, 나는 그것은 회전하는 하늘에서뿐만이 아니라 우리를 비추는 태양 속에서도 볼 수 있으며, 또한 나 자신 속에서만이 아니고 풀을 뜯는 양, 날아다니는 새, 떨어지는 돌, 바람에 흩날리는 나뭇잎에서도 볼 수 있다고 대답하겠다.

나는 비록 세계의 목적에 대해서는 알지 못하지만 세계의 질서에 대해서는 생각할 수 있다. 왜냐하면 그 질서를 판단하기 위해 세계의 부분들을 서로 비교하고, 그들의 관계를 연구함으로써 그 조화를 알아보는 것으로 충분하기 때문이다. 나는 우주의 존재는 모르지만, 우주가 어떻게 변화하는가는 알 수 있다. 나는 우주를 성립하고 있는 여러 실체가 서로 도움으로써 밀접한 관계를 맺고 있음을 인식하고 있다. 마치 나는 열려진 시계를 처음 보고 그 기계의 용도도 모르면서 그 만든 솜씨에 감탄하는 사람과도 같다. 그는 이렇게 말할 것이다. "나는 기계가 어디에 쓰일지는 모르지만, 각 부분이 다른 부분을 위해 만들어졌다는 것은 알 수 있다. 나는 그 기계를 만든 장인에게 감탄한다. 그리고 이 모든 톱니바퀴들이, 나로서는 알 수 없는 어떤 공동의 목적을 위해서 협력하여 움직이고 있다는 것을 알 수 있다."

개별적인 목적과 수단, 그리고 모든 종류의 질서있는 관계들을 비교해보고서 내면의 느낌에 귀를 기울여보자. 건전한 정신을 가진 자라면 이 증거를 부정할 수는 없을 것이다. 우주의 조화 및 각 부분이 다른 부분들을 유지하기 위해 훌륭하게 협력하고 있는 것을 우리가 무시하려면 얼마나 많은 궤변을 사용해야만 하겠는가? 누구든지 결합이나 우연에 대한 이야기를 함으로써 나를 납득시키지 못한다면, 나의 입을 다물게 해봤자 무슨 소용이 있겠는가? 만일 유기체들이 영구적인 형태를 갖기도 전에 우연히 수많은 물질로 결합되었다면, 가령 입도 없이 먼저 위장만이, 머리 없이 발만이, 생존 능력이 없이 소멸될 이 모든 종류의 불완전한 기관들이 먼저 형성된다면 왜 그런 불완전한 기관들이 단 한 가지도 우리 눈에 띄지 않았을까? 또한 자연은 왜 처음에는 따르지 않던 법칙들을 결국 스스로 규정하게 되었을까? 만약 가능한 사건이 일어난다거나, 또 일어나기 힘든 일이 무수한 시도에 의해 일어날 수 있다 해도 나는 결코 놀라지 않는다. 그 점은 나도 인정하지만 만일 누군가가 인쇄소에 있는 활자를 아무렇게나 던져서 완전한 조판을 했다고 해도, 나는 그런 거짓말을 확인하려고 단 한 발도 내딛지 않을 것이다. 배합이나 우연은 결합된 요소와 같은 성질의 것만을 만들어내며, 조직이나 생명은 원자들의 단 한 번의 시도의 결과로 생겨나지는 않으며, 또 합성물을 만드는 화학자는 그 합성물들이 뭔가 느끼거나 생각하는 일은 없으리라는 것을 상상해 봐야 할 것이다.

나는 니우벤티트의 책을 읽고 놀랐다. 아니 분개했다. 어떻게 그는 창조자의 지혜를 드러내는 신비에 대한 책을 써낼 수 있었을까? 그 책은 결코 주제를 완전히 다루지는 못했으며, 만약 모든 부분에까지 관여하려 했다면 만물의 조화와 일치할 수 없었을 것이다. 생명있는 유기체들의 생성 하나만 보더라도 그것은 인간의 정신에 있어 하나의 심연이다. 서로 혼란되지 않게 여러 종 사이에 자연이 설치한 장벽은 자연의 의도를 명백히 하는 증거이다. 자연은 질서를 확립했을 뿐만 아니라 아무것도 그 질서를 교란하지 못하도록 대책을 강구해 두었다.

어떤 점에서는 모든 존재의 공통된 중심이라 할 존재가 이 우주에는 하나도 없다. 그래서 모든 것은 서로 상대적으로 목적이 되고 수단이 될 수 있도록 정돈되어 있는 것이다. 정신은 이 무한한 관계 속에 융합되고 몰입되어 있으나 단 하나도 혼합되거나 사라지지 않는다. 이러한 모든 조화를 물질의 맹목적인 기구에서 추론해 내려면 얼마나 많은 불합리한 가정을 해야 하는가! 그러므로 추상이니 배열이니 일반 원리니 하는 상징적이고 애매모호한 용어로 떠들어 봤자. 아무 소용이 없을 것이다. 무한하게 배열된 존재들의 조직을 상상한다는 것은, 그 조직에 질서를 주는 하나의 지혜를 상상하지 않고서는 도저히 불가능한 일이다. 수동적이고 생명이 없는 물질이 생명과 감각을 지닌 존재를 낳을 수 있었다든가, 맹목적인 운명이 지적인 존재들을 만들 수 있었다든가, 전혀 사색하지 않은 사물에서 생각하는 존재를 낳을 수 있었다는 것 등을 믿고 안 믿고는 나와 상관없는 일이다.

그러므로 나는 세계가 강력한 어떤 의지에 의해 지배되고 있다고 믿는다. 또한 내가 그것을 보고, 느끼고, 인정한다는 것은 중요하다. 그런데 이와 같은 세계는 영원한 것인가? 만물에 유일한 근원이 있는 것인가? 또 그것의 본성은 무엇인가? 나는 이에 대해서 아무것도 알 수 없지만 그것이 나와 무슨 관계가 있는가? 이러한 것이 나에게 중요한 문제가 될 경우에, 나는 그러한 지식들을 얻기 위해 노력할 것이다. 그때까지는 나의 자존심을 상하게 할는지는 모르나 나의 행동에는 아무 제약이 없으므로, 나는 내 이성을 초월하는 그러한 무익한 문제에는 관계하지 않기로 한다.

나는 나의 견해를 가르치는 것이 아니라 설명하고 있다는 점을 명심해주기 바란다. 물질이 불멸의 것이건 창조된 것이건, 수동적인 어떤 원리가 있건 없건 우주는 하나이며 유일한 지적 존재를 알려주고 있다는 사실만은 확실하다. 왜냐하면 이같은 체계 속에서 질서가 잡히지 않은 것과 동일한 목적, 즉 확립된 질서 속에서 일체를 유지하려는 목적에 협력하지 않는 것은 하나도 없기 때문이다. 원하고 행할 수 있는 이 존재, 자의적이고 능동적인 이 존재, 요컨대 그것이 무엇이든 우주를 움직이고 만물을 지배하는 이 존재를 나는 신이라고 부른다. 나는 그 이름에 지혜와 능력과 의지의 관념들을 한 곳으로 모아 그것들의 필연적인 결과인 선의 관념을 결부시킨다. 그렇다고 해서 내가 이 존재를 더 잘 안다는 말은 아니다. 그는 나의 감각에서도 나의 이해력에서도 잠재해 있지만, 그 존재를 생각하면 할수록 나는 더욱 혼란에 빠질 뿐이다. 나는 그가 스스로의 힘으로 존재한다는 것은 잘 알고 있다. 또한 내 존재가 그의 존재에 의존해 있고, 내가 알고 있는 모든 사물 역시 나와 같다는 사실도 알고 있다. 나는 신의 활동 속에서 도처에 신을 인정하고, 또 자신 속에서 신을 본다. 그러나 내가 그의 위치와 그 실체가 어떠한가에 대해 숙고하려고 하면 그는 이내 나에게서 빠져나가, 번민하는 나의 정신은 아무것도 알아보지 못하게 된다.

나는 자신의 부족을 느끼기에 그와 나와의 관계에 대한 감정을 나에게 강요하지 않으므로 신의 본성에 관해서 추론하지는 않겠다. 그러한 추론은 언제나 무모해서, 현명한 사람이라면 절대로 시도하지 않을 것이다. 그는 자신이 그러한 추론에 깊이 파고돌지는 않을 것이다. 왜냐하면 최대의 신성 모독은 신성을 생각하지 않는 것이 아니라 신성을 잘못 이해하는 일이기 때문인 것이다.

나는 신의 속성 가운데 신의 존재를 알게 해주는 것을 발견한 후에야 비로소 내가 어떤 위치를 차지하고 있는지를 찾아본다. 분명히 나는 인간이므로 내가 첫 자리에 있는 것을 발견하게 된다. 왜냐하면 나는 내 의지와 그 의지를 실행하는 데 내가 사용할 수 있는 도구에 의해서 내 주위의 모든 물체가 물리적인 충동만으로 내 의지에 거역하는 힘 이상의 힘을 그 물체에 작용시키거나 혹은 피하기 위해서 가지고 있기 때문이다. 게다가 나는 나의 지능에 의해서 만물을 살펴보는 존재이기 때문이다. 이 세상에서 인간 이외의 어떤 존재가 다른 모든 존재를 관찰하고, 그 움직임이나 결과를 예측할 수 있겠는가? 만일 나만이 만물을 자신에게 관련시키는 유일한 존재라면, 만물이 나를 위해서 만들어진다고 생각하는 것이 그다지 큰 잘못은 아니지 않는가?

그러므로 인간이 자기가 살고 있는 지상의 왕이라는 것은 사실이다. 왜냐하면 인간은 모든 동물을 길들이고 자신의 연구로 지구의 여러 물질을 마음대로 다룰 뿐만 아니라 인간만이 그것을 지배하는 방법을 알 수 있으며, 또한 접근할 수 있기 때문이다. 나는 모든 존재들과 그들의 관계를 관찰하고 인식하며, 질서와 아름다움과 미덕이 무엇인가를 느낄 수 있고, 선을 사랑하고 행할 수 있다. 그런데 내가 나 자신을 동물과 비교할 수 있는가? 불행한 혼이여, 너를 동물과 비슷하게 만든 것은 바로 너의 한심스러운 철학이다.

지지할 만한 학설을 모르는 나로서는 어떤 종파의 열광에도 말려들지 않으며, 또 명예도 탐내지 않고 단지 신이 내게 부여한 자리에 만족하는 단순하고 정직한 인간이다. 그러한 내가 신 다음으로 고귀한 존재를 어디서도 보지 못하고 만물의 질서 속에서 나의 위치를 택해야 한다면, 인간 이외의 무엇을 택할 수 있겠는가.

이러한 고찰은 나를 감동시킨다. 왜냐하면 이 상태는 내가 택한 것도 아니고, 어떤 존재의 공로에 의한 것도 아니기 때문이다. 나는 이 명예로운 지위를 차지하게 된 것을 기뻐하지 않으며, 또 나를 이 지위에 놓아준 신을 내가 축복하지 않고서 이처럼 훌륭한 나 자신을 어떻게 볼 수 있겠는가? 그러므로 인류의 창조자에 대한 감사와 축복의 감정이 생기는 것이다. 나는 그 무한한 힘을 경배하고 그 은혜에 감격한다. 그러한 신앙을 누군가가 나에게 가르쳐줄 필요는 없다. 왜냐하면 자연 자체가 그것을 말해주기 때문이다. 우리를 보호해주는 사람을 존경하는 것이나 우리의 은인을 사랑하는 것은 자기애의 자연스러운 발로가 아니겠는가?

그러나 이제 인류 속에서의 나의 개인적인 위치를 알기 위해 모든 신분과 그 신분을 차지하고 있는 사람들을 생각한다면 나는 어떻게 되겠는가? 얼마나 놀라운가? 내가 보았던 질서는 어디에 있는가? 자연은 나에게 조화와 균형의 광경만을 보여주는데, 인류는 오직 혼란과 무질서의 광경밖에는 보여주지 않는다. 자연의 요소들 사이에는 협조가 지배하는데, 사람들은 혼돈 속에 있는 것이다. 동물들은 행복한데, 만물의 영장인 인간만이 불행한 것이다. 오, 지혜여! 너의 법칙은 어디 있는가? 오, 신비여! 당신은 이렇게 세계를 지배하고 계십니까?

선량한 나의 친구여, 이러한 뚜렷한 모순들로부터 이제까지 나의 탐구에서 생긴 적이 없던 영혼에 대한 숭고한 관념이 내 정신 속에 형성되고 있음을 믿을 수 있는가! 인간의 본성에 대해 고찰했을 때, 나는 거기에서 두 가지의 명백한 원리를 발견했다고 생각했다. 그중 하나는 영원한 진리, 정의에 대한 사랑, 진실 등 현자가 즐겨 생각하는 사색의 세계의 영역까지 인간을 끌어올리는 것이다. 그리고 다른 하나는 인간을 그 자신 속으로 끌어내려 감각의 지배에 굴복시키고, 정욕에 예속시켜 전자(前者)의 감정이 인간에게 고취시킨 모든 것을 그 정욕들로써 방해하고 있었다. 이와 같이 대립되는 두 가지의 움직임에 끌려다니며 혼란에 빠졌을 때, 나는 이렇게 생각했다. "그래, 인간은 하나가 아니다. 나는 원하는 동시에 원하지 않는 것이다. 나는 노예인 동시에 자유인이라는 것을 느끼고 있다. 나는 선을 알고 또 좋아하지만 반면에 악도 행하고 있다. 내가 이성의 소리에 따를 때에는 능동적이고, 번뇌로 자제심을 잃었을 때에는 수동적이다."

청년들이여, 믿음으로써 내 말을 들어라. 만일 양심이 편견의 소산이라면 분명 나는 잘못된 것이며, 증명된 도덕도 없을 것이다. 그러나 무엇보다도 자기 자신을 좋아하는 것이 인간의 천성이고, 또 최초의 정의감이 인간의 마음속에 선천적인 것이라면, 인간을 유일한 존재로 만드는 사람으로 하여금 이 모순들을 없애도록 하라. 그러면 나도 단 하나의 실체만을 인정할 것이다.

내가 이 실체라는 단어를 사용하는 것은 일반적으로 어떤 본원적인 성질을 타고난 존재를 의미한다는 점에 주의하라. 그러므로 만일 우리가 알고 있는 모든 본원적인 성질들이 동일한 존재 속에 합쳐진다면 우리는 오직 하나의 실체만을 인정해야 하지만, 그들 사이에 서로 배척하는 성질이 있다면 배척하는 수만큼의 서로 다른 실체가 있다는 뜻이 된다. 로크가 무어라고 말하든 나로서는 물질이 사유할 수 없는 것임을 증명만 하면 된다. 즉 물질이란 넓이를 가지고 있어서 분할될 수 있는 것임을 알기만 하면 되는 것이다. 그리고 한 철학자가 나에게로 와서 무기물이 느끼고 생각한다고 말함으로써 교활한 논의로 나를 당황하게 해봤자 헛수고이다. 나는 그들이 인간의 영혼을 인정해 주기보다는 오히려 돌에게 감정을 주려는 궤변가로만 보인다.

소리를 들어본 적이 없기에 소리의 존재를 인정하지 못하는 귀머거리의 경우를 생각해 보자. 나는 그의 눈앞에 현악기를 놓고서 숨겨놓은 다른 악기로 음조에 맞추어서 음을 내게 한다. 귀머거리는 현이 진동하는 것을 본다. 나는 그에게 "현을 진동시키는 것이 소리이다."라고 말해준다. 그러나 그는 "절대로 그렇지 않다. 현이 진동하는 원인은 현 자체에 있고, 진동하는 것은 모든 물체에 공통된 성질이다."라고 대답한다. 그러나 이 현이 어떻게 진동하는가를 모른다고 해도 내가 소리라는 것을 설명할 필요는 없다.

인간 정신의 사고와 그 본성에 대해서 생각할 때마다 나는 유물론자들의 이론이 이 귀머거리의 이론과 유사하다는 것을 발견한다. 사실 유물론자들도 내면의 목소리에 대해서는 귀머거리이다. 기계는 생각하지 않으며, 세상에는 반동을 일으키는 운동도 형상도 존재하지 않는다.

피조물은 어떤 것이건 그 자체로서는 능동적이 아니지만, 나는 능동적이다. 나는 그것을 느끼며, 그것을 논박하는 이성보다 훨씬 강하게 말하는 것은 감정이다. 나의 육체는 다른 물체들로부터 작용을 받고, 또 다른 물체에 작용을 미친다. 이러한 상호 작용은 의심할 여지가 없지만 나의 의지는 나의 감각들로부터 독립해 있다. 그렇기에 나는 동의하기도 하고 반대하기도 하며, 굴복하기도 하고 승리하기도 한다. 또 내가 원해서 할 때와 단지 내 정욕에 굴복해서 행할 때를 나는 마음속에서 완전히 깨닫고 있다. 나는 무엇인가를 원하는 능력을 언제나 가지고 있지만, 실행하는 힘은 그렇지 못하다. 내가 유혹에 지게 되면 외부 사물들의 충동에 의해서 행동한다. 나는 악을 행할 때는 노예가 되며, 뉘우칠 때는 자유인이 된다. 나의 자유의 감정은 내가 타락할 때와, 내 육체의 법칙에 대항해서 생기는 영혼의 목소리를 막아버릴 때 이외에는 결코 나에게서 사라지지 않는다.

나는 자신의 의지를 지각을 통해서 인식한다. 이해력도 마찬가지이다. 여러분이 나의 의지를 결정하는 원인이 무엇이냐고 나에게 묻는다면, 나는 내 판단을 결정하는 원인은 무엇이냐고 반문하겠다. 왜냐하면 이 두 원인은 하나의 같은 원인임이 명백하기 때문이다. 그리고 만일 인간이 판단하는 것은 능동적이며 인간의 지력이란 비교하고 판단하는 능력이라는 사실을 제대로 이해한다면, 인간의 자유도 이와 비슷하거나 거기서 파생된 능력에 불과하다는 사실을 알게 될 것이다. 인간은 진리와 허위를 판단했을 때 선악의 어느 한쪽을 선택하며, 판단을 잘못하면 선택도 역시 잘못하게 된다. 인간의 의지를 결정하는 원인은 판단이다. 그렇다면 그 판단을 결정하는 원인은 인간의 지능이며 판단력이다. 결정적인 원인은 그 자신 속에 있으며, 그 이상은 나도 아는 바가 없다.

물론 나에게도 나 자신의 행복을 바라지 못할 만큼 자유가 없는 것은 아니며, 자신의 불행을 바랄 자유 또한 없는 것은 아니다. 그러나 나의 자유는 오직 나에게 적합하거나, 또는 그렇게 생각되는 것밖에는 바랄 수 없다는 점에 내재해 있다.

모든 행동의 근원은 자유로운 존재에 의지해 있으며 그 이상은 아니다. 능동적인 근원에서 생겨나지 않는 어떠한 행위나 결과를 가정한다는 것은 곧 원인이 없는 결과를 가정하는 것과 같고, 이는 곧 순환논법에 빠지는 결과가 된다. 그렇지 않다면 모든 원동력에는 선행(先行)의 원인이 없기 때문이다. 그러므로 자유가 없이는 참된 의지란 존재하지 않는다. 따라서 인간은 행동할 자유가 있으며, 이것이 나의 제2의 신조이다.

인간이 능동적이고 자유롭다면 인간은 스스로 행동한다. 그가 자유롭게 행하는 모든 일은 신이 정한 체계 속으로 들어가는 것이 아니며, 신에게 책임을 전가할 수도 없다. 신은 자신이 인간에게 부여한 자유를 인간이 남용해서 행하는 악을 바라지 않지만, 악을 행하는 것 또한 막지 않는다. 그것은 어쩌면 인간과 같이 매우 약한 존재가 저지르는 짓이 신의 눈에는 하찮게 보이기 때문일지도 모르며, 혹은 인간의 자유를 구속하지 않고서는 그것을 막을 수가 없기 때문인지도 모른다. 신이 인간을 자유롭게 한 것은, 선을 택하고 악을 버리도록 하기 위해서였다. 신은 만약 인간이 그에게 부여된 능력을 적절히 사용할 경우, 인간의 선택을 허용했을 것이다. 그러나 신은 인간의 힘을 제한해 두었기에, 인간은 신에게서 부여받은 자유를 남용하여 자연의 질서를 어지럽힐 수 없다. 인간이 행하는 악은 세계의 조직에 아무런 변화도 주지 못하고 인류 자체의 존속을 방해하는 일도 없이 자신에게 되돌아가는 것이다. 인간의 악행을 신이 막아주지 않는다고 불평하는 것은 마치 신이 인간에게 뛰어난 본성을 주었다거나, 신이 도덕성을 인간의 행동에 덧붙여주어서 미덕을 인간 본연의 원리로 했다고 신에게 불평하는 것과 다를 바 없다. 최고의 기쁨은 자기 만족에 있는데 우리가 자유를 부여받은 것은, 그리고 정욕의 유혹을 받을 때 양심이 이를 견제하는 것은 바로 이러한 만족을 얻을 수 있는 자격을 갖기 위해서이다. 우리의 본성에 모순을 일으키고도 악을 저지르지 못하는 사람에게 선을 행했다고 상을 줄 수 있겠는가? 인간이 악해지는 것을 막기 위해 인간에게 본능만 주어 우인(愚人)으로 만들어야 했다고 할 수 있겠는가? 나의 영혼의 신이여! 당신이 나를 자유롭고 착하고 행복해지게 하려고 내 영혼을 당신의 모습에 따라 지어준 것에 대해 나는 결코 불평하지 않을 것이다.

우리가 불행하고 악하게 되는 것은 우리의 능력을 남용하기 때문이다. 슬픔과 걱정과 고생은 모두 우리 자신이 만드는 것이다. 정신적인 고통이나 육체적인 고통도, 거기에 빠지도록 하는 악덕이 없다면 고통이 될리가 없다. 자연이 우리에게 욕구를 느끼게 하는 것은 우리를 보존하기 위한 수단인데, 육체의 고통은 고장이 생겼으므로 주의하라는 경고인 것이다. 죽음…… 누가 영원히 살기를 바라겠는가? 자연은 사람들이 괴로워하기를 바라지 않는 것이다. 원시적인 소박한 생활을 하는 인간은 거의 고통을 느끼지 않는다. 그는 병을 앓거나 정욕을 거의 느끼지 않은 채 살아가고 있으며 죽음을 두려워하거나 느끼지도 않는다. 만약 그가 죽음을 느낄 때가 되면 그의 고통의 상태가 죽음을 바라도록 만들어준다. 그러므로 죽음은 이미 그에게 있어서는 불행이 아니다. 만일 우리가 있는 그대로의 자신에 만족한다면 운명을 한탄할 필요가 없을 것이다. 그러나 우리는 공상적인 행복을 추구하므로 무수한 현실의 고통을 초래하고 있다. 작은 고통을 참지 못하는 사람은 큰 고통을 당할 각오를 해야 한다. 인간은 건강이 나빠지면 약으로 회복시키려고 한다. 그것은 두려움이라는 고통을 첨가시키는 셈이 된다. 죽음에 대한 예상이 오히려 죽음을 더 두렵게 하고 죽음을 재촉하는 것이다. 그래서 우리는 자연을 거역함으로써 스스로 초래한 고통으로 인해 한평생을 죽음에 대한 두려움 속에 지내게 되는 것이다.

인간이여, 고통의 창조자를 더 찾지 말라. 악의 창조자는 바로 당신 자신이다. 당신이 만들어내는 고통이나 당신이 받고 있는 고통 이외의 다른 고통이란 존재하지 않으며, 그런 고통은 모두가 너 자신에게서 비롯되는 것이다. 일반적인 고통은 무질서에서 오는 것이다. 특수한 고통은 고통을 겪는 존재의 감정 속에만 존재하는데, 그 감정은 인간이 자연으로부터 물려받은 것이 아니라 인간 스스로가 만든 것이다. 앞뒤를 살피지 않는 사람들은 거의 생각하는 일이 없으므로 고통을 느끼지 않는다. 우리의 불길한 전진을 멈추어라. 우리의 오류와 악덕들을 없애 버려라. 인간의 잔재주를 없애 버려라. 그러면 만사가 잘될 것이다. 만사가 잘되는 곳에서는 부정이라곤 존재하지 않는 법이다. 정의는 선과 분리될 수 없다. 선이란 어떤 무한한 능력의 필연적인 결과이며, 자신을 깨닫는 모든 존재에게 있어 본질적인 자기애의 필연적인 결과이다. 모든 것이 가능한 사람은 자신의 존재를 만물의 존재와 함께 확대시킨다. 창조와 보존은 신의 영원한 행위이다. 신은 존재하지 않는 것에는 작용하지 않는다. 신은 자신을 해치지 않고서는 파괴자나 악인이 될 수 없을 것이다. 모든 것이 가능한 사람은 선한 일만을 하게 되는 것이다. 그렇지 않으면 그는 스스로 모순에 빠지게 될 것이다. 왜냐하면 그것을 만드는 질서에 대한 사랑을 '선'이라 부르고, 그것을 유지하는 질서에 대한 사랑을 '정의'라고 불러야 하기 때문이다.

신은 그의 피조물에 대해 아무런 의무가 없다고 많은 사람들이 말하지만, 나는 그에게 존재를 부여하면서 신이 약속한 모든 것에 대해 신은 의무가 있다고 생각한다. 그러니 피조물에게 선의 관념을 주고 그 욕구를 느끼게 하는 것은 바로 신이 인간에게 약속하는 것이다. 내가 나 자신을 반성하면 할수록 나는 내 영혼 속에 씌어진, "정직하면 너는 행복해질 것이다."라는 글을 읽게 된다. 그러면서도 현재의 상태를 생각해보면 전혀 그렇지가 않다. 악인은 잘되고 정직한 사람은 박해만 당하고 있다. 이처럼 기대가 어긋났을 때, 우리의 마음은 얼마나 심한 노여움으로 불타는가! 양심은 비탄과 고민을 가지고 자기를 만들어준 사람에게 반항하며 불평한다. "너는 나를 속였다!" 라고.

"내가 너를 속였다고! 지각없는 자여! 누가 너에게 그렇게 말했나? 너의 영혼은 파멸되었는가? 너는 이제 생명을 포기했는가? 오, 브루투스여! 그대의 고귀한 인생을 마치는 데 조그마한 오점도 남기지 말아라. 그대의 미덕의 대가를 받아야 할 때에, 그대는 왜 미덕이란 허무하다고 말하는가? 그대는 죽어간다고 하지만 그렇지 않다. 그대는 이제부터 사는 것이다.

그러면 나의 약속은 이행될 것이다. 신은 인간이 공로를 세우기도 전에 상을 주어야 하고, 그들의 미덕의 대가를 미리 치러야 하는 것인가. 먼저 우리로 하여금 선량하게 하라. 그러면 우리는 행복해질 것이다. 승리하기 전에 상을, 일을 완성하기 전에 대가를 요구하지 말자. 우리의 신성한 경기의 승리자들에게 상을 주는 것은 경기하는 도중이 아니라 경기가 끝난 뒤라고 플루타르코스가 말했다.

만일 영혼이 비물질적인 것이라면 그것은 육체보다 오래 살아남을 수 있으며, 따라서 신의 정직함이 증명되는 것이다. 가령 영혼의 비물질성의 증거로서 이 세상에서 악인의 승리와 올바른 사람의 박해만이 있어도, 그것만으로도 나에게 확신을 주는 데 충분할 것이다. 보편적 조화 속에 깃들어 있는 이와 같은 부조리는 나에게 그 조화를 해결하도록 해줄 것이다. 나는 이렇게 생각할 것이다. "우리에게 있어 모든 것이 생명과 함께 끝나는 것이 아니고 오히려 죽음에 의해서 모든 것이 그 위치로 되돌아가는 것이다." 사실 우리는 감각을 통해서 알고 있는 인간의 모든 느낌이 전부 없어져 버리면 매우 당황하게 될 것이다. 그러나 이 의문도 내가 두 가지 실체를 인정하면 이미 나에게는 아무런 문제가 되지 않는다. 육체를 지니고 생활하는 동안 나는 감각을 통해서만 인식하기에 그들로서는 감지하기 어려운 일들에 대해서는 전혀 모른다는 것은 너무나도 명백한 일이다. 육체와 영혼의 결합이 깨어질 때, 육체는 분해되지만 영혼은 보존된다고 나는 생각한다. 어째서 한쪽의 파멸이 다른 한쪽의 파멸을 끌어들여야 하는가? 이와는 반대로 양자는 성질이 다르기에 그들이 결합되어 있을 때 오히려 불안한 상태에 있었던 이 영혼과 육체는, 결합이 깨어지면 양쪽 다 자기 본연의 상태로 되돌아간다. 나는 나 자신의 악덕을 통해 그것을 너무나 잘 느끼며, 인간은 일생의 절반밖에는 살지 못하고 있어서 영혼의 삶은 육체가 죽은 후에야 비로소 시작되는 것이다.

그러나 그 영혼의 삶은 무엇이며, 그 영혼의 본성이란 영원불멸한 것인가? 그러나 나는 그것을 모른다. 나의 유한한 이해력은 무한을 이해할 수 없다. 소위 영원이란 것을 나는 잡을 수 없는데 어떻게 내가 사색할 수 없는 일에 관해 긍정하거나 부정할 수 있겠는가. 또 내가 생각이 미치지 않는 것을 어떻게 추리할 수 있겠는가? 그러나 나는 육체가 어떻게 소모되고 그 부분들이 어떻게 파멸에까지 이르게 되는가를 알고 있다. 그렇지만 나는 영혼도 이와 비슷하게 파괴된다고는 생각하지 않으며, 영혼이 어떻게 해서 죽을 수 있는지 전혀 짐작이 가지 않기에 영혼은 죽지 않는다고 추측하는 것이다. 그런데 이 가정은 이치에 어긋난 점이 하나도 없는데 어떻게 영혼의 불멸성을 믿기를 두려워하겠는가?

나는 내 영혼을 느끼며, 감정과 사상에 의해서 영혼을 알고 있다. 또한 그 영혼의 본질에 대해서 모르지만 그것이 존재한다는 사실은 알고 있다. 나는 모르는 관념들에 대해서는 추론할 수 없다. 내가 잘 알고 있는 것이라고는,

'자아'의 동일성은 기억에 의해서만 연장되며 실제로 같은 자아이기 위해서는 내가 존재해 왔다는 사실을 기억해야 한다는 점뿐이다. 그러나 죽은 뒤에 생전의 내가 어떤 인간이었는가를 상기하려면 내가 느꼈던 것과 행했던 일까지도 같이 기억해야만 하는데, 이러한 회상이 장차 언젠가는 선인(善人)에게는 기쁨이 되고 악인에게는 고통이 된다는 사실을 결코 의심하지 않는다. 미덕을 실천하는 데서 생기는 굴욕과 불운은 미덕에게서 매력을 느끼는 데에는 방해가 되지만, 질서의 아름다움이 우리 영혼의 모든 능력을 자극하고 우리가 한 일과 해야 할 일을 비교하는 일에만 전념할 때, 양심의 소리가 그 힘과 권위를 되찾는 것은 바로 이때이다. 자기 만족에서 비롯되는 순수한 기쁨과, 실수의 쓰라린 뉘우침이 스스로 마련해둔 자신의 운명을 식별하게 되는 것도 역시 이 때이다. 나의 선량한 친구여, 이러한 것 이외에 행복과 고통의 근원들이 또 있느냐고 묻지 말아라. 그것은 나로서도 알 수 없다. 하지만 지금의 나를 위로해주고 내세에 대한 희망을 갖는 데 있어서는, 지금 내가 상상하는 근원들만으로도 충분하다. 나는 선한 사람들이 상을 받으리라고 말하지는 않았는데, 왜냐하면 자기의 본성에 따라 존재하고 있는 것 이외에 다른 어떤 탁월한 존재들은 결코 기대할 수 없기 때문이다. 그러나 나는 선인은 행복하리라는 것을 단언한다. 모든 정의의 창조자가 괴롭히려고 그들을 느낌이 있는 존재로 만든 것은 아니기 때문이며, 또한 이 지상에서 자기에게 부여된 자유를 남용한 일이 없으며, 그들은 자신의 잘못으로 말미암아 사명을 저버리지는 않았기 때문이다. 그렇지만 그들은 현세에서 많은 고생을 했기 때문에 내세에서는 거기에 대한 보상을 받게 될 것이다. 이러한 감정은 인간의 자기애보다는 오히려 신의 본질에서 떼어놓을 수 없는 선의 개념에 그 근거를 두고 있다. 내가 가정하는 것은 다만 질서의 법칙들이 지켜지고 있다는 것과 영구불변하는 신이 존재한다는 것뿐이다.

악인들의 고통이 영원한 것이냐고 묻지 말라. 나는 그것도 역시 모르며, 무익한 문제들을 밝히고 싶은 생각도 없다. 나는 그들의 운명에 별로 관심은 없지만, 그들이 끝없이 고통을 받게 된다는 일은 믿기 어렵다. 만일 정의가 복수를 한다면, 이미 현세에서 하고 있는 것이다. 지고의 정의는 여러분들이 행한 악으로써 그 악을 초래한 죄에 대해 벌한다. 여러분의 거짓된 번영 속에서 악독한 정욕들이 여러분의 죄에 대해 벌하고 있는 것도 바로 여러분의 탐욕과 야심에 물든 마음속에서이다. 굳이 지옥을 찾아 내세까지 갈 필요가 무엇인지? 지옥은 이미 현세에서 악인들의 마음속에 존재하고 있는 것이다.

우리의 덧없는 욕구들이 끝나는 우리의 몰상식한 욕망들이 그칠 때 우리의 정념과 죄악도 그치게 마련이다. 순수한 정신들이 어떤 타락을 범할 수 있겠는가? 우리의 조잡한 감각들이 없어지면서 그들의 행복 모두가 타인의 생각하는 데서 이루어진다면 그 정신들은 착한 일만을 바랄 것이므로, 악해지지 않기로 작정한 사람이라면 누구든 영원히 불행해지지 않는다. 오, 선량하신 신이여! 당신의 분부가 무엇이건 나는 그것을 존경하고, 당신이 악인들에게 벌을 내린다면 나는 당신의 정의 앞에서 무력하기만 한 나의 이성을 버릴 것이다. 그러나 이 불행한 사람들의 뉘우침이 시간과 함께 사라지고 그들의 고통이 끝나며 언젠가는 똑같은 평화가 우리 모두에게 주어진다면 나는 당신을 찬양하겠다. 악인 또한 내 형제인 것이다. 그의 불행을 면하게 해주고 그로 하여금 나와 같이 행복해지게 하라. 그의 행복은 나의 질투를 일으키지 않는다. 왜냐하면 나의 행복이 그의 행복보다 클 것이기 때문이다.

이렇게 해서 신을 그의 활동에 의해 바라보고, 내가 신을 연구함으로써 이 위대한 존재에 대해 가지고 있던 불완전하고 한정된 관념을 점차 확대시키고 증가시키게 되었다. 그러나 이러한 관념이 더 숭고하고 위대하게 되었다면 그 관념은 그만큼 인간의 이성에는 부적합해지고, 정신적으로 내가 이 영원한 빛으로 접근해 감에 따라 그 장렬한 빛의 눈부심에 나의 머릿속이 혼돈되어 나는 그것을 상상하도록 나를 도와주었던 모든 현세의 관념을 버려야 했을 것이다. 세상을 다스리는 최고의 지성은 이미 세상에 속하지 않아, 그 본질을 알려고 나의 정신을 높이고 지치게 해봐야 소용없는 일이다. 생물체를 지배하고 운동중인 실체에 생명과 활동력을 주는 것은 이 영원의 빛이라고 가정하면 나의 영혼은 정신적인 것이고, 신은 하나의 정신이라는 말을 들을 경우 나는 이처럼 신의 본질적 가치를 떨어뜨리는 것에 대해 분개한다. 마치 신이 절대적이고 유일한 존재, 즉 진실로 능동적이어서 스스로 느끼고 생각하고 원하는 유일한 존재가 아닌 것처럼 이야기하다니! 우리가 자유로울 수 있는 것은 오직 신이 우리가 자유롭기를 바라기 때문이며, 설명할 수 없는 신의 실체와 우리 영혼과의 관계는 우리의 육체에 대해 가지는 관계와 같은 것이다. 신이 물질·육체·정신·세계 등을 창조했다고 해도 나는 그것에 대해 매우 무지하다. 창조라는 관념은 나를 혼란시키며, 나의 능력으로는 그것을 이해할 수 없기 때문이다. 그러나 나는 신이 우주와 모든 존재를 창조하고 모든 것에 질서를 주었다는 사실은 안다. 신은 분명히 영원하다. 그러나 나의 정신이 영원이란 관념을 이해하지 못하는데 내가 왜 관념도 없는 말에 속아야 하는가? 내가 이해하는 것은, 신이 모든 사물보다 먼저 있었고 그것들이 존재하는 한 신도 있을 것이며, 만일 언젠가 모든 것이 끝난다 해도 신은 그 이후에도 끊임없이 존재할 것이라는 점이다. 하나의 존재가 다른 존재들에게 존재를 부여한다는 것이 애매하고 이해할 수 없는 일이지만, 존재와 무가 바뀐다면 그것은 분명한 모순인 것이다.

신에게는 지력이 있다. 인간은 추리하는 경우에만 지력이 있으나 신의 지력의 경우에는 추리할 필요가 없다. 최고의 예지에게는 모든 진리도 단지 하나의 관념에 불과하며, 모든 장소도 하나의 점이고 모든 시간도 하나의 순간이다. 인간의 힘은 수단에 의해서 움직이는데, 신의 힘은 스스로 움직인다. 신의 의지는 신의 힘이며, 신은 선하다. 어떤 것도 이보다 더 분명할 수는 없다. 인간에 있어서의 선은 인류에 대한 사랑이지만, 신에 있어서의 선은 질서에 대한 사랑이다. 왜냐하면 신이 존재하는 것을 유지시키고 각 부분들을 전체에 연결시키는 것은 질서이기 때문이다. 인간의 부정은 인간이 저지른 것이고 신은 언제나 올바르다. 그러나 인간의 정의는 각자가 가진 것을 각자에게 돌려주는 것이지만, 신의 정의는 신이 우리에게 주었던 것에 대해 책임을 묻는 것이다.

만일 내가 그 절대적인 관념을 모르던 신의 속성들을 인식한다면 그것은 필연적인 결과에 의한 것이며, 나의 이성을 옳게 사용했기 때문이다. 그러나 나는 그 속성들을 이해하지도 못하면서 긍정하므로, 결국 나는 아무것도 긍정하는 것이 아니다. 신은 이런 것이다. 나는 그것을 느끼고 나 자신에게 증명한다고 아무리 말을 해봐도 소용이 없는 일이다. 그 덕분에 신이 어떻게 그럴 수 있는가를 더 잘 이해할 수 있는 것은 아니다.

어쨌든 신의 본질에 대해 생각해 볼수록 나는 점점 더 그 본질을 이해할 수 없게 되지만 신은 존재하며, 나에게는 그것으로 충분하다. 이해하는 것이 적을수록 그만큼 나는 신을 숭배한다. 나는 겸손한 태도로 신에게 말한다. "당신이 있으므로 내가 존재합니다. 나의 이성을 가장 적절하게 사용하는 방법은 당신 앞에서 겸손해지는 것입니다."

이렇게 해서 감각적인 것들에 대한 인식과, 나로 하여금 선천적 이지에 의해 원인을 판단하게 하는 내적인 감정으로부터 내가 알고 있었던 주요한 진실들을 끌어낸 후 내가 해야 할 남은 일은, 나의 행동을 위해 어떤 격언을 거기서 끌어내고 이 땅 위에서 나의 사명을 다하기 위하여 내가 나 자신에게 주어야 할 규칙이 어떤 것인가를 찾는 일이다. 나의 방법에 늘 따르면서도 나는 고상한 철학의 원리로부터 이러한 규칙들을 전혀 끌어내지 못했지만, 그것들이 나의 마음속에 지울 수 없는 글씨로 새겨져 있는 것을 발견한다.

나는 단지 내가 원하는 것이 무엇인가를 깊이 생각하기만 하면 된다. 그리고 사람들이 번거로운 이론을 수단으로 사용하는 것은 오직 양심을 속이려고 할 때뿐인데, 가장 먼저 마음을 써야 할 것은 자신의 일이다. 그렇지만 우리의 내면의 목소리는 남을 희생시켜 자신의 이익을 취하는 것은 나쁜 행위라고 얼마나 여러 번 말해 강조되고 있는가! 우리는 자연의 충동에 따르고 믿으면서 자연에 대항한다. 자연이 우리의 감각에게 말하는 것은 들으면서, 자연이 우리의 마음에게 말하는 것은 무시한다. 능동적인 존재는 복종하고 수동적인 존재는 명령한다. 양심은 영혼의 목소리이며, 번뇌는 육체의 목소리이다. 이 두 말이 간혹 서로 모순된다는 것이 놀라운 일인가? 그렇다면 그중 어느 것을 따르겠는가? 이성은 너무도 자주 우리를 속이지만, 우리는 이성을 거부할 권리를 충분히 갖고 있다. 그러나 양심은 결코 속이는 법이 없는데, 이러한 양심이야말로 인간의 참된 안내자이다. 양심과 영혼과의 관계는 본능과 육체와의 관계와 같다. 양심을 따르는 사람은 자연에 복종하며, 두려워하는 일이 전혀 없다. 내가 그의 말을 막으려 하자 나의 은인은 "이 점이 중요해. 이 점을 좀더 설명해야 하니 잠시 참았으면 좋겠어." 하고 내게 말한 적이 있었던 것이다.

우리 행동의 모든 도덕성은 우리 자신이 그 도덕성에 대해 갖는 판단에 따르는 것이어서, 선이라는 것이 우리의 행위에 있어서와 같이 우리의 마음 속에서도 선이어야 한다. 정의의 최고의 상은 우리가 바르게 행동하고 있다고 느끼는 바로 그것이다. 만일 도덕적인 선이 우리의 본성과 일치한다면 인간은, 인간이 선한 만큼만 정신이 건전하고 훌륭한 체격을 가질 수 있으리라. 만일 그렇지 않고 인간이 본래 악하다면, 선은 우리에게 있어서는 자연에 대항하는 하나의 악덕일 뿐이다. 이리가 그의 먹이를 물어 죽이도록 태어난 것처럼 우리도 자신의 동료를 해치기 위해 태어난 것이라면, 인정이 있는 인간도 인정 많은 이리처럼 타락한 동물에 불과할 뿐이다.

우리 자신의 얘기로 되돌아가자. 나의 젊은 친구여! 개인적인 이해 관계는 모두 제외하고 우리의 경향이 우리를 어디로 이끄는가를 살펴보자. 우리에게 기쁨을 주는 것은 다른 사람의 고통과 행복 중에서 어느 쪽일까? 선한 행위와 악한 행위 중에서 어느 쪽이 더 즐거우며, 나중에 우리에게 유쾌한 인상을 남기는 것은 어떤 것일까? 당신은 바라보는 죄악에서 즐거움을 느끼는가? 네가 눈물을 흘리는 것은 그 죄 지은 사람들을 위해서인가? 이해 관계만 떠나면 모든 것이 우리와 관계없다고 말들 하지만, 반대로 우정이나 인정의 따스함은 괴로워하고 있는 우리를 위로해준다. 그리고 우리가 즐거울 때라도 즐거움을 함께 나눌 사람이 없다면 우리는 외로움을 느낄 것이다. 만일 인간의 마음속에 도덕적인 것이 전혀 없다면, 미덕에 대한 존경심은 우리의 개인적인 이해와 어떤 관계가 있는가? 위대한 인물에 대한 열렬한 추앙의 근원은 무엇인가? 나는 왜 의기양양한 시저보다도 자신의 배를 가른 카토이기를 원하는가? 우리의 마음속에서 미덕에 대한 사랑을 없애 버리면 여러분은 인생의 모든 매력을 없애는 것과 같다. 이렇듯 기묘한 감정이 번뇌속에 질식되어 있는 비천한 정신의 사람과, 너무나 자신의 내부로만 향하므로 결국 자신만 사랑하게 되는 사람은 이미 사랑을 갖지 못하며, 그의 얼어붙은 마음은 기쁨으로 두근거리지도 않는다. 부드러운 감동 때문에 눈물을 흘리지도 않는 그는 이미 어떤 것에도 기뻐할 수 없다. 불행한 사람은 이미 마무것도 느끼지 않으며, 살아 있다고도 할 수 없다. 그러나 이 땅 위에 악인이 아무리 많더라도 그들의 이기심을 떠나서 올바르고 좋은 일에 무감각해진 사람은 별로 없다. 사람들이 부정한 일을 기뻐하는 것은 자기에게 이익이 될 경우에 한해서이며, 그밖에는 모두 보호받기를 바란다. 우리가 거리에서 어떤 폭력 행위나 옳지 못한 행위를 보면 당장 분노의 감정이 치밀어 올라 괴로움을 당하는 사람의 편을 들게 된다. 그러나 그보다 더 강한 임무가 우리를 제어하고, 법률이 그러한 권리를 우리에게서 빼앗는다. 반대로 너그럽거나 관대한 행위가 우리 눈에 비칠 때, 그것은 우리에게 감탄과 사랑을 불러일으킨다. 어느 인물이 2천 년 전에 악했다든가 선했다든가 하는 것은 우리와는 상관없는 일이다. 그러나 고대사를 대할 때 그 모든 것은 현대에서 벌어지고 있는 일과 같은 흥미를 우리에게 일으킨다. 우리는 악인이 우리에게 직접적으로 피해를 주기 때문이 아니라 단지 그들이 악인이라는 이유로 미워하는 것이다. 우리들은 행복해지기를 바라며, 다른 사람의 행복도 또한 원한다. 그리고 그 행복이 우리의 행복을 방해하지 않을 때 그것은 우리의 행복을 크게 만든다. 결국 사람은 자신의 뜻과 관계없이 불행한 사람들을 동정한다. 그들의 고통을 보면 또한 우리도 괴로워한다. 아무리 악독한 사람이라도 이러한 본능을 완전히 없앨 수는 없는데, 이러한 경향은 가끔 그들에게 모순된 감정을 일으킨다.

감춰진 죄에 대해 벌을 주고 그것들을 폭로해버리는 후회의 고백에 대해 사람들은 말한다. 이러한 귀찮은 목소리를 우리들 중 들어보지 못한 사람이 있는가? 사람들은 경험에 의해서 말을 한다. 그리고 우리에게 많은 고통을 주는 이 악한 감정을 억누르려고 한다. 자연에 복종하자. 그러면 우리는 자연이 얼마나 부드럽게 지배를 하며, 자연의 소리를 듣고 나면 자신이 선량한 인간이라는 양심의 응답 속에 환희를 느낄 수 있을 것이다. 악인은 자연을 두려워하며, 자신을 피한다. 그는 불안한 눈으로 자기의 주위를 둘러보며 그를 즐겁게 할 수 있는 것을 찾는다. 신랄한 야유나 모욕적인 비웃음이 없다면 그는 항상 쓸쓸한 얼굴을 하고 있을 것이다. 조소는 그의 유일한 쾌락이다. 그렇지만 올바른 사람의 내면은 평온해서 그의 웃음에는 전혀 악의가 없고 그것은 항상 기쁨의 웃음이다. 그는 그 근원을 자신 속에 간직하며 자신에게 접근하는 사람들로부터 만족감을 얻지 않고 오히려 그들에게 만족감을 전해 준다. 이 세상 모든 국민에게 눈을 돌리고 모든 역사를 읽어보면 그 많은 이상한 제식들이나 갖가지 놀라운 풍습과 특징 속에서 선과 악에 대한 같은 관념을 발견하게 될 것이다. 고대의 이교는 현대의 세계에서라면 극악한 인간이라고 하여 벌을 주었을 그러한 신들을 만들어냈는데, 신들은 최고의 행복을 보여주는 그림으로서, 단지 죄를 저지르는 일과 충족시켜야 할 정욕만을 보여주는 가증스러운 신들이었다. 신성한 권위로 싸인 부도덕이 내려왔으나 헛일이었고, 도덕적 본능은 인간의 마음속으로부터 악을 몰아낸 것이다. 순결한 루크레티아는 음란한 비너스를 숭배했으며, 용감한 로마 인은 공포의 신에게 제물을 바치고 자기 아버지의 팔다리를 자르고 아들의 손에 말없이 죽어가는 신에게 기도드렸으니, 가장 경멸할 만한 신들을 가장 훌륭한 사람들이 섬긴 셈이다. 신들의 소리보다 강한 자연의 신성한 소리는 지상에서 최고의 존경을 얻었다.

그러므로 인간의 마음에는 정의와 덕에 대한 타고난 원리가 있다고 하겠다. 우리는 우리 자신의 격률이야 어떻든 이 원리에 따라 우리의 행동과 남의 행동의 옳고 그름을 판단하는 것이며, 내가 양심이라는 이름을 붙이는 것은 바로 이 원리 때문이다.

그러나 나는 이 말에 대해 소위 현자라고 말하는 사람들의 비난하는 소리를 사방에서 듣는다. "그것은 어린 시절의 잘못된 생각이며, 교육에서 얻은 편견이다!"라고. 인간의 정신 속에 있는 것은 모두 경험에 의해 얻은 것이며, 우리들은 습득한 관념에 의해서 판단하는 것이다. 그들은 더 나아가서 모든 국민들이 명료하게 보편적으로 인정하고 있는 것을 거부하고, 또한 사람들의 명백한 판단에 대항하여 어둠 속에서 그들만이 아는 어떤 애매한 실례를 찾는다. 마치 자연의 모든 경향이 한 국민의 타락에 의해 파괴되기라도 한 것처럼. 그러나 회의주의자인 몽테뉴는 "정의라고 하는 관념과 상반되는 습관을 이 세상 어느 구석에서 찾아내려고 한다면 그 고통이 그에게 어떠한 유익이 되겠는가?" 하고 묻는다. 우리가 알지 못하는 지방적인 원인에 기초를 둔 몇몇 불확실하고도 이상한 습관들이, 다른 모든 점에서는 반대되지만 어느 한 점에서는 일치하는 모든 국민들의 의견으로부터 끌어낸 일반적인 결론을 무너뜨릴 수 있을까? 오, 솔직성과 진실됨을 자랑하는 몽테뉴여! 철학자가 그런 일을 하고자 한다면, 성실하고 정직해져야 할 것이다.

사람은 저마다 자신의 이기심을 위해 공공의 이익에 협력한다고 말하지만, 올바른 사람이 자신을 젖혀두고 공공의 이익에 협력하는 이유는 도대체 무엇인가? 물론 누구나 자신의 이익을 위해서만 행동하지만, 고려해야 할 도덕적 선이 있다면 결코 자신의 이해 관계에 의해 설명하지는 않을 것이다. 선행을 받아들일 여지가 없는 철학은 아무런 가치도 없다. 덕망있는 행동으로 당황하게 될 비천한 의도와 덕없는 동기를 꾸며대야만 궁지에서 빠져나올 수 있을 그러한 철학, 또 소크라테스를 중상하고 레굴루스를 비난해야만 하는 그러한 철학들은 매우 가증스러운 철학이다. 이와 유사한 학설이 우리들 사이에 생겨날 수 있다면 이성의 목소리와 함께 자연의 목소리가 끊임없이 그것에 대항할 것이며 그 학파 중 단 한 사람이라도 변명하지 못하도록 할 것이다. 나는 여기서 모든 사람이 이해할 수 없고, 또 결국은 아무런 소용도 없을 형이상학적 토론으로 들어가려는 의도는 없다. 내가 이미 말했듯이 나는 자네와 철학을 논하고자 하는 것이 아니라, 자네가 자신의 마음과 상의하도록 도와주려는 것이다. 만일 모든 철학자들이 내가 틀렸다고 증명하더라도 자네가 나를 옳다고 느낀다면, 나는 그 이상 바랄 것이 없다.

그러기 위해서는 우리가 얻은 관념과 타고난 감정을 자네가 구별하도록 지도하면 된다. 왜냐하면 우리의 감정은 지식에 선행하기 때문이다. 그리고 우리가 행복을 원하고 불행을 피하는 방법은 전혀 배우지 않았지만 이러한 의지를 자연으로부터 얻은 것이라면, 선에 대한 사랑과 악에 대한 미움도 자신에 대한 사랑과 마찬가지로 태어나면서부터 주어진 것이다. 양심의 행위는 판단에서 비롯되는 것이 아니라 감정에서 비롯되는 것이다. 우리의 모든 관념이 외부로부터 들어온다 해도 그 관념을 평가하는 감정은 우리의 내부에 있는 것이다. 우리는 이러한 감정에 의해 처음으로 자신에 관한 사물의 적당함과 부적당함을 발견하는 것이고, 그것이 우리로 하여금 사물을 구하거나 피하게 하는 것이다.

우리에게 있어 존재한다는 것은 느끼는 것이다. 우리의 감수성은 두말 할 나위 없이 우리의 지성보다 앞선 것이며 우리는 관념보다는 감정을 먼저 가졌다. 우리의 존재 원인이 무엇이건간에 그 원인은 우리에게 알맞은 감정을 우리에게 줌으로써 보존시켜 준다. 그리고 이러한 감정이 적어도 선천적이라는 사실은 아무도 부정하지 못할 것이다. 개인에게 있어 이러한 감정은 자신에 대한 사랑이며, 고통에 대한 두려움이며, 죽음에 대한 공포이며, 행복에 대한 갈망이다. 그러나 인간이 천성적으로 사교적이거나 또는 적어도 사교적이 되도록 태어났다면, 우리는 인류와 관련된 타고난 다른 감정들에 의해서만 사교적일 수 있다. 왜냐하면 우리가 육체적 욕구만을 생각한다면, 그것은 사람들을 접근하지 못하도록 막고 분산시킬 것이 틀림없기 때문이다. 그런데 양심의 충동은 자기 자신과 자신의 동료들과의 관계에 의해서 형성된 도덕적인 체계로부터 생겨난다. 선을 안다는 것은 선을 느낀다는 것만을 의미하지는 않으며, 인간은 선에 대해 정확한 지식을 갖고 있지도 않다. 그러나 그가 이성을 통해 선을 인정하면, 이성은 그로 하여금 선을 느끼게 한다. 이 감정이야말로 선천적인 감정이다.

나의 친구여, 그러므로 나는 이성 자체와는 독립된 양심이라는 직접적인 원리를 우리 본성의 결과들에 의해 설명하는 것이 불가능하다고는 생각하지 않는다. 그리고 혹시 불가능하다면 그런 설명은 필요하지도 않을 것이다. 왜냐하면 전인류가 인정하고 승인하는 이 원리를 부정하는 사람들은, 그 원리가 존재하지 않는다는 증명을 해보이지 못하고서 그런 단정을 내리는 것만으로 만족하기 때문이며, 우리는 내면적인 증거와 자신을 위해 증언하는 양심의 소리를 가지고 있기 때문이다. 만일 판단의 최초의 빛이 우리의 시각작용을 방해하여 우리의 시선이 혼란을 일으킨다면, 우리는 시력이 다시 회복되기를 기다리도록 하자. 그러면 곧 우리는 이성의 빛을 얻어 애초에 자연이 우리에게 보여준 그대로의 대상들을 다시 보게 될 것이다. 자만심을 버리고 우리 자신에게서 볼 수 있는 최초의 감정만으로 만족하기로 하자.

양심, 성스러운 본능, 불멸하는 하늘의 목소리, 총명하고 자유로운 존재의 좋은 안내자, 인간을 신과 비슷하게 만드는 선악의 분명한 판단자여! 인간 본연의 우수성과 그 행동의 도덕성을 만드는 것은 양심인 것이다. 양심이 없다면 나는 짐승 이상으로 나를 높여주는 것도 나 자신에게서 느끼지 못하며, 또한 나는 규칙을 갖지 않은 오성과 원칙을 갖지 않은 이성으로 말미암아 잘못을 저지르며 방황하는 비참한 특권만을 가지게 될 것이다.

신의 은총으로 우리는 지금 철학자의 놀랄 만한 허영심을 피했으며, 그러므로 학자가 되지 않아도 인간이 될 수는 있다. 그러나 그 양심이라는 안내자가 존재한다는 것만으로는 충분하지 않으며, 그 안내자를 알고 따를 수 있어야 한다. 그 안내자가 모든 사람들의 마음속에 끊임없이 말하는데도 그의 말을 듣는 사람은 왜 그렇게 적은가? 왜냐하면 안내자는 우리에게 자연의 말로 하는데, 우리 주위의 모든 상황이 그 말을 우리에게 잊도록 했기 때문이다. 양심은 연약하여 은퇴를 좋아하며 평화를 사랑한다. 세상과 시끄러운 소리는 양심을 두려워해서 양심이 거기서부터 생긴다고 하는 편견은 양심의 가장 잔인한 적이다. 그 편견 앞에서 양심은 달아나거나 침묵한다. 편견의 시끄러운 목소리를 억압하며 양심의 목소리가 들리지 않게 한다. 양심은 어디에서나 거절을 당하므로 의기소침하여 우리에게 아무 말도 하지 않는다. 양심을 너무 오래 무시했기에 다시 불러들이려면 쫓아 보낼 때만큼이나 힘이 든다.

이러한 연구를 하면서 비애와 권태가 나의 첫 명상에 독을 쏟아넣어 못살게 군 적이 얼마나 많았는지 모른다. 메마른 나의 마음은 진리를 사랑하는 데 쇠약한 열성밖에 표시하지 않았다. 나는 혼자 이렇게 중얼거리곤 했다. "나는 왜 있지도 않는 것을 찾으려고 고민하는가." 도덕적 선이란 망상에 불과하며, 감각적 쾌락만이 유일한 진실의 선이다. 일단 정신적인 즐거움을 잃으면 그것을 되찾기란 매우 어려운 것이다. 한 번도 그에 대한 흥미를 가진 적이 없었다면 그것을 얻는 것이 얼마나 곤란한 일일까? 자신에게 만족을 갖게 하거나 살아온 것에 대해 기쁘게 생각할 일을 평생 한 번도 경험한 적이 없는 비참한 사람은 결코 자신을 알 수 없을 것이다. 또한 어떤 선이 자신에게 적당한가를 판단하지 못하므로 그는 악하게 남아 있을 것이며, 영원히 불행한 인간이 될 것이다. 그러나 자신의 마음이 선을 행하는 일에 절대로 유혹을 당하지 않을 정도로 타락한 사람이 이 땅 위에 한 명이라도 있겠는가? 이러한 유혹은 매우 자연스럽고도 감미로워서 어느 경우에든 그것에 거역하기란 불가능한 일이다. 그리고 그 유혹이 한 번 가져다준 기쁨에 대한 추억은 끊임없이 유혹을 불러일으킬 것이다. 그러나 불행하게도 처음에 그 유혹을 받아들이기가 힘들다. 사람들은 여러 가지 이유로 자신의 마음의 경향에 따르는 것을 거부하여, 잘못된 조심성이 인간을 '자아'의 한계 속에 가두어 놓는다. 이 한계를 벗어나려면 많은 용기가 필요하다. 선행을 즐거워하는 것은 선행에 대한 상(賞)이지만, 우리는 그것을 받기 전에 그것을 받을 만한 일을 해야만 하며, 그럼으로써 이 상을 얻을 수 있다. 미덕보다 더 사랑스러운 것은 없으나, 좋다고 느끼기 위해서는 그것을 자신의 소유로 만들어야 하는 것이다.

만일 새로운 광명으로 나의 마음을 밝히지 않았다면, 또한 나의 의견을 붙들어준 진리가 나의 행위를 확실히 해주지 않고 나를 나 자신에 안정시켜 주지 않았더라면, 공익을 위해 나의 힘을 다하라고 말하는 나의 자연스런 감정과, 무엇이든지 자신에게만 결부시켜 생각하는 나의 이성 사이에서 끊임없이 고민한 나는, 악을 행하고 선을 사랑하는 모순된 선택의 필연성 속에서 평생을 떠돌아다녔을 것이다. 이성만으로 미덕을 이루려고 해보았자 소용이 없는 것이다. 거기에 어떤 굳은 기초를 부여할 수 있겠는가? 미덕은 질서에 대한 사랑이라고들 말하지만 이러한 사랑은 나 자신 속에서 나의 안락에 대한 사랑을 이겨낼 수 있고 또 이겨내야만 하는 것이다. 미덕을 좋아할 만한 명백하고도 충분한 이유는 무엇인가? 나는 다른 의미에서이긴 하지만 악 또는 질서에 대한 사랑이라고 말할 수 있다. 감정과 지성이 있는 곳이면 어디든지 도덕적인 질서가 있으며, 차이가 있다면 선인은 전체와 관련시켜 자신의 질서를 생각하고 악인은 자신만을 위하여 질서를 생각한다는 점이다. 만일 신이 없다면 추론을 할 사람은 악인뿐이며, 선인은 지각없는 사람에 불과하다.

오, 나의 친구여! 사상의 공허함과 고뇌의 쓴맛을 보고 나서야 자기 가까이에서 이 세상 일에 대한 대가로서 단념했던 행복의 근원인 지혜의 길을 발견할 때, 사람이 얼마나 무거운 짐으로부터 벗어났는가를 자네도 느끼리라 생각한다. 이제 나는 선을 원하고 선을 행하는 위대한 존재, 그의 의지와 나의 의지가 일치하며 또 나의 자유를 잘 이용함으로써 나의 선을 행할 그러한 위대한 존재자의 업적과 도구임을 느낄 따름이다. 나는 그 존재자가 이룩해 놓은 질서를 따르는데, 언젠가는 나 스스로가 그 질서를 향유하고 거기서 나의 행복을 발견하게 되리라고 확신한다. 왜냐하면 모든 선의 체계 속에 자신의 질서가 잡혀 있다고 느끼는 것보다 더 기분 좋은 행복은 없을 것이기 때문이다. 고통에 사로잡힌 나는 그 고통이 일시적이며, 나의 육체가 아닌 다른 육체에서 오는 것이라고 생각함으로써 그 고통을 참고 견딘다. 은밀히 선행을 하더라도 누군가가 그것을 보고 있다는 사실을 알며, 이 세상에서의 나의 행동은 내세를 위한 것임을 인정한다.

그런데 나의 영혼은 감각에 복종하며, 그 영혼을 괴롭히는 육체에 예속되어 있는 것이다. 그 이유에 대해서 나는 아무것도 모른다. 그러나 조심스러운 추측을 해보고서, 그것이 이미 이루어져 있어서 어지럽혀도 아무런 이득이 없을 그러한 질서를 사랑하고 따르는 일에 내가 어떤 흥미를 느낄 수 있겠는가? 그렇게 된다면 행복 중에서 가장 숭고한 것, 즉 미덕의 영광과 자신이 선하다는 증거가 없어지며 인간은 천사와 같아질 뿐이다. 그러나 분명히 덕이 있는 인간은 천사보다 더 훌륭한 것이다. 강하고 이해할 수 없는 줄에 의해 죽어야 할 육체에 결합되어 있어서, 육체를 보존하려는 영혼을 몰아세워 모든 것을 자아에 유리하게 생각하도록 충동질한다. 그리고는 일반적인 질서에 위배되는 이해관계를 영혼에게 주는데, 영혼은 그 일반적인 질서를 보고 사랑할 줄 안다. 바로 그때 영혼의 자유를 잘 사용하는 것은 공로인 동시에 보상이 되며, 영혼이 자신의 번뇌를 배격하고 자신의 첫 의지 속에서 자신을 유지하면서 영원불변한 행복을 준비하는 것이다.

만일 지상에 사는 동안 우리가 처해 있는 타락 상태에서 우리의 최초의 경향들이 모두 정당한 것이라면, 또한 우리의 악덕이 모두 우리 자신으로부터 생기는 것이라면 우리는 왜 악덕에 굴복당한다고 불평하는가? 왜 우리는 우리 스스로가 만드는 불행과, 우리 자신에 대항하도록 스스로 무장시키는 적 때문에 신을 비난해야 하는가? 아! 인간을 타락시키는 행위는 하지 말자. 그러면 인간은 노력하지 않아도 언제나 선한 상태를 유지할 수 있고, 후회없이 행복할 수가 있다. 어쩔 수 없이 죄를 저질렀다고 스스로 말하는 죄인들은 악인인 동시에 거짓말장이이다. 그들이 한탄하는 약점은 그들이 만들었으며 그들의 최초의 타락은 자신의 의지에서 온 것이라는 사실, 그리고 스스로 유혹에 굴복하려 했기에 결국 유혹에 넘어간 것이고, 그 때문에 더 이상 유혹에 저항할 수 없게 되었다는 사실을 그들은 모르는가? 물론 그들은 악인이나 허약한 사람이 되지 않으려 하나 그들의 힘으로는 그렇게 될 수 없다. 그러나 그렇게 되지 않고자 애쓰는 것은 그들의 힘으로 가능했던 것이다. 만일 우리의 습관이 아직 완전히 형성되지 않고 단지 정신이 열리기 시작할 때 미지의 것들을 평가하기 위해 꼭 알아야 할 일에 우리가 몰두한다면, 그리고 만일 남의 눈에 자랑스럽게 보이기 위해서가 아니고 우리의 본성에 따라 선량하고 지혜로워지며 또 우리의 의무를 이행하면서 스스로 행복해지기 위해 자신을 깨우치려 한다면 우리는 이 세상에서 사는 동안이라도 얼마나 쉽게 우리 자신과 우리의 정욕을 자제할 수 있겠는가. 사실 우리는 악행에 의해 타락되고, 정욕의 노예가 될 때까지는 이것을 갈망하지 않았다. 우리는 선과 악을 알기에 앞서 먼저 판단하고 평가를 고정시킨다. 그러고 나서 이 잘못된 기준에 모든 것을 결부시킴으로써 우리는 어느 것에도 올바른 평가를 내리지 못하게 된다.

마음이 아직은 자유롭지만 열성적이고 불안하며 미지의 행복을 갈망하는 그런 시기에서는, 마음은 호기심 많은 불안을 가지고 행복을 추구하지만 감각에 속아서 결국은 헛된 환영에 쏠려 그 행복이 존재하지 않는 곳에서 행복을 발견했다고 믿게 되는 수가 있다. 나에게는 이러한 환영이 오래 지속되었다. 친구여, 내가 그 환영에서 깨어났을 때는 이미 늦었고, 그것을 완전히 극복할 수가 없었다. 그 환영은 그것을 유발시킨, 죽어야 할 육체가 존재하는 한 계속되는 것이다. 어쨌든 그 환영이 아무리 나를 유혹해도 소용이 없을 것이다. 나는 그것이 무엇인지를 알기 때문이다. 그 환영을 따라가더라도 나는 그것을 멸시한다. 나는 거기서 행복의 대상을 보지 못하고 행복의 장애물을 본다. 육체의 구속으로부터 해방되어 모순과 분열이 없는 '자아'가 되어 행복해지기 위해, 나 자신 이외에 아무것도 필요하지 않은 그러한 순간을 나는 찾고 있는 것이다. 그러나 그때까지 이 세상에 살면서도 나는 행복하다. 왜냐하면 나는 이승에서의 모든 불행을 가볍게 여기고 이 세상의 생활을 나와는 무관한 것으로 생각하며, 내가 거기서 끌어낼 수 있는 진정한 선은 모두 나에게 달려 있기 때문이다.

나는 그 행복과 힘과 자유 상태에서의 자아를 높이기 위해 깊은 명상에 잠긴다. 내가 우주의 질서에 관하여 명상하는 이유는 공허한 이론으로써 그것을 설명하기 위해서가 아니라 끊임없이 그것을 찬양하기 위해서이고, 또 거기서 느낄 수 있는 창조자를 숭배하기 위해서이다. 나는 그와 함께 이야기하며, 그의 신성한 본질이 나의 모든 능력에 스며들도록 한다. 그의 선에 압도되고 그가 부여한 것들을 축복하지만 그에게 기도하지는 않는다. 내가 그에게 무엇을 구할 것인가? 자연의 질서를 변경해 달라거나, 혹은 나를 위해 기적을 행해 달라고 빌 것인가? 그의 지혜로 이룩되고 그의 섭리에 의해 유지되는 질서를 무엇보다 사랑해야하는 내가, 나를 위해 이 질서가 혼란되기를 바랄 수는 없지 않겠는가. 나는 그에게 선을 행할 능력도 요구하지 않는다. 그가 나에게 이미 주었는데 왜 요구하겠는가. 신은 나에게 선을 사랑하기 위한 이성과 선을 선택할 자유를 이미 주지 않았는가? 만일 내가 악한 행위를 한다면 나는 변명의 여지가 없다. 내가 악한 행위를 하는 것은 나의 자유 의지에 의해서이기 때문이다. 현재의 상태에 만족하지 못하는 것은 더 이상 인간이 아니기를 바라는 것과 같고, 현재가 아닌 다른 상태를 바라는 것은 결국은 무질서와 악을 바라는 셈이 된다. 정의와 진리의 근원인 너그럽고 현명한 신이여! 나는 당신을 따르며 내 최고의 소원은 당신의 의지가 이루어졌으면 하는 것이다. 당신의 의지에 나의 의지를 일치시켜 나는 당신이 하는 일을 하며, 당신의 선의를 인정한다.

자신이 없는 내가 신의 정의에 기대하는 유일한 것은, 만일 나에게 잘못이 있고 그 잘못이 나에게 위험하다면 나의 잘못을 바로잡아 달라는 것이다. 성실하다고 해서 내가 잘못을 저지르지 않는다고 단언할 수 없는데, 나에게는 가장 진실한 듯이 보이는 견해도 거짓일는지 모르는 것이다. 왜냐하면 자신의 의견에 집착하지 않는 사람은 없기 때문이다. 나를 속이는 환상은 실로 나 자신에게서 근원을 가지고 있을 것이다. 그 환상으로부터 나를 벗어나게 하는 일은 신의 능력으로만 가능한 것이다. 나는 진리에 도달하기 위해 내가 할 수 있는 일을 다했다. 그러나 진리의 근원은 너무 높은 곳에 있어서 도달할 수 없었다. 나에게 더 멀리 가기 위한 능력이 부족하다고 해도 그것이 어찌 죄가 되겠는가. 오히려 진리 쪽에서 가까이 와주어야 하는 것이 아닌가.

'선량한 신부'는 격렬한 어조로 말을 끝냈는데, 그는 감동하고 있었으며 나도 마찬가지였다. 마치 오르페우스가 처음으로 신을 향해 찬미가를 부르며 사람들에게 신들에 대한 숭배를 가르치는 소리를 듣는 것처럼 느껴졌다. 그렇지만 나도 많은 이론을 말할 수 있었으나 아무 말도 하지 않았다. 왜냐하면 그것들은 확실하기보다는 난처한 일이었고, 또 그의 말이 옳다고 생각되었기 때문이다. 그가 자기의 양심에 따라 이야기해가는 동안, 나의 양심은 그가 나에게 한 말을 확인해주는 듯 느껴졌다.

나는 그에게 이렇게 말했다. '당신이 방금 나에게 설명해준 감정들은, 당신이 믿는다고 말한 것보다는 당신이 모른다고 고백한 것에 나는 더 새로운 감동을 받았습니다. 그 감정들에서 나는 많은 기독교도들이 자기들과 반대되는 교리인 무신론이나 무종교와 혼동하여 생각하려는, 유신론이나 혹은 자연 종교를 보는 듯합니다. 그러나 나의 현재 신앙 상태에서는 당신의 의견을 받아들이려면 내려가기보다는 거슬러 올라가야 하며, 당신만큼 현명하지 않은 이상 당신이 처해 있는 그 시점에 정확하게 머물기는 어려울 듯합니다. 적어도 당신만큼 성실하기 위해서는 나에게 생각할 시간이 필요합니다. 당신이 말한 바와 같이 나를 이끌어주어야 할 것은 내면의 감정입니다. 그리고 양심을 오랫동안 가슴속에만 두었다가 다시 불러내기란 쉽지 않다는 것을 당신은 나에게 가르쳐주셨습니다. 나는 당신의 이야기를 마음속에 잘 간직하겠습니다. 그리고 나는 그것을 잘 생각해야 할 것입니다. 만일 내가 잘 생각해본 후 당신과 같은 확신을 갖게 된다면 당신은 나의 최후의 스승이며, 나는 죽을 때까지 당신의 추종자가 될 것입니다. 그러니 계속 나를 가르쳐주십시오. 당신은 내가 알아야 할 것의 반 밖에 말씀해주지 않으셨습니다. 묵시나 성서와 같이 내가 지금까지 반밖에 말씀해주지 않으셨습니다. 묵시나 성서와 같이 내가 지금까지 이해할 수도 없고, 따라서 반박하지도 못하던 그 애매한 교리들에 대해 말씀해 주십시오."

"그래, 내가 생각하는 것을 자네에게 다 말해주겠다." 하고 나를 껴안으면서 그는 말을 이었다. 나는 자네에게 내 마음을 반만 보여주려고 하지 않는다. 그러나 자네와 아무 거리낌 없이 말할 수 있기 위해서 자네가 나에게 보여준 희망이 필요했다. 나는 지금까지 자네에게 유익하다고 생각되지 않거나 내가 마음속으로 확신할 수 없는 것은 한 마디도 말하지 않았다. 내가 해야 할 남은 연구는 매우 다르다. 거기서는 오직 곤란과 신비와 암흑에 차 있는 것이라고 생각되는데, 그것들은 불확실과 불만을 더할 뿐이다. 나는 결심을 하는 데도 전율할 뿐이다. 나는 나의 확신보다 차라리 의심을 말하는 것이다. 만일 너의 감정이 더 안정되었다면 나는 나의 감정들을 자네에게 보여주기를 망설였겠지만, 자네가 처해 있는 상태에서라면 자네는 나처럼 생각함으로써 득을 보게 될 것이다. 그런데 나의 이야기에는 이성의 권위만을 주어야 할 것이다. 내가 잘못을 범하는지 모르지만, 나에게 있어 토론을 할 때 단정적인 어조를 취하지 않기란 어려운 일이다. 그러나 여기서 나의 모든 단언은 의혹에 지나지 않는다는 사실을 기억하고서 자네 자신이 진리를 찾아라. 나로서는 자네에게 성실만을 약속할 뿐이다.

나의 설명 속에서 자네는 자연종교 이외에는 아무것도 발견하지 못했는데, 우리가 그외의 것을 구하지 않는다는 것은 매우 이상한 일이다. 그 필요성을 느껴야 할 이유가 있겠는가? 신이 나에게 준 빛에 따라서, 그리고 신이 나에게 불러일으킨 감정에 따라서 신을 섬기는데 나한테 무슨 죄가 있겠는가? 내가 아무리 나의 능력을 잘 이용해도 자연종교 없이는 끌어내지 못하는 실증적인 학설로부터, 순수한 도덕과 인간에게 유익하고 인간의 창조자에게 명예로운 어떠한 교리도 끌어내지 못할 것이다. 신의 영광과 인류의 행복과 나 자신의 이익을 위해서 자연법칙의 의무에 덧붙일 수 있는 것은 무엇인가? 그리고 나의 신앙의 결과가 아닌 새로운 신앙으로부터 자네가 불러일으킬 미덕이란 어떤 것인지를 보여달라. 신성의 가장 숭고한 관념은 이성으로서만 우리에게 온다. 자연의 광경을 보고 내면의 목소리를 들어라. 신은 모든 것을 우리의 눈과 우리의 양심과 우리의 판단력에 말하고 있는데, 사람들이 그 위에 또 무엇을 말할 것인가? 인간의 계시는 신에게 인간적인 정욕을 부여함으로써 신의 품위를 떨어뜨릴 뿐이다. 특수한 교리들은 그 위대한 존재에 대한 관념을 밝혀주지 못하고 오히려 그 관념을 혼란시킨다는 사실을 나는 안다. 그리고 그 관념을 고상하게 하기는커녕 타락시키며, 인간의 지식으로는 알 수 없는 전능의 신에 대한 신비에 그 교리는 어리석은 모순을 더해서 인간을 거만하고 아량이 없고 잔인하게 만든다. 또 그것은 이 땅 위에 평화를 이룩하는 대신 칼과 불을 초래하는데, 그러한 것이 무슨 소용이 있나 하고 자문해볼 뿐 그 대답은 알지 못한다. 나는 거기서 인간의 죄와 인류의 비참함만을 볼 뿐이다. 신이 어떻게 섬겨지기를 바라는가를 인간에게 가르치려면 어떤 계시가 필요하다고 사람들은 말한다. 그 증거로서 사람들이 만들어놓은 괴상한 신앙들의 다양성을 드는데, 사람들은 이 다양성조차도 계시의 환상으로부터 나온다는 사실을 모른다. 각 민족들은 신으로 하여금 말을 하게 할 생각으로 제각기 자기 방식에 맞게 신이 말을 하도록 했고, 또 자신이 원하는 바를 말하게 한 것이다. 만약 신이 인간의 진실에만 귀를 기울였다면 지상에는 단 하나의 종교만이 있었을 것이다.

하나의 신앙 의식이 필요하고, 나도 그 점은 매우 원한다. 그러나 그것을 이룩하는 일이 신성한 존재의 모든 힘을 필요로 할 만큼 중요했는가? 종교 의식과 종교를 혼동한 것이다. 신이 요구하는 것은 마음의 신앙이다. 그리고 이 신앙이 진실하다면 항상 동일한 법이다. 신이 신부의 옷 모양과, 그가 하는 언어와, 성단에서 그가 하는 몸짓과, 그의 무릎 꿇는 것 등에 많은 관심을 가진다고 생각하는 것은 망상이다. 나의 친구여, 몸을 쭉 펴고서 보아라. 그래도 자네는 땅에 매우 가까이 있는 것이다. 신은 정신적으로, 그리고 진실하게 숭배되기를 바란다. 이 의무는 모든 종교, 모든 나라, 모든 사람에게 적용되는 것이다.

나는 이런 모든 생각을 처음부터 하고 있었던 것은 아니다. 교육의 편견과 인간을 항상 본래의 영역에서 끌어올리려는 자존심에 이끌려, 위대한 존재자가 있는 곳까지 나의 약한 이해력을 높일 수 없으므로 나는 위대한 존재를 나의 수준으로 끌어내리려고 노력했다. 나는 그 존재가 무한히 떨어져 있는 그의 본성과 나의 본성을 접근시켜 직접적인 교섭과 특별한 가르침을 주기를 원했다. 그리고 신을 인간과 비슷하게 만드는 것에 만족하지 못하고 나의 동료들 사이에서 나 자신이 은총을 누릴 수 있도록, 나는 초자연적인 빛을 원했다. 내가 도달했던 이 상황을 모든 신자들이 좀더 명확한 신앙에 이르기 위해 출발하는 공통 지점으로 생각했기에, 나는 자연종교의 교리들 속에서 모든 종교의 요소들 밖에는 발견할 수 없었다.

이 땅을 지배하면서 서로가 잘못에 대해 비난하는 종파의 다양함을 생각해 보고 "어느 종파가 옳은 것인가?" 하고 나는 물었다. 그러자 사람들은 저마다 "나의 종파가 옳다"라고 대답했다. 그리고 이렇게 덧붙였다. "나와 나의 종파들만이 바르게 생각하며, 다른 모든 사람은 잘못을 저지르고 있다." "그렇다면 당신은 당신의 종파가 옳다는 것을 어떻게 아느냐?" "신이 말해주어서 안다." "신이 그렇게 말했다고 누가 당신에게 말하는가?" "그러한 것을 잘 알고 있는 나의 신부는 나에게 그렇게 믿으라고 말했고, 그래서 나는 그렇게 믿는다. 신부는 또 자기와 다르게 말하는 모든 사람은 거짓말을 하는 것이라고 나에게 단언했으므로 나는 그러한 사람들의 말은 듣지 않는다."

나는 생각했다. 그럼 진리는 하나가 아니란 말인가? 그리고 나에게 진리인 것이 다른 사람에게는 거짓일 수 있는가? 만일 옳은 길을 가는 자의 방법과 그릇된 길을 가고 있는 자의 방법이 같다면 얼마나 많은 찬사나 또는 비난을, 한쪽에는 퍼붓고 다른 한쪽에는 퍼붓지 아니할 수 있는가? 그들의 선택은 우연의 결과에 불과하므로 그들에게 그 책임을 돌리는 것은 부당하며, 그것은 태어난 국가에 따라서 칭찬하거나 벌하는 것과 같다. 신이 우리를 그런 식으로 판단한다고 말하는 것은 신의 정의를 모욕하는 일이다.

모든 종교가 다 올바르고 신의 뜻에 맞거나, 아니면 신이 인간을 위하여 어떤 종교를 정해주고 인간이 그것을 가벼이 하면 벌을 준다고 하면, 신은 그 종교가 다른 것과 구별되도록 해두거나 혹은 그것만이 유일하고 진실된 종교로 인정받도록 확실하고 뚜렷한 표시를 해두었거나 그 어느 한쪽일 것이다. 그러한 표시는 보편적으로 어느 시대나 어느 장소를 막론하고 귀족이나 서민, 학자나 무식한 사람, 유럽 인이나 인도 인이나 아프리카 인이나 미개인 등등에게도 모두 알려져야 함이 당연할 것이다. 만일 이 땅 위에 참된 종교가 단 하나뿐이고 그밖의 모든 종교는 영원한 고통만이 선고된 것이라고 하면, 또한 이 세상 어디엔가 한 성실한 인간이 그 사실을 모른다면 그 종교의 신은 가장 불공정하고 가장 잔인한 폭군일 것이다. 그러므로 우리는 성실하게 진리를 찾아야 하며, 우리의 출생의 권한과 아버지와 목사들의 권위를 문제삼아서는 안 될 것이다. 그리고 우리에게 어릴 때부터 가르쳐준 모든 것을 양심과 이성의 판단에만 맡겨야 한다. "네 이성을 버려라." 이렇게 그들이 나에게 아무리 외쳐 대도 소용없는 일이다. 나의 이성을 복종시키려면 합당한 이유가 필요한 것이다.

우주를 살펴보고 나의 능력을 잘 이용함으로써 스스로 얻을 수 있는 모든 신학은 내가 이미 너에게 해준 설명에 한정되며, 그 이상을 알기 위해서는 비자연적 방법을 써야만 한다. 왜냐하면 그러한 방법은 인간의 권위로는 어려운 일이며 인간은 누구나 나와 같으므로 인간이라면 누구나 저절로 알 수 있는 것을 나도 알 수 있고 다른 사람도 나와 마찬가지로 잘못을 저지르는 일이 있기 때문이다. 내가 다른 사람의 말을 믿는 것은 그가 말하기 때문이 아니라 그것이 진리임을 증명하고 있기 때문이다. 그러므로 사람의 증명이란 결국 나의 이성 자체의 증명에 불과하며, 신이 진리를 알도록 나에게 준 자연스러운 방법에 덧붙이는 것은 아무것도 없다.

진리의 사도여, 당신이 내게 무슨 말을 하더라도 나는 늘 그 판정자로 있을 것이다. "신 자신이 말했다. 신의 계시를 들어라." 그렇다면 신은 누구에게 말했는가? "그는 인간들에게 말했다." 그런데 왜 나는 그것을 전혀 듣지 못했는가? "신은 자신의 말을 당신한테 전하도록 다른 사람에게 지시한 것이다." 신의 말을 나에게 전하려 하는 것은 사람들인데, 나는 신 자신이 하는 말을 듣길 원했다. 그렇게 한다고 해서 신이 더 힘들지는 않을 것이고, 나를 유혹에서 지켜줄 수도 있었을 것이다. "신은 자기 사자(使者)들의 사명을 밝혀서 당신을 유혹으로부터 보호하고 있다." 어떤 방법으로 알려주는가? "기적에 의해서이다." 그렇다면 그 기적은 어디에 있는가? "책 속에 있다." 그 책은 누가 만들었는가? "사람들이 만들었다." 그러면 그 기적을 누가 보았는가? "그 기적을 목격한 것은 사람들이다." 항상 인간의 증언밖에 없는가? 신과 나 사이에는 얼마나 많은 사람이 있는가?

나의 친구여, 내가 지금 얼마나 무시무시한 토론에 휘말렸는지 생각해 보라. 가장 오랜 역사로 거슬러 올라가기 위해서, 또 예언과 계시와 사실과 전세계에 퍼져 있는 신앙의 저작을 살펴보고 평가하고 대조하기 위해서는 나에게 얼마나 많은 지식이 필요한가? 진짜 기록과 가짜 기록을 구별하기 위한 비평의 정확함이 나에게 얼마나 필요한가? 반박과 대답을 비교하고 증거의 공정과 그것의 양식과 지식을 판단하기 위해, 나에게는 정확한 비평이 필요한 것이다.

예언서들이 명백한 것임을 입증하고 나면 그것을 지은 사람들의 사명을 증명하는 단계로 넘어가야 한다. 어떤 예언이 기적없이 행해지지 않았는가를 알아내려면 우연의 법칙과 실현 가능한 일의 확률을 잘 알아야 한다. 원어로 씌어져 있을 때, 예언인 것과 단순한 문법적 표현에 불과한 것을 구별하기 위해서는 원어의 특징을 잘 알아야 한다. 교묘한 사람이 단순한 사람들의 눈을 어느 정도나 속이고 또 학자들까지 얼마만큼이나 놀라게 할 수 있는가를 판단하려면, 자연의 질서에 따르는 사실과 그렇지 않은 사실들을 잘 알아야 한다. 기적을 믿도록 하고 그것을 의심하면 벌을 받도록 하려면 기적은 어떤 종류의 것이어야 하며, 그 기적이 어떤 진실을 가져야 하는가를 연구해야 한다. 그리고 일부러 인간을 설득시키기 위한 진정한 방법을 피하려는 듯, 신은 왜 자신의 말의 진실상을 나타내기 위하여 많은 증명을 필요로 하는 방법을 택하는가를 설명할 수 있어야 한다.

신이 인간을 자신의 거룩한 의지의 대변자로 삼을 정도로 자신의 존엄을 낮추었다면, 어느 성직자가 자신이 신의 대변자라고 인류에게 알려주지도 않고 전인류로 하여금 그 성직자에게 복종하라고 요구하는 것이 과연 올바른 방법인가? 소수의 사람 앞에서 행해진 몇몇 특수한 표시를 신의 신임장으로 그 대변자에게 주었기 때문에 그밖의 사람들은 단지 소문으로만 그것을 알 뿐이라면, 과연 그것이 공정한가? 전세계를 통해 모든 사람들이 보았다고 말하는 기적을 사실로 받아들인다면, 모든 종파는 옳다고 할 수 있을 것이다. 그리고 평범한 일보다 기적이 더 많이 일어날 것이다. 또한 모든 기적 중에서 가장 놀라운 사실은, 박해당한 광신자들이 있는 곳에서는 기적이 전혀 일어나지 않는다는 점이다. 그러나 나는 신을 너무 깊이 믿으므로 신에게 어울리지도 않는 그처럼 수많은 기적을 믿지 못한다.

어떤 사람이 우리에게 이러한 말을 하러 왔다고 가정하자. "인간들이여, 나는 너희들에게 신의 뜻을 전하고자 한다. 나의 목소리에서 나를 보내신 분을 생각하라. 나는 태양에게 궤도를 바꾸고, 별에게 새로운 질서로 배열되고, 산들에게 평탄해지고, 물결에게는 높아지고, 대지에게는 또 다른 형상을 취하라고 명령한다."라고. 이러한 놀라움을 보고 누군들 당장 자연의 지배자라는 것을 인정하지 않을 것인가. 자연은 거짓말에 결코 복종하지 않는다. 사기꾼들의 기적은 네거리나 사막이나 방 안에서 이루어지고, 그들은 거기에서 모든 것을 믿고자 작정하고 있는 소수의 관객을 속일 뿐이다. 만일 자신의 교리를 증명하기 위해 행해진 기적 그 자체를 증명해야 한다면 그 기적은 무슨 소용이 있는가? 이는 기적을 전혀 행하지 않는 것과 다를 바 없다. 이미 알려진 교리에 관한 가장 중요한 연구가 남아 있다. 신이 이 세상에서 기적을 행한다고 말하는 사람들도 악마가 때때로 그 기적을 모방한다고 주장하며, 따라서 아무리 잘 증명된 기적을 가지고도 우리가 그 이전보다 더 진전할 수는 없는 것이다. 그리고 고대 이집트의 마술사들은 신의 명령에 의해 모세가 했던 것과 같은 기적을 모세 앞에서조차 흉내내려 한 이상, 모세가 없는 데서 그와 같은 자격으로 마찬가지의 권위를 주장할 것은 당연하지 않겠는가? 그러므로 악마의 작품을 신의 작품으로 착각하지 않기 위해서 기적에 의해 교리를 증명하고, 다음에 교리에 의해 기적을 증명해야 한다. 이 악순환에 대해 자네는 어떻게 생각하는가?

신으로부터 오는 이 교리는 신의 성스러운 특징을 지녀야 하며, 우리의 정신 속에 나타나는 혼란한 관념을 우리에게 밝혀주어야 한다. 또한 신앙과 도덕, 그리고 그것에 의해서만 신의 본질을 알 수 있는 격언들을 우리에게 알려주어야 한다. 만일 그 교리가 우리에게 터무니없고 불합리한 것만을 가르치고, 우리의 동료에 대한 혐오감과 우리 자신에 대한 공포감만을 일으키며, 그것이 우리에게 노하고 시기심 많고 복수하고 편파적인 인간을 싫어하며 전쟁을 즐기고 공격하고 파괴하고 벌을 내리고 가책하는 신을 그려준다면 나는 이 무서운 신에게 결코 끌리지 않을 것이며, 그러한 종교를 택하기 위해 자연종교를 버리는 일이 없도록 조심할 것이다. 나는 이 양자 중에서 택일하지 않으면 안 되는 것을 알기 때문이다. 당신의 신은 나의 신이 아니다. 한 국민만을 택하고 나머지 인류를 버리는 것을 원칙으로 하는 신은 인간 공동의 아버지가 아니다. 자신이 창조한 많은 자들에게 영원한 형벌을 주는 자는, 나의 이성으로 생각해볼 때 관대하고 선량한 신은 아닌 것이다.

이성은 나에게 이렇게 말한다. 교리란 분명하고 밝으며, 그 명백함으로써 사람의 마음을 끄는 것이어야 한다. 자연종교에 어떤 결함이 있다면, 그것은 자신이 가르치는 대진리를 방임해둔다는 점이다. 인간의 정신이 느낄 수 있는 방법으로 우리에게 진리를 가르치는 것이야말로 계시가 할 일이다. 신앙은 이해력에 의해 확고해지기도 하고 약해지기도 한다. 그러므로 가장 좋은 종교는 가장 분명한 종교이다. 스스로 설교하는 종교를 신비와 모순을 채우는 자는 그 때문에 그 종교를 의심하도록 가르치는 것과 같다. 내가 숭배하는 신은 암흑의 신이 아니며, 그는 나에게 사용하지 못할 이해력을 주지는 않는다. 나의 이성을 억제하라고 나에게 말하는 것은, 그 이성을 만든 자를 모욕하는 행위이다. 진리의 사도는 결코 나의 이성을 억제하지 않으며, 나의 이성을 밝혀줄 뿐이다.

우리는 인간의 모든 권위를 일체 거부했다. 그러나 그 권위가 없다면 한 사람이 다른 사람에게 이성에 반대되는 교리를 설교하고 납득시킬 수 있는 방법은 없는 것이다. 잠깐 동안 두 사람을 대결시켜서 두 파의 입장을 옹호하도록 해보자. 그때 그들은 평범하나 격심한 어조로 무슨 말을 할 것인가?

영감(靈感) 전체가 부분보다 더 크다고 이성은 당신에게 가르치지만, 나는 신의 이름으로 부분이 전체보다 더 크다고 당신한테 가르친다.

이성 신이 모순되는 말을 한다고 나에게 전하는 당신은 누구냐? 그리고 이성에 의해 영원한 진리를 나에게 가르치는 신과, 신의 이름으로 부조리를 나에게 알려주는 당신 중 누구를 더 믿을 수 있겠는가?

영감 나를 믿어라. 왜냐하면 나의 가르침이 더 확실하기 때문이다. 그리고 나를 보낸 분이 신이라는 것을 나는 당신에게 확실히 증명할 것이다.

이성 뭐라고, 당신을 보내서 신에게 불리한 말을 하도록 한 사람이 신이라는 것을 나에게 증명해 보이겠다고? 신이 나에게 준 이해력에 의해서보다 당신의 입에 의해, 신이 말하는 것이 더 확실하다는 사실을 나에게 설득하기 위한 증거는 무엇인가?

영감 신이 당신에게 이해력을 주었다고? 당신은 마치 죄로 타락한 이성 속에서 길을 잃은 불경스러운 사람과 같다.

이성 신의 사자여, 당신이 신의 사명을 증명하려고 오만한 행동을 하는 최초의 사기꾼은 아니다.

영감 뭐라고! 철학자들도 역시 나쁜 말을 하는구나!

이성 성인(聖人)들이 그런 본보기를 보일 때에는 할 수도 있지.

영감 아, 나로서는 그런 말을 할 권리가 있다. 나는 신의 이름으로 말을 하니까.

이성 당신의 특권을 이용하기 전에 먼저 당신의 자격증을 보여라.

영감 나의 자격은 하늘과 땅이 나를 위해 증언할 것이다. 그러니 나의 이론을 잘 따르도록 하라.

이성 당신은 이론을 생각하고 있지도 않아. 이성을 거부하는 사람은 누구나 이성을 사용하지 않고도 설득할 수 있어야만 한다. 설사 이론을 사용해서 당신이 나를 설득시켰다고 가정하자. 당신이 나에게 한 말에 대하여 내가 동의하도록 만드는 것이 나의 이성을 죄로 더럽히는 결과가 되지 않는다고 어떻게 장담할 수 있겠는가? 더구나 이성이 파괴해야 할 자명한 이치보다 더 뚜렷한 어떤 증거와 증명을 당신은 사용할 수 있겠는가? 부분이 전체보다 더 크다는 것을 믿는다면 훌륭한 삼단논법이 거짓이라는 뜻과 같다.

영감 큰 차이이다! 나의 증거들은 반박의 여지가 없다. 그것들은 초자연적인 질서로부터 비롯되는 것이다.

이성 초자연적이라고! 그 말은 무엇을 뜻하는가?

영감 자연의 질서 속의 모든 변화·예언·기적, 그리고 모든 종류의 경탄할 만한 일 등이 그것이다.

이성 기적? 그러한 것을 전혀 보지 못했다.

영감 당신을 대신하여 다른 사람들이 그것을 보았다. 증인은 수없이 많다. 여러 민족의 증언이…….

이성 여러 민족의 증언이 초자연적 질서로부터 얻어지는가?

영감 아니다. 그러나 그 증언이 모두 일치한다면 그것은 의심할 여지가 없다.

이성 이성의 원리보다 더 분명한 것은 없다. 인간들의 증언 때문에 부조리를 허용할 수는 없다. 한 번 더 말하지만, 초자연적인 증거란 없다. 왜냐하면 인류의 증언이 한 가지일 수만은 없으며, 또한 어떤 일이든 초자연적이라고 할 수 없기 때문이다.

영감 오, 굳은 마음이여! 은총이 당신에겐 말을 하지 않는구나.

이성 그것은 나의 잘못이 아니다. 왜냐하면, 당신의 말에 의하면 은총을 요구하기 전에 이미 은총을 받았어야 하기 때문이다. 그러나 은총 대신 나에게 말을 하라.

영감 그것이 바로 내가 하고 있는 일인데, 당신은 나의 말을 듣지 않고 있다. 그런데 예언에 대해 당신은 뭐라고 말하겠는가?

이성 나는 기적을 본 적이 없고 예언을 들은 적도 없다고 우선 말하겠다. 그리고 어떤 예언도 나에게는 권위를 갖지 못한다고 말하고 싶다.

영감 악마의 추종자여! 왜 예언이 당신에게는 권위를 갖지 못하는가?

이성 불가능한 세 가지의 일 때문이다. 즉 내가 그 예언의 증인이 있어야 한다는 것과, 예언이 행해짐을 못 보았다는 것, 그리고 그 사건이 예언과 우연히 일치할 수는 없다는 사실이 나에게 증명되어야 한다는 것, 이 세 가지를 알아야 한다. 왜냐하면 예언이 기하학의 공리보다 더 정확하다 하더라도 우연히 말한 예언의 명확함도 그 예언의 실현을 불가능하게 하지는 않으므로, 그것이 이루어진다면 그 성취는 엄밀히 말해서 그것을 예언한 사람을 위해 어떤 것도 증명하는 것은 아니기 때문이다.

그러므로 당신의 소위 초자연적인 증거라는 것과 기적과 예언이 결국 무엇인가를 보라. 그것은 다른 사람의 말대로 모든 것을 믿는 셈이 되며, 나의 이성에게 말하는 신의 권위를 인간들의 권위에 복종시키는 셈이 된다. 만일 나의 정신이 이해하는 영원한 진리가 어떤 피해를 받을 수 있다면, 나에게는 어떤 종류의 확신도 더 이상 없게 될 것이다. 그리고 당신이 신의 이름으로 나에게 말한다는 것을 전혀 믿지 못하며, 신의 존재 여부조차도 불확실해질 것이다.

나의 아들이여, 이처럼 많은 어려움이 있지만, 그러나 이것이 전부는 아니다. 서로를 비난하는 수많은 종교 중에서 한 가지만이 진실이라고 가정하면, 그 종교를 인지(認知)하기 위해서는 한 종교만을 검토하는 것으로는 충분하지 못하므로 다른 종교를 모두 검토해야 한다. 그리고 그것이 어떤 내용이건 이해하지도 않은 채 비난해서는 안 된다.

증거에 대한 이론(異論)들을 비교해보아야 한다. 한 감정이 증명되는 것처럼 생각되면, 우리는 수많은 사람들이 무엇에 근거를 두어 그것을 받아들이는지를 찾아보아야 한다.

반대파의 주장을 알기 위해서는 자기 파의 학자들 말을 듣는 것만으로 충분하다고 믿는 것은 매우 단순한 생각이다. 반대파의 주장을 논박할 때 그것이 대단하지 않은 것이라는 증거를 세워 시작하지 않는 사람은 없다.

누구나 자기 편 안에서는 빛난다. 그러나 자기 편 사람들 사이에서는 자신의 증거를 자랑스럽게 여기던 사람도, 다른 편 사람들 사이에서는 같은 증거를 가지고도 매우 빈약하게 보이는 것이다.

너는 책에서 배우기 위해 얼마나 많은 지식을 얻기를 바라는가? 얼마나 많은 말들을 배워야 하는가? 얼마나 광범위한 독서를 해야 하는가! 누가 그 선택을 지도하겠는가! 한 나라 안에서 반대파의 가장 좋은 책들, 더군다나 모든 종파의 책들을 발견하기는 어렵고, 그 책들을 발견한다 해도 곧 그 책들은 반박당할 것이다.

현존하지 않는 자는 항상 틀린 것으로 생각되게 마련이다. 그리고 결함이 있는 잘못된 주장이라도 확신을 갖고 주장하며, 대수롭지 않게 제안된 옳은 이유를 쉽게 말살할 수 있다. 게다가 책보다 사람을 더 잘 속이는 것은 없으며, 또 책보다 그것을 쓴 사람의 감정을 덜 충실하게 나타내는 것 또한 없다. 자네가 보쉬에의 책을 보고 카톨릭 신앙을 판단하려 했다면, 우리와 함께 생활한 뒤에는 그것이 잘못이라는 사실을 깨닫게 될 것이다.

신교도에게 대답하려는 교리는 대중에게 가르치기 위한 그러한 교리와는 다르며, 보쉬에의 책은 설교단의 가르침과는 전혀 비슷하지도 않았다는 사실을 자네는 알았을 것이다. 한 종교를 바르게 판단하려면 그 종파의 책으로 그 종교를 연구해서는 안 되고, 직접 그들과 함께 생활해야 한다. 그 차이는 매우 크다. 각 종파는 제각기 자기의 전통과 사고와 습관과 편견이 있는데 이러한 것들이 그 믿음의 정신을 이루기 때문에, 종파를 판단하려면 이러한 모든 것을 경험해야만 한다.

많은 민족이 자기들의 책을 읽지도 않고 우리의 책을 읽지도 않는다. 그러면서도 그들은 우리의 의견을 판단하려고 한다. 우리는 그들의 의견을 어떻게 판단할 것인가? 우리는 그들을 비웃고, 그들은 우리를 경멸할 것이다. 어떠한 나라에도 분별있는 사람, 성실한 사람, 진리를 전하기 위해 진리만을 알고자 노력하고 진리를 사랑하는 정직한 사람, 이러한 사람들이 있게 마련이다. 그러나 사람들은 저마다 자기의 종교에서 진리를 보고 다른 나라의 종교는 사리에 어긋나는 것으로 생각하는 데, 다른 나라의 종교도 우리가 생각하는 것처럼 그렇게 괴상한 것은 아니다. 그렇지 않다면 우리가 자기 종교에서 진리를 발견하는 이유를 증명하지 못할 것이다.

유럽에는 세 가지 주요한 종교가 있다. 하나는 계시 하나만을 인정하고,

다른 하나는 두 가지 계시를 인정하며, 나머지 하나는 세 가지 계시를 인정한다. 그 종교들은 서로 다른 종교를 미워하며 비난한다. 그들의 증거를 잘 검토해 보고 그들의 주장을 들어보지 않고서는 아무리 공정한 사람이라도 그들 사이에서 옳게 판단할 수 없을 것이다. 한 가지 계시밖에 인정하지 않는 종교는 가장 오래되고 가장 확실한 종교처럼 보인다. 세 가지 계시를 인정하는 종교는 가장 현대적이고 가장 논리적인 것처럼 보이며, 두 가지 계시를 인정하고 세번째 계시를 거부하는 종교는 가장 나은 종교일 수는 있지만 그것은 분명히 그 세번째 계시에 대한 모순이 명백하게 나타난다.

세 가지 계시에 있어서 각 성전은 그것을 따르는 국민이 알지 못하는 말로 씌어져 있다. 유태교도들은 히브리 어를 알지 못하며, 기독교도들은 히브리어와 라틴 어를, 터키 사람이나 페르시아 사람은 아랍 어를 전혀 모른다. 그리고 아랍 사람 사이에서도 이미 마호메트의 말은 사용되지 않는다. 사람들이 전혀 알아듣지 못하는 말로 사람들을 가르치는 것은 매우 어리석은 방법이 아닌가? 이러한 것들은 번역이 되어 있다고 말하지만, 그 번역이 정확한지 아닌지 누가 나에게 확신시킬 수 있는가? 그리고 신이 마침내 인간에게 말할 수 있게 되었다면, 신은 왜 번역자를 필요로 해야 하는가?

나는 모든 사람이 책 속에 들어 있는 모든 것을 꼭 알아야 한다고는 생각하지 않으며, 또 그 책을 볼 수 없는 사람들과 그것을 이해할 수 없는 사람들이 본의 아닌 무지 때문에 벌을 받는다고는 결코 생각하지 않는다. 유럽이 책으로 가득 차 있으니 유럽 사람들은 책이 없으면 아무 일도 못 하는 줄 안다. 그리고 이 지구의 4분의 3이나 되는 지역에서는 책을 전혀 볼 수도 없다는 사실을 모르는 것이다. 책이란 모두 사람들에 의해 씌어진 것이다. 그렇다면 사람은 자기의 의무를 알기 위해 어째서 책을 필요로 하는가? 그리고 그 책들이 만들어지기 전에는 어떤 방법으로 자신의 의무를 알았던가?

우리 카톨릭 교도들은 교회의 권위를 중요시한다. 그러나 이 권위를 세우기 위해서 마치 다른 종파들이 그들의 교리를 세우는 데 필요했던 것과 마찬가지로 많은 증거를 필요로 한다면, 그러한 권위가 무슨 소용이 있겠는가? 교회는 결정권이 있다고 교회 스스로가 결정했는데, 이것이야말로 만족스럽게 증명된 권위가 아닌가? 거기서 벗어나라. 그리하면 너는 우리의 토론으로 되돌아오게 될 것이다.

유태교가 기독교에 대항해서 내세우는 주장을 면밀하게 검토한 수많은 기독교도들을 너는 알고 있는가? 만일 유태교에 대해 무엇인가를 아는 사람이 있다면, 그것은 기독교도들의 책속에서이다. 이것은 상대편의 근거를 알아보는 데 얼마나 좋은 방법인가! 그러나 어떻게 해야 하는가? 만일 공공연히 유태교를 옹호하는 책을 우리들 중 누군가가 출판한다면, 우리는 저자와 출판업자와 책장수를 처벌할 것이다. 항상 옳기 위하여 이러한 치안은 편리하고도 확실한 것이다. 불행한 유태인들은 우리에게 매여 있다고 느끼며, 그들에게 가해지는 압박은 그들을 불안으로 떨게 한다. 그들은 기독교의 사랑에서는 부정과 잔인성이 얼마나 하찮게 여겨지는가를 알고 있다. 우리로부터 불경한 말을 했다고 비난받을 위험을 각오하지 않고 그들 중 누가 감히 함부로 말을 할 수 있겠는가? 가장 박식한 자와 가장 견식있는 자는 항상 가장 신중하다. 자기의 종파를 비방했다고 벌을 받은 그들 중의 한 비참한 사람을 너는 개종시킬 수 있을 것이다. 너는 한 비천한 넝마 장수로 하여금 너에게 아첨하도록 만들 수 있을 것이다. 그는 네가 원하는 대로 할 것이며 너는 그들의 무지나 비겁함을 멸시할 수도 있으나, 그들 중 학문이 있는 자들은 너의 그 우열한 짓을 비웃을 것이다. 하지만 너는 그들이 스스로 안전하다고 느끼고 있는 곳에서도 그들을 이겨낼 수 있다고 생각하는가? 소르본 대학의 신학관에서는 구세주에 대한 예언들이 예수 그리스도를 지적한 것이 태양처럼 명백하지만, 암스테르담의 유태교 교사들에게는 그 예언이 예수 그리스도와는 아무런 관계가 없다는 것 또한 명백하다.

나는 아무 위험도 없이 논의할 수 있는 자유 국가·학교 및 대학을 갖도록 하라는 유태인의 의견을 성실히 경청한 일은 없으나, 이때에 이르러서만은 그들이 무엇을 말하려 하는가를 알 수 있다.

콘스탄티노풀에서 터키 사람들은 그들의 주장을 말할 수 있지만, 우리는 우리의 주장을 내세우지 못한다. 거기서는 우리가 굽혀야 하는 것이다. 만일 우리가 유태인에게 그들이 믿지도 않는 예수 그리스도를 존경하도록 요구하는 것과 마찬가지로 터키 사람들이 우리가 전혀 믿지 않는 마호메트를 존경하도록 요구한다면, 터키 사람들이 틀렸다고만 할 수는 없는 것이다. 우리는 이 문제를 어떤 공정한 원리에 따라 해결할 것인가?

인류의 3분의 2는 유태교 신자도 마호메트 교 신자도 기독교 신자도 아니다. 그리고 모세나 예수 그리스도나 마호메트에 대해 전혀 모르는 사람이 얼마나 많은가! 사람들은 그것을 부정하며, 우리의 선교사들이 어느 곳에나 간다고 주장한다. 그러나 그들이, 지금까지 유럽 인은 들어가 본 적도 없고 아직 알려지지도 않은 아프리카의 오지에 갔었는가? 이국인과 접근한 일이 없고 법왕과 대주교에 대해 들은 적도 없는 방황하는 유목민을 쫓아서, 그들은 내륙의 타타르 지방까지 말을 타고 가 보았는가? 그들은 또 자기들의 책동 때문에 영원히 쫓겨나고 만 나라, 즉 자기들의 선구자들이 그 제국을 슬며시 정복하려고 위선적인 열성을 갖고 상륙한 일본에도 가고 있는가?

복음이 이 세상 어디든지 전해졌다는 게 사실이라 한들 유익한 것은 무엇인가? 첫 선교사가 어떤 나라에 도착했던 바로 전날에도, 누군가는 그 선교사의 말을 듣지 못한 채 죽었을 것이다. 그런데 우리가 그 사람을 어떻게 할 수 있단 말인가? 설사 이 지상에 예수 그리스도를 모르는 사람이 한 명밖에 없다 하더라도, 이 한 사람을 위한 반론은 전인류의 4분의 1과 같이 지대한 것이다.

나의 친구여, 너는 나에게 2천 년 전에 이 세상 어딘지도 모를 한 작은 마을에서 한 신이 태어났다가 죽었다는 이야기를 하면서, 이 신비를 전혀 믿지 않는 사람은 모두 지옥에 떨어질 것이라고 말한다. 내가 전혀 모르는 한 사람의 권위만으로 그렇게 빨리 이 말들을 믿다니, 이 얼마나 이상한 일인가? 신은 어찌하여 그가 꼭 나에게 가르쳐주기를 바라는 사건들이 그처럼 먼 데서 일어나게 하는가? 아주 먼 데서 일어나는 일을 모른다고 해서 그것이 죄가 되는가? 지구의 반대편에 히브리 족과 예루살렘이란 마을이 있다는 사실을 어떻게 이 지구의 모든 사람이 알 수 있겠는가? 그것은 달에서 일어나는 일을 알도록 강요하는 것과 다름없다. 여러분은 그것을 나에게 가르쳐주러 왔다고 말할 텐데, 그럼 왜 나의 아버지에게는 그것을 가르치러 오지 않았는가? 그런 것을 전혀 모른다 해서 착한 노인을 지옥에 보내는가? 여러분의 태만으로, 그렇게 착하고 친절하고 진리만을 찾는 그가 영원히 벌을 받아야만 하는 원인이 되는 것이다. 적어도 나로 하여금 들어보지도 못한 놀라운 일들이 벌어지고 있는 그 먼 나라를 볼 수 있도록 해달라. 그래서 이 예루살렘의 주민들이 왜 신을 거짓말쟁이로 취급하여 사형에 처했는가를 알게 해달라. 여러분은 그들이 그를 신으로 인정하지 않는다고 말하는데, 그렇다면 여러분의 말밖에는 들은 적이 없는 나는 어떻게 해야 하는가? 그들은 벌을 받아 흩어지고 학대받고 노예가 되어, 그 어느 누구도 더 이상 그곳에 접근하지 못한다고 여러분은 덧붙인다. 확실히 그 당시의 그들은 그런 고통을 받아야 했을 것이다. 그러나 오늘날의 주민들은, 그들의 조상들이 신을 죽인 것에 대해 어떻게 해야 할 것인가? 그들도 역시 신을 신으로 인정하지 않는다. 그러므로 옛 주인들의 자손을 남겨두었더라도 마찬가지일 것이다.

신이 죽은 바로 그 마을에서는 옛날 사람이나 현재의 사람이나 신을 인정하지 않는데, 여러분은 그곳으로부터 2만 리나 떨어진 곳에서 2천 년 후에 태어난 나에게 신을 인정하기를 강요하는가. 여러분이 신성시하는 성경이라 하는 전혀 이해할 수 없는 이 책을 내가 믿기 전에 그 책이 언제 누구에 의해 만들어졌고 어떻게 보존되었으며, 그것이 어떻게 여러분의 손에 들어갔는지를 알아야 한다. 그리고 또한 여러분이 나에게 말한 것 모두를 잘 알고 있으면서도 그 책을 배척하는 사람들이 그들 나름대로 어떻게 생각하는지를 여러분 아닌 다른 사람을 통해 내가 알아야 한다.

이러한 논의는 나에게뿐만 아니라 분별있는 사람이라면 누구나 그렇게 말하는 것이 당연하다고 생각한다. 또 증거도 없이 성급하게 설교하고 세례주기를 원하는 전도사는 추방해야 한다고 나는 생각한다. 그래서 나는 이러한 반론이 기독교를 반대할 때만큼의, 또는 그 이상의 힘을 가지지 않고 다른 계시에 행해지는 일은 없다고 생각한다. 그 결과, 만일 진정한 종교란 하나밖에 없어서 그것을 따르지 않으면 누구나 지옥에 떨어진다고 하면, 그 종교를 연구하고 깊이 파고들고 비교하며 그 종교가 발생한 나라들을 돌아다니는 데에 일생을 바쳐야만 할 것이다. 아무도 인간의 이 첫번째 의무에서 벗어날 수 없고, 누구 하나 다른 사람의 판단을 믿을 수도 없는 것이다. 일을 해야만 먹고 살 수 있는 직공, 글을 읽을 줄도 모르는 노동자, 허약하고도 수줍은 소녀, 침대에서 일어나기도 힘든 불구자, 이러한 사람들까지도 모두 연구하고 명상하고 토론하고 여행하며 이 세상을 돌아다녀야만 한다. 그렇게 되면 더 이상 한 곳에 안주하고 있는 국민은 찾아볼 수 없게 될 것이다. 지구는 온통 시간과 노고를 허비하는 큰 희생을 치르며, 피곤해하면서 여러 종교를 증명하고 비교하고 검토하면서 돌아다니는 순례자들로 가득 차게 될 것이다. 그때에는 직업이나 기술이나, 인문과학이나 시민으로서의 모든 일들과 이별하게 되는 것이다. 종교의 연구는 있을 수 없으며 아무리 건강한 상태이고 시간을 가장 유용하게 쓰고 가장 오래 산 사람이라 할지라도 노인이 되어서는 무엇을 찾았는지 모를 것이다. 그리고 죽기 전에 그가 어떤 종교를 믿으며 살았어야 했는가를 아는 것만으로 대단한 성과가 되는 것이다.

자네는 이러한 방법을 깨뜨리고 인간의 권위에 조금이라도 권능을 부여하길 바라는가? 그렇다면 당장 인간의 권위에 모든 것을 되돌려주게 될 것이다. 만일 한 기독교도의 아들이 깊고도 공정한 검토가 없이 자기 아버지의 종교를 따르는 게 좋다면 마찬가지로 터키 인의 아들이 자기 아버지의 종교를 따르는 게 왜 나쁘단 말인가?

이러한 이유로 곤란해하는 사람들은 그들의 야만스러운 교리를 포기하기는커녕 오히려 신을 부당하다고 여기면서, 죄없는 사람에게 그의 조상이 죄를 지었다는 이유로 벌주기를 원한다. 또 어떤 사람들은 친절하게도 운명적인 무지 속에서 도덕적으로는 올바르게 살았을 사람들에게 천사를 보내어 가르치게 함으로써 곤경에서 빠져 나오려고 한다. 토마스 아퀴나스의 천사라는 것은 얼마나 훌륭한 발명인가! 그들은 자신이 만든 기계의 노예가 되는 것에 만족하지 않고, 신까지도 그 기계를 사용하도록 한다.

나의 젊은이여, 각자가 자기 의견만 고집하면서 자신만이 옳다고 믿을 때, 또한 자신이 다른 사람 위에 있어 특별한 권한을 가진 것이라고 공상할 때 오만과 편협이 우리를 인도하는 부조리를 생각해 보라. 나는 내가 숭배하고 너에게 가르쳐준 평화의 신을, 나의 모든 탐구가 성실했었다는 사실의 증인으로 삼는다. 그러나 과거에도 그랬듯이 그 탐구가 여전히 성과를 거두지 못하리라는 것과, 나 자신이 끝도 없는 대양으로 빠져들어가고 있었다는 사실을 알게 되자 나는 제자리로 되돌아와 나의 신앙을 최초의 관념 속에 한정시켰다. 나는 신이 나에게 학자가 되지 않으면 지옥에 떨어질 것이라고 말했다고는 결코 생각하지 않는다. 모든 사람의 눈에 열려 있는 책이 하나 있으니, 그것은 곧 자연의 책이다. 나는 이 위대하고도 숭고한 책 속에서, 자연의 성스러운 창조자를 숭배하고 섬기는 법을 배운다. 그 책을 읽지 않은 것에 대해서는 아무도 용서를 받지 못한다. 왜냐하면 그 책은 만인이 해득할 수 있는 언어로, 모든 사람에게 말하기 때문이다. 내가 무인도에서 태어나 사람이라고는 볼 수도 없고 이 세상 어디에서 옛날에 무슨 일이 있었는가를 결코 알 수 없다 할지라도 이성을 훈련시키고 신이 나에게 준 본연의 힘을 잘 사용하면, 나는 신을 알고 신과 신이 만든 모든 것들을 사랑하며 신의 마음에 들도록 이 세계에서의 나의 모든 의무를 이행하는 일들을 스스로 배울 것이다. 이 이상 인간의 학문이 나에게 무엇을 더 가르칠 수 있겠는가.

만일 내가 계시에 대해서 학식있는 이론가이거나 더 잘 가르침을 받았다면 아마도 나는 계시의 진리와 그것을 인정하는 사람을 위한 계시의 유용성을 느낄 수 있겠지만, 나는 계시에 대한 유리한 증거를 보는 반면 또 해결하지도 못한 계시의 불리한 증거도 볼 수 있다. 찬성하고 반대하는 확실한 이유가 많이 있기에, 어떻게 결정할지를 모른 채 나는 계시를 인정도 못하고 거부하지도 못한다. 단지 그것이 진리임을 확신하는 의무만은 거부한다. 왜냐하면 소위 이 의무라는 것은 신의 정의와는 대립할 수 없는 것이며, 그것을 통해서는 구원의 장애물들을 없애지 못할 뿐 아니라 오히려 그것들을 증가시키고, 대부분의 사람에게 그것들을 극복하지 못할 만한 것으로 뒤집어씌우기 때문이다. 이것을 제외하면 나는 이 점에 있어서 겸손하고 회의적인 상태에 머물고 있다. 나는 자신이 잘못을 저지르는 일은 없다고 믿는 자만심을 갖고 있지는 않다. 이 문제가 나에게 확정되지 않은 것처럼 보이더라도 다른 사람들은 결정할 수 있는 것이다. 나는 다른 사람을 비난하지도 않고 모방하지도 않는다. 그들의 판단이 나의 판단보다 더 나을 수도 있으나, 나의 판단이 그들과 맞지 않는다 해서 거기에 나의 잘못이 있는 것은 아니다.

성경의 위엄이 나를 억누르고, 복음서의 신성이 나를 감동시킨다는 것을 고백하는 바이다. 화려하게 꾸며진 철학가들의 책을 보라. 그 책을 성서와 비교해 보면 얼마나 보잘것 없는가! 매우 숭고하면서도 동시에 그처럼 간명한 책이 인간의 작품일 수가 있을까? 이 책에서 이야기되는 인물을 단지 한 인간으로 볼 수 있는가! 그들의 품행은 얼마나 부드럽고도 순한가! 그의 가르침에는 얼마나 감동적인 우아함이 있는가! 그의 이야기에는 얼마나 깊은 지혜와 현명함이 깃들어 있는가! 자신의 정욕에 대한 지배력이 얼마나 큰가! 허영심없이 행동하고 괴로워하고 죽어가는 그만한 현자가 어디 있는가! 죄의 모든 치욕을 덮어쓰고도 미덕의 모든 대가를 받을 만한 상상적인 의인(義人)을 플라톤이 그렸을 때, 그는 분명히 예수 그리스도를 그린 것이다. 그 유사함이 너무도 분명하기에 모든 신부들도 그것을 느꼈으며, 이 점은 의심할 여지가 없다. 소프로니코스의 아들과 마리아의 아들을 감히 비교하기 위해서는 어떤 편견과 어떤 무지가 있어야 하겠는가? 이 두 사람의 차이는 얼마나 큰가! 고통이나 치욕없이 죽어간 소크라테스는 끝까지 자신의 인격을 지킬 수 있었으며, 또 만일 그의 죽음이 그의 삶을 명예롭게 하지 않았다면, 사람들은 소크라테스가 그의 훌륭한 정신을 가졌음에도 불구하고 궤변가로만 기억할 것이다. 그가 윤리학을 만들었다고 사람들은 말하지만, 그 이전에도 사람들이 윤리학을 실천에 옮겼었다. 그는 단지 다른 사람들이 한 일을 말한 것뿐이었고, 그들의 본보기를 교훈으로 삼았던 것이다. 아리스티데스는 소크라테스가 "정의란 무엇인가"를 말하기 전에 이미 정의를 행했었고, 소크라테스가 "조국을 사랑하는 것은 의무"라고 말하기 전에 레오니다스는 이미 조국을 위하여 죽었던 것이다. 그가 미덕을 정의하기 전에 이미 그리스에는 덕망있는 사람들이 존재하고 있었다. 그런데 예수는 그가 교훈을 주고 모범이 되었던 그 고귀하고도 순수한 윤리를 어디에서 얻었는가? 가장 극단적인 광신 가운데서 가장 숭고한 지혜의 소리가 들려온 것이다. 그리고 미덕의 단순함이 모든 민족 중에서 가장 천한 민족을 명예롭게 한 것이다. 친구들과 조용히 철학을 논하던 소크라테스의 죽음은, 모든 사람이 원하는 가장 온화한 죽음이다. 고통 속에서 온 국민의 모욕과 야유와 저주를 받으면서 숨을 거둔 예수의 죽음은, 모두가 두려워하는 무서운 죽음이다.

소크라테스는 독이 든 술잔을 들면서, 그것을 자기에게 주고 우는 사람을 축복했다. 예수는 지독한 고통을 받으면서 잔인한 사형 집행인을 위해 기도했다. 소크라테스의 삶과 죽음이 현자의 것이라면, 예수의 삶과 죽음은 신의 것이다. 복음서의 이야기가 재미로 꾸며진 것이라 말할 수 있겠는가? 그러한 일은 상상이 불가능한 것이다. 그리고 아무도 의심하지 않는 소크라테스의 행동도, 예수 그리스도의 행동만큼 잘 설명되지 않고 있다. 결국 그것은 어려운 문제를 해결하지 않고 미룬 것뿐이다. 여러 사람이 일치해서 그 책을 만들었다는 것은, 단 한 사람이 그 책의 주제를 제공했다는 것보다 더 믿기 어려운 일이다. 그러한 어조나 윤리는 결코 유태인 작가의 것이 아니다. 또한 복음서가 너무 위대하고 뚜렷해서 절대로 모방할 수 없는 진실성을 지녔기에, 그러한 특질을 발견한 그 책의 작자는 주인공보다 더 놀라운 사람일 것이다. 그럼에도 불구하고 이 복음서는 분별이 있는 사람조차도 모두 이해할 수 없고 인정할 수 없는 일들로 가득 차 있다. 이러한 모순은 어떻게 해야 하는가? 나의 친구여, 항상 겸손하고 신중해라. 거부하지도 이해하지도 못하겠으면 묵묵히 존중하라. 그리고 진리이신 위대한 신 앞에서 겸허해져라.

이처럼 나는 본의 아닌 회의 속에 빠져들지만, 이 회의가 나에게 고통스러운 것만은 아니다. 왜냐하면 그것은 실천상의 근본적인 점까지 미치지는 않는 것이었고, 나는 나의 모든 의무의 원리에 의해서 모든 것을 체득했기 때문이다. 나는 소박한 마음으로 신을 존경하며, 나의 행동과 관계가 있는 것만을 알려고 노력한다. 행동과 윤리에 아무런 영향을 주지 않으면서도 많은 사람을 고민하게 하는 교리라면 나는 전혀 그것에 주의하지 않는다. 나는 모든 종교를, 나라마다 독특한 의식에 의해 신을 존경하는 일정한 방법을 택하는 유익한 제도로, 또한 그런 풍토와 정부와 국민의 재질 혹은 시간과 장소에 따라 한 종교를 택해서 다른 종교를 버리도록 하는 어떤 지방적인 원인 속에 정당성을 지닐 수 있는 제도로 생각한다. 나는 사람들이 정당한 태도로써 신을 섬길 때 모든 종교는 옳다고 생각한다. 본질적인 신앙은 마음의 신앙이어서 그것이 성실하다면 신은 어떤 형태의 예배이든간에 그것을 거부하지 않는다. 교회에 봉사하기 위해 예배에 참여하는 나는 나에게 부과된 일들을 가능한 한 신중히 행하며, 설혹 어떤 점에 있어서 고의로 게을리 한다면 나는 양심의 가책을 느낄 것이다. 오랜 동안 성무집행을 금지당한 후, 멜라레드 씨의 도움으로 다시 내가 살아갈 수 있는 성직을 허락받은 것은 너도 알고 있을 것이다. 아무리 중요한 일이라도 너무 자주 하게 되면 경솔하게 다루기 쉬워서, 나도 예전에는 미사를 대수롭지 않게 올렸음을 후회하며 새로운 원리를 알게 된 현재는 항상 큰 존경심을 가지고 미사를 행하고 있다. 나는 숭고한 존재의 위엄과 그의 실재를 확신하며, 자신이 조물주와 관계가 있음을 깨닫지 못하는 인간 정신의 무능력을 절실하게 느낀다. 그리하여 정해진 의식으로써 대중의 소망을 신에게 전달한다는 생각을 가지고 나는 조심스럽게 모든 의식을 행하는 것이다. 봉헌의 시기가 가까워 오면 나는 성례의 위대함과 교회가 요구하는 모든 준비를 하고 봉헌을 하기 위해 전념하며, 최고의 지혜 앞에서 나의 이성을 없애려고 노력한다. 무한한 힘을 측정하려 드는 너는 누구냐고, 미사 집행시에 사용되는 말로써 경건하게 자문해본다. 그리고 나에게 있는 모든 믿음을 고스란히 바친다. 이 믿기 어려운 신비가 무엇이든간에 나는 심판의 날에, 마음속으로 그것을 모독했다고 벌받을 걱정을 하지는 않게 된 것이다.

아무리 낮은 계급에 있다 하더라도 성직을 자랑스럽게 여기는 나는, 이 숭고한 의무를 다하는 데 있어 합당하지 않은 일은 결코 하지도 않고 말하지도 않을 것이다. 나는 언제나 사람들에게 미덕을 설교할 것이며, 선을 행하라고 권할 것이다. 그리고 나는 그 사람들에게 모범을 보여줄 것이다. 그들로 하여금 종교가 사랑할 만한 것으로 믿게 하는 일을 나의 의무로 하여 유익한 교리, 즉 만인이 믿지 않을 수 없는 교리를 그들에게 설교할 것이다. 그리고 그들이 이웃을 미워하여, 다른 사람들에게 "너희들은 지옥에 갈 것이다."라고 말하도록 가르치는 일 또한 절대로 없을 것이다. 만일 내가 보다 높은 지위에 있다면 이러한 겸손한 태도는 문제가 될 수도 있겠지만 그러한 것을 걱정하기에는 나는 너무나도 하찮은 존재이며, 결코 현재의 상태보다 더 낮아지거나 높아질 수도 없다. 또한 어떤 경우에 처해도 나는 신의 정의를 모독하지는 않을 것이며, 성령에 어긋나는 거짓말을 하지도 않을 것이다.

나는 오랫동안 주임 신부가 되는 영광을 바랐지만, 이제는 더 이상 바라지 않는다. 나의 친구여, 나는 주임 신부처럼 훌륭한 분은 없다고 생각한다. 훌륭한 법관이 정의의 집행자인 것과 마찬가지로, 훌륭한 주임 신부는 선의 집행자인 것이다. 주임 신부는 악을 행하라고 요구하는 일이 결코 없다. 자기 스스로 선을 행하지 못한다 해도 그것을 권할 때 그는 항상 그 위치에 있는 것이고, 사람들로 하여금 그를 존경하도록 만든다면 그는 선을 얻게 되는 것이다. 오, 내가 만일 산속에 사는 선량한 사람들의 주임 사제직을 맡아 관리할 수 있다면 얼마나 보람을 느낄 것인가? 왜냐하면 나는 나의 교구 주민들을 행복하게 만들 수 있을 것이기 때문이다. 그들을 부유하게 만들지는 못하겠지만 나는 그들의 가난을 같이 나누며, 빈곤보다 참기 어려운 모욕과 멸시를 그들의 마음에서 없애줄 것이다. 점차로 빈곤을 몰아내고 그들이 항상 그것을 이겨 나갈 수 있도록, 화합과 평등을 사랑하도록 해줄 것이다. 내가 그들보다 하나도 나을 게 없으면서도 만족하며 살아가는 것을 보게 되면, 그들도 자신의 운명을 받아들이며 나처럼 만족하게 사는 법을 배우게 될 것이다. 그들에게 설교할 때, 나는 교회의 정신보다는 복음서의 정신에 더욱 전념할 것이다. 복음서의 정신에는 교리가 단순하고 도덕이 숭고하며, 종교적인 실천은 별로 없지만 사랑의 행동이 많이 있기 때문이다. 그들에게 해야 할 일을 가르치기에 앞서 내가 그들에게 말하는 것은 모두 내가 믿고 있는 것이라는 사실을 항상 실천하려고 노력할 것이다. 나의 이웃이나 나의 교구에 이교도들이 있더라도 기독교적 사랑에 있어서는 그들을 나의 교구 주민과 전혀 구별하지 않을 것이다. 나는 그들이 서로 사랑하고 형제처럼 생각하고 모든 종교를 존중하며, 저마다 자기의 종교 속에서 평화롭게 살 수 있도록 해주리라. 어떤 사람에게 태어날 때부터의 자기의 종교를 버리라고 권하는 것은 악행을 하라고 권하는 셈이며, 그 결과 자신에게 악행을 가르치는 것이다. 우리는 보다 훌륭한 빛을 기다리면서 공공의 질서를 지킬 것이다. 모든 나라에서 그 법률을 존중하고, 그 법률이 정하는 신앙을 혼란에 빠뜨리지 않도록 예배의 형식을 준수하라. 시민들을 불순종하게 만들지는 말자. 왜냐하면 그들이 다른 의견을 위해 자신의 의견을 버리는 것이 좋은지 나쁜지를 우리가 확실히 알 수 없기 때문이며, 또한 법률을 거역하는 것이 나쁜 일이라는 것만은 매우 분명하기 때문이다.

나의 젊은 친구여, 나는 지금 신이 나의 마음에 써놓은 그대로 나의 신앙고백을 너에게 하는 것이다. 너는 어쩌면 내가 신앙 고백을 들려줄 유일한 사람이 될 것이다. 인간들 사이에 올바른 믿음이 남아 있는 한 평화로운 영혼들을 혼란에 빠뜨려서는 안 되며, 단순한 사람들의 신앙을 그들이 해결할 수도 없고 그들을 지도하지 못하여 불안하게만 하는 어려운 문제들로 위협해서는 안 된다. 너의 양심 상태와 같은 동요되고 불안하며 거의 꺼져가는 양심은 확고해지고 깨어나야만 한다. 그리고 영원한 진리의 토대 위에 양심을 회복시키기 위해서는 양심이 의지하고 있는 흔들리는 기둥을 뽑아내야 한다.

너의 지금 정신은 획일성을 향하여 열려 있고 마음은 그 형태와 성격을 받아들여, 너의 일생에 좋든 나쁘든 어떤 결심을 해야 하는 위험한 나이에 놓여 있다. 이 시기가 지나가면 인간의 본질은 굳어져서, 새로운 것들은 인간에게 아무런 영향도 미치지 못하게 된다. 젊은이여, 아직도 유연한 너의 영혼에 진리를 받아들여라. 만일 내가 나 자신을 좀더 확신할 수 있다면 나는 너에게 독단적이고 단호한 어조로 말하겠지만, 나는 아직도 무지하고 오류에 빠지기 쉬운 까닭에 아무것도 할 수가 없다. 나는 너에게, 내가 확실하다고 생각하는 것 모두를 말했다. 나의 의심은 의심으로서, 나의 의견은 의견으로서 너에게 전해진 것이다. 그리고 나의 신앙과 의혹에 대한 이유를 너에게 말했다. 이제 판단은 네가 해야 할 일이다. 너에게 시간이 필요하고, 이러한 신중은 현명한 것이며 너로 하여금 너를 존중하게 해준다. 먼저 너의 양심을 사물을 보기를 원하는 상태에 놓고서 너 자신에게 성실하라. 나의 감정들 중 너를 납득시키는 것은 네 것으로 만들고 나머지는 버려라. 너는 아직 잘못 선택하는 모험을 할 정도로 악에 의해 타락되지 않았기에 그것에 대해서는 우리들이 같이 상의하자고 제의할 수도 있을 것이다. 그러나 토론을 하다 보면 흥분하게 되어 허영심과 완고함이 거기에 섞이고 성질은 사라지게 된다. 나의 친구여, 토론을 피하거라. 왜냐하면 토론에 의해서는 자신도 다른 사람도 그 정체를 밝힐 수 없기 때문이다. 나로서는 여러 해 동안 명상을 하고 나서야 비로소 나의 길을 정했다. 그렇기에 나의 양심은 평화롭고 나의 마음은 만족하고 있다. 만일 내가 나의 감정들을 다시 새롭게 검토해 본다 해도 진리에 대한 더 순수한 사랑을 얻지는 못할 것이다. 그리고 이미 활동력이 사라진 내 마음은 왕성하게 진리를 발전시키지 않을 것이다. 무의식중에 명상에 대한 취미가 쓸데없는 정욕이 되어 임무 수행상의 나의 열의를 식힐까 두렵고, 또한 빠져 나올 힘을 다시 얻을 수 없을 것이므로 나의 첫 회의주의에 다시 빠져들어가지나 않을까 두려워 나는 지금의 상태대로 머물 것이다. 나의 인생은 반 이상이 지나갔다. 이제 나머지 생을 유용하게 사용하여 나의 잘못을 덕행으로 지우는 데 필요한 시간밖에는 갖고 있지 않다. 만일 내가 잘못을 저지른다면 그것은 본의가 아니며, 나를 알고 있는 사람이라면 내가 무분별을 좋아하지 않는다는 사실을 잘 알 것이다. 나 자신의 지혜로는 그 무분별의 상태에서 벗어날 수 없으므로 내가 거기서 빠져 나올 수 있는 유일한 방법은 착하게 사는 것이다.

만일 내가 너로 하여금 나처럼 생각하게 하고, 나 같은 감정을 지니고 우리와 같은 신앙 고백을 가진다고 생각하게 한다면 나는 너에게 다음과 같은 충고를 해주겠다. 너의 생활을 빈곤과 절망의 유혹에 처하게 하지 마라. 더 이상 너의 생활을 타락 속에서, 타인의 자비에 의해서 이끌지 마라. 그리고 구걸한 수치스러운 빵을 먹어서는 안 된다. 조국으로 돌아가 너의 선조들의 종교를 다시 찾아보고, 마음속으로 진지하게 그 종교를 믿고 다시는 그것을 버리지 마라. 그 종교는 매우 단순하면서도 성스럽다. 나는 이 세계의 모든 종교 중에서 그 종교만큼 순수하며, 이성을 가장 만족시키는 종교는 없다고 생각한다. 굴욕적인 귀향을 두려워하지 마라. 잘못을 저지르면 부끄러워해야 하지만, 잘못을 고치는 것을 수치로 생각해서는 안 된다. 너는 아직 모든 것을 용서받을 수 있으나, 만일 죄를 지었다면 벌을 받을 수밖에 없는 나이에 있다. 네가 너의 양심의 소리를 듣고 싶어할 때, 수많은 헛된 장애는 그 소리를 듣고 사라질 것이다. 우리가 현재 처한 불확실 상태에서 태어날 때의 종교가 아닌 다른 종교를 주장하는 것은 용서받지 못할 거만이고, 자신이 주장하는 종교를 성실하게 실천하지 않는 것 또한 잘못임을 너는 느낄 수 있을 것이다. 우리가 만일 길을 잘못 가면 최고 심판자의 법정에서 훌륭한 변명의 말을 스스로 없애는 것과 같다. 신은 스스로가 선택한 잘못보다는 차라리 그 속에서 자라온 잘못을 용서할 것이다.

나의 아들아, 항상 신이 있다고 믿는 상태에 너의 영혼을 놓아두면 너는 신의 존재를 결코 의심하지 않게 될 것이다. 게다가 네가 어떤 결심을 하든 간에 종교의 진정한 의무들은 인간의 제도와는 독립되어 있다는 사실을 기억하라. 그리고 올바른 마음이야말로 신의 진정한 성당이며, 어떤 나라 어떤 종파에서건 신을 사랑하고 이웃을 자신처럼 사랑하는 것이 무엇보다도 중요하다는 사실도 기억하라. 어떤 종교도 우리의 도덕적인 의무를 면제해줄 수는 없으며 도덕적인 의무만이 실로 본질적이라는 것, 또한 내면적인 신앙이 이 의무 중 첫째이며 신앙없이는 진정한 미덕은 결코 존재하지 않는다는 것 등을 항상 기억하라.

자연을 설명한다는 구실로 거짓된 교리를 퍼뜨리는 사람들과, 그들의 반대편의 단호한 어조보다 더욱 단정적이고 독단적인 표면적인 회의주의자들을 피하라. 그들은 자신만이 참되고 성실하다는 거만한 구실 아래 권력으로써 우리를 자신만이 참되고 성실하다는 거만한 구실 아래 권력으로써 우리를 자신의 단호한 결정에 복종시키고, 그들의 상상으로 세워놓은 난해한 체계들을 만물의 진정한 원리로서 우리에게 준다고 공언하는 것이다. 게다가 우리가 존경하는 모든 것을 뒤엎고 파괴하고 유린한다. 그들은 번민하는 자로부터 그 최후의 위안을 빼앗고, 권력자나 부자들로부터는 그 정욕을 억제하는 유일한 수단까지도 빼앗는 것이다. 그들은 사람의 마음속에서 죄에 대한 가책과 미덕에 대한 희망을 없앨 뿐 아니라, 자신들은 인류의 은인이라고 자랑한다. "진리는 결코 인간에게 해로운 것이 아니다."라고 그들은 말한다. 나도 그렇게 믿지만, 그것이야말로 그들이 가르치고 있는 것이 진리가 아니라는 사실을 명백히 증명해주는 것이라 생각된다.

젊은이여, 겸손하고 성실하며 참되라. 그리하면 너는 너 자신은 물론 다른 사람도 속이지 않게 될 것이다. 예를 들어 너의 재능이 연마되어 네가 다른 사람들에게 이야기할 때에도 사람들이 너를 찬양할지 안 할지에 신경쓰지 않게 되고, 너의 양심에 따라서만 이야기하게 될 것이다. 지식의 남용은 의심을 일으킨다. 학자는 모두 세속적인 의견을 무시하며 각자가 자기만의 감정을 갖기를 원하고, 오만한 철학은 맹목적이고 광적인 신앙심을 낳게 되는 것이다.

이러한 극단을 피하라. 항상 진리의 길이나, 또는 너의 소박한 마음에 진리처럼 보이는 길에 머물러 있어라. 그리고 결코 허영이나 약한 마음 때문에 그 길을 바꾸지 마라. 철학자들 앞에서도 용감하게 신을 인정하라. 아량없는 사람들에게도 인간성을 가르쳐라. 그것이 너를 고립시킬지도 모른다. 그러나 너는 모든 사람들이 원하는 증거가 없어도 너를 잘 지내게 해줄 수 있는 증거 하나를 너의 자신 속에 지니게 될 것이다. 사람들이 너를 좋아하건 싫어하건, 또는 너를 무시하건 그것은 상관없다. 진실인 것을 말하고 선인 것을 행하라. 인간에게 중요한 것은 이 세상에서 자신의 의무를 다하는 일이다. 그래서 우리가 자신을 잊게 될 때만이 우리 자신을 위해 일하고 있는 것이다. 나의 아들아, 사사로운 이해는 우리를 속인다. 우리를 속이지 않는 것이라고는 정의에 대한 희망뿐이다.

나는 이 글을 종교적으로 따라야 할 감정들의 규칙으로서가 아니라 내가 이루려고 노력한 방법을 포기하지 않고 제자와 함께 이야기할 수 있는 방법의 한 본보기로서 전제한 것이다. 인간의 권위에도 자신이 태어난 나라의 편견에도 굴복하지 않는 한, 자연의 교육에 있어서 이성의 빛만으로는 우리는 자연종교 이상 더 나아갈 수는 없다. 만일 에밀이 그 이외의 다른 종교를 가져야 한다면, 나는 그 문제에 대해서는 더 이상 그의 안내자가 될 자격이 없다. 그 스스로 안내자를 선택해야 하는 것이다. 우리는 자연과 협력하여 일하고, 자연이 육체적인 인간을 만들고 있는 동안 우리는 정신적 인간을 형성하고자 노력하는 것이다. 그러나 우리는 이 두 가지 과정을 병행해 나갈 수는 없다. 육체는 이미 건장하고 튼튼해져 있지만, 영혼은 아직 힘이 없고 약하다. 그리고 인위적인 어떤 노력을 한다고 해도 육체가 항상 앞서고 있는 것이다. 가능한 한 인간을 언제나 하나로 일치시키기 위해 우리는 그 하나를 억제하고 다른 하나를 자극해서, 이제까지 모든 주의를 기울여 개성을 발달시킴으로써 생겨나는 그 감성을 억압하고 지성을 개발함으로써 감각적인 대상들의 인상을 조절했다. 사물의 원리로 거슬러 올라가면 우리는 감각의 지배에서 벗어날 것이다. 자연의 연구로부터 자연의 탐구자를 창조하도록 바꾸는 것은 간단한 일이었다.

거기에 도달하면 우리는 우리 제자에 대해 새로운 영향력을 가지게 될 것이다. 이때에 비로소 사람들이 보지 않는 곳에서 법률에 의해 강요받지 않고도 선을 행하며, 자신의 삶을 희생해서라도 자기의 의무를 생각하고, 그리고 자신의 마음속에 덕을 지니고 있다는 것에 대한 진정한 관심을, 이런 것들 모두를 갖게 되는 것이다. 그리고 사람이란 누구나 질서에 대한 사랑보다는 자기 자신에 더 집착하는 법인데, 이것은 이 질서에 대한 사랑을 위해서뿐만 아니라 자기애와 일체가 되어 있는 사랑, 즉 자기 존재의 창조주에 대한 사랑을 위해서이다. 그리고 또한 이 세상의 생활을 잘 해낸 후에 선한 양심의 평화와 신에 대한 명상이 저승에서 그에게 약속한 저 영원한 행복을 누리기 위해서이다. 여기서 떠난다면 내게 보이는 것은 사람들의 부정과 위선과 거짓뿐이다. 경쟁에서는 필연적으로 모든 것을 이겨내는 사사로운 이해가 모든 사람에게, 악에게 미덕이라는 가면을 씌우고서 악덕을 숭배하는 것을 가르치는 결과가 된다. 모든 사람들이 그들의 이익을 희생하여 나의 이익을 이루어주기를 바라며, 모든 것이 나라는 한 개인에게만 관계가 있기를 바란다. 나에게서 한순간의 고통과 배고픔을 없애기 위해서 필요하다면 모든 인류가 고통과 비참 속에서 죽기를 바란다. 마음속으로는 신이 존재하지 않는다고 말하면서 한편으로는 신의 이름을 입에 담는 사람은 위선자이거나 정신 이상자에 지나지 않고, 살아 있는 동안 그렇게 주장할 것이다.

독자여, 내가 어떻게 한다 해도 여러분과 내가 결코 같은 눈으로 에밀을 보지 않으리라는 것을 나는 잘 알고 있다. 여러분은 에밀을 항상, 경솔하고 극성스럽고 변덕스러워 아무것에도 집중할 줄 모르는 채 축제나 오락을 찾아 떠돌아다니는 여러분의 학생과 같이 생각할 것이다. 여러분은 내가 인생의 가장 충동적인 시기에 처해 있는 활발하고 혈기 넘치는 청년을 명상가·철학가·참된 신학자로 만들려고 노력하는 것을 보고 비웃으며 이렇게 말할 것이다. "이 몽상가는 항상 망상의 세계에 살며 자신의 방법으로 가르친 제자를 내보이면서 제자를 기르는 것이 아니라 그를 창조하는데, 자신은 항상 자연을 따른다고 말하면서도 실제로는 점점 자연으로부터 멀어지고 있다."라고. 그러나 나로서는 나의 제자와 여러분의 제자들을 비교해 볼 때 그들 사이의 공통점을 거의 찾지 못하는데, 그처럼 다르게 길러진 나의 제자가 여러분의 제자들과 유사점이 있다면 그것은 오히려 기적일 것이다. 에밀은 그들이 청년기에서나 맞이할 완전한 자유 속에서 어린 시절을 보냈기 때문에, 그에게 있어 여러분의 제자들이 어렸을 때 따랐던 규칙은 그들에게는 교사의 억압의 구실로만 생각된다. 그들은 어린 시절을 벗어나야만 비로소 이 모든 종류의 속박에서 벗어났다고 생각하는데, 그렇게 되면 마치 쇠사슬에서 풀려난 죄수가 팔다리를 움직여 보듯이 자기들을 구속했던 오랜 속박의 보상을 한다.

그러나 에밀은 어른이 되었을 때 발달해 가는 이성의 구속에 복종하는 것을 자랑으로 여긴다. 이미 성숙한 그의 육체는 더 이상 전과 같은 운동을 필요로 하지 않고도 자신을 지배한다. 반면에 반쯤 성장한 그의 정신이 비약하려고 애쓰는 이성의 시기는 여러분의 제자에게는 방종의 시기에 불과하나 에밀에게는 추리의 시기가 된다.

여러분은 이 점에 있어서 여러분의 제자들과 에밀 중 누가 더 자연의 질서에 따르고 있는지 알고 싶은가? 누가 자연의 질서에서 더 멀리 있는 때가 많은지 또는 적은지를 생각해 보라. 시골에 사는 청년들을 살펴보고, 그들도 여러분의 제자들과 비슷한가를 보라. 루보가 말하듯이 미개인들은 어린 시절에 항상 활동적이어서 그들의 육체를 움직이는 여러 가지 놀이에 끊임없이 열중하지만, 청년기에 이르면 곧 그들은 침착해지고 명상적이 되어서 신중한 놀이나 운으로 승부를 겨루는 유희 외에는 거의 생각하지 않는다. 시골 청년들이나 미개인들이 누리는 완전한 자유 속에서 자란 에밀 역시 커가면서 그들처럼 변하고, 그들과 같은 행동을 하게 된다. 에밀이 그들과 다른 점은 단지 유희나 먹고 쓰기 위해서만 행동하는 것이 아니라, 일을 하거나 놀 때도 생각하는 법을 배운다는 점이다. 그러므로 이러한 어린 시절을 거쳐 이 시기에 도달했기 때문에, 그는 내가 인도하려는 다음 길에 대한 준비가 다 되어 있다. 그가 고찰하도록 내가 제시한 문제들은 그의 호기심을 불러일으키는데, 왜냐하면 그 문제들 자체가 훌륭하고 진귀한데다 에밀 또한 그것들을 이해할 만한 상태에 있기 때문이다. 이와 반대로 여러분의 청년들은 재미없는 수업과 긴 설교와 지루한 교리문답으로 인해 지쳐 버려서 자신들의 마음을 음울하게 하는 것이다. 그들은 고통스럽고 계속적인 규범으로 짓누르고 쾌락을 방해하는 자기 존재의 창조자에 대한 명상을 어떻게 그들이 거부하지 않을 수 있겠는가? 그들은 이 모든 것들에 대해 오직 혐오감·불쾌감·권태만을 느낄 뿐이다. 그들이 자유로워진 후에도 그 규범에 따르게 하는 방법은 무엇인가? 그들에게는 즐겁게 해줄 새로운 것이 필요한데, 어린이들에게 해주어야 할 말 같은 것은 이제 그들에게는 더 이상 필요하지 않다. 사정은 나의 제자에게도 마찬가지이다. 그가 어른이 될 때 나는 어른으로서 그를 대하며, 또한 새로운 말만을 할 것이다. 이것은 이성을 위해 자연의 발전을 늦추어서, 그에게 두배로 시간을 벌게 해주는 결과가 된다. 그렇다면 실제로 내가 자연의 발전을 늦추지 않는 것인가? 아니다. 나는 단지 상상력이 그 발전을 방해할 뿐이라고 생각한다. 나나 청년이 다른 곳에서 받을 수 있는 조숙한 교육에 균형을 맞추기 위해 전혀 다른 종류의 교육으로 대치한 것에 불과하다. 현존하는 교육의 급류에 그가 휩쓸려가는 동안 다른 교육에 의해서 반대 방향으로 이끄는 것은, 그를 자연적인 위치에서 옮기는 것이 아니라 그 위치에 그대로 잡아두는 것이다.

마침내 자연의 참다운 시기가 다가오고 있으며, 또 다가와야만 한다. 인간은 반드시 죽게 마련이므로 인류가 존속하고 세계의 질서가 유지되기 위해서는 번식해야 한다. 내가 이미 언급한 여러 징조들에서 절박한 위기를 예감한다면 여러분은 에밀에 대해 가졌던 종래의 태도를 바꿀 것이다. 그가 아직 여러분의 제자이긴 하나 여러분의 친구이며 한 성인인 이상, 앞으로는 에밀을 그렇게 대해야만 한다.

뭐라고! 나의 권위가 가장 필요한 때에 그 권위를 버리란 말인가? 그가 뭐라고 행동해야 할지 몰라 중대한 과실에 빠질지도 모를 시기에 그를 멋대로 내버려 두어야 하는가? 그에게 있어 나의 권리를 행사하는 것이 더없이 중요한 시기에 나의 권리를 포기해야 하는가? 그를 내버려두라고 말하는 사람이 누구인가? 그 권리는 바로 지금부터 그를 위하여 행사되기 시작하는 것이다. 지금까지 여러분은 힘이나 술수에 의해서 모든 것을 얻을 수 있었고, 권위와 의무의 법칙을 몰랐기 때문에 복종시키기 위해서는 구속하거나 속여야만 했었다. 그러나 여러분이 그의 마음을 얼마나 많은 새로운 사슬로 구속했는지 아는가? 이성·우정·감사, 그리고 수많은 감정들은 격렬한 어조로 그에게 말한다. 악 때문에 이러한 소리를 듣지 못하는 일은 아직까지 한 번도 없었다. 에밀은 아직도 자연의 정욕들에 대해 민감하다. 모든 정욕들 중 첫째인 자애심은 그를 여러분에게 맡기고 있으며, 습관도 또한 그를 여러분에게 맡긴다. 만일 순간적인 흥분으로 그가 여러분을 떠난다 하더라도 그는 후회하며 곧 여러분에게 돌아오리라. 그를 여러분에게 매어놓은 감정만이 유일하게 지속되는 감정이다. 다른 모든 감정들은 일시적이며 자멸하는 것이다. 그가 타락하도록 내버려두지 말라. 그는 항상 순종할 것이며, 그가 이미 타락했을 때라야만 비로소 반항하기 시작할 것이다.

여러분이 싹트기 시작하는 그의 욕망들과 직접 부딪쳐서 그것을 죄악으로 취급해 버린다면, 그는 여러분의 말을 듣지 않을 것이다. 여러분이 나의 방법을 버린다면, 곧 나는 어떤 것에 대해서도 더 이상 책임지지 않을 것이다. 여러분은 자신이 자연의 대리이며 결코 자연의 적이 될 수 없다는 사실을 항상 기억하라.

그러나 어떻게 할 것인가? 그의 경향에 찬성할 것인가, 아니면 거부할 것인가? 그리고 그에게 폭군으로서 군림할 것인가, 아니면 아부자가 되어 줄 것인가? 이제 이 양자택일을 할 수밖에 없다. 그러나 이 두 가지 모두가 매우 위험한 결과를 가져올 수 있으므로 선택하는 일에 주저하게 된다.

이 곤란을 해결하기 위한 한 방법으로 그를 결혼시키는 것을 생각해 볼 수 있다. 그것은 확실하고 자연스러운 방법이긴 하지만 그것이 가장 좋은 방법일지는 의심스럽다. 다음에 나의 이유를 말하겠다. 결혼 적령기에 이른 청년을 결혼시켜야 한다는 것은 나도 시인한다. 그러나 그 시기가 너무 빨리 오고, 우리는 그들을 조숙하게 만들었다. 성숙할 때까지 시기를 늦추어야 한다.

만일 단순히 그들의 희망을 듣고 행동을 따르기만 해도 된다면 그것은 쉬운 일이다. 그러나 자연의 권리와 우리의 사회적 법칙 사이에 너무나도 많은 모순이 있어서, 그것들을 양립시키기 위해서는 끊임없이 우리는 모순을 범해야만 한다.

지금까지 얘기한 이유들에 의해서 내가 제시한 방법과 그밖의 비슷한 방법을 사용하여 욕망을 억제하고, 감각의 순결을 적어도 스무살까지는 연장시킬 수 있다고 생각한다. 게르만 민족들 사이에서는 스무 살 이전에 동정을 잃은 청년은 명예가 손상된 것으로 간주되었으며, 많은 작가들은 그 민족의 체격이 강건하고 자손이 많은 것은 청년 시절의 금욕생활 때문이라고 생각하고 있다.

이 시기는 더 오래 연장될 수도 있는데, 프랑스에서는 불과 몇 세기 전까지만 해도 매우 일반적인 일이었다. 한 가지 예를 들어보면 몽테뉴의 아버지는 정직하면서 강인한 체격을 가지고 있었는데, 이탈리아 전쟁에 오랫동안 종군한 후 33세에 동정의 상태로 결혼했다고 전해진다. 그의 아들의 저서에서, 우리는 그가 예순 살이 넘어서도 얼마나 튼튼했으며 쾌활했었는지를 알 수 있다.

이러한 예는 나의 에밀처럼 아직 완전히 성숙하지 않은 사람한테는 아무런 이익이 되지 못한다. 그런데 자연은 사람이 앞당기거나 늦출 수 없는 확고한 한계를 갖고 있지는 않다고 생각하므로 나는 에밀이 지금까지 자연의 법칙을 벗어나지 않고 타고난 순결 상태를 유지해 왔다고 가정하며, 이제 에밀에게도 이 행복한 시기가 끝나가고 있다는 것을 알고 있다. 날마다 증가하는 위험에 둘러싸인 그는 내가 어떻게 하건 기회만 있으면 나에게서 빠져 나가려 하며, 또 이러한 기회는 곧 올 것이다. 그는 관능의 맹목적인 본능을 따름으로써 타락하게 될 것이 확실하다. 나는 사람들의 도덕에 관해 깊이 생각했기 때문에 이 최초의 순간이 그의 나머지 일생에 극복할 수 없는 영향을 미치리라는 것을 예상하게 된다. 내가 잘 모르고 아무것도 보지 않은 체한다면 그는 나의 약점을 이용하며 나를 속일 수 있다고 생각하여 나를 무시하게 되고, 그러면 나는 그의 파멸의 공범자가 되는 것이다. 그를 돌이키려 해도 이미 때는 늦었고, 그는 나의 말을 듣지 않는다. 그는 곧 나로부터 떠나 버린다. 나는 그에게 귀찮고 지겹고 참을 수 없는 사람이 된다. 그렇다면 내가 취해야 할 합리적인 방법은 하나뿐이다. 그것은 자신의 행동에 스스로 책임지게 만들며, 적어도 그가 무지로 잘못을 행하지 않도록 그를 둘러싸고 있는 위험을 그에게 숨김없이 보여주는 일이다. 지금까지는 그의 무지에 의해 그를 구속해 왔지만 이제부터 그를 구속해야 하는 것은 자신의 지식에 의해서이다.

이 새로운 교육은 중요하므로 근본으로 되돌아가서 문제를 논하는 것이 좋겠다. 지금이야말로 그에게 나의、보고서를 보여줄 때이다. 그리고 그는 누구이고 나는 누구인가, 나는 무엇을 했으며 그는 무엇을 했는가를 그에게 말해 주어야 할 때이다. 또한 그의 모든 도덕적 관계, 그가 했던 모든 약속, 사람들이 그에게 했던 모든 약속, 그의 능력의 발전이 도달한 단계, 그가 나아가야 할 길, 거기에서 그가 발견한 곤란, 그 곤란을 극복하기 위한 방법, 내가 아직도 그를 도와줄 수 있는 일은 무엇인가. 끝으로 그가 현재 처한 시기의 새로운 위험, 그리고 싹트기 시작하는 그의 욕망에 따르기 전에 그가 자신을 주의 깊게 감시해야 하는 이유들을 그에게 분명히 말해야 할 때인 것이다.

성인을 이끌려면 여러분이 어린이를 이끌기 위해서 했던 모든 일과는 반대로 해야 함을 생각하라. 주의를 기울여서 지금까지 그에게 숨겼던 위험한 일들을 그에게 가르치는 데 주저하지 마라. 결국은 그가 그것을 알게 된 이상, 타인이나 그 자신으로부터가 아니라 여러분에게서 그것을 배우도록 하는 것이 중요하다. 그는 앞으로 당연히 많은 적과 싸우게 될 것이므로 기습을 받지 않도록 그의 적을 알려주어야 한다.

자신도 모르는 사이에 이러한 문제들을 모두 알게 된 청년들은 결코 순탄하게 성장할 수 없다. 이러한 현명하지 못한 교육은 명예로운 목적을 가질 수 없으므로, 큰 해가 되지는 않는다 해도 적어도 그러한 교육을 받은 사람들의 상상력을 더럽히고, 그러한 것을 교육한 사람들을 악덕에 물들게 한다. 더구나 하인들은 그런 방법으로 어린이의 신뢰를 얻고, 어린이로 하여금 교사를 귀찮은 사람으로 생각하게 만든다.

어린이는 왜 진실한 이야기를 털어놓을 상대를 선택하는가? 그것은 그를 지도하는 사람들의 억압 때문이다. 왜 어린이가 그들을 피하겠는가? 아무런 불만이 없다면 왜 어린이가 불평을 하겠는가? 당연히 그들은 어린이가 믿고 이야기할 수 있는 첫 상대들이다. 만일 마음속의 이야기를 하려는 어린이가 여러분으로부터 설교나 꾸중을 들을 염려가 없다고 생각하면, 그는 여러분에게 모든 것을 말할 것이다. 또 그가 여러분에게 아무것도 숨기지 않는다는 것을 확인한다면, 여러분은 감히 누구에게도 이야기를 하지는 못할 것이다.

나의 방법에 대해 가장 기대를 갖게 하는 것은, 그 방법의 정확한 실행을 통해서 볼 때 나의 제자의 생활 속에서는 유쾌하지 못한 기억은 하나도 발견할 수 없다는 점이다. 흥분된 기분이 그를 이끌어갈 순간일지라도, 그리고 그가 지도하는 손에 반항하면서 나에게서 벗어나는 순간일지라도, 나는 그의 동요와 흥분 속에서 여전히 그의 최초의 순진함을 볼 수 있다. 그의 육체처럼 순결한 그의 마음은 가식과 악을 알지 못한다. 비난도 멸시도 그를 비겁하게 만들지 않았으며, 결코 두려움이 그에게 거짓으로 꾸미도록 가르치지도 않았다. 그는 순진함에서 오는 무분별한 행동을 그대로 가지고 있으며, 거리낌없고 천진난만하다. 그는 속이는 게 어떤 효과가 있는지는 아직 모르고, 마음의 움직임을 언어나 표정으로 나타내지 않고는 견디지 못한다. 그래서 흔히 그가 느끼는 감정은 그 자신에게보다도 나에게 더 빨리 알려진다.

이처럼 자유롭게 그의 마음을 나에게 열어보이고 자기의 느낌을 기꺼이 나한테 말하는 한 나는 걱정할 것이 전혀 없으며, 위험도 아직 가까워지진 않았다. 그러나 그가 더 조심스러워지고 겸손해지고 이야기를 하다가 부끄러워하거나 곤란해하는 최초의 징후를 보이게 된다면, 그의 본능은 이미 발달단계에 접어들어 악의 관념이 이미 본능과 결합하기 시작하는 것이므로 더 이상 늦출 수는 없다. 만일 내가 서둘러 그를 가르치지 않으면 그는 곧 나에게서 벗어나 악을 알게 될 것이다.

독자 중에는 나의 생각들을 인정하면서도, 한편으로 그것은 단지 젊은이와의 자유로운 대화에 불과한 것이라고 생각하는 사람이 있을 것이다. 이러한 방법으로는 인간의 마음을 관리할 수 없다. 주의 깊게 준비하지 않는다면 우리가 말하는 것은 아무런 의미가 없다. 씨를 뿌리기 전에 먼저 땅을 갈아야 하는데, 미덕의 씨는 싹트게 하기가 매우 어렵다. 뿌리를 내리도록 하려면 오랜 준비가 필요하다. 설교가 효과가 없는 이유 중의 하나는, 구별도 선택도 없이 모든 사람에게 똑같은 말을 한다는 점이다. 같은 내용의 설교가 다른 마음・성격・나이・성별・환경, 그리고 의견이 다른 수많은 청중들에게 적합하다고 어찌 생각되겠는가? 그리고 우리의 감정들이란 순간적이어서 어떠한 사람의 생애에서도 같은 이야기가 같은 영향을 주는 경우는 아마 한 번도 없을 것이다. 격렬한 관능이 이성을 잃게 하고 의지를 괴롭힐 때는 지혜의 엄격한 교훈에 귀를 기울일 시기인가 아닌가를 판단해야 되므로, 젊은 이들에게는 설사 그들이 이 사고능력이 있는 연령이라 하더라도 그들이 이치를 이해할 수 있도록 준비하기 전에는 결코 그들에게 이치를 따져 이야기하지 마라. 대부분의 교훈은 교사들의 과실 때문에 목적을 상실하는 것이다. 현학자와 교사는 거의 같은 말들을 하지만 현학자는 아무 때나 말하는 편이고, 교사는 그 효과를 확신할 경우에만 말한다.

몽유병자는 잠자면서 여기저기 헤매고, 까마득한 절벽 위를 걷기도 한다. 그러나 그는 그 위험을 못 느끼는데, 나의 에밀도 마찬가지로 무지라는 잠에 빠져 자신의 위험을 느끼지도 못한 채 방황한다. 만일 내가 깜짝 놀라게 해서 그를 깨운다면 그는 떨어지고 말 것이다. 우선 그를 절벽에서 멀리 떼어놓고서 그를 깨운 다음, 멀리서 그 절벽을 보여주자.

독서, 고독, 한 곳에서 움직이지 않는 생기없는 생활, 여자들이나 청년들과의 교제, 이러한 것들은 그의 나이로서는 위험한 길이다. 이와는 다른 감각적인 대상으로서 그의 감각을 바꾸어, 그의 의식이 가려던 그릇된 곳에서 벗어나게 해준다. 그리고 고된 일로 그의 육체를 훈련시켜서, 그를 잘못 인도하는 상상력의 활동을 멈추게 한다. 팔이 열심히 활동을 할 때, 상상력은 쉬게 된다. 육체가 매우 피곤하면 마음은 전혀 타오르지 않는다. 가장 신속하고도 쉬운 예방은 그를 직접적인 위험에서 벗어나게 하는 것인데, 나는 우선 그를 유혹이 가득 차 있는 대상으로부터 멀리 데려간다. 그러나 그것만으로는 불충분하므로 그 기억까지도 멀리해주어야만 하며 위험한 대상들만을 멀리해주는 것은 아무 효과도 없다. 만일 내가 그로 하여금 모든 것에서 초월하도록 하는 방법을 찾아내지 못하고 또한 자신에게서 벗어나게 하지 못한다면, 그를 그대로 내버려두는 것과 다름없을 것이다.

에밀은 하나의 직업을 알고 있지만, 그 직업도 여기서는 우리에게 도움이 되지 못한다. 왜냐하면 그가 알고 있는 일들은 습관으로 타락해 버렸기 때문이다. 일에 종사하고 있으면서도 그는 마음속으로는 전혀 다른 것을 생각하고 있다. 그에게 새로운 홍미를 일깨워주고 그의 정신을 집중시켜 주며, 그를 훈련시켜 줄 새로운 일, 즉 그가 전적으로 그것에 몰두할 수 있는 일이 필요하다. 그런데 이 모든 조건을 갖춘 것으로 생각되는 단 하나의 일은 사냥이다. 만일 사냥이 순수한 쾌락을 주고 사람에게 가치있는 것이라면 지금이 그 도움을 받아야 할 시기이다. 에밀은 사냥하는 데 필요한 모든 것을 갖추고 있다. 그는 건강하고 민첩하며 인내력이 강해서 반드시 이 운동에 취미를 갖게 될 것이다. 그는 그 나이에 갖고 있는 열정을 모두 사냥에 기울여, 적어도 잠시 동안은 방종으로 생기는 위험한 경향을 사냥을 함으로써 망각할 것이다. 사냥은 육체만큼이나 정신도 단련시켜서 피와 잔인한 광경에 익숙하게 한다. 사랑의 우울감은 안일함에서 생기고, 격렬한 훈련은 부드러운 감정을 억눌러 버린다. 숲속이나 전원에서 연인과 사냥꾼은 서로 다른 감정을 갖고 있으므로, 같은 대상을 보고도 그들은 전혀 다른 생각을 할 것이다. 연인에게는 시원한 그늘, 작은 숲, 기분 좋은 안식처가, 사냥꾼에게는 단지 사슴의 목장, 짐승이 숨는 우거진 숲, 숲속의 빈터일 뿐이다. 연인은 숲의 요정만을 생각하고 사냥꾼은 사냥개, 몰이꾼, 말만을 생각한다. 이 두 종류의 사람과 함께 들판을 산책하면 그들이 하는 말의 차이에서, 여러분은 그들이 같은 눈으로 대지를 바라보지 않고, 생활하는 방식도 그들의 즐거움의 목적만큼이나 다름을 곧 알게 될 것이다.

나는 어떻게 이러한 취미들이 결합되며, 어떻게 모든 것을 위한 때가 발견되는지를 알고 있다. 그러나 젊은이의 정열은 이와 같이 분별력이 없으므로, 젊은이에게는 좋아하는 한 가지 일만을 주어라. 그러면 나머지 모든 것은 곧 잊혀질 것이다. 욕망은 다양한 지식과 더불어 오며, 처음에 알게 된 쾌락은 오랫동안 추구할 수 있는 유일한 쾌락이 된다. 나는 에밀의 청년 시절 전부가 짐승을 죽이는 데 소요되기를 원하지 않으며, 이 잔인한 정열을 정당화하려고도 하지 않는다. 다만 이러한 정열이 보다 위험한 정열을 잠시 억제하면서 그가 조용히 귀를 기울이게 하여, 그를 자극하지 않고 이 정열을 설명할 수 있는 시간을 나에게 준다면 그것으로 족하다.

사람의 일생에는 결코 잊지 못하는 시기가 있다. 에밀에게는 내가 지금 언급하고 있는 교육을 받아들이는 때가 바로 그 시기인데, 이 시기는 그후 그의 이생을 통해 영향을 미칠 것이다. 그러므로 이 시기를 그의 기억에 새겨 주도록 하자. 우리 시대의 잘못 중 하나는, 마치 인간이 정신인 것처럼 너무나 이성에만 치우친다는 점이다. 언어를 무시함으로써 우리는 가장 강력한 언어를 잃어버렸다. 입을 통한 말로써의 인상은 항상 약하며, 귀를 통해서보다는 했기 때문에, 우리는 교훈들을 말로 함축시키고 그것을 행동으로 옮기지 않았다. 단순한 이성은 활동하지 않으며, 때때로 이성은 구속을 가한다. 간혹 자극을 주기는 하나 결코 큰일을 한 적이 없다. 항상 이치를 따지는 것은 소인(小人)들의 버릇이다. 강한 영혼은 독특한 언어를 가지고 있어서, 다른 사람을 설득하고 행동하게 만드는 것은 이 영혼의 언어에 의해서이다.

나의 관찰에 따르면 근대에는 사람들이 힘과 이해관계에 의해서만 타인을 지배하고 있지만, 옛 사람들은 상징 언어를 무시하지 않았기에 신념과 영혼의 감동에 의해서 커다란 영향을 끼쳤었다. 권력이 이룩되기 전에는 신이 인류의 심판자였다. 사람들은 신 앞에서 동맹을 맺고 약속을 했으며, 대지는 그러한 옛 기록들이 보존되어 있는 책이었다. 그러한 기록으로 성스럽게 되어 미개인들에게는 경의의 대상이 된 바위나 나무나 돌더미는, 항상 모든 사람의 눈에 펼쳐져 있는 증서와도 같았다. 서약의 우물, 선지자의 우물, 망브레의 늙은 떡갈나무, 이러한 것들은 단순하지만 엄숙하고 신성한 계약의 기념물이었다. 어느 누구도 감히 모욕적인 손으로 이 기념물에 해를 가할 수는 없었다. 그리고 사람들의 맹세는 오늘날 엄격한 법률에 의해 보증되는 것보다, 이렇게 무언의 증거들에 의해 보증되는 편이 더 확실했던 것이다.

정치에 있어서는 왕권의 위엄이 국민을 위압하고 있었다. 위엄을 나타내는 상징물인 왕좌 · 자주빛 옷 · 왕관 · 옥대는 국민에게 있어 신성한 것들이었다. 이렇게 존경받는 표적들은, 백성들이 이러한 것으로 장식한 사람을 존경하게 만들었다. 병사가 없어도, 위협을 하지 않아도, 왕이 말을 하면 모두가 즉시 복종했던 것이다. 오늘날 사람들은 이러한 표적들을 없애려고 하는데, 그것을 무시하는 것이 어떤 결과를 가져오는가? 왕권의 위엄은 모든 사람의 마음에서 사라지고, 국민들의 존경은 단지 처벌과 공포 위에서만 가능할 뿐이다. 왕들은 군대의 힘에 의해서 국민들을 복종시킬 수 있다.

옛날 사람들이 웅변으로 이루어놓았던 일은 놀랄 만한 것이다. 그러나 이 웅변은 훌륭한 말로써만 이루어진 것이 아니었고, 또 연설자가 가장 적게 말을 할 때 가장 좋은 효과를 나타낸 것이다. 가장 놀랄 만한 연설은, 말에 의해서가 아니라 몸짓으로 표현되는 것이었다. 눈앞에 보여지는 대상은 상상력을 일깨우고 호기심을 자극하며, 말하려는 것에 대한 기대 속에 정신을 사로잡는다. 그리고 한 가지 대상으로만 모든 것이 말해지는 수가 많다. 양귀비의 봉오리를 꺾은 트라시블로스와 타르키니우스, 총신(寵臣)의 입을 봉한 알렉산더, 제논의 뒤를 이은 디오게네스, 이들은 긴 연설을 한 것보다 더 훌륭한 효과를 거두지 않았는가? 어떤 말로써 그같은 생각을 이처럼 잘 표현할 수 있었겠는가? 대군을 이끌고 스키타이에 침입한 다리우스는 스키타이의 왕으로부터 새 한 마리, 개구리 한 마리, 생쥐 한 마리, 그리고 다섯 개의 화살을 받았다. 특사는 왕의 선물을 전하고 아무 말도 하지 않은 채 돌아갔다. 오늘날 같으면 이 사람은 정신병자로 생각되었겠으나 이 무서운 권고는 이해되었고, 다리우스는 서둘러서 그의 나라로 되돌아갔다. 그 상징들 대신에 편지로 의사를 전했다고 했다면 그 편지가 위협적일수록 오히려 두려움은 감소되고, 다리우스가 대단하지 않게 생각하는 하나의 협박에 불과하였을 것이다.

로마 인들은 상징적인 언어에 대해 매우 주의를 기울였다. 나이와 신분의 차이에 의한 다양한 옷들, 성인용의 긴 옷, 군인용 짧은 망토, 젊은 귀족용의 자주빛 선을 두른 흰 옷, 원로원 의원의 제복, 집정관의 도끼, 금관, 엽관(葉冠), 화관(花冠) 개선 축하, 개선 기념식, 이 모두가 로마 인들에게는 상징이며 의식(儀式)으로서, 시민들의 마음에 깊은 감명을 주었다. 국민이 어느 장소에 모이는가, 주피터의 신전을 볼 것인가 안 볼 것인가, 원로원 쪽으로 향할 것인가 향하지 않을 것인가, 특히 어떤 날을 택해서 협의하는가, 이러한 일들이 매우 중요한 문제로 생각되는 것이었다. 용사들은 공적을 자랑하지 않고 그들의 부상을 자랑했다. 오늘날의 웅변가라면 시저의 죽음을 보고 국민을 감동시키겠다는 생각으로, 그의 상처와 피와 시체에 대한 감동적인 묘사를 했을 것이다. 그러나 안토니우스는 웅변가였지만 그러한 말을 전혀 하지 않고 시저의 시체만 보여주었다. 얼마나 훌륭한 표현법인가!

다시 나의 본론으로 돌아가면, 젊은이와 결코 냉철하게 이치를 따지지 마라. 청년을 감동시키려면 이성에게 살을 붙여주어라. 정신의 언어를 이해할 수 있게 해주려면, 그것이 마음을 통해서 받아들여지도록 하라. 거듭 말하지만 냉철한 이론은 우리의 의견을 결정할 수 있지만, 우리의 행동을 결정하지는 못하는 것이다. 이것이 진실이라면, 아직 감각 속에 싸여 있고 자신이 상상하는 한도 외에는 생각할 수 없는 젊은이들에게는 더욱더 진실이다.

그러므로 나는 이미 말했던 준비를 한 후일지라도 갑자기 에밀의 방에 들어가, 그에게 가르치려는 주제에 대해 어설프게 오랫동안 이야기를 하지 않도록 조심할 것이다. 나는 먼저 그의 상상력을 움직이게 하고서, 내가 주고자 하는 인상에 가장 알맞은 시기와 장소와 환경을 선택할 것이다. 말하자면 나는 우리 이야기의 증인으로 모든 자연을 택하는 것이다. 자연을 창조한 영원한 존재를 나의 이야기의 진실성에 대한 증인으로 내세우려는 것이다. 그리고 이 영원한 존재자를 에밀과 나 사이의 심판자로 삼으며, 우리가 있는 자리와 우리들 주위에 있는 바위와 숲과 산을 에밀과 나와의 약속의 기념비로

지정할 것이다. 내가 그에게 주기를 원하는 감격과 열의를 눈과 어조와 몸짓 속에 담고서 그에게 말하면 그는 나의 말을 들을 것이며, 그의 마음은 감동할 것이다. 나의 의무를 신성시하면 할수록 그에게 자신의 의무를 더욱 신성한 것으로 만들어줄 것이다. 나는 열의없는 격언들로 장황하고 냉정한 설교를 하지 않을 것이며, 나의 마음은 결코 충분할 정도로 말하지는 않을 것이다. 나의 이성은 진지하고 엄숙하나, 심정은 지극한 온정을 갖고 있다. 그래서 바로 이때, 나는 그를 위해 했던 모든 것을 그에게 보여주면서, 나 자신을 위해서 한 일처럼 그에게 보여줄 것이다. 어조를 바꾼다면 그에게 얼마나 큰 충격을 주겠는가? 항상 그의 이익만을 말함으로써 그의 영혼을 위축시키지 않고, 그후로는 나의 이해 관계에 대해서만 이야기해주면 그는 더욱 감명을 받게 될 것이다. 내가 만들어준 우정 · 관용 · 감사의 모든 감정으로 그의 젊은 마음을 불타게 하여, 감동의 눈물을 흘리면서 나는 그를 껴안고는 다음과 같이 말하겠다. "나의 아들아! 너는 나의 재산이고 나의 작품이다. 나의 행복은 너의 행복 가운데 있다. 만일 네가 나의 희망을 저버린다면 너는 나의 일생 중 30년을 나에게서 빼앗는 것이 되며, 나의 노년을 불행하게 만드는 것이 된다." 이것이야말로 그가 경청하게 하고 이제까지 말한 것에 대한 기억을 그의 마음속에 새겨주는 것이다.

나는 교사가 그의 학생을 지도할 때 난관에 부딪치면 어떻게 제자를 다루는가를 실례를 들어 설명하려 했다. 그러나 여러 시도를 해본 후에, 프랑스 어는 너무나 인위적이어서 어떤 문제들에 대해서는 처음 교훈을 주는 데 필요한 순수한 말을 유지할 수가 없다는 사실을 확인하고 나는 그것을 포기했다.

프랑스 어는 다른 언어보다 고상한 언어라고 말해진다. 그러나 나로서는 프랑스 어가 가장 외설스럽다고 생각한다. 왜냐하면 언어의 순결이란 비속한 표현을 주의하여 피하는 데 있는 게 아니라, 그런 말 자체를 가지고 있지 않은 데 있다고 생각되기 때문이다. 그리고 모든 면에서 프랑스 어만큼 순수하게 말하기 힘든 언어도 없다. 저자가 외설스러운 표현을 피하는 데 능숙한 것보다 그것을 찾아내는 데 항상 더 능숙한 독자는 모든 것에 충동을 받는다. 그렇지만 좋은 풍습을 가진 국민은 모든 사물에 맞는 적당한 말을 가진다. 그리고 그 말은 항상 정직하게 쓰이기에 항상 바르다. 성서에 씌어진 말보다 더 겸손한 말은 생각하기 어려운데, 왜냐하면 성서에는 모든 것이 소박하게 기록되었기 때문이다. 내가 에밀에게 하는 말은 그의 귀에 예의바르고 순결하게만 들릴 것이지만, 읽을 때도 그렇게 생각할 수 있게 되려면 독자도 에밀의 마음만큼 순결한 마음을 가져야 할 것이다.

말의 진실한 순수성과 악덕의 허위적 겸손에 대한 고찰은, 이 문제가 우리를 인도해가는 도덕의 이야기 속에서는 유익할 수도 있을 것이라고 나는 생각한다. 왜냐하면 그는 솔직한 말을 배우면서 겸손한 말도 배워야 하며, 이 두 가지 말이 다른 이유를 비교할 수 있도록 하기 때문이다. 어쨌든 제시기가 되기도 전에 공허한 교훈들을 귀에 못이 박히도록 들어서 정작 유익할 시기에는 그 젊은이가 경시하지 않도록 그가 이해할 수 있는 순간을 기다리면, 그에게 자연의 법칙을 사실 그대로 설명해 줄 수 있다. 위대한 생명의 신비에 대해 그에게 말하면서, 자연의 창조자가 이러한 행위에 부여하는 쾌락의 관념에다 그것을 감미롭게 만드는 배타적인 애정의 관념, 즉 그 매력을 배로 증가시키는 정조와 정숙의 의무관념을 결부시켜 주어야 한다. 결혼을 단순히 가장 감미로운 형식으로서만이 아니라 모든 계약 중에서 가장 신성하고 파기하기 어려운 것으로 인식시켜서, 그러한 신성한 결합이 모든 사람으로부터 존경을 받는 이유와 그 순수함을 더럽히는 자는 누구나 증오와 저주를 받게 되는 이유를 강조해야 한다. 방탕의 두려움과, 최초의 문란이 점점 나쁜 쪽으로 이끌어 드디어 그를 파멸시키는 그러한 보이지 않는 내리막길의 무서움을 뚜렷하고도 정확하게 묘사해 준다면, 또한 건강·힘·용기·미덕·사랑, 그리고 인간의 모든 진정한 재산이 순결과 어떤 관련이 있는지를 그에게 명백하게 가르친다면 그 순결이 그에게 바람직하고 소중한 것으로 느껴져 순결을 지키도록 그에게 제시될 방법에 그의 정신이 순종하게 될 것이다. 순결을 지키는 한 사람들은 그것을 존중하고 있는 것이며, 그것을 잃고 난 후에야 비로소 멸시하게 되기 때문이다.

악을 지향하는 경향은 우리가 어떻게 할 수 없으며, 그것을 버리는 습관이 생기기 전에는 그것을 마음대로 이겨낼 수 없다는 것은 진실이 아니다. 아우렐리우스 빅토르는 사랑에 눈이 먼 남자들이 자신들의 목숨을 희생해 가면서까지 클레오파트라와 하룻밤을 보냈다고 말하는데, 이러한 희생도 정열에 도취된 사람에게는 가능한 일이라고 생각된다. 그러나 한 남자가 15분 후에는 자신이 고통 속에서 죽어가리라는 것을 확신하면서 처형대를 보고 있다고 가정하면, 그 순간부터 그 남자는 유혹을 물리치는 것도 별로 힘들지 않을 것이다. 죽음과 연결된 무서운 이미지가 곧 그를 유혹에서 벗어나게 할 것이다. 그리고 유혹은 항상 배척당해서 다시는 오지 않게 될 것이다. 우리의 약한 의지는 우리의 모든 약점을 만든다. 그러므로 자신이 몹시 원하는 것을 할 때는 항상 강하다. "강한 의지에는 아무것도 어렵지 않다." 오! 만일 우리가 삶을 사랑하는 만큼 악을 증오한다면, 우리는 맛있는 음식에 들어 있는 무서운 독을 피하듯이 쾌락의 죄도 쉽게 피할 수 있을 것이다.

만일 이 문제에 대해 청년에게 주는 교훈들이 아무런 효과도 없다면 그것은 그 교훈들이 청년의 나이에 안 맞기 때문이며, 어느 나이에나 그 이유를 설명하는 데는 그 나이에서 호의를 느끼는 형태를 빌어서 표현해야 한다는 것이 중요하다는 점을 깨닫게 될 것이다. 그에게 신중하게 말하라. 그러나 그에게 해주는 여러분의 말이, 항상 그로 하여금 경청하도록 할 어떤 매력을 지니게 하라. 그의 상상력을 억누르지 말고, 상상력이 엉뚱한 결과를 낳지 않도록 그 상상력을 인도하라. 사랑·여자·쾌락에 대해 그에게 이야기해주어서, 그로 하여금 여러분의 이야기 속에서 그의 젊은 마음을 즐겁게 해주는 매력을 찾아내도록 하라. 여러분이 그가 신뢰할 수 있는 상대가 되기 위해서는 아무것도 아끼지 마라. 마음속 이야기를 들어주는 상대가 되었을 때, 비로소 여러분은 그의 진정한 스승이 될 것이다. 그렇게 되면 여러분의 이야기가 그를 짜증나게 할까봐 더 이상 걱정할 필요가 없다.

만일 내가 이러한 방침에 따라 필요한 모든 대비를 하고, 또한 나이를 먹어감에 따라 그가 도달하게 되는 상황에 알맞은 이야기를 해줄 수 있었다면, 그는 내가 인도하고자 하는 지점까지 스스로 와서 나에게 보호받기를 자청하며, 자신을 둘러싼 위험을 본다면 청년의 모든 열정으로써 나에게 이렇게 말하리라. "오, 나의 친구, 나의 보호자, 나의 스승이시여! 당신한테 권위가 남아 있음이 나에게 가장 필요한 이 순간에 당신이 버리려고 하는 그 권위를 다시 잡아주십시오. 지금까지 당신은 나의 약점으로 이러한 권위를 가졌지만 이제는 나의 자유 의지로 그 권위를 당신께 맡기므로, 그 권위는 나에게 더욱 신성한 것이 될 것입니다. 나를 괴롭히는 모든 적들, 특히 나 자신이 지니고 있는 나의 적들로부터 나를 지켜주십시오. 당신의 작품이 그대로 당신에게 가치있는 것으로 남아 있도록 도와 주십시오. 나는 당신의 규범에 따르기를 원합니다. 그것은 나의 확고한 의지입니다. 내가 만일 당신을 거역한다면, 그것은 나의 본의가 아닐 것입니다. 나에게 난폭하게 구는 나의 정욕들로부터 나를 보호하여 나를 자유롭게 해주십시오. 나를 정욕의 노예가 되지 않게 하시고 나의 관능에 복종하지 않고 나의 이성에 따르도록, 내가 나 자신의 지배자가 될 수 있도록 해주십시오."

여러분이 여기까지 제자를 이끌어왔다면, 그의 말을 비판없이 그대로 받아들이지 않도록 주의하라. 왜냐하면 만일 여러분의 지배가 그에게 너무 엄격하다고 느껴지면, 그는 여러분이 자기를 구속한다고 비난하면서 여러분의 지배에서 벗어날 권리가 있다고 생각할 수도 있기 때문이다. 자제와 성실의 태도가 있어야 할 시기에는, 그 태도로 인하여 그는 더욱 위압당할 것이다.

그러니 그에게 이렇게 말하라. "젊은이여, 너는 지키기 어려운 약속들을 경솔하게 하고 있다. 그러한 약속을 할 권리를 가지려면 먼저 그 약속의 의미를 이해해야 한다. 너는 관능이 쾌락이라는 매력을 미끼로 하여, 너 같은 사람들을 악의 구렁텅이로 힘차게 이끌어 간다는 사실을 모른다. 네가 천한 영혼을 가지고 있지 않으며 너는 너의 맹세를 결코 어기지 않겠지만, 그러한 맹세를 했던 것에 대해 너는 몹시 후회할 것이다. 세이렌의 노래에 도취하여 율리시스가 뱃사람들에게 그의 쇠사슬을 풀어달라고 외쳤듯이, 쾌락의 매력에 유혹당한 너는 너를 구속하는 사슬을 끊고 싶어져서 불평으로 나를 괴롭히며, 내가 너를 가장 다정스럽게 보살필 때 너는 억압한다 하여 나를 비난할 것이다. 너를 행복하게 하려는데, 나는 너의 미움을 받게 될 것이다."

오, 나의 에밀이여, 내가 너에게 귀찮은 인물이 되는 것은 견딜 수 없는 고통이다. 그것이 너의 행복을 위해서라 할지라도 그 대가는 너무나 비싸다. 너는 나에게 복종하겠다고 약속함으로써 나로 하여금 너의 안내자가 될 것을 강요하고, 너의 욕망과 나에 대한 원망에 끊임없이 대항하여 싸운다는 것을 너는 모르는가. 너는 나에게 가혹한 멍에를 씌우고 있는 것이다. 생각하는 시간이 필요하다. 그것을 지키는 데 항상 가장 충실하다는 것을 기억하라.

그가 여러분과 약속을 할 때, 조건이 까다로울수록 그 약속을 실행하기 쉽다는 것을 알라. 여러분 자신이 더욱 중요한 약속을 하고 있다는 사실을 느끼는 것이 중요하다. 때가 왔을 때 계약에 서명하게 되면, 태도를 고쳐서 그에게 이렇게 말하라. "젊은 친구여, 너에게는 경험이 부족하지만, 너에게 이성만은 잃지 않도록 해왔다. 나는 너의 행동의 동기를 어디서나 볼 수 있는 능력이 있으므로, 네가 냉정해지기만을 기다리면 된다. 처음에는 항상 복종을 하라. 그러고 나서 나에게 나의 명령들에 대한 설명을 요구하라. 네가 원한다면 언제든지 너에게 그 이유를 설명해줄 것이다. 너는 나의 가르침에 순종할 것을 약속한다. 나에게는 지금까지의 네 생활이 약속의 보증이 된다. 네 또래에서 너만큼 행복한 생활을 보낸 사람이 있는가 찾아보라. 그런 사람이 있다면 나는 너에게 더 이상 아무것도 약속하지 않겠다."

나의 권위가 세워지면, 그 권위를 사용하게 될 필요성을 느끼지 않도록 조심해야 한다. 그의 신뢰를 얻어서 그의 진실한 마음을 들어줄 수 있는 상대자가 되기 위해 나는 그 무엇도 아끼지 않을 것이다. 그의 젊은이다운 경향을 배척하지 않고 그것들을 지도할 수 있도록 취미를 조사해보고 그의 계획을 이끌어주기 위해 사물을 관찰하며, 현재를 희생해서 그에게 먼 행복을 찾아주지는 않을 것이다. 나는 그가 언제나 행복하기를 원하는 것이다.

젊은이를 관능의 유혹으로부터 보호하고 올바르게 이끌려면 젊은이로 하여금 사랑에 대한 혐오감을 일으키도록 하여 마치 사랑이란 노인들을 위해 있는 것이고, 젊은 나이에 사랑이란 것은 죄악으로까지 여기도록 한다. 그러나 이러한 그릇된 가르침은 아무 설득력이 없으며, 확실한 본능에 의해 이끌리는 청년은 겉으로는 동의하는 것 같으면서도 속으로는 조소하며 그것들을 무시할 순간만을 기다린다. 이것은 자연에 어긋나는 일이다. 그것과는 반대되는 길을 따라감으로써, 나는 더욱 안전하게 같은 목표에 도달할 것이다. 나는 그가 갈망하는 감미로운 감정을 억누르지 않고 그에게 그러한 감정을 삶의 최고의 환희로 설명해줄 것인데, 그것은 실제로 그렇기 때문이다. 그에게 그것을 설명해주면서 나는 그가 거기에 열중해서 마음과 마음의 결합이 감각적 쾌락에 어떤 매력을 덧붙여주는가를 느끼게 하고, 그리하여 그가 방탕에 싫증나게 할 것이며 그를 사랑에 빠진 현명한 인간으로 만들어줄 것이다.

청년에게서 싹트기 시작하는 욕망을 이성의 가르침에 대한 장애로만 보는 것은 얼마나 편협한가. 그를 그 가르침에 순종하게 하기 위해서는 오직 정욕들에 의해서만 정욕들을 지배할 수밖에 없을 것 같다. 언제나 자연 그 자체는 욕정을 지배하는 데 알맞은 도구를 우리에게 제공해주는 것이다.

에밀은 언제나 혼자 생활하도록 되어 있지 않고, 사회의 일원이므로 그 의무를 다해야 한다. 그는 사람들과 함께 살고 사람들을 알아야 한다. 그는 일반적인 인간을 알고 있었는데 이제는 개인을 알아야 한다. 이제는 그가 이미 숨겨진 연기를 모두 알고 있는 인생의 그 거대한 무대의 이면을 보아야 할 때이다. 이제 감동하기 쉬운 젊은이나 하는 어리석은 감탄은 하지 않으며, 정확하고 올바른 정신의 분별을 갖게될 것이다. 그의 정욕들은 그를 유혹할 수도 있을 것이다. 그러나 정욕에 움직이는 인간으로서 정욕의 유혹에 사로잡히지 않는 사람이 이 세상에 존재할 수 있겠는가? 적어도 그는 다른 사람의 정욕에 움직이지는 않을 것이다. 그는 현자의 눈으로 타인을 볼 것이며, 그들의 본보기에 이끌리거나 그들의 편견에 유혹당하지는 않을 것이다.

학문 연구에 적합한 나이가 있듯이, 세상의 관습을 배우는 데 적합한 나이도 있다. 이러한 관습을 너무 일찍 배운 사람은 선택도 반성도 하지 못하고 일생 동안 그것을 따르게 된다. 그리고 그들이 순순히 그 관습들을 따라간다고 해도 그것이 무엇인지 결코 알지 못할 것이다. 그러나 관습을 배우고 그에 대한 이유를 아는 사람은 분별력이 있기 때문에 보다 더 올바르고 우아하게 그것을 따르게 된다. 아무것도 모르는 열두 살짜리 어린이를 내가 기른다면 그가 열다섯 살이 될 때 나는 그를 여러분이 어렸을 때부터 가르쳤던 어린이만큼 박식하게 만들어서 돌려보낼 수 있으며, 다른 점이 있다면 여러분 어린이의 지식은 암기에 한정되어 있지만 나의 어린이의 지식은 그의 판단력 속에 있다는 점이다. 같은 방법으로 스무 살짜리 청년은 지도만 잘 받으면 1년 동안에, 어렸을 때부터 사회에서 자라온 청년보다 더 상냥하고 더 예의 바르게 될 것이다. 왜냐하면 전자는 그 관습을 이루는 나이 · 신분 · 성에 따른 모든 예의범절의 이유를 발견할 수 있으므로 그것을 원칙으로 환원하여 예상밖의 일을 당해도 그것을 사용하지만, 후자는 습관만을 안내자로 가지고 있으므로 그 습관을 벗어나게 되면 곧 당황하기 때문이다.

프랑스 처녀들은 결혼할 때까지 수녀원에서 자라는데, 결혼할 때 그녀들이 예절을 배울 때 고통스러워하는 것을 본 적이 있는가? 파리의 귀부인들이 어렸을 때부터 사교계에 보내지지 않았기 때문에 대인 관계에 익숙하지 못하다거나 사교계의 예법을 모른다고 비난할 수 있는가? 이러한 편견은 하찮은 지식 외에는 더 중요한 것을 모르며 그 지식은 되도록 일찍 배우는 것이 좋다는 그릇된 생각을 지닌 일반적인 사람들로부터 생긴다.

청년기를 사교계에서 떨어져 보낸 사람은 언제나 그런 곳에 가게 되면 부자연스러운 태도를 보이고, 어떤 일을 하더라도 이것을 처리하지 못하여 거기서 벗어나려고 하는 노력 역시 오히려 또 하나의 웃음거리가 될 뿐이다. 교육에는 적당한 시기가 있고, 그 시기에도 피해야 할 위험이 있다. 특히 지금 말하는 교육에는 어느 시기보다도 위험이 많이 있으나 나는 나의 제자를 그대로 위험에 방치해 두지는 않을 것이다.

나의 방법이 모든 목적을 완전히 달성하고 위험을 피함과 동시에 다른 위험을 예방하게 된다면 그것은 옳으며, 나는 올바른 길을 가고 있다고 판단할 수 있다. 만일 내가 나의 제자에게 엄격하고 냉담하게 대한다면, 그의 신뢰를 잃게 되고 그는 곧 나를 피하게 될 것이다. 관대하고 순종하거나 눈을 감아주려 한다면, 나의 보호를 받을 필요성이 어디에 있는가? 이는 그의 방탕을 용납하고, 나의 양심을 희생시켜 그의 양심을 편하게 해주는 것에 불과할 뿐이다. 만일 그를 가르치려는 것 외에 다른 목적 없이 세상에 내보낸다면 그는 내가 바라는 것보다 더 많이 배울 텐데, 내가 마지막까지 그를 세상에서 격리시킨다면 그는 무엇을 배우게 될 것인가? 문명인에게 가장 필요한 기술인 동료들과 함께 생활하는 법을 배우지는 못할 것이다. 만일 내가 너무 먼 장래의 유용성만을 생각한다면 그 유용성은 아무 필요가 없으며, 그는 단지 현재만을 중요시한다. 내가 만약 그에게 즐거움을 주는 것만으로 만족한다면, 그는 사치해지고 아무것도 배우지 못하게 될 것이다.

그러나 이러한 것을 걱정할 필요는 없다. 나의 방법은 그 모든 것을 준비하고 있기 때문이다. 나는 젊은이에게 이렇게 말한다. "너의 마음은 여자 친구를 필요로 하니 너에게 적당한 여자 친구를 찾으러 가자. 아마 쉽게 발견하지는 못하겠지만 서둘지 말고 낙심하지 말자. 분명히 그러한 여자는 있으며, 결국은 찾아내게 될 것이다."라고. 이처럼 그의 마음에 들 계획을 세운 다음에 그를 사회로 데리고 나가는 것이다. 그 이상 더 무엇을 말할 수 있겠는가?

내가 그에게 미래의 연인 모습을 그려보도록 함으로써 그가 사랑해야 할 성질들이 그에게 유쾌하고 소중한 것이 되도록 할 수 있을지, 그리고 추구해야 하는 것과 피해야 하는 것에 대해 그의 모든 감정을 준비시킬 수 있을지를 여러분은 예상할 수 있다. 내가 그로 하여금 미지의 상대에게 사랑을 품도록 만들지 못한다면, 나는 가장 무능한 사람임이 분명한 것이다. 내가 그에게 그려 보이는 대상이 상상의 인물이라도 관계가 없으며, 그를 유혹할 수도 있을 것들에 그가 싫증을 내도록 만들면 충분한 것이다. 그런데 그를 유혹하는 것이 공상이나 착각에 불과하다면 과연 진실한 사랑이란 무엇인가? 사람들은 실제의 대상보다 가상의 인물을 더 사랑한다. 만일 사람들이 사랑의 대상을 있는 그대로 정확하게 본다면 이 세상에 연애라고는 존재하지 않을 것이다. 사랑하지 않게 되면 사랑했던 사람은 예전과 다름없으나, 이미 우리에게는 그가 같은 사람으로 보이지 않는다. 마력의 베일이 벗겨지면 사랑은 사라지는 것이다. 나는 상상적인 대상을 제공하여 비교를 마음대로 할 수 있도록 함으로써, 실제적인 대상을 환상으로 쉽게 방지할 수 있을 것이다. 그렇다고 해서 실재하지도 않은 완전한 모형을 그려보여 청년을 속이는 따위의 짓은 결코 하지 않는다. 단지 나는 연인의 결점을 골라서 그에게 알맞고, 그의 마음에 들고, 그의 결점을 고치는 데 도움이 되게 하려는 것뿐이다. 나는 또한 그에게 내가 말한 것 같은 인물이 실제로 있다고 그를 기만하고 싶지도 않다. 그러나 그 이미지가 그의 마음에 든다면, 그는 곧 그러한 실제 인물을 찾게 될 것이다. 그때는 좀더 뚜렷한 표현으로 그 상상적인 대상에다 진실감을 부여할 약간의 교묘한 서술만을 해주면 된다. 나는 그 대상에다 이름까지도 붙여주고 미소지으며 이렇게 말할 것이다. "너의 미래의 애인을 '소피'라고 부르자. 네가 택할 숙녀의 이름이 아닐지라도 그녀는 적어도 그런 이름을 가질 만한 사람임이 분명하다." 이렇게 세밀한 설명을 해주고서 긍정도 부정도

하지 않고 슬쩍 빠져 나온다면, 그의 의심은 확신으로 변할 것이다. 그는 자신과 맺어질 여성을 사람들이 감추고 있으며, 적당한 시기가 되면 그녀를 만날 수 있다고 믿을 것이다. 일단 그렇게 되고 그에게 보여주어야 할 특징들이 선택만 되면, 큰 어려움 없이 세상에 내보낼 수 있게 된다. 단지 그를 그의 관능으로부터 보호하기만 하면 된다.

그러나 내가 그의 마음에 들도록 만든 모델을 그가 인격화하건 하지 않건 그 모델이 훌륭하게 만들어졌다면 실제로 그녀가 존재하고 있는 것 같이 그것에 애착심을 느끼고, 그것과 닮지 않은 모든 것에는 반감을 가질 것이다. 그의 몸이 당면하고 있는 위험으로부터 그의 마음을 보호하고, 그리고 특히 비싼 대가를 치르게 하면서도 청년에게서 정직성을 없애면서 예절에 대한 교육을 시키는 여자들로부터 그를 떼어놓는 데 이것은 얼마나 큰 도움이 되는가? 소피는 매우 정숙하기에 그러한 여자들의 모습을 결코 좋아하지 않는다. 이러한 여자들은 에밀의 사상이나 관찰과는 매우 거리가 멀기 때문에 위험하지 않다.

어린이들의 지도에 관해서는 사람들은 모두 같은 편견을 가지고 같은 준칙을 따르는데, 그것은 그들의 관찰이 틀렸을 뿐 아니라 제대로 생각하지 못하기 때문이다. 젊은이가 방황하는 것은 성욕이나 관능 때문이 아니라 세론 때문이다. 만일 학교에서 길러지는 아이들이나 수녀원에서 길러지는 아이들이 문제가 된다 해도 그들에게도 역시 이 사실이 합당하다는 점을 보여줄 것이다. 왜냐하면 그러한 소년 소녀들이 배우는 최초의 교훈, 즉 성과를 낳는 유일한 교훈은 악덕의 교훈이기 때문이다. 그러나 학교와 수녀원의 기숙생들을 나쁜 행동 그대로 내버려두도록 하자. 그러한 나쁜 습관들은 고칠 수 없으며, 나는 가정교육에 대해서만 말하고 있다. 시골의 아버지 집에서 슬기롭게 길러진 한 청년을 가정하고, 그가 파리에 도착해서 사교계에 들어갔을 때의 모습을 살펴보라. 여러분은 그가 모든 일을 합리적으로 생각하고, 그의 의지는 이성과 같이 건전하다는 사실을 알게 될 것이다. 또 창녀라는 말만 들어도 순진한 청년이 느끼는 분노를, 우리는 그의 얼굴에서 볼 수 있을 것이다. 그러한 여자들을 이용할 필요성을 느낀다 하더라도, 혼자서 창녀들의 음침한 집으로 들어갈 결심을 할 수 있는 청년은 하나도 없을 것이다.

그로부터 6개월 후에 그 청년을 다시 살펴보라. 여러분은 이미 그를 알아보지 못할 것이다. 지난날의 자기의 경멸과 누군가가 그 순진성을 회상할 때 조금은 얼굴을 붉히는 것으로 보아 그가 전의 그 청년임을 짐작하게 해줄 뿐, 그의 거만한 말투나 거리낌없는 태도가 그를 다른 사람으로 생각하게 해줄 것이다. 오, 이같이 매우 짧은 시간에 그는 얼마나 많이 변했는가? 이러한 갑작스러운 변화는 어디서 생겼는가? 그의 육체적 발달로부터인가? 분명히 그는 부모의 집에서는 그러한 말투로 그러한 이야기도 꺼내지 않았을 것이다. 그렇다면 처음으로 느끼는 관능의 쾌락으로부터인가? 반대로 그러한 쾌락에 빠지기 시작한 사람들은 부끄러워하고 불안해하여 밝은 곳과 시끄러운 곳을 피하는 법이다. 아주 새로운 상태에 완전히 빠지게 된 청년은 그것을 즐기는 데 전념하면서 그것을 잃을까봐 항상 걱정한다. 그런데 그가 떠들어대고만 있다면, 그는 관능의 쾌락을 즐기고 있는 것도 애정에 빠져 있는 것도 아니다. 아무리 그가 자랑을 해도 그것을 즐긴 것이 아니다.

이러한 변화는 그의 사고방식이 달라져서 생긴 것이다. 그의 마음은 아직 전과 다름없지만, 그의 의견이 변한 것이다. 그의 감정은 더욱 느리게 변화하여 결국은 그 의견에 따르고 말 것이다. 그리고 그때가 되어야 비로소 그는 진실로 타락하게 되는 것이다. 사교계에 들어가자마자 지금까지의 교육과는 전혀 다른 제2의 교육을 받게 되며, 그 때문에 이제까지 존경했던 것을 멸시하고 멸시했던 것을 존경하게 된다. 사람들은 그에게 그의 부모와 현학자들의 가르침을 쓸데없는 말로 생각하게 하고, 그들이 가르친 의무들은 그가 성장한 지금에 와서는 무시해야 할 유치한 도덕으로 여기도록 한다. 그는 명예를 위해 행동을 바꿔야 한다고 생각하여 욕망도 없이 여자에게 대담해지고, 수치심에서 겉멋을 부리게 된다. 나는 어떤 스위스 친위대의 젊은 장교의 참회를 잊을 수 없다. 그는 동료들의 소란한 쾌락에 싫증을 느끼면서도 그들로부터 놀림을 당할까봐 감히 그들과 동참하는 것을 거절하지 못했다는 것이다. 그는 이렇게 말했다. "담배에 곧 익숙해지듯이, 나는 점차 그 생활에 익숙해지게 되었습니다. 취미는 습관에 의해 생길 테니까요. 그리고 언제까지나 어린이일 수는 없기 때문입니다."

그러므로 사교계에 발을 들여놓는 젊은이는 관능으로부터가 아니라 허용으로부터 보호되어야 한다.

이것이 사실이라면 나는 이렇게 물어보겠다. "품행과 감정과 사상을 공격해오는 모든 것에 대해 나의 제자보다 더 잘 무장되어 있는 청년이 이 세상에 있겠는가? 또 그런 격류를 더 잘 견디어낼 수 있는 청년이 한 명이라도 있겠는가?" 왜냐하면 그는 어떤 유혹에 대해서도 방어 태세가 되어 있으며, 만일 그의 욕망이 그를 여성 쪽으로 이끈다 해도 그는 거기서 자신이 찾는 것을 발견하지 못하며, 다른 일에 이미 점령된 그의 마음은 그를 붙잡아놓는다. 관능이 그를 괴롭히더라도 그는 어디서 그것을 만족시킬 만한 것을 발견하겠는가? 방탕에 대한 공포는 그를 창녀들이나 결혼한 여자들로부터 떼어놓을 것이다. 청년의 방탕이 시작되는 것은 언제나 이들 중 한 사람에 의해서이다. 결혼할 나이의 처녀는 애교를 부릴 수는 있지만 몰염치하지는 않을 것이다. 그녀의 덕을 믿어 결혼하려는 젊은이가 있어도, 그녀는 그의 목에 매달리지는 않을 것이다. 또한 그녀는 보호받고 있다. 에밀로서도 완전히 방임되어 있을 수는 없고, 두 사람 모두에게 적어도 최초의 욕망들과 같이 있는 두려움과 수치심이 보호자로 있게 될 것이다. 그들은 단번에 친해질 수도 없을 것이며, 아무런 장애 없이 점차로 친해지는 여유를 갖지도 못한다. 달리 행동하려면 그는 이미 그의 동료들의 가르침을 받았어야 하며, 자신의 자제심을 비웃고 그들을 모방해서 대담해지는 법을 동료들에게서 배워야 할 것이다. 그러나 에밀보다 모방을 못 하는 사람이 이 세상 어디에 있겠는가? 나는 20년 동안 그를 사람들의 조롱에 대해 무장시키려고 노력해 왔고, 그들은 에밀을 쉽게 속일 수 없을 것이다. 왜냐하면 조롱이란 그의 눈에는 어리석은 자기들의 주장으로만 보이며, 여론에 지배받지 않는 것보다 더 조롱에 무관심하도록 만드는 것은 없기 때문이다. 그가 그러는 동안은 바보 같은 젊은이들이 나에게서 그를 빼아갈 걱정은 없는 것이다. 양심과 진리는 내 편이니까. 아무도 에밀에게 내가 무익한 교훈으로 그를 괴롭혔다고 믿게 하지는 못하고, 곧고 민감한 마음속에서 진실로 믿는 한 친구의 목소리는 스무 명의 유혹자의 외침을 압도할 것이다. 그러므로 그들은 에밀을 속이고 있으며, 그를 성인으로 대하는 것 같지만 사실은 어린이로 취급하고 있다는 것을 그에게 보여주는 일만이 중요하기 때문에, 나는 항상 단순하고 진지하도록 노력해서 진실로 그를 어른으로 취급하고 있다는 사실을 그가 느끼게 할 것이다.

나는 그에게 이렇게 말한다. "너도 알고 있듯이 너의 행복은 곧 나의 행복이며, 나에게는 그밖의 다른 행복이란 있을 수도 없다. 그런데 그 청년들이 너를 설득하려는 이유는 그들이 너를 유혹하고 싶어하기 때문이다. 그들은 너를 전혀 사랑하지도 않으며 너에게 어떤 흥미도 느끼지 않는데, 왜냐하면 네가 그들보다 우월하다는 것을 알고 너에게 열등감을 느끼기 때문이다. 그렇기에 그들은 너를 지배하기 위해서 네가 다른 사람의 지배를 받고 있는 것을 비난하는 것이다. 그러한 변화 속에서 너에게 무슨 이익이 있다고 생각하겠는가? 그들이 나보다도 훨씬 현명한가? 그들의 하루 동안의 애정이 나의 애정보다 더 강하다는 것인가? 그들의 조롱에 어떤 가치를 주려면 그들의 권위에 가치를 줄 수 있어야 하는데, 그들의 교훈이 우리의 교훈보다 더 낫다고 주장할 만한 사실적 증거를 그들은 가졌는가? 그들은 소위 그들의 부친의 편견이라는 것을 넘어서기 위해 동료의 편견에 굴복하고 있다. 그것에서 그들이 어떤 이득을 얻는지 나는 전혀 알 수 없지만, 그들이 두 가지의 중요한 이익을 잃고 있다는 것은 확실히 안다. 그 하나는 다정하고, 진실한 충고를 하는 아버지의 애정이며, 또 하나는 알고 있는 것에 대해 판단하게 하는 경험이다. 그들의 아버지에게는 젊은 시절이 있었지만 그 청년들은 아직 아버지가 되어본 적이 없기 때문이다."

"그러나 너는 그들이 적어도 자신들의 어리석은 교훈들이 진실하다고 생각하는가? 에밀아, 그들은 너를 속이기 위해 자신들을 속이고 있는 것이다. 그들은 자기 자신과도 일치하지 않으며, 그들의 마음은 끊임없이 자신들의 말에 반대하고, 그들의 말은 종종 그들과 상반된다. 성실한 것이라면 모두 조롱하는 그 사람도, 그의 아내가 그와 같이 생각한다면 절망할 것이다. 그리고 그가 방종한 생활을 한 여자의 아들로 태어나서 어떤 가문을 도취하여 그 유산을 실제의 상속인으로부터 빼앗았다는 소문이 나도 괜찮다고 생각하는지를 살펴보라. 그들 중 누가 자신이 남의 딸에게 준 불행이 자신의 딸에게 지워지기를 바라겠는가? 그들 중에는 너에게 가르치려고 애쓰는 원칙 모두를 네가 그에게 실행해 본다면, 너를 살해하려고 하지 않는 사람이 한 명도 없을 것이다. 그렇게 해서 그들은 결국 자신의 모순을 드러내게 되며, 아무도 자신이 한 말을 믿지 않는다는 것이 분명해진다. 이러한 것이 이유이다. 에밀아, 그들에게도 의론이 있다면 신중히 생각해보고 나의 의론과 비교해 보라. 만일 내가 그들처럼 멸시와 빈정거림을 사용하면, 그들은 나 이상으로 웃음거리가 되리라는 점을 너는 알게 될 것이다. 그러나 비웃는 자의 승리는 오래 가지 못하며 진실은 영속하여, 그들의 지각없는 웃음은 사라지게 된다."

여러분은 스무 살 난 에밀이 어떻게 솔직할 수 있는지 이해할 수 없으며, 나로서도 그가 어떻게 열 살 때 솔직할 수 있었는지 의문스럽다. 그 나이의 그에게 내가 무슨 지배력을 가지고 있겠는가? 그러한 지배력을 갖추기 위해 15년 동안이나 조심스런 준비가 필요했다. 나는 그 때에는 그를 교육시킨 것이 아니라 교육받을 수 있도록 그를 준비시킨 것이다. 지금 그는 순종하기에 충분할 만큼의 교육을 받았으며, 우정의 목소리를 알고 이것에 복종할 줄도 안다. 나는 외견상 그에게 자유를 주지만 그의 자유 의지로 복종하는 것을 알고 있기 때문에, 그가 지금보다 완전하게 나의 지배 밑에 있었던 적은 없다. 내가 그의 의지를 지배할 수 있기까지는 나는 그의 몸을 지배하고 있었다.

나는 그의 곁에서 조금도 떨어지지 않았지만 지금은 때때로 그를 혼자 두는데, 그것은 항상 내가 그를 지배하고 있기 때문이다. 그의 곁을 떠날 때면 나는 그를 포옹하고, 신뢰하는 태도로 그에게 말한다. "에밀아, 나는 너를 성실한 마음에 맡기는 것이다. 너를 책임질 사람은 바로 너다."라고.

과거에 나쁜 변화의 영향을 전혀 받지 않은 건전한 애정을 타락시키고, 이성의 최초의 빛에서 직접 끌어낸 원칙들을 지워버린다는 것은 쉬운 일이 아니다. 나는 어떤 변화가 일어날 때까지 그렇게 오랫동안 그의 곁을 떠나 있지는 않을 것이다. 그리고 그는 나에게 아무것도 숨길 수 없기 때문에, 나는 불행이 가까이 오는 위험을 발견하여 때를 놓치지 않고 그를 구제할 것이다. 그리고 만일 숨기는 기술이 서툰 사람이 있다면, 그는 그러한 기술을 시용할 기회가 없었던 에밀이다.

이러한 배려에 의해 그가 낯선 대상들과 속된 교훈들로부터 잘 보호되고 있다고 생각되기 때문에, 그가 그 나이에 가질 수 있는 모든 불안을 지니고서 그의 방안이나 뜰에 혼자 있는 것보다는 차라리 파리의 가장 나쁜 사회 한가운데에 있는 것을 보는 편이 더 나을 것이다. 무슨 수를 써도 소용이 없고, 청년에 대한 가장 큰 위험은 바로 청년 자신이라는 점이다. 그리고 그것은 우리들 자신이 만든 적이며, 이 적은 우리의 잘못에 의해서만 위험하다. 왜냐하면 관능이 눈을 뜨는 것은 오직 상상력에 의해서이기 때문이다. 관능의 욕구란 엄밀히 말하면 육체적 욕구와는 달라서, 그것이 진정한 욕구라고 하는 것은 잘못이다. 만일 음탕한 대상이 우리의 눈에 띄지 않았고 파렴치한 생각이 우리의 정신 속에 들어오지 않았다면, 아마 이 욕구라는 것은 결코 느껴지지 않았을 것이다. 어떠한 상황과 광경이 청년의 핏속에 어떤 동요를 일으키는지를 알지 못하며, 청년 자신도 억누르기 어렵고 억눌러도 곧 다시 생겨나는 이 최초의 불안의 원인을 알 수가 없다. 이 중대한 원인에 대해 깊이 생각해 보면, 책도 교육도 여자도 혼자서만 자라온 사람은, 아무리 오래 살아도 깨끗하게 죽으리라는 것을 확신할 수 있다.

그러나 여기서는 그러한 미개인을 문제삼는 것이 아니다. 우리가 한 인간을 그의 동료들과 어울려 사회 생활을 하도록 교육할 때는, 그를 이 건전한 무지 상태에서 기른다는 것이 불가능하며 또 적절하지도 않다. 그리고 언제나 그런 곳에 혼자 있는 사람들에게는 유익해도, 그러한 이미지를 거기에 가지고 오는 사람들이 있다면 해를 끼친다.

그러므로 청년을 주의해서 보살펴야 한다. 그는 모든 적에 대해서는 자신을 지킬 수 있겠지만, 그를 그 자신으로부터 지켜줄 사람은 여러분이다. 낮이건 밤이건 그의 곁을 떠나지 말고, 특히 밤에는 그의 방에서 그와 함께 자라. 잠이 깨면 즉시 잠자리에서 나오게 하라. 본능을 신뢰하는 것을 중지하게 되면 즉시 본능을 경계하라. 본능은 혼자 행동하는 동안은 좋지만 인간의 체계 속에 섞이게 되면 의심스러운 것이 된다. 본능을 파괴해서는 안 되지만 그것을 통제하지 않아도 안 된다. 본능이 여러분의 제자에게 관능을 속이는 법과 관능을 만족시킬 기회를 찾는 법을 가르친다면, 그것은 매우 위험한 일이 된다. 그때부터 그의 육체와 정신은 쇠약해지고, 젊은이에게 가장 해로운 이 습관의 비참한 결과를 무덤에까지 가지고 갈 것이다. 게다가 타오르는 격렬한 욕정을 지배 할 수 없게 된다면 나는 동정을 금할 수 없다. 그러나 나는 잠시도 자연의 목적을 벗어나는 행위는 절대 용서하지 않겠다. 만일 어떤 폭군이 너를 굴복시키려 한다면 나는 차라리 너를 구출할 수 있는 자에게 너를 맡길 것이다. 어떤 일이 일어나든 나는 너를, 너 자신보다는 여자의 속박으로부터 더 멀리 떼어놓을 것이다.

육체는 스무 살까지 성장하기 때문에 모든 양분을 필요로 한다. 그때까지 금욕은 자연의 법칙에 합당한 것으로, 이것을 유린하면 육체에 해를 끼치게 된다. 스무 살 이후에는 금욕은 도덕적인 의무이다. 금욕은 자신을 지배하는 법과 자신의 욕망을 계속 억제하는 법을 배우기 때문에 중요한 요소이지만, 도덕적인 의무들에는 변화와 예외와 규칙이 있다. 인간의 약함이 양자택일을 피할 수 없다면 두 가지 악 중에서 작은 것을 택하자. 어쨌든 악습에 물드는 것보다는 차라리 하나의 잘못을 저지르는 편이 나을 것이기 때문이다.

나는 여기서 나의 제자가 아니라 바로 여러분의 제자에 대해서 말하는 것이라는 점을 기억하라. 여러분이 동요하도록 방치했던 그의 정욕은 여러분을 지배하고 있다. 그러니 그에게 그의 승리를 숨기지 말고 그에게 솔직히 복종하라. 여러분이 그의 승리를 진실하게 보일 수가 있다면, 그는 그것을 자랑하기보다는 오히려 부끄러워할 것이다. 그리고 그가 방황할 때 적어도 여러분은 그를 인도할 권리를 갖게 될 것이다. 설사 나쁜 짓이 아니더라도 제자는 선생의 승낙 없이는 아무것도 하지 않는 게 중요하다. 그리고 교사가 어떤 한 가지 일에 눈을 감아주어야 한다고 생각한다면, 곧 어느 일에나 눈을 감아야만 하게 된다. 하나의 허용을 남용하는 것은 다른 것으로 인도되며, 이것이 계속되어 결국은 모든 질서를 무너뜨리고 모든 법칙을 무시하게 된다.

내가 전에도 이야기한 적이 있지만 소인의 머릿속에서 결코 떠나지 않을 또 하나의 오류는, 항상 교사의 위엄을 지녀서 제자의 머릿속에서 완벽한 인간으로 보이기를 바라는 것이다. 그들은 자신들의 권위를 나타내려는 행위가 오히려 권위를 파괴하고 있다는 것을 어째서 모르는가. 그리고 다른 사람에게 자신이 하는 말을 듣게 만들려면 듣는 사람의 입장에서 생각해야 하고, 다른 사람의 마음에 공감이 되도록 말할 줄 알려면 인간이 되어야 한다는 것을 어째서 모르는가? 만일 여러분이 제자의 잘못을 바로잡고 싶다면 제자에게 여러분의 약점들을 보여주어라. 그가 느끼는 똑같은 번뇌를 여러분들도 느끼고 있다는 사실을 깨닫게 하고, 여러분의 실례에 의해서 그들이 자제하는 것을 배우도록 하여라. 그리고 그에게 다른 청년과 같이 이렇게 말하게는 하지 마라. "이 노인들은 이제 젊지 않은 것이 서글퍼서 젊은이들을 노인 취급하려 한다. 그리고 그들의 모든 욕망이 사라졌으므로 우리의 욕망을 죄악으로 취급한다."라고.

몽테뉴는 어느 날 랑제 씨에게, 독일과의 협상에서 국왕을 위해 몇 번이나 술에 취했는가를 물은 적이 있다고 한다. 나는 젊은이를 가르치는 교사에게, 그의 제자를 위해 몇 번이나 나쁜 곳에 들어가 보았는지를 묻고 싶다. 만일 어린 방탕자가 그러한 곳에 다시 가고 싶은 욕망을 단 한 번이라도 갖는다면, 그리고 그가 여러분의 가슴에 부끄러움과 후회의 눈물을 흘리지 않는다면 당장 그의 곁을 떠나라. 그는 괴물에 지나지 않는 것이다. 여러분은 결코 그에게 어떤 도움도 되지 못하는 것이다. 그러나 우리의 교육과는 아무런 관계도 없는 그러한 위험하고 비참하고 극단적인 수단들은 생각하지 말자.

훌륭한 가문의 청년을 현시대의 속된 풍습에 내놓으려면 그에 앞서 많은 주의를 해야 한다. 이러한 주의는 어렵기는 하지만 꼭 필요한 것이다. 이것을 소홀히 하면 모든 청년은 파멸을 못 면하게 되는데, 사람들이 오늘날처럼 타락 상태에 이르게 되는 것은 젊었을 때의 방탕 때문이다. 젊은이가 방탕의 구렁텅이에 빠지게 되면 그때에는 기껏해야 움직이기 위한 목숨만이 남을 뿐이다. 그들은 위대하거나 고상한 감정을 느낄 줄 모르고, 순진함과 기력도 갖고 있지 않다. 모든 것에 비열하고 천한 악인이 된 그들은 허세나 부리고 사기나 치는 등 교활할 뿐인데, 그들은 큰 악당이 될 만한 용기조차도 가지고 있지 못한 것이다. 바로 이것이 젊은 시절의 방탕에 의한 비천한 젊은이들의 모습이다. 만일 그들 가운데 절제를 지키고 스스로 조심할 줄 알아서, 방탕에 물드는 것으로부터 자신의 육체와 마음과 품행을 지킬 줄 아는 자가 한 명이라도 있다면 그는 서른 살이 되면 그 모든 벌레 같은 인간을 위압하고 그가 자신을 지배하기 위하여 기울였던 노력보다도 적은 노력으로 그들을 지배할 수 있게 될 것이다.

에밀에게 가문이나 재산이 아무리 적어도 그는 자신이 원할 경우 그러한 인간이 될 수도 있을 것이다. 그러나 그는 그러한 인간들을 경멸하므로 그들을 굴복시킬 생각은 하지도 않을 것이다. 그렇다면 이제 애밀이 사회에서 으뜸가는 위치를 요구하기 위해서가 아니라, 사회를 이해하고 거기서 자신에게 알맞은 애인을 찾으려고 사회로 나아가 그들의 한가운데 있는 그를 살펴보자.

그가 어떤 신분으로 태어났건 어떤 사회에 들어가려 하건, 그가 사회에 들어가는 것은 간단하며 순박할 것이다. 나는 그가 사회에서 불행하게 되기를 바라지는 않는다. 첫눈에 좋은 인상을 줄 장점은 그에게 없고, 그는 그러한 장점을 갖고 싶어하지도 않는다. 그는 사람들의 판단을 별로 중요하게 생각하지 않기 때문에 그들의 편견도 중요하게 생각하지 않으며, 사람들이 그를 이해하며 평가할 때까지는 거기에 무관심하다. 그가 사람들 앞에 나타날 때는 수줍어하지도 않고 자부하는 것도 아니며, 자연스럽고 진실하다. 그는 자신을 구속하거나 꾸미지도 않고, 군중 속에 있건 보는 사람도 없이 혼자 있을 때건 늘 마찬가지이다. 그렇지만 그가 버릇없고 건방지고 경솔하다는 것은 아니다. 만일 그가 혼자 있을 때 다른 사람들을 무시하지 않는다면, 그가 그들과 함께 살면서 왜 그들을 무시하겠는가? 그는 마음속으로 그들을 자신보다 우수하다고 느끼지 않으며, 자기가 전혀 가지고 있지 않은 무관심을 그들에게 보이지도 않는다. 그는 설사 형식적 예절을 안 가지고 있을지는 모르지만, 인간성에서 우러나오는 정성만은 가지고 있다. 그는 단순한 외관상의 공손으로 다른 사람에게 자리를 양보하지 않는다. 그러나 상대방이 무시당하고 있고 그렇기 때문에 그가 상심한다고 생각된다면, 그는 기꺼이 자신의 자리를 양보할 것이다. 왜냐하면 나의 젊은이는 다른 사람이 힘들게 서 있는 것을 보느니 차라리 자신이 서 있는 편이 덜 고통스럽기 때문이다.

일반적으로 에밀은 다른 사람들을 존경하지는 않지만, 그들을 결코 멸시하지는 않을 것이다. 왜냐하면 그들을 동정하고 측은하게 생각하기 때문이다. 선에 대한 실질적인 취미를 그들에게 줄 수 없으므로, 그는 그들이 만족하고 있는 공상적인 선을 그들이 가지도록 내버려둔다. 왜냐하면 그것을 그들에게서 빼앗음으로써 그들을 전보다 더 나쁜 상태로 만들지나 않을까 걱정스럽기 때문이다. 그러므로 그는 논쟁도 하지 않고 반박도 하지 않는다. 또한 환심을 사려 하거나 아첨을 하지도 않으며, 누구의 의견에도 반대하지 않으면서 자신의 의견을 말하는데, 그것은 그가 무엇보다도 자유를 사랑하고 구속하지 않음이 자유의 가장 고귀한 권리 중의 하나임을 믿기 때문이다.

또한 그는 별로 말이 없는데 그것은 남의 주목을 끌려고 하지 않기 때문이며, 그렇기에 그는 요점이 되는 말만 할 뿐이다. 에밀은 지성적이어서 수

다장이가 될 수는 없다. 수다에 대해서는 내가 앞으로 이야기할 것인데 이 수다란 허영심에서 오거나, 또는 남들도 자신처럼 중요하게 생각하리라는 어리석은 생각으로 하찮은 것들한테 가치를 부여하는 데서 온다. 사물의 가치를 진가에 의해 판단할 만큼 충분히 알고 있는 사람은 결코 지나치게 말을 많이 하지 않는다. 일반적으로 아는 것이 별로 없는 사람들이 말을 많이 하며, 많이 알고 있는 사람들은 오히려 말이 적은 법이다. 무식한 사람은 자기의 자식이 모두 중요하다고 생각해서 누구에게나 그것을 자랑삼아 말하는데, 교육받은 사람은 자신의 학문을 자랑하지 않는다. 해야 할 말이 너무나 많고 말을 하고 난 후에도 여전히 할 말이 남아 있다는 것을 알기 때문에 그는 입을 다물고 있는 것이다.

애밀은 다른 사람들의 방식에 저항하려 하지 않고, 오히려 그것에 기꺼이 따르려고 한다. 그런데 이러한 태도는 그가 그것을 전부 알고 싶어서가 아니고, 공손한 사람처럼 태도를 꾸미고 싶어서도 아니다. 반대로 자신이 유난스러워지는 것을 염려해서 타인의 주의를 끌지 않기 위해서이다. 그는 아무도 그를 돌아보지 않을 때 가장 마음이 편하게 느껴지는 것이다.

세상에 발을 들여놓을 때, 그가 세상의 관습을 전혀 모른다 해서 그것 때문에 에밀은 수줍어하거나 두려워하지 않는다. 그가 남의 시선 뒤에 있더라도 그것은 그가 당황해서가 아니다. 단지 관찰을 잘 하려면 남의 눈에 띄지 않아야 한다고 생각하기 때문이다. 그는 사람들이 그에 대해 어떻게 생각하건 문제삼지 않으며, 사람들의 조소도 두려워하지 않는다. 그러므로 그는 항상 조용하고 침착하여서 당황하지 않으며, 사람들이 그를 보건 안 보건 항상 최선을 다해서 자기의 일을 할 뿐이다. 그리고 항상 남들을 관찰하는 데 열중하는 그는, 세론에 얽매인 자들은 이해할 수 없을 만큼 편안한 마음으로 그들의 태도를 파악한다. 그는 세상의 풍습을 별로 주의하지 않기에 오히려 그것을 배우게 되는 것이다.

그렇지만 그의 태도에 대해 잘못 생각하지 마라. 그리고 그의 태도와 여러분의 젊은이들의 태도를 비교하려 하지 마라. 그는 굳세되 거만하지는 않으며, 자유롭되 방종하지 않는다. 독립적인 태도 속에서는 부자연스러운 꾸밈 따위는 전혀 없는 것이다. 나는 마음속에 긍지를 지니고 있는 사람이 그것을 자기의 태도에 나타내는 것은 본 적이 없는데, 그러한 겉치레는 그렇게 하지 않으면 아무런 재능을 발휘할 수 없는 천하고 어리석은 자들에게나 나타나는 것이다. 나는 어떤 책에서 다음과 같은 내용을 읽었다. 한 외국인이 어느 날 그 유명한 마르셀의 앞에 나타났을 때, 마르셀은 그에게 어느 나라 사람인가 물었다. "나는 영국사람입니다."라고 외국인이 대답하자, "당신이 영국 사람이라고요!" 하고 그 무용 교사가 말했다. "시민들이 국정에 참여해서 주권의 일부를 갖고 있는 섬나라 사람이라고요! 그런 것 같지 않은데요. 당신의 겸손하고 주저하는 태도로 보아, 유권자라는 권리만이 주어진 노예로밖에 생각되지 않습니다."

이러한 판단이 사람의 본질과 외모 사이의 진정한 관계에 대한 지식을 잘 나타내고 있는지 어떤지를 나는 모르겠다. 무용 교사가 될 영광을 갖지 못한 나로서는 정반대의 생각을 하고서 이렇게 말했을 것이다. "이 영국 사람은 궁정인이 아니다. 나는 궁정인들이 비겁한 태도나 공손한 태도를 보인다는 말을 들어본 적이 없다. 무용 교사 앞에서는 공손해도 하원에서는 그렇지 않을 것이다." 확실히 그 마르셀 씨는 모든 사람을 로마 인으로 착각한 것이다.

사람이 사랑을 할 때는 사랑을 받고 싶어하는데, 에밀은 사람들을 사랑하므로 그들의 마음에 들기를 원하며 특히 여자들의 마음에 들고 싶어한다. 그의 나이·품행·의도, 이 모두가 그에게 이러한 욕망을 증진시킨다. 훌륭한 품성을 지닌 사람들은 진실한 여성 숭배자인데, 그들은 다른 사람들처럼 여자의 환심을 사려고 빈정거리는 말을 사용하지 않으며, 사랑의 마음으로부터 우러나오는 진실하고 부드러운 정중함을 지니고 있다. 나는 젊은 여자 주위의 10만 명의 방탕자 중에서, 품위있고 극기심 있는 한 명의 청년을 가려낼 수 있을 것이다. 이제 막 눈을 뜨려는 젊은이의 정열을 가지면서도, 그것을 억제할 풍부한 이성을 가진 에밀이 어떻게 행동하는가? 그도 여자들 옆에 있을 때면 수줍어하고 당황하게 되리라 생각한다. 그러나 틀림없이 그러한 당황은 여자들을 불쾌하게 만들지는 않고, 정숙한 여자들이라도 그의 당황을 즐거워하며 그를 당황하게 만드는 방법을 자주 사용할 것이다. 그의 정중함은 부인들에게는 더욱 신중하고 겸손하게 대할 것이며, 미혼 여자들에게는 활발하고 부드럽게 대할 것이다. 그는 자신이 추구하는 목적을 잃지 않으며, 이러한 것을 상기시키는 여자라야만 그는 커다란 관심을 가질 것이다. 자연의 질서와 올바른 질서에 근거를 둔 모든 사고(思考)에 있어서 에밀보다 주의 깊은 사람은 없을 것이다. 그는 사회의 질서보다 자연의 질서를 택할 것이다. 그리고 그와 동년배의 공직자보다 사생활을 하는 연장자를 더 존경할 것이다. 자기가 속하는 사회에서 가장 젊은 층에 속하는 그는 항상 겸손한 사람 중의 하나가 될 것인데, 그것은 겸손한 듯이 보이려는 허영심이 아니라 이성에 입각한 자연스러운 감정 때문이다. 같은 자리에 있는 사람들을 즐겁게 하려고 현명한 사람들보다 더 큰 소리로 말하고, 노인들의 말을 가로막는 무례한 처세술을 전혀 갖지 않을 것이다. 어느 늙은 귀족에게 루이 14세가, 현시대와 전 시대 중 어느 쪽이 더 좋으냐고 물었을 때 "폐하, 저는 노인을 존경하는 일로 젊은 시절을 보냈습니다만, 이제 청년을 존경하면서 노년 시절을 보내야 하겠습니다."라고 늙은 귀족은 대답했다. 그러나 그러한 대답을 그로서는 받아들이지 못할 것이다.

우아하고 민감한 영혼을 가지고 있으며 여론에 따라 평가하지 않는 에밀은, 남의 마음에 들기를 바라지만 남들로부터 존경받는다는 것에 대해서는 별로 마음을 쓰지 않는다. 그 결과 그는 다정하고 절대로 거만하지 않을 것이며, 천마디의 찬사보다는 한마디의 달콤한 말에 더 감동하기에, 그는 거동이나 외모에 관심을 가질 것이다. 그는 또한 자신의 외모가 기분 좋게 보이도록 약간의 몸치장을 하기도 하지만 황금으로 꾸민 장식품을 이용하려 하지는 않으며, 결코 부(富)의 표시가 그의 자태를 손상시키는 일은 없을 것이다.

이러한 것은 그의 어릴 때 교육의 결과에 불과하다. 사람들은 세상의 관습을 신비한 것으로 만들려고 그 관습을 익힐 나이가 되어서 자연적으로 익힐 수 없기라도 한 것처럼, 또한 그 최고의 법칙들을 찾아야 하는 것이 성실한 행동이 아닌 것처럼 꾸민다. 참된 예절은 사람들에게 호의를 보이는 데 있다. 그 호의는 가지고 있기만 하면 아무 어려움 없이 나타낼 수 있는데, 호의를 갖고 있지 않은 사람은 호의의 표시를 기교로 타락시킨다.

관례적인 예절의 가장 나쁜 결과는, 모방하는 미덕이 없어도 지낼 수 있는 기술을 가르치는 것이다. 교육으로 인간성과 친절을 가르쳐준다면, 당연히 예절을 갖게 되든지 아니면 조금도 예절을 필요로 하지 않을 것이다.

우아한 태도로 나타나는 예절이 없더라도 우리는 성실한 사람이며, 시민이라는 것을 보여줄 수 있는 예절은 지니게 될 것이다. 우리는 거짓 도움을 청할 필요가 없는 것이다. 남의 마음에 들기 위해 즐겁게 해주는 대신 친절하기만 하면 될 것이다. 다른 사람들의 약점에 아첨하기 위해 허식으로 꾸미지 말고 단지 묵인하기만 하면 그것으로 충분한 것이다.

사람들은 이런 교제에 의해 거만해지거나 타락하지 않을 것이다. 오히려 그들은 감사하게 생각할 것이며, 그때문에 더욱 식견을 넓힐 수 있을 것이다.

만일 어떠한 교육이 역사가 뒤크로 씨가 요구하는 공손한 태도를 낳게 할 수 있다면, 내가 지금까지 설명해 보였던 바로 그 교육인 것이다.

그러나 이와 같이 다른 교육을 받은 에밀이 다른 모든 사람과 같게 되지는 않을 것이며, 스스로도 그렇게 되지 않도록 노력하리라는 것을 나는 인정한다. 그러나 그가 남들과 다르더라도, 타인을 노하게 하거나 그 자신이 어리석게 되지는 않을 것이다. 그 차이가 뚜렷하긴 해도 결코 불쾌하지는 않을 것이다. 에밀은 유쾌한 이방인인 것이다. 처음에 사람들은 그의 행동을 보고 "그도 배우게 될 것이다."라고 말하면서 허용할 것이며, 그후에 사람들은 그의 태도에 완전히 익숙해질 것이며 그의 태도에 변함이 없는 것을 보고 사람들은 "그는 그러한 사람이다."라고 말하면서 또 그를 용서할 것이다.

그가 매력있는 사람으로서 환영받는 것이 아니라 아무런 이유 없이 사람들은 그를 사랑하고, 아무도 그의 지혜를 칭찬하지는 않으나 기꺼이 그를 유식한 사람들 사이의 심판자로 생각할 것이다. 그의 정신은 올바른 감각과 정확한 판단력을 지니며, 새로운 관념들을 결코 추구하지 않기 때문에 기지를 자랑할 줄도 모를 것이다. 인간에게 참으로 유익한 사상이란 애초부터 알려져 있는 관념들로서 그러한 관념들만이 모든 시대를 통해 항상 사회의 참된 강령이 되어 왔고, 또 야심가는 인류에게 해롭고 불길한 관념들을 가지고 세상에서 인정받으려는 일 외에는 아무것도 생각지 않는다는 것을 나는 에밀에게 느끼게 했다. 그는 어떻게 자신의 행복을 구해야 하며, 어떤 면에서 자신이 남의 행복에 도움을 줄 수 있는가를 알고 있다. 그의 지식의 범위는 유익한 것에 한정되어 있다. 그 길을 벗어날 생각이 전혀 없는 에밀은, 군중 속에 흡수되어 자신을 유명하게 하지 않으며, 또한 길을 잃지도 않는다. 에밀은 양식이 있는 사람으로, 그는 언제나 그것을 명예로 생각할 것이다.

다른 사람의 마음을 즐겁게 하고 싶은 욕망이, 이제는 그를 남의 의견에 완전히 무관심하도록 내버려두지는 않는다. 그는 이러한 의견 중 자신과 직접 관련된 것만을 취하며, 유행이나 편견만을 따르는 정당성이 없는 평가에는 관심을 두지 않을 것이다. 그는 자신이 하는 일을 모두 잘하려고 하고, 남보다 더 잘 하려는 야망을 갖고 있을 것이다. 그러나 그는 남보다 앞서려는 생각 자체가 분명하지 못한데, 이를테면 다른 사람보다 더 재치가 있다든가, 더 말을 잘한다든가, 학식이 더 많다든가 하는 타인의 판단에 의해 가치가 정해지는 일이라면 자기의 우월성을 별로 추구하지 않는다. 또한 더 좋은 가문과 부, 사회적 존경이나 외적인 인상 등 인간 그 자체와는 전혀 관계가 없는 것들은 더우기 생각하지도 않을 것이다.

자신과 같은 동료이기에 사람들을 사랑하는 에밀은 특히 그와 가장 비슷한 사람들을 더 사랑할 것인데, 왜냐하면 그가 자신을 선한 인간이라고 느끼기 때문이다. 그리고 이렇게 비슷한 점을 도덕적인 면에서의 취미 및 훌륭한 품성에 속하는 모든 취미의 일치라고 판단하기 때문에, 무엇이든 인정받는다면 매우 기뻐할 것이다. 그는 "사람들이 나를 인정해주기 때문에 기쁘다."

라고는 생각하지 않고, "사람들이 내가 한 일이 바르다고 인정하기 때문에 기쁘다. 나를 존중해 주는 사람들은 존중할 가치가 있는 사람들이기 때문이다."라고 생각할 것이다. 현명하게 판단하는 한, 그들의 칭찬을 받는 것은 좋은 일이기 때문이다.

사람들을 역사를 통해 그 감정적인 면에서 연구했지만 이제는 사회 풍습의 측면에서 사람들을 연구하게 된 에밀은, 인간의 마음을 즐겁게 하거나 노하게 하는 것에 대해 깊이 생각해볼 기회를 자주 갖게 된 것이다.

취미에 대한 정의를 멀리서 구하면 구할수록 우리는 헤매게 된다. 취미란 그것이 많은 사람들의 마음에 드는가 들지 않는가를 판단하는 능력에 불과하다. 이 이상 벗어나게 되면 취미의 뜻이 모호해진다. 그렇다고 해서 고상한 취미를 가진 사람들이 더 많아지는 것은 아닌데, 대다수의 사람이 개개의 사건을 현명하게 판단한다 하더라도 모든 일에서 대해 대다수의 사람의 판단에 따르는 사람은 별로 없기 때문이다. 그리고 가장 일반적인 취미라고 하더라도 훌륭한 취미를 가진 사람들은 별로 없는데, 이것은 가장 흔한 얼굴 모습이 모여 아름다움을 이룬다 해도 아름다운 사람은 별로 없는 것과 마찬가지이다.

여기서 주의해야 할 것은 우리에게 유익하기에 좋아한다든가, 우리에게 해롭기 때문에 미워한다든가 하는 것이 문제가 아니라는 점이다. 취미는 이해관계가 전혀 없는 일들이나 오락의 흥미에 영향을 주는 일들에만 작용하며, 우리의 필요에 관계되는 일에는 작용하지 않는다. 필요에 관계되는 일을 선택하려면 취미라는 게 필요하지 않으며, 단지 욕망만으로도 충분하다. 이 점이 바로 취미에 대한 순수한 결정을 어렵게 만드는 것이며, 외견상 정당성이 없게 만드는 것이다. 또한 도덕적인 일에 있어서의 취미의 법칙과 물질적인 일에 있어서의 취미의 법칙을 명백히 해야 하는데, 후자에 있어서의 취미의 원칙은 전혀 설명될 수 없는 것처럼 보이지만 모방에 관계되는 모든 일에는 도덕적인 요소가 있음을 주의해야 한다. 취미로는 풍토·풍습·통치·여러 제도에 따라 좌우되는 지역적인 법칙이 있고, 또한 나이·성별·성에 관계되는 다른 법칙들도 있는데, 이런 의미에서 나는 취미에 관해 가부를 논쟁할 수는 없다는 말을 덧붙이겠다.

취미는 모든 사람에게 자연적이지만 누구나가 같은 취미를 갖고 있는 것은 아니며, 모든 사람에게 같은 정도로 취미가 발달하지도 않는다. 그리고 취미는 누구에게나 여러 가지 원인에 의해 변하기 쉬운 것인데, 취미는 선천적 감수성에 의존하기 때문이다. 취미의 양성과 형태는 살아왔던 사회에 달려 있다.

첫째, 많은 취미를 비교하기 위해서는 여러 사회에서 살아보아야 한다. 둘째, 한가한 생활을 하는 사회가 필요한데, 왜냐하면 상업적인 사회에서는 그 기준이 쾌락에 있는 것이 아니라 이익에 있기 때문이다. 셋째, 진정으로 평등하고 여론의 횡포가 심하지 않으며, 허용심보다는 쾌락이 지배하는 사회가 존재해야 한다. 그렇지 못한 사회에서는 유행이 취미를 억누르고, 우리가 즐기기보다는 사람들의 시선을 받기를 바라기 때문이다.

그렇다면 좋은 취미란 다수인들의 취미가 아니라는 것은 사실이다. 왜 그럴까? 그것은 목적이 다르기 때문이다. 그렇게 되면 대중은 자신의 판단을 가지지 않게 되고 자신들보다 더 현명하다고 믿어지는 사람들의 판단에만 따르게 된다. 어떠한 경우라도 사람들로 하여금 항상 자신의 생각을 갖게 해주면 가장 좋은 것이 항상 다수의 찬성을 얻게 될 것이다.

사람들은 아름다운 것을 모방에 의해서 만들어낸다. 취미의 참된 본보기는 모두 자연 속에 있는데 이러한 스승으로부터 멀어질수록 우리의 그림은 더욱 나빠지게 되므로, 우리는 우리가 좋아하는 것들로부터 본보기를 끌어낼 수 있다. 그래서 권위에 의해 좌우되는 공상적인 미는 우리의 지도자를 즐겁게 해주는 것에 불과하다.

지도자들은 예술가나 귀족이나 부자들이며, 그들 자신이 따르는 것은 사욕과 허영심이다. 부자는 자신들의 부를 과시하려고, 다른 사람들은 그것을 이용하려고 소비하는 새로운 방법을 찾는다. 그 때문에 그렇게 되면 미라는 것은 자연을 따르는 데 있지 않고 자연에 거역해야 된다는 이론이 성립하는데, 이렇게 해서 사치와 악취미가 불가분의 관계를 이루는 것이다.

특히 남녀 교제에 있어서는 좋은 취미건 나쁜 취미건 그 형태가 이루어지는 것이다. 취미의 육성은 이러한 교제의 목적에 따른 필연적인 결과이다. 향락이 쉽게 얻어지고 기쁨을 구하는 욕망이 누그러질 때 취미는 변질된다. 이것은 좋은 취미는 왜 좋은 도덕에서 생기는가에 대한 뚜렷한 이유이다.

감각에 의해 좌우되는 신체적인 것은 여자의 판단을 살펴보고, 이해력에 더 좌우되는 정신적인 것은 남자의 판단을 구하라. 여자들이 자기의 본분을 지키고 자신에게 맞는 일만 갖는다면 항상 바르게 판단하겠지만, 여자들이 문학의 비평가가 되어서 작품을 평가하고 온 힘을 다해 글을 쓰기 시작하고부터 그녀들은 오히려 아무것도 모르게 되었다. 자신의 작품에 대해 여자들의 의견을 묻는 작가들은 잘못된 충고를 들을 것이다. 여성의 참된 재능과 판단을 기르는 방법에 대해서 나는 곧 말할 기회를 갖게 될 것이다.

이러한 것은 에밀이 처한 상황에서, 그리고 그가 전념하고 있는 탐구에서,

또 관심사가 되는 문제에 대해 그와 함께 이치를 따질 경우에 있어서 하나의 원칙으로 제시할 기본적인 문제이다. 그러한 문제에 대해 무관심할 사람이 어디 있겠는가? 사람들이 유쾌한 것과 불쾌한 것을 구별하는 일은, 그 사람의 보호를 필요로 하는 사람뿐 아니라 그 사람을 원조하려는 사람에게도 필요한 것이다. 사람들에게 도움을 주기 위하여 그들의 마음을 즐겁게 해주는 일도 매우 중요하다. 그리고 글쓰는 기술도 사람들에게 진리를 말하는 데 사용된다면 결코 쓸모없는 일이라고 할 수만은 없다.

만일 내가 나의 제자의 취미를 길러주는 데 그러한 문화 형태가 이제 막 시작되려는 나라와 이미 그것이 퇴화해가는 나라들 중 하나를 선택해야 한다면, 나는 퇴화해가는 나라로부터 시작하여 이제 시작되려는 나라에 도달할 것이다. 이렇게 선택한 이유는, 많은 사람이 알지 못하는 것에만 민감하도록 만드는 지나친 섬세함으로 인하여 취미가 타락하기 때문이다. 이러한 섬세함은 우리에게 토론을 좋아하는 정신을 갖게 한다. 대상들을 판단하는 힘이 섬세하면 할수록 대상들은 더욱 증가하기 때문이다. 섬세함은 우리의 감각에 예민함을 증진시키고 일관성을 감소시키는데, 그렇게 되면 사람 수만큼이나 많은 취미가 생기게 될 것이다. 무엇을 택할 것인가에 대한 논쟁 속에서 철학과 지식의 범위는 확대되어, 사람들은 사색하는 법을 배우게 되는 것이다. 세밀한 관찰은 사회의 여러 부분에 숙달한 사람들만이 가능하다. 그러한 관찰은 다른 모든 관찰을 마치고서야 할 수 있는 것이며, 폭넓은 교제에 익숙하지 못한 사람들은 보다 평범함을 알기 위해 이미 모든 능력을 다 써 버리기 때문이다. 아마 파리에서보다 일반적인 취미가 더 악화된 문명 개화지는 없을 것이다. 그럼에도 불구하고 좋은 취미가 양성되는 곳이 바로 이곳이며, 유럽에서 인상적인 책 가운데 파리에서 교육받지 않은 작자의 책은 별로 없다. 그러한 책을 읽는 것만으로 충분하다고 여기는 사람들의 생각은 틀린 것이다. 사람들은 작가와의 대화 속에서 책에는 없는 것을 배울 수 있으며, 또한 더 많이 배우는 것도 그 작가 자체로부터는 아니다. 사색의 정신을 발달시키고 시야를 되도록 멀리 확장시키는 것은 사회 생활의 정신이다.

나쁜 취미가 지배하는 곳에서도 사색하는 법을 배울 수 있으나 나쁜 취미를 가진 사람들처럼 생각해서는 안 되며, 그들과 오래 교제하면 그것을 피하기가 어려워진다. 나는 에밀이 판단력을 그릇칠 정도로 연마하지 않도록 주의하며, 그가 사람들의 여러 가지 취미를 느끼고 비교할 정도로 판단력을 갖게 되면, 나는 단순한 대상들에 그의 취미를 고정시킬 것이다.

그에게 순수하고 건전한 취미를 유지시키기 위해 한 걸음 더 나아가서 방탕하고 소란한 혼잡 속에서도 나는 그와 유익한 이야기를 나누고 항상 그의 마음에 드는 대상들로 그를 이끌어가면서, 그것들이 그에게 교훈적이면서도 즐거운 것이 될 수 있도록 유의할 것이다. 지금이야말로 재미있는 책을 읽을 시기이다. 그에게 이야기의 분석법을 가르치고, 그로 하여금 웅변과 수사의 아름다움을 평가할 수 있도록 가르칠 시기인 것이다. 어학 자체를 위해서 어학을 가르치는 것은 중요하지 않고, 또 어학이란 사람들이 믿는 것만큼 중요하지도 않다. 그러나 어학의 연구는 일반 문법의 연구와 같아서 프랑스어를 잘 알기 위해서는 라틴 어를 배워야 하고, 웅변술의 규칙을 이해하려면 그 두 가지를 모두 연구하고 비교해야 한다.

또한 마음에 호소하는 소박한 취미라는 것은 고전에서밖에는 찾아질 수 없다. 에밀은 옛 사람들이 웅변이나 시나 모든 종류의 문학에서 내용이 풍부하며 또 판단이 냉정하다는 것을 알게 되는데, 이와 반대로 우리 시대의 작가들은 내용은 없으면서 말만 많이 한다. 우리가 그들의 판단을 하나의 영원한 법칙으로서 받아들이는 것은 우리의 판단을 형성하는 방법이 될 수 없고, 이들의 차이는 모든 유적이나 묘비 위에서까지도 느낄 수 있다. 우리 시대의 묘비들은 찬사로 덮여 있지만, 옛 사람의 묘비 위에서는 사실만을 읽을 수 있는 것이다."

"멈추어라 나그네여. 여기 영웅의 묘석이 있노라."

이 비문을 고대 유적에서 발견했다 하더라도, 나는 그것이 근대의 것임을 알 수 있다. 왜냐하면 우리들에게는 영웅만큼 흔한 것이 없지만, 옛날에는 영웅이 매우 드물었기 때문이다. 옛 사람들은 그 사람이 영웅이 되기 위해 했던 일들만을 말하는 것이 보통이다. 이 영웅의 비문과 사르다나팔로스의 비문을 비교해 보라.

타르소스와 안키 알레스를 하루에 세우고 지금 나는 죽노라.

여러분은 어느 쪽이 더 훌륭하다고 생각하는가? 과장된 우리의 문체로는 소인들의 마음을 들뜨게 해놓기에나 적당할 뿐이다. 옛 사람들은 인간을 있는 그대로 보여주었으며, 사람들은 그것이 누구인지를 쉽게 알 수 있었다. 크세노폰은 1만 명의 병사와 후퇴하면서, 모반 때문에 죽음을 당한 몇몇 전사를 묻으면서 이렇게 말하고 있다. "그들은 죽었다. 전쟁에서도 그리고 사랑에서도, 부끄럼없이." 이것이 전부이다. 그러나 그렇게 짧고 간단한 찬사를 쓴 시인의 가슴에는 슬픔이 얼마나 가득 차 있었겠는가를 생각해 보라. 이 묘비를 생각하지 못하는 자는 불행할지어다!

테르모필레의 한 묘비에는 다음과 같은 말이 새겨져 있다.

나그네여, 스파르타에 가서 말하라, 우리는 그 신성한 국법을 지키기 위해 여기서 죽었노라고.

이 구절은 묘비명 연구회가 짓지 않은 것이 확실하다.

나의 교육이 틀리지 않았다면 말에 약간의 가치밖에 부여하지 않는 나의 에밀이 이런 차이에 주의를 기울이고, 나아가서는 그의 독서의 선택에 영향을 미칠 것이다. 데모스테네스의 박력있는 웅변에 끌리면 그는 "이것은 웅변가이다."라고 말하겠지만, 키케로를 읽으면 "이것은 변호사이다."라고 말할 것이다.

일반적으로 에밀은 우리 시대의 책보다는 옛 사람들의 책에 더 흥미를 가질 것이다. 왜냐하면 옛 사람들은 단지 먼저 태어났으므로 자연에 가까우며, 그들의 재능이야말로 그들에게 더욱 적합하다는 이유에서이다. 라 모트나 토레슨 신부가 그것에 대해 무슨 말을 하더라도, 인간의 이성에 진정한 진보란 전혀 없다. 왜냐하면 한쪽에서 얻은 것은 다른 한쪽에서는 잃는 것이기 때문이다. 그리고 모든 정신은 항상 같은 점에서 출발하기 때문이고, 또 다른 사람들이 생각했던 것을 얻기 위해 시간을 소모한다는 것은 스스로 생각하기 위한 시간을 잃어버린다는 뜻이므로 거기에서 많은 지식을 얻는다 해도 정신은 줄어드는 것이기 때문이다. 우리의 정신은 우리의 팔과 같아서 도구를 사용하는데, 스스로의 힘으로는 아무 일도 못한다. 고대인과 근대인에 대한 이러한 논쟁은 모두가 결국 옛날 나무들이 지금의 나무들보다 더 높았는지 낮았는지를 알려는 것과 같은 격이라고 퐁토네르는 말하는데, 만일 농사 방법이 변했다면 이러한 질문을 하는 것도 무리는 아닐 것이다.

이렇게 그를 순수 문학의 근원으로 인도한 다음, 나는 그에게 근대 편찬문들로 인도하는 잡지·번역·사전도 보여준다. 그는 이것들을 모두 대강 훑어보고는 영구히 던져버릴 것이다. 나는 그를 즐겁게 하기 위해 여러 학회의 연설을 들려주고서, 이러한 학회의 회원들은 단체를 이룰 때보다는 혼자 있을 때가 더 낫다는 점에 그로 하여금 주목하게 한다. 그러면 그는 이 모든 훌륭한 협회의 효용에 대해 스스로 결론을 내릴 수 있게 된다.

나는 그를 극장에도 데려가서 도덕이 아니라 취미를 연구시킨다. 왜냐하면 특히 극장에서는 생각할 줄 아는 사람들의 취미가 잘 나타나기 때문이다. 나는 그에게 말할 것이다. "교훈이나 도덕은 생각하지 마라. 여기는 그러한 것들을 배우는 곳이 아니다."라고. 무대는 진리를 설명하기 위해 만들어진 것이 아니라 사람들을 즐겁게 하고 달래기 위해서 있는 것이며, 사람들을 즐겁게 하고 그 마음의 흥미를 북돋아주는 기술을 이처럼 완전히 배울 수 있는 학교는 없다. 연극의 연구는 시의 연구와 통하는데, 이 두 가지는 같은 목적을 가진다. 그가 시에 대한 취미를 조금이라도 가지고 있다면 그는 시인들의 언어인 그리스 어, 라틴 어, 이탈리아 어를 배울 것이다. 모든 종류의 아름다움에서 마음을 감동시키는 많은 매력을 느끼는 나이에 있는 그에게 이 연구는 감미로운 것이 될 것이다. 한쪽에서는 나의 에밀이, 그리고 다른 한쪽에서는 나쁜 청년이 《아에네이스》 제4권이나 티불루스, 또는 플라톤의 《향연》을 읽고 있다고 상상해 보라. 그들에게는 큰 차이가 있어서, 에밀의 마음을 매우 감동시키는 것은 다른 한쪽을 결코 감동시키지 못할 것이다. 오, 착한 청년이여, 멈추어라. 독서를 잠시 중지하라. 나는 너무 감동되어 있다. 나는 사랑의 말로 너를 즐겁게 해주고 싶지만, 네가 방황하게 되기를 바라지는 않는다. 착한 사람이 되고 현명한 사람이 되라. 만일 네가 그 둘 중 한쪽 사람밖에 되지 않는다면 너는 아무것도 아닌 것이다. 더욱이 네가 좋은 언어나 문학이나 시에서 성공을 거두거나 못 거두는 것을 나는 조금도 염려하지 않는다. 그가 이 모든 것을 하나도 모른다 하더라도 그것 때문에 그의 가치가 떨어지는 것은 아니고, 그의 교육에서는 이러한 단순한 것들이 문제가 되지 않는다. 그에게 모든 종류의 아름다움을 느끼고 사랑하도록 가르치는 나의 목적은 그의 애정과 취미를 그 위에다 고정시키는 데 있으며, 그의 자연스러운 욕망이 타락하지 않도록 하고 그가 후에 그의 곁에서 찾아야 할 행복에의 방법을 그의 부 속에서 찾지 않도록 하는 데 있다. 취미란 사소한 것에서 자신을 감상하는 방법에 지나지 않는다는 말을 이미 한 적이 있으며 그것은 사실이다. 그러나 인생의 쾌락이 그와 같은 사소한 것들의 연속에 달려 있으므로 이러한 배려는 신중해야 한다. 우리의 능력이 미치는 범위 내에 있는 좋은 것들이 우리를 위해 가지는 모든 진실성 속에서, 우리의 삶이 그 좋은 것들로 충만해지도록 배우는 것은 바로 그러한 배려인 것이다. 나는 여기서 영혼의 좋은 경향에 기인하는 도덕적 선을 말하는 것이 아니라, 단지 편협한 여론에서 분리된 육체상의 진실된 쾌락에 의한 진정한 선을 말하고 있다.

내가 생각을 좀더 잘 전개하기 위해 에밀에게서 잠시 떠나, 독자의 풍습에 보다 가깝고 이해하기 쉬운 예를 나의 기억 속에서 구하는 것을 허락해주기 바란다.

본성을 변화시켜 사람들을 선하게 또는 악하게 만드는 시기가 있다. 겁장이라도 나바르 연대에 들어가면 용감해진다. 단체 정신을 기르는 데는 군대에 있어서만이 아니며, 또 그 효과가 항상 긍정적으로 나타나는 것도 아니다. 만일 내가 불행하게도 지금 어떤 나라에서 내가 생각하는 그러한 일을 해야 한다면, 나는 내일이면 거의 불가피하게 압제자나 백성을 괴롭히는 자, 또는 모든 인류와 모든 정의와 모든 종류의 미덕의 적이 되리라는 것을 생각하면서 전율을 느낀다.

마찬가지로 만일 내가 부자라면 부를 획득하는 데 필요한 모든 일을 했을 것이다. 그래서 나는 거만하고 야비하며, 나 하나만을 생각하고 다른 사람을 위해서는 냉정하여 그들의 고통을 경멸스럽게 바라보는 사람이 되었을 것이다. 왜냐하면 전에는 나도 그들의 계급이었다는 것을 잊기 위해 극빈자들을 천민이라고 부를 것이기 때문이다. 이러한 점은 나도 모든 사람과 마찬가지일 것이다.

그러나 내가 그들과 매우 다른 점은, 나는 거만하고 허영심이 강하기보다는 관능적이며, 쾌락을 추구하고 과시하는 사치보다는 오히려 방종한 사치에 빠지게 되리라는 것이다. 오히려 나는 부를 과시하는 것을 부끄러워해서, 나를 시샘하는 사람이 그의 이웃의 귀에다 대고 "저 악당은 실제보다 나쁘게 보이지 않을까봐 몹시 걱정을 하고 있나봐."라고 말하는 소리를 듣는다고 생각할 것이다.

이 지상의 막대하고 풍요로운 보물 가운데서 나에게 가장 기분 좋고 쉽게 내것으로 만들 수 있는 것을 찾는데, 그러기 위해서 나는 나의 재산을 우선 자유와 여가를 얻는 데 사용하며, 가능하다면 거기에 건강을 덧붙일 것이다.

나는 자연으로부터 받은 감각을 만족시키기 위해 가능한 한 자연을 가까이 보존한다. 자연이 나의 즐거움에 자기 고유의 것을 더해준다면 나는 더욱 자연에서 진실한 즐거움을 발견하기 때문이다. 음식물도 역시 항상 자연이 정성껏 마련해주고, 또 우리의 식탁에 오르기까지 인간의 손이 가장 적게 거친 것을 원할 것이다. 미련하게 마구 먹어댄다고 해서 요리사를 부자로 만들지는 못하며, 나의 식탁이 악취를 풍기는 외국의 진물이나 멀리서부터 온 썩은 고기로 덮이지는 않을 것이다. 나는 나의 관능을 만족시키기 위해 노력을 아끼지 않을 것인데, 그렇게 해야만 그러한 노력 자체가 하나의 쾌락이 되고 그것에서 기대되는 기쁨을 증진시키는 결과가 되기 때문이다. 이 세상 끝에 있는 음식을 맛보고 싶으면 나는 그것을 구하러 사람을 보내기보다는 차라리 아피키우스처럼 그것을 맛보기 위해 직접 그곳으로 갈 것이다. 왜냐하면 가장 훌륭한 요리라 할지라도 항상 같은 맛이 나지는 않으며, 그곳의 풍미를 그것과 함께 가져올 수는 없기 때문이다.

같은 이유로, 나는 자신이 살고 있는 곳에서 안정을 얻지 못하고 항상 계절과는 반대인 기후를 생각하여 겨울에는 여름을 찾고 여름에는 겨울을 찾는 사람들을 흉내내진 않겠다. 나로서는 한 곳에 그대로 있거나 아니면 전혀 반대로 할 것이다. 나는 계절로부터 그것이 지닌 유쾌한 것을 모두 끌어내고 싶으며, 어떤 나라의 풍토로부터 그것이 가진 특유의 맛을 모두 가지고 싶다. 나는 서로가 전혀 닮지는 않았지만 항상 자연에 일치하는 여러 가지 즐거움과 습관을 길러서 여름을 지내려고 나폴리에 가고, 겨울을 지내려고 페테르스부르크로 갈 것이다. 어떤 때는 토렌토의 시원한 동굴에 누워 부드러운 산들바람을 들이마시기도 하고, 또 어떤 때는 무도회의 즐거움에 지치면 빛나는 얼음 궁전의 환상을 즐길 것이다.

식탁을 차릴 때나 방을 장식할 때도 나는 계절의 변화에 따르고, 다가오는 계절을 재촉하는 일 없이 모든 계절로부터 즐거움을 끌어낼 것이다. 그렇지 않고 자연의 질서를 어지럽히고 자연이 마지 못해 생산하는, 질도 나쁘고 맛도 없어 양분을 줄 수도 없고 혀를 즐겁게 하지도 못하는 산물을 자연으로부터 빼앗는다면 그것은 헛수고에 불과할 뿐이다. 억지로 익게 한 과일보다 더 맛없는 것은 없다. 파리의 어떤 부호들은 보일러나 온실을 이용해서 일 년 내내 맛없는 야채와 과일만을 식탁에 올려놓는 데 성공했지만, 그것은 많은 돈을 투자해서 무익한 것을 사들인 것과 다름이 없다. 만일 내가 한겨울에 버치를 가지게 되고 황금의 멜론을 가지더라도, 나의 입을 축이거나 시원하게 할 필요가 없는데 무슨 즐거움으로 그것들을 먹겠는가? 한여름의 폭염 속에서, 밤이 아무리 맛이 좋다고 한들 자연이 마련한 딸기나 상큼한 과일 대신 난로에 구운 밤을 먹을 수 있겠는가?

1월에 속성 식물이나 향기 없는 파리한 꽃으로 벽난로를 장식하는 것은, 겨울을 꾸민다기보다는 오히려 봄의 아름다움을 없애는 것이다. 그것은 숲 속으로 가서 처음 핀 오랑캐꽃을 찾고, 처음 튼 싹을 살펴보고서 기쁨에 사로잡히는 즐거움을 빼앗는 것이다.

나는 시중을 들어줄 하인을 많이 두지는 않을 것이다. 그것은, 이미 말한 바 있지만, 평민은 한 명의 하인만 두더라도 공작이 열 명의 신하로부터 받는 것보다 더 진실한 봉사를 받을 것이기 때문이다. 식탁에서 나의 잔이 내 옆에 있다면 나는 마시고 싶을 때 언제든지 마실 수 있지만, 커다란 식탁에 있을 때라면 나의 갈증을 해소하기 위해서는 스무 명이 마실 것을 나에게 가져다주어야만 할 것이다. 나는 물건을 사러 갈 때 다른 사람을 보내지 않고 내가 직접 갈 것이다. 확실한 물건을 고르고 보다 싼 값으로 사기 위해서 내가 직접 가는 것이다. 그것은 즐거운 일이기도 하거니와 때로는 교훈도 된다. 또한 나는 단순히 집밖에 나가려고 산책을 하는데, 그것도 역시 좋은 일이다. 권태는 너무 집에만 틀어박혀 있는 생활에서 비롯되기 때문이다. 세상과 나 사이에 항상 하인이 존재하는 것을 결코 바라지 않으며, 시끄러운 마차를 항상 타고 다니는 것도 바라지 않는다. 자신의 다리를 사용할 경우 지치거나 이상이 생기면 누구보다도 먼저 알 수 있고, 마부가 쉬고 싶어한다는 이유로 집에서만 지내야 할까봐 걱정할 필요도 없다. 알렉산더보다 더 권력이 있고 크로이소스보다 더 부자라 할지라도 결국 자신만큼 우리를 잘 돌봐주는 사람은 없다. 스스로 할 수 없는 일 외에는 다른 사람의 시중을 받아서는 안 된다.

나는 내가 생활할 집으로 궁전을 갖고 싶은 생각도 전혀 없다. 왜냐하면 궁전에서 살더라도 나는 방 하나만을 쓰게 될 것이며 공동으로 쓰는 방은 모두 누구의 것도 아니며, 하인들 방은 모두가 이웃 사람의 방과 마찬가지로 나에게는 상관없는 것이다. 동양인들은 관능적인 타락을 즐기면서도 모두 소박하고 간단한 집과 가구를 갖추고 있다. 그들은 인생을 일종의 여행으로 여기며 그들의 집을 여인숙으로 여기는데, 이러한 이유로 영원히 살 것을 계획하는 부자에게는 이해되지 않지만 나는 같은 효과를 가진 다른 이유를 발견하게 될 것이다. 한 곳에 그렇게 많은 설비를 하고 자리잡는 것은 마치 궁정 속에 갇히는 것처럼 생각되는 데, 세상은 모든 사람들에게 아름다운 궁전이다. '살기 좋은 곳이 조국이다.' 라는 것이 부자의 좌우명으로서, 돈이면 무엇이든 다 할 수 있는 곳이 그의 집이고, 그의 금고가 지배하는 곳은 어디든지 그의 나라이다. 그런데 왜 벽과 문으로 둘러싸고 그곳을 떠나려 하지 않는가? 전염병이나 전쟁이나 반란이 나를 어떤 곳에서 추방한다면 나는 다른 곳으로 가며, 거기서 나는 먼저 나의 여인숙을 발견한다. 전세계에 나를 위한 집들이 있는데, 내가 그것을 지을 걱정을 할 필요는 없지 않은가? 바쁘게 생활하는 내가, 그곳에서 당장 발견할 수 있는 기쁨을 왜 멀리서 준비하겠는가? 자신과 모순된다면 유쾌한 생활을 하지 못하게 될 것이다.

더구나 들어가 살 사람도 별로 없고 들여놓을 가구 또한 적은데, 그렇게 넓은 집이 나에게 무슨 소용이 있는가? 나의 가구들은 나의 취미처럼 간소하고, 진열실도 서재도 두지 않을 것이다. 책이나 미술품의 수집이란 결코 완벽할 수가 없으며, 그 수집에서 부족한 것이 있으면 아무것도 가지지 않을 때보다 더 큰 괴로움을 느낀다는 사실을 알기 때문이다. 그러한 심정을 체험해 보지 않은 수집가는 하나도 없다. 자신을 위해 진열실을 사용할 줄 아는 사람이라면, 남에게 보이기 위한 진열실이 필요없는 것이다.

도박은 할 일 없는 사람의 소일거리이며, 나는 많은 일을 함으로써 즐거움을 얻기 때문에 그렇게 쓸데없이 보낼 시간이 없을 것이다. 외롭고 가난한 나는 도박을 전혀 하지 않으며, 가끔 장기를 두는 것만으로 만족한다. 내가 만일 부자라면 더욱 도박을 하지 않는데, 그것은 다른 사람의 불만을 사지 않기 위해서이다. 도박에 대한 흥미는 부유할 때는 그 동기가 생기지 않으므로 결코 열광으로 바뀌지 않는다. 또한 소규모의 도박에서는 결국 딴 것을 다 써버리게 마련이어서 일반적으로 따기보다는 더 잃게 되므로, 합리적으로 생각하면 이길 승산이 없는 놀이에 대해 흥미를 느끼지 못할 것이다. 자신의 행운을 자랑하는 자는 훨씬 더 강렬한 일에서 찾아볼 수 있으며, 그러한 특혜는 언제나 큰 도박에서와 마찬가지로 잘 나타난다. 탐욕과 권태의 결과인 도박에의 취미는 공허한 정신과 마음속에서만 뿌리를 내리는데, 나는 그러한 도움 없이도 지낼 수 있을 정도의 충분한 감정과 지식을 가지고 있는 것이다. 사색가가 도박을 하는 경우는 드문데, 도박은 사색의 습관을 방해하고 무익한 결과로 이끈다. 학문에 대한 취미가 낳은 유일한 하나의 이점은 그렇게 저속한 욕망을 식혀주는 데 있다.

나는 사생활에서나 세상의 교제에 있어서나 똑같은 태도이며, 나의 재산이 어디에서나 유쾌함을 주어 결코 타인에게 부의 불평등이 느껴지지 않기를 바란다. 화려한 장식의 옷은 여러 면에서 불편하다. 사람들 사이에서 가능한 한 모든 자유를 유지하기 위해, 나는 어떤 계급과도 잘 어울리고 어디에 있어도 남들과 구별되지 않도록 옷을 입는다. 그러면 행동이 더욱 자유로워져 모든 계급과 환경에 있는 인간의 쾌락을 나의 능력이 미치는 곳에 둘 수 있을 것이다. 수놓여진 소맷부리를 한 사람에게는 문을 닫고 레이스로 된 소맷부리를 한 사람은 맞아주는 여자가 있다면 나는 차라리 다른 곳에서 시간을 보낼 것이다. 그러나 만일 그 여자가 젊고 아름답다면, 나는 하룻밤을 거기서 지내기 위해 한 번쯤은 레이스를 달기도 할 것이다.

나와 친구 사이를 연결시키는 것은 상호적인 애정, 같은 취미, 일치되는 성격이다. 나는 인간으로서 교제를 하는 것이지 부자로서 하는 것이 아니며, 교제의 매력이 이기심에 의해 타락되는 것을 결코 방관하지 않을 것이다. 만일 내가 부유해지더라도 나에게 인간미가 남아 있다면 나는 봉사와 선행을 널리 베풀겠지만, 나의 주위에 신하가 아니라 친구들을 두고 싶어할 것이다. 나는 회식자들의 동료가 아니라 그들의 주인이 되어서 나의 교제에 호의를 남겨 줄 것이다.

친구도 애인도 돈으로 살 수 있는 것은 아니며, 돈으로 여자들을 소유할 수 있을지는 모르지만 그것이 여자의 사랑을 얻는 방법은 절대로 되지 못한다. 사랑이란 살 수 있는 것이 아니며, 더욱이 돈은 사랑을 타락시키는 것이다. 돈을 지불하는 남자는 돈을 지불한다는 그 이유 하나만으로, 그가 아무리 지극한 애정을 가진 남자라 해도 사랑을 유지하지는 못할 것이다. 그러니 이기심과 방탕으로만 이루어졌을 뿐 사랑도 명예도 진정한 쾌락도 없는 이러한 이중 관계에서 탐욕과 불신으로 불행한 그 여자는, 자기한테 돈을 주는 남자를 바보로 취급하듯 그들에게서 바보 취급을 받게 될 것이다. 사랑하는 사람에게 무엇이든 아낌없이 준다는 것이 즐거운 이유는 그것이 거래의 성격을 띄지 않기 때문이다. 사랑하는 여자를 애정을 타락시키지 않고서 만족시키는 한 가지 방법은 그녀에게 모든 것을 준 다음 그녀의 부양을 받는 것이다. 문제는 이러한 행위가 어리석은 방법이 되지 않도록 아내를 선택하는 것이다.

"나는 라이스를 소유하고 있지만 그녀는 나를 소유하지 못한다."라고 말을 한 사람은 무의미한 말을 한 셈이다. 상호적이 아닌 소유는 성(性)을 소유한 것뿐이며, 한 개인을 소유한 것은 아니다. 그런데 사랑하는 마음이 없는 곳에서 왜 그러한 것이 그렇게 큰 문제가 되는가? 그 점에 대해서는, 한 마부가 백만장자보다 행복에 더 가까이 있는 것이다. 만일 악덕의 모순을 충분히 밀고 나가면, 원하던 목표에 도달했을 때 그것이 기대와는 얼마나 다른 것인지를 알게 될 것이다. 순결한 사람을 타락시키고 보호해주어야 할 젊은 사람을 희생시켜, 죽을 때까지 헤어나지 못할 불행의 구렁텅이로 끌어들이는 야만적인 탐욕은 무엇 때문일까? 그것은 잔인성·허영심·방탕·어리석음 이상의 아무것도 아니다. 그 쾌락 자체는 이미 자연스럽게 발생된 것이 아니라 가장 비열한 세론에서 발생한 것인데, 왜냐하면 그 세론이 스스로를 경멸하는 토대 위에 의존해 있기 때문이다. 자신이 가장 열등하다고 느끼는 자는 다른 모든 사람과 비교되는 것을 두려워하며, 자신이 가장 나은 사람으로 여겨지길 바란다. 이렇듯 공상적인 매력을 열렬히 갈망하는 자들이 과연 사랑을 받을 만한 가치가 있는 젊은이일까? 아니다. 어느 정도의 용모·재능·감정을 지닌 사람은 자신을 가지고 당당하게 그녀에게 이렇게 말할 수 있다. "너는 쾌락을 알고 있지만 그것이 나에게는 무엇이란 말인가. 나는 네가 이제까지 알지 못하던 쾌락을 너에게 줄 것이다."라고.

그러나 방탕에 지쳐 매력도 신중함도 친절도 없고 명예도 전혀 생각하지 않는 늙은 호색한은 어떤 남자가 사랑할 만한 남자인가를 잘 알고 있는 여자들의 마음을 끌 능력도 자격도 없으므로, 순결한 처녀의 무경험을 앞질러 최초의 감정을 자극함으로써 그 모든 것의 부족을 메우려 하는 것이다. 그의 마지막 희망은 무언가 색다른 것을 이용하여 환심을 사는 일인데, 이것은 그 욕망이 숨겨진 동기가 있지만 그는 잘못 생각하고 있는 것이다. 그가 주는 혐오감은 그가 부추기고 싶어하는 욕망과 같이 자연적인 것으로, 그의 어리석은 기대 또한 잘못이다. 몸을 파는 여자는 자신이 선택한 남자에게 몸을 맡긴 일이 있으므로, 그 호색한이 두려워하는 비교를 하게 된다. 그러므로 그는 돈으로 공상적인 쾌락을 산 것이며, 상대에게도 혐오감을 주는 것이다.

부가 나를 변화시킨다 해도, 한 가지 면에서는 절대로 변함이 없을 것이다. 나에게 품행이나 미덕이 남아 있지 않더라도 적어도 일종의 취미·감각·섬세함은 그대로 남으며, 이것은 내가 속아가며 공상을 좇아다니느라 재산과 힘을 모두 소모해 나의 제자들로부터 배신당하고 조롱당하는 것을 막아줄 것이다. 내가 젊다면 나는 젊은이의 쾌락을 추구하고, 그의 최상의 것을 구하려 한다면 부의 복장으로는 구하지 않을 것이다. 내가 현재의 나이라면 그것은 별문제이다. 나는 내 나이에 맞는 쾌락에 조심스럽게 만족하고 내가 누릴 수 있는 취미를 택할 것이며, 나를 괴롭히기만 하는 취미는 멀리할 것이다. 나는 희끗희끗한 나의 수염이 처녀들로부터 멸시를 당하도록 방관하지는 않을 것이다. 나를 희생함으로써 우스꽝스런 이야기의 소재를 그녀들에게 제공해주거나, 늙은 원숭이의 비열한 쾌락에 대해 떠들어대는 그녀들의 모습을 상상해보거나 하는 따위를 나는 도저히 참지 못할 것이다. 만일 억제하기 힘든 습관이 나의 옛 욕망을 필요로 한다면, 나는 아마 그것을 만족시키기는 하겠지만 수치심으로 인하여 얼굴을 붉힐 것이다. 나는 더 이상 나의 약점에 얽매이지는 않을 것이며, 특히 그 증인으로 한 사람만을 가졌으면 한다. 그러한 쾌락이 없어도 인생에는 다른 쾌락이 있는데, 우리에게서 달아나는 것을 헛되이 쫓아다니다가 남아 있는 즐거움마저도 없애지는 않을 것이다. 나이에 따라서 취미를 바꾸되 언제 어느 때에도 자기의 본모습 그대로 있어야 하며 자연을 거역해서는 안 된다. 자연을 거역하려는 헛된 노력은 우리를 지치게 하며 생명의 올바른 사육을 방해하는 것이다.

서민들은 거의 권태를 느끼지 않으며, 그들의 생활은 활기에 가득 차 있다. 그들의 오락이 다양하지는 않지만 소중한 것이다. 많은 날들의 피로는 며칠간의 휴식을 더없이 행복하게 하는데, 오랜 동안 일과 짧은 휴식의 교대는 서민들의 즐거움을 더하는 것이다. 부자들간에는 가장 큰 재앙이 곧 권태다. 비싼 대가를 치르고 모은 수많은 오락 한 가운데서도, 그에게 쾌락을 제공하려는 수많은 사람들에 둘러싸여 있으면서도 그들은 권태 속에서 쇠약해진 채 죽어가고 있다. 그들은 권태의 견딜 수 없는 속박에 짓눌리는데, 특히 일을 할 줄도 즐길 줄도 모르는 여자들은 우울이라는 이름의 권태에 구속되는 것이다. 권태가 그녀들에게는 무서운 병이 되어 마침내 생명까지도 빼앗는 것이다. 그는 파리의 아름다운 여인의 운명보다 더 끔찍한 운명은 없다고 생각하지만, 그보다 더한 것은 이러한 여자에게 달라붙어 있는 젊은 남자의 운명이라 할 수 있다. 그러한 젊은이는 똑같이 나태하고 유약하여 남성의 가치를 상실하고, 자신의 원리에서 멀어지고 있는 것이다. 그런데도 그는 행운아라는 허영심에서 인간이 한 번도 보내본 적이 없는 가장 비참한 나날의 권태를 견디는 것이다.

사치와 훌륭한 겉모습에서 생기는 예절이나 유행 관습은 생활의 흐름을 단조로움 속에 가두는데, 다른 사람들에게 보이고 싶어하는 쾌락은 누구에게나 무익한 것이다.

여론이 무엇보다도 두려워하는 것은 조소인데, 그 조소는 항상 여론의 옆에 있어서 여론을 괴롭히고 벌한다. 우리를 조소의 목표로 하는 것은 일정한 형식이 있기 때문인데, 자신의 신분과 쾌락을 변화시킬 줄 아는 자는 어제의 인상을 오늘 지워버린다. 그는 사람들의 기억 속에는 없는 사람이나 마찬가지지만 스스로는 즐기고 있는 것이다. 그것이 나의 변하지 않는 유일한 태도인데, 어떤 상황에 놓일 때마다 나는 다른 상황의 것은 전혀 상관하지 않고서 하루하루를 다른 날과는 독립된 그대로의 것으로 받아들일 것이다. 나는 대중과 함께 있을 때는 대중의 일원이듯이 시골에서는 시골 사람이 되어, 내가 농사 이야기를 해도 농부가 나를 비웃지는 못할 것이다. 나는 시골에 가서 내 나름의 도시를 세우거나 시골 구석에 있는 나의 집 앞에 궁전의 정원을 만들지는 않을 것이다. 그늘이 있는 어느 언덕의 경사진 곳에 나는 초록색 덧문을 가진 작고 하얀 시골집을 가질 것이다. 사시사철 초가지붕이 가장 좋긴 하지만, 나는 기와를 덮으려 한다. 그 이유는 기와지붕이 짚지붕보다 더 깨끗하고 밝게 보이기 때문이며, 그것이 나에게 행복했던 젊은 시절을 상기시켜 줄 것이기 때문이다. 나는 안마당 대신에 가축 사육장을 만들고, 내가 매우 좋아하는 우유를 얻기 위해 마구간 대신 암소 외양간을 만들 것이다. 뒷뜰에다 채소밭을 만들고 정원 대신에 과수원을 만들 것이다. 산책하는 사람들이 마음대로 따 먹을 수 있도록 과일들은 거두어들이지 않을 것이다. 그리고 나의 허영심 때문에 사람들이 손도 대지 못할 정도로 높은 담장을 사람들의 눈앞에 둘러치지도 않을 것이다. 그런데 이 자그마한 도락은 결코 많은 돈을 필요로 하는 것은 아니다. 나는 돈을 적게 들이고 부자와 빈자가 같이 거주할 집이 있는 어느 먼 시골에 나의 안식처를 택하려 한다.

거기서 나는 선택된 사람들을 모은다. 쾌락을 즐기며 쾌락을 잘 알고 있는 친구들과 안락의자를 벗어나 전원의 놀이에 빠지기도 하고, 때로는 카드 대신 낚싯대나 갈퀴나 포도 바구니를 들 수 있는 여자들을 모을 것이다. 그러면 도시의 모든 허식은 잊혀지고 시골 사람들이 된 우리들은 갖가지 즐거운 유희를 발견할 것이다. 운동과 활동적인 생활은 우리에게 소화력을 증진시키고 새로운 미각을 주기에 우리의 매일의 식사는 잔치가 되고, 거기서는 맛이 좋은 것보다는 양이 많은 것이 더 사람들을 즐겁게 할 것이다. 또한 산해진미도 해가 뜰 때부터 숨쉴 여유조차 없이 바빴던 사람에게는 한낱 웃음거리에 불과하게 된다. 식탁 차림에는 좌석 순서도 품위가 없으며, 정원이건 배 안이건 나무 아래건 어디나 식당이 될 수 있다. 때로는 냇가의 버드나무와 밀감나무 숲 사이의 푸른 잔디 위에 식탁을 마련한다. 유쾌한 회식자들은 노래하면서 요리를 나르는데, 거기서는 잔디가 식탁과 의자가 될 것이다. 요리는 순서없이 차려지고 식욕은 예의를 필요로 하지 않을 것이다. 절제가 있으면서도 진심으로 우러나는 이러한 즐거움이 유쾌하고 마음과 마음을 이어주는 명랑한 다툼을, 거칠지 않고 거짓과 속박이 없는 다툼을 만들어낸다. 우리의 이야기를 엿듣고 우리의 태도를 아주 작은 소리로 비평하는 그러한 귀찮은 하인은 하나도 없을 것이다. 우리 자신이 주인이 되기 위해 종이 되며, 저마다 자신의 시중을 받을 것이다. 그때에 어깨에 농기구를 메고 일터에서 오는 어떤 농부가 우리 곁을 지나가면, 우리는 그에게 친절한 몇 마디의 말과 맛있는 포도주 몇 잔으로 그의 마음을 위로해줄 것이다. 이러한 것은 그가 자기의 빈곤을 좀더 유쾌하게 견디는 데 도움이 될 것이다. 그리고 나도 스스로 감동되어 "나도 역시 인간이다."라고 말하면서 즐거워할 것이다.

만일 어느 마을에 축제가 있어 그 고장 주민들이 모인다면, 나는 나의 동료들과 함께 제일 먼저 그곳에 참석할 것이다. 또한 도시의 결혼식보다 더 축복을 받는 결혼식이 나의 집 근처에서 거행된다면, 나는 그들의 초대를 기쁘게 받아들일 것이다. 나는 그 선량한 사람들에게 소박하면서도 그 축제에 도움이 될 적당한 선물을 가져가는데, 그대신 나는 거기서 무한한 가치를 지닌 재산, 나와 같은 사람들에게는 거의 알려지지 않은 선물일 솔직함과 진실한 쾌락을 발견하게 될 것이다.

여기까지는 모든 것이 다 훌륭하지만, 거기서 사냥을 하지 않는다면 시골에 사는 것이라고 할 수 없다. 나는 농가만을 생각하고 있었는데 그것만으로는 부족한 것이다. 나는 자신이 부자라 가정하고 있으므로 나에게 독점적이고 파괴적인 쾌락이 필요한데, 그렇다면 문제는 전혀 달라진다. 나에게는 넓은 땅과 숲, 그리고 특히 향과 성수가 필요하다. 그러나 그 토지의 주변에는, 자신들의 권리는 소중히 여기면서 남들의 권리는 빼앗으려는 이웃들이 있을 것이다. 우리의 감시인들은 싸움을 할 것이며, 어쩌면 주민들도 싸움을 할 것이다. 그리하여 소송이 벌어질 수도 있는데 이것은 이미 유쾌한 일이 아니다. 나의 영지에 사는 사람들은 내 토끼들이 그들의 곡식을 해치고, 내 멧돼지들이 그들의 콩밭에 들어가 망쳐놓은 것을 유쾌하게 바라보지는 않을 것이다. 누구나가 자신의 밭을 망쳐놓는 토끼나 돼지를 죽이지는 못해도 적어도 자기 밭에서 쫓아내고 싶어할 것이다. 그들은 낮에 땅을 갈고 밤에는 그것을 지키기 위해 개·북·나팔·방울을 사용할 것이며, 이 모든 소동 때문에 나는 잠에서 깨어날 것이다. 나는 어떻든 이 가엾은 사람들의 불행을 생각하게 될 것이며, 자책하지 않을 수 없게 될 것이다. 만일 내가 군주가 될 영광을 가졌다면 이 모든 것은 거의 나의 마음을 움직이지 못하겠지만, 자수성가하여 약간의 부를 지닌 나로서는 어느 정도 서민적인 마음을 아직도 가지게 될 것이다.

이것이 전부는 아니다. 사냥감의 풍부함은 사냥꾼들을 유혹하기에 나는 곧 밀렵자를 벌해야만 할 것이다. 나에게는 감옥과 감옥지기와 파수병이 필요하게 될 것이다. 이 모든 것이 나에게는 잔인하게 느껴지며, 이 불행한 사람들의 부인들은 나의 집 대문에 몰려와서 눈물로써 나를 괴롭힐 것이다. 그러면 나는 그녀들을 몰아내거나 혼내주어야 할 것이다. 반면 밀렵을 하지 않은 불쌍한 사람들은 나의 짐승에 의해 농작물이 망쳐졌기에 나에게 와서 한탄할 것이다. 한쪽 사람들은 짐승을 죽였다고 벌을 받고, 다른 한쪽 사람들은 죽이지 않았기 때문에 피해를 볼 것이다. 그러면 나는 그들 모두에게서 불행만을 보고 신음 소리만을 듣게 될 것이다. 내가 보건대 이렇게 되면 바로 발밑에 있는 많은 자고새나 토끼를 마음대로 잡는 쾌감은 사라질 것이다.

고통이 없는 쾌락을 갖기를 원한다면 그 쾌락을 독점하려 들지 마라. 여러분이 즐거움을 여러 사람과 같이 나눈다면 여러분은 항상 순수한 즐거움을 맛보게 될 것이다. 그러므로 나는 내가 방금 말했던 것과 같은 일은 전혀 하지 않겠지만, 취미를 바꾸지 않은 채 고통을 적게 주는 방법을 택하겠다. 나는 모두가 자유로이 사냥할 수 있고 아무 방해 없이 그 즐거움을 가질 수 있는 고장에 나의 시골집을 세우는 것이다. 사냥할 짐승들은 풍부하지 않지만 그것을 발견하는 솜씨는 숙달되어, 사냥의 흥미는 더해 갈 것이다. 나는 나의 아버지가 전에 날고 있는 자고새를 처음 보았을 때 느낀 감동과, 종일 찾아 다녔던 토끼를 발견했을 때의 환희를 생각하게 될 것이다. 그렇다, 나는 기억한다. 나의 아버지는 개만 데리고 혼자서 총과 탄약을 가지고 나가, 저녁때면 얼마 안 되는 포획물을 메고 가시에 찔린 지친 몸으로 돌아오셨다. 그러나 훌륭한 말을 타고 탄알을 넣은 스무 자루의 총을 준비하여 기술도 없고 기쁨도 없이 그저 총만 바꾸어가며 주위의 짐승들을 마구 쏘아대는 사냥꾼들보다도 자신의 하루에 더 만족해하셨다. 그때 즐거움은 줄어들지 않고 불편 또한 없어진다. 이것이 바로 내가 나의 방법을 택한 이유이다. 무슨 수를 써서든 사람들을 끊임없이 괴롭히면 자신도 그만큼 고통을 당하게 되고, 가난한 사람들의 오랜 저주는 사냥의 재미를 상하게 할 것이다.

또한 독점은 쾌락을 깨뜨린다. 진정한 즐거움이란 대중과 나누어 가지는 즐거움이며, 독점하는 즐거움은 이내 잃어버리고 만다. 나의 정원 주위에 쌓아 올린 담이 나에게 음울한 감옥이 된다면 그것은 결국 많은 비용을 들여 산책의 즐거움을 없앤 결과가 되어서, 나는 할 수 없이 멀리 산책할 곳을 찾으러 가야 한다. 재산이란 악마는 그가 손대는 모든 것을 더럽힌다. 부자는 어디에서나 주인이 되고 싶어하지만, 결코 자기가 있는 곳에서 행복을 느끼지 못하므로 끊임없이 그로부터 달아나는 것을 쫓아다녀야 한다. 그러므로 나는 부자가 되어도 가난했을 때와 같이 행동할 것이다. 지금 나는 나의 재산으로 부자가 되기보다 남의 재산을 점유해서 부자가 되려 한다. 나는 나의 이웃에 있는 것도 마음에 든다면 모두 점유한다. 나보다 더 단호한 정복자는 없어서 군주들의 것까지도 빼앗고, 마음에 드는 넓은 땅을 모조리 손에 넣고서 그 땅에 이름을 붙인다. 그곳에 나의 정원을 만들고 동산을 만든 다음 주인이 되는 것이다. 이후로 나는 그곳을 산책하고 소유권을 위해 종종 거기로 다시 가 본다. 그리고 내가 가로챈 그 토지의 본래 지주가 그 토지에서 얻는 가치는, 내가 거기서 발견하는 가치보다 더 크다고 사람들이 이야기해도 절대로 나는 그 말에 납득하지 않으며, 도랑을 파거나 울타리를 쳐서 나를 방해해도 나는 상관하지 않는다. 나는 나의 정원을 다른 데에다 옮겨놓는다. 근처에는 그것을 받아들일 만한 장소가 많으며, 나는 안식처가 없어질 때까지 오랫동안 이웃을 약탈하게 될 것이다.

이것은 한가할 때의 훌륭한 취미가 어떤 것인가를 보여주기 위해서이다. 이것은 향락의 정신이고 그밖의 것은 모두 환상 · 몽상 · 어리석은 허영심에 불과하다. 이러한 규칙들을 벗어나는 자는, 그가 아무리 부자라 해도 결코 삶의 가치를 모르는 사람일 것이다.

그러한 즐거움은 누구나 쉽게 얻을 수 있으므로, 그것을 맛보기 위해 부자가 될 필요는 없다고 말할 것이다. 내가 말하고자 하는 점이 바로 그것이다. 즐거움이란 우리가 바랄 때 언제든지 가질 수 있는 것이다. 모든 것을 어렵게 보고 우리 눈앞의 행복을 쫓아버리는 것은 단지 편견 때문이다. 그리고 행복하게 보이는 것보다는 행복해지기가 훨씬 더 쉬운 일이어서, 인간이 스스로 즐기려 한다면 부가 필요하지 않다. 그는 자유롭고, 자신을 지배할 수 있으면 그것으로 족하다. 건강을 누리고, 매일의 빵이 있으면 충분히 부자가 될 수 있다. 호라티우스가 '황금의 중용'이라 한 것은 바로 이를 두고 한 말이다. 그러니 부자들이여! 여러분의 부가 쓰일 다른 어떤 용도를 찾아보아라. 왜냐하면 부로는 쾌락을 살 수 없기 때문이다. 에밀이 이 모든 것에 대해 나보다 더 잘 알지는 못해도 나보다 더 순수하고 건전한 마음을 가졌기 때문에 그는 그것을 한층 강하게 느낄 것이며, 그가 세상에서 본 것은 이러한 견해에서 충분히 그를 확신시켜 줄 것이다.

이렇게 시간을 보내는 동안에도 우리는 계속 소피를 찾고 있으나 아직 그녀를 발견하지 못했다. 그녀가 그렇게 빨리 발견되기를 내가 바라지 않기 때문에, 우리는 항상 그녀가 없는 곳에서 그녀를 찾고 있었다.

그러나 때는 왔다. 이제 우리는 열심히 그녀를 찾아야 한다. 에밀이 소피 이외의 여자를 알게 되면 너무 늦기 때문이다. 파리여, 안녕. 여자들은 이미 영예를 존중하지 않고 남자들은 미덕을 불신하는 소음과 연기와 먼지의 도시인 파리여, 안녕. 우리는 사랑과 행복과 순결을 찾고 있으므로 파리에서 멀리 떨어질수록 좋은 것이다.

제5편

우리들은 청년 시대 최후의 막에 이르렀으며, 이제 마지막 장면에 점점 다가서고 있다. 성숙한 남자를 독신으로 두는 것은 좋지 않다. 에밀은 이제 의젓한 남자이다. 우리는 그에게 배우자를 약속해 주어야만 한다. 그 배우자는 다름 아닌 소피이다. 그러나 먼저 우리는 그녀가 어디에 살고 있으며 어떠한 여자인지를 알아두어야 한다. 그리고 발견되었다고 해도 우리의 일이 끝난 것은 아니다. 로크는 이렇게 말했다. "우리들의 청년 신사가 결혼하므로, 이제 그를 그의 애인과 함께 남겨둘 때이다."라고. 그의 저술은 이와 같은 이야기로 끝맺었다. 그러나 나는 청년 신사를 교육시킬 영예를 갖고 있기 때문에 그의 예에 따르려고는 생각하지 않는다.

에밀이 남자인 것 같이 소피는 진정한 여자이어야 한다. 즉, 그녀는 여성으로서 자신의 마음과 몸을 활동시키는 데 필요한 모든 성격을 소유해야 된다. 우선 여성과 남성은 성(性)을 생각하지 않는다면 같은 기관·욕망·능력을 갖고 있으며, 신체의 각 기관과 그 작용 및 외관은 동일하며, 다른 점이 있다면 다만 정도의 차이일 뿐이다.

다만 성에 관하여 남자와 여자는 같지 않고 서로 보충하고 있다. 양자를 비교하는 데 있어서의 곤란은 여러 가지 경우에 어느 것이 성에 관계된 것이고 어느 것이 그렇지 않은가를 쉽게 결정하지 못한다는 것이다. 일반적인 차이는 비교 해부학자에게는 물론 피상적 관찰자에게도 나타나며, 그것은 성과 관계없는 것 같지만 사실은 성의 차이이다. 이 차이가 상호간에 어떤 관계가 있는지를 우리로서는 알 수 없다. 그러나 이것만은 확실하다. 즉 남자와 여자가 같은 것은 종(種)의 특징에 따를 때이며, 같지 않은 것은 성의 특징에 따를 때이다. 이러한 견지에서 그 차이와 유사점을 보면, 자연이 어떻게 같게 하고 또 어떻게 다르게 만들려고 했는가는 아마 가장 큰 경이의 하나일 것이다. 이러한 유사점과 차이가 도덕성에 어떤 영향을 미친다는 것은 당연하고, 또한 경험상으로 분명해서 성의 우월 또는 평등에 관한 논의는 공허한 것임을 알 수 있다. 또한 양성이 공통된 것을 갖고 있을 경우에는 평등하며, 다른 것을 갖고 있을 경우에는 비교될 수 없다. 완전한 여자와 완전한 남자는 얼굴과 정신에 있어서 같을 수가 없으며, 완전은 그 이상의 것도 그 이하의 것도 허용하지 않는다.

성적 관계에 있어서 서로가 공동 목적을 위하여 협력하는데 여기에서 처음으로 차이가 생기며, 그것은 남녀 쌍방의 도덕적 관계에서 발견된다. 남자는 강하고 능동적이며 여자는 약하고 수동적이어서, 전자는 힘과 의지를 갖지 않으면 안 되며 후자는 약간의 저항력만 가지면 된다. 이 원칙이 인정되면 여자는 남자를 위하여 존재하는 것이 된다. 만일 남자가 여자를 즐겁게 해 주어야만 된다 하더라도 이 필요는 그렇게 중요한 것은 아니다. 나는 이것이 연애의 법칙이 아니라 더 근본적인 자연의 법칙이라고 생각한다.

만일 여자가 남자를 즐겁게 하고 남자에게 복종하도록 만들어졌다면 여자는 남자를 즐겁게 하고 노하지 않게 해야 한다. 그녀의 힘은 그녀의 매력에 있으며, 그녀는 이를 이용하여 남자에게 그의 힘을 발전시키며 또 그것을 사용하도록 해야만 된다. 이 힘을 일으키는 가장 좋은 방법은 저항을 하여 힘의 필요를 촉진시키는 것이다. 그리하여 욕망을 일으키게 되고 서로 상대편의 승리를 보고 기뻐한다. 자연은 양성 모두를 똑같이 욕망을 느낄 수 있게 만들었다. 그런데 어느 쪽이든 최초의 욕망을 느끼는 자가 최초로 그 욕망의 의사 표시를 하는 것이라고 누가 단언할 수 있겠는가. 이것은 얼마나 기묘한 타락인가! 남녀가 매우 다른데도 남녀가 같은 용기로써 그 행위를 하는 것은 자연적일까? 남녀의 수가 균등하지 못할 때 만약 남성이 자연에 의해 억제당하는 것과 같이 여성이 정숙에 의해 억제당하지 않았다면, 그 결과 인간은 그들의 영속을 위해 부여된 특성에 의해 파멸될 것이라는 사실을 누가 상상하지 못하겠는가? 여성은 남성의 관능을 쉽게 움직이며 사라지는 욕정을 부채질하기에 이 습관을 남성보다 여성이 많은 나라에 옮겨놓으면 남성은 여성에게 정복되어, 결국 그녀들의 희생이 되어 한 걸음도 빠져 나가지 못하고 죽어버릴 것이다.

동물의 암컷은 수치감이 없으며 그 욕망의 수치감으로 몸을 감추고 있는 여성의 욕망과 같으나, 동물의 욕망은 필요에 따른 것이다. 그리하여 그 필요가 충족될 때 욕망은 사라진다. 욕망은 충족과 억제욕은 다같이 자연의 작용이다. 그러나 만일 여성에게 정절 정숙이 없다면 무엇으로 소극적인 여성의 본능을 대신할 것인가.

거룩한 신은 황송하게도 인류에게 은혜를 베푸시어, 남성에게 무한한 정욕과 자유롭게 자신을 억제할 수 있도록 어떤 법칙을 함께 주었다. 즉 남성은 정욕에 좌우될지라도 그것을 통제할 이성을 부여받았다. 여성도 역시 무한한 정욕을 받았으나 신은 그 정욕을 억제하도록 여성에게는 정숙을 주었다. 그리고 남녀가 정욕의 힘을 바르게 사용하도록 남녀에게 사랑을 주셨다. 즉, 그것은 그 능력을 바르게 사용하는 데서 생겨나는 쾌락이며, 우리의 관습으로 정해진 정당한 행위에 대한 취미이다.

여성은 교묘하게 남성을 다룰 수 있으며, 가장 자유롭고 가장 유쾌한 행동도 폭행을 허용하지는 않는다. 즉 이성과 인간의 본성은 다같이 그것을 거부한다. 왜냐하면 자연은 약자인 여자에게, 만일 그녀가 원한다면 저항하는 데 충분한 힘을 주었기 때문이다. 또 이성적으로 말하자면 폭행은 자신의 잔인함을 극단적으로 나타낼 뿐 아니라 그 자신의 목적도 깨뜨리고 만다. 왜냐하면 폭행이란 남성이 그의 반려자에 대하여 행하는 것이며, 따라서 여성이 자기의 신체와 자유를 지키려는 것은 하나의 권리이기 때문이다.

이리하여 남녀의 성질이 서로 다른 것으로부터 제삼의 결론이 얻어진다. 즉, 강한 자는 주인 같이 보이나 사실은 약한 자에 의지하고 있다는 사실이다. 이것은 약한 여성에게 친절한 것이 어리석은 풍습에서 나온 것이 아니며, 또 보호자의 관대함에서 나온 것도 아님을 분명히 해준다. 왜냐하면 자연은 여성에게 남성의 정욕을 자극하는 힘을 주고 남성은 그들의 정욕을 만족시키지 못하도록 했기에 남성은 여성의 호의에 의지하게 되고, 여성은 남성의 우세한 힘에 즐겁게 몸을 맡기는 것이다. 남성의 힘에 굴복하는 것은 약하기 때문인가, 또는 자발적인 복종인가. 여성의 마음은 약함을 부끄러워하기보다 오히려 자랑하고 있다. 그녀는 매우 가벼운 물건도 들지 못한다고 말하는데, 여성은 강한 것이 오히려 부끄러운 것이다. 그것은 여성이 아름답게 보이려고 하는 데만 그치지 않고 사랑할 때 약하게 될 권리를 먼저 변명할 수 있도록 준비하는 것이다.

악덕에서 얻은 경험으로써 우리는 옛날의 고찰을 상당히 변경시켰다. 즉, 폭행이란 거의 믿을 수 없게 된 것이다. 그러나 유태인과 고대 그리스 인들 사이에는 이런 일이 일반적으로 행해지고 있었다. 왜냐하면 이것은 자연의 순수한 시대의 것으로서 우리의 방탕에 의해 근절되어버렸기 때문이다. 오늘날 폭행이 거의 없어진 것은 남성이 절제하는 데 있는 것이 아니고 경솔함이 적어진 때문이다.

이와 같은 일반적인 생각의 변화는 우리들의 도덕에 뚜렷한 영향을 주었으며, 남성은 그들의 쾌락이 생각 이상으로 여성의 호의에 의존하고 있음을 알게 된 것이다.

우리도 아는 바와 같이 남녀의 체질에서 도덕의 성질이 도출된다. 그리하여 남녀의 결합에서 보다 큰 사랑의 아름다운 법칙이 생긴다. 여자가 지배하는 것은 남자의 의지에 의해서가 아니고 자연 그 자체의 명령에 의해서이다. 여성은 그것을 외부에 나타내기에 앞서 그 힘을 이미 가지고 있다. 테스피오스 왕의 50명의 딸들을 모두 범하려고 계획한 헤르쿨레스도 한 여자에게 굴복하지 않으면 안 되었으며, 강자 삼손도 데릴라로부터 이 힘을 빼앗을 수는 없었다. 이것은 여성의 권리로서, 잃어버려도 좋았다면 벌써 잃어버렸을 것이다.

성의 영향이 미치는 것은 남자와 여자가 전혀 다르다. 남성은 어떤 경우에 한해서만 남성인 데 반해 여성은 언제나 여성이다. 또는 적어도 젊을 때만은 여성은 어떤 일에 있어서도 자기가 여성인 것을 상기한다. 여성의 모든 기능을 수행하는 데는 특별한 노력이 필요하다. 여성은 임신중에는 특별히 조심해야 하고, 분만 후에 바로 일을 해서는 안 된다. 그 유아를 양육하는 동안은 조용하고 안정된 생활을 해야 한다. 아이를 교육하는 데는 인내와 관대가 필요하며, 열성과 사랑이 있어야 한다. 그리고 그녀만이 아버지에게 아들을 사랑하도록 할 수 있으며, 아이가 진실로 그의 것이라는 사실을 확인시킨다. 가정의 행복을 유지하기 위해서는 얼마나 세심한 주의가 필요한 것인가!

남성과 여성의 의무는 같지 않으며, 또 같을 수도 없다. 여성은 남성이 만든 법칙의 불평등에 불평하는 것은 좋지 않은데, 이 불평등은 남자가 만든 것도 아니고 편견에서 나온 결과도 아니며 단지 자연에 따른 것이다. 여자는 자연으로부터 자녀의 양육을 위탁받았기에 자녀에 대한 일은 책임을 져야만 된다. 그러므로 자기의 아내로부터 여성의 숭고한 의무를 빼앗는 모든 남편은 잔인하고 옳지 못한 사람이다. 그러나 성실하지 않은 아내는 더욱 나쁘다. 그러한 여성은 가정을 파괴하고 자연의 모든 결합을 끊어버린다. 여성이 자기의 남편에게 그의 핏줄이 아닌 아이를 줄 때 그 여성은 남편과 아이를 함께 속이는 것이며, 그녀의 죄악은 부정이며 반역이다. 나의 생각으로도 이것은 불화의 근원이며, 모든 종류의 죄악의 원천이라고 생각한다. 아이를 품에 안으면서도 이 아이가 혹시 다른 사람의 아이가 아닐까, 자기의 불명예스러운 상징이 아닐까, 자기 자식의 재산을 빼앗을 도적이 아닐까 하고 의심하는 아버지 이상으로 불행한 사람은 없는 것이다.

그러므로 아내는 성실해야 한다는 것만으로는 충분하지가 않으며, 그의 남편도 그의 친우도 이웃 사람도 모두 그녀의 충실함을 믿을 수 있어야만 한다. 아내는 정숙하고 헌신적인 내조를 해야 하며, 그녀의 훌륭한 양심과 좋은 평판에 대한 증인이 있어야 한다. 즉, 남편이 그의 아이를 사랑해야 한다면, 그와 동시에 그들의 어머니도 존경할 수 있어야만 한다. 그러므로 여성은 순결해야 함은 물론이고 좋은 평판과 명성을 가져야만 된다. 이러한 원리에서 남녀간의 도덕상의 차이는 물론 여자의 본분과 태도에 대한 새로운 기준이 생기는데, 여성이 자기의 행동・태도・행위에 극히 신중한 주의를 하게 된다는 것이다. 남녀가 평등하며 의무가 같다 하는 막연한 단언은 공허한 언어일 뿐이다.

임신 기간의 고통을 이유로 여성이 자기의 생활 방법을 갑작스럽게 어떤 위험도 없이 바꿀 수 있을까? 오늘은 아이에게 젖을 주는 어머니이고 내일은 군인이 될 수 있을까? 그는 카멜레온과 같이 자기의 취미와 기분을 바꿀 수 있을까? 여자는 가정의 잡무와 실내 일에서 떠나 곧 노동과 전쟁에 뛰어들 수 있을까? 여자는 비겁함에서 곧 대담해지고, 또 약함에서 강해질 수 있을까? 파리 청년의 군대 생활이 가혹하다고 생각하면서도 파라솔을 들지 않고는 밖으로 한 걸음도 내딛지 않으려 하는 여성이 어떻게 그것을 견딜 수 있을 것인가?

나라에 따라서는 여성들이 아무런 고통도 없이 아이를 낳아서 기르는 곳이 있다는 것을 나는 인정한다. 그러나 그런 나라의 남성은 언제나 반나체로 걸어다니며, 사냥을 하고 7백 리든 8백 리든 통나무 배를 타고서 사냥감을 추격해 가며, 밤에는 벌판에서 그대로 잠을 자고, 믿지 못할 정도의 피로에도 견딘다. 그리고 여자가 강하면 남자는 더욱 강하다. 남자가 약하면 여자는 더욱 약하다.

남자와 여자는 체질에 있어서나 기질에 있어서나 같지 않다는 것이 판명되면 그들의 교육도 달라져야 한다. 자연은 우리에게, 같이 일을 할 때에는 각각 특별한 분배가 있으며, 또 목적은 동일하나 수단이 다르다는 것을 가르친다. 지금까지 우리는 자연의 남성을 그려 왔는데, 이제부터는 그를 위하여 배우자를 그려 보자.

만일 여러분이 바른 길을 걷고자 한다면 자연의 지시에 따라야 된다. 성 본래의 성질을 자연의 창조물로서 존경해야 한다. 여러분은 항상 "여자는 이러저러한 결점이 있다. 우리는 그런 결점이 없다."고 말하지만, 그들의 결점이란 여러분의 장점이다. 그리고 만일 여자들에게 그러한 결점이 없었다면 만사는 더욱 나빠졌을 것이다. 이들 결점이 해로운 것으로 타락하지 않도록 주의해야 하지만, 그것을 깨뜨려 버리려는 것은 경계해야 한다. 반면 여자는 여자대로 언제나 다음과 같이 주장한다. 즉, 남자는 여자의 주인이 되기 위하여 사소한 일로써 즐겁게 하도록 교육하며, 또한 그들은 남자들이 말하는 여자의 결점은 남자의 책임이라고 말한다. 이 얼마나 어리석은 말인가. 남자가 여자의 교육에 어떠한 관계가 있는가. 한 어머니가 좋아하는 방법으로 자기의 딸을 교육하는데, 방해하는 자가 있을 것인가. 여자만을 위한 학교는 없다. 얼마나 다행한 일이냐! 남자에게도 학교가 없었다면 그들의 교육은 더욱 건전하고 현명하게 되었을 것이다. 처녀들이 화장하는 데 반나절이라는 시간을 소모하는 것은, 그녀의 선생이 좋다고 생각되는 것을 그들에게 가르치려 하고 또한 이미 가르친 결과이다. 그러한 여자들에게 우리가 매혹된다고 하면, 즉 우리가 그녀의 아름다움에 현혹되고 그녀의 맵시와 애교에 매혹된다면, 그것은 우리의 결점일 것인가. 그러면 그녀를 남자처럼 교육해서 남자 같이 만들면 그만큼 남자를 매혹하는 힘은 없어질 것이다. 양성에 공통된 재능은 공평하게 나누어져 있다. 그러나 여자가 자기의 권리를 신용할 때는 여자가 승리하지만, 여자가 남자의 권리를 박탈하려고 할 때는 여자는 패배한다.

남자와 여자는 서로를 위해 존재하지만 그들의 상호 의존은 정도가 다르다. 즉 남자는 그의 욕망에 의하여 여자에 의존하고 있고, 여자는 그의 욕망과 필요에 의하여 남자에 의지하는데, 여자가 남자 없이 생활해 나가는 것보다 남자가 여자 없이 생활해 나가는 것이 더 쉽다. 여자는 남자의 도움과 호의가 없으면 인생의 목적을 달성할 수 없다. 여자는 우리가 그의 매력과 장점에 주는 평판에 집착하므로, 자연은 여자가 남자의 판단에 좌우되도록 명령했다. 여자란 존경받을 만한 가치가 있는 것만으로는 만족하지 못하고 존경을 받아야만 하며, 아름다움으로는 만족하지 못하고 찬미를 받아야 하며, 정숙한 것만으로는 만족하지 못하고 정숙하다고 인정을 받지 않으면 안 된다. 그러므로 실제로 자기는 어떠한가 하는 것이 문제가 아니고 "세상 사람들이 어떻게 생각할 것인가." 하는 것만이 여자에게는 가장 중요한 것이다.

아이의 건강은 첫째로 어머니의 건강에 따라서 좌우되며, 또한 남자의 유년기 교육도 역시 여자의 손에 달려 있다. 다시 말해서 그의 도덕·취미·행복 그 자체가 어머니에게 달려 있으므로 여자의 교육은 남자와 관련시켜 계획되어야 한다. 남자의 눈을 즐겁게 해주고 남자의 존경과 사랑을 받고 유년기의 아이를 가르치고, 성년기에 들어선 남자를 도와주고 말의 상대가 되어 조언하고 위로하며, 남자의 생활을 즐겁게 하고 행복하게 하는 것, 이것은 언제나 여자의 의무이며 이것을 젊은 여자에게 가르쳐야 한다. 이 원칙에서 벗어나면 벗어날수록 우리는 우리의 목표로부터 멀어질 것이며, 우리의 교육은 모두 실패로 끝나게 되어 여자의 행복도 남자의 행복도 바랄 수 없게 될 것이다.

모든 여자는 남자의 눈을 즐겁게 해주길 원한다. 이것은 당연하지만 가치있는 남자, 진실로 사랑할 수 있는 남자를 즐겁게 하려는 것과 이성(理性)의 명예를 더럽히는 멋장이들을 즐겁게 하는 것과는 커다란 차이가 있다. 여자가 여성적인 남자를 사랑하는 것은 자연에 어긋나며, 이러한 남자를 모방해도 여자는 사랑을 얻지 못할 것이다.

만약 여자가 여자의 성숙함을 버리고 그러한 어리석은 자의 태도를 따른다면, 여자는 스스로가 요구하는 그의 권리를 박탈하고 있는 것이다. 진실로 남성적인 것을 사랑하고 그리고 사랑하려는 여자는 그의 목적에 맞는 수단을 선택하는데, 이들의 목적을 자연의 목적과 일치시켜야 한다. 그러면 여자는 적당한 교육을 받을 것이다.

정신보다 신체가 먼저 태어났으므로, 신체의 단련은 정신의 수양보다 앞서야 한다. 이것은 양성을 통하여 진리이지만, 남자와 여자의 신체 단련 목적은 같지 않다. 한편은 힘을 단련시킴이 목적이지만, 다른 편은 우아함을 발달시키는 데 그 목적이 있다. 그러나 이들의 성질이 각각 특유하다는 뜻은 아니며, 이들 성질의 상대적 가치가 다르다는 뜻이다. 여자는 어떤 일이든 우아하게 행동할 충분한 능력이 있어야 하며, 남자는 어떤 일이든 쉽게 행할 만한 힘이 있어야만 된다.

여성이 화려한 점을 너무 자랑하면 남자의 유약한 감정을 자극시킨다. 여자는 남자처럼 강해서는 안 된다. 다만 남자를 위하고 그의 아이를 강하게 키우기 위하여 건강해야 한다.

수도원의 음식은 담백하고 뜰에서 달리기 등의 유희를 하는 기회가 많으므로, 이런 점에서 가정보다 낫다고 생각된다. 가정에서 소녀는 영양가 있는 음식을 섭취하고 계속적으로 자극과 꾸지람도 들으며, 또 언제나 어머니의 감독하에 방 안에 갇혀서 서거나 걷거나 이야기하거나 숨쉬는 것 등을 교육받으며, 어머니의 허락이 없으면 모든 행동을 마음대로 할 수 없다. 그러나 이러한 방법으로는 몸과 마음은 다같이 파괴될 뿐이다.

스파르타에서는 소녀는 소년과 같이 전쟁놀이에 참가했다. 그것은 그들이 전쟁에 참전하도록 하기 위해서만이 아니라, 역경에 견딜 수 있는 씩씩한 인간이 되도록 하기 위해서였다. 그러나 내가 원하는 것은 이것이 아니다. 일반적으로 그리스 인은 이 신체 단련에 있어서는 퍽 현명했는데, 소녀들은 집단으로 공공 장소에 자주 나타났으며 축제·추도제 행렬에는 언제든지 중요한 시민의 딸들의 대열이 있었다. 이 관습은 그리스 남자가 어떤 영향을 받았든간에 유쾌하고 절제있고 건강에 좋은 운동에 의하여 그리스 여자가 건장한 체력을 형성하는 데 적합했다고 한다.

그리스 여자는 결혼하면 밖에 나타나지 않고 가정이란 벽 속에서 가사와 가족을 돌보는 데 전념했다. 이것은 자연과 도리에 의하여 여자에게 정해진 생활 양식이다.

자연을 속박하고 제한하는 것은 모두 악취미이다. 이것은 정신의 장식과 신체의 장식에 있어서 공통적인 진실이다. 생명·건강·상식 및 위안은 무엇보다도 중요한 것이다. 불안할 때는 우아함이란 없다. 건강하지 못하다면 매력이 없다. 고통은 슬픔을 일으키지만, 유쾌한 환희는 건강에 활력을 불어넣는다.

소년과 소녀의 놀이에는 공통점이 많은데 이것은 당연한 일이다. 그들은 어렸을 때는 함께 놀며 또 그들 나름대로의 독특한 취미를 가지고 있다. 남아는 활동적인 팽이 치기나 장난감 나르기 등을 좋아하며 여아는 아름다운 물건, 이를테면 치장을 하는 데 필요한 거울이나 아름다운 옷, 특히 인형을 좋아한다. 인형은 소녀들의 독특한 장난감이다. 이것은 여자의 일생의 활동에 대한 본능적인 모습을 나타내는 것이다. 지금 어린 소녀가 하루 종일 그의 인형을 가지고 노는 데 바쁘다고 하자. 그녀는 인형에게 여러 번 옷을 입혀보고 벗겨보고 함으로써 몸에 맞는가 안 맞는가를 시험하고 있다. 그의 손놀림은 서툴지만 이 놀이를 하는 동안은 시간이 가는 줄도 모르고 식사를 하는 것까지도 잊어버린다. 마침내 그녀는 스스로가 인형이 될 것이다.

여기에서 어릴 때부터의 뚜렷한 차가 나타난다. 여러분은 다만 그 뒤를 따라가서 그것을 훈련하면 되는 것이다. 어린 소녀에게서 가장 분명하게 나타나는 희망은 그의 인형에 옷을 입히고 넥타이·목도리·허리띠 등을 만들어주었으면 하는 것이다. 그는 이것을 모두 다른 사람의 도움에 의지하는데, 만약 자기의 손으로 할 수 있다면 더욱 유쾌할 것이다. 그들은 스스로가 어른이 되었다고 생각하며, 각기 자신의 상식을 위하여 지식을 사용하려는 것이다.

이 자발적인 욕구는 쉽게 확장되어 그림을 그리는 것을 포함하는데, 그림을 그리는 재능은 의복에 대한 취미와 밀접한 관계가 있다. 그러나 나는 그들에게 경치라든가, 더군다나 인물화 등을 가르치지 않고 나뭇잎·과실·꽃 등 우아한 장식이 되는 것을 그릴 수 있도록 지도할 것이다. 이것으로 충분하다. 일반적으로 남자의 학습을 유용한 것에 한정하는 것이 필요하다면, 이것이 여자에게는 더욱더 필요한 것이다. 여자의 생활은 남자보다 힘든 것은 아니지만 여러 가지 의무에 있어서 남자 이상으로 근면하고 꾸준히 활동해야만 한다.

무례한 사람은 어떻게 말할지라도 상식은 남녀 모두에게 있으며, 소녀는 대개 소년보다 순진하다. 그렇다고 그들이 어리석은 노력을 하게 되었다고 말하는 것은 아니다. 어머니의 교육은 소녀들이 앞으로 하도록 정해진 일이 어떻게 유익한가를 보여줄 필요가 있는데, 이것은 소녀가 소년보다 조숙하므로 비교적 쉽다. 만약 내가 읽기를 가르치는 데 반대한다면 그들은 독서의 효과를 모르기 때문이며, 그들에게 이 책읽는 방법의 효과를 확신시키려 할 때 우리는 일반적으로 그들 자신의 관념보다 우리의 관념을 더욱 생각한다. 호기심으로 가득 차 있어서 억지로 가르치지 않아도 이를 배울 것이다. 내가 알았던 어느 소녀는 책을 읽을 수 있기 전에 쓰기를 알아서 연필로 처음에 '○'만을 여러 가지로 크게도 쓰고 작게도 쓰면서 여러 겹으로 썼다. 그런데 불행히도 어느 날 그 소녀는 이 일을 하고 있을 때 거울에 비친 자기의 자세를 보게 되었다. 보기 흉하게 일그러진 자기의 자세를 본 소녀는 지혜의 여신 미네르바처럼 연필을 집어던지고 더 이상 글씨를 쓰려고 하지 않았다. 그의 형은 쓰기를 싫어했다. 그러나 그가 싫어하는 것은 강제적인 외부의 지식이지 쓰는 것 그 자체는 아니었다. 그는 이런 태도로 쓰기를 계속하게 되었다. 아이는 까다롭고 자만심이 강해서 동생들이 자기의 옷을 입는 것을 무척 싫어했으며, 그의 물건에는 표시를 해두고 다른 사람이 손을 대지 못하도록 했다. 그후부터 그녀는 자기의 손으로 거기에 표시를 해야만 하게 되었다.

여러분은 소녀들에게 부여하는 일의 의미를 보여주고서 그들을 바쁘게 하는 것이 좋다. 게으름과 불순종은 매우 위험한 단점으로, 한 번 습관화되면 고치기가 대단히 어렵다. 소녀는 사려 깊고 근면해야만 된다. 그러나 그것만으로는 부족하고 어릴 때부터 타의 지배를 받는 습관에 길들어져야 한다. 불행은 그들의 성에 따른 것으로, 거기에서 피하려고 하면 더욱 참혹한 고통을 겪어야만 된다. 그들은 그러한 고통을 느끼지 않기 위해서 처음부터 자기 자신의 감정을 억제하고 다른 사람의 의지에 자신을 복종시키도록 훈련해야만 된다. 그들이 이따금 일에 몰두하지 않더라도 강제로 일을 시켜서는 안 될 경우도 있다. 그들의 어린애 같은 단점을 억제하지 않으면 방종하고 경박하게 변하는데, 이렇게 되는 것을 막으려면 그녀에게 무엇보다도 자세를 가르쳐야만 한다.

소녀가 자기의 일에 싫증을 느끼고 노는 데 몰두하지 않도록 주의하라.

일반적인 교육 방법에는 권태와 쾌락이 같이 생기는데, 첫째의 위험은 아이가 자기 주위의 사람을 싫어하지 않는 한 피할 수 있다. 자기의 어머니와 친구를 좋아하는 소녀는 하루종일 싫증을 내지 않고 그들의 옆에서 일을 할 것이다. 그러나 만약 그의 친구가 싫다고 하면 자기가 앞서서 행하는 것도 싫어하게 될 것이다. 그러므로 그들의 진정한 기분을 판단하기 위하여 여러분은 그들을 감시해야만 되며 그들의 말만을 믿어서는 안 된다. 왜냐하면 아이들은 아첨을 하며 사람을 속이고, 곧 자기의 생각을 숨기는 것을 배우게 되기 때문이다. 그리고 그들에게 결코 어머니를 사랑해야 한다고 가르쳐서도 안 된다. 애정은 의무적인 것은 아니다. 이러한 점에 있어서 강제는 무의미하다.

소녀에게도 약간의 자유가 있어야 하겠지만 지나치면 그들은 자신이 가지고 있는 자유에 탐닉하기 쉬운데, 다시 말해서 그들은 사물을 극단에까지 이끌어 가서 승부에 있어서는 소년 이상으로 열중한다. 이것이 내가 관심을 가지는 두 번째 위험이다. 이러한 열중을 막아야 된다. 왜냐하면 그것은 여자에게서 종종 발견되는 폐해와, 기분에 따라 변화하는 과도한 찬미의 원천이 되기 때문이다. 그들로부터 기쁨·웃음, 그리고 장난감을 빼앗아서는 안 된다. 그러나 하나의 유희에 권태를 느껴 다른 유희로 옮기게 해서는 안 되며, 잠시도 제멋대로 내버려두어서도 안 된다. 그들이 유희를 불평없이 그만두고 다른 일을 할 수 있도록 그들을 훈련하라.

이 관습적 억제는 여자의 일생을 통하여 요구되는 유순한 성격을 만드는데, 이것은 여자는 늘 남자에게 또는 남자의 판단에 따르며 남자의 의견을 무시하고 자신의 의견을 자유로이 하는 일은 결코 허용되지 않기 때문이다. 여자에게 가장 중요한 것은 유순이다. 여자는 언제나 불완전하고 결점이 있는 남자에게 복종하도록 만들어졌으며, 어릴 때부터 부정에 복종하고 자기의 남편으로부터 가해지는 압박을 불평없이 참아 나가도록 배워야만 된다. 그런데도 여자의 성격이 사납고 완고한 것은 자신과 가정의 고통을 더할 뿐이다. 신은 여자를 폭군으로 타락시키기 위해 사람을 이끄는 힘과 설득력을 준 것은 아니다. 그리고 여자의 부드러운 음성은 거친 말을 하기 위해서가 아니며, 아름다운 얼굴은 성을 내어서 찌푸리는 표정을 짓기 위해서도 아니다. 여자가 자기의 특성을 잃을 때는 자기 자신을 잃을 때이다. 우리는 각자 자기의 성에 맞는 성품을 갖춰야만 된다. 유약한 마음을 가진 남편은 아내를 오만하게 만들지도 모르지만 남자가 완전한 괴물이 아닌 한 얼마 안 가서 아내의 유순에 항복할 것이며, 승리는 여자에게 있을 것이다.

여성은 언제나 순종해야만 하지만, 어머니는 언제나 가혹할 필요는 없다.

소녀를 순종시키기 위하여 그들을 불행에 빠뜨리거나, 겸손하게 하기 위하여 공포를 줄 필요는 없다. 그와 반대로 그녀가 자기의 불순종에 대한 벌을 피하기 위해서가 아니라 순종해야만 한다는 필요성을 느끼도록 때때로 자유를 주어야 할 것이다. 여자의 종속을 불유쾌하게 할 필요는 없으며 자기는 종속되어 있다고 깨달으면 그것으로 충분하다. 부드러움은 여자의 천부적 성질이다. 그러므로 우리의 모든 자연적인 성품은 올바른 것이라고 나는 확신하고 있으며, 나는 이 성질을 다른 사람에게 유익하도록 개발하고 싶은 것이다. 다만 그것을 남용해서는 절대로 안 된다.

우리의 여러 가지 구속된 제도는 여성의 기지를 날카롭게 하도록 되어 있다. 나는 여러분에게 갓난 여자애를 관찰해 보라고 권하고 싶다. 그들을 같은 연령의 남아와 비교해보라. 만약 여러분이 그들을 비교하여 어린 남아가 둔하고 단순함을 발견할 수 없다면 나는 크게 오류를 범한 것이다. 나는 여기에 한 가지 예를 보이겠다.

어린이는 일반적으로 식탁 앞에서는 무엇을 요구하는 것이 금지되어 있다. 왜냐하면 교육하는 방법으로서 아동을 유익한 훈계로 다루는 데 이 이상 좋은 방법은 없다고 세상 사람들은 생각하고 있기 때문이다. 마치 어떤 음식이 곧 주어지지 않거나 거절되어도 가련한 어린이는 결코 희망에 찬 요구에 고통받지 않지만, 이런 방법으로 길러진 아동은 식탁에서 무시당하면 교활하게도 소금을 요구한다. 나는 그가 직접적으로는 소금을 요구하지만 실제로는 고기를 요구하고 있음을 누구도 비난하지 않으리라고 생각한다. 그런데 어린이가 금기 사항을 어기고 배가 고프다고 솔직하게 말을 했다 하더라도 벌을 받았을 것이라고는 생각하지 않는다. 이제부터 말하는 것은 여섯 살 짜리 소녀의 행동을 본 것이다. 그 소녀는 무엇이든 요구하는 것이 금지되어 있을 뿐 아니라 순종하지 않는 것은 용서될 수 없었는데도 그 소녀는 단지 한 그릇만 남기고 이미 모든 음식을 다 먹어버렸으며, 더구나 순종하지 않은 잘못을 깨닫지 못하고 그 실수를 변명하려고 했다.

"이것도 좀 먹었고, 저것도 좀 먹었어." 하고 말하면서 순서대로 그릇 하나하나를 가리켰으나, 그 소녀는 분명히 그릇 하나를 빠뜨려놓았다. 누군가가 그것을 가리키면서 "이것은 먹지 않았니?" 하고 묻자 욕심장이 소녀는 수그러지는 눈과 작은 소리로 "응, 안 먹었어." 하고 대답했다. 이것은 여자 어린이의 간교함을 나타낸 전형적인 예이다.

만약 나는 어린 소녀가 사치스럽게 차리고 있는 것을 보면 거기에 대해 염려하고, 세상 사람들은 그녀를 어떻게 생각할까 하고 불안한 빛을 보일 것이다. 그리고 "그녀는 지나치게 사치스럽다. 얼마나 유감된 일이냐. 더 수수한 차림새로 지낼 수 있다고 여러분은 생각하지 않는가. 그렇게 차라지 않더라도 그 처녀는 매우 아름답다."고 말할 것이다. 아마 자신이 먼저 사치스러운 옷을 벗어버리고 치장이 없는 자신이 어떻게 보이는가를 우리에게 보아달라고 요구할 것이다. 검소한 차림을 하지 않으면 나는 결코 누구도 칭찬하지 않는다. 만약 그녀가 아름다운 옷은 다만 외적인 아름다움의 보충으로 생각하고 자기는 의복의 도움을 필요로 하고 있다고 인정한다면, 그녀는 자기의 장식을 자랑하지 않을 것이며 또한 겸손해질 것이다. 그리하여 그녀가 평소보다도 아름답게 옷을 입었을 때 누군가가 "그녀는 얼마나 아름다우냐." 라는 말을 듣는다면 수줍음에 얼굴을 붉힐 것이다.

선한 것은 언제나 선하다. 그리고 사람은 되도록 잘 보이고 싶어하는 데, 자신을 아는 여자는 자신에게 어울리는 스타일을 선택하여 그것을 유지한다. 그리하여 그녀는 언제나 자기의 스타일을 바꿀 필요가 없으므로 어떤 하나의 스타일에 고정할 수 없는 사람들보다 의복에 관심이 적다. 적절한 외모를 선택한 소녀는 화려한 화장을 필요로 하지 않으며, 의복 치장을 하는 데 많은 시간을 허비하지는 않는다. 그러나 여자는 모든 일에 권태감을 느끼는 옷으로써 자기를 즐겁게 하는 편이 더 좋다. 화장하는 것으로 시간을 보낼 수 없다면 여자는 점심과 저녁 식사 사이의 시간이 지루하기만 할 것이다. 여자를 여자로서 교육함을 망설이지 마라. 그녀에게 여자의 본분을 가르치라. 즉, 정숙하고 가정을 꾸미며 돌보는 방법을 가르치라. 이렇게 하면 지나치게 화장을 하는 일은 곧 없어질 것이며, 그녀는 더욱 취향에 맞는 치장을 할 것이다.

엄한 교사는 어린 소녀에게 노래와 무용, 기타 흥미 있는 놀이를 가르치는 것을 싫어한다는 사실을 나는 알고 있는데, 이러한 불합리에 나는 놀라움을 금할 수 없다. 대체 누가 이러한 예능을 배워야 할 것인가. 소년인가, 아니면 성인이 된 남녀일까? 어느 편도 아니라고 그들은 말한다. 비속한 노래는 죄악이요 무용은 악마의 놀이이니, 어린 소녀가 즐길 수 있는 오락의 전부는 가사와 기도뿐이라고 말할 것이다. 열 살 짜리 소녀에게 이 얼마나 부적당한 오락인가? 유년기를 신에게 기도하는 데 허비하는 이 작은 성자들은 그 청춘 시절을 다른 방법으로 보낼 것이라고 나는 두려워한다. 결혼을 했을 때 젊은 여자들은 잃어버린 시절을 보충하려고 할 것이다. 우리는 성과 함께 연령도 생각해야만 할 것이다. 어린 소녀가 할머니와 같은 생각을 해서는 곤란하며, 그녀는 생기있고 유쾌하고 열망이 있어야만 된다. 그렇게 유년 시절의 천진성을 유지해가면 어느덧 지각이 생겨서 성실한 생각을 하게 될 것이다.

그러나 이러한 변화는 진실로 필요할 것인가? 그것은 다만 우리 자신의 편견의 다른 결과가 아닐까? 정직한 여자를 음울한 의무의 노예로 만들려는 것은 아닐까? 즉, 노래와 무용 등 모든 오락을 금지했기에 여자는 가정에서 침울해졌고, 남의 허물을 찾지 않고는 견딜 수 없게 되었다. 어떤 종교이고 결혼 생활에 이렇게 엄격한 의무를 부여하는 것은 없으며, 또한 결혼의 신성이 이렇게 모독을 당하고 있는 것은 없다. 아내를 즐겁게 해주려는 노력을 게을리 한 결과 남편은 아내에게 무관심해지는데 이것은 기독교도도 마찬가지일 것이라고 생각되며, 결코 그것이 좋은 일은 아니다. 알바니아의 처녀가 이스파한의 후궁이 되기 위해 기예를 연마하는 것과 같이, 영국의 처녀들도 남편을 즐겁게 해주기 위해 그런 재주를 연마해주기를 바란다. 그러나 남편은 그러한 일에 무관심하다고 여러분은 말할 것이다. 이 재능이 남편이 아니라 젊은 방탕자를 위해 쓰인다면 나도 여러분 의견에 동감한다. 그러나 정숙하고 매력있는 부인이 그러한 재능을 자기의 남편을 즐겁게 하는 데 바친다고 상상해 보라. 그녀는 남편의 행복을 원하며, 남편이 하루의 일을 마치고 돌아올 때 그가 다른 곳에서 즐거움을 구할 수 없도록 하는 것이다.

유희가 규칙과 훈계로써 형식적인 것이 되어버렸으므로 젊은 남녀들은 즐거운 놀이 대신에 권태감이 느껴지는 것을 하도록 되었다. 나이 많은 음악 교사와 무용 교사가 웃으려고 하는 젊은 남녀를 보고 상을 찌푸리거나, 그의 보잘것없는 예술을 가르칠 때에 위엄 있는 태도를 취하는 것처럼 어리석은 짓은 없다. 노래하는 경우를 예로 들어보자, 이 예술은 악보를 읽는 것에 불과한가? 또는 취미로 노래를 하며, 악보를 볼 줄 몰라도 반주하는 것을 배울 수 없는가? 모든 사람에게 같은 자세 같은 동작 같은 무용은 사랑스럽고, 작은 소녀에게나 맑은 눈을 가진 키가 크고 아름다운 소녀에게도 적합하다고 여러분은 나에게 주장할 수 없을 것이다. 그러므로 자기의 모든 학생에게 같은 방법으로 가르치는 교사를 발견하면 "그는 그 자신의 규칙을 갖지만 자기의 예술은 조금도 이해하지 못한다."라고 나는 말할 것이다.

취미의 일부분은 노력에 의해서 형성되고 일부분은 선천적 재질에 의하여 형성된다. 이 취미로써 마음을 무의식적으로 모든 종류의 아름다움의 관념에 개방하면, 결국 그 관념은 아름다움과 밀접한 관계가 있는 도덕적 관념에 도달한다. 이것이 예절과 겸손의 관념을 소년보다 소녀가 빨리 배우는 이유 중 하나이다. 화술은 사람의 마음을 즐겁게 해주는 모든 기술 중에서 가장 중요한 것으로서, 그것만이 습관에 의해서 무감각하게 된 사람에게 청신한 매력을 더할 수 있다. 육체에 생명을 주어서 그의 젊음을 새롭게 하는 것은 마음이다. 사람의 감정과 사고의 흐름은 사람의 외모에 활력과 변화를 주며, 이 마음에서 나오는 말은 주의를 환기하여 그 상태를 유지시킨다. 그러므로 어린아이는 귀엽게 지껄이는 법을 곧 배운다. 그리고 아이가 어른이 말하는 것을 이해하지도 못하면서 흉내를 내면 어른은 즐거워하며 거기에 귀를 기울인다고 생각하는데, 그들은 지식과 감정의 최초의 빛을 느낌으로써 얻는 것이다.

여자는 남자보다 빠르고 더욱 쉽게, 그리고 유쾌하게 말을 한다. 여자들은 너무 말이 많다고 하는 것이 사실일는지도 모르지만, 나는 이 비난의 대상에 기꺼이 찬사를 보낸다. 여자의 눈과 입은 동일하게 바쁘다. 남자는 그가 알고 있는 것을 말하고 여자는 즐거워하는 것을 말한다. 전자는 지식이 필요하며 후자는 취미가 필요하다. 남자는 유용한 것을 말하며 여자는 다른 사람에게 즐거움을 주기 위하여 말하는 것이다.

소녀의 이야기를 소년의 경우와 같은 "그것이 무슨 소용이 있느냐."와 같은 질문으로 방해해서는 안 된다. "그것은 어떤 효과가 있을까."라고 대답하기 어려운 질문을 하여 제지해야만 된다. 어린이는 선과 악을 모르며, 다른 사람을 판단할 수 없는 이 유년 시절에는 이것을 그들의 법칙으로 하고 주위 사람들에게 불쾌한 것을 말하지 않도록 해야 한다.

나는 이밖에 많은 어려움이 있음을 알지만 그것은 더 후기에 속하는 것이고, 현재는 여러분의 어린 소녀가 간교하지 않고 진실을 말하면 충분한 것이다. 사교상에서 일반적으로 남자의 예의 바름은 여자 이상으로 필요하며, 여자의 예의 바름은 남자 이상으로 보기가 좋다. 이 차이는 자연적인 것이며 인위적인 것은 아니다. 남자는 봉사하려고 노력하며 여자는 즐겁게 해주려고 노력한다. 그러므로 우리가 여자의 성격을 어떻게 생각하든 그녀의 예의 바름은 우리와 같이 진실한 것이다. 왜냐하면 그녀는 다만 본능에 의해 행동하고 있기 때문이다. 그러나 어떤 남자가 자기의 이익보다 타인의 이익을 앞세우고 있다고 말한다면, 나는 그것이 거짓임을 발견한다. 그러므로 여자가 예의 바르게 되기는 쉬우며, 예의 바르게 가르치는 것은 좋은 일이다. 근원적인 교훈은 자연에서 생긴다. 기교는 다만 그들을 보충하며, 또한 기교는 예의 바르게 하는 습관상의 형식을 결정한 것이다. 그리고 소녀는 좀더 성장하면 진정으로 서로를 사랑할 수 있게 된다. 이때는 선량한 성격이 변하여 쾌활해진다. 그리고 자기 자신을 좋아하므로 결국 자기 이외의 누구든지 좋아하고, 또 그들은 남자 앞에서 남자 이상으로 열렬히 키스를 하며 더욱 우아하게 서로 애무한다. 그것은 남자에게도 질투심이 일어난다는 것을 알고 있다는 생각으로, 자기는 아무 위험 없이 남자의 질투를 일으킬 수 있다는 자신감을 갖고 있기 때문이다.

만약 소년에게 부적당한 질문을 해서는 안 된다면 소녀에겐 더욱 그것이 금지되어야 한다. 왜냐하면 그들은 자신들에게 숨겨진 여러 가지 신비를 열심히 상상하며, 또한 이들 신비를 발견하는 재주가 있기 때문이다. 그러나 한편 그녀들이 질문하는 것을 허락하지 않고 있으나 나는 그들에게 가끔 질문을 할 것이다. 그들이 말을 하도록 하려면 많은 노력을 해야 한다. 자유롭게 말하도록 하고, 곧 대답하도록 하며, 솔직히 마음을 털어놓게 하는 것이 좋다. 이러한 대화는 언제나 기쁨에 도달하며, 적절하게 지도되면 이때는 유쾌하고 즐거운 시기가 되어 이들에게 도덕적으로 최초이며 유익한 교훈을 주게 될 것이다.

만약 소녀가 종교에 대하여 진정한 생각을 가질 수 없다면 종교를 이해한다는 것은 전혀 불가능하다. 그러므로 나는 소녀에게 일찍부터 종교에 대한 이야기를 들려주고 싶다. 왜냐하면 만약 우리가 그들이 이렇듯 심오한 문제에 대하여 진정한 논의를 할 때까지 기다린다면 우리는 영구히 종교에 관한 것을 조금도 이야기할 수 없을 것이기 때문이다. 여자의 이성은 실천적이어서 곧 일정한 결론에 도달하지만, 그것을 자기 자신이 발견할 수는 없다.

여자의 행위가 여론에 의해 지배되는 것 같이 그들의 종교도 권위에 의해 지배된다. 딸은 어머니의 종교에, 부인은 남편의 종교에 따라야 한다. 그 종교가 위선적인 것이라도 어머니와 딸을 자연의 법칙에 따르게 하는 순진함은 신 앞에서 죄를 씻어줄 것이다. 그들은 자기 자신이 판단할 수 없으므로 아버지와 남편의 판단에 따라야 하는 것이다.

여자는 타인의 도움이 없이는 자기의 신앙에서 법칙을 끌어낼 수 없으며, 동시에 이성의 증명에 의해 한계를 정할 수도 없다. 그녀는 외계의 모든 종류의 영향에 의해 좌우되며, 영구히 진리 이상으로 가든가 진리 이하로 떨어지든가 한다. 그들은 모든 일에 극단적이어서 무모하거나 매우 소심하며 덕과 신앙을 일치시키지는 못하는 것이다.

여자의 종교는 권위에 의하여 지배되므로 그들에게 신앙의 이유를 설명하기보다 무엇을 믿을 것인가를 명백히 보여주는 것이 중요하다. 왜냐하면 불합리에서 생긴 신앙은 광폭과 불신앙을 초래하기 때문이다. 그러므로 여러분은 소녀에게 종교를 가르칠 때 결코 종교를 음울하고 싫증이 나게 한다거나, 일이나 의무로 생각하도록 해서는 안 된다. 따라서 어린이에게 암기시키려는 것은 그것이 기도일지라도 삼가는 편이 좋다. 그들의 입장에서 여러분 자신의 기도를 합리적으로 이야기하는 것만으로 충분한 것이다.

여자가 종교를 어릴 때 배워야만 한다는 것은 중요한 문제가 아니다. 중요한 점은 그녀가 종교를 완전히 배워야만 한다는 데 있다. 더욱 중요한 것은 그녀가 종교를 사랑하도록 배우는 일이다. 만약 여러분이 종교를 그녀에게 무거운 짐이 되게 한다거나 언제나 신이 노하는 것을 이야기한다면, 또한 종교의 이름으로 온갖 종류의 불쾌한 의무를 부과한다면 그녀는 다른 사람들의 교의문답을 배우고 다른 사람들의 기도를 이야기하는 것만이 그녀의 의무라는 것 외에 그 무엇도 생각하지 못할 것이다. 그리고 그녀는 여러분과 같이 이러한 의무를 피하여 성인이 되기만을 바랄 것이다. 여러분이 신앙을 설명할 때는 문답에 의하지 말고 직접 가르치는 것이 좋다. 어린이는 그가 알고 있는 것만을 대답해야 하며 그들이 배운 것을 외도록 해서는 안 된다. 교의문답에 일일이 대답하게 하는 것은 잘못된 방법이며, 교의문답 중 어린이의 입에서 나오는 것은 명백한 거짓이다. 왜냐하면 그 대답은 어린이가 이해 못하는 것을 설명하고 믿을 수 없는 것을 단언하고 있기 때문이다.

우리의 교의문답 중 첫째 질문은 다음과 같다. "누가 너를 창조했으며 누가 너를 낳았는가." 그는 자기의 어머니라고 생각하고 있으면서도 "그것은 하느님입니다."라고 대답한다. 이것이 그가 알고 있는 전부이다. 그녀는 이해하지 못하고 있는 문제를 질문받고 대답을 한다.

아이의 심리 상태를 진실하게 이해하고 있는 사람이 있다면 아이를 위하여 교의문답서를 쓰기 바란다. 그것은 지금까지 씌어진 책 중에서 가장 필요한 서적이 되고, 나의 견해로는 그 저자에게 커다란 명예가 될 것이라고 생각한다. 적어도 이것만은 확실하다. 만약 그것이 훌륭한 저서라면 우리의 교의문답과는 전혀 다를 것이다.

만약 아이가 미리 대답을 배우지 않고 자기 혼자서 생각하여 질문에 대답할 수 없다면, 이러한 교의문답은 헛된 것이다. 사실 아이는 가끔 자신이 질문을 할 것이다. 한 예를 들어보자.

우리의 교의문답에 있는 첫번째 질문에 도달하기 위해서는 다음과 같이 생각해야만 한다고 나는 생각한다.

유 모 너는 어머니가 어린 소녀였을 때를 기억하니?
어린이 모릅니다.
유 모 너처럼 기억력이 좋은 아이가 어째서 모를까?
어린이 내가 아직 태어나기 전이었으니까요.

유 모 그럼 너는 영원히 살고 싶니?
어린이 그래요.
유 모 너는 젊으냐, 늙었느냐?
어린이 아직 어려요.
유 모 너의 할머니는 젊으시냐, 늙으시냐?
어린이 할머지는 늙으셨지요.
유 모 너의 할머니도 젊었을 때가 있었느냐?
어린이 그래요.
유 모 그러면 지금은 왜 젊지 않을까?
어린이 할머니는 늙어 버렸으니까요.
유 모 너도 역시 늙을까?
어린이 몰라요.
유 모 작년의 네 옷은 어디 있니?
어린이 이젠 작아져서 버렸어요.
유 모 왜 작아졌을까?
어린이 내가 더 자랐으니까요.
유 모 너는 더 자랄까?
어린이 물론이지요.
유 모 여자 어린아이가 자라면 무엇이 될까?
어린이 어른이 되지요.
유 모 그럼, 어른 여자는 무엇이 될까?
어린이 어머니가 되지요.
유 모 어머니가 되면 어떻게 될까?
어린이 늙게 되지요.
유 모 너도 늙을까?
어린이 어머니가 되면 나도 늙지요.
유 모 그럼 늙은 사람은 어떻게 될까?
어린이 몰라요.
유 모 너의 할아버지는 어떻게 되셨니?
어린이 돌아가셨어요.
유 모 왜?
어린이 너무 늙었기 때문이지요.
유 모 나이 먹은 사람은 어떻게 되지?

어린이 죽어요.

유 모 그럼 너는 늙으면…….

어린이 아, 아주머니, 나는 죽고 싶지 않아요.

유 모 얘야, 죽고 싶은 사람은 아무도 없단다. 그러나 모든 사람은 죽는 거야.

어린이 어째서요, 어머니도 죽어요?

유 모 그렇다. 여자도 남자처럼 늙게 되면 나중에는 죽는단다.

어린이 아주 아주 느리게 늙어지려면 어떻게 하면 좋아요?

유 모 착하게 되어라.

어린이 나는 언제나 착하게 되겠어요.

유 모 그러면 더욱 좋지. 그러나 너는 영원히 산다고 생각하느냐?

어린이 우리가 늙어지면 죽지 않으면 안 된다고 말하셨지요?

유 모 너도 언젠가는 죽을 거야.

어린이 아, 아주머니, 저도 그렇게 생각하고 있어요.

유 모 네 앞에는 누가 살았느냐?

어린이 나의 아버지와 어머니지요.

유 모 그럼 그들 앞에는?

어린이 그들의 아버지 어머지지요.

유 모 너의 다음에는 누가 살 것인가?

어린이 나의 자식들요.

유 모 그들의 다음에는 누가 살 것인가?

어린이 그들의 자식들요.

이러한 방법으로 여러분은 그의 모든 것과 같이 인간의 기원과 종말을 알려 줄 수 있다. 우리가 이 교의문답의 첫번째 질문을 위하여 준비할 수 있는 것은 이러한 질문을 오래 계속한 후의 일이다. 그때가 되어야만 우리의 질문을 아이가 이해할 수 있을지도 모른다. 그러나 첫번째 질문과 신성의 정의에 관한 질문 사이에는 어떤 간격이 있으며, 언제 이 간격이 연결될 것인가. "신은 하나의 정신이다." "그러면 하나의 정신이란 무엇인가?" 나도 성인도 이해하기가 어려운 이 형이상학적 질문을 아이에게 묻는 걸로 시작할 것인가? 이것은 어린아이들로서는 대답할 수 없는 질문이다. 그들이 이러한 질문을 하는 것도 어려운 일이다. 이런 경우에 나는 매우 간단히 말할 것이다. "너는 신이 무엇이라고 생각하는가? 그것은 말하기가 쉽지 않다. 우리는 신이 말하는 것을 들은 일도 본 일도 없으며, 또한 만져본 일도 없다. 우리는 다만 신의 창조물에 의하여 그를 알 수 있을 뿐이다. 신이 무엇인가를 알려면 네가 신이 한 일을 알 때까지 기다려야 한다."라고.

만약 우리의 교의문답이 모두 진리라고 해도 그들이 다같이 중요하다고는 할 수 없다. 우리가 여러 곳에서 신의 영광을 발견하더라도 그것은 신의 영광과는 거의 관계가 없다. 그러므로 우리에게 아무 의의도 없는 신비적인 교리와 기묘한 가르침에는 주의할 필요가 없다. 여러분은 어린이를 도덕에 관한 교의의 좁은 범위 안에 있도록 보호하라. 우리에게 필요한 유일한 학문은 우리를 바르게 행동하도록 가르치는 것이라는 사실을 확신시켜라. 여러분은 소녀에게 인간을 선으로 이끄는 일을 가르치라. 그녀를 언제나 그녀의 생각과 행위와 미덕과 환희를 바라보며 신의 앞에 있다는 것을 느끼도록 가르쳐라. 또한 그녀에게 선을 사랑하며 가식없이 선을 행하고, 또 신은 그녀를 포상하므로 불평없이 난관을 참아 나가도록 가르쳐라. 그들이 신 앞에 서면 즐겁게 될 것이라는 생각을 일생 동안 계속하도록 가르쳐라. 이것이 진정한 종교이다. 더욱이 이성이 밝아지고 감정이 발달하여 양심과 서로 교류되기까지는 젊은이들이 과오를 범한다는 사실에 주의하라. 젊은이들이 행하도록 지시받은 것은 일반적으로 좋으나, 금지된 것은 일반적으로 나쁘다. 이것이 그들이 알아두어야만 할 전부이다.

만일 우리가 그녀에게 인습적 편견의 법칙 이외의 어떤 법칙도 가르치지 않는다면, 우리는 여자의 교육을 얼마나 타락시키게 될 것인가? 모든 인류에게는 여론의 법칙보다 우선되는 하나의 법칙이 있다. 다른 모든 법칙은 이 법칙을 향하여 몸을 굽혀야만 된다. 이 법칙과 인간의 존경이 일치하면, 그때에는 우리에게 복종하도록 요구할 어떤 권리가 있게 된다. 이 법칙은 우리의 개인적 양심이다. 나는 이미 앞에서 말한 것은 반복하지 않겠지만, 다만 만약 이들 두 법칙이 충돌한다면 여성의 교육은 언제나 불완전하게 된다는 것만은 지적하고자 한다. 그러므로 이 두 법칙을 판단하는 데 도움이 되는 하나의 재능, 즉 양심이 길을 잃지 않도록 하고 편견의 오류를 바로잡는 재능을 발달시키는 것이 중요하다. 그 재능은 이성이다. 그러나 이 말에는 많은 의문이 생겨난다. 여자에게 과연 이성의 능력이 있으며 그들은 그것을 발달시켜야만 하는가, 또한 그것을 잘 발달시키는 일이 가능할 것인가? 이성의 발달이 여자들에게 주어진 모든 기능에 관련해서 필요한 것일까? 그것은 순종하는 태도와 양립할 수 있는 것일까?

남자에게 남자의 의무를 가르치는 것은 그렇게 어렵지 않다. 여자에게 여자의 의무를 가르치는 것은 더욱 간단하다. 여자가 남편에게 바치는 순종과 충실, 또한 자기의 아이들에게 베푸는 사랑과 헌신은 그녀의 지위에서 생기는 극히 자연스럽고 당연한 것이므로 그녀로서는 자기의 내부의 소리에 따르는 것은 거절할 수 없으며, 또한 자신의 의무는 자기의 자연성의 경향에 따르고 있음을 깨닫게 되는 것이다.

나는 여자를 여자의 의무에만 제한시켜 다른 모든 일에 소홀하도록 하는 사람을 비난하려는 것은 아니다. 그러나 그것은 극히 단순하고 동시에 극히 건전한 하나의 도덕 표준이거나, 또는 인간 세계에서 떠난 하나의 생활 양식을 필요로 할 것이다. 대도시의 부도덕한 남자들 사이에 섞여 살게 되면 여자들은 쉽게 유혹되어 희생물이 될 것이다. 이 시대에는 부덕은 유혹에 저항해야만 되는 것이다. 그녀들은 먼저 자기는 무엇을 들어야 하며, 그리고 무엇을 생각해야 될 것인가를 알아야만 한다.

또한 그녀는 남자의 판단에 순종하여 남자의 존경을 받을 가치를 지녀야만 한다. 그녀는 남자에게 자기의 행위를 칭찬하도록 해야 하는 것이다. 그녀는 세상에서 자기를 선택한 것을 정당화해야 하므로, 남편이 아내에게 표시하는 경의를 반대로 남편에게 돌려야 한다. 그러나 만일 그녀가 우리의 제도, 우리의 관습, 우리의 예식에 익숙하지 않으며, 그리고 남자가 판단하는 근거와 그 판단을 결정하는 감정을 알지 못한다면 어떻게 그녀가 이러한 일을 행할 수 있단 말인가? 그녀는 자기 자신의 양심과 세상의 일반적 여론과의 양자에 의존하므로 두 법칙을 인식하고 조정하는 것을 배워야 하며, 이 양자가 서로 상반될 때 자기 자신의 양심과 세상의 일반적 여론과의 양자에 의존하므로 두 법칙을 인식하고 조정하는 것을 배워야 하며, 이 양자가 서로 상반될 때 자기 자신의 양심을 앞세우는 것을 배워야만 된다. 그리하여 그녀는 자기 자신의 판단자가 되어서 어떤 경우에 복종해야 하며 어떤 경우에 거절해야 할 것인가를 결정한다. 그녀는 세인들의 말을 받아들이거나 거절하기 전에 그들의 편견을 검토해 보고서, 편견의 원인에 소급하여 그것이 어떻게 될지를 예견하고 그것이 자기 편에 유리하도록 이끌어야 한다.

나는 언제나 나의 제일의 원칙에 되돌아와서 존재하고 있는 것을 연구하며, 그의 존재 이유를 탐구한다. 그리하여 마침내 존재하고 있는 것은 선하다는 사실을 발견한다. 남편과 아내가 서로 존경하고 있는 가정을 가 본다. 그들은 똑같이 훌륭한 교육을 받고 훌륭한 기지와 취미를 갖고 있다. 그 부부는 손님을 환대하여 모두 만족스러워하면서 돌아가기를 바란다. 남편은 누구에게나 관심을 가지려고 노력하며, 분주히 다니면서 여러 사람들을 만난다. 아내는 그녀의 주위에 작은 모임이 생겨서 다른 사람들의 모임과 구별되어 있다. 그러나 그녀는 모든 일을 잘 돌보고 있었다. 누구라도 그녀와 한 번 말을 하지 않고 지나가는 사람은 없다. 그녀는 누구에게든 불쾌한 말을 하지 않으며, 지위가 높은 사람이나 낮은 사람이나 소홀히 취급하지 않는다.

손님들이 돌아가면 남편은 자기가 들은 이야기, 자기와 대화를 나눈 사람들의 말과 행동에 대해 이야기한다. 그 이야기는 분명히는 모르나 그녀도 방 한쪽 구석에서 어렴풋이 듣고 있었으므로 알고 있다. 그녀는 사람들이 어떠한 생각을 하고 있었으며, 그들의 이야기와 몸짓에는 이러한 의미가 있었다는 것을 알고 있다. 어떠한 변화에도 그녀는 즉석에서 그것을 알아차리므로 그녀가 말하는 것은 거의 언제나 진실이다.

세상의 여자를 이러한 훌륭한 주부로 만드는 것과 동일한 정신적인 교육에 의하여 바람난 여자는 많은 구애자를 기교로써 즐기는 데 탁월하다. 만약 여러분이 남자가 곤궁에 빠지는 것을 보고자 한다면 그가 은근히 좋아하는 두 사람의 여자 가운데 그를 두어보라. 그러면 그가 얼마나 어리석은가를 알게 된다. 그러나 여자를 이와 같은 상황에 놓아보면 양자를 속여서 서로 웃게 만드는 그 기교에 여러분은 놀랄 것이다. 지금 만약 그녀가 양자에게 동일한 신뢰의 정을 표시하거나, 또한 그녀가 양자에게 같은 사랑을 준다면 일순간이나마 그들은 매우 기만을 당하는 것이다. 만약 그녀가 그들을 똑같이 대한다고 해도 그들은 그녀에 대해 동일한 권리를 갖고 있는 것은 아니다. 여자는 그렇게 하는 데는 너무나 현명하다. 그녀는 그들을 동일하게 대우하지 않고 그들 사이에 현저한 차별을 두지만, 그녀는 그것을 교묘히 수행하기 때문에 그녀에게 농락당한 남자는 그것을 애정이라고 생각하고 그녀에게 학대받은 남자는 그것을 증오라고 생각한다. 그러므로 그녀가 자기 자신 이외에 아무도 생각하고 있지 않은 경우에도 그들 각자는 그녀가 자기를 생각하고 있다고 믿게 되는 것이다.

이 기교의 비밀은 무엇일까. 그것은 남자의 마음속에 일어나는 것을 그녀에게 고백하게 함으로써 감추어진 모든 충동을 자극하고 억제할 수 있는 섬세하고 계속적인 관찰의 결과인 것이다. 이 기교는 습득할 수 있는 것이 아니다. 그것은 여자의 타고난 능력이다. 그것은 모든 여성에게 공통적인 것이지만 남자에게는 결코 그것이 나타나지 않는다. 그것은 여성의 특별한 성격 중 하나이다. 침착·통찰력·섬세한 관찰 등은 여자의 재능이며 이들을 이용하는 기교는 그녀들의 중요한 능력이다.

여자는 남을 속이는 인간이라고 말한다. 여자의 속이는 기술은 타고난 것이다. 그러므로 여자의 본성이 억제된다면 조금도 거짓말을 안 할 것이다. 진실을 말하는 것은 그녀의 입이 아닌데 어찌하여 그녀의 말에 주의하는가? 그녀의 눈, 그녀의 표정, 그녀의 연약한 저항을 상대하라. 그것은 여러분에게 대답하기 위하여 자연이 그녀에게 부여한 언어이다. 입술은 항상 "아니에요." 라고 말하지만 음조는 항상 동일하지 않다. 그것은 거짓말을 할 수 없다. 여자는 남자와 같은 욕망을 가지고 있으나 그들의 욕망을 나타낼 동일한 권리가 없다. 정당한 욕망을 나타낼 언어가 없다면 여자의 운명은 너무나 참혹한 것이다. 여자의 겸손은 그들에게 불행을 주어야만 하는가? 그녀가 기쁜 마음으로 표현하고 싶은 것을 자기의 연인에게 숨기려는 데는 어떤 기교가 필요할 것인가. 그녀는 연인을 생각하는 것을 밖으로 나타내지 않고 그의 마음에 와 닿도록 하는 방법을 배워야만 한다. 이것은 실로 중대한 것이다. 사과를 가지고 성급히 달아난 갈라테아의 이야기는 얼마나 재미있는가. 이 이상 필요한 것이 있는가. 그녀는 버들숲 가운데서 자기를 쫓아오는 양치기에게 나는 다만 네가 따라오는 것을 피할 뿐이라고 말할 것인가. 만약 그녀가 그렇게 말한다면 그것은 거짓말이 될 것이다. 왜냐하면 그때 그녀에게는 그를 재빨리 끌어들일 힘이 없기 때문이다. 여자는 겸손할수록 자기의 남편에 대해서도 기교가 필요하다. 여자는 구속을 받으면 겸손하고 진실하게 된다. 그리고 거기에서 정당한 행위의 법칙이 생겨난다.

나에게 반대하는 어떤 사람은 덕은 하나라고 주장했다. 사실 그렇다. 즉, 여러분은 덕을 분리시켜서 하나를 택하고 하나를 버릴 수 없다. 그러므로 여러분이 덕을 사랑한다면 덕을 전체로서 사랑하고 있는 것이며, 갖지 말아야 할 모든 감정에 대해 여러분은 될 수 있는 한 마음을 닫아버리고 입을 다물고 있다. 도덕상의 진리는 존재하는 것일 뿐만 아니라 선한 것이다. 그리고 고백되어서는 안 된다. 만약 내가 도둑질을 할 유혹을 받고 그것을 고백함으로써 다른 사람을 나의 공범으로 했다고 한다면, 내가 느낀 유혹의 고백이 그를 악으로 빠뜨렸다고 할 수 없을 것인가. 왜 여자의 겸손은 거짓이라고 여러분은 생각하는가. 겸손을 잃어버린 자가 잃지 않은 자보다 성실한 것인가. 결코 그렇지 않다. 그녀들은 수없이 사람을 속인다. 이 정도의 타락은 많은 죄악, 즉 간사한 책술이나 거짓에 의한 죄악에 그 원인이 있다.

내가 이미 말한 바와 같이 여성의 의무는 실행하기보다 인정받기가 쉽다. 그러므로 여성은 그들의 의무에서 얻은 이익을 생각함으로써 의무를 사랑하도록 배워야만 한다. 이것이 의무를 용이하게 하는 유일한 방법이다. 연령과 환경에 따라서 독특한 의무가 생긴다. 만약 우리가 의무를 사랑한다면 우리는 재빨리 우리의 의무를 알 수 있다. 당신들은 여자들의 지위를 존경하라. 신이 여자를 어떤 곳에 두어도 당신들은 언제나 행복할 것이다. 중요한 것은 자연이 만든 여자로 있는 것이다. 다만 여자는 지나치게 남자가 바라는 상태대로 되어서는 곤란하다.

추상적이며 관념적인 진리와 과학적인 원리와 공리를 연구하는 모든 탐구는 도저히 여자로서는 불가능한 일이다. 여자들의 연구는 실질적인 것이라야만 된다. 남자가 발견한 여러 가지 원리를 응용하는 것이 그들의 일이다. 여자의 사상은 직접적인 의무를 떠났을 경우에는 남자의 연구에 따라야만 된다. 왜냐하면 창조적인 사업은 여자에게는 적합하지 않으며, 과학에서 성공하는 데 필요한 정확성과 세밀함도 갖고 있지 못하기 때문이다. 자연과학에 대하여 말하더라도 생물과 자연법칙의 관계를 결정하는 것은, 활동적이며 힘을 소유하고 그 힘을 사용하는 데 익숙한 남성의 일이다. 여자는 나약하고 관찰의 영역 내에 제한되어 있기 때문에, 자기의 약함을 보충하기 위하여 자유로이 할 수 있는 여러 가지 힘을 통찰하고 판단한다. 이들의 힘이란 남자의 감정이다. 그녀 자신의 조직은 우리보다 우월해서, 그녀는 인간의 마음을 움직이는 많은 지렛대를 갖고 있다. 그녀는 남자의 도움이 없으면 성취할 수 없기 때문에 자기가 필요하거나 유쾌하다고 생각하는 것을 남자가 원하도록 할 수 있는 수단을 발견해야만 된다. 그러므로 그녀는 남자의 마음에 대한 명확한 지식을 갖추어야만 된다. 그녀는 자기 자신의 언어와 행위와 표정과 태도에 의해 표면으로는 어떠한 목적을 나타내지 않고 자신이 요구하는 감정을 남자에게 일으킬 수 있어야 한다. 남자는 인간의 심리를 잘 이해하지만, 여자는 남자의 심중을 보다 정확하게 읽을 것이다. 말하자면 여자는 경험상의 도덕을 발견해야 하며, 남자는 그것을 하나의 체계로 발전시켜야 한다. 여자에게는 보다 많은 기지가 있으며 남자에게는 보다 많은 창조력이 있다. 여자는 관찰하고 남자는 추리한다. 그들은 서로 힘을 합하여 될 수 있는 한 가장 밝은 빛과 심오한 지식을, 도움이 필요한 인간의 마음에 준다. 이리하여 자연이 우리에게 준 수단을 끊임없이 완성의 영역에 도달시킬 수 있는 것이다. 세계는 여성의 서적으로서, 만약 여자가 그것을 잘못 읽었다면 그것은 그 자신의 오류이거나 또는 감정이 눈을 가렸기 때문이다. 한 가정의 진정한 어머니는 결코 사교적인 여자가 아니라 마치 수도원에 있는 수녀와 같이 세상을 등지고 있는 것이다. 혼기에 이른 딸을 가진 어머니는 수도원에 들어가려는 딸을 위하여 마땅히 할 일을 해야만 한다. 어머니는 딸이 쾌락을 포기하기 전에 미리 그들에게 보여주어야만 한다. 미지의 쾌락이 사람을 속이는 것처럼 되어 있으면 그녀의 행복을 방해할 위험이 있기 때문이다. 프랑스에서는 수도원에서 지내는 사람은 처녀이며 사교계를 휘젓고 다니는 사람은 부인인데, 옛날에는 이와 정반대였다. 이미 말한 바와 같이 처녀는 여러 가지 유희와 공공의 축제를 즐겼으며, 결혼한 여자는 은둔해서 살았다. 이것은 보다 합리적인 습관이었으며 보다 도덕적인 것이었다. 처녀는 다소 자유분방하고 오락을 즐길 수 있었지만, 아내는 가정에서 다른 책임을 지고 있어 결코 남편을 곤란하게 할 필요가 없었다. 그러나 여자는 이런 변화를 모르는 채 불행히도 그러한 풍습을 만들어 낸 것이다. 어머니들이여! 당신의 딸을 반려로 하는 것이 좋다. 그녀에게 선한 생각과 진실한 마음을 주고, 순수한 눈으로 보도록 하기 위하여 어떤 일이든지 그녀에게 숨기지 않는 것이 좋다. 무도회·연회·유희·연극 등 불건전한 사람에게는 그릇되게 받아들여지는 것도 건전한 사람에게 있어서는 안전하게 행할 수 있다. 그녀는 이들의 소란한 쾌락을 알면 알수록 빨리 흥미를 잃게 될 것이다.

내가 말한 것에 대하여 반기를 들 사람이 있으리라는 것은 상상할 수 있다. 여자의 관념은 세상을 처음 본 순간 변한다. 그러므로 여러분은 그녀에게 사람을 속이는 광경을 보이기 전에, 그녀가 그것을 감정없이 보도록 준비시켜야 한다. 여러분은 그것을 진실한 빛음로 비추어 주었는가. 여러분은 허황된 환영을 갖지 않도록 그녀를 보호해야만 하는 것이다. 젊은 여자를 사회에 내보낼 경우에는 그녀의 어머니만이 유일한 안내자가 될 수 있는데, 어머니는 딸과 마찬가지로 어리석기 때문에 자기 자신이 보는 것 이외에는 전혀 그녀들에게 보여주지 않는다. 어머니의 본보기는 이성보다 더욱 강하여 딸의 눈에 정당한 것으로 보여진다. 그리하여 어머니의 권위는 딸에게는 거부할 수 없는 합당한 이유가 된다. 만약 내가 어느 어머니에게 그녀의 딸을 사회에 내보내도록 부탁할 때는, 그녀가 사회를 진실한 시선으로 보여줄 것이라고 가정했을 경우에 한해서이다.

여자에게는 평화스러운 가정 생활의 즐거움을 누리도록 가르쳐야 할 것이다. 그 즐거움은 어릴 때 알아두어야 한다. 우리가 자신의 가정을 사랑하도록 배우는 것은 오로지 우리의 아버지의 가정에서만 가능하며, 자기의 어머니의 손에 의해 교육받지 않은 여자는 역시 자기의 자식들을 교육하는 것을 싫어하게 된다. 불행히도 대도시에서는 가정 교육이라는 것이 없는데다 사회는 무척 넓고 복잡하기 때문에 몸을 피할 장소가 어디에도 없다. 그래서 가정에서조차도 우리는 공적인 생활을 하고 있는 것이다.

우리는 세상 사람들과 생활하기 때문에 마침내 가족이라는 개념이 없어지고, 친족 관계가 거의 불분명하게 되어 그들이 서로 낯선 사람들처럼 보이게 된다. 그리고 가정 생활의 단순성이 가정 생활의 매력이었던 정겨운 화목함과 함께 사라지게 된다. 따라서 우리는 어머니의 젖과 같이 그 시기의 여러 가지 즐거움과 그 시기를 지배하는 교훈에 대한 흥미를 잃게 된다. 처녀들은 남자들이 청혼해 오도록 예절의 두터운 모습으로 가장해야만 한다. 그러니 이런 젊은 여자들을 주의 깊게 살펴보면 그녀들이 아무리 수줍은 체하더라도 그녀들을 파멸시키는 탐욕만은 숨길 수 없는 것이다. 여자들이 원하는 것은 남편이 아니라 결혼한 여자들의 특권이다. 결혼이라는 방법 이외에 결혼한 여자의 특권을 얻을 수 있는 많은 다른 수단이 있다면, 남편이란 것이 그녀들에게 무슨 필요가 있겠는가. 그러나 이러한 수단을 위해서는 남편이 있어야만 한다.

이와 같이 여러 가지 다른 교육 방법은 똑같이 이 세상의 큰 쾌락에 대한 취미로 그들을 인도한다. 그리고 이 취미는 그들에게 곧바로 정열을 일으켜 주며, 대도시에서는 퇴폐가 출생시로부터 시작된다. 좀 작은 도시인 경우에는 이성에서 시작된다. 시골에서 자란 여자들은 얼마 안 가서 행복한 생활의 단조로움을 경멸하면서, 도시의 타락에 동참하기 위하여 파리로 가려고만 한다. 교양이라는 미명 아래 숨은 악덕이야말로 그녀들의 유일한 목적이다. 자기들이 파리 귀부인의 고상한 방종과는 너무 동떨어져 있다는 것을 깨달으면 그녀들은 이유도 없이 부끄러워하며, 무슨 수단을 써서든 사람들의 수준에 따르려고 노력한다. 이 죄악의 책임이 도대체 어디 있는 것인가?

나는 지각있는 어머니라면 극히 위험한 이러한 광경을 자기 딸이 보지 못하도록 파리에 데리고 가지는 않을 것이라고 생각한다. 만일 어머니가 딸을 데리고 파리로 갔다고 하면 딸을 교육시키는 방법이 틀렸거나, 그렇지 않으면 이런 광경은 딸에게 전혀 위험스럽지 않다고 여기기 때문이라고 나는 생각한다. 파리에서는 젊은 시골 처녀들이 반 년이라는 시간을 허송해버리면서 도시의 말투와 유행을 모방하려고 급히 서두는 것을 볼 수 있다. 그러나 도시의 소란스러운 생활에 싫증을 느껴 자기들의 운명과 다른 사람의 욕망을 비교해 보고서는 마음이 변하여, 그들의 고향으로 되돌아가서 자기의 운명을 자연스럽게 받아들이는 사람들에게 조금이라도 관심을 기울이는 사람이 있을까. 선량한 남자가 젊은 부인을 데리고 파리로 오면서 그곳이 마음에 들면 계속 살아야겠다고 생각하는 경우가 가끔 있는데, 그들은 파리에서 겁을 집어먹고 울 때보다도 즐거운 마음으로 고향으로 되돌아가면서 이렇게 말한다. "우리들의 오막살이로 돌아가자. 이러한 궁전보다는 오히려 그곳 생활이 행복하다." 라고.

만일 많은 여자들이 일반적인 부패와 편견, 그리고 열등한 여성의 교육에도 불구하고 유혹을 이겨내는 판단력을 지니게 하려면 어떻게 해야 할 것인가. 여러분은 이것을 위하여 딸들에게 터무니없는 설교를 하지 않아도, 딱딱한 도덕을 부과하지 않아도 되는 것이다. 여러분이 어린 소녀에게 이야기할 경우에 그들의 의무에 대한 공포심을 일으킬 필요도 없고, 천성적인 부담을 덧붙여줄 필요도 없는 것이다. 그의 의무를 설명할 때 알아듣기 쉽게, 또 즐겁게 이야기하라. 그들로 하여금 의무를 이행하는 일에 싫증을 느끼게 해서는 안 된다. 또한 행동에 관한 문답은 마치 종교적 교의문답과 같이 간단하고 알아듣기 쉬워야 하나 너무 엄숙하게 할 필요는 없다. 이러한 의무 자체가 즐거움의 근원이요 권리의 토대라는 것을 그들에게 보여주어라. 사랑으로써 사랑을, 아름다움으로써 행복을, 가치있는 일로써 순종을, 자존심으로써 명예를 얻는 것이 그렇게도 어려운 일일까. 부인들의 이러한 권리는 얼마나 훌륭한 것이며 얼마나 존경할 만한 가치가 있는 것인가? 여자가 이러한 권리의 가치를 나타낼 때에는 남자의 마음에 상당한 존경심이 일어나게 된다. 이러한 권리는 연령에 따른 특권이 아니다. 여자의 왕국은 부덕으로 시작된다. 여자로서의 매력은 부족하다 할지라도 성격의 온순과 그 겸손의 위엄으로써 좌우된다. 제아무리 목석 같은 심정을 지닌 무뚝뚝한 남자라도, 남의 말을 듣기만 하고 말이 적은 유순하고 덕이 있는 16세의 처녀를 만났을 때에는 자기의 자존심을 버리고 자기의 태도에 더욱 조심하게 마련이다. 그녀의 행동은 겸손하고 그녀의 말은 정직하고 그녀의 아름다움은 자기의 성별과 자기 나이를 간직하므로, 그녀는 자기가 남에게 보인 존경에 의하여 타인으로부터도 존경을 얻을 수 있다. 만일 우리가 여성들의 영향력을 좌우할 수만 있다면 얼마나 위대한 일이 성취될 것인가. 여성이 그들의 세력을 잃고 남성으로 하여금 그들의 판단을 존중하도록 하지 못하는 이 시대를 슬퍼한다. 이것이 타락의 최후의 단계이다. 모든 덕망있는 국민들은 여성을 존경했었다. 스파르타와 독일과 로마를 생각해 보라. 만일 여성이 영원히 지상에 군림했더라면 로마는 영광과 덕의 왕국이 되었을 것이다. 한 걸음 더 나아가서 나는 덕이 다른 자연적 권리에 대해서도 또 사랑에 대해서도 유익하며, 또한 아내와 어머니와 애인의 힘을 다같이 소유할 수 있다고 주장한다. 열성이 없이는 진실한 사랑이 없고, 현실적이거나 이상적이거나간에 언제나 상상력 가운데 나타나는 완성이라는 목적이 없이는 열정이 있을 수 없다. 사랑은 환상이라고 나는 믿는다. 그러나 사랑의 현실성은 사랑에 의해서 생기는 감정에 기인하고, 사랑이 영감을 주는 진정한 아름다움을 사랑하는 마음에 있다. 그 아름다움은 사랑의 대상에서 찾을 수 없는 것으로 우리의 환상이 창조한 것이다. 하지만 그것이 무슨 상관인가. 우리는 아직도 상상적인 모델을 위하여 모든 천한 감정을 바라고 있지 않는가. 또 우리는 애인의 덕을 우리 심정의 양식으로 삼지 않는가. 그것으로써 인간 본성의 더러움으로부터 몸을 보호하고 있지 않는가. 진실한 애인에게 자기의 목숨을 바치지 않을 사람이 어디 있겠는가. 우리는 옛날의 기사를 멸시하는가. 그들은 사랑의 뜻을 알고 있었지만, 우리는 방탕 이외에 아무것도 모른다. 그 로멘스의 교훈이 어리석게 생각된다면 그것은 이성의 작용이라기보다 부도덕의 작용이다.

고금을 통하여 자연의 여러 가지 관계는 변하지 않는다. 이성의 가면을 쓴 편견도 다만 외관만이 변할 뿐이다. 그리고 자제심은 비록 이상한 의견의 소리를 좇는다 해도 역시 위대한 것이며 훌륭한 것이다. 그리하여 영예의 진정한 동기는 여성으로서의 의무를 다하면서 인생의 행복을 추구할 수 있는 모든 여자의 마음에 언제나 호소할 것이다. 더구나 고결한 정신을 가진 여성에게는 정절은 무엇보다도 즐거운 덕일 것이다. 그녀는 전세계를 내려다보면서 모든 것을 정복하는 동시에 자기 자신까지 정복한다. 그녀는 자기 자신의 영혼 가운데 왕좌를 차지한다. 그리하여 모든 남성은 그녀에게 예속된다. 그녀는 항상 양성의 존경과 일반 여성의 존경을 얻는다. 잃는 것은 일시적이고 얻는 것은 영구적이다. 미와 결부된 도덕의 자랑, 그것은 고귀한 영혼에게 얼마나 큰 즐거움이 될까. 그녀를 소설의 여주인공으로 본다면 그녀는 라이스나 클레오파트라보다도 훨씬 커다란 기쁨을 맛볼 것이다. 그래서 그녀의 아름다움이 사라질 때에도 그녀의 영광과 기쁨은 남는 것이다. 왜냐하면 그녀는 자기 홀로 과거를 즐길 수 있기 때문이다.

의무가 가혹하고 중대할수록 그만큼 의무의 근거가 강력하고 더욱 명백해야 할 것이다. 이러한 이야기는 여자들의 사상에는 적합하지 않을 것이며, 또 그녀들은 속으로 그것을 중요시하지 않는다. 자칫하면 이런 이야기를 듣고 그녀들은 여성들의 타성에 빠지기 쉽다. 왜냐하면 사실 자체에서 도출된 이유를 물리칠 수 없기 때문이다. 물론 선량하고 경건하게 길러진 소녀라면 유혹을 극복할 만한 강한 무기를 가지고 있지만 자기의 마음에, 아니 오히려 자기의 귀에 오직 거짓 경건의 소리만이 가득찬 여자는 자기를 향하여 공격하는 최초의 교활한 유혹에 넘어갈 것이다. 젊고 아름다운 소녀라면 결코 자기의 육체를 가벼이 하지 않을 것이며, 자기가 아름답기 때문에 남자에게 범하게 한 죄를 결코 한탄하지도 않으며, 신의 눈앞에서 자기가 욕망의 대상이 되어 있다는 것에 대해 결코 슬퍼하지도 않을 것이며, 가장 부드러운 감정은 악마의 정신이라고 하는 말을 결코 믿지 않을 것이다. 그러한 여자를 위해서는 달리 더 타당한 이유를 주어야 할 것이다. 왜냐하면 이런 일은 아무런 효과도 가져오지 못하기 때문이다. 흔히 그렇듯이 서로 모순되는 관념을 주입하거나 또는 죄의 더러움이라고 해서 그녀의 육체와 매력을 천하게 여기고서, 그같이 더러운 육체를 그리스도의 전당과 같이 존경하도록 명령하는 것이 오히려 더 나쁜 것이다.

만약 여러분이 젊은 여성들에게 착한 행실을 사랑하도록 하려면 "선한 사람이 되라."고 말하는 것을 피하고, 선량한 사람이 되는 방향으로 그들이 흥미를 가지도록 하는 것이 좋다. 즉, 그녀들에게 선함의 가치를 깨닫게 하는 편이 좋을 것이다. 그러면 그녀들은 선을 사랑할 것이다. 그러나 이 결과를 먼 미래에 보여주는 것은 충분하지 않다. 이것을 지금 현재의 관계 안에, 그리고 그녀들의 애인의 성격 안에 보여주는 것이 좋다. 선량한 남자, 남자다운 남자를 그녀들에게 보여주고 그녀들 자신을 위해서 이러한 남자를 상상하도록 교육시키는 편이 좋을 것이다. 즉 그녀들에게 이러한 남자만이 자기를 친구로서, 아내로서 또는 주부로서의 행복을 줄 수 있다는 것을 믿게 하는 것이 좋다. 즉 그녀들에게 여성의 왕국과 그로부터 생기는 모든 이익은 여자의 바른 행위와 도덕의 대가이면서 동시에 남자의 바른 행위와 도덕에도 의존한다는 것을 느끼게 하는 것이 좋다. 다시 말하면 그녀들은 천한 사람들을 지배할 수가 없으며, 애인이라도 만일 그가 덕에 복종하는 일이 불가능할 때는 그 배우자에게 봉사할 수 없다는 것을 그녀들이 느끼게 해야 한다. 이렇게 되면 다음 일은 확실하다. 즉 여러분이 우리 시대의 풍속을 말할 때에 그녀들은 마음속으로 싫증을 느끼며, 또 그녀들에게 바람둥이 남자를 보여줄 때에 그녀들은 그들을 경멸할 것이다.

이상이 소피를 교육한 정신이다. 그녀는 엄하기보다는 오히려 주의 깊게, 그리고 그녀의 취미가 억제되기보다는 오히려 그 취미에 따라서 교육받았던 것이다. 내가 전에 에밀에 대해서 그려보인 초상과 에밀이 그녀에 의하여 행복해지기를 희망하고 있는 아내의 초상을 토대로 소피의 인품에 관하여 한 마디 하고자 한다.

나는 비범한 사람을 다루고 있지 않다. 에밀이나 소피는 결코 비범하지 않다. 그는 남자이고 그녀는 여자이다. 그들이 자랑할 것은 그것이 전부이다. 현재와 같이 양쪽의 성이 혼동된 시대에서는 각자가 자신의 성에 속한다고 하는 것은 거의 기적이다.

소피는 좋은 가정에 태어났고 성질이 선량하며, 마음이 대단히 온화한 여자이가. 그녀의 인품은 보통 사람과 조금도 다른 데가 없고, 그녀의 용모는 마음을 나타내고 있으며 진실을 말하고 있다. 여러분은 아무 생각없이 그녀를 만날 수 있으나, 떠나려 할 때는 반드시 어떠한 감동을 받게 될 것이다. 그녀가 갖지 않은 좋은 성품을 다른 사람들은 갖고 있으며, 다른 사람들은 그녀보다 더 많은 선량한 성질을 갖고 있다. 그러나 그녀만큼 모든 성질을 조화시켜 좋은 성품을 형성한 사람은 아무도 없다. 그녀가 더욱 완전하면 그녀는 다른 사람들에게 호감을 줄 수 있는 아무것도 갖지 않을 것이다.

소피는 아름답지는 않지만 그녀의 앞에 있으면 남자는 더 아름다운 여자를 잊어버리고, 그리고 또 아름다운 여자들은 자기 자신에 불만을 느끼는 법이다. 그녀를 처음 보면 그리 아름답다고 말할 수는 없으나, 보면 볼수록 아름답게 느껴질 것이다.

소피는 옷을 좋아하며 옷을 입는 법을 알고 있다. 그녀의 어머니는 따로 하녀를 두지 않았으므로 그녀는 자기 손으로 옷을 잘 차려입을 수 있다. 그러나 그녀는 값비싼 옷은 싫어한다. 그녀의 옷은 결코 사치스럽지 않고 언제나 소박하고 품위가 있으며, 화려한 것보다는 자신에게 알맞은 것을 좋아한다. 그녀의 복장은 표면상 소박한 것 같으나 사실은 굉장히 멋을 부린 것이며, 그녀는 애교를 나타내지 않고 안으로 감추지만 이렇게 하는 것도 애교를 더하기 위한 것이다. 여러분이 그녀를 본다면 이렇게 말할 것이다. "저 여자는 현숙하고 총명한 처녀다."라고.

나면서부터 소피는 재능이 있는데, 그녀는 그의 모든 재능을 잘 알고 있다. 그리고 그 재능을 등한시하지 않아서, 연습을 많이 할 기회는 없지만, 그녀는 취미로 진실하게 노래하기 위해서 그의 아름다운 목소리를 사용한다. 그녀는 작은 발을 가볍고 힘이 들지 않도록 천천히 내디디며 언제나 얌전한 인사를 한다. 그녀에게는 아버지 이외의 노래 선생이 없으며, 어머니 이외의 무용 선생을 두지 않는다.

소피가 가장 좋아하는 것은 바느질이다. 그리고 그녀는 여자가 알아야 할 여러 가지 일들을 세밀하게 배웠다. 그중에는 여러분이 상상도 못한 것, 예를 들면 옷감을 재단하는 일과 옷을 만드는 일도 있다. 그녀는 바느질이라면 못하는 일이 없으며 무슨 일이든지 기쁜 마음으로 한다. 그 가운데서도 레이스를 만드는 일은 가장 그녀의 마음에 드는 일이다. 왜냐하면 그처럼 즐거운 태도와 손가락의 섬세함과 민첩함을 필요로 하는 일은 매우 드물기 때문이다. 그녀는 또 집안의 모든 일을 하나하나 세밀히 배워서 요리법과 세탁법에도 능통한 것이다. 그리고 식품의 가격과 물건을 고르는 법도 알고 있다. 또한 그녀의 어머니의 가정부이기도 하며, 장차 언젠가는 그녀도 한 가정의 어머니가 될 것이다. 그녀는 그의 아버지의 가정을 정리함으로써 자기 자신의 가정을 준비하고 있는 것이다. 그녀는 하인 대신으로 일도 충실히 해낼 수 있으며, 또 언제나 기쁜 마음으로 그 일을 하고 있다. 여러분은 자신이 일을 할 수 없어도 다른 사람에게 여러 가지 일을 명령할 수는 없는 것이다. 그녀의 어머니가 그녀에게 일을 시키는 것도 이 때문이다. 소피는 그런 것은 생각하고 있지 않다. 그녀의 첫째 의무는 착한 딸이 되는 것이며 그것이 현재 그녀가 생각하고 있는 것의 전부이다. 그녀의 유일한 생각은 그녀의 어머니를 돕고 어머니께 무슨 걱정되는 일이 있으면 어머니를 위로해주려는 것이다. 그렇다고 해서 그녀가 모든 것을 한결같이 좋아한다는 것은 아니다. 예를 들면 그녀는 맛있는 음식을 좋아하지만 그것을 요리하는 것은 좋아하지 않는다. 요리법의 세심함은 그녀의 성격에 맞지 않으며, 그녀는 이 점에 대해 상당히 민감하고 그것이 하나의 결점으로 되어 있다. 그녀는 소매를 더럽히기보다는 차라리 음식을 전부 불 가운데 넣어 끓이고 싶어할 것이다. 이와 같은 이유로 그녀는 채소밭을 살피려고 쫓아다니는 것을 싫어한다. 흙이 더럽고 또 퇴비를 보자마자 불쾌한 냄새를 상상하기 때문이다.

이 결점은 소피의 어머니가 교육한 결과이다. 그녀의 어머니에 의하면 청결이라 하는 것은 여자의 의무 중에서도 가장 중요한 것이며, 또 자연으로부터 부과된 특별한 의무인 것이다. 더러운 부인보다 더 싫은 것은 없다. 그리고 또 그런 여자에 염증을 느낀다 해서 남편을 비난할 수는 없다. 소피는 어릴 때부터 이 의무에 대해 수없이 이야기를 들어왔으며 그녀의 몸・의복・방・일, 그리고 화장은 아주 절대적으로 깨끗이 해야만 된다고 들었기 때문에 그것을 실천하면서 습관이 되고, 어떤 일을 어떻게 하느냐보다 어떻게 하면 깨끗하게 그 일을 해낼 수 있을까 하는 것을 생각한다.

그러나 이것이 단순한 허영이나 유약으로 타락하지 않았다. 즉, 사치할 만큼 세련된 정도는 아닌 것이다. 그녀의 방에는 청순한 꽃 이외에는 아무것도 없으며, 꽃향기 이외에는 어떤 향기도 모른다. 그래서 그녀의 남편은 그녀의 숨결보다 더 향기로운 것은 발견하지 못할 것이다. 요컨대 그녀가 외계에 보내는 관심은, 시간과 힘은 더욱 위대한 일에 사용되야 한다는 사실을 잊게 하지는 않는다. 지나치게 육체의 청결에 신경을 쓰면 영혼을 더럽힌다고 하는 것을 그녀가 모르거나 또는 경시하는 것은 아니다. 소피는 청결한 것 이상으로 순결한 것이다.

나는 소피가 음식을 잘 먹는다고 말했다. 그것은 그녀의 천성인데, 그녀는 습관에 의하여 절제하게 되었다.

소피의 마음은 쾌활하지만 화려하지는 않다. 그리고 철저하지만 심각하지는 않으며, 다른 사람보다 더 현명하거나 어리석게도 보이지 않기 때문에 그녀는 누구의 주의도 끌지 않는다. 사람들이 소피와 말할 때에 그녀의 말은 유려하지는 않으나 어딘지 모르게 매력을 느낄 것이다. 그녀의 마음은 독서뿐만이 아니라 부모와의 대화와 자신의 반성에 의해서, 그리고 자기가 살고 있는 작은 세계에 대한 그녀 자신의 관찰에 의해서 이루어진 것이기 때문이다.

소피는 언제나 기분이 좋을 수는 없는 민감함을 지녔지만, 이것은 다른 사람들에게 불쾌한 감정을 일으키지 않을 만큼 매우 조용하다. 괴로운 것은 단지 그녀 자신뿐이다. 만약 여러분이 그녀의 마음을 상하게 하더라도 그녀는 그것을 외부에 나타내지는 않지만 그녀의 가슴은 아프다. 그녀는 뛰어나가서 울며 그녀가 울고 있을 때 아버지나 어머니의 목소리가 들리면 얼른 눈물을 닦고 울던 얼굴을 숨기려고 한다. 그러나 그녀에게는 변덕이 있다. 기분이 나쁘면 고집장이로 변한다. 그러므로 그녀에게 기분을 바꿀 만한 시간적 여유를 주어야 한다. 그러면 그녀가 자기의 잘못을 고치는 하나의 미덕을 나타낸다. 그리고 만약 여러분이 그녀에게 벌을 주면 그녀는 얌전히 그 벌을 받으며, 그녀가 벌 이상으로 잘못을 부끄러워함을 알 수 있다. 만약 여러분이 아무 말도 하지 않으면 그녀는 반드시 스스로 잘못을 고칠 것이다. 그러면서도 그것을 매우 진실하게 그리고 신속하게 하기 때문에, 여러분은 도저히 그녀에게 꾸지람을 할 수 없을 것이다. 그녀는 하녀에게도 머리를 숙이고 자기의 잘못을 용서해달라고 하며, 그 죄가 용서되면 즐거움과 친밀감으로써 그녀의 가슴속의 무거운 짐이 없어진다는 것을 여러분은 알 수가 있다. 한 마디로 말하면 그녀는 다른 사람의 잘못을 견디고 참는다. 그래서 자기의 잘못을 열심히 보상한다. 이 사랑스러운 마음은 순결한 여성에게는 선천적이다. 여성은 남성을 따르고, 남성 쪽에 잘못이 있을 때라도 참도록 되어 있다. 그러나 여러분은 젊은 남자를 그와 같이 교육해서는 안 된다. 그들은 부정에 대해서 맹렬히 반대한다. 선천적으로 그들은 불의를 참지 못하도록 되어 있다.

소피에게도 종교가 있기는 하지만 그것은 잘 알 수 있는 간단한 종교로서, 교리는 간단하고 예식은 더욱 간결하다. 그녀는 다른 행위 이외에는 어떠한 행위가 있는지도 모르므로 오히려 그녀의 생애는 신에게 봉사와 선을 행하는데 바쳐진 것이다. 그녀는 덕을, 참된 행복으로 인도하는 유일한 길로서 사랑한다. 왜냐하면 악한 여성의 생활 가운데 그녀가 볼 수 있는 것은 빈곤·

태만・치욕 이외에는 아무것도 없기 때문이다. 그녀는 덕을 사랑한다. 왜냐하면 그것은 그녀가 존경하는 아버지와 인자하고 훌륭한 어머니에게도 귀중한 것이기 때문이다. 이런 모든 감정이 발달해서 하나의 정열이 되고, 그녀의 가슴은 충만해져 모든 사소한 버릇은 이 숭고한 정열 속에 예속된다. 소피는 그녀가 죽는 날까지 순결하고 선량할 것이다. 그녀는 그것을 자신의 가슴속에서 맹세했다. 그리고 그녀는 이 맹세를 지키는 것이 얼마나 어려운가를 이미 알고 있었던 것이다. 소피는 사람들에게 쾌감을 주기보다는 차라리 주의를 끌려고 하고, 기쁨을 주기보다는 차라리 오락을 구하는 냉정하고 허영심이 강한 프랑스의 부인만큼 운이 좋은 것은 아니다. 그녀는 사랑에 대한 정열로 인해 고민한다. 그래서 축제 가운데서도 그녀의 마음은 번민한다. 그녀는 어린 시절의 쾌활성을 잃고 유쾌한 놀이도 좋아하지 않게 되었다. 고독의 지루함을 두려워하지 않을 뿐 아니라 그것을 원하게 되었다. 그녀에게 있어 고독은 마치 자신을 행복하게 해주는 것 같은 착각을 일으키게 한다. 그녀는 많은 찬미자를 구하는 것이 아니라 한 사람의 애인을 구한다. 그녀는 일반적인 인기나 또는 오늘의 찬미가 내일의 조소로 변하는 사회의 칭찬을 얻기보다는 한 남자의 기쁨을 더 원하는 것이다. 여자의 판단력은 남자보다도 더욱 빨리 발달한다. 유년 시절부터 방어적이고 지니기가 아주 곤란한 보물이 여자에게 맡겨져 있기에, 그녀는 일찍부터 선과 악을 잘 알고 있는 것이다. 소피는 그의 기질상으로 보더라도 모든 일에 조숙했기 때문에 같은 나이의 여자보다도 판단력이 발달되어 있다. 이것은 조금도 이상한 일이 아니다. 왜냐하면 성숙이 언제나 같은 나이에 이루어지는 것은 아니기 때문이다.

소피는 남녀의 권리와 의무를 배웠으며, 그녀는 남자와 여자의 단점을 알고 있다. 그녀는 남녀에 상응한 선량한 성질과 미덕을 알고 있고, 또 그것을 체득하고 있다. 유덕한 여자에 관하여 그녀보다 높은 이상을 가질 수 있는 사람은 아무도 없다. 그러나 그녀는 유덕한 남자와 진실로 가치있는 남자를 생각하고 싶은 것이다. 그녀는 자기가 이러한 남자를 위해서 태어났고 자기는 그와 잘 조화되며, 그 남자가 자기를 행복하게 해주는 것과 마찬가지로 자기도 그를 행복하게 할 수가 있다는 것을 안다. 그녀는 그런 남자를 곧 알아볼 수 있을 것이다. 그러나 곤란한 것은 그러한 남자를 찾아내는 일이다. 소피는 젊고 무경험적이며 그녀의 위치에 맞는 겸손을 지녔으므로, 그녀는 자기가 알고 있는 한도 내에 자기의 판단을 제한한다. 그리고 어떤 유효한 교육을 설명하는 데 도움이 될 때만 의견을 제시한다. 소피는 자리에 없는 사람에 대해서 비평할 때는 극히 주의한다. 그녀는 서로가 비평하는 것은 여자로 하여금 험담가가 되게 하는 것이라고 생각한다. 남자들에 대해서 이야기하고 있는 한 그들은 정당한 것이다. 그러므로 소피는 거기에서 중지한다.

소피는 사교계에 대해서는 거의 모르지만 친절하고 신중하며, 그녀가 하는 모든 일은 즐거움에 가득 차 있다. 선천적으로 좋은 성질은 기교가 많은 것보다도 더욱 유익한 것이다. 그녀에게는 독특한 예절이 있는데 그것은 유행에 따르는 것이 아니며, 또 유행이 변한다고 해서 그것이 변하지도 않는다. 그것은 습관과는 관계가 없는 것으로, 남을 즐겁게 하려는 여성의 희망에서 나온 것이다. 그녀는 공허한 수식어를 모르며, 또 고심하여 자기의 독특한 수식어를 만들어내지도 않는다. 그리고 그녀는 어떤 주의나 지나가는 친절에도 가벼운 예를 표하거나 또는 다만 '감사합니다'라고 대답할 뿐이다. 그러나 이 말도 그녀로서는 충분한 것이 된다. 만약 여러분이 그녀를 위해서 진실한 봉사를 해준다면 그녀는 마음속으로부터 우러나오는 감사를 하는데, 그 말은 결코 허식적인 사교 인사가 아니다. 그녀는 프랑스의 유행에 의하여 가식의 노예가 되는 일이 결코 없다. 그녀가 어떤 방에서 다른 방으로 갈 때에는 늙은 신사의 팔을 끼지 않으며, 오히려 그 노인을 도와주고 싶어할 것이다. 그녀는 여자에 대해서뿐만 아니라 결혼한 남자나 또는 자기보다 훨씬 나이가 많은 남자에게 존경하는 태도를 나타내며, 그녀는 강제적이 아니라면 그들보다 윗자리에 앉지 않는다. 그리고 윗자리에 앉아 있더라도 재빨리 아랫자리로 돌아가 버린다. 왜냐하면 나이 많은 사람은 대체로 젊은 사람보다 현명하고 존경을 받을 만한 지혜가 있으므로, 연령의 권리가 성의 권리보다도 우위에 있다는 것을 알고 있기 때문이다.

그녀와 같은 연령층의 젊은 남자에 대해서는 문제가 달라진다. 그녀는 그들의 존경을 받으려면 다른 태도를 취한다. 그리고 그녀는 자기에게 적당한 태도를 취하는 방법을 알고 있다. 만약 남자가 부끄러움과 겸손을 지니고 있다면 그녀는 그 청년의 기분을 상하게 하지 않고 기꺼이 친절하게 대할 것이다. 그들의 악의없는 대화는 유쾌하면서도 예의에 어긋나지 않는다. 만약 남자가 심각한 얼굴을 하고 있다면 그녀는 어떤 도움이 되는 것을 말해야만 되는 것이다. 만약 그들이 어리석은 행동을 한다면 그녀는 곧 그것을 제지할 것이다. 그녀는 여성에 대한 농담조의 이야기를 경멸하고 그것은 여성에 대한 모독이라고 생각한다. 그녀는 자기가 원하는 남성은 이러한 농담을 하지 않으리라 믿고 있다. 그녀가 지닌 여성의 권리에 대한 고상한 의견, 감정의 순결성에 있어서의 사랑, 그녀의 자존심에서 비롯된 그 생생한 덕 등은 그녀를 기쁘게 하려는 여러 가지 감상적인 이야기에 대해서 분노하게 하는 것이다.

그녀는 그들에 대해서 나타나도록 화내지는 않으나 상대방의 기분을 꺾을 만한 풍자와 냉정한 태도로써 그들을 대한다.

소피는 아직 15세이지만 20세의 여자만큼이나 성숙한 판단력과 정신을 가지고 있고, 그의 부모는 그녀를 어린아이로 취급하지 않는다. 그녀의 부모는 그녀에게서 청춘의 번뇌가 발견되자마자 대책을 강구하며, 그녀와 더불어 인자하고 현명한 대화를 나눈다.

"소피야, 너는 이제 숙녀이며 머지 않아 부인이 될 것이다. 우리들은 너를 행복하게 해주고 싶은 것이다. 그것은 너를 위해, 또 우리를 위해서이다. 선량한 여자는 선량한 남자에게서 자신의 행복을 얻는 것이다. 그렇기 때문에 우리들은 적당한 시기에 너의 결혼을 생각해야만 된다. 왜냐하면 결혼에 의해서 우리의 전생애의 행복과 불행이 좌우되기 때문이다. 그리고 또 우리는 그것을 생각하는 데 너무 많은 시간을 낭비할 수가 없다. 아내 되는 여자가 선량하지 않다면, 선량한 남편을 선택하는 것만큼 어려운 일은 이 세상에 없다. 소피야, 너는 이 세상에서 보기 드문 여자인 것이다. 너는 우리들 삶의 영광인 동시에 우리들 만년의 축복인 것이다. 이 세상에 너와 결혼하는 것을 명예로 생각하지 않는 사람은 없겠지만, 이러한 사람들 가운데서 우리는 너에게 가장 알맞은 사람을 찾아내야만 된다. 우리는 그 사람과 사귀어서 너에게 소개해 줄 것이다. 행복한 결혼에는 대단히 많은 조건이 필요하지만 그것들을 전부 손에 넣으려고 하는 것은 어리석은 짓이다. 우리는 여러 가지 더욱 중대한 일을 먼저 고려해야만 된다. 완전한 행복이란 이 세상에서는 찾을 수 없겠지만 적어도 가장 나쁜 불행, 즉 우리 자신에게 책임이 있는 불행은 피해야 하는 것이다.

결혼에는 자연적인 적합성과 관습상의 적합성이 있다. 부모에 의해서 이루어진 결혼은 관습이나 인습의 적합성에 따르는데, 이로써 결합하는 것은 두 사람이 아니고 두 개의 지위와 재산인 것이다. 그러나 이것들이 변하더라도 사람은 그대로 남는다. 그러므로 두 사람의 결혼은 행복하게도 혹은 불행하게도 하는 것은 운과 불운이겠지만, 역시 그것은 사람과 사람과의 관계인 것이다. 너의 어머니에게 지위가 있었고 나에게는 재산이 있었다. 이것은 우리 부모가 우리를 결혼시킬 때 조사했던 것의 전부였다. 나는 재산을 잃고 너의 어머니는 지위를 잃었다. 그렇지만 우리는 가장 불운한 가운데서도 우리들의 결합된 마음으로 그러한 모든 것을 초월해 왔다. 소피는 우리의 보물인 것이다. 그래서 우리는 이 보물을 우리에게 내려주고 다른 모든 것을 빼앗아간 하느님에게 감사를 드린다. 우리의 행복은 타산적인 면이 없는 자연적인 적합성에 따르는 것이다."

"배우자는 당사자 스스로가 골라야만 된다. 서로 좋아한다는 것이 두 사람 사이의 첫번째 연출이어야 한다. 그들은 그들 자신의 눈과 마음이 인도하는 길을 따라야만 하며, 그들이 결혼할 때 그들의 중요한 첫째 의무는 서로가 사랑해야 한다는 것이며, 그것은 자연의 법칙인 것이다. 소피야, 우리는 어려운 도덕에 대해 설교하고 있는 것이 아니라, 너의 자유에 의해서 남편을 선택하는 일을 너에게 맡기려는 데 있어서 주의해야 할 점을 이야기하는 것이다."

"우리가 너에게 완전한 자유를 주는 이유를 말했으니, 그 자유를 현명하게 사용하는 방법을 말해주는 것은 극히 당연한 일이다. 너는 선량하고 예민하고 정직하고, 훌륭한 여자로서의 기능에도 익숙하고 또 애교도 있지만 가난하다. 그러나 너의 능력이 미치지 못하는 것을 구하지 말아라. 그리고 너의 야심을 너와 우리의 생각이 아닌 다른 사람의 의견으로써 제한하라. 그러나 너의 공명심이 너의 재산을 능가해서는 안 되며, 재산이라고 하는 것은 극히 사소한 것이라는 사실을 기억해 두어라. 소피야, 너는 어머니의 전례에 따라서 다만 너를 받아들이는 것을 하나의 명예로 생각하는 가족의 일원이 되지 않으면 안 된다. 너는 가난한 가운데서 태어났으며 그 가난을 달게 받아야만 한다. 소피야, 내가 하는 말을 믿어다오. 우리들로부터 부를 빼앗아간 것을 신에게 감사드려야 한다. 우리들은 재산을 잃기 전까지는 행복이 무엇인가를 전혀 몰랐던 것이다."

"너는 대단히 총명하기 때문에 사람들로부터 사랑을 받을 것이며, 너는 가난하지만 그것으로 인해 소외당하지는 않을 것이다. 너는 청혼을 받을 것이다. 만약 그들이 진실을 보여준다면 너는 그들의 진정한 가치를 측정할 수 있으며, 그들의 모든 외관은 너를 속이지 못할 것이다. 그러나 너는 경험이 없어 사람들이 그들의 진실한 모습을 감추고 있는가를 알아볼 수 없으며, 기교적인 악인은 너를 유혹하기 위해서 너의 취미를 연구하고 자기에겐 없는 덕까지도 가장해서 있는 것처럼 꾸밀지도 모른다. 소피야, 너는 네가 하고 있는 일을 모르는 동안에 몸을 망치고 그것을 슬퍼하게 되었을 때, 비로소 자기의 잘못을 깨닫게 될 것이다. 가장 위험한 유혹은 관능적인 유혹인 것이다. 만약 네가 그 불행에 한 번 빠지기만 하면 너의 두 눈은 현혹되고 너의 판단력은 흐려질 것이다. 소피야, 나는 너를 너의 이성에게 맡기겠다. 너의 마음이 아무것에도 움직이지 않는 동안은 너 자신의 판단에 맡기고, 네가 사랑을 하게 될 때는 너의 몸을 어머니의 감독에 맡겨라. 나는 너에 대한 우리들의 존경을 보이고, 우리들 사이에 자연의 질서를 회복하고 약속을 하고 싶다. 소피야, 너의 권리를 행사하라. 그리고 자유롭고 현명하게 그것을 실행하라. 너에게 적당한 남자는 네가 선택하는 것이지 우리가 선택하는 것은 아니다. 그러나 네가 그 사람이 정말로 적당한가 아닌가를 잘 모르면서 다만 너의 욕망에 따른 것이라면 그때는 우리가 그 사람을 판단할 것이다. 가문이나 재산 · 지위 · 인습적 판단은 우리가 상관할 문제는 아니며, 그 사람의 인격이 네게 맞는 선량한 남자를 선택하라. 만약 그 사람이 건강한 육체와 선량한 성격을 가졌으며 가족적인 애정을 지닌 사람이라면 그 사람은 충분하다. 우리는 남의 칭찬을 바라는 것이 아니고 너의 행복을 바라는 것이다."

이상과 같은 이야기가 여러분의 처녀들에게 어떠한 영향을 줄 것인가 하는 것은 나로서도 모르는 일이다. 소피는 부끄러움과 감동으로 한 마디도 말을 못 할 것이다. 그러나 그러한 말이 그녀의 일생 동안 가슴에 새겨지는 것이며, 부모의 칭찬을 받을 만한 그녀의 결심을 나는 믿는 것이다. 가령 극단적인 단점을 생각해서 그녀의 성급한 성격이 오래도록 기다리는 것을 참지 못한다고 생각해도, 그녀의 판단 · 지식 · 취미 · 교양 등 여러 가지 가운데서 어린 시절로부터 이루어진 정서는 그 관능의 격렬함을 제압하여 그녀가 오랫동안 그에 저항하도록 하리라고 나는 주장한다. 그녀는 부모를 괴롭게 하는 남자와 결혼하여 그녀를 불행에 맡기기보다 오히려 처녀로써 늙는 쪽을 선택할 것이다.

누구라도 정의를 사랑하는 마음에서, 또 진실로 순수한 도덕을 사랑하는 마음에서 생기는 내부적인 힘을 실감하지는 못하는 것이다. 세상에 많은 위대한 일은 공상적인 것이라고 생각하고 있는 사람들의 잘못된 이성 때문에 인간의 정욕을 제압하는 힘, 즉 덕의 힘을 결코 인정하지 않는 사람이 있다. 이런 사람에게는 실례로써 가르칠 수밖에 없다. 만약 그들이 그 실례를 인정하지 않는다면 그들에게는 상당히 불리한 것이다. 만약 내가 그들에게 이렇게 말한다면, 즉 "소피는 결코 가상적인 인물이 아니다. 이름만 내가 창안한 것이다. 그녀의 교육 · 행위 · 성격, 그녀의 용모까지도 실제로 있는 인물이다."라고 가르쳐주어도 그들은 내 말을 믿지 않을 것이다. 그러나 내가 소피와 비슷한 소녀의 이야기, 즉 그 소녀의 이야기라고 해도 아무도 놀라지 않을 이야기를 해서 안 될 이유가 있을 것인가. 그것을 믿든 안 믿든간에 나와는 전혀 상관 없는 일이다. 어찌 되었든 나는 나의 방법을 설명했고 소피와 같은 기질을 가지고 있는 이 소녀는 다른 점에 있어서도 그녀와 매우 흡사해서 소피라는 이름이 알맞았던 것이다. 그러므로 나는 그 이름을 계속 사용할 것이다. 위와 같은 이야기를 한 다음 그녀의 부모는 이렇게 생각했다. 적당한 남편감은 자기들이 사는 시골 구속에는 없으며, 딸을 도시로 보내어 이 여행의 목적을 잘 납득하고 있는 숙모의 감독하에 한 해 겨울을 지내게 하리라 결심했다. 이와 반대로 소피의 가슴은 고상한 자존심을 느끼면서, 그녀가 결혼하고 싶어서 스스로 남편을 찾으러 나서기보다는 오히려 처녀로 죽는 편이 나을 것이라 생각하고 있었다.

그녀의 숙모는 그녀의 부모의 희망에 따라서 그녀를 자기 친구들에게 소개하고, 사교계로 그녀를 안내했다. 그런데 소피는 그러한 번잡함에 거의 관심을 가지지 않았지만, 그녀는 유쾌한 얼굴과 겸손한 행동을 하는 젊은 남자들을 두려워하지 않는 것은 분명한 사실이었다. 그러나 한두 번 그들과 대화한 뒤 그녀는 그들을 배척했으며, 그녀는 얼마 안 가서 남자의 숭배를 받을 만큼 더욱 겸손하고 냉담한 태도로 변해 버렸다. 그녀는 항상 자신의 행동을 조심하면서 젊은 남자들이 그녀에게 조금이라도 봉사할 기회를 전혀 주지 않았다. 그녀가 그들 중에서 아무도 용납하지 않으려고 결심한 것은 분명한 사실이었다. 그리고 소란스러운 놀이나 감정이 없는 사람들과 웃고 떠드는 것을 행복한 생활이라고 생각하는 사람들의 그 공허하고 무취미한 기쁨은, 민감한 감정을 지닌 그녀에게는 유쾌한 것이 못 되었다. 그녀는 자기가 찾고 있는 것을 발견하지 못했기에 도시 생활에 싫증이 났으며 부모를 대단히 그리워했으므로, 예정보다 훨씬 일찍 집으로 돌아가 버렸다.

소피가 다시 집안 일을 돌보게 되자마자 부모는, 그녀의 행동은 변하지 않았어도 성격은 변했다는 것을 알아챘다. 그녀는 슬픔에 잠기고 꿈을 꾸고 있는 것 같았으며, 혼자서 곧잘 울었다. 처음에 부모는 그녀가 사랑으로 고민하는 것으로 생각했고, 나중에는 그것을 고백하기를 부끄러워하는 것이라고 생각했다.

그런데 그녀의 번민은 점점 증가되고 그녀의 몸은 쇠약해지기 시작했다. 어머니는 그녀에 대해 걱정을 하며 이러한 변화의 원인을 알려고 했다. 어머니는 그녀를 자기 곁에 데리고 가서 어머니만이 할 수 있는 말로써 다음과 같이 말했다. "소피야, 너는 나의 태중에 있었고 언제라도 나의 마음속에 있는 것이다. 네가 고민하고 있는 문제를 어머니에게 밝혀다오. 너의 아버지나 내가 아니고서 누가 너의 고민을 동정하고 그 고민을 나눌 것이며, 누가 즐거이 그것을 구하려 하겠는가. 나의 딸이여, 너는 나에게 너의 슬픔을 나누지 않고 나를 괴롭힐 생각이냐?"

딸은 자기의 슬픔을 어머니에게 털어놓으며 자기의 친구가 되어 자기를 위안해주기를 부탁했다. 그러나 부끄러워서 말할 수가 없었다. 겸손한 그녀는 정서를 교란시킨 관능과 같이 자기에게는 아무 가치도 없는 사정을 말할 수가 없었던 것이다. 마침내 그녀의 수줍어하는 태도가 그녀의 어머니에게 이러한 곤란을 해결할 실마리를 주었다. 그리하여 어머니는 그녀로부터 주저하는 것을 고백하도록 했다. 현명한 그녀는 다만 도덕만이 그처럼 잔인한 악의 죄가 되지 않기를 바랐다. 그녀는 왜 그렇게 할 필요도 없는 때에, 그리고 그것을 치료하기가 극히 용이하고 또 아주 적당한 때에 그러한 악을 참고만 있는 것일까? 왜 그녀는 부모가 허락한 자유를 사용하지 않았으며, 남편감을 데리고 오지 않았을까? 그들은 그녀를 도시로 보냈는데도 그녀는 거기에 머물러 있으려고 하지 않았다. 많은 청혼자가 있었지만 그녀는 그중에서 한 사람에게도 응하려고 하지 않았다. 그녀는 무엇을 기대했던 것인가?

대답은 간단하다. 청춘 시절만의 상대자라면 쉽게 선택되었겠지만, 한 평생 살 남자를 그렇게 쉽사리 선택할 수는 없다. 그리고 두 사람은 분리될 수 없기 때문에, 일생을 보낼 수 있는 남자를 구하기까지는 그들의 청춘을 희생하고 기다려야만 하는 일이 가끔 있는 것이다. 이러한 것이 그녀가 고민하는 문제였다. 그녀는 애인을 원했지만, 이 애인은 그녀의 남편이 되어줄 사람이라야만 했다.

"나는 정말 불행해요."라고 그녀는 어머니에게 말했다. "나는 사랑하도록 강요받고 있지만 어느 사람에게도 불만입니다. 저는 저의 관능에 호소해 오는 모든 사람들을 배척합니다. 존경이 따르지 않는 사랑이란 오래 지속될 수가 없으며, 그들은 저를 위한 남성이 아닙니다. 소피의 이상적인 환상은 소피의 가슴에 너무나 깊이 새겨져 있습니다. 소피는 그외의 사람을 사랑할 수는 없습니다. 그 사람을 제외하고 소피는 누구도 행복하게 할 수가 없으며, 그 사람 없이는 소피는 행복할 수가 없습니다. 사랑하지 않는 남자와 더불어 절망에 빠지기보다는 오히려 소피는 자유로운 몸으로 죽고 싶습니다."

그녀의 어머니는 매우 큰 충격을 받았다. 소피는 감정에 빠진 것도 아니고 정신이 이상해진 것도 아니었다. 그녀는 여자에게 필수적인 덕을 지니도록 어릴 때부터 주의 깊게 교육받았는데, 어째서 그렇게도 지나치게 섬세한 감정이 생겨날 수 있었을까. 그녀가 그토록 매혹되고 그녀의 말 속에 나타나는 남성의 이상을 알고서, 어머니는 아직도 자기가 모르며 그녀가 자기에게 말하지 않는 그녀의 변덕에는 무슨 이유가 있는 것인지 의심을 했다. 이 불쌍한 소녀는 그것을 다른 사람에게 밝히고 싶었으며, 그의 어머니는 그녀에게 비밀을 말하도록 열망했고 그녀는 주저하면서 동의했다. 그리고 한 마디의 말도 없이 방을 나가더니 책을 한 권 가지고서 돌아왔다. "당신의 불쌍한 딸을 동정해 주십시오. 저의 슬픔을 위로할 것이 없습니다. 그녀의 눈물의 원인은 여기 있습니다." 이렇게 말하면서 그녀는 탁자 위에 책을 놓았고, 그녀의 어머니는 책을 들어서 펴 보았다. 그것은 《텔레마크의 모험》이란 책이었다. 처음에 그녀는 이 수수께끼를 풀 수가 없었다. 여러분의 질문과 애매한 답변으로써 어머니는 자기의 딸이 요정 에우칼리스의 경쟁자임을 알고 대단히 놀랐다.

소피는 무엇과도 바꿀 수 없는 열정으로 텔레마크를 사랑하고 있었다. 그녀의 부모는 그녀가 사랑에 열중하고 있다는 사실을 알고서 안심하고, 딸을 잘 타이르면 된다고 생각했다. 그러나 이성이라고 하는 것은 그들에게만 있는 것이 아니고, 소피도 자기 자신의 이성을 갖고서 그것을 사용하는 방법도 알고 있었다. 여러 번 그녀는 다음과 같은 말로써 그들을 침묵시켰다. 부모들의 이론으로 그들을 역습하고, 그 시대의 남자들에게 맞도록 자기를 수련한 남자가 자기가 원하는 남자라고 했던 것이다. 그녀는 말하기를 "저와 같은 의견을 가진 남자거나 혹은 저에게서 그런 의견을 즐겨 배울 남자를 저에게 주십시오. 제가 이 세상에 존재하지 않는 사람을 사랑한다는 것이 잘못일까요? 저는 환상을 좇고 있는 것은 아니며, 더욱이 왕자를 바라는 것은 아닙니다. 저는 다만 그와 닮은 사람을 찾는 것입니다. 그런 사람은 있습니다. 살아 있습니다. 그도 아마 저를 찾고 있을 것입니다."

나는 이러한 이야기를 끝맺을 때까지 계속해야만 되는가? 나는 인내성이 없는 어머니가 엄격하게 되어 가는 것을 원해야만 하는가. 나는 화를 잘 내는 아버지가 그 이전의 약속을 잊어버리고 덕을 가진 딸을 정신병자로 취급하는 것을 묘사해야만 될까.

여기서 여러분은 나를 중지시키고 이렇게 묻는다. "우리의 절제없는 욕망을 제지하기 위해서 노력을 하라고 우리에게 가르치는 것은 자연인가, 아닌가?" 그러나 "이것이 자연은 아니다."라고 나는 대답한다. "이러한 절제없는 욕망을 주는 것도 자연은 아니며, 내가 여러 번 증명한 바와 같이 자연에서 생기지 않은 것은 모두가 자연에 위반되는 것이다."라고.

이제 에밀에게 소피를 주어보자. 이 귀여운 소피를 소생시켜서 그에게 평범한 상상력과 유쾌한 운명을 주자. 나는 평범한 여성을 그리려고 했지만 위대한 혼을 그녀에게 주었으며, 평범한 마음을 가지고 있지만 그녀가 다른 여자들보다도 우월한 것은 그녀가 훌륭한 교육을 받은 덕분이다.

나는 처음에 에밀의 배우자를 교육하고, 그리고 그들 서로를 위해 교육하려고 했었다. 그러나 잘 생각해 보니 이렇게 미리 준비하는 것은 쓸모가 없다고 여겨진다. 왜냐하면 두 젊은이의 결혼이 자연과 어울리는지 또 두 사람은 정말로 닮았는지도 모르면서 이 결혼을 계획하는 것은 불리한 것이기 때문이다. 우리는 야만적인 상태에 있어서 적합한 것과, 문명 생활에 있어서 적합한 것을 혼동해서는 안 된다. 전자의 경우에는 어떤 여자라도 어떤 남자에게나 적합하다. 왜냐하면 두 사람 모두가 아직도 유치하고 무차별한 상태에 있기 때문이다. 후자의 경우에는 그들의 특성은 모든 사회 제도에 의해서 발전된 것이다. 그리고 각자의 마음은 교육으로부터만이 아니라 협동에 의한 특별한 형태를 가지며 교육에 의하여 세련되었기 때문이다. 따라서 우리들은 모든 점에서 그들이 서로 상응하고 있는지를 알아보도록 그들 서로를 만나게 해줌으로써 배우자를 만들 수 있거나, 또는 서로가 만족할 수 있도록 선택을 그들에게 맡기는 데 불과한 것이다.

사회 생활은 성격을 발전시키는 동시에 차별을 낳게 된다. 이 두 개의 상이함은 합치하기 어렵기 때문에 사회적인 차별이 크면 클수록 그에 상응하는 성격을 발견하는 것은 곤란하다. 그러므로 세상에는 부적합한 결혼과 거기에 따르는 여러 가지 폐단이 있는 것이다.

만약 여러분이 이러한 폐단에서 벗어난 행복한 결혼을 하고 싶다면 여러분은 그런 편견을 없애고 인간의 제도를 잊어버린 다음 자연에 따르지 않으면 안 된다. 일정한 조건 아래서만 적합하고 만약 그 조건이 변하면 서로 맞지 않는 사람들을 결합시키지 말라. 그러나 만약 결합시킨다면 어떤 조건에 관계없이 서로 맞는 사람들을 결합시키라. 내가 말하는 바는 인습적인 생각이 결혼에는 중요하지 않다는 것이 아니고 자연적 관계의 영향이 훨씬 더 중요하다는 것이다. 인생에 있어서 운명은 누구나 자연의 관계에 의해서만 결정되며, 그리고 취미·기질·감정이 아주 잘 맞는 사람이 있으므로 현명한 왕후라도 그의 자식을 망설임없이 그와 알맞는 여자와 결혼시켜야만 한다는 것이다. 만약 이렇게 결혼한다면 불행이 그들 부부에게 닥쳐와도 그들이 함께 눈물을 흘리고 있는 한, 세상의 부를 모두 차지했으면서도 각각 다른 마음으로 타락되어 있는 사람들보다 훨씬 진실한 행복을 향유할 것이다.

에밀은 어린아이 때부터 아내를 예정해두지 않았으며, 어떤 여자가 그에게 맞는가를 알 때까지 기다렸다. 결정하는 것은 내가 아니고 자연이다. 나의 할 일은 자연의 선택을 발견하는 것이다. 이 일은 그의 아버지의 할 일이 아니다. 그는 자식을 나에게 맡길 때 자신의 지위를 나에게 넘겨버린 것이다. 그는 자기의 권리를 나에게 맡긴 것이다.

그러나 내가 에밀이 아내를 구하러 나갈 때까지 그의 아내 될 사람을 찾는 것을 등한시했다고 생각하지 말라. 그의 탐색은 그가 좋은 아내의 가치를 발견하기 위해서 여자들과 만나게 하는 일종의 구실에 지나지 않는다. 이미 오래 전에 소피는 발견되어 있었다. 에밀은 이미 그녀와 만났을지도 모르지만, 그 시기가 올 때까지는 그녀에게 특별한 주의를 기울이지 않을 것이다.

지위가 같다는 것은 결혼의 중요한 이유는 못 되지만, 그러나 같다고 하는 것이 다른 여러 가지 이유와 더불어 결혼의 가치를 증가시키는 것이다. 즉, 다른 것의 적합성에 반대하면서까지 중요하게 여길 것은 못되지만 다른 여러 가지 일들이 같다면 더더욱 좋은 것이다.

남자는 제왕이 아닌 한 모든 계급에서 아내를 구할 수는 없다. 그러므로 현명한 아버지는 그에게 제한을 둘 것이다. 그는 그의 아들을 그 자신의 신분보다 높은 집안과 결혼시키기를 원해서는 안 되는데, 그것은 그의 힘이 미치는 곳이 아니기 때문이다. 또한 그것이 가능하더라도 그것을 원해서는 안 되는데, 그것은 적어도 젊은 남자인 나의 제자에게 지위란 것이 중요하지는 않기 때문이다. 그러나 만약 그가 그 일을 이룬다면 그는 현실의 모든 종류의 불행에 빠져서 일평생 고생을 할 것이다. 나는 계급이라든가 재산 같은 물질적인 차이 사이에 균형을 갖추려고 해서는 안 될 것이라고 말하고 싶다. 왜냐하면 조화의 과정에 있어서 그 자신의 가치에서 잃는 것보다 적은 가치 이상으로는 더할 수 없기 때문이다. 결국 각자가 자기의 환경에 대해서 느끼는 우월감은 두 가족간의 불화의 씨가 되고, 부부간의 불화의 원인이 되기도 한다. 남자가 자기보다 지위가 높은 여자와 결혼하든가 또는 낮은 여자와 결혼하는 것은 중대한 문제가 된다. 집안은 그의 가장을 통해서만 사회와 연결되므로, 전체적으로 가족의 지위를 결정하는 것은 가장의 지위인 것이다. 남자가 자신보다 낮은 지위의 여자와 결혼하면 그 지위가 낮아지는 것이 아니라 그의 아내를 끌어올리는 것이지만, 그가 자신보다 높은 지위의 여자와 결혼하면 그는 그의 아내의 지위를 낮추는 것이지 자기 자신을 끌어올리는 것은 아니다. 자연의 법칙은 여자는 남자에게 따르도록 명령하는데, 만약 남자가 자신보다 낮은 지위에서 아내를 얻을 것 같으면 자연의 법칙과 사회의 법칙이 일치되어 모든 일이 잘 되어 나가지만, 그가 자신보다 높은 지위의 여자와 결혼할 때는 그것과는 반대의 경우가 된다. 그럴 경우 아내는 가정의 주인이 되어 그녀의 법률상의 남편에 대해 폭군의 행세를 한다. 그리고 노예가 된 주인은 인간 가운데 가장 볼품없고 가엾은 인간이 되는 것이다.

대부분의 독자들은 여자는 남자를 조종하는 천부적 재능이 있다는 말을 기억하고 있어서 나 자신의 모순을 비난하겠지만, 그러나 그것은 여러분의 잘못이다. 지배하는 권리를 요구하는 것과 지배하는 남자를 조종하는 것과는 대단한 차이가 있다. 여자의 지배는 온순한 것, 요령있는 것, 친절한 것의 지배이다. 그녀의 명령은 애무이며, 그녀의 위협은 눈물이다. 이런 의미에서 볼 때 가장 잘 다스려져 있는 가정이란 아내가 권력을 쥐고 있는 가정이라는 것을 나는 인정한다. 그러나 아내가 가장의 말을 무시하고 주인의 권력을 빼앗아서 그녀 자신이 지배하고자 할 때는 순서가 뒤바뀌게 되어 비참과 치욕과 불명예를 가져올 뿐이다. 우리와 같은 지위와 우리보다 낮은 지위 중에서 어느 편을 선택할 것인가 하는 문제가 남았는데, 나의 생각에는 후자에 대해서 어떤 제한을 두는 것이 당연하다고 생각한다. 왜냐하면 선량한 남자를 행복하게 할 수 있는 여자를 사회의 최하층에서 발견한다는 것은 곤란한 일이기 때문이다. 즉, 낮은 계급은 높은 계급보다 나쁘다는 뜻이 아니라 그들은 선이라든가 아름다움에 관해 거의 생각하지 않기 때문이며, 혹은 다른 계급의 부정으로 인해서 이 계급의 사람들은 나쁜 것도 바른 것으로 오해하기 때문이다.

남자는 선천적으로 생각하는 일은 드물다. 그는 다른 기술을 비우는 것과 같이 생각하는 것을 배우지만, 이것은 다른 것보다 더욱 곤란한 일이기도 하다. 나는 두 개의 다른 계급을 알고 있다. 생각하는 사람과 생각하지 않는 사람이 그것이다. 그리고 이 차이는 대부분이 교육의 차이에서 비롯되며, 생각하는 남자와 생각하지 않는 여자와는 적합하지 않은 것이다. 왜냐하면 그가 자신과 사상을 같이할 수 없는 아내를 선택한다면 그는 사회 생활의 중요한 기쁨을 잃어버리기 때문이다. 한평생을 노동으로 세월을 보내는 사람들은 자기의 일과 자기 자신의 이익 이외에는 다른 생각이 없고, 그들의 정신은 그들의 두 팔에 달려 있는 셈이 된다. 이러한 무지는 그들의 정직함과 또는 그들의 도덕에 좋지 못한 것은 아니며, 때로는 이것이 오히려 그들에게 유리하다. 그리고 세상에서 가장 덕이 높은 여자는 덕에 대해서 전혀 모르는 여자일 수도 있으나, 교양있는 마음만이 유쾌한 교제를 한다는 것은 사실이다.

또 만약 여자가 무엇을 생각하는 일이 전혀 없다면 그런 여자가 어떻게 자녀를 양육할 수 있을 것인가. 그런 여자가 무엇이 아이들에게 좋은지를 알 수 있겠는가. 그러한 여자는 그들의 비위를 맞추거나 위협하거나 할 뿐이다. 그녀는 그들을 총명하고 귀여운 아이로 양육하지는 못할 것이다.

그러므로 교육을 받은 남자가 교육을 받지 못한 여자를 선태하는 것은 옳은 일이 아니다. 그러나 나는 학식이 있는 여자보다는 소박하게 자라난 가정적인 여자를 더 원한다. 여자의 지식은 그의 남편·아이·친구·하인 등 모든 사람에 대하여 재난이 된다. 그녀는 재능에서 오는 교만한 태도로써 여자의 모든 의무를 경멸하고 언제나 자기 자신을 남자로 만들려고 한다. 그녀는 밖에서는 언제나 그 자신을 웃음거리로 만들며 비난의 대상이 되는 것은 실로 당연한 일이다. 이러한 여자는 다만 어리석은 자들 앞에서만 위력을 나타낼 뿐이다. 가령 어느 여자가 진실로 재능을 가졌다 할지라도 그녀의 우쭐거리는 태도는 그 자신을 낮추게 될 것이다. 그녀의 명예는 다른 사람에게 알려지지 않는 데 있으며, 그녀의 기쁨은 그의 가족을 행복하게 하는 데 있다.

다음으로 용모를 생각하자. 그것은 우리의 마음을 움직이는 최초의 것인 동시에 최후의 것이 되어야 마땅하다. 그러므로 그것을 쓸데없는 것이라고 생각해서는 안 된다. 결혼할 시기에 있어서의 뛰어난 아름다움은, 찾으려고 할 것이 아니라 오히려 피해야 된다고 생각한다. 소유함으로써 아름다움을 감상하는 우리의 마음은 곧 사라지고, 우리들은 그것을 더 이상 생각하지 않는다. 그러나 위험성은 일평생 계속된다. 아름다운 부인이 천사가 아닌 이상 그녀의 남편은 남자 가운데서 가장 가엾은 존재이다. 그리고 그녀가 천사라 할지라도 그는 역시 적의를 지닌 군중의 중심 인물이 될 것이며, 그녀는 그것을 피할 수 없을 것이다.

모든 점에 있어서, 즉 미에까지도 평범한 것을 원하라. 사랑스러움보다 오히려 다정한 느낌을 주는 쾌활하고 매력적인 얼굴을 좋아해야 한다. 그러면 남편이 위험에 빠지지 않고 부부에게 다같이 이로운 점이 있다. 애교는 아름다움처럼 없어지지 않는다. 그것은 살아 있는 것이며 항상 자신을 새롭게 꾸미고, 30년의 결혼 생활 동안 가꾸어온 여자의 애교는 결혼 당일처럼 남편을 즐겁게 한다.

이러한 생각이 나에게 소피를 택하도록 한다. 에밀과 같이 자연에 의해서 양육된 그녀는 다른 누구보다도 그에게 어울리며, 그녀야말로 다른 누구보다도 그의 진실한 배우자이다. 그녀의 가문이나 인격은 에밀과 같으나 가산은 그보다 못하다. 처음 대했을 때 그녀는 깊은 인상을 주지 못하지만 날이 갈수록 참신한 매력이 나타난다. 그녀의 훌륭한 애교는 단지 서서히 사람들을 감동시켜 갈 뿐이다. 그래서 친밀한 교제 가운데만 나타나는 것이다. 그리고 그녀의 남편은 누구보다 그 매력을 가장 잘 느낄 것이다. 그녀의 교육은 과장되거나 소홀히 된 것이 아니다. 그녀는 깊은 탐구는 하지 않지만 취미가 있으며, 기교는 없으나 재주가 있으며, 지식은 없으나 판단력이 있다. 그녀의 마음은 씨를 뿌릴 사람만을 기다리고 있는 비옥한 토지이다. 그녀가 읽는 것은 다만 구구표와 텔레마크뿐이다. 텔레마크는 우연히 그녀의 손에 들어왔던 것이다. 그런데 그렇게 텔레마크를 사랑하는 처녀가 감정이 없고 조심성이 없는 마음을 가질 수 있겠는가. 아아, 얼마나 사랑스러운 무지인가. 그녀를 가르치게 될 운명을 지닌 남자는 행복하리라. 그녀는 남편의 교사가 아니고 남편의 제자가 될 것이다. 그녀는 남편의 취미를 억제하려고 하기보다 그의 취미를 기꺼이 즐길 것이다. 그녀는 학자인 척하는 여자 이상으로 남편에게 잘 어울리며, 남편은 그녀에게 모든 것을 가르쳐주는데 기쁨을 느낄 것이다. 지금이야말로 그들이 서로 만날 때이다. 우리들은 한 번 그들의 만남을 계획해 보자.

우리는 파리를 떠났을 때 비애를 느끼고 생각에 잠겼다. 이 시끄러운 도시는 우리들의 가정이 될 수 없었으며, 에밀은 이 대도시에 경멸 섞인 시선을 보내면서 성난 어조로 이렇게 말했다. "무엇 때문에 우리는 쓸데없이 시간을 허비했습니까? 나의 아내는 나의 가슴속에 있습니다. 당신은 그것을 알고 있으면서 나의 시간을 조금도 생각해주지 않았으며, 내가 고민을 하는 데 무관심했군요." 나는 그를 주시하면서 똑똑한 목소리로 말했다. "에밀, 너의 말은 무엇을 의미하는 것이지?"라고. 그러자 갑자기 그는 나의 목에 양팔을 걸고 말없이 나의 가슴에 안겼다. 그것은 그가 자신의 잘못을 알 때의 태도인 것이다.

그래서 이제 우리들은 정처없이 헤매는 수양자처럼 시골을 배회하고 있는 것이다. 그러나 파리를 떠날 때 우리는 모험을 하려던 것이 아니고 그러한 것으로부터 피하려고 했던 것이다. 나에게는 평소의 습관으로 인해 이런 취미가 나의 마음속에 간직되었던 것이다. 우리들의 버릇을 잘 아는 독자라면 누구라도 우리 둘이 역마차의 창문을 닫고서 아무것도 보지도 관찰하지도 않은 채, 그 속에서 꾸벅꾸벅 졸면서 출발해서 도착지까지의 시간을 쓸데없이 허비하는 여행을 일삼는다고 말하지는 않으리라고 생각한다.

인생은 짧다고 사람들은 말하고 있으나, 나는 그러한 사람들이 인생을 단축시키고 있다고 본다. 그들은 시간의 이용 방법을 모르기 때문에 시간의 흐름이 빠른 것을 슬퍼한다. 그러나 나는 시간이 그들에게는 너무 느리다고 생각한다. 그들은 오직 추구하고 있는 목적에만 열중할 뿐이며, 그들과 그 목적 사이의 간격을 보는 것에는 관심이 없다. 어떤 사람은 내일을 바라보고 다른 사람은 한 달 앞을 보며, 또 어떤 사람은 십년 앞을 바라보고 있다. 아무도 오늘을 살아가는 것에는 만족하지 않는다. 모두들 세월이 늦게 간다고 불평을 한다. 그렇다면 세월은 빠르다고 하는 사람들은 거짓말을 하고 있는 것이다. 그들은 즐겁게 시간을 빨리 보내려 하고, 그들의 생애에서 달아나려고 하는 전재산을 쾌락으로 소비할 것이다. 그리고 만약 사람들이 권태를 느끼고 있는 시간과, 자신과 희망하는 순간을 분리하고 있는 시간에서 자유로워질 수만 있다면 그들은 자기들의 일생을 두세 시간으로 축소해버릴 것이다. 사람들은 파리에서 베르사유로, 베르사유에서 파리로, 도시에서 시골로, 시골에서 도시로 돌아다니며 그의 인생을 허비한다. 그런데 만약 시간을 허비하는 이 방법을 몰랐다면 그는 그의 시간을 어떻게 했으면 좋을지 몰랐을 것이다. 인류는 언제나 자연을 속이는 행위를 중지할 것인가! 왜 인생이 여러분이 즐기기에 충분한데도 여러분은 짧다고 한탄하는가. 만약 여러분 가운데 한 사람이라도 시간이 흐르는 것에 구속받지 않고서 자신의 욕망을 충족할 수 있다면, 그가 젊어서 죽었다 할지라도 그는 오히려 충분한 일생을 보냈다고 생각할 것이다.

만약 이것이 나의 여행에서 유일한 이득이라면 그것만으로 충분한 것이다. 나는 에밀을 욕망이나 인내를 지니게 하는 것이 아니라 향락시키기 위하여 교육하는 것이다. 그리고 그의 욕망이 미래에 있다면 그 욕망의 열정이 시간을 지배하게 할 만큼 큰 것은 아니다.

그래서 우리는 급한 사자처럼 여행하는 것이 아니고 구경꾼처럼 여행하는 것이다. 우리는 다만 처음과 중간뿐 아니라 그 끝 모두를 생각하므로 여행 그 자체가 하나의 기쁨인 것이다. 에밀은 아주 바쁘지 않은 한 결코 역마차를 타지 않는다. 그러나 에밀에게 바빠야 할 이유는 없으며 있는 것은 인생의 기쁨뿐이다.

나는 말을 타고 여행하는 것이다. 언제든지 출발하고 싶을 때 출발하고 멈추고 싶을 때 멈추어서, 흥미를 일으키는 것은 무엇이든지 살펴본다. 그리고 어떠한 경치도 찬미한다. 강을 바라보고 울창한 숲을 찾아간다. 동굴이 있으면 들어가보고 돌산이 있으면 그 지질을 연구한다. 어떤 장소가 마음에 들면 그곳에 머물다가, 그곳에 싫증이 나면 또 걷기 시작한다. 인간이 볼 수 있는 것은 무엇이든지 보며 누구와도 관계가 없으므로, 나는 인간이 향락할 수 있는 모든 자유를 향락한다. 만약 일기가 좋지 못하여 걸을 수가 없거나, 또는 싫증이 나거나 피로하게 되면 나는 말을 탄다.

도보 여행은 플라톤이나 피타고라스식 여행이다. 철학자가 이와 다른 방법으로 여행할 수 있다고는 생각하기는 어렵다. 그가 어떻게 눈앞에 있고 그의 발밑에 놓여 있는 부의 연구를 모른 체하고 지날 수가 있을 것인가. 농사에 흥미를 갖고 있는 사람이라면 여행하다 지나게 되는 지방의 특산물과 그 경작법을 알고자 하지 않는 사람이 있을까? 고고학에 관심을 가진 사람이라면 토지나 바위를 조사해보지 않고, 식물을 관찰하여 보지도 않고, 또 화석을 찾아보지도 않고 지나칠 수 있을 것인가. 도시의 과학자인 여러분은 조그마한 표본을 가지고 있으나, 그들은 그것의 이름만을 알고 있을 뿐 성질은 아무것도 모른다. 그러나 에밀의 박물관은 왕후의 박물관보다 한층 더 풍부하며, 그곳의 관리자인이 박물학자는 가장 정연한 질서로 그것을 정돈하려고 한다. 자연 과학자 도바론튼도 그 이상으로 좋게 할 수는 없었다.

우리는 이렇게 유쾌하게 여러 가지 즐거움을 향락했다. 물론 건강도 점점 좋아졌고 마음이 쾌활해졌다. 아름답고 훌륭한 마차에 타고 있는 사람들은 언제나 생각에 잠겨 우울하고 잔소리가 많으며 병든 사람같이 보이지만, 도보로 여행하고 있는 사람은 언제나 떠들고 유쾌하며 모든 것에 즐거움을 느끼고 있다. 하룻밤을 쉬려고 여관에 가까이 갔을 때의 그 즐거움, 식탁에서 쉬고 있을 때의 기분, 딱딱한 침대에서 잠자는 상쾌함. 만약 여러분이 어떤 곳에 가고 싶다면 마차를 타고, 여행하고 싶다면 걸어가도록 하라. 만약 우리가 가려는 길을 50리도 가기 전에 소피가 생각난다면 그것은 내가 서툰 사람이거나 에밀의 호기심이 부족하거나 둘 중의 하나이다. 왜냐하면 여러 가지 많은 일에 대해 기초적 지식이 있으면 그의 지식을 넓히도록 자극을 받는다고 생각되기 때문이다. 우리의 호기심을 일으키는 것은 지식이다. 그리고 에밀은 더욱 알고자 하는 데 충분한 지식을 가지고 있는 것이다.

2, 3일 후에 우리는 길이 보이지 않는 언덕과 산골짜기를 따라 평소보다 더욱 멀리 배회했으므로 길을 잃고 말았다. 모든 길이 다같이 여러분의 여행 목적지에 통한다면 문제는 없다. 다행히 우리는 한 사람의 농부를 만나서 그의 집으로 인도되어, 그가 준 보잘것없는 식사일망정 맛있게 먹었다. 우리가 몹시 갈증을 느끼고 피곤해하는 것을 보고 그는 이렇게 말했다. "만약 신이 당신들을 이 언덕의 저쪽으로 인도하였더라면 당신들은 좀더 환대를 받았겠지요. 당신들은 아주 선량하고 친절한 사람들이 맞이해주는 좋은 휴식소를 발견했을 텐데. 그 사람들은 당신을 위해서 나만큼 대접에 신경을 쓰지는 않겠지만 그 사람들은 나보다 부자거든요. 그리고 이 근처 일대는 그 사람의 소유로, 우리는 그 사람의 은혜를 입고 있습니다." 이러한 이야기를 듣고 에밀의 마음은 그들에게 쏠리고 있었다. 그는 나를 보면서 이렇게 말했다. "그 집에 가 보지 않으시겠어요? 그 사람들을 만날 수 있다면 기쁘겠는데. 그 사람들도 즐겁게 우리를 만나주겠지요. 꼭 환대를 받을 거예요." 이 집 주인은 그 집으로 가는 길을 알려주었다. 그래서 우리는 출발했으나 숲속에서

다시 길을 잃은데다가 소나기를 만났으므로 우리는 더 이상 걸어가는 것을 주저했다. 가까스로 바른 길을 찾아서 저녁때에 우리는 농부가 알려준 바로 그 집에 도착했다. 그 집은 이 조그마한 마을의 오두막집 가운데에서 단 하나뿐인 커다란 저택으로서, 깨끗하면서도 어딘가 웅장했다. 우리는 현관에 들어가서 하룻밤의 유숙을 청하였다. 우리는 집 주인의 안내를 받아서 집 안으로 들어갔으며, 그로부터 여러 가지 친절한 질문을 받았지만 그에게 우리의 여행의 목적은 전혀 말하지 않고 우리가 어째서 길을 잃었는가를 말했다.

우리들이 안내를 받은 방은 작기는 하지만 깨끗하여 기분이 좋았다. 등불을 켜고 둘러보니 거기에는 셔츠와 옷 등 필요한 것은 모두 있었다. 에밀은 경탄하며 이렇게 말했다. "저 사람은 마치 우리를 기다리고 있었던 것 같군요. 그 농부가 한 말이 사실인데요. 정말로 친절하고 사려 깊고 좋은 사람들이에요. 처음 보는 사람들에게 나는 어쩐지 호메로스의 시대에 살고 있는 것 같은 느낌이 드는군요."라고. 나는 말했다. "네가 그렇게 느끼는 것은 기쁜 일이다. 그러나 놀라서는 안 된다. 손님이 별로 없는 집은 누구든 환대하는 법이다. 호메로스의 시대에는 여행하는 사람이 많지 않았기 때문에 여행하는 사람은 어디를 가도 환대를 받았던 것이다. 금년에 들어 이 길을 찾는 사람은 우리가 처음인 것 같다."라고. "어쨌든 손님을 환영할 줄 아는 그것만으로도 칭찬의 가치가 있지요." 그는 말했다.

몸을 말리고 옷을 갈아입고 나서 우리는 집 주인과 자리를 같이 했다. 그는 우리에게 그의 아내를 소개했다. 그녀는 우리를 정중하고 친절하게 맞아들였다. 그녀는 에밀을 주시하고 있었다. 어머니라는 그녀의 본분에 의해 젊은 남자를 집에 들일 때는 반드시 어떠한 관심과 호기심을 가지는 것 같다.

우리를 위한 저녁 식사가 준비되었다. 식당에는 다섯 개의 좌석이 있었고 우리는 그곳에 앉았다. 그리고 곧 이어서 비어 있는 한 자리에 젊은 아가씨가 들어와서 정중하게 인사를 한 다음 말없이 얌전히 앉았다. 에밀은 식사하는 것과 대화의 요령을 생각하기에 바빴다. 그는 그녀에게 고개 숙여 인사를 하고 쉴새없이 이야기를 계속했다. 집 주인이 에밀에게 이야기했다. "젊은이는 퍽 품위있고 쾌활해 보이는군요. 그리고 당신의 선생님과 당신이 비에 흠뻑 젖은 채로 이곳에 도착했을 때는 칼립소의 섬에 찾아온 텔레마크와 만토르를 연상케 하더군요." "사실입니다."라고 에밀은 말했다. "우리는 칼립소의 환대를 받고 있는 셈이죠." 내가 말을 이었다. "에우칼리스도 있군요." 그러나 에밀은 오딧세이아는 알고 있었으나 텔레마크는 읽어보지 못했으므로 에우칼리스의 일은 아무것도 몰랐다. 젊은 아가씨는 얼굴이 온통 빨갛게 되어 자신의 접시를 주시한 채 숨을 죽이고 있었다. 그의 어머니는 그녀가 몹시 당황하고 있는 것을 보고 그녀의 아버지에게 화제를 바꾸라고 눈짓을 했다. 그는 자신의 쓸쓸한 생활을 말하다가 지금까지의 자신의 생활에 대해서 모두 이야기했으나, 젊은 딸에 대한 것은 하나도 말하지 않았다. 에밀은 흥미를 느껴서 식사도 중지하고 들었다. 드디어 이 가정의 선량한 주인의 이야기가 선량한 부인의 이야기로 넘어가자, 이 젊은 나그네는 감격하여 한쪽 손은 남편 쪽으로 뻗고 또 한쪽 손으로 부인의 손을 잡으면서 열렬히 키스를 하고 눈물을 흘렸다. 모두가 이 청년의 순수한 열정에 감동되었고, 딸은 특히 이 모습에 의해 그의 친절한 마음에 깊이 감동되어 필로크테테스의 불행에 대해서 울었던 텔레마크를 연상하는 것이었다. 그녀는 분명하게 그의 용모를 보기 위해서 수줍어하며 그를 바라보았다.

그의 부드러운 용모는 거만한 빛이라곤 조금도 없는 자유를 나타내고 있었다. 그의 행동은 생기가 넘쳤으나 번잡하지 않았다. 동정심이 그의 눈매를 보다 더 부드럽게 하고 그의 말을 보다 더 다정스럽게 해주었다. 젊은 여자는 그의 눈물을 보고 자신도 따라서 눈물을 흘릴 듯한 표정이 되어 있었다.

딸이 식탁에 앉았을 때부터 그녀를 주시하고 있던 어머니는, 딸을 난처한 처지에서 구해주려고 일부러 심부름을 보냈다. 딸은 곧 돌아왔으나 조금도 기분을 바꾸지 못하고 있었으므로 감정을 억제하려는 그녀의 고통의 모습이 모든 사람의 눈에 분명히 보였다. 그녀의 어머니는 조용히 말했다. "소피, 마음을 진정시켜라. 너는 부모의 불행에 대해 언제까지 슬퍼할 작정이니." 라고.

소피라고 하는 이름을 듣고 에밀은 얼마나 감탄했는지 모른다. 이 귀여운 이름에 사로잡혀서 그는 한참 동안 열심히 그녀를 쳐다보고 있었다. 소피! 나의 가슴속에서 찾고 있었던 소피는 당신이었나요? 그는 일종의 공포심을 가지고 자신을 믿지 못하는 것처럼 그녀를 주시하였다. 그 얼굴은 그가 그리던 얼굴과 똑같지는 않았으나, 그는 그녀의 얼굴이 그리던 것보다 더 좋은지 싫은지를 말할 수 없었다. 그는 그 얼굴, 그 거동, 그 몸짓의 모든 것을 유심히 살폈다. 그는 그 모든 것을 재빨리 해석해보고는 불안해하면서 나를 바라보았다. 그의 두 눈은 여러 가지 의문과 비난에 차 있었으며, 이렇게 말하는 것 같았다. "시간이 있는 동안 나를 지도하여 주십시오. 만약 나의 마음이 속아서 풀이 죽어버리면 나의 기분은 두 번 다시 되살아날 수 없을 것입니다." 라고.

에밀처럼 자신의 감정을 숨기지 못하는 사람은 없을 것이다. 지금까지 경험한 일이 없는 이 어려운 순간에 네 사람의 시선 앞에서 그가 어떻게 그의 감정을 숨길 수 있겠는가? 소피의 날카로운 눈은 그의 불안한 태도를 놓치지는 않았지만, 그녀는 이 불안이 아직 사랑은 아니라는 것을 알았다. 그럼 어찌된 셈인가? 그는 그녀를 생각하고 있다. 그리고 그것만으로 충분하다.

어머니도 딸과 같은 눈을 갖고 있고 같은 느낌을 지닌다. 소피의 어머니는 우리들의 계획이 잘된 것을 보고 빙그레 웃고 있다. 그녀는 청년의 마음을 알고 있었다. 그녀는 이 새로운 텔레마크의 마음을 잡을 때가 왔다는 것을 느끼고서 딸에게 말을 시켰다. 천성이 얌전한 그의 딸은 오히려 한층 더 깊은 인상을 주는 수줍어하는 말로써 대답했고, 그녀의 첫 말에 에밀은 사로잡히고 말았다.

이 처녀의 매력이 격류처럼 에밀의 마음을 흔들었으며 그는 아무 말도 하지 못했다. 다만 그는 소피를 보고 그녀의 말만을 듣고 있었다. 그녀가 한 마디 말을 하면 그의 입도 벌어진다. 그의 마음속에서 말하고 있는 것은 소피의 마음이며, 이 순간에 겁을 내는 것은 그녀가 아니라 에밀이었다. 어쩔 줄 모르고 당황하는 그는 우리들이 자기를 보고 있지 않나 해서 겁을 먹고 주위 사람을 보려고 하지 않았다. 그는 자신의 비밀을 우리가 알아차리고 있지나 않을까 하여 부끄러워서 아무도 없는 곳에 있고 싶어했다. 한편으로 소피는 에밀이 걱정스러워하는 것을 보고 자신의 확신을 더욱 강하게 하며 기뻐한다.

그녀의 안색은 변하지 않았지만 그녀의 가슴은 환희로 물결치고 있다. 그리고 그녀의 가슴은 텔레마크를 발견했다고 말하고 있다.

내가 이 너무나 순진하고 단순한 그들의 사랑을 이야기하면 여러분은 무슨 쓸데없는 이야기를 하느냐고 비난하겠지만 그것은 여러분의 잘못이다. 남녀의 첫 만남이 장래 두 사람의 생활에 미치는 영향에 주의를 기울여야 한다. 사랑 또는 좋아하는 감정은 죽을 때까지 그 영향이 두 사람에게 미친다는 것을 사람들은 모르고 있다. 대부분의 교육상의 저술은 가장 어려운 부분인 아이들과 어른들 사이의 다리가 되어 있는 그 위기에 대해서는 조금도 언급하지 않고 있다. 이 책의 어떤 부분이 실제로 필요하다면 이것은 내가 아주 오랫동안 이 문제를 다루어왔기 때문이며, 또 내가 표현의 어려움으로 말미암아 겁을 내지 않았기 때문이다. 인성에 대한 이야기는 일종의 아름다운 사랑이다. 나는 인류의 역사를 쓰려고 하는 것이다. 만약 나의 저서가 하나의 사랑 이야기에 불과하다면, 그 잘못은 인류를 타락시킨 사람에게 있는 것이다.

우리들은 어릴 때부터 교사의 공통된 도구가 되어버린 공포·탐욕·거만 등 나쁜 감정에 지친 청년을 다루는 것이 아니다. 우리가 다루는 청년은 첫 사랑을 하고 있을 뿐만 아니라 무엇이든간에 최초의 정열을 경험하고 있는 청년이다. 그 정열은 아마 앞으로도 그가 경험할 수 없을 가장 열렬한 것이며, 그의 감정이나 취미는 어떤 정열에 의해서 형성되는 것이다.

에밀과 내가 그날 밤에 전혀 자지 못했다는 것을 여러분들도 쉽게 이해할 것이다. "왜 현명한 남자가 이름만 일치해도 크게 감동하는 것인가."라고 나에게 말할 것이다. 세계에는 소피라는 사람이 단 한 명밖에 없는 것도 아니며, 거의 알지도 못하고 몇 마디 말도 해보지 못한 사람과 사랑에 빠진다는 것은 이해할 수 없는 일이다. 젊은 사람들이여, 너무 급하게 서둘지 말라. 잘 관찰하고 살펴보라. 그대는 우리를 대접하는 사람이 누구인지 아직 모르지 않는가?"

지금은 가르쳐줄 때가 아니다. 더군다나 내가 말하는 것쯤은 주의도 하지 않을 것이다. 다만 젊은이가 자기의 감정을 정당화시키려고 하는 욕망으로 말미암아 소피에게 보다 더 관심을 가지는지를 알아보자.

이튿날 아침에 에밀은 틀림없이 그의 여행 때문에 초라해진 옷차림에 신경을 쓸 것이라는 나의 생각대로, 그는 우리에게 주어진 깨끗한 옷을 입고 있었다. 나는 그가 생각하고 있는 바를 알고 있으며 그가 교제하는 한 방법으로서 옷을 갈아입는다는 것을 알고 기뻐했다. 즉 옷을 빌어 입음으로써 또 한 번 이 집을 방문할 이유가 생긴 셈이다.

나의 생각으로는 소피 쪽에서 더욱 옷차림에 신경을 쓰고 있으리라고 예상했으나 이것은 맞지 않았다. 그런 천한 멋은 오직 사람들을 즐겁게 하려는 인간들에게나 어울리는 것이다. 그러나 진실한 사람에게서 오는 멋은 좀더 미묘해서 전혀 다른 목적을 갖는다. 소피가 바로 그러하다. 소피는 전날 밤보다 더 간소한 옷차림을 하고 있었다. 그녀는 공들인 화장이 사랑의 표시라는 것을 알고 있었지만, 무관심한 화장 또한 사랑의 표시라는 것을 알지 못했다. 그녀는 이미 자신의 힘이 에밀에게 뻗치고 있는 것을 알고 있다. 그는 그녀의 매력을 발견할 뿐 아니라 그 매력을 짐작해야만 된다. 그는 그녀에 관한 것을 짐작할 수 있을 정도로 충분한 관찰을 해왔던 것이다.

에밀과 내가 전날 밤 이야기를 하고 있는 동안, 소피와 그의 어머니도 가만히 있지 않았다는 것은 틀림없다. 즉, 고백이 있었을 것이고, 교훈을 주었을 것이다. 아침의 모임은 전과 달라서 이미 준비가 되어 있었다. 열두 시간 전까지는 이 두 젊은이들은 서로 만난 일이 없던 모르는 상태였다. 그러나 그들 사이에는 이미 일종의 이해가 있는 것은 명백하다. 그들의 인사는 형식적이었으며 수줍어하는 태도로 그들은 아무 말도 하지 않았다. 눈을 아래로 내리깔고 있는 것으로 보아 서로 피하고 있는 것 같았으나 이것이 이미 그들은 서로 이해하고 있다는 표시이며, 피하고 있는 것은 서로 뜻이 맞는다는 것이다. 우리들은 출발하기 전에 빌었던 옷을 반환하기 위하여 다시 한 번 방문하겠다고 말했다. 에밀은 그녀의 아버지와 어머니에게 인사를 하고 있었으나, 그의 눈은 소피의 눈을 찾고 있었다. 소피는 말이나 몸짓으로는 아무 표시도 하지 않았지만 얼굴을 붉혔다. 그리고 그 얼굴을 붉히는 것이 부모의 대답보다도 더욱 명백한 대답인 것이다.

우리가 이 정다운 집을 떠나자마자 에밀은 이 근처에 숙소를 정할 생각을하고 있었다. 가장 가까운 집마저도 너무 먼 듯이 생각되는 것이었다. 그래서 그는 가까운 냇가에서라도 자고 싶었던 것이다. "얼마나 어리석은 젊은이인가?" 나는 불쌍하게 여기는 어조로 말했다. "너는 벌써 사랑에 눈이 어두워졌는가? 너는 예의나 이성 같은 것은 멀리하였는가? 연인이라고 자처하면서 그녀의 얼굴에 흙칠을 하고 싶은가? 만약 세상 사람들이 그녀의 집에 묵었던 청년이 그 집에서 아주 가까운 곳에 유숙하고 있는 것을 안다면 그녀를 어떻게 생각하겠는가? 그것이 네가 그녀의 사랑에 보답하는 것인가?" "다른 사람의 쓸데없는 말이나 부당한 편견에 왜 우리는 얽매여야 됩니까?"라고 그는 열렬히 말했다. "선생님은 그러한 편견을 갖지 말라고 가르쳐주시지 않았습니까? 내가 얼마나 소피를 존경하는지 나 이상으로 알고 있는 사람은 누구입니까? 나의 애정이 그녀에게 수치를 가져오지는 않을 것입니다." 나는 가슴에 에밀을 끌어안으면서 말했다. "사랑하는 에밀아, 너는 너 자신만을 생각하는데, 그녀의 입장을 생각해보도록 해라. 한 성(性)의 명예와 다른 한 성의 명예를 비교해서는 안 된다. 그것들은 서로 다른 토대 위에 있으며 그러한 토대는 어느 편이나 확고하고 당연한 것이다. 너는 사랑하는 그녀의 평판을 존중해야만 된다. 너의 명예는 너 자신에게 있으나 그녀의 명예는 타인에 의하여 좌우되는데, 그것을 등한시하는 것은 너 자신의 명예를 손상시키는 것과 같다."

그리고 나는 이 차이를 설명하여, 거기에 주의를 기울이지 않는 것이 얼마나 큰 잘못인가를 그에게 깨닫게 해주었다. 그가 진실로 소피의 남편이 될 것인지 누가 알겠는가? 그녀의 부모는 이미 다른 사람을 정해두었는지도 모른다. 그는 그녀의 일에 대해 아무것도 모르고 있으며, 행복한 결혼을 하는 데 적합하다고 해도 그럴 만한 타당한 이유가 없는 것이다. 처녀는 조그마한 추문만 있어도 그것은 지울 수 없는 오점이 되며, 이 추문을 일으키게 한 그 남자와 결혼해도 결코 지울 수가 없다는 것을 그는 모르는가?

언제나 극단에 빠지기 쉬운 이 청년은 내가 여러 가지로 이르는 말을 듣자 새삼스럽게 놀라는 것이었다. 그제서야 그는 소피의 집에서 상당히 멀어진다고 해도 충분하지 못하다는 사실을 깨달았다. 그는 거기서부터 더욱 멀리 가려고 빨리 걸었으며, 또한 누가 듣고 있지 않을까 하여 주위를 살폈다. 그는 사랑하는 그녀의 명예를 위해서는 자기의 행복을 몇 배라도 희생시킬 각오였다.

그래서 우리는 그곳으로부터 떨어졌으나 너무 멀지 않은 곳에 숙소를 정하게 되었다. 우리는 주위를 살펴보기도 하고 사람들에게 물어 보기도 해서 20리쯤 밖에 한 마을이 있는 것을 알았다. 좀 가까운 마을을 생각했으나 우리가 있는 것이 다른 사람에게 이상스럽게 생각될 것 같아 일부러 이 마을에 숙소를 정했다. 젊은이는 사랑과 희망과 환희에 충만되어 그곳에 거처를 정했다. 이와 같이 해서 나는 그의 부풀어오르는 열정을 명예스럽고 선한 모든 것으로 채워 주려 했던 것이다.

내가 하는 일도 점점 끝나 가며 결과는 보인다. 큰 고난도 사라지고 중대한 장애도 제거되었다. 남은 일 중에서 가장 중요한 것은 너무 서둘러서 나의 일을 그르치지 않도록 하는 것이다. 이 불안정한 인간 생활 가운데서 우리는 미래를 위해 현재를 희생하려는 잘못된 신중은 피하는 것이 좋지 않을까. 인간은 아무리 주의해도 행복의 의미를 모르는 채 죽어버릴 염려가 있으므로, 어떤 시기에도 그 사람이 행복하도록 해주어야 한다. 만약 삶을 즐길 수 있는 때가 있다면 그것은 의심할 여지없이 청년기인 것이다. 이 시기에는 몸과 마음이 가장 강하며 또 인생 행로의 한가운데 있는 것이다. 만약 젊은이가 자기도 모르게 경솔한 행동을 했다고 할지라도 그것은 향락을 위한 욕망 때문이 아니고 향락이 없는 곳에서 그것을 구하려고 하기 때문이며, 또한 현재를 향락할 수 없는 동시에 미래의 비참함을 지금부터 쌓아두는 것과 다름이 없는 것이다. 에밀을 보라. 그는 스무 살이 넘었고 체격도 좋다. 몸과 마음이 다같이 잘 발달되어 있고 건강하며, 활발하고 상식과 의지와 친절과 인정에도 부족함이 없다. 또한 성질도 선량하고 취미도 고상해서 아름다운 것을 사랑하고 착한 것을 행하며, 편견을 갖지 않고 지혜의 법칙을 따른다. 그리고 또 필요한 기능은 모두 습득하고 있으며, 재산은 안중에도 없고 맨주먹으로도 살아갈 수 있으며, 빈곤을 두려워하지 않는다. 보라！ 그는 지금 신선한 정열로써 열광하고 있는 것이다. 사랑의 눈부신 빛에 그 마음을 펼치고 있는 것이다. 그리고 그는 자신에 상응한 보수를 희망하며 기대하고 있다.

그들 서로의 애착심은 상호간의 애정과 명예스러운 생각 속에서 시작된 것이기에 그들의 애정은 오래 계속된다. 신뢰와 믿음으로 충만되고 번잡한 생각에 전혀 구애됨이 없이, 그들의 애정은 모든 행복에 결합되고 있는 것이다. 그런데 현재의 기쁨에 부족한 것이 무엇인가를 잘 주의하고 조사해서 생각해 보는 것이 좋다. 그것은 현재의 희열과 결합될 수 있다. 이러한 순진한 즐거움을 방해해야만 될 것인가. 나의 일생의 보상은 모두 그가 향락하는 행복 가운데 있다. 그런데 그것을 그에게서 빼앗는다면 더 나은 무엇을 그에게 줄 수 있을 것인가. 내가 그를 그의 행복의 정상까지 올려주었다 할지라도 나는 그 행복에 가장 중요한 매력을 파괴할 수는 없다. 숭고한 즐거움을 갖는 것보다 그것을 기대한 매력을 파괴할 수는 없다. 숭고한 즐거움을 갖는 것보다 그것을 기대하고 있는 편이 더 더욱 소중한 것이다. 에밀이여！ 사랑을 하고 사랑을 받는 것이 좋다. 사랑이 너의 것이 될 때까지 너의 즐거움을 연장하는 것이 좋다. 나는 이 행복의 시기를 도중에서 꺾지는 않을 것이다. 그리고 될 수 있는 대로 그것을 연장시킬 생각이다. 언제든 한 번은 종말이 오는 것은 정해진 이치이지만, 적어도 행복이 너의 마음에 머물러 있도록 해보자. 그리하면 너는 지난날의 즐거움을 결코 후회하지는 않을 것이다. 돌려줄 물건이 준비되자 우리는 곧 말을 타고 급히 출발했다. 에밀은 그곳으로 간다는 기쁨에 마음이 들떠 있어 시간의 흐름이 매우 늦은 것처럼 느꼈다.

불행하게도 길이 복잡해서 우리는 길을 잃었다. 그가 먼저 길을 잃었음을 알았지만 아무런 불평도 없이 열심히 길을 찾았다. 오랫동안 왔다갔다 한 뒤에 그는 자신이 있는 곳을 알게 되었는데, 그동안 그는 평소와 같이 침착했다. 그러한 것은 그렇게 중요하지 않다고 여러분들은 생각할 것이나, 나는 그것을 대단히 중대하다고 생각한다. 왜냐하면 나는 그가 어릴 때부터 어떠한 어려운 일을 당해도 견디어 나갈 수 있도록 단련시켜 온 나의 교육의 결과를 보았던 것이다.

우리는 마침내 그곳에 도착했다. 우리들의 접대는 전보다 훨씬 간단했지만 더욱 친절하였다. 에밀과 소피는 수줍은 듯 인사를 하고는 아무말이 없었다. 우리들이 있는 데서 그들이 무엇을 말할 수 있으랴. 우리는 정원에서 산책을 했다. 화단은 잘 가꾸어져 있었다. "마치 아르키노스의 정원에 있는 것 같습니다." 아르키노스가 누구인지 처녀는 알고 싶어한다. 그래서 그녀의 어머니가 나에게 묻기에, 나는 그들에게 말해준다. "아르키노스는 코르키라(Corcyra)의 왕이었으며, 가련한 딸 하나를 데리고 있었는데, 그 딸이 어느 날 밤에 곧 자기가 남편을 맞이하게 될 꿈을 꾸었습니다. 그런데 그 다음날 그녀의 아버지가 처음 보는 남자를 맞이하여서 그녀는 남편을 만나게 되었습니다. 소피는 얘기를 듣고 얼굴이 빨갛게 되어 고개를 푹 수그린 채 입술을 지그시 무는 것이다. 누구보다도 그녀는 난처했다. 우리는 산보를 계속했다. 처음에는 두 젊은이는 우리들 곁에서 따라왔지만 마침내 우리들처럼 느린 걸음으로 같이 갈 수 없기에 곧 우리보다 조금 앞에서 같이 걸어가면서 이야기를 시작했다. 에밀은 활발하게 몸짓을 하면서 이야기를 하고 있었으며, 소피는 조용히 듣고 있었다. 그들의 대화가 재미있게 진행되어가는 것 같았다. 우리가 한 시간쯤 지나서 집으로 돌아가려고 그들을 부르자 그들은 이제는 비교적 느린 걸음으로 돌아왔다. 그래서 우리는 그들이 자기들의 시간을 좀더 가지려는 것을 알 수 있었다. 우리가 보이는 곳에 이르자 그들은 대화를 갑자기 중단하고 빠르게 우리가 있는 곳으로 왔다. 에밀은 쾌활하고 기쁨에 넘쳐 있었으며, 그의 두 눈은 환희로 빛나고 있었다. 그러나 소피는 우리가 있는 곳에 가까이 이르자 자기가 젊은 남자와 밀담한 일에 당황하고 있는 것 같았다. 솔직이 그녀는 다른 많은 젊은 남성들과 만난 일이 있었으며 그것 때문에 실수한 일은 없었지만, 그녀는 약간 숨을 몰아쉬며 그의 어머니에게 쫓아가서 다소 평범한 이야기를 지껄였다.

우리는 이 두 젊은이의 행복한 모습에서 이 대화가 그들의 마음에서 짐을 벗게 했다는 것을 알 수 있다. 그들은 그들의 교제에 있어서 침묵을 지켰지만, 그들의 침묵은 전처럼 당황했기 때문은 아니었다. 그것은 다만 에밀의 경건함과 소피의 정숙, 즉 두 사람의 선량함에 의존하고 있는 것이다. 에밀이 용감하게 그녀에게 몇 마디의 말을 하면 그녀도 역시 대담하게 응답하지만, 그녀는 언제나 대답하기 전에 먼저 그의 어머니의 얼굴을 쳐다보는 것이었다. 그녀는 나에게 대하는 태도에 가장 큰 변화를 보였다. 그녀는 나에게 가장 큰 존경을 나타내고, 그리고 나를 흥미있게 쳐다보는 것이었다. 그리고 그녀는 나를 즐겁게 하려고 고심하는 것이었다. 나는 에밀이 그녀에게 나에 관한 이야기를 한 것을 알았다. 아마 에밀은 소피보다도 나의 도움을 청할 필요가 더 많을 것이다. 이 얼마나 귀여운 한 쌍인가! 나는 나의 모든 수고에 대한 보수를 만족하게 받은 셈이 된 것이다.

우리들의 방문은 계속되었다. 젊은이들에겐 여러 차례 대화의 기회가 주어졌다. 에밀은 사랑에 도취되어 이미 행복은 그의 손 안에 있다고 생각했다. 그러나 그는 그녀로부터 어떤 확실한 언약을 얻을 수가 없었다. 그녀는 그의 말에 귀를 기울였을 뿐 대답은 전혀 하지 않았다. 에밀은 그녀가 얼마나 정숙한가를 알고 있었으며, 그녀의 침묵을 이상하게 여기지는 않았다. 에밀은 그녀가 확실히 자기를 사랑하고 있다는 것과, 부모는 그들의 딸과 결혼할 사람으로 결정하려는 것을 알았다. 그는 그녀가 부모의 명령을 기다리고 있다고 생각하고서, 그들에게 말하기 위해서 그녀의 허락을 원했다. 그녀는 별로 반대하지 않았다. 그녀의 아버지는 소피가 자유로운 몸이며, 에밀의 행복이 소피에게만 달려 있다는 말을 듣고 몹시 놀란다. 에밀은 자신이 기대한 것처럼 이야기가 잘 진행되지 않은 것을 알고 자신감을 잃고서 놀라는 것이었다.

그는 나에게 그것을 이야기했고, 나는 에밀의 앞에서 그를 대신하여 소피의 아버지에게 말했다. 에밀은 일의 진행을 추측해 보는 성질의 청년은 아니다. 만약 누가 그에게 알려주지 않는다면 그는 평생 동안 결코 그것을 알려고 하지 않을 것이다. 그리고 소피는 자존심이 강하기 때문에 그에게 이야기하지 않는다. 소피가 방해물이라고 생각하는 것은 다른 사람들에게 유리할 것이다. 그녀는 부모의 교훈을 잊지 않았다. 그녀는 가난하고 에밀은 부자라는 것을 잘 알고 있다. 에밀은 소피의 존경을 받아야만 된다. 이 불평등을 제거해버린다면 그의 공적은 정말 큰 것이다. 그렇지만 어떻게 이 어려움을 알 수 있을 것인가. 자기가 부자라는 것을 에밀 자신이 알고 있는가. 단 한 번이라도 그가 그것을 알려고 노력한 일이 있는가. 아니 그는 자기에게 재산 같은 것은 필요하다고 생각하지도 않는 것이다. 또 실제로 그런 도움 없이도 잘 해나갈 수 있는 것이다. 그가 하는 선한 일도 마음으로 하는 것이지 결코 재력으로 하는 것은 아니다. 그는 불쌍한 사람을 위해서는 자기의 시간과 도움과 사랑과, 또 자기 자신의 생명까지도 아끼지 않는다. 에밀은 자기의 불명예를 어떻게 하면 좋을지 모르기에 그것을 자기 자신의 잘못이라고 생각한다. 실연의 비애와 수치감이 따라온다. 그래서 그는 상당한 자신감을 가지지 않고는 소피를 가까이하지 않는다. 그는 그녀 앞에서 당황해하고 얌전해졌다. 그는 이미 그녀의 사랑을 받으려고 하지도 않으며, 이제는 그녀의 동정을 사고 싶었다. 그는 때때로 참을성을 잃고 그녀에게 분개하는 일이 있다. 소피는 그의 심정을 아는 것 같았다. 그리고 그녀는 그의 얼굴을 쳐다보았다. 그녀의 시선은 그의 분노를 풀고 또 그를 두렵게 하기에 충분했다.

이 완고한 저항과 어떻게 할 수 없는 침묵에 고통을 받은 그는, 나에게 그 심정을 토로한 것이다. 그는 나의 도움과 의논을 애원하는 것이다. 얼마나 이해하기 어려운 일인가? "그녀는 나에게 관심이 있습니다. 나를 피하고 있지만 사실은 나를 만나고 싶어하며, 내가 오면 그녀는 기쁜 빛을 보이고 내가 갈 때는 서운한 빛을 보입니다. 그녀는 내가 결혼 이야기를 끄집어내려고 하면 나에게 말을 못 하도록 합니다. 그녀는 대체 무엇 때문에 나를 자기의 편으로 하고자 하면서도 자기가 내 편이 되는 것은 거절하는 걸까요? 그녀는 당신을 존경하므로 당신의 말에 귀를 기울이지 않고는 못 견딜 겁니다. 그녀에게 말해서 그녀의 대답을 얻어 주십시오."

나는 소피에게 말했다. 그리고 쉽게 그녀의 비밀을 말하게 할 수가 있었다. 그것을 에밀에게 말해주도록 허락을 얻기란 어려운 일이지만 마침내 그녀는 나에게 허락을 해주어서 전반적인 사정을 에밀에게 전할 수 있게 되었다. 이 설명을 듣고 에밀은 매우 놀랐으며, 이러한 미묘한 것을 이해할 수가 없었다. 그는 어째서 재산의 많고 적음이 그의 가치에 영향을 미칠 수 있는지 몰랐다. 내가 그에게 자신이 세상 사람들의 편견에 영향을 주고 있음을 알려주자 그는 웃었다. 그는 기뻐하면서 지주권을 찢어 없애서 그의 재산을 버리고, 소피와 마찬가지로 가난하게 되어서 소피의 남편이 되는 데 조금도 부끄럽지 않을 정도의 지위로 돌아오고 싶다고 말할 정도였다.

나는 그의 말을 멈추게 하고 이번에는 그의 성급함에 대해 웃으면서 말했다. "왜 이 어린 생각은 언제나 조금도 철부지에서 벗어나지 못하는가? 한 평생 철학에 젖어도 너는 사물의 이치를 깨닫지 못할 것 같다. 너의 무모한 계획은 일을 더욱 그르치게 하고, 그녀를 전보다 더 완고하게 만든다는 것을 모르느냐? 그녀보다도 더 부자라는 것은 조그만 우월이다. 만약 그녀의 자존심이 조그마한 본분을 지킬 수 없다면, 어떻게 해서 그녀에게 더 큰 부자의 본분을 지키도록 결심하게 할 수 있겠는가? 만약 그녀의 남편 되는 사람이 그녀를 풍부하게 해준 것으로 그녀를 모욕할지도 모른다는 생각이 든다면 그녀는 남편을 가난하게 했다고 하는 비난을 감수할 수 있을 것인가? 불쌍한 에밀아! 그녀가 너에게 이런 계획이 있으리라고 의심을 갖지 않도록 주의하면서 동시에 그녀를 위해서 주의 깊고 경제적이 되도록 하라."

"너는 정말로 그녀가 부를 두려워하고 더구나 큰 부자가 되는 것을 반대한다고 생각하느냐? 아니다. 부자는 언제나 재물을 사람보다 더 가치 있게 생각한다. 에밀아, 너는 그녀의 걱정을 어떻게 풀어주면 되겠느냐? 그녀로 하여금 너를 더 이해하도록 하라. 그것은 단시일 내에 할 수는 없으며 끈기 있게 계속하면 그녀의 저항을 극복할 것이다. 그녀를 사랑한다면 그녀에게 봉사하고 그녀의 부모들에게 봉사해라. 그리고 그러한 친절은 결코 순간적인 무모한 열정에서 나온 것이 아니고 너의 마음 속에서 깊이 뿌리박고 있는 확고한 신념에서 나오는 것임을 그녀에게 확신시켜라. 그것이야말로 부와 그녀가 찬미하는 인간의 가치를 일치시킬 유일한 방법인 것이다.

이러한 말을 듣고 이 젊은 청년이 얼마나 기뻐했는가는 쉽게 상상할 수 있을 것이다. 그는 확신과 희망을 회복했다. 그리고 착한 그는 어떻게 해서라도 그녀를 즐겁게 해주겠다는 기쁨을 가지게 되었다. 그의 행동은 그녀에게 거의 이해되지 않았으나, 이러한 경우에 그가 어떤 행동을 할지는 누구나 짐작할 수 있을 것이다. 그래서 나는 이 두 젊은이의 친구이며, 그들의 애정의 중매자가 되었다. 교사로서 이 얼마나 훌륭한 일인가! 내가 할 일은 그 연인들의 행동을 지켜보는 일이다. 에밀은 언제나 내가 화를 낼까봐 염려하지만 결코 그런 일은 없을 것이며, 이 작은 숙녀는 나에게 스스로 친절을 베풀어준다. 이 친절은 나만이 받는 혜택으로, 이것은 그녀가 에밀에 대해 가혹한 것을 보상하는 방법이다. 그녀는 그에게 친절하게 대하기보다는 차라리 죽어버리고 싶은 심정이 있었으며, 에밀은 결코 내가 그의 대신이 될 수는 없는 것을 알고 있기 때문에 나와 소피와의 사이가 대단히 좋게 되는 것을 기뻐했다. 우리가 산보할 때 그녀가 에밀의 팔을 잡는 것을 거부하면 에밀은 소피가 나의 팔을 잡는 것으로써 자위했다. 그는 아무런 불평도 하지 않고 귓속말로 나에게 말한다. "나를 대신하여 잘 말해 주세요." 그러고 나서 그의 눈은 흥미를 지닌 채 우리를 주시하는 것이다. 그리고 그는 우리의 거동으로써 우리의 대화의 내용을 짐작하려고 애를 썼다. 그는 우리가 이야기하고 있는 것이 모두 다 자기에게 관계되는 내용임을 알 수 있었다. 소피야, 네가 텔레마크에게는 들리지 않도록 만토르에게 말할 수가 있다면 얼마나 솔직하고 자유스러우랴! 너는 자유스럽고 기쁘게 너의 조그만 가슴속에서 용솟음치고 있는 것을 그에게 알려줄 수 있을 것이다. 네가 얼마나 그를 존경하고 있는가를 그에게 보여주는 것이 얼마나 즐거운 일이냐! 너는 재치있게 호소하는 기분으로써 그에게 훨씬 더 부드러운 감정을 느끼도록 해줄 수 있을까? 에밀이 조급하기 때문에 그것이 네게 방해가 된다고, 너는 어떻게 성낸 얼굴로 그를 배척할 수 있는가. 또 에밀이 네게 와서 너에게 무언가 자기의 믿음에 관한 것을 말하거나 또는 그에 관해서 하는 내 말에 귀를 기울이거나 그를 사랑하는 새로운 어떤 이유를 발견하는 것을 방해할 때에 너는 얼마나 사랑스러운 분노로써 그를 원망할 것인지. 에밀은 분명히 애인으로서 허용되었기 때문에 자기의 입장을 교묘하게 이용하는 것이다. 즉, 그는 말을 걸고 재촉하고 요청하고 명령을 내리는 것이다. 마침내 그녀는 그렇게 쉬운 일은 아니었으나 다음과 같이 하도록 설득되었다. 즉, 약혼자로서의 위엄을 가지고 그가 할 일을 결정하고, 결정을 의뢰하는 대신에 명령하고, 선물을 자연스럽게 받아들이고, 그의 방문 횟수나 시간을 통제하고 어느날 언제까지는 오지 말라든지, 어느 시간이 지날 때까지는 머물지 말라는 등을 말하는 것이었다. 이러한 권리를 그녀에게 준 것은 곤란한 일이었으나 그녀는 엄격하게 그 권리를 행사했으므로, 에밀은 이제 그 권리를 그녀에게 준 것에 대해 후회스럽게 여겨진 적이 한두 번이 아니었다. 그러나 어떤 명령이라도 그녀의 명령이라면 거역하지 않았다. 그래서 때로는 그가 명령에 의해서 그녀의 곁을 떠날 때 그는 기쁨에 가득찬 눈으로 나를 쳐다보는 것이었다. 당신은 내가 그녀의 소유가 되었다고 생각하고 있는가요? 그러나 그는 알아채지 못했지만 소피는 자존심에 가득찬 눈으로 그를 세밀히 관찰하고 있었다.

아! 나에게 두 사람의 행복을 그릴 수 있는 라파엘의 붓이 있었다면, 사랑과 소박한 환희를 그릴 수 있는 밀턴의 펜이 있었다면! 아니다. 이러한 공허한 예술은 자연의 신성한 진리 앞에서 위축되어버리는 것이다.

에밀은 이제 그녀를 즐겁게 해주는 일에 열심이어서, 지금까지 자기가 습득해 온 기술의 가치를 느끼는 것이었다. 소피는 노래를 좋아한다. 그래서 그는 그녀와 함께 노래를 부른다. 그는 그녀보다도 노래를 더 잘 부를 수 있으므로 그녀에게 음악을 가르쳤다. 그녀는 춤을 좋아한다. 그래서 그는 그녀와 함께 춤을 추면서, 그녀가 아직 익숙하지 못한 동작을 바로잡아주고 가르쳐서 춤의 스탭을 맞추어주었다. 에밀은 그의 애인에게 가르치면서 즐길 수가 있었으며, 그는 그녀의 교사가 될 권리를 가질 수 있었다.

우상숭배자가 자기의 숭배의 대상인 사원에 가장 소중한 것을 바치는 것과 마찬가지로, 에밀은 자신의 애인의 완전함을 보는 것만으로는 만족할 수 없었다. 그로서는 그녀에게 즐거움을 주는 일이 필요했던 것이다. 그것이 그녀에게 줄 새로운 존경이며, 그녀를 생각한다는 신성한 환희였던 것이다. 어떠한 미라도 모두가 최고의 미에 도달하는 수단으로 있는 것이다. 그가 알고 있는 것이라면 무엇이든지 열심히 가르치려고 하는 그의 태도는 사람의 마음을 감동시키는 동시에 흥미를 느끼게 했다. 그는 어린애 같은 열성으로써 그가 아는 모든 것을 말해주고 그것을 설명하는 것이다. 그리하면 그녀는 이해해 주리라고 생각하는 것이다. 그는 그녀와 함께 철학을 논하고 싶은 것이다. 그녀 앞에서 발휘할 수 없는 것은 모두가 극히 쓸모없는 지식이며, 그녀가 모르는 것을 자신만 아는 것은 매우 부끄러운 일이라고 생각했다.

그래서 그는 여러 가지 학문을 그녀에게 가르쳐주었으며, 소피는 즐겁게 그와 함께 열심히 배워서 유익하게 하였다. 그러나 선생보다도 학생편이 더욱 노력하는 경우는 공부하는 데 그다지 좋은 현상은 아니었으며, 가끔 서로 마주치는 눈을 피할 곳을 찾는 것은 쉬운 일이 아니었다. 여자는 사물에 대해 생각하는 방법을 모르는 것이 아니고, 다만 논리적 및 형이상학적인 것을 표면적으로만 스쳐갈 뿐이다. 소피는 쉽게 이해하지만 곧 잊어버리고 만다.

그녀는 심리학과 미학(美學)에는 상당히 진보가 빠르다. 그런데 그녀는 자연과학에 관련된 일반 법칙 및 질서의 관념에 대해서는 확실히 이해하지 못했다. 그들이 함께 산보하면서 자연의 여러 가지 경이를 보고 때때로 그들은 순결하고 거짓없는 마음으로 자연신에 대해 생각하는 것을 두려워하지 않으며, 신 앞에서 그들의 마음을 토로하는 것이었다.

그때 이 젊은 연인들은 같이 종교에 대하여 이야기하면서 시간을 보내는 것이다. 그들에게는 교리문답 말고는 화제거리가 없는 것일까? 물론 그들은 달콤한 사랑의 세계에서 그들의 교리문답을 토론하는 것이다. 그들은 서로 바라보는 것으로써 완전했다. 즉, 그들은 서로 사랑하고 있는 것이다. 그들은 훌륭한 덕이면 무엇이나 열심히 이야기했고, 자제하려고 할 때 천국의 이슬보다도 순결한 눈물이 흐르는 것이었다. 이 아름다운 눈물은 인생의 환희인 것이다. 아무도 이런 아름다운 도취를 경험하지 못했을 서로의 희생이 자제심을 증가시키는 것이다. 부자유스러움이 그들의 행복을 증가시키는 것이었다. 이와 같이 서로 잘 이해하고 있었음에도 불구하고 시간이 지나감에 따라 의견의 차이와 다툼이 생겨났다. 여자에게는 변덕이 있었고, 남자에는 쉽게 흥분하는 기질이 있었기 때문이다. 그러나 이러한 격랑은 곧 사라지고 단지 그들의 결합을 한층 강화시켜줄 뿐이었다. 에밀은 경험으로 그런 것에 너무 많은 중요성을 두어서는 안 된다는 것을 깨달았으므로, 싸움으로 인해 손해를 보더라도 화해함으로써 더욱 이득이 있었던 것이다. 그러나 비록 눈앞의 이득은 없다고 할지라도, 그는 언제나 자기의 애정에 대한 그녀의 마음이 전보다도 확고히 되었다는 것을 알고 만족하는 것이었다. 이것이 그에게 무슨 이익이 되느냐고 여러분은 물을 것이다. 나는 서슴지 않고 여러분에게 말하리라. 나에게 무척 중요한 법칙을 명확하게 확립시키고, 또 아주 나쁜 법칙과 싸울 기회를 주는 것이기 때문이다. 에밀은 연애를 하고 있지만 결코 뻔뻔스럽지는 않다. 그러므로 소피가 조금이라도 염치없는 행동을 용서할 만한 처녀가 아니란 것을 여러분도 쉽게 이해할 것이다. 그러나 모든 것이 마찬가지지만 덕에도 제한이 있어서, 그녀는 관대하다기보다 오히려 너무 엄하다는 비난을 받아야만 했다. 때로는 그녀의 아버지까지도 그녀의 극단적인 엄격함이 거만으로 나타날까봐 걱정하고 있었다. 단둘이 산책을 할 때 그녀가 그의 팔을 잡아줄 만큼 다정하게 하더라도 그에게 어떠한 권리도 허용하지 않는다. 오랫동안 자제한 후 그는 슬그머니 그녀의 옷깃에 키스를 해본다. 그리하여 그녀가 알아차리지 못한 듯 꾸미는 호의를 나타내자 기뻐한 일이 한두 번이 아니었다. 그는 어느 날 그러한 행동을 공공연히 했으므로 소피는 그것을 대단한 모욕이라고 생각했다. 그래서 그날 하루는 서로 기분이 상했고 그들은 상당히 나쁜 기분으로 헤어졌다. 소피는 걱정이 되었다. 그녀의 어머니는 모든 일에 있어서 친구와 같았는데, 그녀가 어떻게 이것을 어머니에게 숨길 수 있으랴. 이것이 두 사람 사이의 최초의 오해였다. 그녀는 자기의 행동을 슬퍼했다. 그녀는 이를 보상하도록 하는 어머니의 허가를 얻고, 아버지에게서 명령을 받았다.

다음날 에밀은 걱정스러운 얼굴로 보통때보다 일찍 나타났다. 소피는 어머니의 화장실에 있었고 아버지도 거기에 있었다. 그가 그녀의 부모에게 인사를 하자마자 소피는 돌아보면서 자신의 손을 내밀며 친밀하게 인사를 했다. 그 깨끗한 손을 분명히 키스하도록 내맡기는 것이었다. 에밀은 그 손을 잡았지만 키스는 하지 않았다. 그녀는 부끄러워서 곧 손을 감추고 말았다. 에밀은 여자의 변덕에는 익숙하지 못해 그 변덕이 얼마나 지속되는지 모르므로 쉽게 잊어버리지 못했고, 소피의 부친은 그녀의 당황하는 모습을 보면서도 더욱 그녀를 난처하게 놀리는 것이었다. 이 불쌍한 처녀는 부끄러움과 난처함으로 매우 당황하였다. 마음을 안정시키려고 하면 할수록 흥분되어서, 드디어 숨기려고 했음에도 불구하고 눈물이 흐르고 말았다. 에밀은 이 눈물을 보고 그녀에게로 다가서서 무릎을 꿇고 그녀의 손을 잡고 몇 번이나 감격적인 키스를 했다. 그녀의 부친은 웃으면서 "그대는 정말 소피에게 친절하다. 만약 내가 자네였다면 이런 어리석은 태도를 더 놀려주겠네. 그래서 나를 모욕한 그 입술에 벌을 주겠네."라고 말했다.

이 말에 용기를 얻은 에밀은 그녀에게 가까이 다가갔다. 그녀는 고개를 돌려서 자신의 입술을 지키려고 했지만 큰 저항은 없었다. 만약 그녀의 어머니가 없었다면 어떠한 키스를 했을까.

그녀의 어머니는 무엇인가 구실을 만들어서 소피를 밖으로 내보내고 공손하게 에밀에게 말했다. "당신처럼 훌륭한 가문과 훌륭한 교육을 받은 청년으로서 감정과 성품이 풍부한 사람은, 이 집 가족들이 보여준 호의에 대하여 명예롭지 못한 행동으로 갚지는 않으리라고 생각합니다. 내가 지나치게 체면을 차린다거나 너무 엄격하게 하는 것은 아닙니다. 당신 자신의 의무에 관해서 당신의 선생님에게 물어보시면 이렇게 말할 것입니다. 부모의 눈앞에서 허용된 키스와 부모가 없을 때 부모의 믿음을 배신하는 키스와의 사이에는 커다란 차이가 있다고 말입니다. 내 딸을 비난할 오직 한 가지 점은, 그 애는 당신에게 허락할 수 없는 것이 무엇인지 처음에는 잘 몰랐다는 것입니다. 호감을 준 이유가 다만 그것뿐이었는데 젊은 처녀의 순수함을 이용해서 다른 사람 앞에서 그 자유를 빼앗는 것은 신사에게는 맞지 않는 행동이라고 당신의 선생은 말할 것입니다." 나의 제자보다도 오히려 나에게 이와 같이 정당한 꾸중을 하고 나서 이 선량한 어머니는 그 자리를 비켰다.

에밀은 소피를 사랑한다. 그를 매혹시킨 것은 도덕과 순수하고 정직한 것들을 사랑하는 소피의 마음이었던 것이다. 에밀이 소피가 가지고 있는 그러한 마음씨를 사랑할 때 그 자신은 그것을 느끼지 못할 것인가. 그리고 소피는 그 자신에게 얼마만큼의 가치를 두었던 것일까? 그녀는 자기 애인의 선천적인 감정을 요구한 것이다. 진실로 선한 것을 존경하고 검소·순박·관대한 마음가짐과 화려한 것이나 부를 경멸하는 것 등, 이같은 덕은 사랑이 그것들을 빼앗아가기 전에는 에밀의 것이었다. 정말로 그는 변한 것인가. 그는 이제 새로운 그 자신에 대해 말하는 것이다. 이것만이 다른 점이다. 주의 깊은 독자라면 그가 지금 있는 형편이 모두가 우연적인 것이라고는 생각지 않을 것이다. 그가 도시에 그렇게 많은 아름다운 처녀를 두고 멀리 떨어진 시골에서 그녀를 선택한 것은 우연일까? 두 사람이 만난 것이 우연일까?

두 사람이 서로간에 적합하다고 한 것은 우연일까? 그가 그녀를 자주 보지 못하고 그녀를 만나는 기쁨을 만들려면 대단한 피로를 느껴야만 하는 것도 우연일까? 그는 유약하게 되었다고 여러분은 말하겠지만 그는 점점 강해진 것이다.

그는 2마일 이상 떨어진 곳에 살고 있다. 이 정도의 거리는 알맞은 것이다. 만약 그들이 너무 가까운 거리에 있다면, 또는 만약 그가 마차를 타고 그녀를 만나러 갈 수 있다면 그는 파리식의 안이한 사랑을 할 것이다. 만약에 바다가 그들 사이에 놓여 있지 않았다면 레안드르는 그의 애인 헤로를 위해 죽을 수 있었겠는가?

처음에 우리가 소피를 보러 갔을 때 그곳에 빨리 도착하기 위해서 말을 타고 갔던 것이다. 우리는 다섯번째의 방문을 할 때까지 이 편리한 방법을 계속했다. 저편에서도 우리를 기다렸다. 그래서 집을 나서서 1마일 반쯤 가면 길에서도 사람들을 볼 수 있었는데 에밀은 그들을 살펴본다. 그들이 가까워짐에 따라서 그의 가슴의 맥박도 빨라진다. 그는 그들 가운데서 소피가 있는 것을 발견하고 곧 말에서 뛰어내려서, 이 유쾌한 가족들과 한패가 되었다. 그의 말은 몸이 가벼워지자 매우 힘차게 온 들을 뛰었다. 나는 따라가서 겨우 말을 붙잡고 돌아올 수가 있었다. 에밀은 어떤 일이 벌어졌는지 몰랐지만 소피가 그에게, 당신은 친구에게 많은 고통을 주었다고 알려주자 그는 정말 미안해하며 급히 말을 몰고 일행의 뒤를 따라갔다. 각자가 방향을 바꾸어서 그는 우리들과 떨어지기 위하여 말을 탔다. 그는 그녀를 뒤에 남기고 가야만 했다. 그래서 그는 말을 타는 것이 편리한 여행 방법이 아니라고 생각하면서 헐떡거리며 되돌아오는 도중에 우리를 만났다. 그후로 에밀은 말 이야기를 꺼내지 않았다. "우리는 말을 보살필 하인만 필요하다."고 내가 말하니 "우리가 저 훌륭한 가족에게 그러한 부담을 주어도 좋을까요? 당신은 그들이 사람과 말에게 고통을 받는다는 것을 알 것입니다." 하고 그는 반문한다. 나는 "정말 그렇구나." 하고 대답했다. 그러자 그는 "우리는 걸어갔으면 좋겠습니다." 하고 말했다. 나는 곧 대답하기를 "그렇게 하지. 나는 사랑이 그러한 허영을 원하지 않을 것이라고 생각한다."고 했다.

우리가 집 가까이 왔을 때 집에서 전보다 멀리 나와 있는 소피와 그녀의 어머니를 만났다. 에밀은 무척 더워했고 소피는 그의 손수건으로 에밀의 뺨을 닦아주었다. 그러나 하룻밤 같이 지낼 수 있다는 것이 결코 쉬운 일은 아니었다. 한여름은 이미 지나고 해는 점점 짧아졌다. 그래서 아주 일찌기 집을 나서지 않으면 도착하자마자 그곳을 떠나야만 했다. 모친은 우리들에게 미안하게 생각하여 우리의 일을 염려하는 것이었다.

그녀는 그 집에 머무는 것이 온당하지 못한 일이지만, 만일의 경우 우리가 그 집에 머물길 원한다면 침구를 구할 수 있을 것이라고 말했다. 이 말에 에밀과 소피는 뛸 듯이 기뻐했다.

조금씩 조금씩 우정의 매력과 순결한 친밀이 우리들 사이에 뿌리를 박게 되었다. 나는 소피나 그녀의 어머니와 약속한 날에는 보통 에밀과 동행했으나 때로는 그를 혼자 보낼 때도 있었다. 정신은 신뢰라는 빛으로 성장하므로 어른을 아이처럼 취급해서는 안 되는 것이다. 그리고 만약 나의 제자가 나의 신뢰를 받을 가치가 없다면 나는 이제까지 무엇을 한 것일까. 가끔 나는 그를 데리고 가지 않았다. 그에게는 섭섭한 일이었으나 그는 불평을 하지는 않았다. 불평한들 아무런 소용이 없는 것이다. 그리고 그는 내가 그의 이해(利害)에 간섭하지 않음을 알고 있었다. 그러나 우리가 함께 가든지 각각 떨어져 가든지 날씨가 나빠서 우리가 가지 않는 일이 없다는 것을 여러분은 이해하게 될 것이다. 우리는 오직 동정을 구하기 위해 그곳에 찾아가기에는 자존심이 허락하지 않았다. 소피는 우리의 이러한 명예를 박탈하여 일기가 나쁠 때는 오지 말라고 했으며, 이때에 비로소 그녀는 내가 개인적으로 그녀를 위해 정해 놓은 법칙을 거역했던 것이다.

어느 날 에밀은 혼자서 갔다. 나는 그가 다음날까지 안 돌아오리라고 생각했으나 그날 밤에 돌아왔다. "에밀, 너는 벌써 너의 오랜 친구가 있는 곳으로 돌아왔군!" 그러나 그는 좀 기분 나쁜 표정으로 대답했다. "당신은 내가 자발적으로 이렇게 빨리 돌아왔다고 생각해서는 안 됩니다. 그녀가 나에게 돌아가라고 했던 것입니다. 지금 내가 돌아온 것은 그녀 때문이지 당신을 위해서가 아닙니다." 하고 말했다. 이 솔직한 말을 듣고 나는 다시 그에게 말했다. "솔직하고 진실한 친구야, 내가 듣고 싶은 것을 숨기지 말고 말해다오. 설사 네가 그녀 때문에 돌아왔다고 해도 네가 나에게 그렇게 말한 것은 나를 위해서야! 저 위대한 사람들의 숭고하고 정직한 마음을 잃지 않도록 해야만 된다. 모르는 사람이면 어떻게 생각해도 좋으나, 우리의 친구에게 우리를 실제 이상으로 생각나게 하는 것은 하나의 죄악이다."

나는 그의 고백 속에는 관대 이상의 사랑이 있음을 확신시켰다. 또 이렇게 하는 것이 소피에게 명예를 주는 것이 아니라 오히려 그녀에게서 그것을 빼앗는 것이라고 타일러서 자기의 고백의 가치를 떨어뜨리지 말도록 주의시킨 것이다. 그러나 그는 무의식중에 자기의 진정한 기분을 나에게 밝히는 것이었다. 즉, 만일 그가 애인을 생각하면서 좋은 기분을 가지고 돌아온다고 하면, 나는 그를 그녀의 애인임에 틀림없다고 생각할 것이다.

에밀은 여러분도 아는 바와 같이 소피와 함께 날을 보내고 그녀를 보고 싶은 대로 만나보는 것이 아니라 1주일에 한두 번 방문이 허용되며, 또 어떤 때는 이 방문도 다만 오후로만 한정되는 것이었다. 그는 다정하게 그녀와 함께 있는 것보다는 그녀를 만나는 것을 동경하고 그녀를 만나고 온 것을 즐거워하며, 다음 만날 날을 기다리는 일이 많았다. 그의 기쁨은 순진하고 달콤한 것이었지만 현실보다도 오히려 공상적인 것이어서 그를 연약하게 하지는 않았으며, 그의 사랑의 불에 부채질을 했던 것이다.

그가 소피를 만나지 않은 날은 본래의 에밀과 전혀 변함이 없었다. 그는 박물관을 연구하기 위하여 여기저기 돌아다녔다. 그는 토양이나 그 생산물이나 경작법 등을 관찰하고 연구하며, 이미 알고 있는 방법과 그것을 비교해 본다. 그리고는 다른 것은 무엇이든 그 이유를 알아내려고 노력한다. 만약 그들의 방법보다도 그가 알고 있던 방법이 더 좋다고 생각하면 농부들에게 가르쳐준다. 농부들은 자기네들보다 에밀이 농기구들을 더 잘 다루는 것을 보고 놀란다. 에밀이 땅을 간 고랑은 그들의 것보다 깊고 바르다. 그는 그들보다 더 솜씨있게 씨를 뿌리고 온상을 더 잘 꾸몄다. 그들은 에밀이 말만 잘하는 사람이라고 비난하지 않는다. 그가 그 일에 대해 알고서 말한다는 것을 알기 때문이다. 그의 열성과 노력은 모든 사람에게 정말 쓸모있는 것을 바치고 있었다. 그는 친절하게 농부들의 집에 찾아가서 그들의 생활에 대해 여러 가지

묻지만 돈을 주는 일은 거의 없다. 왜냐하면 그는 금전이란 나쁘게 쓰이는 경우가 많다는 사실을 알기 때문이다. 그러나 그 자신은 올바르게 돈을 쓴다. 그리고 노동자들이 한 일에 대하여 곧 대가를 지불한다. 어떤 사람을 위해서 낡은 지붕을 수선하고 새로 마련해준다. 또 어떤 사람을 위해서는 버려진 땅을 개간해 준다. 또 다른 사람을 위해서는 소나 말이나 또는 손실을 보상할 만한 농기구를 마련해준다. 이웃 사람 사이에 싸움이 일어나면 그는 그들을 화해시킨다. 농부가 병에 걸리면 치료를 해준다. 또 부자나 세력 있는 이웃 사람에게 박해를 받는 일이 있으면 그는 그들을 보호하고 그들을 변호해 준다. 어떤 부인이 사랑하는 아들을 잃으면 그 여자를 찾아가서 위로해주고 잠시 그녀와 함께 앉아 있는다. 그는 가난한 사람을 경멸하지 않으며, 불행한 사람을 보아도 피하지 않는다. 그는 자기가 도와주고 있는 농부들과 함께 식사를 하고 그의 도움을 필요로 하지 않는 사람들에게 식사 대접을 받는 일도 있다. 그는 어떤 사람에게는 은인이며 모든 사람들의 친구이지만, 그들과의 평등을 잃지 않는다. 예컨대 그는 언제든지 자기의 돈에 의한 것과 같이 그의 육체적 노력에 의하여 많은 좋은 일을 하고 있는 것이다. 때때로 그의 발걸음은 행복한 집이 있는 곳으로 향한다. 그는 산책하고 있는 소피를 만나고 싶을 때도 있다. 그러나 에밀은 언제든지 그가 하는 일은 모두 공개했다. 그러면서도 한계를 엄격히 지켜 다만 소피로부터 얻기를 바라는 것을, 우연히 얻을 수 있을 정도 이상으로는 그 집에 접근하려고 하지 않았다. 다른 방법으로 그는 소피의 발자취를 살피고, 그녀가 자기를 기쁘게 해주기 위하여 얼마나 먼 거리를 헤매며 또 얼마나 고통스러워하는가를 생각하면서 그 집 근처를 방황하는 것을 좋아한다. 소피를 방문하는 전날에 그는 근처의 농장에 가서 다음날을 위한 간단한 회식 준비를 시키는 것이다. 우리는 별다른 목적 없이 산책하다가 우연히 그곳에 들르게 되면 거기에는 과실·과자·크림 등이 우리를 기다리고 있는 것이다. 소피는 단것을 좋아한다. 그래서 우리가 준비한 것에 그녀는 매우 기뻐하는 것이다. 나는 그 수고에 관계는 없었지만 언제든지 그 신임을 나누어 받게 되었으며, 그것이 소녀로부터 감사를 받는 쉬운 방법이었다. 그녀의 아버지와 나는 과자를 먹고 포도주를 마셨다. 에밀은 부인들 속에 들어가서 소피가 먹는 크림 쟁반에 크림이 있는지 없는지를 언제든지 살펴보는 것이었다.

과자를 먹으면서 나는 에밀의 달리기 시합에 대한 이야기를 하는 것이다. 모든 사람들이 그 이야기를 듣고 싶어한다. 그래서 나는 모든 사람이 웃는 가운데 그 이야기를 했다. 그들은 지금도 옛날처럼 잘 달릴 수 있겠느냐고 그에게 물어본다. "달리는 방법을 잊어버릴 리야 있나요." 하고 그가 대답했다. 그들은 그가 달리는 모습을 보고 싶어했으나 그녀는 감히 그렇게 말하지 못했다.

다른 사람들의 요청을 그는 승낙했다. 곧 부근에 있는 청년 세 사람을 부르고 상품이 마련된다. 그리고 옛날의 경주에서처럼 결승점에 과자를 놓아두었다. 소피의 아버지가 두 손으로 출발 신호를 했다. 민첩한 에밀은 번개처럼 달려서 다른 사람보다 먼저 결승점에 도달했다. 그는 소피에게서 상품을 받았고 아에네이스와 같은 관용으로 경주에서 진 사람들에게도 선물을 나누어주었다.

그가 승리하여 의기양양하고 있을 때 소피가 이 승리자에게 도전했다. 그는 그녀와 함께 달리는 것을 거절하지 않고 그녀가 준비하는 것을 지켜보았다. 그녀가 어머니에게 무슨 말인가를 속삭이자 어머니는 미소를 띄우고서 고개를 끄덕였다.

여자는 잘 달리지 못한다. 그들은 잡히지 않기 위해서 달아는 것뿐이다. 달리기가 여자들에게 유일하게 서툰 것은 아닌데도 이것이 여자들에게 있어 유일하게 서툰 것 같이 보이는 것이다. 그들의 달리는 모습은 우습게 보인다.

에밀은 소피도 다른 여자들처럼 서툰 달리기를 할 것이라고 생각하여 서둘지 않고 미소를 지으며 그녀의 출발을 쳐다보았다. 그러나 소피는 발도 가볍고 구두도 굽이 낮은 것이었다. 그녀는 아주 빨리 달려서 그녀가 훨씬 앞서는 것을 보고, 그는 비로소 아탈란테를 쫓아갈 때가 왔다고 생각하는 것이다. 그는 그녀의 발걸음을 쫓아서 기어이 헐떡거리는 그녀를 힘껏 잡았다. 그리고 그녀를 먼저 결승점에 닿게 하고 "소피가 이겼습니다." 하고 외쳤다. 그는 그녀의 앞에 무릎을 꿇고 자기가 진 것처럼 했다.

우리는 이런 일 외에 수공업도 배우는 것이었다. 적어도 1주일에 하루, 또는 산책하기에는 날씨가 너무 나쁠 때 에밀과 나는 가구 제작자에게 일을 배우러 가서는 직공처럼 열심히 일했다. 언젠가 소피의 아버지가 우리를 만나러 왔을 때 우리는 일을 하고 있었다. 그래서 그는 아내와 딸에게 놀랄 만한 일을 이야기했다. "공장에 가서 청년을 한 번 찾아보도록 해라. 그러면 그 청년이 가난한 사람을 경멸하는지 어떤지를 너도 곧 알게 될 것이다."라고 말했다. 이 말을 듣고 소피가 얼마나 기뻐했는지 여러분도 상상이 되리라. 그들은 그것에 대해서 여러 가지 이야기를 했다. 그래서 갑자기 가서 일하고 있는 에밀을 놀라게 해주기로 의논이 되었다.

그곳에 도착한 소피는 공장 한쪽 구석에서 작업복을 입은 청년이 머리카락을 날리면서, 그녀가 온 것도 모를 만큼 열심히 일에 열중하고 있는 것을 보았다. 그녀는 어머니에게 눈짓을 했다. 에밀은 한 손에 정과 망치를 들고서 구멍을 뚫기 위해 나무토막을 잘라서 다듬고 있었다. 이 광경을 보고 있는 소피는 웃을 수가 없었다. 그것은 그녀의 마음을 무척 감동시켰던 것이다. 아내들이여! 당신의 남편을 존경하라. 당신들을 위해 일하는 사람은 그들이다. 당신들에게 빵을 먹여주는 사람은 바로 이 사람이다. 그가 바로 남편인 것이다.

그들이 정신없이 그를 쳐다보고 있는 것을 알고 나는 에밀의 소매를 잡아당겼다. 그는 돌아보고 깜짝 놀라 도구를 떨어뜨린 채 곧 기쁜 얼굴로 그들에게로 달려갔다. 그리고 인사가 끝나자 그 여자들에게 자리를 권하고 다시 일터로 돌아갔다. 그러나 소피는 가만히 있을 수가 없었다. 그녀는 일어서서 공장을 돌아다니며 여러 가지 연장을 살펴보고 판자를 만져보고 우리의 손을 쳐다보고 하며 자신도 이 일을 좋아한다고 말했다. 귀여운 처녀는 에밀을 흉내내려고 했다. 그 섬세하고 하얀 손으로 나무토막 하나에다 대패를 대어 보는 것이었다. 대패는 미끄러지면서 아무런 흔적도 남기지 않았다. 나는 사랑의 여신이 우리의 머리 위를 날며 춤추는 것을 느낄 수 있었다.

그러나 소피의 어머니는 주인에게 이렇게 물었다. "이 두 사람은 하루 품삯을 얼마나 받습니까?" "그들에게 각각 하루 10수와 식사를 제공합니다. 그러나 저 젊은이는 원한다면 더 벌 수가 있지요. 그는 이 마을에서 가장 숙련된 직공이니까요." "하루 10수에 식사라고." 그녀는 다정하게 우리 쪽으로 돌아보면서 말했다. "그렇습니다, 부인." 하고 주인이 대답했다. 이 말을 듣고 그녀는 에밀에게 달려가서 키스하고 눈물을 흘리면서 그를 포옹하는 것이었다.

그들은 우리의 일을 방해하지 않고 얼마 동안 잡담을 하고 난 뒤에 "자, 이제 우리는 가 봐야지." 하고 그녀의 어머니가 그녀에게 말했다. 그리고 또 "늦어지겠다. 너의 아버지를 기다리게 해서는 안 되잖아." 하고 말했다. 그러고 나서 그녀는 에밀에게로 가더니 농담조로 뺨을 가볍게 치면서 말했다. "훌륭한 직공님, 우리와 함께 가지 않겠어요?" 이 말에 그는 유감이라는 듯이 "나는 일을 하고 있어요. 주인에게 물어보십시오." 하고 대답했다. 그녀는 주인에게 그를 데리고 가도 좋으냐고 물어보았다. 그러나 그는 안 된다고 대답했다. "모래까지 마쳐야 될 일이 있는데 시간이 너무도 모자랍니다. 이 사람들 때문에 나는 일하러 온 다른 사람들을 다 거절했어요. 그러니 저 사람들을 보내 버리면 어떻게 그들 자리를 메우겠습니까? 그렇게 하면 나는 약속한 시간에 일을 마칠 수가 없게 됩니다." 그녀는 아무 말도 못하고 에밀이 말하기만 기다렸다. "보신 바와 같이 나는 여기에 있어야만 됩니다."라고 에밀은 대답했다. 부인은 우리에게서 떠나갔다. 에밀은 그들과 함께 현관까지 나가서 그들이 보이지 않을 때까지 그들의 뒤를 바라보고는, 한 마디 말도 하지 않고 일자리로 돌아갔다.

집으로 돌아오는 도중 어머니는 에밀의 행동이 좀 어색한 것 같아서 그의 태도에 대해 딸에게 말했다. "주인과 상의해서 그곳을 떠나오는 것이 그렇게 어려우며, 그 청년은 필요없을 때에 쓸 돈을 준비하느라고 이처럼 적절한 시기에는 조금도 쓸 수가 없는 것일까." 하고 말했다. 소피는 이렇게 대답했다. "오! 어머니, 나는 에밀이 자기의 약속을 이행하지 못하거나 다른 사람 때문에 자기의 약속을 파기하는 데 돈을 쓸 만큼 돈에 얽매인 사람이 아니라고 생각해요. 그 사람은 자기가 없기 때문에 발생한 손해는 아무리 작은 것이라도 틀림없이 주인에게 변상할 수 있는 분이라고 생각해요. 나는 그 사람의 마음이 결코 변하지 않기를 희망해요. 어머니는 그곳에 머문다는 것이 그 사람에게 아무렇지도 않은 일이라고 생각하시나요? 어머니, 어머니는 잘못 생각하신 거예요. 그 사람이 그곳에 남아 있는 것은 나를 위해서랍니다. 나는 그 사람의 눈 속에서 그것을 확인할 수 있었어요."

소피가 사랑의 진실한 증거에 대해서 무관심한 것이 아니다. 그와는 반대로 그녀는 그것에 대해 자존심이 강하고 가혹한 것이다. 그녀는 정이 없는 사랑을 받기보다는 차라리 전연 사랑을 받지 않을 것이다. 그녀는 그녀 자신의 의견 이외에는 아무것도 모르는 애인을 원하지 않는다. 그녀는 자신의 전 가치를 인정하지 않거나 덕을 중요시 하지 않는 사람을 경멸한다. 그녀는 아직 자기를 해치지 않은 남성을 원했으며, 이리하여 키르케는 율리시스의 친구들을 돼지로 만든 다음 그녀가 힘이 미치지 못했던 남성에게 몸을 맡겼던 것이다.

소피는 자기 자신의 여러 가지 권리에 대해서 대단히 마음을 쓰는 편이다. 그녀는 에밀이 얼마나 조심스럽게 이 권리를 존경하고 또 얼마나 현명하게 그녀의 여러 가지 소망을 추측하며, 약속한 시간을 얼마나 정확하게 잘 지키는지를 지켜보는 것이다. 그는 꼭 약속한 시간에 도착해야만 되는 것이다. 즉, 약속시간보다 일찍 오는 것은 그녀보다도 자기 자신을 더 생각하는 것임에 틀림없고, 늦게 오는 것은 그녀를 등한시하고 있음에 틀림없다.

어느 날 저녁 그들은 우리를 기다리고 있었다. 에밀은 미리 연락을 받았던 것이다. 그들은 우리를 마중나왔으나 우리는 그곳에 가지 않았다. 우리에게 무슨 일이 일어났던 것일까? 우리에게서는 아무런 통지도 없었다. 그날 밤 우리가 오는 것을 기다리며 그녀들은 밤을 꼬박 새웠다. 소피는 우리가 죽었다고 생각하고서 밤새도록 울었다. 밤중에 우리의 안부를 묻기 위해 하인을 보냈으나 아침에 돌아왔다. 우리의 하인은 말로써 우리가 무고하다고 통고했다. 그러자 상황은 바뀌어 그녀는 얼른 눈물을 거두었다. 혹시 아직도 그녀가 울고 있다면 몹시 화가 나서 우는 것이다.

그녀는 우리가 도착했을 때 자기의 방으로 달아나려고 했으나 그녀의 부모가 만류했으므로 그대로 있었다. 그러나 소피는 곧 자신이 취할 태도를 결정하여 대부분의 사람들이 속아넘어갈 만큼 침착하고 만족스런 얼굴을 했다. 그녀의 아버지가 우리를 맞아들이면서 말했다. "당신들은 친구를 아주 불안하게 했어. 여기에 당신들을 용서하지 않겠다는 사람들이 있소."라고 하자, 소피는 대단히 부드러운 미소를 띄우면서 "아버지, 그 사람들이란 누구예요?" 하고 물었다. 그러자 "소피, 그것을 네가 모른다면 너의 관심은 무엇이란 말인가?" 하고 그녀의 아버지는 말했다. 소피는 아무런 대답도 없이 자기의 일을 할 뿐이었다. 에밀은 어쩔 줄 몰라하며 소피에게 감히 말을 걸지도 못했다. 그녀가 먼저 입을 열어 그의 안부를 묻고 자리를 권했다.

나는 그가 속지 않도록 하기 위하여 소피의 손을 잡고 전에 이따금 했던 것처럼 나의 입술에 갖다대려고 했다. 그녀는 묘한 비명을 지르며 급히 손을 감추었다. 에밀은 이 무의식적인 행동을 보고 놀라서 멍청히 쳐다보는 것이었다.

소피는 자기 자신을 속이고 있음을 알기 때문에 냉정성을 잃고 있었다. 그녀의 표면적인 냉담은 경멸하는 태도로 변했다. 그녀는 그가 무슨 말을 해도 천천히, 그리고 주저하는 것처럼 한 마디로 대답할 뿐이었다. 그녀는 자기의 분노가 너무 노골적으로 나타나지나 않을까 하여 주의하는 것 같았다. 에밀은 겁에 질린 듯이 그녀를 멍하니 바라보며, 그녀의 눈 속에서 진실한 감정을 읽어서 어떻게 해서든지 그녀를 자기 쪽으로 향하도록 하려고 노력했다. 소피는 그의 대단함을 보고 더욱 화가 나서 그를 조금도 안 보려고 했다. 이것은 다시 한 번 이쪽을 향해 달라는 희망을 말하는 것 같았다. 그러나 다행히도 에밀은 감히 다시 그녀를 바라보지도, 그녀에게 말을 걸지도 못했다.

이제 내가 사정을 설명할 차례라 보고 나는 소피에게로 가까이 가서 그녀의 손을 잡았다. 이번에는 그녀가 나의 손을 뿌리치지 못했다. 그녀는 활기가 없었다. 나는 조용히 말했다. "사랑스런 소피여, 우리는 불행의 희생자들이야. 그러나 정당하고 이성적인 너는 우리의 변명을 듣지 않고 판단하지는 않을 것이다. 우리의 얘기를 좀 들어봐라." 그녀는 아무 말도 하지 않았다. 그래서 나는 말을 계속했다.

"우리는 어제 4시에 집을 나섰다. 우리들은 7시에는 여기에 도착해야 한다고 들었기 때문이었다. 그래서 우리가 여기에 도착하기 전에 약간 쉴 수 있도록 시간의 여유를 두었던 것이다. 우리가 중간쯤 왔을 때 좀 떨어진 언덕 쪽에서 신음 소리가 들려왔다. 우리는 그곳으로 급히 달려가 보았더니 한 농부가 술에 취해서 쓰러져 있는 것이었다. 그는 집으로 돌아가는 도중에 말에서 떨어져 다리가 부러졌다는 것이다. 우리는 그 사람을 말에 태우려고 해보았으나 잘 되지를 않았으며, 조금이라도 움직이기만 하면 고통이 더 심해지는 것이었다. 그래서 우리는 될 수 있는 대로 편안하게 그 사람을 데려다 주기 위해서 우리의 팔을 한데 모아서 의자를 만들었다. 그리고 우리는 그의 집에 도착할 때까지 그가 가리키는 방향으로 따라갔는데, 길이 멀어서 우리는 도중에서 쉬어야만 했다. 결국 우리는 그곳에 도착했으나 완전히 지쳐 있었다. 우리가 그곳에 갔을 때 우리는 매우 놀랐다. 그곳은 우리가 전에 와본 집이었으며, 더구나 우리가 데려온 이 불쌍한 남자는 처음에 우리가 왔을 때 그렇게도 친절히 우리들을 맞아주던 그 사람이라는 것을 그때서야 알아보았던 것이다. 우리 모두가 그 순간까지 서로 알아보지 못할 만큼 우리들 모두가 당황하였던 것이다.

사람이라곤 어린애 둘뿐이었으며 그의 아내는 산기가 있었는데, 이러한 상태로 돌아오는 남편을 보고 무척 놀랐던 것이다. 그 때문에 그 여자는 진통을 하다가 두세 시간 후에 아이를 낳았다. 이럴 때는 어떻게 하면 좋을까? 에밀은 될 수 있는 대로 빠르게 숲속에 매어둔 말을 타고 의사를 부르러 갔으며, 의사를 말에 태웠다. 그리고는 갑작스레 간호부를 찾지 못해서 당신에게 하인을 보낸 후에 하인을 한 사람 데리고 돌아왔다. 그동안 나는 다리를 다친 남자와 진통하고 있는 여자 사이에서 대체 어떻게 했으면 좋을지 몰랐다. 그러나 이 두 사람을 돕기 위한 모든 준비를 다 해놓았다.

나는 그외의 사소한 일은 말하지 않겠다. 그런 것은 문제가 안 되기 때문이다. 우리가 조금 숨을 돌릴 수 있게 된 때는 새벽 2시경이었다. 날이 밝기 전에 곧 우리는 근처의 하숙집으로 돌아갈 수 있었으며, 그곳에서 우리들은 이 사실을 너에게 알리려고 아침까지 기다렸던 것이다.

그러자 에밀은 소피 곁에 가까이 가서 내 생각보다 훨씬 힘있는 소리로 말했다. "소피, 이제 내 운명은 당신의 손에 있습니다. 당신은 나에게 슬픔으로 인해 죽도록 선고할 수도 있습니다. 그러나 나에게 인도(人道)의 정당성을 잊어버리도록 하지는 마십시오. 나에게 있어서 그것은 당신의 여러 가지 권리보다 더 신성한 것입니다. 나는 당신을 위해서 그것을 다 버리고 싶지는 않습니다."

대답 대신에 소피는 일어서더니 에밀의 목을 안고 그의 볼에 키스를 했다. 그 다음에 그녀는 더할 수 없이 매력있는 태도로 손을 내밀고 "에밀! 이 손을 잡아줘요. 이것은 당신의 것이에요. 당신이 원하신다면 당신은 나의 남편이요, 나의 주인이 될 것입니다. 이제 나는 그 명예를 더럽히지 않도록 노력하겠어요." 하고 말했다.

그녀의 키스가 끝나기도 전에 그녀의 아버지는 유쾌한 얼굴로 박수를 치면서 '한 번 더, 한 번 더.'를 외쳤다. 소피는 천천히 다른 볼에다 두 번 키스를 했다. 그러나 그녀는 자기가 한 행동이 쑥스러워 급히 어머니의 팔 속에 숨어서 얼굴을 붉히고 있었다.

지금 나는 우리들의 행복을 그리려고 하는 것이 아니다. 모든 사람들은 우리와 동감이라 생각한다. 점심을 마치고 소피는 그 가난한 환자를 보러 가려면 얼마나 걸리는지 물었다. 그것은 그녀의 희망이며 자비심의 발로이다. 우리가 그곳에 가보니 두 사람이 모두 침대에 누워 있었다. 거기에는 그들을 돌봐주는 사람이 있었는데 에밀이 불러주었던 것이다. 그러나 그럼에도 불구하고 너무나 불편했다. 그들은 신체적으로도 불편하지만 그에 못지 않게 다른 것도 불편해서 고통을 느끼고 있었다. 소피는 이 착한 아내에게 앞치마 하나를 빌려주어서 그녀가 침대에서라도 더 편하게 해주려고 했다. 그리고 그녀는 남자에게도 상당히 신경을 써주었다. 그녀의 섬세하고 아름다운 손길은 그들의 아픈 곳이 어디며 어떻게 하면 조금이라도 그들의 고통을 덜어줄 수 있을까 하고 애쓰는 것 같았다. 그녀가 있는 것만으로도 그들은 기분이 좋은 것 같았다. 그리고 남의 도움을 받지 않고 환자들을 괴롭히지도 않고 불결한 주위를 깨끗이 하였다. 그녀는 이 부상당한 남자의 몸을 움직여서 옷을 갈아입혀주고 오랫동안 옆으로 누워 있을 수 있도록 편하게 해주는 것이다. 그녀는 교묘하고 날랜 솜씨로 했기 때문에, 그 농부는 그녀가 자기의 몸에 닿았다는 것을 눈치채지 못하고 그저 기분이 훨씬 더 좋음을 느꼈을 따름이었다. 이 부부는 자기들을 간호해주고 동정해주며 위로해주는 이 친절한 처녀에게 매우 감사하는 것이었다. 그녀는 그들을 위해 천국에서 내려온 천사였다. 에밀은 그녀의 이런 행동을 보고 매우 감동하였다. 그래서 그는 한 마디 말도 못하고 그녀를 쳐다보고 있었다. 오! 남편들이여, 너의 아내를 사랑하라! 하느님은 너의 고통을 덜어주기 위해 그녀를 보냈던 것이니라.

그들이 이틀 동안이나 서로 만나지 못한 어느 날 아침, 나는 편지 한 장을 가지고 에밀의 방에 들어가서 그를 똑바로 보면서 말했다. "만약 어떤 사람이 '소피는 죽었다'고 말한다면 너는 어찌하겠느냐?" 그는 큰소리를 지르면서 벌떡 일어나 한 마디의 말도 못 하고 절망의 눈으로 나를 쳐다보았다. 그리고는 나의 침착한 태도를 보고 당황하여, 분노에 불타는 듯한 눈초리로 내 곁으로 와서는 거의 위협하는 태도로 말했다. "나는 어떻게 해야 할지 모르겠습니다. 그러나 나는 그런 통지를 가지고 온 사람을 두 번 다시는 만나지 않겠습니다."

나는 미소를 띄우며 말했다. "안심해라. 그녀는 살아 있다. 그리고 그들은 오늘 저녁 우리를 기다리고 있다. 어쨌든 우리 좀 함께 산보하면서 이야기를 해보자."

그는 이제 전과 같이 이성적인 말은 할 수 없는 정열가가 되었다. 그러나 한 번 그의 집중력이 나의 교훈에 향하게 되면, 이 정열이 오히려 우리를 도와주는 힘이 될 것이다. 내가 이 무서운 서론을 말하게 된 것은 그 때문이다. 그는 이제 나에게 귀를 기울일 것임에 틀림없다.

"사랑하는 에밀! 우리는 이제 행복해져야 한다. 그것은 자연이 우리에게 가르쳐준 최초의 희망이며, 결코 우리에게서 떠날 수 없는 유일한 희망인 것이다. 그런데 대체 행복이 어디에 있는지는 아무도 모르는 것이다. 우리는 한평생 그것을 찾기에 바쁘지만, 목적에 도달하지 못한채 죽고 마는 것이다. 에밀아, 내가 살고 있는 동안 너의 행복을 위해 노력하겠다고 맹세하고 하느님에게 이 뜻을 보살펴주십사고 부탁할 때나 자신은 내가 무엇을 하는지 알고 있었을까. 아니다. 다만 나는 너를 행복하게 해줌으로써 비로소 나의 행복도 찾을 수 있음을 알았던 것이다. 우리가 행복이 어디에 있는지도 모르면서 그것을 찾는다면 오히려 행복은 멀어져 가서, 우리는 많은 모험을 하게 될 것이다. 각자가 행복하고 싶어하는 우리들의 정열은 우리를 무척 불안하게 하기 때문에 우리는 아무것도 하지 않고 가만히 있기보다는 오히려 행복을 찾으며 자기 자신을 기만하는 것이다. 그래서 우리가 행복을 찾을 수 있는 곳을 떠나버리면 우리들은 그곳에 두 번 다시 돌아갈 수가 없는 것이다.

이처럼 나는 어떻게 할지 모르지만 동일한 잘못을 피하려고 노력했던 것이다. 내가 너의 교육을 맡았을 때, 나는 무익한 걸음을 걷지 않고 너에게도 그렇게 시키지 않기로 결심했다. 나는 자연이 나에게 행복의 길을 보여줄 때까지 자연의 길을 따라왔다. 너는 나의 증인인 동시에 심판자가 되어다오. 너의 어린 시절은 다음 세대의 희생이 되지는 않았다. 너는 자연이 너에게 베풀어준 훌륭한 것을 모두 잘 향유해온 것이다. 네가 경험한 병이란 다만 다른 여러 질병에 걸리지 않도록 너를 강하게 해주는 병이며, 네가 만난 재난은 더 큰 재난을 피하기 위한 것이다. 그리고 너는 증오도 속박도 몰랐다. 자유롭고 행복하기 때문에 너는 언제나 정직하고 친절했다. 왜냐하면 수난과 사악은 분리될 수 없으므로, 어떤 사람이라도 불행하게 될 때 비로소 악해지는 것이다.

네가 사물에 대해 지각이 생길 나이에 도달하였을 때는, 네가 인간의 편견에 사로잡히지 않도록 했다. 너의 마음이 눈을 떴을 때, 나는 네가 격정에 흔들리지 않도록 보호했다. 만약 내가 이 마음속의 교훈을 너의 일생의 목적이 달성될 때까지 연장할 수 있다면 내가 한 일은 분명해질 것이다. 그리고 너는 인간으로서 가능한 행복을 누릴 것이다. 그러나 사랑하는 에밀아, 나는 너의 영혼을 지옥의 스틱스 강물에 넣었으나 무익한 일이었다. 나는 어떤 방법으로도 너를 죽지 않도록 할 수는 없었다. 새로운 적이 나타났다. 너는 아직 그것을 정복하는 방법을 배우지 못했다. 그리고 나도 여기에서 너를 구출할 수가 없다. 그 적이란 바로 너 자신이기 때문이다. 너는 가난에도 참아내고 육체적 고통도 견디었지만, 마음의 괴로움은 몰랐다. 그때의 너는 하나의 인간으로서 너의 지위에 의지하고 있을 뿐이었다. 그러나 지금의 너는 너 스스로가 만든 사슬에 흔들리고 있는 것이다. 지금의 너는 욕망의 노예가 된 것이다. 너 자신에게 아무런 변화도 없고 아무런 모욕도 아무런 해악도 없는데, 어떤 슬픔이 너의 혼을 공격할 수가 있단 말인가? 병도 없는데, 어떠한 고통을 받을 수가 있겠는가.

너는 극장에서 배우들이 슬픔의 심연에 빠져 야성적인 목소리로 무대에 반향시키고 슬퍼하고 아이들처럼 눈물을 흘리기도 하여 관객의 반응을 얻으려는 것을 보아 왔다. 너는 이 사람들의 비애와 부르짖음과 신음으로 받은 충격을 기억하는가. 너는 '왜 우리가 그런 것을 본보기로 해야 하나? 어째서 그런 것이 우리들이 모방해야 할 본보기가 되는 것인가?' 하고 분노에 차서 말할 것이다. 에밀아, 지금부터 너는 무대에 대해 더 관대해져야 하겠다. 네가 이러한 주인공의 하나가 되어 있으니 말이다.

너는 고통과 죽음이 어떠한 것인가를 알고 있다. 너는 몸이 아플 때 고통을 견디는 방법을 알고 있다. 그러나 아직 너는 너의 마음의 여러 가지 욕망을 규제하는 방법은 모른다. 그리고 또 인생의 여러 가지 욕망을 규제하는 방법 역시 모른다. 그리고 또 인생의 여러 가지 문제는 우리의 욕망에서보다도 도리어 우리의 애정에서 생기는 것이다. 우리의 욕망은 끝이 없으며 우리의 힘은 아무것도 아니다. 사람의 욕망은 여러 가지에 의지하면서도 그 자신은 아무것에도 의존하지 않고 있다. 지구상에 있는 모든 것은 하나의 목적이 있다. 머지 않아 우리가 사랑하는 것은 우리의 손에서 달아날 것이다. 그런데 우리는 그것이 영속하는 것처럼 행동한다. 소피가 죽었다는 슬픈 소식을 듣고 너는 얼마나 놀랐는가. 너는 그녀가 영원히 살리라고 생각하느냐? 그 나이의 젊은 사람은 죽지 않는 것일까? 내 아들아, 그녀도 죽지 않으면 안 된다. 그리고 형편에 따라서는 너보다 먼저 죽을지도 모른다. 이 순간에 그녀가 살아 있는지 어떤지는 아무도 모른다. 자연은 너에게 한 번만 죽도록 했는데, 너는 스스로 두 번째의 죽음을 준비해 온 것이다."

"네가 만들어낸 정욕의 노예가 되다니, 얼마나 가엾은 일인가. 항상 부자유스럽고 해를 입고 놀라면서, 너는 남아 있는 생을 향락하려고 하지 않는다. 그리고 그것을 잃어버릴까봐 염려하는 나머지 아무것도 갖지를 못한다. 그러면 너는 언제나 너의 정욕을 만족시킬 수 없을 것이다. 너는 정욕을 추구하려 하지만 네가 찾고자 하는 것은 언제나 너의 눈앞에서 사라져버릴 것이다. 그래서 너는 가엾은 사람이 되고 비뚤어진 인간이 될 것이다. 자신이 만들어낸 정욕밖에 가지지 않았기 때문에 네가 어떻게 하든 너는 가엾고 비뚤어진 사람이 될 수밖에 없다. 어떻게 네가 의무를 위해 욕망을 희생하며, 그리고 자기의 이성에 귀를 기울이기 위해 욕망을 희생하며, 그리고 자기의 이성에 귀를 기울이기 위해 감정을 억제할 수가 있겠는가? 너는 애인의 죽음을 너에게 알리려고 한 그 남자와는 결코 두 번 다시 만나지 않을 것이다. 너와 더불어 산 그 여자를 뺏으려는 남자, 그 여자는 너 때문에 죽은 것이라고 말하려는 남자를 네가 만나면 어떻게 할 것인가? 만약 너에게 어떤 일이 일어나더라도 그녀가 결혼하거나 독신으로 있거나, 네가 자유롭거나 자유롭지 않거나, 그녀가 너를 사랑하거나 미워하거나, 그녀가 너의 것이 되거나 너를 거절하거나 네가 그녀와 함께 있어야 된다면 그것은 너의 의지에 따르는 것이며, 네가 어떠한 희생을 치르더라도 그녀를 잡고 있어야만 된다. 그렇다면 욕망 이외에는 아무런 규범도 없고 자기 자신의 욕망을 억제하는 방법도 모르는 남자를 억제하는 것이 어떻게 죄가 되겠는가?"

"내 아들아, 용기가 없으면 행복을 잡을 수 없고 투쟁이 없으면 도덕이 없는 것이다. 도덕이란 말은 힘이라는 말에서 비롯된 것이다. 그리고 힘이란 모든 덕의 근원인 것이다. 이것이야말로 바른 인간의 가치이다. 그리고 우리가 선을 단지 선이라고는 부를 뿐 도덕적인 선이라 부르지 않는 것은, 신은 노력없이 선을 행하기 때문이다. 나는 이 말의 의미를 설명할 기회를 기다렸다. 그리고 너는 이 말을 이해할 수 있게 되었다. 덕을 행하기가 쉽다면 그것은 알 필요가 없다. 이것의 필요성은 정욕이 눈뜨기 시작함과 동시에 생겨나는 것이다. 바로 그때가 지금 너에게 닥쳐온 것이다.

그런데 덕이 있는 사람은 어떤 사람일까? 그것은 자기의 여러 가지 감정을 통제할 수 있는 사람이다. 즉 그 사람은 자기의 이성, 자기의 양심에 따라 행동하고 자기의 의무를 다한다. 그 사람은 자기 자신의 주인이요, 그리고 어떤 것으로도 그 사람을 나쁜 길로 끌어들일 수 없는 것이다. 네가 갖고 있는 자유가 다만 형식적인 것일 경우에는, 그것은 노예가 갖고 있는 자유와 다름없다. 지금은 진정한 자유를 위한 때이다. 자기 자신의 주인이 되도록 노력하라. 너의 마음을 지배하라. 그러면 너는 덕이 있는 사람이 될 것이다.

여기에 네가 수련해야 할 새로운 것이 있다. 자연은 우리들 자신이 스스로 빠진 죄악에 대해서는 아무런 말도 해주지 않고서 우리 자신에게 맡겨 버린다. 즉 자연은 우리를 구속에서 풀어놓아 정욕의 희생물로 만들기도 하고, 쓸데없는 슬픔에 빠뜨리기도 하고, 우리가 부끄러워해야 할 눈물로 자랑스럽게 하기도 하는 것이다.

이것이 너의 정욕인 것이다. 그것이 너에게 가치있는 유일한 정욕일는지도 모른다. 만약 네가 하나의 인간으로서 그것을 극복할 수 있다면 너는 모든 것을 다 극복할 수 있게 될 것이며, 나아가서는 도덕을 위한 정욕에만 복종하게 될 것이다. 이 정욕에는 아무런 죄악도 없다. 이 정욕은 그것을 경험한 사람의 마음처럼 순결한 것이다. 그것은 정의감에서 비롯되어 순수한 기분에 의해서 육성된 것이다. 행복한 연인들아, 너희들에게는 덕의 매력이 사랑의 매력을 증가시킬 뿐이다. 그리고 너희들이 원하는 행복한 결합은 너의 선량함의 대가이기보다 오히려 너의 애정의 대가인 것이다. 그러나 정직한 에밀아, 과연 이 정욕이 순수한 것일까? 이 정욕이 너를 너무 지배하고 있지는 않은가? 그리고 만약 내일이라도 그 정욕에 순결성이 없어진다면 곧 그것을 중지할 수 있겠는가? 너의 힘을 시험해볼 때는 바로 지금이다. 이러한 모험적인 일은 아직 위험이 멀리 있을 때 해야만 된다. 위험이 닥쳐올 때는 이미 늦어 버리고 만다. 정욕을 낮은 것과 그렇지 않은 것으로 나누어서, 어떤 정욕은 배척하고 어떤 정욕은 용납하는 것은 잘못이다. 우리가 그들의 주인이 되어 있으면 모두 좋은 것이다. 만약 우리가 그들에 예속되어 있다면 모두가 나쁜 것이다. 자연은 우리의 힘의 한계를 넘어서 인간 관계를 확대하는 것을 경계하며, 이성은 우리가 얻을 수 없는 것을 바라는 것을 경계하고, 양심은 유혹에 지지 말라고 경고한다. 정욕을 느끼고 안 느끼고는 우리의 능력으로는 불가능한 일이지만 우리 자신은 우리가 지배할 수가 있는 것이다. 우리가 지배하고 있는 감정은 모두 허용되는 것이지만, 우리를 지배하고 있는 감정은 죄악인 것이다. 만약 어떤 사람이 남의 아내를 사랑한다고 하더라도 그가 의무 법칙의 지배하에서 이 불행한 정욕을 갖는다면 죄라고 볼 수 없다. 그러나 만일 그가 그 사랑을 위해 모든 것을 희생할 만큼 그녀를 지나칠 정도로 사랑하고 있다면 그에게 죄가 있다고 할 것이다.

너는 내가 도덕에 관하여 장황한 설교를 하고 있다고 생각해서는 안 된다. 나는 너에게 오직 한 가지 법칙을 주고 싶은 것이다. 너의 마음이 남자라는 한계를 벗어나지 않도록 하라. 그것이 아무리 좁은 것이라도 그 범위 안에만 있으면 우리는 행복하다. 우리가 불행한 것은 그 범위를 뛰어넘으려고 할 때인 것이다. 즉 우리의 정욕이 지나쳐서 불가능한 것을 바라는 때이다. 우리가 당연한 권리로서 요구하는 훌륭한 것이 없어졌을 때는 참으로 우리의 마음이 괴로운 것이다. 우리가 구하는 것이 얻어질 수 없음이 확실해지면 우리의 마음은 그것으로부터 떠나간다. 가망이 없는 욕망은 우리의 마음을 괴롭히는 법이다.

자존심의 환상은 우리에게 있어 최대의 불행의 원인이다. 그러나 인간의 불행을 조용히 관찰하면 현자는 겸손해진다. 오！ 에밀, 나의 아들아！ 만약 내가 너를 잃어버리면 무엇이 남겠는가. 그래도 나는 너를 잃을 것을 각오해야만 된다. 왜냐하면 언젠가 너는 나에게서 떠나갈 것이기 때문이다.

만약 네가 행복하고 지혜롭게 살고 싶다면 영원한 미를 그리는 마음을 가지라. 너의 욕망보다 의무를 먼저 행하라. 필요의 규범을 도덕의 영역까지 확장하라. 너의 손에서 떠나는 것은 잃은 것이라고 생각하는 편이 좋다. 덕의 명령이 있으면 모든 것을 버리고 요행을 바라지 말며 마음이 번잡하게 되기 전에 마음의 방향을 돌리고 비참하게 되지 않도록 불운에도 초연하라. 그럴 때 너는 부유해도 행복하고 정욕을 지녀도 훌륭하게 될 것이다. 너는 가장 허약한 것을 소유하더라도 결코 파괴되지 않는 기쁨을 발견할 것이다. 네가 그것을 소유하며 네가 그것들에 소유당하는 일은 없을 것이다. 사실 너는 공상적인 쾌락의 환상을 즐기지 않을 것이며, 또 그 결과에서 오는 고통을 느끼지도 않을 것이다. 너는 인생에 대하여 기대 이상의 가치를 부여하는 욕망도 다스리게 되며, 자유롭게 너의 일생을 보낼 것이다. 그리하여 아무런 공포도 없이 인생을 마치게 될 것이다. 너는 인생의 허무를 알고 있기 때문에 진실한 생활에 들어간다는 사실만을 생각할 것이다. 마음이 비뚤어진 사람에게는 죽음이란 인생의 종말이지만, 마음이 바른 사람에게는 죽음은 인생의 여명인 것이다.”

에밀은 내가 하는 말을 근심스러운 얼굴로 열심히 듣고 있었다. 이러한 놀라운 서론을 말한 후에 어떤 불길한 결론이 나오지나 않을까 하는 두려움을 가지고 있었다. 내가 그에게 정신의 힘을 실제로 행하는 것이 얼마나 필요한가를 보여주어야 할 때 덮어놓고 내가 그를 엄격한 교훈에 복종시키려 하고 있다고 생각한 것이다. 그는 한 마디의 대답도 하지 않았으나 참을 수 없이 불안하여, 어떻게 해서든 내가 의도하는 바를 알려고 애썼다. 마침내 떨리는 목소리로 그는 나에게 물었다. "어떻게 하면 좋겠습니까?" "네가 무엇을 해야 되겠느냐고? 너는 소피에게서 떠나야 한다." 하고 나는 확고하게 말했다. "무슨 말씀을 하십니까? 소피를 떠나라! 소피를 떠나라! 배반자! 악한 거짓말장이가 되라고!" 그는 흥분해서 외쳤다. "왜 그러지?" 나는 그의 말을 가로채서 말을 계속했다. "내가 너를 그러한 인물에 적당하도록 가르쳤다고 생각하는가?" "아니오, 당신도 그밖에 어떤 사람도 그러한 교육을 내게 시키지 않았어요. 나는 그러한 비난을 받고 싶지 않습니다."

나는 이 최초의 폭발을 예기하고 있었지만 그것을 모르는 체하였다. 만약 내가 설명하는 것이 타당하지 않다면 그것을 사람에게 설교하는 것은 아무런 소용도 없는 것이리라! 에밀은 나의 말을 수긍하기 때문에 내가 그에게 어떤 잘못된 행동을 요구하리라곤 생각하지 않는다. 그러나 또한 그는 소피를 떠나는 것은 옳지 않다는 것을 알고 있다. 그래서 나의 설명을 기다린다. 그때 나는 다시 말을 시작한다.

"사랑하는 에밀! 너는 지난 석 달 동안의 너보다 더 행복할 수 있는 사람이 있으리라 생각하느냐? 만약 네가 그렇게 생각한다면 너 자신을 깨우쳐라. 인생의 환희를 알기 전에 너는 인생의 행복을 모두 맛본 셈이다. 네가 이미 경험한 그 이상의 것은 아무것도 없다. 우리가 상상의 행복을 추구한다면 그것을 손에 넣을 수는 없는 것이다. 신을 제외하고는 실제 존재하지 않는 것만큼 아름다운 것은 찾아볼 수 없다. 만약 그 상태를 영원히 지속할 수가 있다면 너는 완전한 행복을 찾은 셈이다. 그러나 인간과 관계되어 있는 것은 모두 인간의 허무와 운명을 같이하는 법이다. 인간 생활에 있어서는 모두가 유한하고 순환한다. 그래서 우리를 행복하게 하는 여러 가지 상황이 영원히 계속된다고 해도 습관이 우리에게서 그 행복에 대한 취미를 박탈해 버린다. 비록 외부의 상황이 변하지 않더라도 사람의 마음이 변하므로 행복이 우리를 버리거나 우리가 행복을 버리거나 어느 한쪽이다.

너의 마음이 들떠 있는 동안에 세월은 지나간다. 여름이 지나면 겨울이 곧 온다. 우리들의 여행은 가능하다 할지라도 그러한 계절에는 허용되지 않을 것이다. 우리가 그것을 바라든지 인생의 방향을 바꿔야만 될 것이다. 더 이상 계속할 수가 없기 때문이다. 소피와 너의 희망을 이루는 눈〔雪〕을 피하기보다 쉬운 방법, 즉 여행을 하지 않아도 되는 방법을 가르쳐주겠다. 그러나 봄이 오면 눈은 녹고 결혼을 원할 것이다. 너는 모든 계절을 다 염두에 두어야만 하는 것이다.

너는 소피와 결혼을 원하지만, 너는 그녀를 얼마나 오래 사귀었던가. 네가 그녀와 결혼하고 싶은 것도 그녀가 너의 아내로서 적당해서가 아니고, 그녀가 너를 즐겁게 해주기 때문인 것이다. 그녀가 덕이 있다는 것은 나도 알지만, 그것만으로 충분한가? 내가 의심하는 것은 그녀의 덕이 아니고 그녀의 기질인 것이다. 여자가 불과 몇 개월 동안에 자기의 진실한 성격을 보여줄 수 있는 것일까? 네가 몇 번이나 그녀를 만났으며, 여러 상황에서 얼마만큼 진실한 기질을 알기 위해 그녀를 만났는가? 4개월간의 사귐으로서 나머지 너의 전인생을 충분히 보증할 수 있겠는가? 너는 앞으로 두 달만 지나면 그녀를 잊어버릴지도 모른다. 네가 떠나면 다른 사람이 그녀의 마음속에 자리잡고, 그녀의 마음속에서 너에 대한 생각은 사라져버릴지도 모른다. 그리고 지금까지는 그녀가 너를 사랑했지만 네가 돌아오면 이제는 냉담하게 될지도 모른다. 나도 그녀가 진실하다고 믿고 싶다. 그러나 대체 누가 그녀를 보증할 것이며, 또 누가 너는 시련을 받지 않으리라고 보증하겠는가?

소피는 열여덟 살밖에 되지 않았고, 너는 겨우 스물두 살이다. 연애할 나이이기는 하나 결혼할 시기는 못 된다. 너희들이 한 가정을 이루기에 충분한가. 네가 만약 아이를 양육하는 방법을 알고 싶다면 너 자신이 어른이 될 때까지 기다려야만 된다. 너무 일찍 어머니가 되면 건강을 해친다. 그 때문에 많은 젊은 여성의 생명이 단축된다는 것을 모르는가? 아이들이 언제나 약하고 병에 잘 걸리는 이유는 그들의 모친이 성숙하지 못했기 때문이란 것을 너는 모르느냐. 어머니와 자식이 함께 성장할 때에 그 성장에 필요한 힘이 나눠지게 되고, 따라서 어느 편도 자연이 준 모든 것을 성취할 수 없는 것이다. 이렇게 되면 양쪽이 다 고통이 아니겠느냐? 에밀은 건강을 희생시켜 초조한 기분으로 지내기보다는 오히려 건강한 아내와 자식을 가질 때까지 기다리는 것이 좋다. 이제 너 자신에 관해서 이야기하도록 해보자. 너는 남편이 되고 아버지가 되기를 바라고 있다. 그러나 그것에 대한 의무를 생각한 일이 있느냐? 네가 한 가정의 주인이 될 때에는 완전한 국가의 일원이 되는 것이다. 너는 인간으로서의 너의 의무를 공부해 왔지만 시민으로서의 의무는 모르지 않느냐? 너는 생명을 위해서 치러야 하는 대가와 죽을 각오를 해야만 되는 이유를 알고 있느냐? 사실 너는 아무것도 모르는데 전부 알고 있는 듯이 생각하는 것이다. 시민으로서 한 지위를 차지하기 전에 먼저 너에게 알맞은 자리가 무엇인가를 알아야만 한다.

에밀, 너는 소피로부터 떠나야만 된다. 그녀를 버리라는 뜻이 아니다. 만약 네가 그러한 행동을 할 수 있다면 그녀는 너와 결혼하지 않는 편이 오히려 행복할 것이다. 네가 그녀와 결혼해도 좋을 때까지 그녀의 곁을 떠나야만 된다. 할 일이 얼마나 많이 남아 있는가! 그리고 그녀와 헤어져 있는 법도 배워라. 네가 돌아왔을 때는 명예롭게 그녀에게 구혼할 수 있어야 한다."

자기 자신과 투쟁하는 데 익숙하지 못한 이 청년은 반항을 했다. 무엇 때문에 자기를 기다리고 있는 행복을 거절해야 하는가? 만약 그것을 받아들이는 데 주저한다면 그를 향해 내밀고 있는 손을 모욕하는 것이 아닌가? 무엇 때문에 그녀를 떠날 필요가 있는가? 그리고 만약 그녀를 떠나야 한다면 돌아온다는 확실한 보증을 하고 자기의 아내로서 두고 가야 하지 않을까? 그녀의 남편이 되도록 해 달라. 그러면 언제라도 당신의 뒤를 따라간다. 두 사람을 결혼시켜 주면 아무런 걱정 없이 그녀를 두고 갈 것이다. 그녀를 떠나기 위해서 그녀와 결혼한다. 이 얼마나 엄청난 모순인가. 자기 아내와 떨어져서 살 수 있는 남자는 훌륭한 사람이다. 그러나 남편은 긴급하지 않을 때는 자기의 아내를 떠나서는 안 된다. 너의 뜻과는 달리 그녀를 떠나려는 것을 소피에게 말해 줄 수 있어야만 한다. 그러지 못한다면 너는 이성의 명령을 따르지 않는 것이니, 나 이외의 다른 선생을 따르도록 하라. 네가 약속을 잊지 않았거든, 너는 소피를 떠나야만 한다.

그는 잠시 동안 풀이 죽어 입을 다문 채 생각에 잠겼다. 그리고 결심한 듯이 말했다. "우리는 언제 떠납니까?" 하고. 그래서 나는 "1주일 안에." 라고 대답했다. 그리고 나는 계속해서 다음과 같이 말했다. "소피는 우리들이 떠나는 것을 위해 준비해야만 된다. 여자는 우리 남자들보다 약하므로 우리는 그녀를 생각해줘야만 된다. 그리고 이 작별이 너에게는 의무이지만 그녀에게는 의무가 아닌 것이다. 그녀는 너만큼 용기가 없지만 그것을 참을 수 있을 것이다.."

그들은 헤어질 때까지 사랑의 일지를 계속하고 싶은 마음이 강렬하리라. 그러나 나는 이미 독자 여러분의 너그러움을 믿고 있으므로, 우리는 이 이야기의 결론을 내리기 위해 생략하도록 하자. 에밀은 자기의 친구와 이야기하는 것처럼 애인의 앞에서 대담하게 어려운 상황을 해명할 수 있을까? 그는 그렇게 하리라고 나는 생각한다. 그의 신념은 그의 사랑의 진실성에서 비롯된 것이니까. 오히려 그녀와 헤어지는 것이 대단하지 않다면 그만큼 그녀의 앞에서 당황할 것이다. 에밀은 그녀가 그 동기를 오해할지도 모른다는 걱정을 할 필요는 없다. 그는 이렇게 말할 것이다. "오! 소피, 나의 마음을 알아다오. 그리고 나에게 충실해 다오. 그대의 애인은 부덕한 사람이 아니다."

소피는 지금까지 경험하지 못한 충격을 자존심과 침착함으로 참아보려고 한다. 그녀는 아무렇지도 않은 것 같이 보이려고 한다. 그러나 싸움의 승리자는 그녀가 아니고 에밀이다. 그녀의 힘은 그 충격을 감당하지 못한다. 그녀는 울면서 무의식중에 탄식한다. 그리고 잊어버린다는 공포가 이별의 고통을 더욱 강하게 한다. 그녀는 애인이 보는 앞에서는 울지 않는다. 그녀는 그에게 자기의 슬픔을 보이지 않는 것이다. 그녀가 신뢰하는 사람이 있다면 바로 나이다. 여자들은 무척 영리하며 그들의 영리함을 감추는 방법을 알고 있다. 그녀가 나의 횡포에 대해 불만을 품을수록 나의 기분을 좋게 하려고 애를 쓴다. 그녀는 자기의 운명이 나에게 달려 있다고 느끼는 것이다. 나는 그녀를 위로하고 안심시킨다. 나 자신이 그녀의 애인을 위해서, 아니 그녀의 남편을 위해서 책임을 진다. 그는 그녀에게, 그녀는 그에게 진실하다. 그러므로 나는 2년 후에 그들이 결혼하도록 해주겠다고 약속한다. 그녀는 나를 무척 존경하므로 내가 그녀를 속이지 않을 것이라고 확신하고 있다. 나는 그들 두 사람의 보증인이다. 그들의 마음씨, 그들의 덕, 나의 진실, 그들 부모의 신뢰, 이러한 모든 것이 합쳐져서 그들에게 보증이 되는 것이다. 그들은 두 번 다시 만나지 않을 것처럼 헤어졌다.

소피는 에우칼리스의 한탄을 회상하며 공상해 본다. 어느 날 내가 이렇게 말했다. "소피야, 에밀과 책을 바꿔봐라. 네가 가지고 있는 《텔레마크》를 그에게 주어서, 그가 텔레마크와 같이 될 수 있도록 공부를 시켜라. 그리고 너는 그가 가지고 있는 《스펙테이터》를 빌려서 현명한 부인의 의무를 공부하도록 해라. 그래서 2년 동안에 그 의무들을 완전히 맡을 수 있도록 하라." 이 교환은 두 사람 모두에게 기쁨을 주었고, 그들에게 신뢰감을 주었다. 마침내 슬픈 날은 왔다. 그들은 헤어져야만 하는 것이다.

소피의 훌륭한 아버지는 나에게 애정에 찬 이별의 포옹을 했다. 그리고 나를 불러서 진실되고 다소 강력한 어조로 다음과 같이 말하는 것이었다. "나는 당신이 즐거워하는 것이면 무엇이나 다 했습니다. 즉, 나는 명예 있는 사람과 교제하게 되었다는 것을 느끼고 있습니다. 다만 당신의 제자가 내 딸의 입술에 결혼을 약속하는 표시로 키스를 했다는 사실을 기억해 주십시오."

두 연인의 행동에는 큰 차이가 있다. 에밀은 흥분하여 자기 자신을 잊고 큰소리로 우는 것이었다. 그리고 집에 있는 모든 사람을 껴안고 우스울 정도로 또다시 똑같은 짓을 되풀이했다. 소피는 창백하고 슬프고 근심스럽고 우울한 눈으로 한 마디 말도 못하고 한 바울의 눈물도 흘리지 않는 채 말없이 서 있었다. 에밀은 양팔로 그녀를 끌어안았다. 그녀는 움직이지 않고 가만히 있었다. 그의 눈물도 포옹도 그가 하는 어떤 일에도 반응을 보이지 않았다. 그녀에게 있어서 그는 이미 가버린 것과 다름없는 것이다. 그러한 그를 얼마 동안 울게 버려둔다면 그는 결코 가려고 하지 않을 것 같았다. 나는 그가 이 비장한 광경을 마음 깊이 새겼다는 것을 기뻐했다. 만약 그가 장래에 소피를 잊을 경우라도 있으면 내가 최후의 그녀 모습을 그에게 회상시켜서 그의 생각을 그녀에게로 돌이켜야 할 것이다.

여행은 많은 사람에게 좋은 것인가? 이 질문에는 대답하기가 어렵다. 만약 이 질문을 바꾸어서 "여행의 결과는 사람에게 유익한가" 하고 물으면 아마 의견의 차이는 별로 없을 것이다.

인간은 한 번 독서한 것에 대해서 다 안다고 생각해서 다시 읽으려 하지 않는다. 지금 같이 책을 지나치게 많이 읽는 시대는 없다. 그러면서 오늘날만큼 학식이 없는 시대도 없다. 유럽의 어느 나라도 프랑스만큼 다른 국민들의 사상이나 풍습에 대하여 무지한 나라는 없다. 많은 책이 있어도 모든 것이 우리에게 서재의 책을 무시하게 한다. "사람은 페르시아 인이 될 것인가."라는 말을 분명히는 모르지만 그것을 듣고 나는 이 말이 국민적 편견이 가장 강한 나라이기 때문에 그 편견을 열심히 조장하려는 성에서 나온 것이 아닌가 생각한다.

파리 인은 인간에 대한 지식을 가지고 있다고 생각하나 그들은 다만 프랑스인들을 알 뿐이다.

여러분은 저 대도시의 중류층의 사람들과 같이 살면서 그들의 풍부한 기지와 머리가 나쁜 것을 동시에 알 수 있으리라. 제일 기묘한 것은 그들은 자기들을 감탄시키는 나라의 기사들을 여러 번 거듭해서 읽는다는 것이다.

읽는 우리 자신과 저자의 편견 속에서 진리를 발견하기란 무척 여러운 일이다. 나는 지금까지 많은 여행기를 읽어봤지만 한 국민에 대하여 같은 관념을 주는 것은 하나도 없었다. 내가 읽는 것과 나 자신의 빈약한 관찰을 비교하고서 나는 여행자들과 인연을 끊으려고 결심했다. 그리고 그들의 서적에서 배우기 위해서 낭비한 시간을 후회했다. 왜냐하면 이런 종류의 연구에서는 읽는 것이 아니라 보는 것이 필요하다는 사실을 확신했기 때문이다. 만약 모든 여행자가 보고 믿는 것만을 말했다면 그것은 진실일 것이다. 우리는 방대한 서적 자원은, 그것을 즐겨 이용하려는 사람들에게 맡겨두는 것이 좋다. 스페인의 연금술사 레이몬드 루이와 같이 서적의 덕택으로 그들을 알지도 못하는 것에 대해 지껄이게 될 것이다.

나는 한 국민만 본 사람은 인류를 모른다는 것이 명백한 사실임을 주장한다. 그는 다만 자기와 함께 살고 있는 사람들만을 알 뿐이다. 그러므로 여행에 대한 물음에 또 하나의 대답이 있다. "교양이 있는 사람은 자기 나라 사람만 알면 충분한가? 또는 일반적으로 인류를 알아야 할 것인가."라고. 이렇게 되면 논의할 여지도 없다. 이것을 보면 어려운 문제의 해결은 그것을 말하는 법에 달렸다는 것을 알 수 있다. 그러나 인류를 알기 위해 전세계를 여행할 필요가 있을까? 그럴 필요는 없다. 인간은 매우 유사하기 때문에 그들 개개인을 연구할 필요는 없다. 각 국민은 독특한 성질을 가졌다. 그것은 한 사람이 아니고 많은 사람의 연구에서 얻어지는 결론이다. 열두 나라 국민을 비교해본 자는 인류를 아는 자이다. 마치 열두 사람의 프랑스 인을 대조한 자가 프랑스 인을 아는 것과 마찬가지로.

한 나라를 급하게 여행해서는 지식을 충분히 얻을 수 없다. 관찰에는 알려고 하는 목적물에 시야를 돌리는 힘이 필요하다. 책에서도 여행에서도 지식을 얻지 못하는 자가 많다. 그것은 그들이 생각하는 방법을 모르기 때문이다. 또 배우려는 욕망이 없기 때문에 아무것도 모르는 사람도 있다. 그들의 목적은 전혀 다르기 때문에 배우려 하지도 않는 것이다. 프랑스 인은 다른 국민보다 많은 여행을 하지만 언제든지 자기 자신의 목적을 위하여 여행한다. 영국인은 사업을 위한 여행이 아니면 떠나지 않는다. 그들은 여행을 할 때는 매우 자존심이 강하기 때문에 다른 사람 앞에서 비굴한 행동을 하지 않는다. 이것이 프랑스 인보다 외국을 더 잘 아는 이유인데, 영국인이 여러 가지 편견은 자존심의 결과이고 프랑스 인의 편견은 허영의 결과이다.

가장 동화되지 않는 결과일수록 가장 가치있는 여행을 한다. 그들은 우리가 집중하는 공허한 호기심의 대상에는 무관심하기 때문에 그만큼 그들은 진실로 유익한 것에 흥미를 갖는다. 이러한 자세로 여행하는 국민은 내가 알고 있는 바로는 스페인 사람뿐이다. 프랑스 인이 모든 미술품을 보고 다니고, 영국인이 고대문의 필사를 하고, 독일인이 모든 과학자의 사진첩을 가지고 간다면 스페인 인은 묵묵히 그 정부와 그 나라의 풍습·경찰 등을 연구함으로써 자국에 유리한 무엇인가를 얻은 다음에 귀국한다. 이 점에 있어서는 이 네 나라의 국민 중에 유일한 국민이라 할 것이다.

고대인은 여행도 많이 하지 않았고 책도 적었다. 그러나 지금 우리들에게 남아 있는 서적을 보면 우리가 우리 시대의 것을 관찰하는 이상으로 그들은 완전히 상대방을 관찰하고 있었다는 것을 알 수 있다. 그가 묘사한 나라에 우리를 데리고 가는 시인 호메로스의 시대에 가지 않더라도 우리는 그가 묘사한 것을 거부할 수 없다. 고대에서 역사 연구에 몸을 바친 사람이, 현대의 한 국민이 인접 국가 사람에 대하여 아는 이상으로 그리스 인, 카르타고 인, 로마 인, 골 인, 페르시아 인을 알고 있었다는 것은 조금도 의심할 여지가 없다.

또한 각 국민의 본연적인 특성은 나날이 변화하므로 그것을 파악하기란 한층 곤란하다는 것을 인정해야 할 것이다. 종족 또는 국민이 서로 섞여 살게 되었으므로, 이제는 관찰자가 인정할 수 있는 국민적 차이도 점점 없어져 간다. 우리의 전 시대까지는 어느 국민이건 다른 국민과는 뚜렷한 구별이 있었다. 교통 기관이 발달하지 않아서 여행도 적고 서로의 이해 관계도 적었다. 국가간의 정치적인 교섭이나 민간의 교섭도 적었다. 즉 외교라고 불리는 국가간의 거래가 적었던 것이다. 장기 항해는 별로 없고 외국 무역도 거의 없었다. 혹시 있더라도 외국인을 통한 왕족의 사업이거나, 또는 다른 사람에게 아무 영향을 주지 않고 국민간에 아무 영향도 주지 않는 사람들의 활동이었다.

그리고 또 고대인들은 그 나라에 원래 있던 주민이라고 생각하고 있었다. 그들은 그곳에 오랫동안 살았기 때문에 그 장소는 그들에게 영구적인 인상을 주었던 것이다. 그러나 근대의 유럽은 로마 정복에 뒤이어 야만인의 침입으로 인해 대혼란이 일어났던 것이다.

이러한 여건들, 즉 고대에 있어서 종족의 차이와 토지·기후의 영향이 국민간에 기질·용모·풍습·성격 등에 차이를 가져온 이유이다. 현대 유럽에서는 변하기 쉬운 성질의 자연적인 원인도 없어지고 산림은 벌채되고 토지는 더욱 경작되었기 때문에, 나라와 나라 사이에 있었던 신체적 특징의 차이도 발견할 수가 없게 되었다. 이러한 사실을 생각하면 우리는 성급하게 헤로도토스와 크테시아스와 플리니우스가 여러 가지로 다른 나라의 국민을 놀랄 만한 차이로 표현한 것을 조소하는 일은 없을 것이다. 여행에 의하여 얻는 결론은 대상의 차이에 따른다. 이 대상이 목적하는 범위로 좁혀지는 여행자는 자기가 원하는 것만을 보게 된다. 만약 대상이 자기의 이익을 위한 것이라면 그에 관계된 것은 전부 주시하는 것이다. 모든 국민을 혼합시키는 상업과 예술이 동시에 서로에게 장애가 되어 있다. 상인이 외국인을 상대로 돈을 버는 방법을 안다면 그들은 그 이상 무엇을 알 필요가 있는가?

우리가 가장 유쾌하게 살 수 있는 장소를 선택하기 위하여 적당한 장소를 전부 알아보는 것은 좋은 일이다. 만약 각자가 스스로의 노력으로 살 수 있다면 무엇보다도 그가 주의해야 할 것은 식량으로 자기를 유지하는 데 충분한 토지의 면적일 것이다. 아무것도 필요하지 않고 부러워하지 않는 원시인은 자기의 영토 이외에는 알지도 못하고 알려고도 하지 않는다. 그는 자기가 생존하는 데 식량이 필요하면 짐승을 잡아 식량으로 한다. 그러나 문명 생활이 필수적인 우리에게는 모두가 자기의 이익을 위하여 인간이 많은 곳으로 모여드는 것이다.

어떤 학자들은 지식을 얻기 위하여 여행한다고 한다. 그러나 그런 학자들 역시 이해 관계에 따라 여행하는 것이다. 플라톤이나 피타고라스와 같은 철학자는 이제는 보이지 않는다. 또 학식있는 사람들은 다만 국왕의 명령으로 여행하며, 어느 특정한 것을 시찰하고 보수를 받는다. 그러므로 그들의 여행목적은 인간을 연구하기 위해서가 아니고 그들을 가르치기 위해서이다. 그들이 바라는 것은 지식이 아니고 장식이다. 그런데 그들이 여행하는 동안 편견의 속박을 버리는 것을 배울 필요가 있겠는가? 그들을 여행시키는 것은 학문의 과시라는 허영인 것이다.

외국의 땅을 보기 위한 것과 외국인을 보기 위한 여행에는 두 가지의 큰 차이가 있다. 전자는 보통 호기심이 목적인데, 후자는 다만 그에 종속되는 것에 불과하다. 어린이는 인간을 연구할 나이가 될 때까지 사물을 관찰한다. 어른은 인간을 연구하는 데서 시작해야 한다. 그런 뒤에 시간이 허용되면 사물을 연구하는 것이므로, 우리는 가볍게 여행한다고 해서 그것이 불필요하다고 결론짓는 것은 논리에 맞지 않는다. 그러나 여행이 필요하다는 것은 인정하지만 그것이 모든 사람에게 좋은 것은 아니다. 사실 여행하기에 적합한 사람은 무척 드물다. 여행은 거짓된 말을 들어도 속지 않을 만큼 강한 사람이나, 악습의 사례를 봐도 그의 유혹을 받지 않을 정도의 강한 사람에게 좋다. 여행은 자연적인 진보를 빠르게 한다. 그리고 인간을 선하게든 악하게든 완성시킨다. 인간이 세계 여행에서 돌아올 때는 그의 성격은 일생 정해져 버리는데, 잘되어서 오는 사람보다 나쁘게 되어서 오는 사람이 많다. 그것은 악의 힘에 물들기 쉬운 성질을 가지고 출발하는 사람이 많기 때문이다. 좋은 교육을 받지 못한 젊은 사람은 여행중에 자기들이 머물고 있는 나라의 국민들의 모든 결점에 물들고, 이러한 결점에 관계되는 좋은 점은 전혀 습득하지 않는다. 그러나 출생이 좋고 선량한 성질을 지녔으며 배우려는 진실한 욕망을 가지고 여행하는 사람들은 모두 갈 때보다 훌륭하게 되고 현명하게 되어서 돌아온다. 에밀은 잘되기 위하여 여행할 것이다.

그러나 여행을 교육의 일부로 한다면 목적이 있어야 한다. 여행하기 위한 여행은 하나의 산책, 즉 방랑자가 되는 것이다. 배우기 위한 여행도 또한 막연하다. 어떤 확실한 목표가 없는 교육은 무가치하다. 나는 젊은이에게 학문에 대한 흥미를 일으키게 하고 싶다. 그리고 그 흥미가 잘 선택되면 다시 교육의 성질을 결정하게 되는데, 이것은 내가 지금까지 실행한 방법의 연속에 지나지 않는다.

그는 다른 인간과의 육체적인 관계와 정신적인 관계를 생각한 뒤에, 다른 사람과의 시민으로서의 관계를 생각하는 것이다. 이것을 생각하려면 먼저 그는 일반적으로 정부의 성질을 연구하고, 다음에 정부의 여러 가지 형태를 그리고, 마지막으로 그 밑에서 그가 출생한 특수한 정부가 어떠한가를 연구해야만 한다. 왜냐하면 버릴 수 없는 권리에 의하여 각자는 성인이 되면 자기 자신의 주인이 되어, 그를 사회의 일원으로 하는 계약을 파기하고서 나라를 떠남으로써 비로소 자유인이기 때문이다. 그는 조국에 대한 모든 권리를 포기해야 하며, 동시에 그 나라를 부인할 권리를 얻게 된다. 그러나 그가 출생한 장소는 자연의 은혜로서, 그것을 부인하면 그는 자기 자신을 부인하는 것과 같다. 엄밀히 말하면 각자는 법률상 보호의 권리를 얻기 위하여 국가의 법률에 자진 복종하지 않는다. 그는 위험을 무릅쓰고 자기가 태어난 자리에 머물러 있는 것이다.

나는 에밀에게 이렇게 말한다. "지금까지 너는 나의 지도 아래서 생활해 왔다. 너는 스스로 자신을 다스릴 수가 없었던 것이다. 그러나 너는 지금 법률에 의하여 재산의 관리권이 부여되고, 너 자신의 주인이 될 연령이 되었다. 너는 결혼할 예정이다. 그것은 칭찬할 만한 생각이다. 그것은 인간의 의무의 하나이기 때문이다. 그러나 너는 결혼하기 전에 자신이 어떠한 사람이 되려는가, 어떻게 일생을 보내려는가, 가족과 자신의 생계를 유지하기 위해 어떠한 일을 할 것인가를 생각해야 한다. 너는 자신이 경멸하는 사람에게 의지하고 싶은가? 너는 너의 재산으로 너의 지위를 결정하려는가?"

다음에 나는 그에게 상업과 세금과 재정상 금전을 쓰는 방법을 보여줄 것이다. 그리고 나는 어디에나 위험이 있다는 것, 또 모든 것이 그를 불안하게 하고 예속적인 지위에 두고 무리하게 그의 도덕과 감정과 행위를 타인의 편견에 따르게 하고 있음을 그에게 보일 것이다.

그리고 이런 것을 덧붙인다. 네가 시간과 돈을 쓰는 방법이 있다. 그것은 네가 군대에 들어가는 것이다. 지금까지 너에게 조금도 해를 가한 일이 없는 사람을 죽이러 가는 데 비싼 대가로 너의 신체를 빌려주는 것이다. 이 사업은 남자들 사이에 커다란 명예가 되고 있다. 그들은 그 정도의 가치 있는 사람은 아무리 위대하다 해도 부족하다고 생각한다. 다른 직업과 같이 이 직업에 있어서도 부유하게 되는 데 여러 가지 사정이 좋기 때문이다. 그러나 만약 내가 너에게 어떻게 하여 사람들이 그렇게 하고 있는가를 말하면, 네가 그들의 실례에 따를지는 의문이라고 생각한다.

그리고 이 사업에서는 부인들에 관계되는 것이 아닌 이상은 용기라는 것은 문제가 아니고, 비열하고 타락되어 있으면 그만큼 명성을 얻게 되는 것을 너는 알아두어야 한다. 만약 네가 너의 직업을 성실히 수행하려면 너는 경멸과 미움을 받고 일에서 소외되거나 동료에게 지위를 빼앗기게 될 것이다. 왜냐하면 너는 너의 직무를 참호 속에서 이행하고 있으나 그들은 매장으로써 세월을 보내고 있기 때문이다.

이러한 직업 중의 어느 것도 에밀의 취향에 맞으리라고는 거의 생각할 수가 없다. 그는 이렇게 말할 것이다.

"왜 나는 어린 시절의 취미를 잊었던가요? 나는 팔을 쓰지 못하게 되었는가요? 나는 힘을 잃었는가요? 당신이 말하는 훌륭한 직업과 다른 사람의 어리석은 편견에 대하여 나는 어떤 관계가 있는가요? 나는 친절하고 예의 바른 것 이외에는 자랑할 것을 모릅니다. 사랑하는 그녀와 떨어져 살면서 매일의 노동에 의하여 건강과 식욕을 얻는 것 이외에 행복이 있는지 나는 모릅니다. 당신이 말하는 모든 곤란한 것은 나에게는 아무 관계가 없습니다. 내가 원하는 유일한 재산은 어느 조용한 시골에 있는 조그마한 농장입니다. 그리고 나는 아무런 걱정 없이 세월을 보내고 싶습니다. 나에게 소피라는 토지를 주십시오. 그러면 나는 부자가 될 것입니다."라고.

"그렇다, 사랑하는 친구여! 부인과 자신의 토지라는 것은 모든 현자들이 구하고 있는 것이다. 그러나 이러한 재산은 네가 생각하는 것보다는 어려운 것이다. 그들 중 더 어려운 것을 너는 이미 발견했으므로 나머지 하나를 논의해 보자. 너 자신의 농장이라고? 너는 어디서 그것을 발견하려 하는가? 여기에서는 네가 자신의 주인이고, 그리고 이 땅의 주인이라고 말할 수 있는가? 우리는 사람이 부자가 되는 장소를 알고 있다. 그러나 부가 없이 사는 장소를 누가 알고 있는가? 어디 가면 자유롭게 독립하여 학대받을 걱정 없이 살 수 있는지를 누가 아는가? 너는 언제나 정직한 인간으로서 살 수 있는 장소를 발견하는 것이 매우 용이한 일이라고 생각하는가? 만약 이 세상에 음모도 소송도 없고 다른 사람에 의지하지 않고 살 수 있는 합법적인 방법이 있다면, 그것은 우리의 손으로 노동하고 우리 자신의 토지를 경작함으로써 생활을 유지하는 것이다. 그러나 사람이 "내가 개간한 땅은 내 것이다."라고 말할 수 있는 장소가 있을까? 이 행복한 장소를 선택하기 전에 네가 원하는 평화를 발견하도록 하라. 부정한 정부, 사람을 괴롭게 하는 종교, 가정에서 너를 괴롭히는 나쁜 습관에 주의하라. 감찰관·재판관·세력있는 이웃, 기타 모든 종류의 악인들에게 아부하지 않고 정직하게 살아가도록 주의하는 것이 좋다. 부자나 권력을 가진 자에게서 괴롭힘을 당하지 않도록 너 자신을 안전하게 하는 것이 좋다. 너에게는 불행한 말이나 어느 권세가가 네 집 근처에 집을 지을 때 어떤 구실을 만들어서 너의 토지를 침범하는 방법을 찾지 못하도록, 또한 넓은 길을 만드는 데 너의 전토지를 빼앗기지 않도록 주의하라. 만약 네가 이 모든 불유쾌한 것이 일어나지 않도록 지킬 수 있는 신용이 있다면 너는 자기의 돈을 가질 수가 있다. 왜냐하면 부와 신용은 서로 관련이 있어서 한편이 없으면 다른 편도 없어지기 때문이다.

"사랑하는 에밀이여! 나는 너보다 경험이 많아서 네가 계획을 실시하는 도중에 여러 가지 어려움이 따른다는 것을 잘 알고 있다. 그러나 그것은 훌륭하고 귀중한 계획이다. 그리고 너를 행복하게 할 것이다. 그것을 실행해 보기로 하자. 내가 한 가지 제안을 하겠다. 내가 지금 말한 것처럼 위험이 없고 가족과 행복하게 살 수 있는 장소를 찾아서 돌아올 때까지의 시간을 2년 정도 가져보자. 만약 우리가 성공하면 네가 지금까지 구하지 못했던 진정한 행복을 얻게 될 것이다. 만일 실패하면 너는 잘못된 생각을 고치게 되고 필연의 법칙 앞에 무릎을 꿇을 것이다."

나는 이러한 탐구가 우리를 어디로 인도하는가를 독자 여러분이 알고 있는지는 모른다. 그러나 나는 다음과 같은 것을 알고 있다. 만약 에밀이 이 여행에서 정부와 공중도덕과 또 모든 종류의 철학적 의문에 대하여 완전한 지식을 얻지 못하고 돌아온다면 우리 두 사람에게는 큰 결함이 있는 것이다. 즉 그는 지식에, 나는 판단에 결함이 있는 것이다.

정치학은 알려져 있지 않고 아마 영원히 알려지지 않을 것이다. 이 방면에서 우리의 지도자인 그로티우스는 신용할 수 없는 어린아이에 불과하다. 그로티우스가 칭찬하고 또 홉스가 욕하는 것을 들을 때, 지각 있는 사람이라면 그들의 저서를 읽지 않고 또 이해도 하지 않으리라고 믿는다. 사실 그들의 사상은 꼭같으나 표현 방법이 다를 뿐이다. 즉 홉스는 궤변에 의거하고 그로티우스는 시에 의거하는데, 그외에는 모든 점에 동의하고 있다. 근세에 와서 방대하고도 쓸모없는 학문을 창조한 사람은 몽테스키외뿐이다. 그러나 그는 정치적 법칙의 원리에는 관심을 보이지 않고, 고정된 여러 가지 정치의 실증적

제법칙을 논하는 데 만족하고 있었다. 그러나 이들 연구 방법의 차이만큼 떨어진 것은 없을 것이다.

그러나 실제의 정부 사정을 정확히 판단하려면 그 둘을 결부해야만 한다. 이 중요한 문제를 밝힐 때의 어려움은, 개개인에 논의를 시켜서 이 두 의문에 답하도록 해야 한다. 즉 "그것은 나에게 어떻게 관계하고 있는가."라는 것과, "나는 무엇을 할 수 있는가."라는 것이다. 에밀은 이 두 물음에 대답할 위치에 있다.

제2의 어려움은 어린 시절의 여러 가지 편견과 우리를 교육해 온 여러 가지 원리 때문이고, 진리에 대하여 아무런 관계가 없으면서도 언제나 진리에 대하여 떠들고 있는 저자들의 편견 때문이다. 그들이 관심을 두는 것은 다만 자기들의 이익뿐이다. 나는 에밀에게 그가 가는 길에서 이러한 어려움을 없애는 방법을 가르쳐 왔다. 그는 정부가 무엇인가를 모른다. 그의 일은 최상의 것을 발견하는 데 있는 것이다.

다음에 제3의 어려움이 있으나 이것은 실제상이 아니고 표면상의 어려움이다. 내가 해결하려고도 않고 또 말하고 싶지도 않는 곤란이다. 그렇다고 해서 내가 결코 두려워하는 것은 아니다. 이것을 잘 고찰해보면 위대한 재능보다 정의에 대한 순진한 사랑과 진리에 대한 진지한 믿음이 필요한 것은 확실하다. 만약 정부 사정이 바르게 논의될 수가 있다면 지금이 절호의 기회이다.

우리는 관찰을 시작하기 전에 관찰을 위한 각종 규칙을 알아야 한다. 우리는 우리가 측정한 것을 비교할 기준이 있어야만 하는 것이다. 우리의 정치적 법칙의 정당한 원리가 그 기준이 되며 우리의 실제상의 측정물은 각국의 국내법이다.

우리들의 의견의 기초가 되는 것은 사물의 성질에서 비롯된 것으로서 단순하고 명백하다. 그것은 우리들 사이에 논의되는 모든 문제의 형식을 취할 것이다. 그리고 그것은 우리가 문제의 만족한 해결을 볼 때까지는 원리로서 나타나지 않을 것이다.

그렇다면 우리는 자연적인 국가에서 시작하자. 인간이 출생 때부터 노예인가 자유인가, 협동 생활을 하는가 아니면 고립되어 있는가, 그들의 단결은 자유 의지의 결과인가 또는 강권의 결과인가를 알아보자. 그들에게 강제로 공동 행위를 시킨 강권은 영구적 법칙이 될 수가 있는가. 따라서 최초의 정복자라고 하는 님로트 왕의 권력을 전복시킨 다른 권력은 모두가 부정이고 찬탈이다. 그래서 님로트 또는 그 국가의 대표자의 자손 외에는 합법적인 왕이 없게 된다. 또 만약 이 원시적 권력이 중단되면, 그것에 이어지는 권력은 우리에게 어떠한 권리를 갖는가. 그리고 그것은 이전의 권력의 속박력을 파괴하고 저항이 가능하면 우리는 언제든지 반역할 수 있는가. 그러한 권리는 권력과는 매우 다르다. 그것은 거의 언어의 유희에 지나지 않는다.

우리는 모든 병은 신으로부터 생겼으므로 의사를 부르는 것은 죄악이 아닌가 하고 물을 것이다. 또 강도로부터 돈지갑을 지킬 수 있을 때 도둑이 가지고 있는 권총이 하나의 권력이기 때문에 우리의 돈지갑을 그에게 주어야만 하는가를 물을 것이다.

우리는 '권력은 권리'라는 이론을 배제하고 권력의 범위를 검토하자. 자연의 권리 또는 사회의 기초로서의 부(父)의 권위를 승인하고서, 이 권위의 범위를 조사하자. 자연에 있어서의 그 기초가 되는 것은 무엇인가. 아이와 그들의 약함과 또 아이의 아버지가 그 자신의 아이에 대하여 느끼는 자연의 사랑 등에 필요하다는 것 이외에 또 다른 이유가 있을까. 아이가 유약하지 않고 몸과 마음이 성장한 때는, 그는 자신을 위하여 필요한 것을 판단하는 유일한 사람이 되지 않을까. 따라서 그는 자기 자신의 주인이 되고 모든 사람에게서, 그의 아버지에게서조차도 독립하지 않을까. 아버지가 죽었을 경우에 아들은 장형(長兄)에게, 또는 아버지와 같은 애정을 가지지 않는 다른 누구에게 복종할 수 있을까? 어떠한 경우에도 어떠한 가족에게도 모든 가족이 복종해야만 할 한 사람의 장(長)이 있을 것인가?

만약 존재가 있다면 어찌하여 권력은 지금까지 나누어져 왔는가? 그리고 또 전세계를 통하여 인간을 지배하는 여러 사람의 장이 있는 것은 어찌된 까닭인가? 국민이란 것은 모두 자기 자신의 선택에 의하여 만들어져 왔다는 것을 상상하라. 그렇게 되면 우리는 권리와 사실을 구별할 수 있다. 그래서 그들의 형제나 숙부나 또는 다른 친척에게 복종하는 것은 의무감에서가 아니라 선택했기 때문이며, 우리는 이 종류의 사회는 일종의 자유로운 단체가 아닌가를 조사할 것이다.

그리고 인간은 자기 자신에 대한 권리를 다른 사람에게 무제한으로 무조건으로 양도할 수가 있는가. 즉 그는 자기의 일신·생명·이성을 부인할 수가 있는가. 자기의 여러 가지 행위 가운데 모든 덕성을 부인할 수 있는가. 한마디로 말하면 자연이 직접 그에게 그 자신의 보전의 책임을 주었으며, 더구나 이 이성과 양심이 그에게 할 일과 해서는 안 될 일을 가르쳤음에도 불구하고 그는 죽음이 오기 전에 자신의 존재를 포기할 수 있는가를 조사할 것이다.

만약 노예의 행동 중에 조금이라도 제한이 있다면 우리는 이 행위가 그때 진정한 계약이 안 되었는가를 논의할 것이다. 진정한 계약은 계약 당사자가 이 점에 있어서 공동주를 갖지 않고 계약의 모든 조건에 대하여 그들 자신의 심판자가 되고 따라서 그 범위까지는 자유이며, 그리고 그 계약이 유해하다면 그것을 파기할 수가 있는 것이다. 다음에 만약 노예가 그의 전신을 그의 주인에게 양도할 수가 없다면 어째서 국민은 자신 전부를 그의 군주에게 양도해야 하는가. 만약 노예가 그의 주인이 계약을 이행하고 있는가를 판단한다면 국민도 또한 그 군주가 계약을 이행하고 있는가를 판단해야 할 것이 아닌가?

우리는 이 계약의 의미를 연구해보자. 다음 공식이 비교적 잘 표현한 것이라고 볼 수 있다. 즉 "개인으로서의 우리 각자는 최고 지도자에게 그의 재산·일신·생명을 공동 저장하고, 그리고 단체로서의 우리는 각 사람을 전체의 분리할 수 없는 부분으로서 간주한다."

그렇다면 우리는 다음과 같은 점을 관찰할 것이다. 즉 개인이 서로 계약 당사자가 되지 않는 이 연결 행위는 도덕적이고 집합적인 단체를 만든다. 그리고 그 단체의 인원수는 국민의회에 있는 투표수에 상응하므로 이 공적 인격은 보통 정치 단체라고 부른다. 그리고 그 단체원에 의하여 수동적일 때는 국가, 능동적일 때는 주권, 그 동등인 것과 비교될 때는 권력이라고 부른다. 또한 그 단체원 자신에 대해서 집합적으로는 국민, 개인적으로는 주권의 참여자라 해서 시민이고, 주권 그 자체에 복종하는 것으로서는 신민(臣民)이라고 불리는 것이다.

이 계약은 공사간에 상호의 보증을 포함하고 있으며, 각 개인은 자기 자신으로서 계약을 맺는 이중의 능력을 발견한다. 즉 주권의 일원으로서 주권에 대한 것임을 우리는 알아두어야 할 것이다.

다시 또 우리는 다음 사항을 알아두어야 할 것이다. 아무도 자기 자신이 당사자가 아닌 계약에는 결코 구속되지 않는 동시에, 공중의 평정은 모든 신민에게 의무를 갖게 할 수 있으나 국가 자체에 대하여 의무를 질 수 없다는 것이다. 그러므로 우리는 사회 계약 이외에는 하등의 기초법도 없고 또 있을 수도 없는 것이다. 그러나 정치적 단체는 어떤 경우에도 다른 것과 계약되지 않는다는 뜻으로 말하는 것은 아니다. 왜냐하면 외국인은 단순한 인간, 개인이 되기 때문이다.

그래서 이 두 계약 당사자, 즉 사인(私人)과 공인(公人)에게는 어느 편도 그들의 차이를 정하는 공통의 기준이 없다. 그러므로 우리는 한편이 그 계약을 유해한 것이라고 생각하면 자기 편에서 그것을 거절할 수 있는가를 조사해

보자.

이 어려움을 명백히 하기 위하여 우리는 다음과 같은 관찰을 할 수 있다. 즉 사회 계약에 의하면 주권자의 권력은 다만 공통의 총의를 통해서만 작용한다. 그러므로 그 법령은 단지 공통적인 목적만을 가질 수 있다. 따라서 하나의 사인은 다른 사람에게 피해를 입히기 전에는 직접 주권에 의하여 해를 받을 수는 없다. 그래서 사회 계약은 일반적인 권력 이외에 어떠한 담보도 필요하지 않은 것이다. 왜냐하면 그 계약은 개개인에 의하여 파기될 수 있으나 그때문에 그들이 자유로워지는 것이 아니고, 도리어 파기했기 때문에 벌을 받게 되는 것이다.

우리는 이상의 모든 의문을 바르게 풀어가기 위하여 다음과 같은 점을 알아야 한다. 즉 사회 계약의 본질은 사적이고 고유한 것이다. 그러므로 국민은 다만 자기 자신과 계약할 뿐이다. 바꾸어 말하자면 주권자인 전체로서의 국민과, 신하로서의 개인과의 계약이라는 것이다. 이 조건은 정치 기관의 구성 및 작용에 중요한 것으로서 이것만이 그 계약을 합법적이고 합리적이고 또 안전하게 하는 것이며, 따라서 이것이 없다면 불합리하고 전체적이어서 그 폐단을 견딜 수 없게 된다.

개개인은 다만 주권에 복종하는 것이고, 주권자의 권력은 다만 총의에 지나지 않기 때문에 개개인이 주권에 복종하는 것은 자기 자신에 복종하는 것이고, 또 인간은 자연의 상태에 있는 것보다 사회계약 아래 있는 편이 얼마나 더 자유스러운가를 우리는 알게 된다.

인격에 대하여 자연적인 자유와 공민적인 자유를 비교해보았으니, 이제 재산에 대하여 그것을 비교해보기로 하자. 즉 소유권과 주권자의 권리, 사유 재산과 공유 재산을 비교해보려는 것이다. 만약 주권자의 권력이 소유권 위에 토대를 두고 있으면 더 이상 존경할 권리는 없다. 이 소유권이 개인의 권리로 있는 동안은 변하지도 움직이지도 않는 것으로, 주권자의 권력에 대하여 신성한 것이다. 소유권이 모든 시민의 공동의 것이 되면 그것은 공통의 의지에 따르는 것이다. 그리고 이 의지는 그것을 파괴할 수도 있다. 이렇게 되면 주권자에게는 하나 또는 많은 재산에 손을 댈 권리가 없는 것이다. 류크로고스 시대의 스파르타에서 행해진 것과 같이 주권자는 합법적으로 모든 재산을 소유할 수가 있었다. 그러나 아테네의 솔론에 의한 부채의 폐기는 비법률적 행위였다.

신민에는 총의 이외에는 그들을 속박할 구실이 어디에도 없는데, 어떤 표시에 의하여 우리는 그 의지를 명백하게 인정할 수 있는가. 법률이란 것은 무엇인가, 그리고 법률의 진정한 성질은 무엇인가를 조사해 보자. 이것은 전혀 새로운 주제이며, 우리는 또 법률이라는 말을 정의해야만 된다.

국민의 한 사람 또는 그 이상의 구성원을 생각할 때는 이미 그 국민은 분할되어 있는 것이다. 전체와 부분과의 사이에 하나의 관계가 생기고 이것은 두 개의 다른 존재가 된다. 즉, 부분이라는 한편과 전체라는 다른 한편이다. 그러나 부분을 뺀 전체가 있을 수 없으며, 이 관계가 있는 동안 이미 전체는 없어지고 상반되는 두 부분만이 남는다.

이와 반대로 만약 전국민을 위하여 법률을 만든다면, 그것은 그 자신을 고려하고 있을 뿐이다. 그래서 하나의 관계가 형성되면 그것은 한편에서 본 전사회와 다른 편에서 본 전사회 사이의 관계로서, 그 전체를 조금도 분할하고 있는 것이 아니다. 그 경우에 법령의 목적은 일반적이다. 우리는 이외에 법률이라는 이름을 붙여도 좋은 다른 법령이 있는가를 알아보자.

만약 주권자가 법률만을 통하여 말을 할 수 있고 또 법률이라는 것은 국가의 모든 사람에게 관계한 일반적인 목적 이외에는 아무런 목적도 없다면, 주권자에게는 특수한 경우에 대하여 법률을 만들 아무런 권력이 없다고 할 수 있다. 그러나 국가를 존속시키기 위하여 특수한 경우를 논의할 필요는 없다. 그러니 우리는 이것을 어떻게 할 수 있는가를 보기로 하자.

주권자의 법령은 총의의 법령, 즉 법률에 불과하다. 그러나 법률을 시행하기 위하여 결정하는 법령, 즉 권력 또는 정부의 법령이 있어야 한다. 한편 이러한 것은 다만 특수한 목적을 가지고 있는 데 불과하므로 주권자가 원수 선거를 정한 법령, 즉 법령 시행을 위한 법령은 다만 정부의 한 법령에 불과한 것이다.

이것은 제삼자의 관계이다. 즉 국민의회의 의원이 법률의 장관 또는 집행관으로서의 능력을 가진 자로서 생각되는 관계이다.

그리고 우리는 국민이 그 자신에게서 주권을 박탈하여 그것을 한 사람 또는 그 이상의 사람에게 줄 수 있는가를 알아보자. 왜냐하면 선거 법령은 법률이 아니므로 이 법령에 있어서는 국민은 주권자가 아니며, 따라서 우리는 어째서 그들이 가지지 않은 권리를 양도할 수 있는가를 모르기 때문이다.

주권의 본질은 총의에서 성립되는 것이라면 한 개인의 의지는 항상 총의와 일치한다는 것은 누가 보증할 수 있겠는가? 도리어 우리는 이따금 양자가 모순된다는 것을 가정해야만 한다. 왜냐하면 개인의 이익은 언제나 특권에 향하지만 공동의 이익은 언제나 평등으로 향하기 때문이다. 그리고 만약 그러한 일치가 가능하다고 하면 그 일치는 필요 불가결한 것이거나, 또는 파괴되지 않는 이상 어떠한 주권도 존재할 수가 없었을 것이다.

만약 국민으로서 그 최고 권리를 분리할 수 없다면 일시적으로 그것을 위탁할 수는 없을까. 만약 국민으로서 자기 자신을 원수에게 위임할 수 없다면 자기 자신은 대표자가 될 수 있을까. 이 의문은 중대한 것이며 논의할 충분한 가치가 있다. 만약 국민이 주권자도 대표자도 가질 수 없다면 우리는 어떻게 해서 자기 자신의 법률을 통과시킬 수 있을까에 대해 알아보자. 많은 법률이 있어야 하고 또 가끔 그것을 변경해야만 한다. 대국민이 스스로 그 자신의 입법자가 되는 것은 쉬운 일인가? 로마는 대국민이 아니었던가. 과연 대국민이란 좋은 것인가.

이러한 고찰을 통해서 신민과 주권자 사이에는 일종의 중간적인 단체가 있다는 것을 알 수 있다. 그래서 이 중간적 단체는 한 사람 이상의 인원으로 구성되어 공적과 법률의 집행, 그리고 공민적 또는 정치적 자유의 옹호를 맡고 있다.

이 단체의 구성원을 집정관 또는 왕, 즉 지배자라고 부른다. 이것은 전체로서의 그 단원과 서로 관련시켜서 생각하면 왕이라고 부르고, 그 행동에서 생각하면 정부라고 부른다.

만약 우리가 모든 정치 단체의 자체적인 행동, 즉 전체와 전체와의 관계, 주권자와 국가와의 관계를 생각하면 우리는 이 양극단의 관계를 비교해볼 수 있다. 관리는 주권자로부터 국민에게 주는 명령을 받는다. 그래서 그 명령이 전부 행하여질 때는 그의 권력은 그 균형에 있어서 한편으로는 신민이고 동시에 주권자인 국민들의 권력과 같은 정도이다. 이 세 가지 중 어느 하나만 변경해도 반드시 이 균형을 파괴하는 것이 된다. 만약 주권자가 지배하려고 하거나 또는 왕이 법률을 만들기를 바라거나, 또는 신민이 법률에 복종하기를 거부 거절하면 국가는 무정부 상태 아래서 혼란에 빠진다.

이 국가가 1만 명의 시민으로 성립된 것을 상상해 보라. 주권자는 집합적이고 일체로서만 생각된다. 그러나 각 개인은 하나의 시민으로서는 독립적인 존재이다. 이와 같이 주권자는 1만 명 중의 하나에 불과한 것이다. 그러나 복종은 전체에 대한 것이다. 그 국민의 총수가 10만이라고 가정하면 시민의 지위는 동일하며, 그리고 개인은 여러 가지 법률을 견디어나가는 것이나 그의 투표권은 10만 분의 1로 줄어들기에 입법에는 10분의 1로 세력이 감해진다. 그래서 시민은 언제든지 하나이지만 주권자는 국민의 수가 증가함에 따라 상대적으로 늘어난다.

우리는 각 관리가 가지고 있는 세 종류의 본질적인 차이가 있는 의지를 구별해 보자.

첫째, 개인으로서의 의지는 다만 자기 자신의 이익만을 구한다. 둘째, 관리에 공통된 의지로서 그것은 왕의 이익에만 관계하므로 단체의 의지라고 부를 수 있는 것이다. 셋째, 국민의 의지 또는 주권자의 의지로서 그것은 정부와 관련시키거나 전체인 국가에 관련시켜도 다같이 일반적인 의지이다. 완전한 입법권 중에서는 일사인 일개인(一事人一個人)의 의지는 거의 없는 것이다. 또 정부에 속해 있는 단체의 의지는 완전히 종속적인 것이다. 그리고 일반적인 주권자의 의지가 다른 모든 것의 주가 되어야만 한다. 이와는 반대로 자연의 질서에서는 이들 각각의 의지가 중심으로 모여드는 데 따라 더욱 활동한다. 그렇게 되면 총의는 언제나 약하고 개인의 의지는 모든 것을 이긴다. 그러므로 개인은 자신이 최고이다. 또 그 다음이 관리이고, 그 다음이 공민이다. 이것은 사회의 질서에 필요한 순서와는 전혀 반대이다.

이렇게 원칙을 정하고서 우리는 정부가 한 사람의 수중에 있다고 가정하자. 이 경우에 개인과 단체의 의지는 하나로 결합된다. 그래서 정부의 절대적 권력은 언제나 국민의 권력으로서 불변하므로, 한 사람의 지배는 가장 활동적인 정부의 형식이라고 할 수 있다.

이와는 반대로 만약 우리가 정부와 최고 권력을 결부시켜 왕을 주권자로 하고 모든 시민을 관리라고 한다면 단체의 의지는 완전히 일반 의지 속에 포함되어 일반 의지와 같이 무기력해지고 따라서 개인의 의지를 전부 발휘시킬 것이다. 그래서 정부는 그 절대적 권력은 불변하나 활동력은 최소한도로밖에는 가질 수 없게 될 것이다.

이러한 규칙은 명백한 것이다. 그리고 여러 가지 방법으로 고찰해 보아도 그것을 확고히 할 뿐이다. 왜냐하면 관리는 한 단체로서 항상 정부의 어떤 특별한 의무를 지고 있으나, 시민 각자는 자신의 주권의 특별한 의무를 가지고 있지 않다. 또 국가의 권력은 영토가 증대됨에 따라 더하는 것은 아니지만 국가가 클수록 그 현실적 권력은 커진다.

정부의 권력은 관리의 수가 증가함에 따라 증대되는 것이고 국민이 많을수록 그 힘이 증가해야만 된다는 것을 알았기 때문에, 우리는 관리와의 비율은 시민과 주권자와의 비율과 상반되어야 한다는 것, 즉 국가가 클수록 정부는 소규모이고 동일하게 국민의 수가 증가하면 할수록 지배자의 수가 감소해야 한다는 것을 추측할 수 있다.

이러한 형식을 분명히 하고, 그리고 그들에게 각각 다른 명칭을 붙이기 위하여 우리는 먼저 제일의 주권자가 정부의 관리를 전국민 또는 국민의 대부분에 맡겨, 시민인 동시에 관리가 많이 존재하는 것을 알 것이다. 이런 형식의 정치를 민주 정치라고 한다.

다음에 또 주권자가 정부를 소수의 사람의 손에 맡기고 관리보다 평범한 시민이 많으면 이 정치를 귀족 정치라고 한다. 모든 시대에 있어서 어느 것이 가장 좋은 형식인가에 대해서는 많은 논의가 있었으나, 우리는 어느 경우에는 가장 좋은 것이 되고 다른 경우에는 가장 나쁜 것이라고 생각할 수가 없었던 것이다. 우리로서는 만약 여러 형태의 국가에 있어서 관리의 수가 일반 시민의 수와 역비례한다고 하면 일반적으로 민주 정치는 소국가에 채용되고, 귀족 정치는 중국가에, 군주 정치는 대국가에 채용되리라는 것을 추측할 뿐이다.

나는 에밀에게 《텔레마크》를 읽히면서 여행을 계속해 갔다. 우리는 저 행복한 살레 탑과, 불우했기에 현인이 된 이도메네우를 찾고 있었다. 도중에 우리는 프로테실라오스와 같은 많은 사람을 보았으나 필로크레스와 다오니아 왕인 아드라스토스는 발견할 수 없었다. 그러므로 독자 여러분은 자신이 우리의 여행을 그리거나 또는 텔레마크를 가지고 같은 여행을 하는 것이 좋다. 그리고 우리는 저자 자신이 피하거나 또는 자기의 의사에 맞지 않는 힘든 적용을 독자 여러분에게 암시하지는 않을 것이다.

또한 에밀은 왕이 아니고 나도 신이 아니다. 그러므로 우리는 텔레마크와 만토르가 한 것과 같은 선행을 흉내내지 못하더라도 실망하지 않는다. 자기가 있는 장소를 지키는 방법은 본인이 가장 잘 알고 있으며, 또 본인 외에는 거리를 떠나지 않으려는 사람이 없기 때문이다. 우리는 같은 일이 모든 사람에게 할당되어 있는 것을 잘 알고 있다. 즉 성실하게 바른 일을 사랑하고 자기의 힘이 미치는 데까지 그 바른 일을 하는 사람은 누구든지 그 일을 수행하는 것이 된다. 우리는 텔레마크와 만토르가 가공의 인물이라는 것을 잘 알고 있다. 에밀은 헛되이 여행하고 있는 것이 아니라 왕 이상으로 훌륭한 여행을 하고 있다. 만약 우리가 왕이라고 하면 우리는 이미 자선가가 될 수 없으며, 만약 우리가 왕이고 또 자선가라고 해도 자기가 하고 있다고 생각하는 눈에 보이는 모든 선한 일의 하나에 대해서 악한 일을 몇 천 배나 할 것이다. 만약 우리가 왕이고 또 현자라고 할 경우에, 우리 자신을 위해서 제일 먼저 해야 할 선행은 왕위를 물러나서 현재의 지위로 되돌아오는 것이다.

나는 왜 여행이라는 것이 모든 사람에게 유익하지 않은가, 그 이유를 말했다. 또한 청년의 여행이 이롭지 않은 이유는 그들의 여행하는 방법 때문이다. 청년들의 교육보다도 자기들의 취미에 끌리는 교육자들은 그들을 도시에서 도시로 궁전에서 궁전으로 데리고 가며, 만약 그들이 학식이 있고 실력이 있는 사람이라면 도서관에서 시간을 보내거나 고물상을 찾아다니거나, 또는 고대의 비명을 조사하느라 고대 건축물 사이를 돌아다닌다. 그들은 막대한 돈을 쓰고 쓸모없는 일과 피로의 희생이 되어서 전유럽을 편력한 다음 자기들에게 이익이 되고 소용되는 것을 아무것도 배우지 않고 돌아오는 것이다.

어느 수도이든간에 그곳은 모든 국민과 모든 생활 방법이 혼합된 도시이다. 파리나 런던 같은 도시의 주민들은 독특한 그들의 편견을 조금 밖에 가지지 않고 있다. 그러나 어느 주민에게나 편견의 수와 행위의 규칙은 같다. 우리는 궁전에 모이는 인간의 소질을 안다. 우리는 많은 인간과 불평등한 분배에서 비롯된 각자의 생활 방법을 알고 있다. 인구 20만의 도시에 대해서 누군가가 나에게 말한 일이 있는데, 나는 이미 그곳의 생활을 알고 있다. 그곳의 일로서 내가 모르는 것은 그곳을 알기 위해서 일부러 그곳에 갈 가치가 있는가 하는 것이다.

어느 국민의 천성과 성격을 연구하려면 너무 혼합하지 않고, 상업도 번창하지 않고, 외국인으로서 여행하는 자도 거의 없고, 주민은 한 곳에 토착해 있고, 그리고 부와 지위의 변화도 적은 지방으로 가야 한다. 도중에 여러분은 수도를 한 번 들르는 것이 좋지만, 그 수도에서 멀리 떨어진 시골에 가서 연구하는 것이 좋다. 프랑스 인은 파리에 있는 것이 아니고 투렌에 있으며, 런던보다는 아시아에 있는 영국인이 오히려 영국인답다.

이와 같이 지방에 있는 국민이 그 국민의 진실한 성질을 지니고 있어서 그 출생지를 쉽게 알 수 있다. 그곳에 가면 정부의 여러 가지 영향을 가장 잘 알 수 있다. 정치와 풍습과의 필연적인 관계를 분명히 지적한 것은《법의 정신》이라는 책인데, 이러한 관계의 연구에는 이 서적에 의지하는 것이 좋다. 그러나 일반적으로 정부가 좋고 나쁜 것을 판단하는 데는 두 가지의 평범한 표준이 있는데, 그중 하나가 인구이다. 인구가 감소하고 있는 나라는 멸망해 가는 나라이고, 인구가 급속히 증가하고 있는 나라는 설사 세계에서 가장 빈곤한 나라라 해도 확실히 가장 훌륭한 정치가 행해지고 있는 나라이다.

그러나 이 인구는 정부와 국민성과의 자연적인 성과인 것이다. 왜냐하면 가령 그것이 식민(植民)이나 또는 다른 어떤 일시적인 우연한 원인에서 발생했다 해도 그 구제책 자체에 결함이 있었다는 증거이기 때문이다. 아우구스투스가 독신을 금하는 여러 가지 법률을 낸 것은 로마 제국이 이미 붕괴하기 시작하고 있음을 알려주는 것이다. 여러분은 강권력의 효력을 검사해서는 안 된다. 왜냐하면 헌법과 충돌하는 법률은 아무 효력도 없기 때문이다. 여러분은 일반 풍습의 영향과 정치 본래의 경향에 의해서 된 것을 연구해야 한다. 저 유덕한 생피에르 신부의 정책은 이러했다. 즉 언제든지 각자의 치료를 하여 하나하나씩 병의 공통적인 원인을 찾아서 전체를 치료하려는 것이다. 여러분은 부자의 신체에 일어난 하나하나의 병을 구분해서 진찰할 필요는 없으며, 그 병을 일으킨 피를 깨끗이 해야 한다. 영국에는 농업에 현상(懸賞)이 있다는 것이다. 나에게는 그 말만으로도 충분하다. 그것은, 영국에서는 농업이 그 이상 발달할 수 없다는 충분한 증거이다.

정부의 선정·악정의 제 2 의 표지는 역시 인구 속에서 발견되는 것이다. 이것은 인구의 수가 아니고 그 분포 상태 속에서 발견된다. 면적이나 인구가 같은 두 국가라도 그 강도에 있어서는 커다란 차이가 있다. 그리고 아주 강력한 국가에서는 언제나 인구가 영토 내에 균일하게 분포되어 있는 것이다. 대도시가 적고 그렇기에 겉모습은 그렇게 화려하지 않은 국가가 언제나 다른 국가를 정복한다. 국가의 힘을 고갈시키고, 국력을 약화시키는 원인이 되는 것은 대도시이다. 대도시가 만드는 부는 외양만의 부이다. 파리라는 도시는 프랑스 왕에 대해서는 한 개의 주 이상의 가치가 있다고 한다. 내 생각에는 왕에게 파리는 여러 개의 주를 희생하는 것이라고 생각한다. 파리는 어떠한 의미에 있어서든 다수의 주에 의해서 양육되고 있으며, 그 주의 대부분의 수입은 파리에 들어가서 국민 또는 왕에게 돌아오지 않고 있다는 것을 나는 믿는다. 타산가가 많은 현대에 있어서도 만약 파리를 없애버리면 프랑스는 현재보다 더 우세하게 되리라는 것을 모르는 사람은 없으리라 생각한다. 이 인구의 잘못된 분포가 국가에 불리할 뿐만 아니라 인구 감소보다도 나쁜 멸망의 원인이다. 영국인과 프랑스 인이 그들의 수도가 큰 것을 자랑하고 런던이나 파리가 서로 인구가 많다고 논쟁하는 것을 들으면, 나는 그들이 부끄러운 싸움을 하고 있는 것 같이 생각된다.

도시의 밖에서 그 국민을 연구하는 것이 좋다. 그래야만 여러분은 진실로 그것을 알 수 있다. 아무리 여러분이 행정 기관과 관리들의 망언에 중독되어 있는 정부의 표면 형태를 보았다 해도, 만약 여러분이 그 정부가 국민에게 끼치는 여러 가지 영향과 하나하나 행정의 정도에 나타나 있는 그 정부의 성질을 연구하지 않는다면 아무 소용도 없을 것이다. 형태의 차이는 사실 행정의 정도에 따르므로, 여러분이 진실로 그 차이를 아는 것은 다만 그 정도를 종합하는 데서만 가능하다. 어떤 나라에서는 관리들의 행동에 의해서 대신들의 태도를 알게 되고, 다른 나라에서는 여러분은 그 국민이 참으로 자유로운지 알기 위해서 의원 선거를 보아야 한다. 어느 나라에서도 대도시만을 보아온 사람은 정부의 상태를 알 수 없다. 원래 정부의 정신은 도시와 시골과는 다르게 작용하기 때문이다. 한 나라를 구성하는 것은 농촌이고 국민을 형성하는 것은 농민이다. 내 생각으로는 멀리 떨어진 지방에서, 그리고 국민의 소박한 천성속에서 여러 가지 다른 국민을 연구함으로써, 만족스럽고 인간의 마음에 크게 위로가 되는 일반적인 결과가 생기는 것이다. 국민이 자연에 가까울수록 그만큼 정의의 관념이 국민성에 지배되고 있는 것이다. 또 국민이 도회에 박혀서 교화되어 변화할 때는 그 국민은 타락하고 해를 입었다기보다는 숨어 있었던 단점이 기분이 나쁘지는 않은 유해한 결점으로 나타나는 것이다.

이 관찰에서 우리는 내가 암시한 여행 방법에 대해서 또 하나의 다른 이익을 알게 된다. 즉 겁이 날 만큼 타락한 저 도시에 너무 오래 머물지 않는 청년들은 해로운 것에 전염될 걱정은 없을 것 같다. 소수의 소박한 인간들과의 교제에 묻히면 그들은 더 확실한 판단, 더욱 건전한 취미, 더욱 훌륭한 도덕을 보존해 갈 것이다. 그러므로 에밀에 대해서는 이 해독이 전염될까봐 걱정할 필요가 없다. 그는 그것을 방어할 모든 것을 갖추고 있으며, 내가 지금까지 말한 모든 사상 가운데 나는 그가 가슴에 가지고 있는 연정에 제일 기대하고 있는 것이다.

우리는 청년의 희망에 미치는 진정한 사랑의 영향을 모른다. 왜냐하면 우리 자신이 그들처럼 그에 대해서 모르며, 청년을 감독하는 사람이 청년으로부터 진정한 사랑을 빼앗기 때문이다. 그러나 청년은 사랑을 하거나 또는 유혹에 빠지기 쉽다. 여러분은 사랑을 하지 않고 어디까지나 동정으로 지낸다고 말하는 청년을 예로 들고서, 자신의 청년 시절을 예로 들 것이다. 그러면 자기의 청년 시절을 어떻게 보냈다고 정직하게 말할 어른, 즉 정직한 사람을 나에게 보여달라. 우리의 모든 덕, 모든 의무상 사람은 표면으로서 만족하고 있다.

에밀을 여행에 데리고 가기 전에 사랑을 하도록 하려는 것은 나 혼자만의 생각은 아니었다. 그것은 다음과 같은 사실에서 내가 암시를 받은 것이다.

나는 베니스에서 젊은 영국인 교사를 방문한 일이 있었다. 마침 겨울이어서 우리는 난롯가에 앉아 있었다. 우체국에서 많은 편지가 와 있었는데, 그는 편지를 잠시 본 뒤 큰소리를 내서 그의 제자에게 읽어주었다. 편지는 영문이었기 때문에 나는 한 마디도 몰랐다. 교사가 편지를 읽고 있는 동안에, 나는 그 제자가 자기의 무척 아름다운 소매끝 자락을 찢어서 아무도 모를 만큼 조용히 하나하나 그것을 불에 넣고 있는 것을 보았다. 이 엉뚱한 행동에 놀란 나는 그의 얼굴을 바라보며 무엇인가 그의 감정의 동요가 있음을 알아챘다. 나는 편지를 모두 읽을 때까지 기다렸다가, 그가 감추려고 애쓰고 있는 손목을 교사에게 보이면서 말했다. "이러한 일의 의미를 가르쳐주시겠습니까." 하고. 교사는 웃으면서 만족스럽게 제자를 안고 '알았다.' 하고, 내 희망대로 설명을 해주었다. "존 군이 지금 찢은 저 소매끝 자락은 이 시에 살고 있는 어느 처녀가 최근 만들어서 보낸 선물입니다. 그런데 당신은 존 군이 본국의 어느 처녀와 약혼했다는 것을 먼저 알아야 합니다. 그 처녀와 열렬한 사랑을 했었습니다. 그녀는 그와는 맞는 처녀입니다. 이 편지는 그 처녀의 어머니에게서 온 편지지요. 나는 당신이 본 바와 같이 그가 옷을 찢게 한 대목을 번역하겠습니다."

"루시는 항상 존의 소매를 만들고 있습니다. 어제도 베티 양이 놀러와 오후 내내 있으면서 일을 도와주었습니다. 나는 루시가 오늘 아침에 매우 빨리 일어난 것을 알고 대체 무엇을 하려는가 본즉, 루시는 베티 양이 만들어준 것을 열심히 뜯고 있었어요. 루시는 자기의 선물에 다른 사람이 한 바늘이라도 거드는 것이 싫었던 것입니다." 존은 다른 소맷자락을 가지러 갔다. 그래서 나는 교사에게 말했다. "당신의 제자는 무척 좋은 사람입니다. 그러나 루시 양의 어머니에게서 왔다는 이 편지는 장난이 아닙니까. 이것은 저 소맷자락을 보낸 처녀를 떼어놓으려는 수단이 아닌가요?" "아닙니다. 나는 그렇게 재주를 부릴 줄 모릅니다. 나는 소박과 열심을 신조로 하고 있습니다. 그리고 신은 나의 노력을 축복하여주었던 것입니다."라고 그는 말했다.

나의 마음은 이 청년의 행동을 보고 크게 움직였다. 이것은 나 같은 몽상가에게는 많은 생각을 하게 했다. 이제 우리 일도 끝이 날 때가 왔다. 존 군을 루시 양에게로 보낸 것처럼, 에밀을 소피에게로 데리고 가자. 그는 전과 같은 따뜻한 마음을 가지고, 또 그 이상의 훌륭한 정신을 가지고 그녀의 곁으로 간다. 그리고 더욱 좋은 것은 모든 외국의 정부 사정을 알고, 또 그들의 아름다운 점을 통해서 모든 외국인의 사정을 잘 알고서 고향으로 돌아간다는 점이다.

거의 2년 동안에 우리는 유럽의 몇 개의 대국과 많은 소국을 다녔으며, 주요한 2, 3개국의 언어도 어느 정도 습득하고, 박물·정체(正體)·예술·국민들 중에서 진정으로 흥미있는 것을 보았을 때 에밀은 더 견딜 수 없게 되었다. 그래서 그는 돌아갈 때가 왔다는 것을 나로 하여금 생각하도록 하는 것이었다. 그때 나는 이렇게 말했다. "에밀, 너는 이 여행의 첫째 목적을 알고 있겠지? 너는 구경도 하고 관찰도 했다. 네가 여러 가지를 관찰한 최후의 결과는 무엇인가? 너는 어떤 결심을 하게 되었는가?" 내가 묻는 방법이 잘못되지 않는 것이라면 그는 나에게 이렇게 대답할 것이다.

"물론 나는 당신이 만들려는 인물이 되려고 결심하였습니다. 인간의 여러 가지 제도를 관찰하고서 그들이 하고 있는 일을 연구할수록 인간은 독립하려고 온갖 노력을 한다는 사실을 알았습니다. 그들은 노예가 되고 있다든지, 그리고 또 그들 자신의 자유도 지속되도록 확실히 계획을 했으나 도리어 그 자유를 잃고 있다는 것도 말입니다. 그들은 홍수와 같이 여러 가지 일이 일어나도 떠내려가지 않도록 모든 결합을 만들고 있습니다. 그러나 막상 전진하려고 하면 그들은, 모든 것이 자기들을 견제하고 있음을 깨닫고 당황하는 것입니다. 선생님, 당신은 필연에 복종하는 방법을 가르침으로써 나를 자유로이 해준 것입니다. 그 여자가 원한다면 오라고 하겠습니다. 나는 아무 무리없이 그 여자가 원하는 대로 하겠습니다. 이 여행에서 나는 지상의 어딘가에 완전히 혼자 있을 장소를 구했습니다. 그러나 다시 생각한 결과 나는, 내 희망은 모순되어 있다는 것을 발견했습니다. 왜냐하면 내 일생은 마치 숲의 여신 드라이어드가 숲에 정착하고 있는 것과 같이 그 토지에 붙어 있기 때문입니다. 또 나는 자유와 제국이라는 말은 양립할 수 없는 것이라는 사실을 발견했습니다. 나는 자기 자신의 주인이 되는 것을 포기함으로써 오막살이의 주인이 되는 것입니다.

우리의 연구의 기원은 내 재산이었다고 생각됩니다. 당신은 나에게 부와 자유는 다같이 보존해갈 수가 없다고 말씀하셨습니다. 그러나 당신이 나에게 '자유를 가지라, 동시에 욕망을 버리라'고 명령한다면 당신은 나에게 양립할 수 없는 둘을 희망하는 것입니다. 왜냐하면 나는 자유로 돌아가서 그에 의지함으로써 겨우 인간으로 독립할 수 있기 때문입니다. 그러면 부모가 나에게 보내준 재산을 나는 어떻게 해야 합니까? 먼저 나는 그것에 의지하고 싶지 않습니다. 만약 재산이 내 손에 들어오면 나는 그것을 유지해 가고, 그것을 빼앗기면 그에 끌려가지는 않을 것입니다. 나는 그것을 빼앗기지 않으려고 애쓰지도 않을 것입니다. 부자든 가난하든 나는 자유입니다. 세계 어느 나라에 간다 해도 자유입니다. 모든 편견의 쇠사슬은 끊어졌고, 나는 다만 필수품이라는 속박만을 알 뿐입니다. 나는 어릴 때부터 그 속박에 견디도록 훈련받았습니다. 나는 인간이기 때문에 죽을 때까지 견디고 갑니다.

이 세상에 있어서 나의 지위는 무엇입니까? 내가 어디 있는가 하는 것은 관계없는 일이 아닙니까? 인간이 있는 곳에는 어디에라도 나는 형제 속에 있는 것이며, 인간이 없는 곳에서는 어디에서나 나는 자기 자신의 가정에 있는 것입니다. 내가 독립하고 있는 부자이며 살아가는 데 필요한 돈을 가지고 있는 동안은, 나는 살아갈 수 있을 것입니다. 만약 내가 재산 때문에 노예가 된다면 나는 쉽게 그것을 포기할 수 있으며, 나는 일을 하는 두 손이 있기 때문에 그것으로써 살아 나갈 것입니다.

이것이 나의 결심입니다. 적어도 영구히 몸에 붙어 있는 쇠사슬은 하나밖에 없습니다. 그것은 나의 자랑인 쇠사슬입니다. 그러면 나에게 소피를 주십시오. 나는 자유인입니다."

에밀, 너의 가슴속의 여러 가지 감정을 듣고 사실 나는 기쁘다. 너의 나이로서는 지나치게 무사(無私)한 생각도 불쾌한 것은 아니다. 너 자신이 아이를 갖게 되면 그러한 생각도 없어질 것이다. 그리고 네가 좋은 아버지가 되고 현명한 인간이 되기 위해서는 그렇게 해야 할 것이다. 나는 여행 이전에 그 결과가 어떻게 될까를 알고 있었다. 인간의 모든 제도를 보고서 네가 그것을 신뢰하지 않을 것을 나는 알고 있었다. 우리는 법률의 권력하에서 자유를 구하는 것과 같은 무익한 일을 하고 있었다. 법률의 미명 아래 여러 곳에서 너는 이기심과 인간의 정욕의 규칙을 보아 왔다. 그러나 자연과 질서의 영원한 법률이 존재하고 있으므로, 현명한 인간에게 있어서는 그 여러 법률은 실증법 대신이 된다. 그것은 양심과 이성에 의해서 인간을 자유롭게 한다. 자유는 어떠한 형의 정부에도 보이지 않는다. 그것은 자유인의 가슴속에 있다.

만약 내가 너에게 국민의 의무에 대해서 말하는 바가 있으면 너는 이렇게 반문할 것이다. "어느 것이 내 나라입니까?"라고. 그러나 에밀, 그것은 네가 잘못이다. 왜냐하면 국가를 가지지 않은 사람도 자기가 살고 있는 토지를 가지고 있기 때문이다. 거기에는 하나의 정부가 있고 그 정부에는 법률이 있어, 그는 그 아래에서 평화롭게 살아가고 있기 때문이다. 에밀, 자기가 살고 있는 토지에서 아무런 혜택도 받고 있지 않은 사람이 어디에 있을까? 그 토지가 어떠한 것이든간에 인간이 가지고 있는 가장 귀한 것, 즉 그의 덕행 및 덕을 사랑하는 정신을 그 토지에서 얻게 된다. 물론 깊은 숲속에서 출생했더라면 더욱 행복하고 더욱 자유로이 살았을 것이다. 그러나 그는 아무런 노력 없이 자기의 천성에 따라갈 수 있으므로 그의 선행에도 아무런 공적이 없었을 것이다. 또 그는 자연의 질서를 알고 그것을 사랑하는 방법을 배우는 것이다. 다른 사람에 있어서는 구실에 지나지 않는 공(公)을 위한 선도 그에게는 진정한 동기이다. 그가 법률로부터 아무런 이익도 얻지 못한다는 것은 거짓이다. 법률은 그에게 자기 자신의 몸을 관리하는 방법을 가르치고 있는 것이다.

그러므로 자신이 어디 있든 관계없다고 말해서는 안 된다. 네가 자기의 의무를 가장 잘 수행할 수 있는 곳에 있어야 된다는 것은 중요한 일이다.

그리고 그 의무 중의 하나는 자기의 모국을 사랑하는 것이다. 너의 동포는 유년 시절의 너를 보호해주었으므로, 너는 성인이 되면 그들을 사랑해야만 한다. 너는 그들 사이에 섞여서 살아야 한다. 적어도 전력을 다해서 그들에게 봉사할 수 있고, 또 만일 그들이 너를 필요로 할 경우에 너의 거처를 알 수 있는 장소에 살아야 한다. 에밀, 너는 아직 다른 사람에게 진실을 말하는 어려운 일을 맡지 않았다. 너는 동포 사이에서 살고, 유쾌한 교제에 의해서 그들을 교화해야만 된다. 너는 그들의 은혜자(恩惠者)가 되고 그들의 모범이 되어야 한다. 그리고 그들이 직접 보게 되는 너의 착한 일은 어떠한 찬사보다도 그들을 깊이 감동시킬 것이다.

그러나 나는 네가 도시에 사는 것을 원하지 않는다. 그 반대로 좋은 사람이 다른 사람에게 보일 수 있는 모범의 하나는 가정적인 전원 생활이다. 이것은 인간의 가장 엄숙한 생활, 가장 평화롭고 자연적이고 깨끗한 생활의 모범이다. 젊은 친구여! 광야에서 평화를 구할 필요가 없는 나라는 행복하다. 그러나 그런 나라는 어디 있는가? 정직한 인간은 사기꾼과 악한을 위해서 일하고 있는 도시 속에서는 자기의 욕망을 만족시키기가 곤란하다는 것을 알고 있다. 운을 찾아서 도시로 모여드는 게으른 자들에게 도시가 나타내는 환영은 시골의 황폐를 더욱 심하게 할 뿐이다. 나는 이렇게 생각한다. 에밀과 소피가 소박한 가정을 만들어서 어떠한 은혜를 그들에게 베푸는가? 어떠한 자극을 그 지방에 주는 것일까? 어떻게 해서 불행한 시골 사람의 열성을 소생시키는가.

나는 인구가 늘어나고 토지가 경작되며, 대지가 싱싱한 아름다움으로 빛나는 것을 상상해 본다. 일하는 많은 사람과 풍부한 수확 때문에 밭에서 일하는 사람들은 몹시 바쁘다. 저 젊은이들이 자기들이 일으킨 시골풍의 놀이 가운데 있는 것이 보인다. 두 사람의 주위에 있는 사람들의 환희와 축복의 소리가 들린다.

벌써 소피의 집 가까이 온 것 같다. 너는 그녀의 훌륭한 부모가 시작한 일을 완성할 것이다. 그러나 사랑하는 에밀이여! 생활이 크게 안락할지라도 너에게 부과된 엄격한 의무를 싫어해서는 안 된다. 로마 인들도 때로는 농기구를 버리고 집정관이 된 일이 있었다는 것을 알아두어야 할 것이다. 만약 군주 또는 국가가 국가의 일을 위해서 너를 부르면 모든 것을 버리고 너에게 지정된 장소에 가서, 국민으로서의 영광된 의무를 완수해야 할 것이다.

나는 소피 곁으로 돌아가는 에밀의 이야기와 두 사람의 그 결혼에 대한 발단을 왜 그리지 않을까? 그것은 인생 그 자체와 언제나 같이하는 가치에 기초를 둔 연애, 미모와 타락되지 않은 다른 미덕에 기초를 둔 연애, 서로의 교제에 매력을 두고 노년에 이르기까지 첫사랑의 즐거움을 그대로 연장시키는 연애이기 때문이다. 그러나 이러한 모든 자세한 내용을 말하는 것은 유쾌한 일이지만 별로 소용되는 것은 아니다. 그리고 나는 이전부터 유익한 것이 아니면 아무리 매력있는 것이라도 상세히 말하지 않기로 하고 있다. 내 일이 거의 끝날 무렵인 지금 이 규칙을 무시할 것인가? 드디어 에밀의 일생에도 나 자신의 일생에도 가장 행복한 날이 다가왔다. 나는 그 결과를 평가하기 시작한다. 훌륭한 두 사람은 남편과 아내로서 백년해로의 언약을 맺는다. 교회에서 돌아오면 두 사람은 인도되는 대로 따라간다. 자기들이 어디 있는지, 어디로 가는지 모르지만 그들은 아무런 염려도 하지 않는다. 두 사람의 눈은 몽롱해 있다. 인간의 약함이여! 남편은 행복감에 정복되어 있으며 그는 그것을 견딜 만큼 강하지 못하다.

신혼의 두 사람에게 무엇을 말하면 좋을지를 아는 사람은 거의 없다. 나로서는 두 사람의 마음에 거짓 근신으로써 잔혹할 만큼 고통을 주거나 또는 야비한 희롱으로 어려움을 주지 말고 둘이 자유롭고 매력있는 흥분에 젖게 하는 것이 좋다고 생각한다.

나는 젊은 두 사람이 매우 행복해하며 사람들이 말하는 데는 조금도 관여하지 않는 것을 보았다. 그런데 내가 어찌하여 이 귀중한 날을 두 사람에게서 빼앗을 수 있는가. 나는 그들에게 이 날의 쾌락을 맛보이고 충분히 즐기도록 하고 싶은 것이다. 나는 어리석은 자들이 있는 데서 그들을 다른 조용한 장소로 데리고 갔다. 나는 두 사람을 진정시켰다.

나는 두 사람의 손을 잡으면서 말했다. "오늘은 너희들의 행복이 되는 깨끗하고 힘있는 열정이 생긴 것을 본 뒤 3년째이다. 그후로도 계속 너희들은 성장해 왔다. 너희들의 눈은 그 정열이 절정에 이르렀음을 말해주고 있다. 그러나 그것은 곧 사라질 것이다." 독자 여러분은 에밀이 분노하고 소피가 나의 손에서 자기 손을 빼는 경멸적인 모습을 상상할 수 있을 것이다. 자기들은 최후까지 서로 존경한다고 그들의 눈은 말하고 있는 것이다. 나는 말을 계속했다.

"가끔 나는 이런 일을 생각한다. 만약 연애의 행복이 결혼 후에도 계속된다면 우리는 지상 낙원을 발견할 것이나, 아직까지 한 번도 그러한 예는 없었다. 그러나 그것이 전연 불가능하지만은 않다고 하면 너희들 두 사람은 지금까지 다른 사람이 보이지 않은 모범, 즉 대부분의 결혼한 사람이 실행하지 못한 모범을 보여야 한다. 나는 그 방법에 대해 말하겠다." 둘은 서로 마주

보고 웃었다. 에밀은 솔직하게 나의 교훈에 감사하고, 그는 소피가 더 좋은 교훈을 가지고 있다고 생각한다. 아무튼 그것으로 나는 충분하다고 했다. 소피는 그에 동의해서 아무런 의심이 없는 것 같았다.

이들의 숨겨진 충동 사이에서 보이지 않는 차이는 남과 여의 진실한 차이이다. 즉 남자는 일반적으로 여자보다 철저하지 않고 곧 연애의 성공에 권태를 일으키며, 여자는 남자가 장래에 철저하지 못함을 예견하고 분노한다고 한다. 여자가 더 질투심이 강하다는 것은 이 때문이다. 남자의 정열이 식게 되면 그 여자는 전에 남자가 언제나 여자를 즐겁게 한 미태를 이제 남자에게 바쳐야 한다. 그래서 여자는 운다. 이번에는 여자가 굴욕을 당하지만 여자가 성공하는 일은 거의 없다. 애정도 친절한 행위도 거의 상대편의 마음을 잡지 못하고, 영원히 옛 마음으로 돌아가지 못한다. 나는 결혼 생활의 권태기에 더할 교훈으로 돌아갔다.

"그것은 분명하고 간단한 것이다. 너희들은 남편이고 아내이지만, 동시에 예전 연인이 되어 있는 것이다." 어렵지 않다고 에밀은 나의 방법에 미소로써 대답한다. "우리는 그것이 어렵지 않다고 생각됩니다." "아마 네가 생각하는 것보다는 어려울 것이다. 내 설명을 들어보라. 줄은 너무 힘이 들어가면 끊어진다. 결혼의 줄이 너무 튼튼하면 끊어지는 수가 있다. 그 줄에 의해서 결부되어 있는 남편과 아내의 성실성은 모든 정의 중에서 가장 신성한 것이다. 그러나 그 때문에 각자는 상대편에 너무 힘을 들이게 된다. 속박과 사랑은 일치하지 않으므로 쾌락을 구해도 못 얻게 된다. 소피여! 얼굴이 붉어져서 달아나지 않아도 좋다. 신은 나에게 너의 겸손한 것을 헤쳐서는 안 된다고 말하고 있지만, 너의 일생의 운명은 위험에 다다르고 있다. 인간을 싫증나게 하는 것은 소유보다 지배이다. 그리고 애정은 아내에 대해서보다 애인에 대해서 오래 계속된다. 인간은 어떻게 가능한 한 애무해야 된다는 권리를 만들 수가 있는가? 그 권리를 주고받는 것은 서로의 희망으로서, 자연은 그 이외의 것은 아무것도 모른다. 법률로써 권리를 제한할 수도 있지만 그것을 확대할 수는 없을 것이다. 사랑의 즐거움은, 그 자체의 매력에서는 얻을 수 없는 힘을 슬픈 속박에서 혜택을 받아야 할 것인가. 너희들은 서로 성실히 할 의무는 있으나 상대방의 환심을 살 의무는 없다. 너희들은 어느 편도 자기 자신을 상대편에게 줄 필요가 없고 자신의 의지가 아니면 상대편의 것이 아니다.

사랑하는 에밀이여! 네가 영원히 너의 아내의 연인이고 그 여자는 영원히 너의 연인인 동시에 자기 자신이 되는 것이 사실이라면, 너희들은 행복하고 존경할 만한 연인인 것이다. 모든 것을 의무에서가 아니고 사랑에서 얻으라. 사소한 호의라도 권리에서가 아니고 미덕에서 나오게 하라. 겸손은 형식적인 고백을 꺼리고 절제를 구한다. 그러나 진실한 사랑을 가지고 있으면 그 연인은 진정한 의지에 대해서 오해를 받는 일이 없을 것이다. 두 사람을 영원히 그들 자신의 주인으로 하고, 다만 자신의 의지로써만 그들에게 주는 권리를 둘이 가지도록 하는 것이 좋다. 결혼한 후에도 이 쾌락은 쌍방이 욕망이 있을 때만 합법적이다. 연인들이여！ 이 법칙이 너희들 사이를 갈라놓을까봐 두려워해서는 안 된다. 그 반대로 그것은 너희들을 지나치게 즐겁게 하고 포만하는 것을 막을 것이다. 서로가 진실하라. 자연과 사랑은 너희들을 끌어당길 것이다."

에밀은 화를 내며 이런 말에 불복하는 태도를 취했다. 소피는 부끄러워서 부채로 자기의 얼굴을 가리고 말 한 마디 없었다. 말 한 마디도 없다는 것은 아마 소피가 더욱 화가 났다는 뜻이리라. 그러나 나는 아무 용서도 구하지 않고 주장했다. 나 때문에 얌전하지 않은 에밀은 당황하게 되었다. 나는 소피가 이 대화에 동의하게 하려고 노력했다. 소피는 내가 틀렸다고 말하진 않으리라고 여러분은 추측할 것이다. 에밀은 걱정스럽게 아내의 눈을 바라보더니 그녀가 당황해하는 것을 알고는, 그녀의 발밑에 몸을 던지고 손에 키스했다. 그리고 이미 약속한 성실성 이상으로 맹세하는 것이었다. "사랑하는 아내여！ 당신은 내 생명과 운명의 결정자인 동시에 내 쾌락의 결정자가 되어 주시오. 만약 당신의 잔인 때문에 내 생명을 희생할지라도 나는 소중한 권리를 당신에게 줄 것입니다." "사랑하는 에밀이여！ 안심하라. 소피는 관대하여 너를 희생시키는 일은 없을 것이다."

저녁에 내가 두 사람의 곁을 떠나려고 할 때, 나는 매우 엄숙하게 말했다. "너희들 둘은 자유인이라는 것과, 자유의 권리에는 아무런 의문이 없다는 것을 기억해 두라. 잘못된 겸손을 보여서는 안 된다. 에밀, 너는 나와 같이 집에 가겠느냐？" 소피는 그것을 허락했지만, 에밀은 화를 냈다. "소피는 어떻게 할 텐가？ 그를 데리고 갈까？" 작은 거짓말장이는 얼굴을 붉히고 대답했다. "네！" 진실보다 즐거운 거짓말이다.

다음날 그들은 이미 행복한 광경을 즐기지 않았다. 그들은 벌써 마음이 끌리는 것을 느껴 진정으로 기쁜 것을 통찰할 수 없게 되었다. 순간적인 환희의 광경으로만 쾌락에 젖어 행복한 연인만을 보고 있는 여러분이 그리고 있는 것은 매우 불완전한 것이다. 여러분은 결혼식 다음날에 행복한 표정으로 침실을 나오는 젊은 부부를 보았는가？ 그들의 순결하고 몽롱한 모양은 그들이 즐긴 열광적인 행복, 축복받는 무구한 확신, 그리고 같이 여생을 보내려는 즐거운 확신을 말하고 있었다. 인간의 마음은 이 이상 황홀한 광경을 볼 수 없다. 이것이 행복의 진실한 광경이다. 여러분은 아무 관심 없이 이 광경을 몇 번이고 보아 왔다. 여러분의 마음은 모든 것을 사랑할 수 없을 만큼 굳어져 있다. 평화롭고 행복한 소피는 그날 하루 자애 깊은 어머니의 품안에서 지냈다. 그것은 기분 좋은 휴식처이다. 밤이 되면 그녀는 남편의 품안에서 지낼 것이다.

그날 이후 나는 약간의 변화를 느꼈다. 에밀이 약간 성을 낸 모습 같았다. 그러나 이 모습에서 그의 본심과 어느 정도 유순을 깨달았다. 그것은 그렇게 나쁜 것이 아니라고 생각되었다. 소피는 어제보다 쾌활하였다. 그녀의 눈은 반짝이고 있었다. 그녀는 상당히 즐거워하는 것 같이 보였다. 그녀는 에밀에게는 매력적이었다. 그녀는 그를 조금 노하게 하고 그를 애먹이고 있었다. 이러한 변화는 거의 눈에 띄지 않을 정도였으나 나의 눈을 피할 수는 없었다. 나는 걱정이 되어서 가만히 에밀에게 물었다. 에밀은, 자기가 아무리 애원해도 어젯밤에 소피가 잠자리를 같이하기를 허용 않았노라고 대답했다. 저 거만한 부인은 자신의 권리를 주장하는 데 열심이었던 것이다. 에밀은 몹시 불쾌하다고 말했다. 드디어 에밀이 진실로 노한 것을 보고, 그녀는 온화하고 사랑에 찬 눈으로 그를 보더니, 내 손을 만지며 다만 이렇게 말했다. '바보'라고. 에밀은 그 의미를 아는 데도 너무 완고했다. 그러나 나는 알았다. 그래서 나는 에밀을 밖으로 내보내고 소피와 단둘이서 말을 했다.

나는 이렇게 말했다. 그것은 너의 변덕 때문이다. 아무도 너만큼 섬세할 수 없고, 또 너만큼 악용할 수 없는 것이다. 사랑하는 소피여, 걱정할 것 없다. 나는 너에게 한 사람의 남자를 주었다. 그를 그렇게 대우하는 것을 두려워하지 말라. 너는 그의 청춘의 초기의 과오를 얻었으며, 그는 자기의 남성을 낭비하지는 않을 것이다. 그리고 그것을 견딜 것이다.

사랑하는 소피여, 내가 어제 말한 것을 설명해 줘야겠다. 아마 너는 나의 말을 다만 너희들의 쾌락을 계속하기 위하여 그것을 제한하는 수단이라고 이해했을 것이다. 오! 소피, 그 이외에 다른 목적이 있었다면 내가 감독하는 데 합당한 목적이 있었다. 에밀이 너의 남편이 된 그때는 그가 너의 주인이 된 것이다. 너는 복종해야만 되는 것이다. 그것이 자연의 이치이다. 그러나 아내가 소피와 같은 여자라면 그런 여자에게 인도받는 남편은 행복하다. 그것은 또 하나의 자연의 법칙이다. 그리고 내가 너를 그의 쾌락의 결정자로 택한 것은, 네게 그의 마음을 지배시키는 동시에 그의 성에 너의 육체를 지배시키려는 힘을 준 것이다. 그것이 너에게는 고통스럽겠지만, 그러나 만약 네가 자신을 억제할 수 있다면 너는 그를 억제할 수 있을 것이다. 그리고 경험상 어려운 기술은 너의 용기를 가지고 될 수 있는 일이다. 네가 만약 너의 친절을 올바르게 생각한다면 그를 사랑에 의해서 오래 지배할 것이다. 만약 네가 남편을 언제든지 자기 수중에 넣고 싶다면 그를 멀리해야 하지만, 너의 엄격은 너의 정숙에서 와야지 결코 변덕의 결과에서 와서는 안 된다. 그의 사랑을 의심하지 않도록 주의해야 한다. 너의 친절을 더욱 값진 것으로 하고, 네가 그의 친절을 거절할 때는 공손히 해야 한다. 그에게 아내의 순결을 존경시켜서 결코 아내의 냉정에 대해 불평을 하도록 해서는 안 된다. 나의 아이여! 그렇게 되면 그는 너를 신뢰하고 너의 생각을 경청하며, 모든 일을 너와 의논해서 결정할 것이다. 그래서 그가 길을 잘못 간다면 바른 지혜로 공손하게 말해서 바른 길로 가도록 할 것이다. 너는 유용하므로 사랑할 것이고, 덕을 위해서 모양을 부릴 것이고, 이성을 위해서 사랑을 가질 것이다.

그러나 너의 기술이 언제든지 너의 목적에 소용된다고 생각하지 말라. 아무리 주의하더라도 쾌락은 소유함으로써 파괴된다. 특히 사랑은 그렇다. 그러나 사랑이 충분히 오래 지속된다면 그 대신 좋은 습관이 형성되어서 신뢰의 생각이 열광적인 정열로 된다. 아이는 부모 사이에 일종의 줄을 만든다. 그것은 사랑과 동일하게 감정적이어서 때로는 그 이상 강한 연결을 이룬다. 네가 에밀의 연인이 아닐 때에는 그의 친구인 동시에 아내가 되어라. 너는 그의 아이들의 어머니가 될 것이다. 그렇게 되면 너의 최초의 침묵이 없어지고, 너희들 사이에는 큰 친밀감이 생겨난다. 잠자리를 따로 해서는 안 된다. 그가 너 없이는 살지 못할 정도로 그의 진실한 아내가 되어야 한다. 그리고 만약 그가 너의 곁을 떠날 때에는 그가 어떻게 해야 될지 모르도록 느끼게 함이 좋다. 가정에 있어서 행복한 자는 누구나 그 아내를 사랑한다. 만약 너의 남편이 가정에서 행복하다면, 너는 행복한 아내라는 것을 잊지 않도록 하라.

지금 너는 남편에 대해서 너무 엄격하게 해서는 안 된다. 그는 너의 존경을 받아도 좋은 남자이다. 너의 기분을 상하게 하지는 않을 것이다. 그의 행복을 희생해서까지 그의 건강을 염려할 필요는 없으며, 너 자신의 행복을 즐기는 것이 좋다. 너는 싫은 것을 참아도 안 되고 욕망을 거부해도 안 된다. 다만 너의 호의의 가치를 더하기 위해 거절해야 한다.

그리고 그녀를 에밀 곁으로 데리고 가서 에밀에게 말했다. "인간은 스스로 자신의 속박을 견디어야 한다. 너의 미덕은 속박을 가볍게 하는 것이라야 한다. 특히 호의에 대해서는 희생이 되어야 한다. 그리고 불평하는 것이 자기를 사랑스럽게 한다고 생각해서는 안 된다." 곧 두 사람은 화해하게 되어서 조약은 키스로써 조인되었고, 나는 나의 에밀에게 말했다. "사랑하는 에밀이여! 인간에게는 지도와 의논의 상대가 필요한 것이다. 나는 그 의무를 다하려고 모든 노력을 기울여 왔다. 나의 오랜 일도 지금 끝이 났다. 그리고 다른 사람이 이 의무를 인계받을 것이다. 오늘 나는 네가 나에게 준 권위를 반납한다. 이후로는 소피가 너의 수호자이다."

조금씩 최초의 열정이 가라앉고 그들은 평화롭고 새로운 환희를 즐길 수 있다. 행복한 연인들이여 행복한 부부이다. 그들의 미덕을 찬양하고 행복을 그리는 데 그들의 일생의 기록은 필요할 것이다. 나는 그들에게서 내 일생의 보상을 보면서 내 가슴은 기쁨에 찼다. 얼마나 여러 번 나는 마음속으로 신의 축복을 바라면서 그들의 손을 잡았을까. 또 얼마나 여러 번 나는 그들이 마주잡는 손에 키스를 했을까. 그들은 나의 기쁨에 감격하여 나와 같이 기뻐했다. 젊은 부부의 훌륭한 부모들은, 자기들의 청춘이 아이들에게 재생되고 있음을 보았다. 만약 지상에 행복이라는 것이 있다면 여러분은 이러한 가정에서 구해야만 된다.

그뒤 2, 3개월이 지난 어느 날 아침에, 에밀이 내 방에 들어와서 나를 안으면서 말했다. "선생님, 당신의 아이를 축복해 주십시오." 저는 곧 아버지가 되는 명예를 가진 것입니다. 우리들은 열성을 다해서 큰 책임을 행해야 할 것입니다. 우리들에게는 앞으로도 당신이 필요합니다. 그러나 신은 나에게 내 아이까지 교육해달라고 부탁해서는 안 된다고 말씀하셨습니다. 그러나 이 젊은 교사의 교사가 되어주십시오. 우리들을 충고하고 조언해주십시오. 우리들은 잘 지도를 받을 것입니다. 내가 살아 있는 동안 나에게 당신이 필요합니다. 인간으로서의 의무가 시작되는 오늘, 내가 당신에게 기대하는 것은 전날의 교육이 아닙니다. 당신은 자신의 의무를 다했습니다. 휴식을 즐겨주십시오. 이제 그때가 올 것입니다."

역자의 말

프랑스의 소설가·사상가로서 널리 알려진 장 자크 루소(Jean-Jacques Rousseau)는 1712년 스위스의 제네바에서 한 시계공의 아들로 태어났다. 태어나자마자 어머니를 여의고, 10세 때에 방탕하고 우매한 아버지마저 집을 나가버리는 바람에, 어린 루소는 숙부에게 맡겨져 어느 동판 조각사의 심부름을 하면서 소년기를 보내야 했고, 결국 16세 때에는 제네바를 뛰쳐나와 청년기를 방랑 생활로 보냈다.

1742년 파리에서 각계각층의 사람들과 친교를 맺게 되면서, 그는 디들로 등에 의해 간행중에 있던《백과전서(百科全書)》에 협력하게 되었다. 1749년에는 디종의 아카데미 현상 논문에 응모하여 당선되었고, 이것이《학문과 예술론》이라는 제목으로 출판됨으로써, 그에게는 사상가로서의 계기가 주어지게 되었다.

그후 그는 저작에만 전념해,《불평등 기원론》,《정치 경제론》,《언어 기원론》,《신(新)엘로이즈》,《민약론》 등을 발표하였고, 소설 형식의 교육론인《에밀》을 출판하기에 이르렀다. 그러나《에밀》은 출판되자마자 파리 학부에 의해 제소당하는 파란을 겪어야만 했다. 파리 고등법원은 루소에게 유죄를 선고하고 체포령을 내렸다. 이로 말미암아 그는 파리를 떠나 스위스·영국·프랑스 각지를 돌아다니며 방랑 생활을 하게 되었는데, 이 기간중에 쓴 것이 자전적 작품인《고백록》이다.

1768년 테레즈 르 바쇠르와 결혼하고 1770년 다시 파리로 돌아온 루소는 심한 피해망상 속에서 자기 변호를 위한 작품《루소, 장 자크를 재판하다》를 썼고, 계속해서《고독한 산책가의 몽상》의 집필에 들어갔으나 완성을 보지 못한 채 1778년 파리에서 세상을 떠났다.

《에밀》은 그의 근본 이념인 동시에 사색의 출발점인 본연의 인간, 즉 자연인의 실현에 대한 방법을 모색한 작품으로서, 새로운 인간에 대한 이념 구축과 새로운 인간의 형성에 대한 이론적 탐구를 위한 작품이다.《에밀, 또는 교육에 대하여(*Emile, ou de l'education*)》라는 원제(原題)가 말해주듯이《에밀》은 이야기식으로 씌어진 교육 개혁론이며, 동시에 문명 비평론이기도 하다. 그가 서문에서 '독자는 교육론이라기보다는 어느 한 환상가의 몽상을 읽는 기분일 것이다.' 라고 밝혀놓은 것처럼, 이 작품은 유토피아적 세계관·비실천적·이론적 성격을 풍기고 있다.

루소는 그의《고백록》속에서 '《에밀》이 완성되기까지는 20년간의 사색과 3년간의 세월이 필요했다.' 고 회상하고 있는데, 그의 교육에 대한 관심은 오랜 세월 동안 끊임없이 계속되어 온 것이다.

특히 루소와 그의 교육론과의 관계에는 매우 특이하고 역설적인 부분들이 있는데, 가장 우선적으로 꼽을 수 있는 것은 그 자신은 전혀 교육을 받아본 적이 없다는 사실이다. 그같은 교육의 결여야말로 그에게 교육론의 연구에 대한 소망을 품게 하였고, 자신이 받지 못했던 이상적인 교육과 교사의 상을 그려내게 한 것이라 볼 수 있다. 또 하나 그로 하여금 교육론에 집착하게 한 동기는 유명한 기아(棄兒) 사건이다. 그는 1746년에 6년 가까이 동거했던 테레즈 르 바쇠르라는 여인과의 사이에서 태어난 다섯 아이를, 낳자마자 차례로 고아원에 보내 버렸던 것이다. 당시 사정으로 보아 그같은 기아는 흔히 있을 수 있는 일이었건만 루소 자신은 이에 심각한 양심의 가책을 느끼고 있었고, 그로 인해《에밀》과《고백록》을 통해 참회해 보고 싶은 속죄 의식을 느꼈던 것 같다.

요컨대《에밀》은 교양소설 형식의 교육론이다. 이 작품 속에는 루소의 모랄리스트적인 성격이 나타나 있고, 지육(智育) 편중보다는 인간 교육론·체육·인격 도야를 포함하는 폭넓은 교육을 중시하는 사상과 정념 교육을 중시하는 루소의 독특한 교육론이 피력되어 있다.

루소가 그의 평생을 통해 다루었던 주제는 너무나 광범위한 것이지만, 그 모든 것들을 포괄하는 핵심적인 사상은《에밀》에서와 같은 '인간회복' 이었다. 인간은 자연 상태 아래에서는 자유롭고 행복하고 선량했으나, 인간 스스로가 만든 사회 제도나 문화에 의해 부자연스럽고 불행한 상태에 빠져 버렸다는 것이다. 그러므로 인간은 다시 한 번 참된 인간의 모습을 발견하여 인간성을 회복해야 한다는 것이다.

memo

에 밀 Emile ou De l'education

- 저 자 / 장 자크 루소
- 역 자 / 이 애 경
- 발행자 / 남 용
- 발행소 / 一信書籍出版社

주 소 : 121-110
서울 마포구 신수동 177-3
등 록 : 1969. 9. 12. (No. 10-70)
전 화 : 703-3001~6
FAX : 703-3009
대체구좌 / 012245-31-2133577

ISBN 89-366-0860-6

값 12,000원